全国税务人员执法资格考试
应试一本通

黄伟波　编著

中国财经出版传媒集团
中国财政经济出版社
·北京·

图书在版编目（CIP）数据

全国税务人员执法资格考试应试一本通／黄伟波编著. -- 北京：中国财政经济出版社，2025. 3. -- ISBN 978 -7 -5223 -3900 -9

Ⅰ. D922. 220. 4

中国国家版本馆 CIP 数据核字第 2025209WR0 号

责任编辑：李瑞荣　　　　责任校对：徐艳丽

封面设计：卜建辰　　　　责任印制：史大鹏

全国税务人员执法资格考试应试一本通

QUANGUO SHUIWU RENYUAN ZHIFA ZIGE KAOSHI YINGSHI YIBENTONG

中国财政经济出版社 出版

URL：http：//www. cfeph. cn

E－mail：cfeph@ cfeph. cn

社址：北京市海淀区阜成路甲 28 号　邮政编码：100142

营销中心电话：010 －88191522

天猫网店：中国财政经济出版社旗舰店

网址：https：//zgczjjcbs. tmall. com

北京中兴印刷有限公司印刷　各地新华书店经销

成品尺寸：185mm×260mm　16 开　28. 75 印张　622 000 字

2025 年 3 月第 1 版　2025 年 3 月北京第 1 次印刷

定价：98. 00 元

ISBN 978 －7 －5223 －3900 －9

（图书出现印装问题，本社负责调换，电话：010 －88190548）

本社图书质量投诉电话：010 －88190744

打击盗版举报热线：010 －88191661　QQ：2242791300

PREFACE | 前言

通过全国税务人员执法资格考试是成为一名真正税务人员的必要条件，也是初任公务员进入税务系统后的第一门必修课。为满足广大税务系统新进人员备考需求，我在参考初任培训教材《税收相关法律基础知识》和《税费基础知识》的基础上，结合考试大纲要求以及历年真题覆盖的相关考点编写了本书，主要目的是通过系统梳理考点及考试内容，并强化习题练习，实现全面掌握知识，顺利通过考试。

本书在结构上分为上、下两篇，上篇是法律基础知识，下篇是税费基础知识。上篇主要包括法理基础、行政法基础、行政许可、税务行政处罚、税务行政强制和相关税收保障措施、税务行政执法证据、税务行政法律救济、税收的刑法保障、《民法典》、社保费和非税收入法律制度、相关法规对税务公务员履职责任规定等十一个章节，与《税收相关法律基础知识》保持一致。下篇主要包括税收概论、增值税、消费税、企业所得税、个人所得税、资源和环境税相关税种、财产和行为税相关税种、社会保险费、非税收入、税费征收与服务、税收信息化建设、国际税收等十二个章节，与《税费基础知识》保持一致，其中，为了更好地对关联税种（如契税与耕地占用税等）

进行知识点的对比讲解，本书调整了部分章节的税种讲解顺序。

本书在内容安排上，先对近三年的考试分值分布情况进行分析，再对法律基础知识及税费基础知识进行详细介绍。每一篇章会对近三年的考点分布、题型分布进行系统梳理与归纳，帮助参加执法资格考试的税务人员更全面、系统地了解考试的总体分值、考点和题型分布。上篇法律基础知识部分，本书在第一章法律基础和第二章行政法基础，主要突出夯实理论基础，注重理论的体系化介绍。第三章行政许可、第四章税务行政处罚、第五章税务行政强制和相关税收保障措施、第六章税务行政执法证据、第七章税务行政法律救济等五个章节，既是执法资格考试的重点，也是难点，本书一方面通过简单易懂的方式，将重点、难点讲透、讲清楚；另一方面通过与实务深度结合，加深对知识点的理解与掌握。第八章税收的刑法保障、第九章《民法典》、第十章社保费和非税收入法律制度、第十一章相关法规对税务公务员履职责任规定，在执法资格考试的分值占比较少，内容也比较容易理解和掌握，本书主要对核心内容进行了介绍。下篇税费基础知识部分，本书在第一章税收概论主要介绍了税收的相关基础知识，内容比较容易掌握。第二章增值税、第三章消费税、第四章企业所得税、第五章个人所得税是执法资格考试的重点和难点，尤其是增值税和企业所得税两大章节，不仅内容多、难度大，而且还是考试两道主观题的固定出题范围。本书在介绍上述四大重要税种的过程中，一是注重税种知识的理论性与完整性，通过深入浅出、总结归纳的方式，加深对相关知识的理解和掌握；二是注重与实务相结合，将实务中遇到的热点与难点进行梳理和讲解。第六章资源和环境税相关税种和第七章财产和行为税相关税种共涉及12个税种，内容非常丰富。本书一方面将关联性强的不同税种进行分组对比分析，如契税与耕地占用税、车船税与车辆购置税、房产税与城镇土地使用税；另一方面突出重点，将各个税种的核心内容与重要内容进行重点讲解。第八章社会保险费与第九章非税收入，部分内容与法律基础知识的第十章社保费和非税收入法律制度较为相似，但在税费基础知识中，本书对社会保险费和非税收入的相关内容讲解更加细致与具体。第十章税费征收与服务与第十一章税收信息化建设是有关税收服务、征管与信息化建设的内容，本书主要是对重点征管举措、征管程序及核心内容进行讲解。最后第十二章国际税收主要是介绍国际税收管理的有关重要概念及具体要求。

本书在编写体例上，遵循“紧扣考试知识点，而又不止于考试”的原则，每一章节均会先明确本章节的主要掌握内容，再通过独特的“表格式”归纳法，对各个知识点进行全面介绍。在介绍每一个知识点的具体内容后，本书又增加了概念详解、经典习题演练、知识扩展等内容。其中，“概念详解”主要对知识点涉及的一些重要概念进行详细讲解，提升对知识点的理解把握程度；“经典习题演练”精选了执法资格考试的历年相关真题以及部分经典改编题目，帮助及时巩固知识点；“知识扩展”总结归纳了与知识点相关的政策背景、相关理论知识、实务操作与发展方向等，有助于提高学习深度，拓宽业务知识视野。每一章节都提供了单选题、多选题、判断题等三种题型的练习题，部分章节还增加了计算题，以帮助读者梳理重点，巩固知识。本书虽然是执法资格考试的指导用书，但是总结归纳的法律基础知识和税费基础知识，同样适用于税务系统内的相关类型考试，包括岗位比武练兵考试、数字人事“两测”考试、各类培训班业务测试等，也可以作为税务人员日常执法的法律和税费知识工具书。

由于本书涉及内容较多，个人水平有限，在编写过程中难免存在疏漏之处，恳请广大读者批评指正并多提意见、建议。开卷有益、书香致远，让我们共同学习、共同成长、共同进步，一起收获知识、收获快乐、收获不一样的自己！

编　者

2025年3月 东莞

CONTENTS | 目录

全国税务人员执法资格考试分值分布（近三年）

题型 年份	考试内容	单选题	多选题	判断题	案例题	总分
2024 年	法律基础知识	12 分	20 分	8 分	8 分	48 分
	税收基础知识	11 分	20 分	7 分	12 分	50 分
	时事政治	2 分				2 分
2023 年	法律基础知识	12 分	20 分	6 分	8 分	46 分
	税收基础知识	11 分	20 分	8 分	12 分	51 分
	时事政治	2 分		1 分		3 分
2022 年	法律基础知识	12 分	20 分	5 分	8 分	45 分
	税收基础知识	11 分	20 分	8 分	12 分	51 分
	时事政治	2 分		2 分		4 分

上篇　法律基础知识

考试大纲分析

章节	分值	主要内容
法理基础	6分	法的基本范畴、法的体系、法的创制、法的适用、习近平法治思想与依法治国
行政法基础	5分	行政法概念、税务行政法律关系、税务行政行为
行政许可	3分	行政许可概念、行政许可的实施
税务行政处罚	8分	税务行政处罚的概念、原则、种类和设定、税务行政处罚的实施、税收违法行为及其法律责任
税务行政强制和相关税收保障措施	7分	行政强制概念、税收保全和税务行政强制执行、其他税收保障措施
税务行政执法证据	3分	证据概念、取证的方法、措施和证据管理、证据的审查和事实认定
税务行政法律救济	9分	行政法律救济概念、税务行政复议、税务行政诉讼、税务行政赔偿
税收的刑法保障	4分	相关刑法知识概念、危害税收征管罪、涉嫌危害税收征管犯罪案件的移送
《民法典》	1分	《民法典》基本内容、《民法典》与税务工作
社保费和非税收入法律制度	1分	社保费和非税收入相关法律制度基本概念、征缴管理、监督检查、法律责任等
相关法规对税务公务员履职责任规定	2分	公务员基本权利义务及其责任、税务违纪违法及其行政法律责任、税务职务犯罪及其刑事法律责任

近三年考点分布

章节＼内容	题型	2024年	2023年	2022年
法理基础	单选题	习近平法治思想与依法治国	习近平法治思想与依法治国	规范性文件
	多选题	相对保留事项	法的适用	法律规范种类
	判断题	法律文件判定		

续表

章节＼内容	题型	2024 年	2023 年	2022 年
行政法基础	单选题	税务行政行为	行政法原则、三项制度、法律关系	依法行政、税务行政行为
	多选题		税务行政行为、行政主体	行政行为成立要件
	判断题	三项制度	文书效力	行政行为效力
行政许可	单选题			管理要求（时间、听证、书面形式等）
	多选题			
	判断题	税务行政许可事项		行政许可情形判定
税务行政处罚	单选题	一事不再罚，行政处罚标准，听证，不予行政处罚，纳税人权利	行政处罚要求，不予处罚	不予处罚年限
	多选题	过罚相当原则、罚款执行	税务行政处罚类型	行政处罚法定原则从轻、减轻处罚情形
	判断题	行政处罚时效	行政处罚管辖、听证	违法责任追究判定
税务行政强制和相关税收保障措施	单选题	加处罚款	行政强制措施、阻止出境	清偿顺序
	多选题	税收保全及强制执行要求、纳税担保	税收保全、强制执行	行政强制措施 纳税担保方式
	判断题	税收优先		代位权
税务行政执法证据	证明效力	取证要求	取证要求	证据效力
	多选题	证据取证要求	证据取证、分类	证据基本特性
	判断题	先行登记保存措施	税务检查	
税务行政法律救济	单选题	行政诉讼管理要求	行政复议机关	行政复议审查形式 行政诉讼简易程序
	多选题	复议前置情形		行政赔偿范围
	判断题	行政赔偿归责原则	行政复议受案范围	行政诉讼受案范围
税收的刑法保障	单选题		逃税罪认定	逃税罪名认定
	多选题	骗取出口退税罪、逃税罪、抗税罪、逃避追缴欠税罪等罪名犯罪构成，相关罪名立案标准	骗取出口退税罪、虚开增值税普通发票	犯罪基本特征
	判断题			

续表

内容 章节	题型	2024 年	2023 年	2022 年
《民法典》	判断题	税款清偿继承	税款清偿继承	
社保费和非税收入法律制度	单选题	社保费、非税收入管理要求	非税收入认定	
相关法规对税务公务员履职责任规定	单选题			执法过错归责原则
	多选题	公务员履职责任	职务犯罪	职务犯罪罪名判定
综合题	行政强制、行政复议、行政诉讼、证据、行政赔偿、案件移交			

第一章　法理基础

本章主要掌握内容：法的基本范畴、法的体系、法的创制、法的适用、习近平法治思想与依法治国。

知识点1：法的概念、本质和作用

法的概念

特性	内容
1. 法的规范性	法是一种社会性的行为规范
2. 国家意志性	制定或认可是国家创制法的两种形式
3. 国家强制性	以国家名义并由国家专门机关实施
4. 法的普遍适用性	时间上反复适用；空间上主权范围内适用
5. 权利和义务	法的核心内容
任何一个法律条文都是以调整人们之间的权利与义务关系为最终目的	

法的本质

统治阶级意志	法在本质上是掌握国家政权的统治阶级意志的体现，而非全体国民意志的体现
	上升为法律的仅是代表统治阶级根本利益的共同意志，并非所有意志
	掌握国家政权的统治阶级意志表现为立法的过程受当时的物质生活条件制约
其他影响因素	经济利益和经济条件等物质条件 政治、文化、思想、道德、宗教、民族、习惯等其他非物质条件

法的作用

作用类型	内容	对象	内容
规范作用	指引作用	自己	规范和指引行为
	评价作用	他人	对人们的行为进行评价
	预测作用	你我他	预测自己行为结果，合理期待他人行为
	教育作用	大多数	对人们行为习惯的教育影响
	强制作用	一小撮	对违法行为进行制裁
社会作用	维持统治阶级统治 执行社会公共事务	所有人	

1. 概念详解

法的指引作用、评价作用、预测作用、教育作用和强制作用属于法的规范作用，法的另一种作用类型是社会作用，即维持统治阶级统治，执行社会公共事务。

2. 经典习题演练

【单选题】A公司与在B公司签订合同前，查询到B公司被税务机关公告欠税，为避免风险，于是取消了与B公司的合作，这体现了法律的（　　）。

A. 指引作用　　B. 评价作用　　C. 预测作用　　D. 教育作用

【答案】B

【解析】A公司在了解到B公司有公告欠税后，评价了整体情况，为避免风险取消了合作，这体现了法律的评价作用。

【单选题】法的特殊之处就在于这种规范是由国家创制的，具有（　　）。

A. 强制性　　B. 规范性　　C. 制裁性　　D. 国家意志性

【答案】D

【解析】本题考查的是法的概念。法的特殊之处就在于这种规范是由国家创制的，具有国家意志性。故答案是D。

【单选题】法的核心内容是（　　）。

A. 权力　　B. 义务　　C. 权利和义务　　D. 强制

【答案】C

【解析】本题考查的是法律关系的内容。法律关系都是以权利和义务为主要内容，而法律规范也是根据其内容分为权利规范和义务规范。故答案是C。

3. 知识扩展

法理学中的权利和义务：首先，权利和义务是从法律规范到法律关系再到法律责任的逻辑联系的各个环节的构成要素。权利和义务是法律规范的核心内容，权利和义务是法律关系的关键要素。至于法律责任则是由于侵犯法定权利或违反法定义务而引起的、由专门国家机关认定并归结于法律关系主体的、带有直接强制性的义务，亦即由于违反第一性义务而招致的第二性义务。其次，权利和义务贯穿法的一切部门。例如，宪法、行政法、经济法、刑法和国际法等法律部门。其他法律部门也都是确定人们在某种社会生活领域和社会关系中的权利和义务。再次，权利和义务贯通法的运行和操作的整个过程，包括以立法为起点，以执法、守法、司法、法律监督为主要环节的全过程。最后，权利和义务全面地表现和实现法的价值。权利、义务是法的价值得以实现的方式，正是通过权利和义务的宣告与落实，统治阶级把自己的价值取向和价值选择变为国家和法的价值取向和选择，并借助于国家权威和法律程序而实现。权利与义务的关系（结构），反映着法的价值的变化。

知识点2：法律关系和法律规范

法律关系

对象		内容
法律关系基本要素	法律关系主体	一般两方或以上，可以成为法律关系主体的人并非在任何情况下都能成立法律关系
	法律关系客体	物（最常见）、行为、精神财富（无形财产权）、人身权（生命权、健康权、人格权、人身自由权等）

续表

对象		内容
法律关系基本要素	法律关系内容	即权利和义务。最核心的、最重要的税收法律关系是税收征纳法律关系 权利义务一般具有对称性（部分存在单向性）
法律事实		分为**事件**（客观现象，不以人的意志为转移）和**行为**（作为和不作为、合法和违法、自觉和不自觉） **注意：需引起法律关系变动**
法律关系本质		由于一定的法律事实和法的调整作用而在人们之间形成的特定的**权利和义务关系**

法律规范

类别	内容
内涵	法律规范是我国法律体系中最基本的构成单位
授权性规范 命令性规范 禁止性规范	授权：可以做 命令：必须做 禁止：不能做
强制性规范 任意性规范	强制性：无可选择 任意性：自由选择
总结	命令性和禁止性规范一般属于强制性规范；授权性规范一般属于任意性规范（授予国家机关的权力性规范就不是任意性规范）

1. 概念详解

法律事实是能够引起法律关系产生、变更和消灭的法律事件和法律行为，没有引起法律关系变动的事件或行为不属于法律事实。如下雨作为事件中的客观现象，可能属于法律事实，也可能不属于法律事实，当不下雨作为买卖合同中发货的条件时，那下雨就会导致不能发货从而引起法律关系变动，此时下雨属于法律事实；当下不下雨都不影响买卖合同中货物发出时，下雨并不会引起法律关系变动，此时下雨不属于法律事实。

2. 经典习题演练

【单选题】税务机关行使代位权，与次债务人形成的是（　　）法律关系。

A. 民事　　B. 行政　　C. 刑事　　D. 宪政

【答案】A

【解析】在代位权诉讼中，税务机关属于原告，代替行使欠税纳税人的相关民事诉讼权利，所以与次债务人形成的是民事法律关系。

【单选题】《税收征管法》第七十四条规定：“本法规定的行政处罚，罚款额在二千元以下的，可以由税务所决定。”该规范属于（　　）。

A. 授权性规范　　B. 命令性规范

C. 任意性规范　　D. 禁止性规范

【答案】A

【解析】本题考查的是法律规范的分类。授权性规范是法律关系主体可以作出或要求别人作出一定行为的规范，授权性规范赋予人们一定权利，但不是要求人们必须做什么，或禁止做什么，人们有选择的自由。任意性规范则允许人们在一定范围内做自由的选择。禁止性规范是规定法律关系主体不应当从事一定行为的规定，禁止性规范通常比较严厉，违反禁止性规范可能产生较重的法律后果。而命令性规范是要求法律关系主体应当从事一定行为的规范。故答案是A。

【单选题】纳税人、扣缴义务人必须依照法律、行政法规的规定缴纳税款，代扣代缴、代收代缴税款。该法律规范属于（　　）。

A. 授权性规范　　B. 禁止性规范

C. 任意性规范　　D. 义务性规范

【答案】D

【解析】本题考查的是法律规范的分类。规范的划分可以看六个词。用“可以”“有权”的一般属于授权性规范。用“应当”“必须”的一般属于命令性规范或义务性规范。用“不得”“禁止”的一般属于禁止性规范。这个条款规定了纳税人、扣缴义务人的缴纳税款义务，属于义务性规范。

【多选题】下列各项中，属于法律关系客体的有（　　）。

A. 思想　　B. 税款　　C. 执法行为　　D. 扣押货物

【答案】BCD

【解析】本题考查的是法律关系的客体。法律关系的客体可以分为四个大类：一是物，即能够成为人们所控制和支配的物质财富，这是最常见的法律关系客体；二是行为，包括作为和不作为，作为指积极地去从事某项活动，不作为指消极地不去从事某项活动；三是精神财富，精神财富是从事智力活动所取得的成果，是一种无形财产权，包括知识产权，商誉也属于无形财产；四是人身权，包括生命权、健康权、人格权、人身自由权等。

【判断题】授权性规范都属于任意性规范。（　　）

【答案】错误

【解析】对于授予国家机关及其工作人员的权力性规范不属于任意性规范

3. 知识扩展

法律规范与法律条文关系：

①法律规范是法律条文的内容，法律条文是法律规范的表现形式

②法律规范有对应要素（如两要素的行为模式和法律后果，三要素的假定、处理和制裁），一个法律条文有时只表达了一个或两个要素。

③两者并非一一对应，一项法律规范的内容可以表现在不同法律条文中，一个法律条文也可以反映若干法律规范的内容

知识点3：法律体系

法的部门体系和效力体系

类别	内容	划分标准
法的部门体系	宪法、行政法、民商法、经济法、社会法、刑法、诉讼法及非诉讼程序法、军事法	法的调整对象和调整手段
法的效力体系	宪法、法律、行政法规、地方性法规、部门规章、政府规章、国际条约	法的制定主体的地位划分
	（1）行政法规、部门规章、政府规章需以行政首长令形式发布 （2）国际法 > 国内法（声明保留除外） 行政法规 > 地方性法规、自治条例和单行条例、部门规章、政府规章 地方性法规 > 下级地方性法规、同级和下级政府规章 **部门规章与地方性法规和政府规章没有效力等级划分** ①部门规章 VS 地方性法规：国务院**提出意见**，认为适用地方性法规的则适用；认为适用部门规章的，提请全国人大常委会**裁决** ②部门规章与地方性规章之间具有同等效力，在各自领域内发生法律效力，当对同一事项规定不一致时，由国务院裁决	

法的历史体系

类型	渊源
英美法系	也称普通法系，判例法为主，兼有成文法
大陆法系	也称罗马－德意志法系，民法法系，成文法为主要渊源，判例没有约束力（但并未完全否定判例的作用）

法的其他分类

法的其他分类	实体法和程序法：《税收征管法》主要是程序法
	公法和私法

1. 概念详解

《税收征管法》是规范税收征收管理的一部程序法，但也有关于实体方面的权利义务的规定，比如法律责任等。

2. 经典习题演练

【单选题】法律之间对同一事项的新的一般规定与旧的特别规定不一致，不能确定如何适用时，裁决机关是（　　）。

A. 全国人民代表大会常务委员会

B. 全国人民代表大会

C. 最高人民法院

D. 国务院

【答案】A

【解析】由于法律的制定主体是全国人民代表大会及其常务委员会，因此《立法法》规定裁决机制时，法律之间对同一事项的新的一般规定与旧的特别规定不一致，不能确定如何适用时，由全国人民代表大会常务委员会裁决。

【单选题】划分部门法的主要标准是（　　）。

A. 调整对象　　B. 调整的方法

C. 制定主体　　D. 法律效力

【答案】A

【解析】法的部门体系是根据法的调整对象和调整手段的不同，而对法所作的一种划分。

【多选题】大陆法系和英美法系的区别包括（　　）。

A. 大陆法系以成文法为其主要渊源，英美法系以判例为其主要渊源

B. 大陆法系倾向于观念理性，而英美法系倾向于经验理性

C. 大陆法系重视判例法，英美法系重视成文法

D. 在逻辑方面，大陆法系采用演绎推理，而英美法系采用类比推理

【答案】ABD

【解析】本题考查的是法的历史体系。大陆法系以成文法为其主要渊源，一般不承认判例；而英美法系则主要以判例为其渊源，承认上级法院的判例对下级法院的法律约束力，法官有创制法的权力。

【判断题】按照法的制定主体的地位划分，法律体系可以划分为宪法、法律、行政法规、地方性法规、部门规章、政府规章、规范性文件、国际条约。（　　）

【答案】错误

【解析】按照法的制定主体的地位划分，法律体系可以划分为宪法、法律、行政法规、地方性法规、部门规章、政府规章、国际条约。

【判断题】当部门规章与地方性法规规定不一致时，由全国人大常委会提出适用意见。（　　）

【答案】错误

【解析】当部门规章与地方性法规规定不一致时，由国务院提出意见。

3. 知识扩展

公法主要是指调整国家与公民、组织之间关系以及国家机关及其组成人员之间关系的法律。它包括宪法、刑法、行政法、诉讼法（如民事诉讼法、刑事诉讼法、行政诉讼法）等。公法调整的是权力与服从的关系，通常涉及公共利益和政府权力的行使。

私法主要是指调整普通公民、组织之间关系的法律。它包括民法、商法等。私法调整的是平等主体之间的民事、经济关系，不直接涉及公共权力的行使，而是分配私人之间的权利与义务。

知识点4：法的立法权限

全国人大及其常委会的专属立法权	全国人大：制定和修改宪法，**制定基本法律** 常委会：其他法律，对基本法律进行部分补充和修改
行政法规	国务院制定
地方性法规	省级人大及其常委会、较大市的人大及其常委会：省会、较大市、经济特区 2015 年修改的《立法法》第七十二条：设区的市具有地方立法权（**主要是排除县级市**） 内容：①为执行法律、行政法规规定需作出具体规定 ②地方事务 ③全国人大及其常委会专属立法权之外，中央尚未立法的事项
部门规章	国务院下属部门制定
政府规章	省级人民政府、较大市人民政府（省会、较大市、经济特区）
①全国人大常委会授权国务院立法的期限不超过 5 年，另有规定除外 ②国务院可通过行政法规授权立法事项	

法律保留原则

法律保留事项	①国家**主权**的事项 ②各级人民代表大会、人民政府、人民法院和人民检察院的产生、**组织**和职权 ③民族区域自治制度、特别行政区制度、基层群众自治**制度** ④**犯罪**和刑罚 ⑤对公民的政治权利的剥夺、**限制**人身自由的强制措施和处罚 ⑥税种的设立、税率的确定和税收征收管理等税收基本**制度** ⑦对非国有**财产**的征收、征用 ⑧民事基本**制度** ⑨基本经济制度及财政、海关、金融和外贸的基本**制度** ⑩诉讼和仲裁**制度** ⑪必须由全国人民代表大会及其常务委员会制定法律的其他事项 **口诀：限制主权、组织犯罪，财产制度（政治、税收、民事、经济、司法）**
	注意：2015 年修订的《立法法》单列法律保留事项：税种的设立、税率的确定和税收征收管理等税收基本制度（**税收立法是一项相对保留事项**）
相对保留事项	有关宪法事项、犯罪和刑罚、对公民政治权利的剥夺和限制人身自由的强制措施和处罚、司法制度等事项**除外**的法律保留事项 （未制定法律的，全国人大及其常委会可授权制定行政法规）
税收法定	①税收要素法定 ②税收要素确定 ③税收依法稽征

1. 概念详解

税收法定中的税收依法稽征也可称之为程序合法、征税合法或程序法定，主要是强调程序性合法的问题。

2. 经典习题演练

【单选题】2015 年《立法法》修订后，享有立法权的较大的市的范围扩大到（　　）。

A. 较大的市　　B. 经济特区市

C. 设区的市　　D. 县级市

【答案】C

【解析】本题考查的是《立法法》修订后立法权的范围扩大。2015 年《立法法》修订后，享有立法权的较大的市的范围扩大到设区的市。

【单选题】下列属于全国人民代表大会制定的法律是（　　）。

A.《税收征管法》　　B.《行政复议法》

C.《国家赔偿法》　　D.《企业所得税法》

【答案】D

【解析】全国人民代表大会制定和修改刑事、民事、国家机构的和其他的基本法律。全国人民代表大会常务委员会制定和修改除应当由全国人民代表大会制定的法律以外的其他法律；在全国人民代表大会闭会期间，对全国人民代表大会制定的法律进行部分补充和修改，但是不得同该法律的基本原则相抵触。D 选项是全国人民代表大会制定的，A、B、C 选项是由全国人民代表大会常务委员会制定的。

【判断题】《行政诉讼法》属于程序性法律文件。（　　）

【答案】正确

【解析】程序法规定保证法律关系主体权利义务得以实现或职权和职责得以履行所需程序或手续，比如诉讼法、行政复议法、行政处罚法等。

【判断题】全国人民代表大会常务委员会负责对部分基本法律进行制定、修改和补充。（　　）

【答案】错误

【解析】全国人民代表大会常务委员会负责对部分基本法律进行修改和补充。

3. 知识扩展

关于全国人民代表大会常务委员会授权国务院的典型例子：房地产税改革试点。《全国人民代表大会常务委员会关于授权国务院在部分地区开展房地产税改革试点工作的决定》提出：

“一、试点地区的房地产税征税对象为居住用和非居住用等各类房地产，不包括依法拥有的农村宅基地及其上住宅。土地使用权人、房屋所有权人为房地产税的纳税人。非居住用房地产继续按照《中华人民共和国房产税暂行条例》《中华人民共和国城镇土地使用税暂行条例》执行。

二、国务院制定房地产税试点具体办法，试点地区人民政府制定具体实施细则。国务院及其有关部门、试点地区人民政府应当构建科学可行的征收管理模式和程序。

三、国务院按照积极稳妥的原则，统筹考虑深化试点与统一立法、促进房地产市场平稳健康发展等情况确定试点地区，报全国人民代表大会常务委员会备案。

本决定授权的试点期限为五年，自国务院试点办法印发之日起算。试点过程中，国务院应当及时总结试点经验，在授权期限届满的六个月以前，向全国人民代表大会常务委员会报告试点情况，需要继续授权的，可以提出相关意见，由全国人民代表大会常务委员会决定。条件成熟时，及时制定法律。

本决定自公布之日起施行，试点实施启动时间由国务院确定。”

知识点5：立法程序

法律及行政法规的制定和管理

类型		内容
法律	立法程序	①法律案的提出 ②法律案的审议 ③法律案的表决 ④法律案的公布
	法律案审议	①全国人大审议：可以一次审议通过 ②全国人大常委会审议：一般需要经过三次审议
	法律案表决	①全国人大表决法律：全体代表过半数（宪法需要2/3绝对多数通过） ②常委会表决的法律：常委会全体组成人员过半数通过 ③均采用表决制
	法律案公布	主席令，全国人大常委会公报和全国范围内发行的报纸刊登
行政法规	程序	①立项 ②起草 ③审查 ④决定 ⑤公布
	公布	决定制，国务院令公布，国务院公报和中国政府法制信息网、全国范围内发行的报纸刊登（30日报全国人大常委会备案）

部门规章、地方性法规及地方性规章的制定和管理

类型		内容
部门规章	程序	①立项 ②起草 ③审查 ④决定 ⑤公布
	公布	决定制，部门令发布，国务院、部门公报和全国范围内发行报纸刊登
地方性法规	程序	①提案 ②审议 ③表决或报批 ④公布
	公布	表决制，地方人大及其常委会过半数表决，较大市需要省人大常委会批准，本级人大常委会公报和中国人大网、本地方人大网站以及本区域发行报纸刊载
	注意	①民族区域自治条例和单行条例只能由自治地方人大制定 ②自治区的自治条例和单行条例报全国人大常批准，自治州、自治县的报省级人大常委会批准并由其报全国人大常委会备案

续表

类型		内容
地方性规章	程序	①立项 ②起草 ③审查 ④决定 ⑤公布
	公布	决定制，省长、主席或市长以命令形式颁布，在本级政府公报和中国政府法制信息网以及本行政区域范围内发行的报纸上刊载

税务规范性文件的制定和管理

主体		县以上税务机关，不包括税务所、稽查局以及内设机构等
内容		影响行政相对人（纳税人、扣缴义务人）权利义务，不包括部门内部工作制度，针对特定税务行政相对人的特定事项作出的批复、决定
程序	起草	制定机关业务主管部门负责起草，涉及两个或以上部门的，由制定机关负责人指定牵头起草部门
	审查	政策法规部门审查。以下情形之一的，提请集体讨论决定：①涉及重大公共利益或者对税务行政相对人合法权益、税收管理产生重大影响；②审查存在不同意见且协商未达成一致的
	签发	制定机关负责人签发
	发布	应以公告形式发布；未以公告形式发布的，不得作为税务机关执法依据（即未公告未生效） 在本级政府公报、税务部门公报、本辖区范围内发行报纸、政府网站、税务机关网站发布；不具以上条件的，在办税服务厅等公共场所发布
	生效	一般在文件公布 30 日后生效 例外：①不立即施行将有碍执行 ②实施日期需要相关文件一致
备案		省以下的税务机关应在发布之日起 30 日内向上一级税务机关报送备案。省税务机关每年 3 月 1 日向总局报送上一年度税收规范性文件目录
		上一级税务机关审查发现问题的，应通知制定机关限期纠正或补正，制定机关应当按期纠正或者补正，并于规定时限届满之日起 30 日内，将处理情况报告上一级税务机关
		税务行政相对人认为规范性文件存在违法的，可以向制定机关或者其上一级税务机关书面提出审查建议
清理		日常清理：业务主管部门负责 集中清理：政策法规部门负责牵头组织，业务主管部门分工负责
		日常清理：制定机关应及时发布结果 集中清理：统一发布失效、废止的税收规范性文件目录

1. 概念详解

法律和地方性法规由于公布前需要经过人大及其常委会以表决的方式通过，不同于行政法规、部门规章、地方性规章采用决定制，所以在立法程序上前者是表决，后者是决定。同时，由于部分地方性法规需报请上一级权力机关批准，所以地方性法规的程序性规定是“表决或报批”。

2. 经典习题演练

【单选题】 税务规范性文件应明确生效的时间，原则上生效的时间应在文件发布之日起（　　）。

A. 7 日后　　B. 10 日后　　C. 15 日后　　D. 30 日后

【答案】 D

【解析】 本题考查的是税务规范性文件生效的时间。税务规范性文件应当自发布之日起 30 日后施行。对发布后不立即施行有碍执行的税务规范性文件，可以自发布之日起施行。与法律、法规、规章或者上级机关决定配套实施的税务规范性文件，其施行日期需要与前述文件保持一致的，不受《税务规范性文件制定管理办法》时限规定的限制。

【单选题】 根据我国宪法规定，国务院有权制定（　　）。

A. 行政法规　　B. 地方性法规

C. 单行条例　　D. 行政规章

【答案】 A

【解析】 本题考查的是立法权限。行政法规由国家最高行政机关国务院制定颁布。行政法规通常采用条例作为名称，也可以采用实施细则、规定、办法等作为名称。行政法规的法律效力在宪法和法律之下，但高于地方立法机关制定的地方性法规、民族区域自治地方制定的自治条例和单行条例、国务院部委和直属机构制定的部门规章、地方政府制定的政府规章。

【单选题】 国家税务总局制定的部门规章，使用的文种是（　　）。

A. 总局公告　　B. 总局通知　　C. 总局令　　D. 总局公报

【答案】 C

【解析】 本题考查的是部门规章的文种。《立法法》施行后，在国家税务总局颁布的众多文件中，只有使用国家税务总局令文种的规范性文件，才是国家税务总局制定的部门规章。

【单选题】 下列主体中有权对法律进行立法解释的是（　　）。

A. 最高人民法院

B. 最高人民检察院

C. 全国人民代表大会常务委员会

D. 各级国家权力机关

【答案】 C

【解析】 本题考查的是法律的解释权。法律解释权属于全国人民代表大会常务委员会。法律有以下情况之一的，由全国人民代表大会常务委员会解释：法律的规定需要进一步明确具体含义的；法律制定后出现新的情况，需要明确适用法律依据的。

3. 知识扩展

《税务规范性文件制定管理办法》

税务规范性文件，是指县以上税务机关依照法定职权和规定程序制定并发布的，影响纳税人、缴费人、扣缴义务人等税务行政相对人权利、义务，在本辖区内具有普遍约束力并在一定期限内反复适用的文件。国家税务总局制定的税务部门规章，不属于该办法所称的税务规范性文件。

税务规范性文件不得设定税收开征、停征、减税、免税、退税、补税事项，不得设定行政许可、行政处罚、行政强制、行政事业性收费以及其他不得由税务规范性文件设定的事项。

县税务机关制定税务规范性文件，应当依据法律、法规、规章或者省以上税务机关税务规范性文件的明确授权；没有授权又确需制定税务规范性文件的，应当提请上一级税务机关制定。各级税务机关的内设机构、派出机构和临时性机构，不得以自己的名义制定税务规范性文件。

知识点6：法的适用原则与具体规则

<table>
<tr><td colspan="2">法的适用原则</td><td colspan="2">①以事实为根据，以法律为准绳
②法律面前人人平等
③实事求是，有错必纠</td></tr>
<tr><td rowspan="4">法的适用具体规则</td><td>类型</td><td>一般原则</td><td>特殊情形</td></tr>
<tr><td>新法与旧法</td><td>新法优于旧法</td><td>一般：实体从旧，程序从新；
特别：从旧兼从轻（新法追溯对行为人有利 + 新法明确可追溯，两条件需同时成立）</td></tr>
<tr><td>上位法与下位法</td><td>上位法优于下位法</td><td>①上位法授权下位法或允许下位法做不同规定
②下位法是对上位法的细化和完善</td></tr>
<tr><td>一般法与特别法</td><td>特别法优于一般法（属于同一效力等级）</td><td>①一般法有规定而特别法没规定，适用一般法
②上位法授权，下位法的特别法可以优于上位法的一般法</td></tr>
</table>

1. 概念详解

上位法优于下位法是法的适用原则中的“帝王规则”，该原则一般优于一般法与特别法的适用关系，但是当上位法授权下位法作出具体规定时，下位法的特别法可以优于上位法的一般法。

2. 经典习题演练

【单选题】“特别法优于一般法”规则是有条件的，只有符合一定条件，以及上位法授权或允许下位法作出特别规定的时候，才执行这一规则。上述一定条件是指特别法与一般法属于（　　）。

A. 特别法是新法　　B. 一般法是新法

C. 同一效力等级　　D. 不同效力等级

【答案】C

【解析】本题考查的是法的适用规则中的“特别法优于一般法”。“特别法优于一般法”规则是有条件的，只有当特别法与一般法属于同一效力等级的时候，以及上位法授权或允许下位法作出特别规定的时候，才执行这一规则。故答案是 C。

【单选题】法不具有溯及力，但也有例外。在刑法领域，定罪量刑适用行为实施时的法律规范，但如果新的法律规范不认为是犯罪或处罚较轻的，适用新的法律规范。这一规定体现的法律适用原则是（　　）。

A. 从旧　　B. 从轻　　C. 从新　　D. 从旧兼从轻

【答案】D

【解析】本题考查的是法的溯及力。法一般不应当被赋予溯及力，因为当人们实施某种行为时，不能要求其遵守还没有制定生效的法律规范，人们只能按照当时有效的法律规范开展活动。《刑法》第十二条规定："中华人民共和国成立以后本法施行以前的行为，如果当时的法律不认为是犯罪的，适用当时的法律；如果当时的法律认为是犯罪的，依照本法总则第四章第八节的规定应当追诉的，按照当时的法律追究刑事责任，但是如果本法不认为是犯罪或者处刑较轻的，适用本法。"这就是从旧兼从轻原则。

3. 知识扩展

从旧兼从轻原则的体现：2021 年《行政处罚法》第三十七条规定：

实施行政处罚，适用违法行为发生时（从旧）的法律、法规、规章的规定。但是，作出行政处罚决定时，法律、法规、规章已被修改或者废止，且新的规定处罚较轻或者不认为是违法的，适用新的规定（从轻）。

知识点7：依法治国和建设社会主义法治国家

习近平新时代中国特色社会主义法治思想（十一个坚持）

1. 坚持中国共产党对全面依法治国的领导
2. 坚持以人民为中心
3. 坚持中国特色社会主义法治道路
4. 坚持依宪治国、依宪执政
5. 坚持在法治轨道上推进国家治理体系和治理能力现代化
6. 坚持建设中国特色社会主义法治体系
7. 坚持依法治国、依法执政、依法行政共同推进，法治国家、法治政府、法治社会一体建设
8. 坚持全面推进科学立法、严格执法、公正司法、全民守法
9. 坚持统筹推进国内法治和涉外法治
10. 坚持建设德才兼备的高素质法治工作队伍
11. 坚持抓住领导干部这个"关键少数"

习近平总书记关于人权的重点论述

主要特征：

1. 坚持中国共产党的领导
2. 坚持尊重人民主体地位，人民性是中国人权发展道路最显著的特征
3. 坚持从中国实际出发，把人权普遍性原则和中国实际结合起来
4. 坚持以生存权、发展权为首要的基本人权。生存是享有一切人权的基础，人民生活幸福是最大的人权
5. 坚持依法保障人权
6. 坚持积极参与全球人权治理

社会主义法治相关知识

<table>
<tr><td colspan="2">**1. 社会主义法治建设的总目标**：建设中国特色社会主义法治体系，建设社会主义法治国家</td></tr>
<tr><td colspan="2">**2. 社会主义法治需坚持的基本原则**
①坚持中国共产党的领导
②坚持人民主体地位
③坚持法律面前人人平等
④坚持依法治国和以德治国相结合
⑤坚持从中国实际出发</td></tr>
<tr><td colspan="2">**3. 法治建设基本要求**：科学立法、严格执法、公正司法、全民守法
取代：有法可依、有法必依、执法必严、违法必究</td></tr>
<tr><td>**4. 几个重要问题**</td><td>①**宪法为核心**：依法执政首先要坚持依宪执政（12 月 4 日为宪法日）
②**依法行政**：健全依法决策机制；深化行政执法体制改革；坚持严格规范公正文明执法；强化对行政权力的制约和监督
③**公正司法**：依法独立公正行使审判权和检察权的制度
④**增强全民法治观念**：推动全社会树立法治意识
⑤**加强法治工作队伍建设**：建设高素质法治专门队伍
⑥**加强党的领导**：党的领导是全面推进依法治国、加快建设社会主义法治国家最根本的保证</td></tr>
</table>

1. 概念详解

2020 年 11 月 16 日至 17 日，党的历史上首次召开的中央全面依法治国工作会议，将习近平法治思想明确为全面依法治国的指导思想。

2. 经典习题演练

【判断题】 习近平法治思想是全面依法治国的根本遵循和行动指南。　　（　　）

【答案】 正确

【解析】 习近平法治思想对当前和今后一个时期推进全面依法治国提出了“十一个坚持”，是全面依法治国的根本遵循和行动指南。

3. 知识扩展

（1）要坚持党对全面依法治国的领导。党的领导是推进全面依法治国的根本保证。国际国内环境越是复杂，改革开放和社会主义现代化建设任务越是繁重，越要运用法治思维和法治手段巩固执政地位、改善执政方式、提高执政能力，保证党和国家长治久安。全面依法治国是要加强和改善党的领导，健全党领导全面依法治国的制度和工作机制，推进党的领导制度化、法治化，通过法治保障党的路线方针政策有效实施。

（2）要坚持以人民为中心。全面依法治国最广泛、最深厚的基础是人民，必须坚持为了人民、依靠人民。要把体现人民利益、反映人民愿望、维护人民权益、增进人民福祉落实到全面依法治国各领域全过程。推进全面依法治国，根本目的是依法保障人民权益。要积极回应人民群众新要求新期待，系统研究谋划和解决法治领域人民群众反映强烈的突出问题，不断增强人民群众获得感、幸福感、安全感，用法治保障人民安居乐业。

（3）要坚持中国特色社会主义法治道路。中国特色社会主义法治道路本质上是中国特色社会主义道路在法治领域的具体体现。既要立足当前，运用法治思维和法治方式解决经济社会发展面临的深层次问题；又要着眼长远，筑法治之基、行法治之力、积法治之势，促进各方面制度更加成熟更加定型，为党和国家事业发展提供长期性的制度保障。要传承中华优秀传统法律文化，从我国革命、建设、改革的实践中探索适合自己的法治道路，同时借鉴国外法治有益成果，为全面建设社会主义现代化国家、实现中华民族伟大复兴夯实法治基础。

（4）要坚持依宪治国、依宪执政。党领导人民制定宪法法律，领导人民实施宪法法律，党自身要在宪法法律范围内活动。全国各族人民、一切国家机关和武装力量、各政党和各社会团体、各企业事业组织，都必须以宪法为根本的活动准则，都负有维护宪法尊严、保证宪法实施的职责。坚持依宪治国、依宪执政，就包括坚持宪法确定的中国共产党领导地位不动摇，坚持宪法确定的人民民主专政的国体和人民代表大会制度的政体不动摇。

（5）要坚持在法治轨道上推进国家治理体系和治理能力现代化。法治是国家治理体系和治理能力的重要依托。只有全面依法治国才能有效保障国家治理体系的系统性、规范性、协调性，才能最大限度凝聚社会共识。在统筹推进伟大斗争、伟大工程、伟大事业、伟大梦想的实践中，在全面建设社会主义现代化国家新征程上，我们要更加重视法治、厉行法治，更好发挥法治固根本、稳预期、利长远的重要作用，坚持依法应对重大挑战、抵御重大风险、克服重大阻力、解决重大矛盾。

（6）要坚持建设中国特色社会主义法治体系。中国特色社会主义法治体系是推进全面依法治国的总抓手。要加快形成完备的法律规范体系、高效的法治实施体系、严密的法治监督体系、有力的法治保障体系，形成完善的党内法规体系。要坚持依法治国和以德治国相结合，实现法治和德治相辅相成、相得益彰。要积极推进国家安全、科技创新、公共卫生、生物安全、生态文明、防范风险、涉外法治等重要领域立法，健全国家治理急需的法律制度、满足人民日益增长的美好生活需要必备的法律制度，以良法善治保障新业态新模式健康发展。

（7）要坚持依法治国、依法执政、依法行政共同推进，法治国家、法治政府、法治社会一体建设。全面依法治国是一个系统工程，要整体谋划，更加注重系统性、整体性、协同性。法治政府建设是重点任务和主体工程，要率先突破，用法治给行政权力定规矩、划界线，规范行政决策程序，加快转变政府职能。要推进严格规范公正文明执法，提高司法公信力。普法工作要在针对性和实效性上下功夫，特别是要加强青少年法治教育，不断提升全体公民法治意识和法治素养。要完善预防性法律制度，坚持和发展新时代“枫桥经验”，促进社会和谐稳定。

（8）要坚持全面推进科学立法、严格执法、公正司法、全民守法。要继续推进法治领域改革，解决好立法、执法、司法、守法等领域的突出矛盾和问题。公平正义是司法的灵魂和生命。要深化司法责任制综合配套改革，加强司法制约监督，健全社会公平正义法治保障制度，努力让人民群众在每一个司法案件中感受到公平正义。要加快构建规范高效的制约监督体系。要推动扫黑除恶常态化，坚决打击黑恶势力及其“保护伞”，让城乡更安宁、群众更安乐。

（9）要坚持统筹推进国内法治和涉外法治。要加快涉外法治工作战略布局，协调推进国内治理和国际治理，更好维护国家主权、安全、发展利益。要强化法治思维，运用法治方式，有效应对挑战、防范风险，综合利用立法、执法、司法等手段开展斗争，坚决维护国家主权、尊严和核心利益。要推动全球治理变革，推动构建人类命运共同体。

（10）要坚持建设德才兼备的高素质法治工作队伍。要加强理想信念教育，深入开展社会主义核心价值观和社会主义法治理念教育，推进法治专门队伍革命化、正规化、专业化、职业化，确保做到忠于党、忠于国家、忠于人民、忠于法律。要教育引导法律服务工作者坚持正确政治方向，依法依规诚信执业，认真履行社会责任。

（11）要坚持抓住领导干部这个“关键少数”。各级领导干部要坚决贯彻落实党中央关于全面依法治国的重大决策部署，带头尊崇法治、敬畏法律，了解法律、掌握法律，不断提高运用法治思维和法治方式深化改革、推动发展、化解矛盾、维护稳定、应对风险的能力，做尊法学法守法用法的模范。要力戒形式主义、官僚主义，确保全面依法治国各项任务真正落到实处。

习近平总书记指出，推进全面依法治国是国家治理的一场深刻变革，必须以科学理论为指导，加强理论思维，不断从理论和实践的结合上取得新成果，总结好、运用好党关于新时代加强法治建设的思想理论成果，更好指导全面依法治国各项工作。

章节练习

一、单选题

1. 下列文件中，属于部门规章的文件是（　　）。

A.《税收征管法》　　B.《增值税暂行条例》

C.《发票管理办法》　　D.《纳税担保试行办法》

【答案】D

【解析】本题考查的是法的创制。A 选项《税收征管法》属于法律；B 选项《增值税暂行条例》和 C 选项《发票管理办法》均是以国务院令的形式发布，属于行政法规；D 选项《纳税担保试行办法》是以国家税务总局令的形式发布，属于部门规章，答案选 D。

2. 下列不属于法律关系基本要素的是（　　）。

A. 主体　　B. 客体　　C. 客观　　D. 内容

【答案】C

【解析】按照法律关系的有关内容，法律关系基本要素包括：法律关系主体、法律关系客体、法律关系内容。

3. 在我国现行法的效力体系中，《税务登记管理办法》（国家税务总局令第7号）属于（　　）。

A. 法律　　B. 行政法规

C. 地方性法规　　D. 部门规章

【答案】D

【解析】《税务登记管理办法》以国家税务总局令的形式发布，属于部门规章。

4. 下列不属于法律的立法程序的是（　　）。

A. 法律案的立项　　B. 法律案的审议

C. 法律案的表决　　D. 法律案的公布

【答案】A

【解析】法律的立法程序包括：法律案的提出、法律案的审议、法律案的表决、法律案的公布。立项属于行政法规、规章的立法程序。

5.《税收征管法》第七十条规定："纳税人、扣缴义务人逃避、拒绝或者以其他方式阻挠税务机关检查的，由税务机关责令改正，可以处一万元以下的罚款；情节严重的，处一万元以上五万元以下的罚款。"该规范属于（　　）。

A. 授权性规范　　B. 命令性规范

C. 任意性规范　　D. 禁止性规范

【答案】A

【解析】本题考查的是法律规范的分类。授权性规范是法律关系主体可以作出或要求别人作出一定行为的规范，授权性规范赋予人们一定权利，但不是要求人们必须做什么，或禁止做什么，人们有选择的自由。任意性规范则允许人们在一定范围内做自由的选择。禁止性规范是规定法律关系主体不应当从事一定行为的规定，禁止性规范通常比较严厉，违反禁止性规范可能产生较重的法律后果。而命令性规范是要求法律关系主体应当从事一定行为的规范。故答案是A。

6. 能引起法律关系产生、变更和消灭的人们的某种活动，属于（　　）。

A. 法律行为　　B. 法律事件　　C. 客观现象　　D. 不可抗力

【答案】A

【解析】本题考查的是法律事实的分类。法律事实分为法律事件和法律行为，以是否以人的意志为转移作为区分。法律事件是指能直接引起法律关系产生、变更和消灭的，不以当事人的意志为转移的客观现象。法律行为是指能引起法律关系产生、变更和消灭的人们的某种活动。故答案是A。

7. 税务规范性文件不得溯及既往，但也有特别规定除外的事项，这种特别规定的目的在于更好地（　　）。

A. 维护税收管理秩序　　B. 保护税务行政相对人的权利和利益

C. 保证税款入库　　D. 体现区别对待

【答案】B

【解析】本题考查的是新法与旧法的适用规则。法律一般不溯及既往，只对生效以后的事件和行为有效。但是对于相对人利益有利而作的特别规定除外，这是一个国际惯例。在行政法律关系中，这也体现了保护弱者利益的精神。故答案是B。

8. 新法实施后，税务机关查处的案件属于新法实施前发生的违法行为，原则上执行的规则是（　　）。

A. 特别法优于一般法　　B. 上位法优于下位法

C. 新法优于旧法　　D. 法不溯及既往

【答案】D

【解析】本题考查的是法的溯及力。法的溯及力是指法生效后，对其生效前所发生的事项是否适用的问题。从法理上说，法律具有预测性，所以一般只对其生效以后发生的事件和行为负责，也就是说法律一般不具有溯及既往的效力。税务机关查处的案件属于新法生效前发生的违法行为，原则上按照旧法的规定执行。

9. 法的体系的基本单位是（　　）。

A. 法律条文　　B. 法律规范　　C. 法律概念　　D. 法律原则

【答案】B

【解析】本题考查法律规范在法的体系中的地位。法的体系的基本单位是法律规范，而法律条文是法律规范的表现形式。

10. 社会主义法治最根本的保证是坚持（　　）。

A. 以人民为主体　　B. 中国共产党的领导

C. 法律面前人人平等　　D. 法治与德治相结合

【答案】B

【解析】本题考查社会主义法治的根本保证。党的领导是中国特色社会主义最本质的特征，坚持中国共产党的领导是社会主义法治最根本的保证。

二、多选题

1. 在我国，创制法的方式有（　　）。

A. 制定　　B. 判例　　C. 裁决　　D. 认可

【答案】AD

【解析】本题考查的是我国创制法的两种方式。制定是指有相应权限的国家机关在其权限范围内，依一定程序制定规范性文件的活动；认可是指有相应权限的国家机关，通过一定的程序，赋予社会上某些已经存在的习惯以法的效力的活动。

2. 法律保留是指依法只能由全国人民代表大会及其常务委员会制定法律的事项，下列选项中属于法律保留事项的有（　　）。

A. 行政处罚　　B. 诉讼制度

C. 税收基本制度　　D. 刑罚

【答案】BCD

【解析】本题考查的是法律保留事项。所谓法律保留是指依法只能由全国人民代表大会及其常务委员会制定法律的事项，是其专属立法权事项，共有11个方面：①国家主权的事项；②各级人民代表大会、人民政府、人民法院和人民检察院的产生、组织和职权；③民族区域自治制度、特别行政区制度、基层群众自治制度；④犯罪和刑罚；⑤对公民的政治权利的剥夺、限制人身自由的强制措施和处罚；⑥税种的设立、税率的确定和税收征收管理等税收基本制度；⑦对非国有财产的征收、征用；⑧民事基本制度；⑨基本经济制度以及财政、海关、金融和外贸的基本制度；⑩诉讼和仲裁制度；⑪必须由全国人民代表大会及其常务委员会制定法律的其他事项。故答案是B、C、D。

3. 下列各项税收法律中，属于基本法律的有（　　）。

A.《个人所得税法》　　B.《企业所得税法》

C.《税收征管法》　　D.《税收征管法实施细则》

【答案】 AB

【解析】 本题考查的是立法权限。狭义上的法律由全国人民代表大会及其常务委员会制定，可划分为基本法律和一般法律。全国人民代表大会制定的法律是国家的基本法律，而《税收征管法》是全国人民代表大会常务委员会制定的，属于一般法律。基本法律和一般法律不存在级别问题，《立法法》也没有规定两者之间的效力等级，所以从法理上分析效力等级是同等的。《税收征管法实施细则》是国务院制定的，属于行政法规。

4. 下列各项中，属于法律绝对保留事项的有（　　）。

A. 对公民的政治权利的剥夺、限制人身自由的强制措施和处罚

B. 司法制度

C. 犯罪和刑罚

D. 税种的设立、税率的确定以及税收征收管理等税收基本制度

【答案】 ABC

【解析】 本题考查的是法律保留原则中的绝对保留。法律保留分为绝对保留和相对保留。绝对保留事项是指在任何时候都只能制定法律，而不能由其他国家机关代为行使立法权，除宪法外，还包括有关犯罪和刑罚的事项、对公民政治权利的剥夺和限制人身自由的强制措施及处罚事项、有关司法制度的事项。相对保留事项经全国人民代表大会及其常务委员会授权，可以由国务院制定行政法规。

5. 根据《税务规范性文件制定管理办法》的规定，税务规范性文件不得（　　）。

A. 设定行政许可　　B. 经授权制定实施办法

C. 设定行政处罚　　D. 设定行政收费

【答案】 ACD

【解析】 本题考查的是税务规范性文件的制定要求。根据《税务规范性文件制定管理办法》规定，税务规范性文件不得设定税收开征、停征、减税、免税、退税、补税事项，行政许可，行政处罚，行政强制，行政事业性收费以及其他不得由税务规范性文件设定的事项。另外，上级税务机关需要下级税务机关对规章和税务规范性文件细化具体

操作规定的，可以授权下级税务机关制定具体的实施办法。

6. 法的特征主要有（　　）。

A. 法具有概括性，可以反复适用

B. 法的构成要素中以法律原则为主

C. 法的逻辑结构中包括条件假设、行为模式和法律后果

D. 法依靠国家强制力保证实施

【答案】AD

【解析】（1）法的主要特征有：普遍适用性、国家强制性以及法以权利义务为主要内容。法的主要内容是反映人们之间权利义务的法律规则。法律原则虽然统领全法，作用和地位相当重要，但是其并不能构成一部法的主要内容。（2）法律规范的逻辑结构主要有“三要素说”和“两要素说”，“三要素说”是指一个完整的法律规范包括假定、处理和制裁三部分；“两要素说”是指一个完整的法律规范由行为模式和法律后果构成。本题C选项将法律规范的“三要素说”和“两要素说”的要件混合在一起进行描述。所以正确答案为A、D。

7. 下列关于法的效力体系内容，说法正确的有（　　）。

A. 国际法优于国内法，但法律声明保留的除外

B. 行政法规与地方性法规没有效力等级划分

C. 部门规章与地方政府规章没有效力等级划分

D. 当部门规章与地方性法规规定不一致时，由全国人大常委会提出适用意见

【答案】AC

【解析】B选项，行政法规效力高于地方性法规；D选项，当部门规章与地方性法规规定不一致时，由国务院提出适用意见。

8.《税收征管法》第五十九条规定：“税务机关派出的人员进行税务检查时，应当出示税务检查证和税务检查通知书，并有责任为被检查人保守秘密。”该规范属于（　　）。

A. 授权性规范　　　　B. 命令性规范

C. 任意性规范　　　　D. 强制性规范

【答案】BD

【解析】本题考查法律规范的种类。税务机关派出的人员进行税务检查时，应当出示税务检查证和税务检查通知书，这是为税务机关设定的义务，是税务机关在检查过程中必须履行的，属于命令性规范和强制性规范。

9. 下列各项属于程序法的有（　　）。

A.《发票管理办法》　　　　B.《税收征管法》

C.《增值税暂行条例》　　　　D.《个人所得税法》

【答案】AB

【解析】本题考查实体法与程序法的划分。实体法是直接规定人们之间实体权利和义务的法，程序法是为保障实体权利和义务的实现而制定的实施程序的法。据此，《发

票管理办法》和《税收征管法》属于程序法范畴，《增值税暂行条例》和《个人所得税法》属于实体法范畴。

10. 税务机关适用从旧兼从轻原则处理案件，须满足的条件有（　　）。

A. 新法往前追溯对公民、法人或其他组织有利

B. 新法往前追溯对国家公权力机关有利

C. 新法明确规定可往前追溯

D. 税务机关依职权判断是否往前追溯

【答案】 AC

【解析】 本题考查新法溯及既往的要件。应用从旧兼从轻原则时一定要满足两个要件：一是新法往前追溯对行为人有利；二是新法明确规定可以往前追溯。

三、判断题

1. 上升为法律的仅是代表统治阶级根本利益的共同意志，并非所有意志。（　　）

【答案】 正确

【解析】 法在本质上是掌握国家政权的统治阶级意志的体现，上升为法律的仅是代表统治阶级根本利益的共同意志，并非所有意志。

2. 法律条文是法律规范的内容，法律规范是法律条文的表现形式。（　　）

【答案】 错误

【解析】 法律规范是法律条文的内容，法律条文是法律规范的表现形式。

3. 按照法的制定主体的地位划分，法律体系可以划分为宪法、法律、行政法规、地方性法规、部门规章、政府规章、规范性文件、国际条约。（　　）

【答案】 错误

【解析】 按照法的制定主体的地位划分，法律体系可以划分为宪法、法律、行政法规、地方性法规、部门规章、政府规章、国际条约，不包括规范性文件。

4. 国务院只能通过行政法规设定税务行政许可，部门规章不能设定税务行政许可。（　　）

【答案】 错误

【解析】 国务院可以通过制定行政法规或者决定的方式设定税务行政许可。部门规章不能设定税务行政许可。

5. 只有引起法律关系变动的事件和行为，才属于法律事实。（　　）

【答案】 正确

【解析】 按照规定，法律事实是指引起法律关系变动的事件和行为。

6. 行政法规的法律效力大于地方性法规，但与自治条例和单行条例不存在效力等级之分。（　　）

【答案】 错误

【解析】 行政法规的法律效力大于地方性法规、自治条例和单行条例、部门规章、地方政府规章。

7. 大陆法系以成文法为主要渊源，兼有部分判例法。（　　）

【答案】错误

【解析】大陆法系以成文法为主要渊源，判例没有约束力。

8. 税务行政法律关系客体一般是行为和财产。（　　）

【答案】正确

【解析】税务行政法律关系客体一般是行为和财产。

9. 法律规范、道德规范、宗教规范、社团纪律等都是社会性的行为规范，都具有国家意志性。（　　）

【答案】错误

【解析】社会规范是调整人与人之间社会关系的行为规范。宗教规范、道德规范、社团纪律、法律规范等都属于社会规范。不同种类的社会规范，反映了人们共同生产、生活的不同方面，对调整社会关系所起的作用各不相同。法律规范是由国家创制的，具有国家意志性，而宗教规范、道德规范、社团纪律等其他规范并不具有国家意志性。

10. 坚持依法治国首先要坚持依宪治国，坚持依法执政首先要坚持依宪执政，坚持宪法确定的中国共产党领导地位不动摇，坚持宪法确定的人民民主专政的国体和人民代表大会制度的政体不动摇。（　　）

【答案】正确

【解析】根据党的二十大报告第七部分第（一）项的规定，完善以宪法为核心的中国特色社会主义法律体系。坚持依法治国首先要坚持依宪治国，坚持依法执政首先要坚持依宪执政，坚持宪法确定的中国共产党领导地位不动摇，坚持宪法确定的人民民主专政的国体和人民代表大会制度的政体不动摇。

第二章　行政法基础

本章主要掌握内容：行政法概念、税务行政法律关系、税务行政行为。

知识点1：行政法特征、行政法原则、依法行政的基本要求

行政法特征

类别＼项目	主要内容	具体内容
内容上的特征	调整对象的确定性	始终以行政法律关系作为调整对象
	内容的广泛性	涉及社会生活的各个方面
	内容的相对易变动性	行政领域广泛，行政法律规范众多
	包含实体规范和程序规范	实体与程序规范往往在一个行政法律文件中交融并存
形式上的特征	没有统一、完整的法典	法律规范相对比较分散
	行政法数量多	法律数量较多，涉及不同的领域

行政法原则

原则类型	基本内容	判断要点
合法性原则	行政主体依法设立	行政机关根据各类组织法设立并依法取得行政主体资格
	行政职权依法授予	行政主体获得职权必须有法律依据
	行政职权依法行使	要依据法律规定的条件、种类、幅度范围等作出行政行为
合理性原则	行政行为应符合法律目的，具有正当性	不能考虑与行政目的无关的因素（主要体现在税务行政处罚中）
	行政行为应遵循比例原则，具有平衡性	考虑行政行为的必要性；进行利益衡量（人民遭受的损害要比公权力由此获得的利益要小）；考虑成本收益
	行政行为应遵循信赖保护原则，讲究诚信	不得随意变更撤销；授益性行政行为非因行政相对人过错不得随意变更撤销；行政行为法律依据变化后，撤销或变更需经利益衡量；非因相对人过错而撤销行政行为，需赔偿；因保护社会公共利益等变更、撤销行政行为，需补偿
	行政行为应符合客观实际，具有情理性	不能要求行政相对人承担无法履行或者违背情理的义务

依法行政的基本要求

基本要求	判断要点
合法行政	法无授权不可为，法定职责必须为（执法依据是法律、法规、规章）
合理行政	行政裁量权要符合法律目的；措施手段应当必要适当；避免采用损害当事人权益的方式

续表

基本要求	判断要点
程序正当	行政管理坚持以公开为常态，不公开为例外（公开制度）、说明理由制度、回避制度等
高效便民	遵守法定时限；履行法定职责；积极作为（注意与合法行政区别）
诚实守信	公布的信息应当全面、准确、真实。坚持信赖保护原则
权责统一	建立权责清单，实现权力和责任的统一

行政执法“三项制度”

制度类型	判断要点
行政执法公示制度	谁执法谁公示，明确信息公示内容的采集、传递、审核、发布职责，规范信息公示内容的标准、格式 **执法公示原则：**谁执法、谁公示、谁负责
执法全过程记录制度	行政执法全过程记录是行政执法活动合法有效的重要保证
重大执法决定法制审核制度	是作出重大执法决定合法有效的关键环节，未经法制审核或审核未通过的，不得作出决定 （1）明确审核**机构** （2）明确审核**范围**。①涉及重大公共利益，可能造成重大社会影响或引发社会风险；②直接关系行政相对人或第三人重大权益；③经过听证程序作出税务执法决定；④案件情况疑难复杂、涉及多个法律关系 （3）明确审核**内容**。主体、程序、事实、适用依据、法定权限、情节（犯罪与否，是否需要移送司法机关） （4）明确审核**责任**。行政执法机关主要负责人负责

1. 概念详解

信赖保护原则是指行政管理相对人对行政权力的正当合理信赖应当予以保护，行政机关不得擅自改变已生效的行政行为，确需改变行政行为的，对于由此给相对人造成的损失应当给予补偿。

2. 经典习题演练

【单选题】下列关于行政法基本原则的内容，正确的是（　　）。

A. 行政合法性原则只要求遵循宪法、法律

B. 行政合理性原则要求行政权力的存在有法律依据

C. 行政合理性原则要求行政行为应建立在考虑相关因素的基础上

D. 行政应急权力在任何时候都可以行使

【答案】C

【解析】本题考查的是行政法的基本原则。合法性原则要求行政机关实施行政管理不仅应遵循宪法、法律，还要遵循行政法规、地方性法规、行政规章、自治条例和单行条例等规范性文件，A 选项错误。要求行政权力的存在有法律依据是行政合法性原则的要求，不是合理性原则的要求，B 选项错误。行政应急权力必须在满足特定条件的前提下才能行使，D 选项错误。故正确答案是 C。

【单选题】下列关于行政行为合法要件的说法，不正确的是（　　）。

A. 行政行为的内容必须合法

B. 行政行为的主体必须合法

C. 只要行政行为的主体、内容合法即可

D. 行政行为必须在行政主体的权限范围内实施

【答案】C

【解析】本题考查的是行政行为的合法要件。行政行为的合法要件有：①行政行为的主体必须合法；②行政行为必须在行政主体的权限范围内实施；③行政行为的内容必须合法；④行政行为必须符合法定程序；⑤行政行为必须符合法定形式。C 选项忽略了其他合法要件，因此该选项是不正确的。故 C 选项符合题意。

【单选题】行政机关在行政执法过程中，应当平等地适用法律规范，不得因人因地而异，对相同事实与情况应相同对待。这体现的是（　　）。

A. 行政合法性原则　　B. 行政合理性原则

C. 行政应急性原则　　D. 信赖保护原则

【答案】B

【解析】本题考查的是行政法的基本原则。平等地适用法律规范，符合公正法则是合理性原则的内容之一。故正确答案是 B。

【多选题】依法行政是法治国家对政府行政活动提出的基本要求，而合法行政是依法行政的核心内容。下列行为符合合法行政要求的是（　　）。

A. 某纳税人向税务机关申请延期缴纳税款，税务机关审查后认为不符合条件而作出不予核准的决定

B. 税务人员为查办税收违法案件设路卡检查车辆

C. 税务机关决定对 A 企业 2021 年度的纳税情况进行检查，检查人员小李因 A 企业的法定代表人是他姐夫，主动申请了回避

D. 某纳税人未按照规定期限申报缴纳税款，税务机关对其违法行为处以罚款

【答案】ACD

【解析】本题考查的是依法行政中的合法行政的要求。按照合法行政的要求，税务机关实施税务行政管理，应当依照法律、法规、规章进行，要坚持法定职责必须为、法无授权不可为。B 选项法律、法规并没有授权，A 选项的行政行为是依据《税收征管法》《行政许可法》的规定作出，C 选项依据《税收征管法》第十二条、《税收征管法实施细则》第八条，D 选项依据《税收征管法》第六十二条，也即 A、C、D 选项的行政行为都有法律依据。故正确答案是 A、C、D。

【多选题】合理行政是依法行政的基本要求之一，下列行为体现合理行政要求的有（　　）。

A. 税务机关在作出重要决定时，充分听取行政相对人的意见

B. 税务机关要平等地对待每一纳税人

C. 税务机关行使裁量权所采取的措施符合法律的目的

D. 税务机关在作出行政处罚决定之前，应当告知当事人作出行政处罚决定的事实、理由及依据，并告知当事人依法享有的权利

【答案】BC

【解析】本题考查的是依法行政中的合理行政的要求。A、D 选项属于依法行政中的程序正当要求，B、C 选项是符合依法行政中的合理行政的要求。故正确答案是B、C。

3. 知识扩展

行政原则对比

内容＼对象	行政法	税务行政许可	行政处罚	行政强制
具体原则	合法性原则（首要原则）	合法性原则	处罚法定原则	合法性原则
	合理性原则	公开、公平、公正、非歧视原则	处罚公正、公开原则	合理性原则
	（应急性原则）	便民原则	过罚相当原则	权利保障原则
		救济原则	处罚与教育相结合原则	
		信赖保护原则	监督、制约原则	

新《行政处罚法》关于行政处罚法制审核的规定

原则	相关情形下，未经法制审核或者审核未通过的，不得作出决定
具体情形	涉及重大公共利益
	直接关系当事人或者第三人重大权益，经过听证程序的
	案件情况疑难复杂、涉及多个法律关系的
	其他情形

知识点2：税收行政法律关系与税务行政行为

税收行政法律关系

主体	1. 税务行政主体（各级税务局、税务分局、税务所和省以下税务局的稽查局）——需能独立承担法律责任 2. 税务行政相对人（双重身份国家机关、社会组织、自然人、外国组织、外国人） **注：当事人一方必须是行政主体，且行政主体必须是一类组织，不能是个人**
内容	行政主体的权力和义务与行政相对人的权利和义务
客体	人身、行为和财产 税务行政法律关系一般是行为和财产

税务行政行为特征

特征	内容
法律的执行性	行政行为的作出必须具有法律依据，是对法律的执行
单方意志性	不需要征得行政相对人同意即可直接作出税务行政行为
效力先定性	税务行政行为一经作出且生效之后，就推定其符合法律规定，具有法律效力（行政行为作出不代表生效） **即使可能存在违法情形，只要未被依法撤销之前，都具有法律效力**
一定的行政裁量性	行政合理性原则对其规范和约束
强制性	行政行为生效后，相对人必须执行，不执行的，行政机关采取强制

税务行政行为类别

类别	备注
抽象行政行为和具体行政行为	是否具有普遍性（重点）
内部行政行为和外部行政行为	内部行政行为一般不具有可诉性，但可以按照规定提起申诉；外部行政行为一般具有可诉性
羁束行政行为和自由裁量行政行为	行政赔偿、行政补偿是典型的自由裁量行政行为
依职权的行政行为和依申请的行政行为	征收核定、行政处罚等属于依职权的行政行为，行政处罚作出之前的听证等属于依申请的行政行为
要式行政行为与非要式行政行为	要式行为需形式合法
有利行政行为与不利行政行为	有利和不利行政行为主要是以对行政相对人是否有利为划分标准

税务行政行为内容

内容	要点
设定权利和义务	通过行政立法完成
实现权利和义务	对行政主体和相对人权利义务的落实
剥夺、限制权利和减、免义务	通过对违法行为的惩罚实现
确认和恢复权利和义务	前提是对某权利或义务的认识存在分歧

行政行为成立要件

主体资格	主体依法成立、委托、授权的行政机关
权力要件	属于行使职权行为
形式要件	以一定的形式表现出来
功能要件	行政行为能够影响税务行政相对人的权益
总结：行政行为成立并不一定生效，生效并不一定合法	

行政行为生效要件

<table>
<tr><th>即时生效</th><th colspan="2">受领生效</th><th>其他生效方式</th></tr>
<tr><td rowspan="5">作出即生效</td><td>直接送达（本人/成年家属；法定代表人/负责人/财务负责人/收件人/代理人）</td><td rowspan="4">有送达回证</td><td rowspan="2">期限满足生效</td></tr>
<tr><td>留置送达（拒收理由及日期、送达人和见证人签名或盖章；采用拍照、录像等方式记录送达）</td></tr>
<tr><td>委托送达（委托有关机关/单位代为送达），应有委托手续</td><td rowspan="3">条件成就生效</td></tr>
<tr><td>邮寄送达（挂号函件回执日期）</td></tr>
<tr><td>公告送达（同一送达事项受送达人众多；其他方式无法送达，公告满 30 日视为送达）</td><td>无送达回证</td></tr>
<tr><td>一般针对抽象行政行为</td><td colspan="2">一般针对具体行政行为</td><td>可能是抽象或具体行政行为</td></tr>
</table>

行政行为合法要件

主体合法	权限合法	内容合法	程序合法	形式合法

1. 概念详解

行政行为作出时即成立，但是成立并不一定生效，如受领生效中文书未成功送达；成立生效也不一定合法，如作出的行政行为可能会因为法律依据不正确、程序不正当等原因导致行为违法。

2. 经典习题演练

【单选题】下列各项中，不属于行政行为特征的是（　　）。

A. 一定的自由裁量性　　B. 强制性

C. 效力恒定性　　D. 法律的执行性

【答案】C

【解析】本题考查的是行政行为的特征。行政行为的特征包括，法律的执行性、一定的行政裁量性、单方意志性、效力先定性、强制性。效力恒定性不属于行政行为的特征。故正确答案是 C。

【单选题】下列有关行政行为效力的说法中，正确的是（　　）。

A. 行政机关可以自主改变已生效的具体行政行为

B. 行政行为的拘束力表现为对行政相对方的拘束力

C. 行政行为成立即生效

D. 行政行为一旦作出并生效，相对人必须履行，相对人不履行该行为的，行政机关有权自行强制执行或申请人民法院强制执行

【答案】D

【解析】本题考查的是行政行为效力。没有法定事由，非经法定程序，行政机关或行政相对人都不能要求变更具体行政行为，这是行政行为的确定力，A 选项错误。B 选

项涉及行政行为的拘束力，行政行为对行政主体和行政相对人都会产生约束和限制，B选项错误。行政行为成立之后并非立即生效，只有在行政相对人知晓该行为后，才能正式产生法律效力，C选项错误。故正确答案是D。

【单选题】行政主体实施行政行为，只要是法律、法规的授权范围内即可自行决定和直接实施，而无须与行政相对人协商或征得其同意，这体现了行政行为具有（　　）。

A. 从属法律性　　B. 效力先定性　　C. 单方意志性　　D. 强制性

【答案】C

【解析】本题考查的是行政行为的特征。行政主体实施行政行为，只要是法律、法规的授权范围内即可自行决定和直接实施，而无须与行政相对人协商或征得其同意，这体现了行政行为的单方意志性。故正确答案是C。

【多选题】税务机关停止为某骗取国家出口退税款的纳税人办理出口退税的行为，属于（　　）。

A. 外部行政行为　　B. 具体行政行为

C. 行政司法行为　　D. 依职权的行政行为

【答案】ABD

【解析】本题考查的是行政行为的分类。税务机关停止为某骗取国家出口退税款的纳税人办理出口退税的行为，是税务机关依法对公共事务的管理活动而作出的行为；是针对特定对象实施的行为；是依照法律授予的职权，无须行政相对人申请就可以主动作出的行政行为。而行政司法行为则是指行政机关作为第三者，按照准司法程序审理特定的行政争议或民事争议案件所作出的裁决行为，本题的行为不具有这样的特征。因此该行为属于外部行政行为、具体行政行为、依职权的行政行为。故正确答案是A、B、D。

【多选题】税务机关的下列行政行为，属于具体行政行为的有（　　）。

A. 国家税务总局制定并发布2019年第11号公告

B. 税务机关对某纳税人作出《税务行政处罚决定书》

C. 税务机关公告《2016年春节期间纳税申报延期通知》

D. 稽查局对某举报人兑现奖励1000元

【答案】BD

【解析】本题考查的是具体行政行为。具体行政行为是针对特定对象实施的行为，A选项属于规范性文件的制定，并不针对某一特定对象作出，属于抽象行政行为。C选项也并不针对某一特定对象作出，属于抽象行政行为。B、D选项是针对具体特定的对象作出的行为，是具体行政行为。故正确答案是B、D。

【多选题】下列税务行政行为，属于抽象行政行为的有（　　）。

A. 某省税务局制定规范税务行政处罚裁量权的实施办法

B. 某市税务局对干部王某的违纪违法行为作出行政处分决定

C. 某县税务局对拒不接受税务机关处理的甲企业作出停供发票的决定

D. 国家税务总局制定税收规章

【答案】 AD

【解析】 本题考查的是抽象行政行为。B 选项属于内部行政行为。C 选项是针对特定的对象甲企业实施的行为，属于具体行政行为。A、D 选项是不针对特定对象实施的行为，且可以反复地适用于不特定的对象属于抽象行政行为。故正确答案是 A、D。

【多选题】 直接送达税务文书有困难的，可以采用（　　）。

A. 电子送达　　B. 邮寄送达　　C. 公告送达　　D. 委托送达

【答案】 BD

【解析】《税收征管法实施细则》第一百零四条规定，直接送达税务文书有困难，可以委托其他有关机关或者其他单位代为送达，或者邮寄送达。故正确答案是 B、D。

【多选题】 税务行政行为的合法要件有（　　）。

A. 主体合法　　B. 权利义务对等

C. 程序合法　　D. 在权限范围内作出

【答案】 ACD

【解析】 本题考查的是行政行为的合法要件。行政行为的合法要件包括：①主体合法；②权限合法；③内容合法；④程序合法；⑤形式合法。故正确答案是 A、C、D。

【判断题】 税务机关委托有关单位和人员代征，这种受托单位也可以成为税务行政主体。（　　）

【答案】 错误

【解析】 根据《税收征管法实施细则》第四十四条规定，对零星分散和异地缴纳的税收，税务机关可以按照国家有关规定委托有关单位和人员代征，但受托单位和人员只能按照代征证书的要求，以税务机关的名义依法征收税款。受托单位和人员在征收税款的过程中导致损害纳税人权益的情形，由税务机关对纳税人承担赔偿责任。因此，这种受托单位和人员也就不能成为税务行政主体。

【判断题】 税务行政主体为税务机关和税务行政相对人。（　　）

【答案】 错误

【解析】 税务行政主体和税务行政法律关系的主体两者不能混为一谈。税务行政主体是税务行政法律关系主体的内容之一，主要包括税务机关和法律法规授权的组织，税务行政法律关系的主体除了税务行政主体外还包括税务行政相对人。

3. 知识扩展

文书送达相关注意要点

公告送达	①**适用情形：** 同一送达事项的受送达人众多；穷尽其他送达方式无法送达 ②**《民事诉讼法》修订：** 自 2022 年起，公告送达由 60 日修改为 30 日
电子送达	采用电子送达方式，需经受送达人同意
	一是从文书种类上， 税务处理决定书、税务行政处罚决定书（不含简易程序处罚）、税收保全措施决定书、税收强制执行决定书、阻止出境决定书等文书暂不适用电子送达 **二是从执法类型上，** 税务稽查、税务行政复议等过程中使用的税务文书暂不适用电子送达

章节练习

一、单选题

1. 下列关于依法行政基本要求，说法错误的是（　　）。

A. 法无授权不可为体现了依法行政的合法行政要求

B. 坚持信赖保护原则体现了依法行政的合理行政要求

C. 按要求履行法定职责体现了依法行政的高效便民要求

D. 行政管理坚持以公开为常态，不公开为例外体现了依法行政的程序正当要求

【答案】B

【解析】坚持信赖保护原则体现了依法行政的诚实守信要求。

2. 下列关于行政法的特征，说法错误的是（　　）。

A. 行政法调整对象具有确定性，始终以行政法律关系作为调整对象

B. 行政法包含实体规范和程序规范，两者往往交融并存

C. 行政法内容具有广泛性，涉及行政领域广泛

D. 行政法没有统一、完整的法典，法律规范相对比较分散

【答案】C

【解析】涉及行政领域广泛属于行政法内容相对易变动性的内容。

3. 下列不属于行政执法“三项制度”内容的是（　　）。

A. 行政执法公示制度　　B. 执法全过程记录制度

C. 重大执法决定法制审核制度　　D. 执法过错责任追究制度

【答案】D

【解析】行政执法“三项制度”主要内容包括：行政执法公示制度、执法全过程记录制度、重大执法决定法制审核制度。

4. 下列关于税务行政行为的有关说法，错误的是（　　）。

A. 税务行政许可申请属于要式行政行为

B. 税务行政许可作出之前的听证都属于依申请行政行为

C. 税务机关实施行政强制执行适用和解程序时，对滞纳金的减免属于自由裁量行政行为

D. 税务机关针对某公司的偷税行为，决定予以罚款处罚属于具体行政行为

【答案】B

【解析】税务行政许可作出之前的听证有可能是依申请行政行为，也可能是依职权行政行为。

5. 下列不属于行政法合理性原则内容的是（　　）。

A. 行政行为应符合法律目的，具有正当性

B. 行政行为应遵循信赖保护原则

C. 行政行为应按照法定程序行使

D. 行政行为应符合客观实际

【答案】C

【解析】行政行为应按照法定程序行使属于合法性原则内容。

6. 下列关于税务文书送达方式，说法错误的是（　　）。

A. 税务机关采用公告送达方式向甲公司送达税务文书，并告知自公告之日起满30日视为送达

B. 直接送达、留置送达、委托送达、邮寄送达方式均应制作送达回证

C. 税务机关给个体户丙送达《税务行政处罚决定书》时，其本人不在，遂交由其在场的妻子签收

D. 文书送达一般针对具体行政行为

【答案】B

【解析】邮寄送达方式不需制作送达回证，以挂号函件回执日期作为送达日期。

7. 非因法定事由并经法定程序，行政机关不得轻易撤销、变更已经生效的行政决定，这体现了依法行政的（　　）基本要求。

A. 合法行政　　B. 合理行政　　C. 诚实守信　　D. 高效便民

【答案】C

【解析】非因法定事由并经法定程序，行政机关不得轻易撤销、变更已经生效的行政决定体现了信赖保护原则，这属于诚实守信基本要求内容。

8. 下列行政行为中，不属于依职权的行政行为是（　　）。

A. 税务行政处罚　　B. 征税行为

C. 税务行政许可　　D. 税务行政强制

【答案】C

【解析】本题考查的是行政行为的种类。依职权的行政行为是指行政主体依照法律授予的职权，无须行政相对人申请就可以主动作出的行政行为。税务行政处罚、征税行为、税务行政强制属于税务机关依职权作出的行政行为。这里只有税务行政许可是依申请的行政行为。故正确答案是C。

9.《税务处理决定书》生效的时间是（　　）。

A. 决定书中写明的时间　　B. 税务机关作出决定的时间

C. 税务机关负责人签发之日　　D. 决定书依法送达的时间

【答案】D

【解析】本题考查的是行政行为的生效时间。税务机关作出的行政行为并不一定立即生效，只有在行政相对人知晓该行政行为后，才能正式产生法律效力。因此，税务行政行为的生效要件就是为行政相对人所知。《税务处理决定书》只有依法送达给行政相对人时才表明行政相对人知道，才会生效。故正确答案是D。

10. 依法行政与政务公开的关系，正确的说法是（　　）。

A. 依法行政与政务公开没有关系

B. 依法行政要求政务活动以不公开为原则，公开为例外

C. 依法行政要求政务活动以公开为常态，不公开为例外

D. 依法行政要求一切政务活动均应公开

【答案】C

【解析】本题考查的是依法行政的基本要求。政务公开是依法行政程序正当的要求，政务活动坚持以公开为常态，不公开为例外的原则。故正确答案是 C。

二、多选题

1. 下列关于税务行政行为特征，说法正确的有（　　）。

A. 税务行政行为的单方意志性是指不需要征得行政相对人同意即可直接作出税务行政行为

B. 税务行政行为的效力先定性表明税务行政行为一经作出就推定其符合法律规定，具有法律效力

C. 税务行政行为的强制性表明行政行为的作出必须具有法律依据

D. 税务行政行为具有一定的行政裁量性，同时受到行政合理性原则的规范和约束

【答案】AD

【解析】B 选项，税务行政行为的效力先定性表明税务行政行为一经作出且生效之后，就推定其符合法律规定，具有法律效力；C 选项，税务行政行为的法律执行性表明行政行为的作出必须具有法律依据。

2. 按照规定，下列属于税务行政主体的有（　　）。

A. 国家税务总局稽查局　　B. 某税务分局

C. 某省税务局　　D. 税务所

【答案】BCD

【解析】税务行政主体包括各级税务局、税务分局、税务所和省以下稽查局，国家税务总局稽查局属于总局内设机构。

3. 税务机关的下列行为，属于具体行政行为的有（　　）。

A. 国家税务总局制定并发布 2022 年第 1 号公告

B. 税务机关对某纳税人作出《税务处理决定书》

C. 国家税务总局发布 2022 年征期日历公告

D. 某稽查局对纳税人作出行政处罚决定

【答案】BD

【解析】A 选项和 C 选项均属于抽象行政行为。

4. 以下属于行政合理性原则要求的有（　　）。

A. 行政行为的作出符合法律的目的

B. 行政行为要符合比例原则

C. 行政行为应当公平、适度、合乎情理

D. 行政主体依法设立，行使职权依法授予

【答案】ABC

【解析】行政合理性原则要求包括以下方面：①行政行为的作出应符合法律的目的，即具有正当性；②行政行为要符合比例原则，即具有平衡性；③行政行为要符合信赖保护原则；④行政主体在作出行政行为时，必须符合客观实际，合乎情理，即具有情理性。A、B、C 选项三项是行政合理性原则的要求。D 选项是行政合法性原则的要求，不是行政合理性原则的要求。故正确答案是 A、B、C。

5. 税务机关依法实施税务检查的行为，属于（　　）。

A. 具体行政行为　　B. 外部行政行为

C. 有利行政行为　　D. 依职权的行政行为

【答案】ABD

【解析】本题考查的是行政行为的分类。一种行政行为可以有不同的行为种类特征。税务机关依法实施税务检查的行为，是税务机关以国家的法律、法规政策和税收征收管理制度为依据，对纳税人履行纳税义务情况及其偷逃税行为的审核和查处。以行政行为的内容是否对行政相对人有利为标准，可以将其分为有利行政行为和不利行政行为，C 选项显然是错误的。故正确答案是 A、B、D。

6. 根据《税收征管法》的规定，下列有关税务机关职权与职责的表述中，正确的有（　　）。

A. 税务机关有权指定任何企业作为扣缴义务人

B. 税务机关对于纳税人提交的不属于本机关审批权限或范围的减免税申请，有责任告知纳税人

C. 在特殊情况下税务机关有权不按照法定程序对纳税人征税

D. 税务机关实施强制执行措施，如因税务机关的原因致使纳税人合法权益遭受损害的，税务机关应当依法承担赔偿责任

【答案】BD

【解析】本题考查的是税务机关的职权与职责。A 选项中的扣缴义务人是法律、行政法规规定的负有代扣代缴、代收代缴义务的单位和个人，并非由税务机关指定，不属于税务机关的职权，因此 A 选项的说法错误。B 选项有关纳税人的知情权，知情权是税务行政相对人的权利。C 选项，税务机关按照法定程序对纳税人征税，既是税务机关的职权，也是职责，因此说法是错误的。D 选项，税务机关实施强制执行措施，如因税务机关的原因致使纳税人合法权益遭受损失的，税务机关应当依法承担赔偿责任，这是法定的职责。故正确答案是 B、D。

7. 下列各项中，税务行政相对人享有的权利有（　　）。

A. 知情权　　B. 陈述权和申辩权

C. 参与权　　D. 申请财产保全权利

【答案】ABC

【解析】本题考查税务行政相对人的权利。在行政活动过程中，行政相对人享有的权利主要有：参与权、知情权、陈述申辩权以及受益权等，不享有申请财产保全的权利，申请财产保全的权利是民事诉讼制度中利益关系人享有的一项权利。

8. 行政行为的生效可以分为（　　）。

A. 提前生效　　B. 即时生效　　C. 受领生效　　D. 附条件生效

【答案】BCD

【解析】本题考在行政行为的生效要件。行政行为的生效可以分为即时生效、受领生效和附条件生效。

9. 纳税人张三因未按规定期限申报被税务所处 2000 元罚款，该处罚属于（　　）。

A. 具体行政行为　　B. 授益行政行为

C. 依职权的行政行为　　D. 不利行政行为

【答案】ACD

【解析】本题考查行政行为的分类。税务行政处罚是对行政相对人的违法行为依法给予制裁的具体行政行为，它属于行政机关依职权作出的给相对人附加义务的不利行政行为。所以答案为 A、C、D。

10. 下列送达方式必须有送达回证的有（　　）。

A. 直接送达　　B. 邮寄送达　　C. 公告送达　　D. 留置送达

【答案】AD

【解析】本题考查送达回证。根据《税收征管法实施细则》的相关规定，直接送达税务文书和留置送达应当有送达回证，而邮寄送达和公告送达虽不必然需要书面的送达回证，但也要保留相应证据证明送达时间和过程。

三、判断题

1. 税务行政主体必须是一个组织。（　　）

【答案】正确

【解析】法律只赋予某一组织行政主体资格，代表国家行使行政职权，税务行政主体也是如此。税务机关工作人员不能成为征收主体，只能受某税务行政主体委派，代表某一税务行政主体从事税收征管工作。

2. 行政裁量权就是行政机关行使行政权无须受法律约束的权力。（　　）

【答案】错误

【解析】行政裁量权是行政主体依据法律、法规赋予的职责权限，基于法律、法规及行政的目的和精神，针对具体的行政法律关系，自由选择而作出的公正、合理的行政决定的权力。因此，其行使应受法律的约束。

3. 行政相对人的权利，可以依其意愿行使或放弃；而税务行政主体的职权，既是一种权力，也是一种责任，一般不能随意放弃。（　　）

【答案】正确

【解析】本题考查行政相对人的权利和税务行政主体职权的差别。行政相对人的权利，可以依其意愿行使或放弃；而税务行政主体的职权，既是一种权力，也是一种责任，一般不能随意放弃。

4. 税务机关采用邮寄方式送达税务文书的，挂号函件回执上注明的收件日期为送达日期。（　　）

【答案】正确

【解析】依据《税收征管法实施细则》第一百零五条的规定，邮寄送达的，以挂号函件回执上注明的收件日期为送达日期，并视为已送达。

5. 行政行为成立并不一定生效，生效并不一定合法。（　　）

【答案】正确

【解析】按照规定，行政行为成立后要符合生效条件才能生效，且生效的行政行为不一定合法。

6. 税务机关的权力同时也是一种职责。（　　）

【答案】正确

【解析】税务机关在行使行政权力的过程中，权力和责任是统一的。有权必有责、用权受监督、违法受追究、侵权须赔偿。

7. 税务机关送达税务文书，电子送达的法律效力优于邮寄送达的法律效力。（　　）

【答案】错误

【解析】电子送达与其他送达方式具有同等法律效力。

8. 税务行政相对人仅指根据法律、行政法规规定承担纳税义务的单位和个人。（　　）

【答案】错误

【解析】税务行政相对人是指在税务行政法律关系中被税务行政主体管理的一方当事人。只要受到税务行政权的影响和约束，都可成为税务行政相对人。除法律、行政法规规定承担纳税义务的单位和个人外，扣缴义务人、金融机构等都可成为税务行政相对人。

9. 行政行为一经作出即具有法律效力，非经法定程序不得变更。（　　）

【答案】正确

【解析】行政行为一经作出即具有法律效力，非经法定程序不得变更，体现了行政行为的确定力。

10. 经受送达人同意，一般行政处罚的税务行政处罚决定书可以采用电子送达方式。（　　）

【答案】错误

【解析】根据《税务文书电子送达规定（试行）》第八条规定，税务处理决定书、税务行政处罚决定书（不含简易程序处罚）、税收保全措施决定书、税收强制执行决定书、阻止出境决定书以及税务稽查、税务行政复议过程中使用的税务文书等暂不适用本规定。

第三章 行政许可

本章主要掌握内容：行政许可概念、行政许可的实施。

知识点1：行政许可概念

税务行政许可特征

特征	注意内容
行政许可是依申请的行政行为	但行政许可非双方行为，而是单方行为
行政许可是要式行政行为	明示的行政许可，不存在口头形式
行政许可是授益性行政行为	授益性是行政许可的显著特征
行政许可有特定的审查批准程序	知情权、陈述申辩权、审批期限等

行政许可与行政确认

内容	行政许可	行政确认
性质	具有授益性，是一项新的权利授予	对已有权利的认定，不是对新权利的授予
调控范围	针对稀缺性或国家需要加以控制的事项	对既有身份、能力、权利、事实的确认和认定
审批流程	形式及实质审查，具有自由裁量权力	主要是形式审查，行政机关并无自由裁量权力

税务行政许可种类：

目前，税务行政许可仅剩余一项：增值税专用发票（增值税税控系统）最高开票限额审批。

税务行政许可设定事项

可以设定行政许可	可不设定行政许可
直接涉及国家安全、公共安全、经济宏观调控、生态环境保护以及直接关系人身健康、生命财产安全等特定活动，需要按照法定条件予以批准的事项	主体**自主**决定 （公民、法人或者其他机构能够自主决定）
有限自然资源开发利用、公共资源配置以及直接关系公共利益的特定行业的市场准入等，需要赋予特定权利的事项	市场**自主**调节 （市场竞争机制能够有效调节）
提供公众服务并且直接关系公共利益的职业、行业，需要确定具备特殊信誉、特殊条件或者特殊技能等资格、资质的事项	组织**自律**管理 （行业组织或者中介机构能够自律管理）
直接关系公共安全、人身健康、生命财产安全的重要设备、设施、产品、物品，需要按照技术标准、技术规范，通过检验、检测、检疫等方式进行审定的事项	事后监督能解决 （采用事后监督等其他行政管理方式能够解决）
企业或者其他组织的设立等，需要确定主体资格的事项	

税务行政许可设定权限

主体	注意事项
全国人大及其常委会	法律可以对所有符合条件的事项设定行政许可
国务院	尚未制定法律的，行政法规可以设定行政许可 必要时，国务院可以采用发布决定的方式设定行政许可。实施后，除临时性行政许可事项外，国务院应当及时提请全国人民代表大会及其常务委员会制定法律，或者自行制定行政法规 注：部门规章不能设定行政许可
地方人大及其常委会（包括较大的市）	尚未制定法律、行政法规的，地方性法规可以设定行政许可
省、自治区、直辖市人民政府（不包括较大的市）	尚未制定法律、行政法规和地方性法规的，因行政管理的需要，确需立即实施行政许可的，省、自治区、直辖市人民政府规章可以设定临时性的行政许可。临时性的行政许可实施满一年需要继续实施的，应当提请本级人民代表大会及其常务委员会制定地方性法规
注意：地方性法规和省级政府规章不得设定： ①应由**国家统一确定**的有关公民、法人或者其他组织**资质**的行政许可 ②不得设定企业或者其他组织的设立登记及其**前置性行政许可** ③不得限制其他地区个人或者企业到本地区从事生产经营和提供服务，不得限制其他地区商品进入本地区市场（**不限外人、不限外物**）	

1. 概念详解

行政许可，是指行政机关根据公民、法人或者其他组织的申请，经依法审查，准予其从事特定活动的行为。

2. 经典习题演练

【单选题】下列各项中对行政机关实施行政许可权的条件表述正确的是（　　）。

A. 该行政机关具有管理公共事务的职能　　B. 该行政机关具有行政许可权

C. 该行政机关具有行政管理权　　D. 各级人民政府都可以行使

【答案】B

【解析】本题考查的是行政许可的实施机关。行政许可由具有行政许可权的行政机关在法定权限内实施，各级行政机关下属的事业单位、内部办事机构一律不得以自己的名义实施行政许可。故正确答案是B。

【单选题】下列选项中不属于行政许可特征的是（　　）。

A. 行政许可是要式行政行为　　B. 行政许可是授益行政行为

C. 行政许可是依职权的行政行为　　D. 行政许可是依申请的行政行为

【答案】C

【解析】本题考查的是行政许可的特征。行政许可的特征包括：①依申请的行政行为；②要式行政行为；③授益行政行为；④有特定的审查审批程序。故正确答案是C。

【单选题】依照《行政许可法》的规定，可以不设定行政许可事项的是（　　）。

A. 市场竞争机制可以有效调节的　　B. 直接涉及公共安全的

C. 企业的设立　　D. 有限自然资源的开发利用

【答案】A

【解析】本题考查的是可以不设定行政许可的事项。根据《行政许可法》规定，可以不设定行政许可的事项包括：公民、法人和其他组织能够自主决定的；市场竞争机制能够有效调节的；行业组织或者中介机构能够自律管理的；行政机关采用事后监督等其他行政管理方式能够解决的。故正确答案是A。

【单选题】“公民、法人或者其他组织合法权益因行政机关违法实施行政许可受到损害的，有权依法要求赔偿”，这体现了《行政许可法》的一项基本原则，这个原则是指（　　）。

A. 公开、公正、公平、非歧视原则　　B. 法定原则

C. 便民和效率原则　　D. 救济原则

【答案】D

【解析】本题考核《行政许可法》的基本原则。“公民、法人或者其他组织合法权益因行政机关违法实施行政许可受到损害的，有权依法要求赔偿”，是《行政许可法》救济原则的体现。故正确答案是D。

【单选题】下列选项中，属于行政许可区别于其他大多数行政行为的一个显著特征是（　　）。

A. 强制性　　B. 授益性

C. 效力公定性　　D. 一定的自由裁量性

【答案】B

【解析】本题考查的是行政许可的特征。授益性是行政许可区别于其他大多数行政行为的一个显著特征。所谓授益性，是指行政许可的实施是一项对行政相对人有益的行为，是通过行政许可而使行政相对人取得某种资格的行为。故正确答案是B。

【多选题】下列关于行政许可原则的说法正确的有（　　）。

A. 行政许可的设定必须有明确的法律依据，体现了行政许可法定原则

B. 所有行政许可的实施结果都要公开，这是行政许可公开原则的要求

C. 行政机关推行电子政务，方便申请人采取数据电文等方式提出行政许可申请，体现了便民和效率原则

D. 行政相对人享有申请行政复议和提起诉讼的权利体现了行政许可的监督原则

【答案】AC

【解析】本题考查的是行政许可的原则。行政许可的实施和结果，除涉及国家秘密、商业秘密或个人隐私的外，应当公开，B选项说法过于绝对。公民、法人或者其他组织对行政机关实施行政许可，享有陈述权、申辩权；有权依法申请行政复议或者提起行政诉讼；其合法权益因行政机关违法实施行政许可受到损害的，有权依法要求赔偿，这是救济原则的体现，D选项错误。故正确答案是A、C。

【判断题】国务院有关部委和直属机构制定的部门规章有权设定一定范围内的行政

许可事项。（　　）

【答案】错误

【解析】根据《行政许可法》的规定，可以设定行政许可事项的包括法律、行政法规、国务院发布的决定、地方性法规以及省、自治区、直辖市人民政府规章，其他规范性文件一律不得设定行政许可。

【判断题】法律、行政法规设定的行政许可，其适用范围没有地域限制的，申请人取得的行政许可在全国范围内有效。（　　）

【答案】正确

【解析】法律由全国人民代表大会及其常务委员会制定，行政法规由国务院制定，其法律效力在全国范围内有效。

【判断题】行政机关在其法定职权范围内，依照法律、法规、规章的规定，可以委托其他行政机关实施行政许可。（　　）

【答案】正确

【解析】根据《行政许可法》第二十四条规定，行政机关在其法定职权范围内，依照法律、法规、规章的规定，可以委托其他行政机关实施行政许可。委托机关应当将受委托行政机关和受委托实施行政许可的内容予以公告。

3. 知识扩展

已取消的税务行政许可

①企业印制发票的审批
②对纳税人延期缴纳税款的核准（省级）
③对纳税人延期申报的核准（县级）
④对纳税人变更纳税定额的核准
⑤对采取实际利润额以外的其他企业所得税预缴方式的核定
⑥非居民企业选择由其主要机构场所汇总缴纳企业所得税的审批

知识点2：行政许可的实施

行政许可、行政复议、行政诉讼的知识点归纳

内容＼对象	行政许可	行政复议	行政诉讼
申请	书面	可书面可口头	书面
时限	—	60 日	6 个月；复议决定后 15 日；复议机关不作为（按一般诉期）；未告知诉权或期限的：不动产 20 年，其他自作出行为后 5 年
受理	不受理；要求补正（当场或 5 日）；受理	5 日内审查是否受理	当场或 7 日

续表

对象 内容	行政许可	行政复议	行政诉讼
审查	书面审查	合理性及合法性（7 日送被申请人，10 日内书面答复）	合法性
和解及调解	—	适用（自由裁量、行政赔偿、行政奖励等）；和解后不得同一事实理由再申请	一般不适用调解（行政赔偿、补偿及自由裁量除外）
办理时限	1. 当场作出决定 2. 限期作出决定：①单独办理：20 日 +10 日 ②统一办理或联合办理、集中办理：45 日 +15 日	60 日 +30 日（和解调解期间中止计算）	一审：普通 6 个月，简易 45 日（独审） 二审：3 个月（上诉：15 日/10 日）（合议庭） 裁定适用程序性事项，可书面可口头
类型	准予；不予	维持决定；履行决定；撤销决定；变更决定；确认违法	判决驳回；判决撤销；判决履行；判决变更；判决确认无效；判决责令；确认违法

税务行政许可的申请与受理

类型	内容
不受理	属于税务机关管辖但依法不需要取得许可
不予受理	申请事项不属于本机关管辖
一次性告知	当场或 5 日内一次性告知
受理	符合要求的予以受理

听证（税务行政许可、税务行政处罚、税务行政复议）

内容	税务行政许可	税务行政处罚	税务行政复议
情形	①法律、法规、规章规定应听证；②税务机关认为需要听证；③涉及申请人与他人之间重大利益关系，申请人或关系人提出 **依申请 + 依职权**	①没收较大数额违法所得、较大价值非法财物 ②较大数额罚款 个人（个体）2000 元；法人或组织 1 万元 **依申请**	重大、复杂案件，申请人提出要求或者行政复议机构认为必要 **依申请 + 依职权**
主持	审查该行政许可申请的工作人员以外的人	非本案调查机构的人员	行政复议机构指定
提出时限	告知后 5 日内	收到处罚告知书后 5 日	—
听证时限	20 日内组织	15 日内组织	—
公开	应当公开	可能公开，可能不公开（国家秘密、商业秘密、个人隐私）	听证应当公开举行，但是涉及国家秘密、商业秘密或者个人隐私的除外
笔录	应当制作	应当制作	应当制作
听证通知	举行听证的 7 日前发出《听证通知书》		

行政许可便民措施及监督检查

<table>
<tr><td colspan="2">便民措施</td><td>①相对集中行政许可权
②“一个窗口”对外
③统一办理、联合办理、集中办理</td></tr>
<tr><td rowspan="6">后续管理</td><td>延续</td><td>届满前 30 日提出申请；税务机关逾期未作出决定视为准予延期</td></tr>
<tr><td>可以撤销</td><td>①滥用职权；②超越职权；③违反程序；④对不具资格或不符条件的申请人准予行政许可（主体是行政机关工作人员）</td></tr>
<tr><td>应当撤销</td><td>以欺骗、贿赂等不正当手段取得（主体是行政许可申请人）</td></tr>
<tr><td>不予撤销</td><td>依法可以撤销但撤销后可能对公共利益造成重大损害</td></tr>
<tr><td>撤回</td><td>基于公共利益的需要收回行政许可（需补偿）
①行政许可依据的法律、法规、规章修改或废止
②行政许可依据的客观情况发生重大变化</td></tr>
<tr><td>吊销</td><td>被许可人取得行政许可后有严重违法行为</td></tr>
</table>

1. 概念详解

行政许可的“可以撤销”和“应当撤销”情形主要存在以下不同：

①主体不同，前者主体是行政机关工作人员，后者主体是行政许可申请人。

②内容不同，前者主要是涉及一些程序性违法，后者主要是涉及手段违法。

③情节不同，前者情节相对较轻，后者情节相对较重。

2. 经典习题演练

【单选题】下列关于行政许可听证的规定，说法正确的是（　　）。

A. 行政许可听证是行政许可的必经程序

B. 行政许可听证只能依申请人或利害关系人的申请举行

C. 行政机关认为需要听证的其他涉及公共利益的行政许可事项，行政机关应当向社会公告，并举行听证

D. 申请人、利害关系人提出听证申请的，由申请人、利害关系人承担适当的听证费用

【答案】C

【解析】本题考查的是行政许可听证。听证不是行政许可的必经程序，行政许可听证也不是依申请的行政行为，申请人、利害关系人申请组织听证不承担听证费用。故正确答案是 C。

【单选题】下列关于行政许可申请的说法正确的是（　　）。

A. 行政机关应当将法律、法规和规范性文件设定的行政许可项目以及需要提交的全部材料的目录和申请书示范文本等在办公场所公示

B. 行政机关可以根据申请人的要求对公示内容予以说明、解释，提供准确、可靠的信息

C. 行政机关应当对申请材料实质内容的真实性负责

D. 行政机关不得要求申请人提交与其申请的行政许可事项无关的技术资料和其他

材料

【答案】D

【解析】本题考查的是行政许可的申请。按照《行政许可法》的规定，行政许可的实施机关应当将有关行政许可的事项、依据、条件、数量、程序、期限以及需要提交的全部材料的目录和申请书示范文本等在办理行政许可的场所予以公示。但可以设定行政许可的只有法律、行政法规、国务院决定、地方性法规、省级政府规章，其他规范性文件不得设定行政许可，A 选项错误。申请人要求行政机关对公示内容予以说明、解释的，行政机关“应当”说明、解释，提供准确、可靠的信息，而不是“可以”，B 选项错误。申请人申请行政许可，应当如实向行政机关提交有关材料和反映真实情况，并对其申请材料实质内容的真实性负责，C 选项错误。故正确答案是 D。

【单选题】下列各项关于行政许可的说法错误的是（　　）。

A. 行政机关可以依法变更已经生效的行政许可

B. 行政机关可以依法撤回已经生效的行政许可

C. 依法取得的行政许可一律不得转让

D. 不是所有依法可以或者应当撤销的行政许可都应予以撤销

【答案】C

【解析】本题考查的是行政许可的变更、撤回、转让和撤销。根据《行政许可法》规定，行政机关不得擅自改变已经生效的行政许可，但是行政许可所依据的法律、法规、规章修改或者废止，或者准予行政许可所依据的客观情况发生重大变化的，为了公共利益的需要，行政机关可以依法变更或者撤回已经生效的行政许可，因此 A、B 选项说法正确。依法取得的行政许可，除法律、法规规定依照法定条件和程序可以转让的外，不得转让，因此 C 选项说法错误。依法可以或者应当撤销的行政许可如果可能对公共利益造成重大损害，不予撤销，因此 D 选项说法正确。故 C 选项符合题意。

【多选题】下列关于行政许可实施程序的说法中，正确的有（　　）。

A. 申请人要求行政机关对公示内容予以说明、解释的，行政机关可以根据具体情况决定是否作出说明解释

B. 申请人申请行政许可，应当对其申请材料实质内容的真实性负责，行政机关无须对此进行核查或者履行义务

C. 申请材料不齐全或者不符合法定形式的，应当当场或者 5 日内一次性告知申请人需要补全的全部内容

D. 行政机关提供行政许可申请书格式文本不得收费，申请人对此无须交纳费用

【答案】CD

【解析】本题考查的是行政许可实施程序。申请人要求行政机关对公示内容予以说明、解释的，行政机关应当说明、解释，提供准确可靠的信息，A 选项错误。行政机关应当对申请人提交的申请材料进行审查，审查包括形式审查和实质审查，B 选项错误。故正确答案是 C、D。

【多选题】行政机关依法作出不予行政许可的书面决定的，还应当作出的行为有（ ）。

A. 说明不予行政许可的理由

B. 告知申请人享有依法申请行政复议的权利

C. 告知申请人享有依法提起行政诉讼的权利

D. 告知申请人依法享有申诉和抗辩权

【答案】ABC

【解析】本题考查的是行政机关不予行政许可应说明和告知的事项。根据《行政许可法》规定，行政机关依法作出不予行政许可的书面决定的，应当说明理由，并告知申请人享有依法申请行政复议或者提起行政诉讼的权利，D 选项错误。故正确答案是 A、B、C。

【判断题】行政许可一经授权，就不得撤回。（ ）

【答案】错误

【解析】根据《行政许可法》第八条第二款规定，行政许可所依据的法律、法规、规章修改或者废止，或者准予行政许可所依据的客观情况发生重大变化的，为了公共利益的需要，行政机关可以依法变更或者撤回已经生效的行政许可。

【判断题】行政机关应当根据被许可人的申请，在该行政许可有效期届满前作出是否准予延续的决定；逾期未作决定的，视为准予延续。（ ）

【答案】正确

【解析】根据《行政许可法》规定，行政机关应当根据被许可人的申请，在该行政许可有效期届满前作出是否准予延续的决定；逾期未作决定的，视为准予延续。

【判断题】申请人通过主观恶意以欺骗、隐瞒等方式获得的行政许可不受保护。（ ）

【答案】正确

【解析】信赖保护原则只保护“值得保护的信赖”，获得许可的行政行为应当具有合法性和有效性，不存在主观恶意情况，则其利益应予保护。相反，因申请人通过主观恶意以欺骗、隐瞒等方式获得的许可则不受保护。

3. 知识扩展

新《行政处罚法》关于听证新规定

<table>
<tr><td rowspan="5">情形</td><td>较大数额罚款</td></tr>
<tr><td>没收较大数额违法所得、没收较大价值非法财物</td></tr>
<tr><td>降低资质等级、吊销许可证件</td></tr>
<tr><td>责令停产停业、责令关闭、限制从业</td></tr>
<tr><td>其他较重的行政处罚</td></tr>
<tr><td colspan="2">当事人要求听证的提出时间由原来的 3 日改为 5 日</td></tr>
</table>

章节练习

一、单选题

1. 下列各项中对行政机关实施行政许可权的条件表述正确的是（　　）。

A. 该行政机关具有管理公共事务的职能　B. 该行政机关具有行政许可权

C. 该行政机关具有行政管理权　D. 各级人民政府都可以行使

【答案】 B

【解析】 本题考查的是行政许可的实施机关。行政许可由具有行政许可权的行政机关在法定权限内实施，各级行政机关下属的事业单位、内部办事机构一律不得以自己的名义实施行政许可。故正确答案是B。

2. 下列举措不能体现行政许可便民原则的是（　　）。

A. 行政许可申请只能由当事人自行提出

B. 行政许可申请既可当面提交，亦可采用信函、传真、电子数据交换等方式提交

C. 需要补正材料的行政机关应“一次性告知”

D. 许可事项涉及多个部门的，联合办理或集中办理

【答案】 A

【解析】 根据《行政许可法》规定，行政许可申请既可以由当事人自行提出，也可以委托代理人提出。该规定为程序性要求，不能体现便民原则。故正确答案是A。

3. 下列情形中，属于税务机关依法应当撤销行政许可的情形是（　　）。

A. 对不符合法定条件的申请人准予行政许可的

B. 违反法定程序作出准予行政许可决定的

C. 被许可人以欺骗手段取得行政许可的

D. 行政机关工作人员滥用职权作出准予行政许可决定的

【答案】 C

【解析】 被许可人以欺骗、贿赂等不正当手段取得行政许可的，依法应当撤销行政许可；A、B、D选项属于可以撤销行政许可情形。

4. 下列不属于可不设定行政许可的是（　　）。

A. 公民、法人或者其他机构能够自主决定的事项

B. 市场竞争机制能够有效调节的事项

C. 行业组织或者中介机构能够自律管理的事项

D. 采用事前监督等其他行政管理方式能够解决的事项

【答案】 D

【解析】 D选项应该是采用事后监督等其他行政管理方式能够解决的事项。

5. 下列关于税务行政许可的有关说法，正确的是（　　）。

A. 税务行政许可申请方式包括书面和口头

B. 地方政府规章可以设定部分税务行政许可

C. 地方性法规可以设定企业或者其他组织的设立登记及其前置性行政许可

D. 税务行政许可一般采用形式审查

【答案】D

【解析】A 选项，税务行政许可属于要式行为，只能以书面的形式申请；B 选项，只有省、自治区、直辖市人民政府规章才有权设定行政许可；C 选项，地方性法规不得设定企业或者其他组织的设立登记及其前置性行政许可。

6. 增值税专用发票（增值税税控系统）最高开票限额的审批由（　　）实施。

A. 县级税务机关　　B. 地市税务机关

C. 省级税务机关　　D. 国家税务总局

【答案】A

【解析】本题考查增值税专用发票（增值税税控系统）最高开票限额的审批机关。根据《增值税防伪税控系统最高开票限额审批实施规定》（国家税务总局公告 2022 年第 19 号附件 3）的规定，增值税专用发票（增值税税控系统）最高开票限额的审批机关为县级税务机关。

7. 下列关于行政许可申请的说法正确的是（　　）。

A. 行政机关应当将法律、法规和规范性文件设定的行政许可项目以及需要提交的全部材料的目录和申请书示范文本等在办公场所公示

B. 行政机关可以根据申请人的要求对公示内容予以说明、解释，提供准确、可靠的信息

C. 行政机关应当对申请材料实质内容的真实性负责

D. 行政机关不得要求申请人提交与其申请的行政许可事项无关的技术资料和其他材料

【答案】D

【解析】本题考查的是行政许可的申请。按照《行政许可法》的规定，行政许可的实施机关应当将有关行政许可的事项、依据、条件、数量、程序、期限以及需要提交的全部材料的目录和申请书示范文本等在办理行政许可的场所予以公示。但可以设定行政许可的只有法律、行政法规、国务院决定、地方性法规、省级政府规章，其他规范性文件不得设定行政许可，A 选项错误。申请人要求行政机关对公示内容予以说明、解释的，行政机关“应当”说明、解释，提供准确、可靠的信息，而不是“可以”，B 选项错误。申请人申请行政许可，应当如实向行政机关提交有关材料和反映真实情况，并对其申请材料实质内容的真实性负责，C 选项错误。故正确答案是 D。

8. 下列各项关于行政许可的说法错误的是（　　）。

A. 行政机关可以依法变更已经生效的行政许可

B. 行政机关可以依法撤回已经生效的行政许可

C. 依法取得的行政许可一律不得转让

D. 不是所有依法可以或者应当撤销的行政许可都应予以撤销

【答案】C

【解析】本题考查的是行政许可的变更、撤回、转让和撤销。根据《行政许可法》规定，行政机关不得擅自改变已经生效的行政许可，但是行政许可所依据的法律、法规、规章修改或者废止，或者准予行政许可所依据的客观情况发生重大变化的，为了公共利益的需要，行政机关可以依法变更或者撤回已经生效的行政许可，因此A、B选项说法正确。依法取得的行政许可，除法律、法规规定依照法定条件和程序可以转让的外，不得转让，因此C选项说法错误。依法可以或者应当撤销的行政许可如果可能对公共利益造成重大损害，不予撤销，因此D选项说法正确。故C选项符合题意。

9. 关于行政许可变更和延续，下列说法错误的是（　　）。

A. 行政机关未经被许可人要求可以主动变更行政许可事项

B. 变更行政许可事项，应当符合法定条件、标准

C. 行政机关应当在行政许可有效期届满前作出是否准予延续的决定

D. 行政机关逾期未作延续行政许可决定的，视为准予延续

【答案】A

【解析】本题考查的是行政许可的变更和延续。根据《行政许可法》第八条规定，公民、法人或者其他组织依法取得的行政许可受法律保护，行政机关不得擅自改变已经生效的行政许可。故A选项符合题意。

10.《行政许可法》第十二条所列可以设定行政许可的事项，尚未制定法律、行政法规和地方性法规的，因行政管理的需要，确需立即实施行政许可的，下列选项中可以设定临时性行政许可的是（　　）。

A. 最高人民法院司法解释　　B. 国务院部门规章

C. 省、自治区、直辖市人民政府规章　　D. 县级以上人民政府决定

【答案】C

【解析】本题考查的是临时性行政许可的设定机关。根据《行政许可法》第十五条规定，《行政许可法》第十二条所列事项，尚未制定法律、行政法规和地方性法规的，因行政管理的需要，确需立即实施行政许可的，省、自治区、直辖市人民政府规章可以设定临时性的行政许可。故正确答案是C。

二、多选题

1. 行政许可的监督检查方式包括（　　）。

A. 定期审查　　B. 抽样检查、检验、检测

C. 督促被许可人自检　　D. 实地检查

【答案】BCD

【解析】本题考查的是行政许可监督检查的方式。根据《行政许可法》第六十二条规定，行政机关可以对被许可人生产经营的产品依法进行抽样检查、检验、检测，对其生产经营场所依法进行实地检查。行政机关根据法律、行政法规的规定，对直接关系公

共安全、人身健康、生命财产安全的重要设备、设施进行定期检验。根据《行政许可法》第六十八条规定，对直接关系公共安全、人身健康、生命财产安全的重要设备、设施，行政机关应当督促设计、建造、安装和使用单位建立相应的自检制度。故正确答案是B、C、D。

2. 根据《行政许可法》规定，下列有关行政许可说法正确的有（　　）。

A. 公民、法人或其他组织认为行政机关作出的行政许可决定侵犯其合法权益的，有权向人民法院提起行政诉讼，这主要体现的是《行政许可法》的便民原则

B. 未经公布的规定，不得作为实施行政许可的依据

C. 行政相对人享有陈述权、申辩权，其合法权益因行政机关违法实施行政许可受到损害的，有权依法要求赔偿

D. 准予行政许可所依据的客观情况发生重大变化，为了公共利益的需要，行政机关依法撤回已生效的行政许可的，由此给相对人造成的损失应当予以赔偿

【答案】BC

【解析】本题考查的内容较多，包括许可原则、依据、撤回以及相对人权利等。根据《行政许可法》规定，公民、法人或其他组织认为行政机关作出的行政许可决定侵犯其合法权益的，有权向人民法院提起行政诉讼。这主要体现的是《行政许可法》的救济原则。行政机关因为特定理由撤回已生效的行政行为，由此给相对人造成的损失应当予以补偿，而非赔偿。故正确答案是B、C。

3. 行政许可作为一种授益行政行为，无论行政机关作出准予许可还是不予许可的决定，都可能对有关相对人的合法权益产生一定的不利影响。为了保障当事人在行政许可中的合法权益，《行政许可法》第七条规定，公民、法人或者其他组织对行政机关实施的行政许可（　　）。

A. 享有陈述权、申辩权

B. 有权依法申请行政复议或者提起行政诉讼

C. 其合法权益因行政机关违法实施行政许可受到损害的，有权依法要求赔偿

D. 进行随意的有偿转让

【答案】ABC

【解析】本题考查的是行政许可原则中的救济原则。根据《行政许可法》第七条规定，公民、法人或者其他组织对行政机关实施行政许可，享有陈述权、申辩权；有权依法申请行政复议或者提起行政诉讼；其合法权益因行政机关违法实施行政许可受到损害的，有权依法要求赔偿。

4. 下列关于信赖保护原则的说法中正确的有（　　）。

A. 信赖保护原则是诚实信用原则在行政法中的运用

B. 申请人通过欺骗隐瞒手段获得的许可不受法律保护

C. 信赖保护即意味着被申请人依法取得的行政许可不能被改变或撤销

D. 税务机关确因客观情况变化或公共利益的需要而改变许可时，对相对方的财产

损失予以补偿

【答案】ABD

【解析】本题考查信赖保护原则，信赖保护原则意味着被许可人合法取得的行政许可受法律保护，行政机关不得擅自改变已有的许可。但是，不得擅自改变不意味着绝对不可以改变。如果确因客观情况变化或公共利益的需要而改变许可时，对相对方的财产损失予以补偿，故正确答案为A、B、D。

5. 下列法律文件有权设定税务行政许可的有（　　）。

A. 税务规范性文件　　B. 税务总局部门规章

C. 税收行政法规　　D. 税收法律

【答案】CD

【解析】本题考查税务行政许可的设定权。依据《行政许可法》规定，法律、行政法规、国务院决定、地方性法规、省级政府规章有权设定行政许可，除此之外不得以其他文件形式设定行政许可。这就排除了部门规章以及税收规范性文件对行政许可的设定权，所以正确选项为C、D。

6. 下列事项中，不属于税务行政许可的有（　　）。

A. 企业印制发票审批

B. 对发票使用和管理的审批

C. 增值税专用发票（增值税税控系统）最高开票限额审批

D. 非居民企业选择由其主要机构场所汇总缴纳企业所得税的审批

【答案】ABD

【解析】本题考查税务行政许可的种类。哪些项目需要经过税务行政许可经历了很长的一个历史发展过程，“企业印制发票审批”“对发票使用和管理的审批”以及“非居民企业选择由其主要机构场所汇总缴纳企业所得税的审批”曾经是税务机关的许可项目，但截至2024年底，税务行政许可共计1项：增值税专用发票（增值税税控系统）最高开票限额审批。所以，正确答案为A、B、D。

7. 税务行政许可公示的事项包括（　　）。

A. 行政许可的事项及依据

B. 行政许可的条件、数量及程序

C. 需要提交的全部材料目录以及申请书示范文本

D. 申请书示范文本的费用

【答案】ABC

【解析】本题考查行政许可公示事项的范围。（1）《行政许可法》第三十条规定，行政机关应当将行政许可的事项、依据、条件、数量、程序、期限、需要提交的全部材料目录以及申请书示范文本等在办公场所公示。（2）《行政许可法》第五十八条第二款规定，行政机关提供行政许可申请书格式文本不得收费。故正确答案为A、B、C。

8. 通过下列方式能够予以规范的事项，可以不设行政许可的有（　　）。

A. 公民、法人或者其他组织能够自主决定的

B. 市场竞争机制能够有效调节的

C. 行业组织或者中介机构能够自律管理的

D. 行政机关采用事后监督等其他行政管理方式能够解决的

【答案】ABCD

【解析】本题考查可以不设行政许可的情形。我国《行政许可法》第十三条规定，通过下列方式能够予以规范的，可以不设行政许可：（1）公民、法人或者其他组织能够自主决定的；（2）市场竞争机制能够有效调节的；（3）行业组织或者中介机构能够自律管理的；（4）行政机关采用事后监督等其他行政管理方式能够解决的。

9.《行政许可法》确立了行政许可的基本原则，包括（　　）。

A. 救济原则　　B. 便民和效率原则

C. 及时性原则　　D. 公开、公正、公平原则

【答案】ABD

【解析】本题考查的是行政许可的原则。行政许可的基本原则包括：法定原则，公开、公正、公平原则，便民和效率原则，救济原则，信赖保护原则，行政许可不得转让原则和监督原则。故正确答案是 A、B、D。

10. 对申请人提出的行政许可申请，行政机关作出的处理可能包括（　　）。

A. 不受理　　B. 不予受理

C. 驳回申请　　D. 要求补正材料

【答案】ABD

【解析】对于申请人提出的申请，行政机关可作出受理、不受理、不予受理、要求补正材料处理。根据《行政许可法》第三十二条的规定，行政机关对申请人提出的行政许可申请，应当根据下列情况分别作出处理：（一）申请事项依法不需要取得行政许可的，应当即时告知申请人不受理；（二）申请事项依法不属于本行政机关职权范围的，应当即时作出不予受理的决定，并告知申请人向有关行政机关申请；（三）申请材料存在可以当场更正的错误的，应当允许申请人当场更正；（四）申请材料不齐全或者不符合法定形式的，应当当场或者在 5 日内一次告知申请人需要补正的全部内容，逾期不告知的，自收到申请材料之日起即为受理；（五）申请事项属于本行政机关职权范围，申请材料齐全、符合法定形式，或者申请人按照本行政机关的要求提交全部补正申请材料的，应当受理行政许可申请。行政机关受理或者不予受理行政许可申请，应当出具加盖本行政机关专用印章和注明日期的书面凭证。A、B、D 选项符合题意。

三、判断题

1. 申请人委托代理人提出行政许可申请时行政机关可以拒绝受理。（　　）

【答案】错误

【解析】根据《行政许可法》第二十九条规定，申请人可以委托代理人提出行政许可申请。但是，依法应当由申请人到行政机关办公场所提出行政许可申请的除外。

2. 依法应当先经下级行政机关审查后报上级行政机关决定的行政许可，下级行政机关应当在法定期限内将初步审查意见和全部申请材料直接报送上级行政机关。（　　）

【答案】正确

【解析】根据《行政许可法》规定，依法应当先经下级行政机关审查后报上级行政机关决定的行政许可，下级行政机关应当在法定期限内将初步审查意见和全部申请材料直接报送上级行政机关。上级行政机关不得要求申请人重复提供申请材料。

3. 被许可人以欺骗、贿赂等不正当手段取得的行政许可，应当给予注销，但对公共利益可能造成重大损害的除外。（　　）

【答案】错误

【解析】根据《行政许可法》规定，被许可人以欺骗、贿赂等不正当手段取得行政许可的，应当予以撤销，不是注销。可能对公共利益造成重大损害的，不予撤销。

4. 当事人对税务机关实施行政许可，不享有陈述申辩权，只能依法提起复议和行政诉讼。（　　）

【答案】错误

【解析】本题考查行政许可的救济原则。公民、法人或其他组织对行政机关实施的行政许可，享有陈述申辩权、依法提起行政复议、行政诉讼以及申请国家赔偿的权利。

5. 法律、行政法规设定的行政许可，其适用范围没有地域限制的，申请人取得的行政许可在全国范围内有效。（　　）

【答案】正确

【解析】法律由全国人民代表大会及其常务委员会制定，行政法规由国务院制定，其法律效力在全国范围内有效。

6. 经国务院批准，较大的市的人民政府根据精简、统一、高效能的原则，可以决定一个行政机关行使有关行政机关的行政许可权。（　　）

【答案】错误

【解析】根据《行政许可法》第二十五条规定，经国务院批准，省、自治区、直辖市人民政府根据精简、统一、高效能的原则，可以决定一个行政机关行使有关行政机关的行政许可权。

7. 纳税人申请最高开票限额一百万元以上的，税务机关无须事前进行实地查验。（　　）

【答案】错误

【解析】本题考查税务机关对行政许可申请的实地核查。根据《增值税防伪税控系统最高开票限额审批》（国家税务总局公告2022年第19号附件3）的规定，申请最高开票限额不超过10万元的，税务机关不需事前进行实地查验。

8. 税务机关审查税务行政许可申请，应当以书面审查为原则，需要对申请材料的实质内容进行实地核实的，也可以进行实地核查。（　　）

【答案】正确

【解析】税务机关审查税务行政许可申请，应当以书面审查为原则；根据法定条件和程序，需要对申请材料的实质内容进行实地核实的，应当指派两名以上税务人员进行核查。

9. 税务机关自受理增值税防伪税控系统最高开票限额审批申请之日起15个工作日内作出行政许可决定，在15个工作日内不能办结的，经税务机关负责人批准，可以延长5个工作日，并应当将延长期限的理由告知申请人。（　　）

【答案】错误

【解析】根据《国家税务总局关于全面实行税务行政许可事项清单管理的公告》（国家税务总局公告2022年第19号）附件3《增值税防伪税控系统最高开票限额审批实施规定》的规定，税务机关自受理申请之日起10个工作日内作出行政许可决定，在10个工作日内不能办结的，经税务机关负责人批准，可以延长5个工作日，并应当将延长期限的理由告知申请人。

10. 行政机关实施行政许可的期限包含法定节假日。（　　）

【答案】错误

【解析】根据《行政许可法》规定，行政机关实施行政许可的期限以工作日计算，不含法定节假日。

第四章　税务行政处罚

本章主要掌握内容：税务行政处罚的概念、原则、种类和设定、税务行政处罚的实施、税收违法行为及其法律责任。

知识点1：税务行政处罚原则、种类和设定

原则	判断要点
处罚法定原则	①设定权法定 ②处罚主体及其职权法定 ③处罚依据法定 ④处罚程序法定
处罚公正、公开原则	防止各方面影响；处罚过程公开，过程规定公开
过罚相当原则	符合比例原则，符合合理原则，不重罚不轻罚
处罚与教育相结合原则	处罚只是手段，教育才是目的，处罚与教育相结合
监督、制约原则	内部监督；其他国家机关监督；司法监督；社会监督

税务行政处罚种类及设定

行政处罚	①警告、通报批评 ②罚款、没收违法所得、没收非法财物 ③暂扣许可证件、降低资质等级、吊销许可证件 ④限制开展生产经营活动、责令停产停业、责令关闭、限制从业 ⑤行政拘留 ⑥法律、行政法规规定的其他行政处罚
税务行政处罚	①罚款 ②没收违法所得和没收非法财物 ③停止出口退税权

1. 概念详解

行政处罚是指行政机关依法对违反行政管理秩序的公民、法人或者其他组织，以减损权益或者增加义务的方式予以惩戒的行为。

2. 经典习题演练

【单选题】“法无明文规定不得处罚”，该表述体现的行政处罚原则是（　　）。

A. 处罚公正、公开原则　　B. 过罚相当原则

C. 处罚与教育相结合原则　　D. 处罚法定原则

【答案】D

【解析】本题考查税务行政处罚的法定原则。根据《行政处罚法》第四条的规定，公民、法人或者其他组织违反行政管理秩序的行为，应当给予行政处罚的，依照《行政处罚法》由法律、法规、规章规定，并由行政机关依照《行政处罚法》规定的程序实施。行政机关能否对一个行为实施处罚，首要的一点是看该行为是否由法律规定应受处罚。如果一个行为有一定的社会危害性，但当前法律并未规定其应受处罚，行政机关就不得对其实施处罚。即“法无明文规定不得处罚”，它体现了处罚法定原则。故正确答案是D。

【单选题】下列各项中，不属于行政处罚的是（　　）。

A. 降低资质等级　　B. 没收违法所得

C. 责令限期改正　　D. 责令停产停业

【答案】C

【解析】本题考查行政处罚的种类。根据《行政处罚法》第九条规定，处罚的种类有警告、通报批评，罚款、没收违法所得、没收非法财物，暂扣许可证件、降低资质等级、吊销许可证件，限制开展生产经营活动、责令停产停业、责令关闭、限制从业，行政拘留等。A、B、D选项都属于处罚的法定种类。在涉税领域，责令限期改正往往与税务行政处罚并列出现。根据《行政处罚法》第二十八条规定，行政机关实施行政处罚时，应当责令当事人改正或者限期改正违法行为，责令限期改正不属行政处罚行为。故正确答案是C。

【单选题】尚未制定法律、行政法规的，国家税务总局可以制定部门规章对违反税收管理秩序的行为设定行政处罚，这种行政处罚可以是（　　）。

A. 一定数额罚款　　B. 没收非法财物

C. 停止出口退税权　　D. 吊销发票准印证

【答案】A

【解析】本题考查行政处罚的设定。根据《行政处罚法》规定，尚未制定法律、行政法规的，国务院部门规章对违反行政管理秩序的行为，可以设定警告、通报批评或者一定数量罚款的行政处罚。罚款的限额由国务院规定。故正确答案是A。

【多选题】税务行政处罚听证应当公开进行，但涉及一定情形时听证不公开进行，这些情形有（　　）。

A. 国家秘密　　B. 商业秘密　　C. 个人隐私　　D. 工作秘密

【答案】ABC

【解析】本题考查不公开举行听证会的法定情形。根据《行政处罚法》第六十四条第（三）项规定，除涉及国家秘密、商业秘密或者个人隐私依法予以保密外，听证公开举行。故正确答案是A、B、C。

【多选题】下列关于税务行政处罚听证的表述中，正确的有（　　）。

A. 当事人不承担举行听证的费用

B. 符合税务行政处罚听证条件的，当事人要求听证时，组织听证是税务机关的法

定义务

C. 当事人要求听证应在《税务行政处罚事项告知书》送达后 5 日内提出

D. 当事人应当亲自参加听证

【答案】 ABC

【解析】 本题考查行政处罚听证相关规定。根据《行政处罚法》和《税务行政处罚听证程序实施办法（试行）》（国税发〔1996〕190 号）规定，听证费用由组织听证的税务机关支付，不得由要求听证的当事人承担或者变相承担；听证是纳税人的一项权利，只要纳税人符合条件，就有权向税务机关书面提出听证申请，税务机关就有义务为其举行听证会；当事人要求听证应在《税务行政处罚事项告知书》送达后 5 日内向税务机关书面提出；当事人可以亲自参加听证，也可以委托 1—2 人代理。故正确答案是 A、B、C。

【多选题】 根据税务行政处罚程序的规定，下列选项中的当事人有权要求举行听证的有（　　）。

A. 拟被处以 3000 元罚款的个体户李某

B. 拟被处以 20000 元罚款的某有限责任公司

C. 拟被处以没收 8000 元罚款的某面粉厂

D. 拟被处以没收 1000 元罚款的个体户张某

【答案】 AB

【解析】 本题考查举行税务行政处罚听证的法定情形。税务机关对公民作出 2000 元以上（含本数）罚款或者对法人或者其他组织作出 1 万元以上（含本数）罚款的行政处罚之前，应当向当事人送达《税务行政处罚事项告知书》，告知当事人已经查明的违法事实、证据、行政处罚的法律依据和拟将给予的行政处罚，并告知有要求举行听证的权利。故正确答案是 A、B。

【判断题】 税收规范性文件不能规定税务行政处罚内容。（　　）

【答案】 错误

【解析】 税收规范性文件虽不能设定税务行政处罚，但可以在法律、法规和规章规定的行政处罚的行为、种类和幅度的范围内作出细化规定。

3. 知识扩展

新《行政处罚法》关于权限设定的相关规定

行政法规	法律对违法行为未作出处罚规定的，行政法规为实施法律，可以补充设定
地方性法规	法律、行政法规对违法行为未作出行政处罚规定，地方性法律为实施法律、行政法规可以补充设定
规章	对违反行政管理秩序的行为，国务院部门规章或地方政府规章可以设定警告、通报批评或者一定数额罚款的行政处罚

知识点2：税务行政处罚的实施及相关违法责任

管辖（税务行政处罚与税务行政诉讼）

税务行政处罚	税务行政诉讼
地域管辖 （违法发生地）	**地域管辖** ①经复议：原行为机关或复议机关所在地 ②限制人身自由：被告所在地、原告所在地（户籍地、居住地、被限制人身自由地） ③不动产：不动产所在地
级别管辖 （县级，税务所例外）	**级别管辖**（海关处理案件由中级人民法院负责）
共同管辖 （由最先立案管辖；有争议则协商）	**共同管辖**（最先立案） **管辖权转移**（只能下一级人民法院移给上一级人民法院）
指定管辖 （管辖争议协商不成，共同上级指定）	**指定管辖**
移送管辖 （行政机关移送司法或者司法机关移送行政机关）	**移送管辖**（受移送法院不得再行移送，应报请上级人民法院指定管辖）

行政处罚实施的重要规定

主体	各级税务局、税务分局、税务所以及省以下税务局的稽查局
一事不再罚	同一行为不予两次罚款
不予处罚	①未满14周岁的未成年人有违法行为的 ②精神病人、智力残疾人在不能辨认或者不能控制自己行为时有违法行为的 ③违法行为轻微并及时改正，没有造成危害后果的 备注：初次违法且危害后果轻微并及时改正的，可以不予行政处罚；当事人有证据足以证明没有主观过错的，不予行政处罚 ④已超过诉讼时效
从轻、减轻处罚	**应当从轻、减轻情形：**①已满14周岁不满18周岁；②主动消除或减轻违法行为危害后果；③受他人胁迫或诱骗实施违法行为；④主动供述行政机关尚未掌握的违法行为的；⑤配合行政机关查处违法行为有立功表现 **可以从轻、减轻情形：**尚未完全丧失辨认或者控制自己行为能力的精神病人、智力残疾人有违法行为的
时效问题	违反税收法律、行政法规的处以5年有期徒刑；其他的处以2年有期徒刑 ①从违法行为发生之日计算 ②违法行为有连续或继续状态的，从行为终了之日起计算 **新增：**涉及公民生命健康安全、金融安全且有危害后果的，年限由2年延长至5年
权利	知情权、陈述申辩权、申请听证权、拒绝不正当检查权
首违不罚	初次违法且危害后果轻微并及时改正的，可以不予行政处罚
非主观过错不罚	当事人有证据足以证明没有主观过错的，不予行政处罚
教育规定	对当事人的违法行为依法不予行政处罚的，行政机关应当对当事人进行教育

续表

罚金与罚款关系	违法行为构成犯罪，人民法院判处罚金时，行政机关已经给予当事人罚款的，应当折抵相应罚金；行政机关尚未给予当事人罚款的，不再给予罚款
处罚要求	①施行行政处罚适用违法行为发生时规定。但做出行政处罚时，原规定已修改或废止，且新的规定处罚较轻或不认为是违法的，适用新规定 ②处罚没有依据或者实施主体不具有行政主体资格的，行政处罚无效 ③违反法定程序构成重大且明显违法的，行政处罚无效

简易程序与一般程序

内容	简易程序	一般程序
条件	违法事实确凿；有法定依据；处罚种类为数额较小的罚款或警告 ①公民（个体户）200 元以下 ②法人或其他组织 3000 元以下	不符合简易程序的情形
告知	可书面可口头	书面（处罚告知书）
立案	不需立案	需立案
文书	①制作《处罚决定书》，写明陈述申辩情况以及签收情况 ②不需另行制作《陈述申辩笔录》《税务文书送达回证》	《处罚告知书》《处罚决定书》《陈述申辩笔录》《税务文书送达回证》
不得因为陈述申辩而加重对相对人处罚		

重大税务案件审理

重点审核内容	①案件事实是否清楚 ②证据是否充分、确凿 ③执法程序是否合法 ④适用法律是否正确 ⑤案件定性是否准确 ⑥拟处理意见是否合法适当	
处理方式	**法定情形**	**处理方式**
	事实清楚、证据确凿、程序合法、依据明确	依法确定审理意见
	案件事实不清、证据不足	由稽查局对案件重新调查
	案件执法程序违法	由稽查局对案件重新处理
	适用法律依据不明确，或事项超出本机关权限	请示上级机关或征求有权机关的意见
审理方式	书面审理和会议审理相结合（适用于审理委员会成员单位书面审理意见存在较大分歧，经审理委员会办公室协调仍不能达成一致意见的） 省以下各级税务局设立重大税务案件审理委员会	
审理要求	（1）案件复杂：税务局稽查局自行集体审理 （2）案情重大：稽查局所属税务局重大案件审理委员会审理 重大税务案件主要包括： ①重大税务行政处罚案件，具体标准由各省、自治区、直辖市和计划单列市税务局根据本地情况自行制定，报国家税务总局备案 ②根据重大税收违法案件督办管理暂行办法督办的案件 ③应司法、监察机关要求出具认定意见的案件 ④拟移送公安机关处理的案件 ⑤审委会成员单位认为案情重大、复杂，需要审理的案件 ⑥其他需要审理委员会审理的案件	

续表

审理期限	重大税务案件应当自批准受理之日起30日内作出审理决定，不能在规定期限内作出审理决定的，经审理委员会主任或其授权的副主任批准，可以适当延长，但延长期限最多不超过15日（30日+15日）

税务行政处罚决定执行

通过银行缴纳罚款	行政处罚当事人应当在收到行政处罚决定书之日起15日内到指定银行或金融机构缴纳罚款 当事人确有经济困难的，可以经申请并批准后，暂缓或者分期缴纳
当场收缴	①简易程序且100元以下罚款 ②不当场收缴罚款事后难以执行 ③边远、水上、交通不便地区，当事人向指定银行或通过电子支付系统缴纳罚款确有困难，经当事人提出收缴要求（无金额限制） 备注：当场收缴的，执法人员2日交税务机关；在水上当场收缴的罚款，应当自抵岸之日起2日内交至行政机关；行政机关应在2日内将罚款缴付指定的银行
强制执行	自行强制执行；申请法院强制执行

税务行政处罚裁量权适用

行政处罚裁量权适用规则	法律、法规、规章规定可以给予行政处罚，当事人首次违反且情节轻微，并在税务机关发现前主动改正的或者在税务机关责令限期改正的期限内改正的，不予行政处罚
	除法律、法规、规章另有规定外，责令限期改正的期限一般不超过30日
	当事人同一个税收违法行为违反不同行政处罚规定且均应处以罚款的，应当选择适用处罚较重的条款
	税务机关在实施行政处罚时，应当以法律、法规、规章为依据，并在裁量基准范围内作出相应的行政处罚决定，不得单独引用税务行政处罚裁量基准作为依据

税收违法行为认定及主要税收违法行为、责任

认定	①是否是税收违法行为责任主体 ②税收违法行为人是否存在主观过错 ③是否存在违反税法规定，给国家造成损害的情形 ④是否属于税法中规定的应予行政处罚的情形
类型及责任	①违反日常税收管理的违法行为及其法律责任（税务登记管理、账簿凭证管理、发票管理、纳税申报制度） ②违反税务检查制度的行为及其法律责任 ③妨碍税款征收违法行为及其法律责任

1. 概念详解

关于行政处罚时效的问题：《行政处罚法》第三十六条规定，违法行为在二年内未被发现的，不再给予行政处罚；涉及公民生命健康安全、金融安全且有危害后果的，上述期限延长至五年。法律另有规定的除外。《税收征管法》第八十六条规定，违反税收法律、行政法规应当给予行政处罚的行为，在五年内未被发现的，不再给予行政处罚，所以违反税收法律、行政法规的行为，税务行政处罚时效适用5年，但对于违反税收部门规章（如《纳税担保试行办法》《税务登记管理办法》等）的行为，税务行政处罚时效仍适用 2 年。

2. 经典习题演练

【单选题】 下列关于行政处罚中"一事不再罚"原则的表述正确的是（　　）。

A. 一个违法行为不能进行多种行政处罚

B. 两个行政机关分别依据不同的法律规范给予当事人两个罚款的处罚

C. 对当事人的同一个违法行为，不得给予两次以上罚款的行政处罚

D. 一个违法行为，多个处罚主体不能根据不同的法律规范作出不同种类的处罚

【答案】 C

【解析】 本题考查"一事不再罚"原则的含义。根据《行政处罚法》第二十九条规定，对当事人的同一个违法行为，不得给予两次以上罚款的行政处罚。这是"一事不再罚"原则的立法表述，避免当事人因一个违法行为而承担过多的经济上的制裁，是对违法当事人经济制裁的总量控制。故正确答案是 C。

【单选题】 甲市税务局稽查局在检查中发现该县某服装公司有偷税行为，依法给予其 17 万元罚款的处罚，该公司已缴纳。后该公司因逃税罪被法院判决处罚金 20 万元。判决生效后，该公司应向法院缴纳的罚金数额是（　　）。

A. 3 万元　　B. 20 万元　　C. 17 万元　　D. 37 万元

【答案】 A

【解析】 本题考查行政处罚折抵问题。依据《行政处罚法》第三十五条规定，违法行为构成犯罪，人民法院判处罚金时，行政机关已经给予当事人罚款的，应当折抵相应罚金。故正确答案是 A。

【单选题】 纳税人违反税收法律、行政法规应当给予行政处罚的行为，在一定期限内未被发现的，不再给予行政处罚，这一期限是（　　）。

A. 2 年　　B. 5 年　　C. 10 年　　D. 无限期

【答案】 B

【解析】 本题考查的是处罚时效问题。根据《行政处罚法》第三十六条规定，违法行为在 2 年内未被发现的，不再给予行政处罚；涉及公民生命健康安全、金融安全且有危害后果的，上述期限延长至 5 年。法律另有规定的除外。根据《税收征管法》第八十六条规定，违反税收法律、行政法规应当给予行政处罚的行为，在 5 年内未被发现的，不再给予行政处罚。根据特别法优于一般法的原则，当《行政处罚法》与《税收征管法》对处罚时效规定不一致，不再适用《行政处罚法》规定的 2 年时效，而是适用《税收征管法》规定的 5 年时效。故正确答案是 B。

【多选题】 根据税务行政处罚程序的规定，下列选项中的当事人有权要求举行听证的有（　　）。

A. 拟被处以 3000 元罚款的个体户李某

B. 拟被处以 20000 元罚款的某有限责任公司

C. 拟被处以没收 8000 元罚款的某面粉厂

D. 拟被处以没收1000元罚款的个体户张某

【答案】AB

【解析】本题考查举行税务行政处罚听证的法定情形。税务机关对公民作出2000元以上（含本数）罚款或者对法人或者其他组织作出1万元以上（含本数）罚款的行政处罚之前，应当向当事人送达《税务行政处罚事项告知书》，告知当事人已经查明的违法事实、证据、行政处罚的法律依据和拟将给予的行政处罚，并告知有要求举行听证的权利。故正确答案是A、B。

【多选题】当事人有下列情形之一，税务机关应当依法从轻或者减轻行政处罚的有（　　）。

A. 主动消除或者减轻违法行为危害后果的

B. 受他人胁迫实施违法行为的

C. 配合税务机关查处违法行为有立功表现的

D. 不满14周岁的未成年人有违法行为的

【答案】ABC

【解析】本题考查从轻、减轻处罚的法定情形。依据《行政处罚法》第三十条规定，不满14周岁的未成年人有违法行为的，不予行政处罚，责令监护人加以管教；已满14周岁不满18周岁的未成年人有违法行为的，应当从轻或者减轻行政处罚。根据《行政处罚法》第三十二条规定，当事人有下列情形之一的，应当从轻或者减轻行政处罚：①主动消除或者减轻违法行为危害后果的；②受他人胁迫或者诱骗实施违法行为的；③主动供述行政机关尚未掌握的违法行为的；④配合行政机关查处违法行为有立功表现的；⑤法律、法规、规章规定其他应当从轻或者减轻行政处罚的。故正确答案是A、B、C。

【多选题】按照规定，下列关于不予行政处罚的说法正确的有（　　）。

A. 违反税收法律、行政法规应当给予行政处罚的行为，在2年内未被发现的，不再给予行政处罚

B. 税收违法行为轻微并及时改正，没有造成危害后果的，不予行政处罚

C. 初次税收违法且危害后果轻微并及时改正的，可以不予行政处罚

D. 当事人有证据足以证明没有主观过错的，不予税务行政处罚

【答案】BCD

【解析】本题考查不予处罚的法定情形。根据《行政处罚法》第三十六条规定，违法行为在2年内未被发现的，不再给予行政处罚；法律另有规定的除外。根据《税收征管法》第八十六条规定，违反税收法律、行政法规应当给予行政处罚的行为，在5年内未被发现的，不再给予行政处罚。根据《行政处罚法》第三十三条规定，违法行为轻微并及时改正，没有造成危害后果的，不予行政处罚。初次违法且危害后果轻微并及时改正的，可以不予行政处罚。当事人有证据足以证明没有主观过错的，不予行政处罚。法律、行政法规另有规定的，从其规定。故正确答案是B、C、D。

【多选题】执法人员当场作出行政处罚决定并收缴罚款的，正确的做法有（　　）。

A. 必须向当事人出具国务院财政部门或者省、自治区、直辖市人民政府财政部门统一制发的专用票据

B. 适用于依法给予 200 元以下罚款的情况

C. 执法人员应当自收缴罚款之日起 2 日内，将罚款交至行政机关

D. 执法人员应当自收缴罚款之日起 2 日内，将罚款交至指定银行

【答案】AC

【解析】本题考查当场收缴罚款的要求。根据《行政处罚法》第六十八条第一项的规定，依法给予 100 元以下的罚款的，执法人员可以当场收缴。根据《行政处罚法》第七十条规定，行政机关及其执法人员当场收缴罚款的，必须向当事人出具国务院财政部门或者省、自治区、直辖市人民政府财政部门统一制发的专用票据；不出具财政部门统一制发的专用票据的，当事人有权拒绝缴纳罚款。根据《行政处罚法》第七十一条规定，执法人员当场收缴的罚款，应当自收缴罚款之日起 2 日内，交至行政机关；在水上当场收缴的罚款，应当自抵岸之日起 2 日内交至行政机关；行政机关应当在 2 日内将罚款缴付指定的银行。依据上述规定，故正确答案是 A、C。

【多选题】纳税人逾期不履行罚款的行政处罚决定，并且在复议期、诉讼期内未提出复议、诉讼的，作出处罚决定的税务机关可以采取的措施有（　　）。

A. 到期不缴纳罚款的，每日按罚款数额的 3% 加处罚款

B. 依法实施强制执行

C. 向人民法院起诉

D. 申请人民法院强制执行

【答案】ABD

【解析】本题考查强制执行措施。根据《行政处罚法》第七十二条规定，当事人逾期不履行行政处罚决定的，作出行政处罚决定的行政机关可以采取下列措施：①到期不缴纳罚款的，每日按罚款数额的 3% 加处罚款，加处罚款的数额不得超出罚款的数额；②根据法律规定，将查封、扣押的财物拍卖、依法处理或者将冻结的存款、汇款划拨抵缴罚款；③根据法律规定，采取其他行政强制执行方式；④依照《中华人民共和国行政强制法》的规定申请人民法院强制执行。根据《税收征管法》第八十八条第三款规定，当事人对税务机关的处罚决定逾期不申请行政复议也不向人民法院起诉、又不履行的，作出处罚决定的税务机关可以采取该法第四十条规定的强制执行措施，或者申请人民法院强制执行。故正确答案是 A、B、D。

【判断题】当事人未按照税务处罚决定的期限履行的，作出处罚决定的税务机关即可采取强制措施或强制执行。（　　）

【答案】错误

【解析】根据《税收征管法》第八十八条第三款规定，当事人对税务机关的处罚决定逾期不申请行政复议也不向人民法院起诉、又不履行的，作出处罚决定的税务机关可

以采取该法第四十条规定的强制执行措施，或者申请人民法院强制执行。

【判断题】当事人对行政处罚决定不服，申请行政复议或者提起行政诉讼的，行政处罚不停止执行，法律另有规定的除外。（　　）

【答案】正确

【解析】根据《行政处罚法》第七十三条规定，当事人对行政处罚决定不服，申请行政复议或者提起行政诉讼的，行政处罚不停止执行，法律另有规定的除外。

3. 知识扩展

原则表述	对当事人的同一个违法行为，不得给予两次以上罚款的行政处罚
具体理解	同一违法行为已经受到罚款处罚的，不得以同一事实和理由再次给予罚款的处罚
	同一违法行为可以依法给予两种以上的行政处罚
	同一个行政机关认定当事人有两个以上违法行为的，可以对其实施两个以上处罚
	当事人的同一个违法行为违反国家数个法律，且由不同行政机关管辖处理的，不同的国家行政机关可以给予不同的处罚，罚款处罚不得重复进行 **新《行政处罚法》规定：同一违法行为违反多个法律规范应当给予罚款处罚的，按照罚款数额高的规定处罚**

章节练习

一、单选题

1. 违法行为轻微并及时纠正，没有造成危害后果的，税务机关依法应当作出的决定是（　　）。

A. 从重予以行政处罚　　B. 从轻予以行政处罚

C. 减轻行政处罚　　D. 不予行政处罚

【答案】D

【解析】依据《行政处罚法》第三十三条规定，违法行为轻微并及时纠正，没有造成危害后果的，不予行政处罚。故正确答案是D。

2. 下列情形中，对当事人应当从轻、减轻处罚的是（　　）。

A. 未满14周岁的未成年人有税收违法行为的

B. 受他人诱骗实施违法行为

C. 精神病人在不能辨认自己行为时有违法行为的

D. 违法行为轻微并及时改正，没有造成危害后果的

【答案】B

【解析】受他人胁迫或者诱骗实施违法行为的，应当从轻、减轻处罚；A、C、D属于不予处罚情形。

3. “法无明文规定不得处罚”，该表述体现的行政处罚原则是（　　）。

A. 处罚公正、公开原则　　B. 过罚相当原则
C. 处罚与教育相结合原则　　D. 处罚法定原则

【答案】D

【解析】本题考查税务行政处罚的法定原则。根据《行政处罚法》第四条的规定，公民、法人或者其他组织违反行政管理秩序的行为，应当给予行政处罚的，依照该法由法律、法规、规章规定，并由行政机关依照该法规定的程序实施。行政机关能否对一个行为实施处罚，首要的一点是看该行为是否由法律规定应受处罚。如果一个行为有一定的社会危害性，但当前法律并未规定其应受处罚，行政机关就不得对其实施处罚。即“法无明文规定不得处罚”，它体现了处罚法定原则。故正确答案是D。

4. 行政机关实施的下列行政处罚中，属于行为罚的是（　　）。

A. 通报批评　　B. 罚款
C. 责令停产停业　　D. 没收违法所得

【答案】C

【解析】本题考查行政处罚的分类。按属性归类，行政处罚的种类分为申诫罚、财产罚、行为罚和人身自由罚四类。其中，申诫罚的主要形式是警告、通报批评等；财产罚包括罚款、没收违法所得、没收非法财物等；行为罚的主要形式是暂扣许可证件、降低资质等级、吊销许可证件，限制开展生产经营活动、责令停产停业、责令关闭、限制从业等；人身自由罚主要形式是行政拘留。故正确答案是C。

5. 尚未制定法律、行政法规的，国家税务总局可以制定部门规章对违反税收管理秩序的行为设定行政处罚，这种行政处罚可以是（　　）。

A. 一定数额罚款　　B. 没收非法财物
C. 停止出口退税权　　D. 吊销发票准印证

【答案】A

【解析】本题考查行政处罚的设定。根据《行政处罚法》规定，尚未制定法律、行政法规的，国务院部门规章对违反行政管理秩序的行为，可以设定警告、通报批评或者一定数量罚款的行政处罚。罚款的限额由国务院规定。故正确答案是A。

6. 税务机关决定对纳税人偷税行为处以罚款2万元，下列关于程序的说法错误的是（　　）。

A. 税务机关作出处罚前对纳税人违法行为进行立案调查
B. 税务机关作出处罚决定前依法给纳税人送达了处罚事项告知书
C. 因事实清楚，驳回纳税人提出要求举行听证的申请
D. 听取纳税人的陈述，并进行复核

【答案】C

【解析】本题考查行政处罚一般程序的规定。根据《行政处罚法》规定，除适用简易程序的违法案件外，行政机关作出处罚决定适用一般程序。一般程序通常包括立案、调查、告知、陈述申辩、复核、审理、作出处罚决定、送达等环节。根据《税务行政处

罚听证程序实施办法（试行）》规定，对公民作出2000元以上或者对法人或其他组织作出1万元以上罚款的，当事人可以提出听证申请，对于当事人提出听证申请的，行政机关应当组织听证。因此C选项符合题意。

7. 规范税收处罚裁量权的要求之一是合理裁量，下列不属于合理裁量范畴的是（　　）。

A. 要求税务机关行使处罚裁量权应当符合立法目的

B. 要求税务机关作出的处罚决定要符合比例原则

C. 要求税务机关要维护纳税人合法权益，实现法律效果和社会效果的统一

D. 要求税务机关作出处罚决定必须有法定依据

【答案】D

【解析】本题考查行政处罚合理裁量的范畴。合理裁量要求税务机关行使行政裁量权应当符合立法目的和法律原则。要全面考虑相关事实因素和法律因素，排除不相关因素的干扰，维护纳税人的合法权益，努力实现法律效果与社会效果的统一。在具体实施处罚时应当选择对纳税人权益损害最小的方式，即符合比例原则。D选项属于合法性原则范畴，故正确答案是D。

8. 行政执法人员当场收缴罚款的，必须向当事人出具国务院财政部门或者省、自治区、直辖市人民政府财政部门统一制发专用票据，并应当自收缴罚款之日起一定时间内将罚款交至行政机关。该一定时间为（　　）。

A. 15日　　B. 10日　　C. 5日　　D. 2日

【答案】D

【解析】本题考查的知识点是行政机关工作人员上缴当场收缴罚款的期限。一般情形下，作出处罚决定的机关与收缴罚款的机构应当分离，当事人一般要到银行等金融机构缴纳罚款。但特殊情况下，为了工作效率且方便当事人，行政机关可以对当场作出处罚决定的罚款当场收缴。根据《行政处罚法》第七十一条规定，执法人员当场收缴的罚款，应当自收缴罚款之日起2日内，交至行政机关；在水上当场收缴的罚款，应当自抵岸之日起2日内交至行政机关；行政机关应当在2日内将罚款缴付指定的银行。故正确答案是D。

9. 下列各项中不属于行政处罚实施主体的是（　　）。

A. 具有行政处罚权的行政机关　　B. 法律、法规授权的组织

C. 法律、法规、规章授权的组织　　D. 依法接受委托的组织

【答案】C

【解析】本题考查行政处罚实施主体。根据《行政处罚法》，行政处罚实施主体主要有三类：一是具有行政处罚权的行政机关；二是法律、法规授权的组织；三是受委托组织。

10. 实施行政处罚，适用违法行为发生时的法律、法规、规章的规定，但是，作出行政处罚决定时，法律、法规、规章已被修改或者废止，且新的规定处罚较轻或者不认

为是违法的，适用新的规定。《行政处罚法》这一规定体现（　　）原则。

A. 从新　　B. 从旧

C. 从旧兼从轻　　D. 实体从旧，程序从新

【答案】C

【解析】本题考查行政处罚从旧兼从轻原则。（1）实施行政处罚，适用违法行为发生时的法律、法规、规章的规定，这体现实体从旧原则。（2）但是，作出行政处罚决定时，法律、法规、规章已被修改或者废止，且新的规定处罚较轻或者不认为是违法的，适用新的规定，这体现从轻原则。

二、多选题

1. 根据新修订的《行政处罚法》，下列说法正确的有（　　）。

A. 规章可以设定警告、罚款、通报批评的行政处罚方式

B. 主动供述行政机关尚未掌握的违法行为的，可以不予处罚

C. 行政处罚的提出时限为收到处罚告知书后 3 日

D. 对法人或其他组织处以 3000 元以下罚款的，可以适用简易程序

【答案】AD

【解析】B 选项，主动供述行政机关尚未掌握的违法行为的，可以从轻、减轻处罚；C 选项，行政处罚的提出时限为收到处罚告知书后 5 日。

2. 下列关于行政处罚简易程序与一般程序的说法，错误的有（　　）。

A. 简易程序与一般程序均应通过书面告知行政处罚相关事项

B. 简易程序行政处罚不需立案，一般程序行政处罚需立案

C. 简易程序行政处罚不需制作陈述申辩笔录和送达回证

D. 不管是简易程序还是一般程序，均不得因为陈述申辩而加重对相对人的行政处罚

【答案】AC

【解析】A 选项，适用简易程序的行政处罚可采用书面或口头方式告知行政处罚相关事项；C 选项，简易程序行政处罚不需另行制作陈述申辩笔录和送达回证。

3. 下列关于税务行政处罚听证管理的有关要求，说法正确的有（　　）。

A. 税务行政处罚均应公开举行

B. 当事人要求听证的，应当在行政机关告知后 3 日内提出

C. 听证主持人由税务机关负责人指定，由非本案调查人员担任

D. 税务机关在举行听证的 7 日前应通知当事人举行听证的时间、地点等事项

【答案】CD

【解析】A 选项，听证应公开举行，但涉及国家秘密、商业秘密和个人隐私的除外；B 选项，当事人要求听证的，应当在行政机关告知后 5 日内提出。

4. 下列情形符合税务不予处罚的有（　　）。

A. 不满 16 周岁发生违法行为

B. 精神病人在不能控制自己行为时有违法行为的

C. 违法行为轻微并及时纠正，没有造成危害后果的

D. 违法行为在处罚时效内未被发现的

【答案】BCD

【解析】A 选项，不满 14 周岁发生违法行为的，不予行政处罚。

5. 处罚法定原则是行政处罚的首要原则，它包括（ ）。

A. 处罚的依据法定　　B. 处罚的对象法定

C. 处罚的权限法定　　D. 处罚的程序法定

【答案】ACD

【解析】本题考查处罚法定原则的内涵。根据《行政处罚法》第四条规定，公民、法人或者其他组织违反行政管理秩序的行为，应当给予行政处罚的，依照该法由法律、法规、规章规定，并由行政机关依照该法规定的程序实施。根据《行政处罚法》第三十八条规定，行政处罚没有依据或者实施主体不具有行政主体资格的，行政处罚无效。违反法定程序构成重大且明显违法的，行政处罚无效。这一规定确立了行政处罚的法定原则。这也是行政机关在实施处罚时首先要遵守的基本原则。处罚法定原则包含设定法定、依据法定、程序法定主体法定和权限法定。税务机关在处罚时，要注意同时满足上述要求，作出的处罚行为才是合法的。故正确答案是 A、C、D。

6. 行政处罚公正原则要求处罚的设定和实施必须以事实为依据，并要适当考虑的因素有（ ）。

A. 违法行为的事实　　B. 违法行为的性质

C. 违法行为与后果的因果关系　　D. 违法行为的社会危害程度

【答案】ABD

【解析】此题体现了行政处罚公正原则，是指行政处罚的设定与实施要公平公正、不能偏私，是行政处罚实体公正的体现。根据《行政处罚法》第五条第二款规定，设定和实施行政处罚必须以事实为依据，与违法行为的事实、性质、情节以及社会危害程度相当。故正确答案是 A、B、D。

7. 下列关于税务行政处罚管辖权的说法，正确的有（ ）。

A. 应给予行政处罚的违法行为，通常由“违法行为发生地”的税务机关管辖，体现了地域管辖

B. 应给予行政处罚的违法行为，一律由县以上税务机关管辖，体现了级别管辖

C. 对同一违法行为，两个或者两个以上税务机关都有处罚管辖权的，体现了共同管辖

D. 税务机关受理了不属于自己管辖的案件，应及时将案件移送有管辖权的税务机关实施查处，体现了移送管辖

【答案】ACD

【解析】本题考查行政处罚的管辖。根据《行政处罚法》第二十二条规定，行政处罚由违法行为发生地的行政机关管辖。法律、行政法规、部门规章另有规定的，从其规

定。A 选项正确。根据《税收征管法》第七十四条规定，《税收征管法》规定的行政处罚，罚款额在 2000 元以下的，可以由税务所决定。可见税务行政处罚并不一律由县以上税务机关管辖，可能由税务所管辖，B 选项错误。根据《行政处罚法》第二十五条规定，两个以上行政机关都有管辖权的，由最先立案的行政机关管辖。这是共同管辖的处理原则，C 选项正确。行政机关受理了不属于自己管辖的案件，将案件移送有管辖权的机关，称为移送管辖。税务机关在实施税务行政处罚过程中，发现自己对查处的案件没有管辖权时，应当及时将案件移送有管辖权的税务机关实施查处，D 选项正确。故正确答案是 A、C、D。

8. 下列关于受委托组织行使行政处罚权的表述，正确的有（　　）。

A. 受委托组织可以根据情况，经委托方行政机关批准将处罚权再转委托给其他组织或个人行使

B. 受委托组织应在委托范围内实施行政处罚

C. 受委托组织承担实施行政处罚而产生的法律责任

D. 受委托组织要以委托机关的名义实施行政处罚

【答案】 BD

【解析】 本题考查行政处罚权的委托行使。根据《行政处罚法》第二十条规定，对委托实施行政处罚关键要把握四点：一是委托方将处罚权限委托出去不是随意行为，而是必须有法律依据；二是受托方不能将处罚权再转委托；三是受托方实施处罚时必须以委托机关的名义；四是产生的法律责任由委托方承担。故正确答案是 B、D。

9. 税务机关在作出行政处罚决定前，应制作《税务行政处罚事项告知书》，告知纳税人的事项包括（　　）。

A. 当事人违法行为事实、其相应的证据及所触犯的法律规范

B. 拟作出的行政处罚种类、幅度范围和标准

C. 当事人依法享有的陈述、申辩、要求听证等权利

D. 申请行政复议和提起行政诉讼的途径和期限

【答案】 ABC

【解析】 本题考查行政处罚事项告知的内容。根据《行政处罚法》第四十四条规定，行政机关在作出行政处罚决定之前，应当告知当事人拟作出的行政处罚内容及事实、理由、依据，并告知当事人依法享有的陈述、申辩、要求听证等权利。根据《行政处罚法》第四十五条规定，当事人有权进行陈述和申辩。行政机关必须充分听取当事人的意见，对当事人提出的事实、理由和证据，应当进行复核；当事人提出的事实、理由或者证据成立的，行政机关应当采纳。根据《行政处罚法》第五十九条规定，行政机关依照该法规定给予行政处罚，应当制作行政处罚决定书。行政处罚决定书应当载明下列事项：①当事人的姓名或者名称、地址；②违反法律、法规、规章的事实和证据；③行政处罚的种类和依据；④行政处罚的履行方式和期限；⑤申请行政复议、提起行政诉讼的途径和期限；⑥作出行政处罚决定的行政机关名称和作出决定的日期。《税务行

政处罚事项告知书》中不包含告知申请行政复议和提起行政诉讼的途径和期限，应在《税务行政处罚决定书》中告知此权利，D选项错误。故正确答案是A、B、C。

10. 按照简易程序实施的税务行政处罚，下列属于法定要求的事项有（　　）。

A. 向受处罚人表明身份，出示证件

B. 制作并送达书面的《税务行政处罚事项告知书》

C. 听取受处罚人的陈述或辩解

D. 向受处罚人送达行政处罚决定书

【答案】 ACD

【解析】 本题考查简易程序的要求。根据《行政处罚法》第四十四条规定，行政机关在作出行政处罚决定之前，应当告知当事人拟作出的行政处罚内容及事实、理由、依据，并告知当事人依法享有的陈述、申辩、要求听证等权利。这项告知要求体现在处罚普通程序中，就是税务机关要向相对方送达《税务行政处罚事项告知书》，但在简易程序中，法律并未要求税务机关必须送达书面的告知书，而是可以进行口头告知。根据《行政处罚法》第四十五条第一款规定，当事人有权进行陈述和申辩。行政机关必须充分听取当事人的意见，对当事人提出的事实、理由和证据，应当进行复核；当事人提出的事实、理由或者证据成立的，行政机关应当采纳。根据这一规定，不管是按照简易程序实施处罚，还是按照一般程序实施处罚，税务机关在作出行政处罚之前必须充分听取当事人的陈述和申辩。根据《行政处罚法》第五十二条第一款规定，执法人员当场作出行政处罚决定的，应当向当事人出示执法证件，填写预定格式、编有号码的行政处罚决定书，并当场交付当事人。依据上述规定，故正确答案是A、C、D。

三、判断题

1. 当事人对行政处罚决定不服，申请行政复议或者提起行政诉讼的，行政处罚不停止执行，法律另有规定的除外。（　　）

【答案】 正确

【解析】 根据《行政处罚法》第七十三条规定，当事人对行政处罚决定不服，申请行政复议或者提起行政诉讼的，行政处罚不停止执行，法律另有规定的除外。

2. 行政机关执行行政处罚时，对于边远、水上、交通不便地区，当事人向指定银行缴纳罚款确有困难的，可以依职权当场收缴罚款。（　　）

【答案】 错误

【解析】 对于边远、水上、交通不便地区，当事人向指定银行缴纳罚款确有困难，经当事人提出收缴要求的，行政机关可以当场收缴罚款。注意前提条件是必须经当事人主动提出。

3. 法律对违法行为未作出处罚规定的，行政法规为实施法律，可以补充设定。（　　）

【答案】 正确

【解析】 法律对违法行为未作出处罚规定的，行政法规为实施法律，可以补充设定。

4. 行政处罚没有依据或违反法定程序构成重大且明显违法的，行政处罚无效。（　　）

【答案】正确

【解析】根据《行政处罚法》第三十八条规定，行政处罚没有依据或者实施主体不具有行政主体资格的，行政处罚无效。违反法定程序构成重大且明显违法的，行政处罚无效。

5. 税务行政主体包括税务机关和法律、法规授权的组织。（　　）

【答案】正确

【解析】根据《行政处罚法》第二十三条规定，行政处罚由县级以上地方人民政府具有行政处罚权的行政机关管辖。法律、行政法规另有规定的，从其规定。因此县级以上税务机关为法律规定具有税务行政处罚权的机关。根据《税收征管法》第七十四条规定，该法规定的行政处罚，罚款额在2000元以下的，可以由税务所决定。根据《税收征管法实施细则》第九条规定，《税收征管法》第十四条所称按照国务院规定设立的并向社会公告的税务机构，是指省以下税务局的稽查局。稽查局专司偷税、逃避追缴欠税、骗税、抗税案件的查处。可见，税务所和稽查局属于法律、法规授权，具有行政处罚权的组织。

6. 税务行政处罚中，2000元以下的罚款统一由税务所实施。（　　）

【答案】错误

【解析】依据《税收征管法》以及《发票管理办法》的相关规定，对于税收违法行为，税务所可以实施2000元以下的罚款。但这并不意味着2000元以下的罚款统一由税务所实施，其他税务机关如各级税务局、税务分局以及省以下税务局的稽查局均有权实施2000元以下的罚款。

7. 当事人初次违法且危害后果轻微并及时改正的，应不予行政处罚。（　　）

【答案】错误

【解析】根据《行政处罚法》第三十三条规定，初次违法且危害后果轻微并及时改正的，可以不予行政处罚。

8. 税务行政处罚中，当事人未要求听证的，税务机关可以依职权决定是否举行听证会。（　　）

【答案】错误

【解析】税务行政处罚听证是一种依申请的行政活动，没有当事人的听证要求，税务机关不能举行听证会。

9. 当事人违法被查处，主动供述税务机关尚未掌握的违法行为，可以不予行政处罚。（　　）

【答案】错误

【解析】依据《行政处罚法》第三十二条第（三）项规定，主动供述税务机关尚未掌握的违法行为，应当从轻或者减轻行政处罚。

10. 纳税人确有经济困难，需要延期或者分期缴纳罚款的，可以自其向税务机关提出申请之日起暂缓缴纳或者分期缴纳。（　　）

【答案】错误

【解析】根据《行政处罚法》第六十六条规定，当事人确有经济困难，需要延期或者分期缴纳罚款的，经当事人申请和行政机关批准，可以暂缓或者分期缴纳。

第五章　税务行政强制和相关税收保障措施

本章主要掌握内容：行政强制概念、税收保全和税务行政强制执行、其他税收保障措施。

知识点1：行政强制概念

行政强制特征

行政性	依照行政程序作出具体行政行为
服从性	类似单方意志性，由行政机关单方决定实施
物理性	直接作用于当事人的人身或财产，能改变财产物理状态或限制人身自由
依附性	行政强制为其他具体行政行为的实施或实现服务 行政强制依附于为之服务的具体行政行为

行政强制原则

原则	主要内容
合法性原则	①设定权法定 ②程序法定
	①只有法律、行政法规和地方性法规有权设定行政强制 ②由行政机关和法律、行政法规授权的具有管理公共事务职能的组织实施。**行政强制措施及行政强制执行均不得委托实施** ③除法律规定由行政机关直接强制执行外，其余均申请法院强制执行
合理性原则	①设定行政强制应当适当 ②实施行政强制应当适当 情节轻微的，能不实施就不实施；查封、扣押、冻结的财物价值应当适当（不得查封扣押与违法行为无关的场所、设施或者财物；不得查封、扣押公民个人及其所扶养家属的生活必需品；冻结存款、汇款的数额应当与违法行为涉及的金额相当） ③强制执行时所选择的强制手段应当适当 优先采用滞纳金、执行罚等间接强制手段；选择对当事人损害最小措施
权利保障原则	陈述申辩权；申请行政复议、行政诉讼、行政赔偿权利

1. 概念详解

行政强制，包括行政强制措施和行政强制执行。

行政强制措施是指行政机关在行政管理过程中，为制止违法行为、防止证据损毁、避免危害发生、控制危险扩大等情形，依法对公民的人身自由实施暂时性限制，或者对公民、法人或者其他组织的财物实施暂时性控制的行为。

行政强制执行是指行政机关或者行政机关申请人民法院，对不履行行政决定的公民、法人或者其他组织，依法强制履行义务的行为。

2. 经典习题演练

【单选题】行政强制是典型的行政机关单方行为，由行政机关依法单方面决定实施，无须征得当事人的同意或认可。这体现了行政强制的基本特征是（　　）。

A. 行政性　　B. 协商性　　C. 依附性　　D. 服从性

【答案】D

【解析】本题考查行政强制的基本特征知识点。行政强制是典型的行政机关单方行为，当事人必须服从决定，没有自由选择的余地，这是行政强制服从性特点的显著体现。故D选项符合题意。

【单选题】当事人对行政机关实施的行政强制，享有陈述权、申辩权；有权依法申请行政复议或者提起行政诉讼；因行政机关或人民法院实施行政强制受到损害的，有权依法要求赔偿。这体现了行政强制的（　　）。

A. 权利保障原则　　B. 合法性原则

C. 合理性原则　　D. 公平性原则

【答案】A

【解析】本题考查行政强制的基本原则。陈述权、申辩权是一项基本程序权利。在作出对当事人不利的决定前，应当听取当事人的意见，这样做有利于保证行政决定的公正、客观；申请复议、提起诉讼、申请损害赔偿等法律救济手段是事后监督的重要方式，也是当事人的一项重要权利，故此项规定体现了尊重当事人主体地位，保障其合法权利的原则。故A选项符合题意。

【单选题】《行政强制法》规定的行政强制实施主体不包括（　　）。

A. 法律规定的行政机关

B. 行政法规规定的行政机关

C. 法律、行政法规授权的具有管理公共事务职能的组织

D. 受行政机关委托的组织

【答案】D

【解析】本题是考查行政强制实施主体。根据《行政强制法》第十七条规定，行政强制措施由法律、行政法规规定的行政机关在法定职权范围内实施。根据《行政强制法》第七十条规定，法律、行政法规授权的具有管理公共事务职能的组织在法定授权范围内，以自己的名义实施行政强制，适用本法有关行政机关的规定。因此，行政强制措施的实施主体是行政机关，以及法律、行政法规授权的具有管理公共事务职能的组织。故D选项符合题意。

【多选题】行政强制法是行政法的一个重要领域，应遵循行政法的基本原则。行政强制的基本原则包括（　　）。

A. 便民原则　　B. 合法性原则

C. 合理性原则　　D. 依附性原则

【答案】BC

【解析】本题考查的是行政强制的基本原则。根据《行政强制法》第三条、第四条规定，对行政强制的设定作了严格的限制，对行政强制的实施，规定了严格的程序，没有法定依据的行政强制措施和不符合法定程序的行政强制措施无效，体现了行政强制的合法性，B 选项符合题意。根据《行政强制法》第五条规定，行政强制的设定和实施，应当适当。采用非强制手段可以达到行政管理目的的，不得设定和实施行政强制。根据这一规定，在实施行政强制过程中，即使法律、法规设定了行政强制，实施时也要遵循必要的要求，不能动辄实施行政强制，C 选项符合题意。行政强制主体在实施行政强制具体行为时，除了要考虑合法性和合理性，还要考虑对行政相对人合法权利的保障，但无须考虑是否便民，因为这是行政机关的单方行为，由行政机关单方面实施，A 选项不符合题意。依附性是行政强制的特征，而非应遵循的原则，D 选项不符合题意。

【判断题】行政强制是典型的行政机关单方行为，由行政机关依法单方面决定实施，无须征得当事人的同意或认可。（　　）

【答案】正确

【解析】本题考查行政强制的服从性。行政强制通常在违背当事人意志的情形下实施，当事人有服从的义务而无选择的权利。因此行政强制是行政机关单方行为，无须征得当事人的同意或认可。

3. 知识扩展

实施主体的相关规定

类别	行政机关	被授权组织	接受委托主体
行政处罚	具有行政处罚权的	法律、法规授权	其他组织
行政许可	具有许可权的	法律、法规授权	其他行政机关
行政强制措施	法律、法规规定	法律、行政法规授权	无
行政强制执行	有权限	法律、行政法规授权	无

知识点2：税收保全和税务行政强制执行

行政强制的种类和设定

行政强制措施	法律：可以设定各类行政强制措施（①④只能由法律设定） 行政法规：可以设定①④之外的行政强制措施 地方性法规：可以设定②③	①限制公民人身自由 ②查封场所、设施或者财物 ③扣押财物 ④冻结存款、汇款 ⑤其他
行政强制执行	法律	①加处罚款或滞纳金 ②划拨存款、汇款 ③拍卖或者依法处理查封、扣押的场所、设施或者财物 ④排除妨碍、恢复原状 ⑤代履行 ⑥其他

行政强制措施实施程序

<table>
<tr><td>行政强制措施</td><td colspan="2">①实施强制措施需制作现场笔录，当事人和执法人员签名。当事人拒绝的，注明情况；当事人不在，见证人签名
②情况紧急时可当场实施，24 小时内报告
③冻结存款、汇款，向金融机构交付冻结通知书，3 日内向当事人交付冻结决定书
④查封扣押期限：30 日 +30 日，法律、行政法规另有规定除外
冻结期限：30 日 +30 日，法律另有规定除外</td></tr>
<tr><td colspan="3">《税收征管法》第五十五条：税务机关对从事生产、经营的纳税人以前纳税期的纳税情况依法进行税务检查时……
《税收征管法实施细则》第八十八条：依照《税收征管法》第五十五条规定，税务机关采取税收保全措施的期限一般不得超过 6 个月</td></tr>
<tr><td rowspan="3">行政强制执行</td><td colspan="2">口诀：书面催告是前提；加处罚款百分三；超过 30 可执行
①行政机关依照规定实施加处罚款或者滞纳金超过三十日，经催告当事人仍不履行的，具有行政强制执行权的行政机关可以强制执行
②当事人逾期不缴纳罚款的，行政机关可以每日按罚款数额的百分之三加处罚款，加处罚款数额不得超出罚款的数额</td></tr>
<tr><td>中止行政强制执行：
①当事人履行确有困难或暂无履行能力
②第三人对执行标的主张权利，确有理由的
③执行可能造成难以弥补的损失，且中止执行不损害公共利益</td><td>终结执行：死亡；终止；依据撤销
①公民死亡，无遗产可供执行，又无义务承受人
②法人或者其他组织终止，无财产可供执行，又无义务承受人
③执行标的灭失
④据以执行的行政决定被撤销</td></tr>
<tr><td colspan="2">中止执行的情形消失后，行政机关应当恢复执行。对没有明显社会危害，当事人确无能力履行，中止执行满三年未恢复执行的，行政机关不再执行</td></tr>
<tr><td>申请人民法院强制执行</td><td colspan="2">两个期限：①当事人在法定期限内不复议、不诉讼、不履行行政决定
②没有强制执行权的行政机关可以自上述期限届满之日起 3 个月内，依法申请人民法院强制执行
申请人民法院强制执行前，应催告当事人履行义务，催告书送达 10 日后当事人仍未履行，向所在地或不动产所在地（执行标的是不动产）法院申请强制执行</td></tr>
</table>

税收保全与强制执行知识点归纳

方式 内容	税收保全	强制执行
对象	从事生产、经营的纳税人	从事生产、经营的纳税人、扣缴义务人和纳税担保人
前提	①规定的纳税期之内 ②有根据认为有逃避纳税义务行为 ③已责令限期缴纳 ④限期内发现有明显转移、隐匿应税物品及收入的迹象 ⑤责成提供担保而不提供	①从事生产、经营的纳税人、扣缴义务人未按照规定的期限缴纳或者解缴税款；纳税担保人未按照规定的期限缴纳所担保的税款 ②税务机关责令限期缴纳，逾期仍未缴纳
措施	冻结存款；扣押、查封 （收到税款后 1 日内解除保全）	扣缴税款；扣押、查封、依法拍卖或变卖
审批	县以上税务局（分局）局长	县以上税务局（分局）局长

续表

内容＼方式	税收保全	强制执行
清偿顺序	—	执行费用 > 税款 > 滞纳金 > 罚款及加处罚款
范围	存款、商品、货物或其他财产（纳税人的房地产、现金、有价证券等不动产和动产） 例外：个人及其所扶养家属维持生活必需的住房（不包括豪宅和一处以外住宅）和用品；单价 5000 元以下的其他生活用品	

行政强制措施相关要求

查封扣押	对象	**仅限**于涉案的场所、设施或者财物 **不得**查封、扣押与违法行为无关的场所、设施或者财物 **不得**查封、扣押公民个人及其所扶养家属的生活必需品 已被其他国家机关依法查封的，**不得**重复查封（可加贴封条也可以不加贴） 扣押只限动产，且扣押的商品货物及其他财产价值要相当于应纳税款
	程序	制作并交付查封、扣押决定书。扣押需开付收据；查封需开付清单
	保管责任	①应妥善保管，不得使用或损毁；因未尽妥善保管义务造成损失的，应赔偿 ②因查封、扣押发生的保管费用由行政机关承担 ③检测、检验、检疫或者技术鉴定的费用由行政机关承担
	期限	30 日 +30 日（税收保全期限是 6 个月） 查封、扣押的期间不包括检测、检验、检疫或者技术鉴定的期间
冻结	对象	数额应当与违法行为涉及的金额相当；已冻结的，不得重复冻结
	程序	向金融机构交付冻结通知书；3 日内向当事人交付冻结决定书
	期限	30 日 +30 日
	要求	只能原账户冻结，税务机关不得将行政相对人存款划至其他账户冻结

行政强制执行相关要求

扣缴	①扣缴不以冻结为前提 ②从行政相对人的存款中扣除对应金额的款项划转至税务机关指定的账号 ③税务机关不能从行政相对人账户提取现金
拍卖变卖	①拍卖变卖的前提一般是已进行查封扣押 ②拍卖是税务机关委托依法设立的拍卖机构拍卖，拍卖所得支付相关费用后再抵缴税款、滞纳金、罚款 ③变卖是税务机关交法定机构收购、委托商业机构代为销售或直接变卖处理，变卖所得支付相关费用后再抵缴税款、滞纳金、罚款 ④原则上先拍卖，无法拍卖或不适合拍卖的，再进行变卖 ⑤法律规定禁止流通或限制流通，只能由法定单位收购的财产，应交法定单位收购
不得**在夜间**或者**法定节假日**实施，但是情况紧急的除外 不得对居民生活采取停止供水、供电、供热、供燃气等方式（影响正常生活）	

行政强制执行和解

行政强制执行和解	①实施行政强制执行，可以依法适用和解程序 ②行政机关可以在不损害公共利益和他人合法权益的情况下，与当事人达成执行协议 ③执行协议可以约定分阶段履行 ④当事人采取补救措施的，可以减免加处的罚款或者滞纳金
	在强制执行阶段，罚款本金、税款本金、行政性收费本金不适用执行和解的减免规定

1. 概念详解

《行政强制法》第三十五条规定：行政机关作出强制执行决定前，应当事先催告当事人履行义务，催告应当以书面形式作出。也就是说，税务机关要对纳税人进行扣缴、拍卖或变卖等强制执行前，必须对纳税人进行催告，催告通过《催告书》以书面的形式进行，且催缴所使用的《税务事项通知书》不可代替《催告书》，催缴行为也不能代替催告行为。

2. 经典习题演练

【单选题】行政执法人员实施行政强制措施前，必须向行政机关负责人报告并经批准，但遇到情况紧急时，可以当场实施行政强制措施，但应当在规定的时间内向行政机关负责人报告，并补办手续。该规定的时间为（　　）。

A. 8 小时　　B. 12 小时　　C. 24 小时　　D. 48 小时

【答案】C

【解析】本题考查紧急情况下实施行政强制措施的批准程序。根据《行政强制法》第十九条规定，情况紧急，需要当场实施行政强制措施的，行政执法人员应当在 24 小时内向行政机关负责人报告，并补办手续。故 C 选项符合题意。

【单选题】下列不属于税务行政强制的是（　　）。

A. 查封、扣押财物　　B. 冻结存款

C. 停止出口退税权　　D. 拍卖、变卖抵缴税款

【答案】C

【解析】本题考查税务行政强制的种类。根据《税收征管法》第三十七条、第三十八条规定，税务机关可以采取的税收保全措施包括冻结存款，查封、扣押。第四十条规定，税务机关可以采取的强制执行措施包括扣缴税款，依法拍卖或者变卖。A、B、D 选项都属于行政强制。停止出口退税权属于税务行政处罚，故 C 选项符合题意。

【单选题】税务机关在稽查过程中，如果需要查询案件涉嫌人员的储蓄存款，需要经批准后方可实施。该批准权限为（　　）。

A. 设区的市、自治州以上税务局（分局）局长

B. 设区的市、自治州以上税务局（分局）稽查局局长

C. 县以上税务局（分局）局长

D. 县以上税务局（分局）稽查局局长

【答案】A

【解析】本题考查税务行政强制措施的实施。根据《税收征管法》第五十四条第（六）项规定，经县以上税务局（分局）局长批准，凭全国统一格式的检查存款账户许可证明，税务机关有权查询从事生产、经营的纳税人、扣缴义务人在银行或者其他金融机构的存款账户。税务机关在调查税收违法案件时，经设区的市、自治州以上税务局（分局）局长批准，可以查询案件涉嫌人员的储蓄存款。税务机关查询所获得的资料，不得用于税收以外的用途。故A选项符合题意。

【单选题】在税务行政强制执行中，如果执行到位的款项不足以支付各种应缴或应付款项的，则首先应当支付的是（　　）。

A. 税款　　B. 罚款

C. 执行中发生的拍卖费　　D. 滞纳金

【答案】C

【解析】本题考查的是税务行政强制执行中的清偿顺序问题。根据国家税务总局2005年发布的《抵税财物拍卖、变卖试行办法》第二十六条规定的顺序，执行中发生的必要费用如拍卖、变卖费用排在首位，优先支付。需要说明的是，根据《行政强制法》第二十六条第三款规定，因查封、扣押发生的保管费用由行政机关承担。因此，税务机关强制执行中发生的保管费用依照《行政强制法》的规定由税务机关承担，而不能再从纳税人的财产拍卖、变款中优先支付，这需要予以特别关注。故C选项符合题意。

【单选题】某临时从事经营的纳税人未按照税务机关依法核定的应纳税额缴纳税款，主管税务机关决定对其采取行政强制措施，下列做法正确的是（　　）。

A. 扣押该纳税人价值相当于应纳税款的商品、货物

B. 冻结该纳税人的存款

C. 冻结纳税人有价证券

D. 查封该纳税人近亲属价值相当于应纳税款的财产

【答案】A

【解析】本题考查税收保全和强制执行的财产范围。根据《税收征管法》第三十七条规定，对未按照规定办理税务登记的从事生产、经营的纳税人以及临时从事经营的纳税人，由税务机关核定其应纳税额，责令缴纳；不缴纳的，税务机关可以扣押其价值相当于应纳税款的商品、货物。故A选项符合题意。

【多选题】行政机关作出强制执行决定前，应当事先催告当事人履行义务。催告应当以书面方式作出，载明的事项包括（　　）。

A. 履行义务的期限

B. 履行义务的方式

C. 当事人依法享有的陈述权和申辩权

D. 当事人依法享有的行政复议权和行政诉讼权

【答案】ABC

【解析】本题考查的是行政强制执行。根据《行政强制法》第三十五条规定，行政

机关作出强制执行决定前，应当事先催告当事人履行义务。催告应当以书面方式作出，并载明下列事项：履行义务的期限；履行义务的方式；涉及金钱给付的，应当有明确的金额和支付方式；当事人依法享有的陈述权和申辩权。故A、B、C选项符合题意。

【多选题】下列关于行政强制执行应当中止执行的情形，符合规定的有（　　）。

A. 当事人履行行政决定确有困难或者暂无履行能力的

B. 执行可能造成难以弥补的损失，且中止执行不损害公共利益的

C. 第三人对执行标的主张权利确有理由的

D. 当事人向行政机关提出中止执行申请的

【答案】ABC

【解析】本题考查的是行政强制中止执行。根据《行政强制法》第三十九条规定，有下列情形之一的，中止执行：当事人履行行政决定确有困难或者暂无履行能力的；第三人对执行标的主张权利，确有理由的；执行可能造成难以弥补的损失，且中止执行不损害公共利益的；行政机关认为需要中止执行的其他情形。故A、B、C选项符合题意。

【多选题】依照《行政强制法》的规定，下列关于行政强制期限的说法正确的有（　　）。

A. 查封、扣押的期限不得超过30日，情况复杂的，经行政机关负责人批准，可以延长30日

B. 延长查封、扣押的决定应当及时书面告知当事人，并说明理由

C. 查封、扣押的期间不包括检测、检验、检疫或者技术鉴定的期间

D. 行政法规规定冻结期限的，可以执行相关规定

【答案】ABC

【解析】本题考查的是行政强制期限。根据《行政强制法》第二十五条规定，查封、扣押的期限不得超过30日；情况复杂的，经行政机关负责人批准，可以延长，但是延长期限不得超过30日。法律、行政法规另有规定的除外。延长查封、扣押的决定应当及时书面告知当事人，并说明理由。对物品需要进行检测、检验、检疫或者技术鉴定的，查封、扣押的期间不包括检测、检验、检疫或者技术鉴定的期间。检测、检验、检疫或者技术鉴定的期间应当明确，并书面告知当事人。检测、检验、检疫或者技术鉴定的费用由行政机关承担。根据《行政强制法》第三十二条规定，自冻结存款、汇款之日起30日内，行政机关应当作出处理决定或者作出解除冻结决定；情况复杂的，经行政机关负责人批准，可以延长，但是延长期限不得超过30日。法律另有规定的除外。延长冻结的决定应当及时书面告知当事人，并说明理由。对于冻结的期限，只有法律另有规定的，才可遵照执行，因此A、B、C选项符合题意。

【多选题】关于行政机关申请人民法院强制执行的规定，下列说法正确的有（　　）。

A. 当事人在法定期限内不申请行政复议或者提起行政诉讼，又不履行行政决定的，行政机关可申请人民法院强制执行

B. 行政机关可以自行政诉讼期限届满之日起3个月内申请人民法院强制执行

C. 行政机关申请人民法院强制执行可不催告当事人履行义务

D. 行政机关可以向当事人所在地的人民法院申请强制执行

【答案】 AB

【解析】 本题考查的是申请人民法院强制执行的规定。根据《行政强制法》第五十三条规定，当事人在法定期限内不申请行政复议或者提起行政诉讼，又不履行行政决定的，没有行政强制执行权的行政机关可以自期限届满之日起3个月内，依照《行政强制法》第五章规定申请人民法院强制执行。根据《行政强制法》第五十四条规定，行政机关申请人民法院强制执行前，应当催告当事人履行义务。催告书送达10日后当事人仍未履行义务的，行政机关可以向所在地有管辖权的人民法院申请强制执行；执行对象是不动产的，向不动产所在地有管辖权的人民法院申请强制执行。故A、B选项符合题意。

【判断题】 行政机关实施行政强制措施时，当事人不到场的，邀请见证人到场，由见证人和行政执法人员在现场笔录上签名或者盖章。（　　）

【答案】 正确

【解析】 根据《行政强制法》第十八条规定，行政机关实施行政强制措施应当遵守下列规定：当事人不到场的，邀请见证人到场，由见证人和行政执法人员在现场笔录上签名或者盖章。

【判断题】 行政强制执行催告前，有证据证明纳税人有转移或者隐匿财物迹象的，税务机关可以作出立即强制执行决定。（　　）

【答案】 错误

【解析】 根据《行政强制法》第三十七条第三款规定，在行政强制执行催告期间，对有证据证明纳税人有转移或者隐匿财物迹象的，税务机关可以作出立即强制执行决定。所以催告前，不可以作出立即强制执行的决定。

【判断题】 行政强制的设定和实施，应当适当、合理。采用非行政强制手段能够达到行政管理目的的，不得实施行政强制。（　　）

【答案】 正确

【解析】 根据《行政强制法》第五条规定，行政强制的设定和实施，应当适当。采用非强制手段可以达到行政管理目的的，不得设定和实施行政强制。

【判断题】 税收保全属于行政强制措施的范畴。（　　）

【答案】 正确

【解析】 税收保全，是指税务机关对可能由于纳税人的行为，致使税款的征收不能保证或难以保证的，强制性限制纳税人转移、隐匿、处分其财产的具体行政行为。

3. 知识扩展

①总结：关于设定权限的标准

类型	行政许可	行政处罚	行政强制措施	行政强制执行
法律	√	√	√	√

续表

类型	行政许可	行政处罚	行政强制措施	行政强制执行
行政法规	√	限制人身自由除外	限制人身自由、冻结存款汇款除外	×
国务院的决定	可以设定临时许可	×	×	×
地方性法规	√	限制人身自由、吊销企业营业执照除外	查封＋扣押	×
地方规章	省级政府规章可以设定临时性许可	警告和一定数量的罚款（上限省级人大常委会定）	×	×
部门规章	×	警告和一定数量的罚款（上限国务院定）	×	×

②催告书的载明事项

催告书列明事项	履行义务的期限
	履行义务的方式
	涉及金钱给付的，应当有明确的金额和给付方式
	当事人依法享有的陈述权和申辩权
注意	不包括告知当事人依法享有的复议和诉讼权（催告不可诉）

③《税收征管法》规定的特殊税收保全情形

条文内容	注意要点
第三十七条：对未按照规定办理税务登记的从事生产、经营的纳税人以及临时从事经营的纳税人，由税务机关核定其应纳税额，责令缴纳；不缴纳的，税务机关可以扣押其价值相当于应纳税款的商品、货物。扣押后缴纳应纳税款的，税务机关必须立即解除扣押，并归还所扣押的商品、货物；扣押后仍不缴纳应纳税款的，经县以上税务局（分局）局长批准，依法拍卖或者变卖所扣押的商品、货物，以拍卖或者变卖所得抵缴税款	对象是非正常税务登记生产经营纳税人
	保全标的包括纳税人开始生产、经营以来至税务机关检查前的所有税款、滞纳金
	保全财产险相当于应纳税款的商品货物
	保全手段主要是扣押
	需以核定、责令缴纳为前提，不需要求提担保
第五十五条：税务机关对从事生产、经营的纳税人以前纳税期的纳税情况依法进行税务检查时，发现纳税人有逃避纳税义务行为，并有明显的转移、隐匿其应纳税的商品、货物以及其他财产或者应纳税的收入的迹象的，可以按照本法规定的批准权限采取税收保全措施或者强制执行措施	期间是以前纳税期
	没有责令限期缴纳前提
	没有责成提供担保

知识点3：其他税收保障措施

内容 / 方式	适用情形	注意事项
阻止出境	未清缴税款、滞纳金，又未提供担保	对象为欠缴税款纳税人或其法定代表人 税务机关做决定，出入境管理机关实施

续表

内容 方式	适用情形	注意事项
税收优先权	税收优先受偿	税收优先于无担保债权 税收有条件优先有担保债权 税收优先罚款，没收违法所得，没收财产，罚金
纳税担保	①税务机关有根据认为从事生产、经营的纳税人有逃避纳税义务行为，在规定的纳税期之前经责令其限期缴纳应纳税款，在限期内发现纳税人有明显的转移、隐匿其应纳税的商品、货物以及其他财产或者应纳税收入的迹象，责成纳税人提供纳税担保的 ②欠缴税款、滞纳金的纳税人或者其法定代表人需要出境的 ③纳税人同税务机关在纳税上发生争议而未缴清税款，需要申请行政复议的	①纳税担保范围包括税款、滞纳金和实现税款、滞纳金的费用。费用包括抵押、质押登记费用，质押保管费用，以及保管、拍卖、变卖担保财产等相关费用支出 ②纳税保证：连带责任保证，缴款期满之日起60日内税局有权要求；保证人15日履行 ③纳税抵押：抵押财产由经设区的市、自治州以上税务机关确认。抵押期间，经税务机关同意，纳税人可以转让已办理登记的抵押物，并告知受让人转让物已经抵押的情况。纳税人转让抵押物所得的价款，应当向税务机关提前缴纳所担保的税款、滞纳金。超过部分，归纳税人所有，不足部分由纳税人缴纳或提供相应的担保 ④纳税质押：动产质押包括现金以及其他除不动产以外的财产提供的质押。汇票、支票、本票、债券、存款单等权利凭证可以质押。对于实际价值波动很大的动产或权利凭证，经设区的市、自治州以上税务机关确认，税务机关可以不接受其作为纳税质押 纳税人在规定的期限内缴清税款、滞纳金的，税务机关应当在3个工作日内将质物返还给纳税担保人，解除质押关系
代位权	①存在欠税事实 ②对次债务人的债权到期 ③怠于行使到期债权 ④影响履行，对国家税收造成损害	次债务人为被告 行政相对人为第三人
撤销权	①放弃债权、担保、无偿转让，恶意延长到期债权履行期限 ②明显不合理低价转让、高价受让或为他人提供担保，相对人知道	①行使期限为1年 ②行政相对人为被告，受益人为第三人

重大税收违法失信案件信息公布

重大税收违法失信案件标准	偷税100万元以上，且任一年度不缴或少缴应纳税款占当年各税种应纳税总额10%以上
	逃避追缴欠税100万元以上
	骗取国家出口退税款
	实施抗税行为
	虚开增值税专用发票或者虚开用于骗取出口退税、抵扣税款的其他发票
	虚开增值税普通发票100份或金额400万元以上
	私自印制、伪造、变造发票，非法制造发票防伪专用品，伪造发票监制章
	具有偷税、逃避追缴欠税、骗取出口退税、抗税、虚开发票等行为，在稽查案件执行完毕前，不履行税收义务并脱离税务机关监管，经税务机关检查确认走逃（失联）的

续表

重大税收违法失信案件标准	为纳税人、扣缴义务人非法提供银行账户、发票、证明或者其他方便，导致未缴、少缴税款100万元以上或者骗取国家出口退税款的
	税务代理人违反税收法律、行政法规造成纳税人未缴或者少缴税款100万元以上

1. 概念详解

（1）行使代位权，是指欠缴税款的纳税人怠于行使债权，影响到期税款实现，对国家税收造成损害的，税务机关依法申请人民法院行使代位权，但是该权利专属于债务人自身的除外。

注意：

①《民法典》第五百三十五条规定债权人行使代位权的条件除了怠于行使其债权的情形，还包括怠于行使与该债权有关的从权利，影响债权人的到期债权实现

②《民法典》第五百三十六条规定了债权到期前债权人代位权行使的条件，即债务人的债权或者与该债权有关的从权利存在诉讼时效期间即将届满或者未及时申报破产债权等情形，影响债权人的债权实现。

（2）行使撤销权，是指欠缴税款的纳税人放弃其债权，无偿转让财产，或者以明显不合理的低价转让财产而受让人知道该情形，影响到期税款实现，对国家税收造成损害的，税务机关依法申请人民法院行使撤销权，撤销权的行使范围以税务机关享有的税收债权为限。

注意：

①《民法典》第五百三十八条还规定债权人行使撤销权的情形包括放弃债权担保或者恶意延长其到期债权的履行期限，影响债权人的债权实现

②《民法典》第五百三十九条同时规定债务人以明显不合理的高价受让他人财产或者为他人的债务提供担保，影响债权人债权实现的，债权人可以行使撤销权

2. 经典习题演练

【单选题】下列关于纳税担保的说法错误的是（　　）。

A. 纳税人对税务机关作出的查封决定不服提起行政诉讼，税务机关可责成其提供纳税担保

B. 税务机关有根据认为从事生产、经营的纳税人有逃避纳税义务行为，在规定的纳税期之前经责令其限期缴纳应纳税款，在期限内发现纳税人有明显转移其应纳税商品的，税务机关可责成其提供纳税担保

C. 欠缴税款、滞纳金的纳税人或者其法定代表人需要出境的，适用纳税担保

D. 纳税人与税务机关在纳税上发生争议未缴清税款，可以提供纳税担保后申请行政复议

【答案】A

【解析】本题考查提供纳税担保的情形。根据《税收征管法》第三十八条规定，税

务机关有根据认为从事生产、经营的纳税人有逃避纳税义务行为的，可以在规定的纳税期之前，责令限期缴纳应纳税款；在期限内发现纳税人有明显的转移、隐匿其应纳税的商品、货物以及其他财产或者应纳税的收入的迹象的，税务机关可以责成提供纳税担保。根据《税收征管法》第四十四条规定，欠缴税款的纳税人或者他的法定代表人需要出境的，应当在出境前向税务机关结清应纳税款、滞纳金或者提供担保。根据《税收征管法》第八十八条规定，纳税人、扣缴义务人、纳税担保人同税务机关在纳税上发生争议时，必须先按照税务机关的纳税决定缴纳或者解缴税款及滞纳金或者提供相应的担保，然后可以依法申请行政复议；对行政复议决定不服的，可以依法向人民法院起诉。故 A 选项符合题意。

【单选题】某省纳税人甲需要出境，出境前因欠缴税款被主管税务机关责令提供纳税担保。甲拒不接受税务机关处理，没有提供担保，主管税务机关遂通知出境管理机关阻止其出境。以下说法正确的是（　　）。

A. 阻止甲出境属于行政处罚

B. 阻止甲出境属于税收保障措施

C. 主管税务机关无权要求甲提供纳税担保

D. 主管税务机关无权通知某省出境管理机关阻止甲出境

【答案】B

【解析】本题考查离境清税制度的实施。根据《税收征管法》第四十四条规定，欠缴税款的纳税人或者他的法定代表人需要出境的，应当在出境前向税务机关结清应纳税款、滞纳金或者提供担保。未结清税款、滞纳金，又不提供担保的，税务机关可以通知出境管理机关阻止其出境。阻止出境从性质上讲属于税收保障措施，不属于行政处罚。故 B 选项符合题意。

【多选题】下列关于撤销权说法正确的有（　　）。

A. 撤销权行使的情形之一是债务人怠于行使到期债权

B. 撤销权的期限是自税款到期之日起 1 年

C. 撤销权的行使需要税务机关以民事诉讼的方式实现

D. 撤销权诉讼以行政相对人为被告

【答案】CD

【解析】A 选项是代位权行使情形；B 选项应是自知道撤销事由之日起 1 年。故 C、D 选项符合题意。

【多选题】为了保障国家税收，税法规定了税收优先权，下列情形中不能对抗税收优先权的有（　　）。

A. 在欠税发生之前已设定担保的民事债权

B. 在欠税发生后才设定担保的民事债权

C. 税务机关处以的罚款

D. 税务机关处以的没收违法所得

【答案】BCD

【解析】本题考查的是税收优先权的适用。根据《税收征管法》第四十五条规定，税收优先于欠税发生在先的担保债权，但在欠税发生前已设定了担保的债权，税收并没有优先权。纳税人欠缴税款，同时又被行政机关决定处以罚款、没收违法所得的，税收优先于罚款、没收违法所得。故 B、C、D 选项符合题意。

【多选题】下列主体，不能够作为纳税担保人的包括（　　）。

A. 金宝贝公立幼儿园

B. 宏大有限责任公司财务部

C. 纳税信用等级为 D 级的彩虹公司

D. 个体工商户李某在公安机关工作的表哥

【答案】ABC

【解析】本题考查的是纳税担保人的资格。根据《纳税担保试行办法》第九条规定，国家机关，学校、幼儿园、医院等事业单位、社会团体不得作为纳税担保人；企业法人的职能部门不得为纳税保证人；纳税信用等级被评为 C 级以下的不得作为纳税保证人。故 A、B、C 选项符合题意。

【多选题】纳税质押分为动产质押和权利质押。权利质押是以财产性权利设立的质押，主要包括（　　）。

A. 现有的以及将有的应收账款

B. 可以转让的注册商标专用权、专利权、著作权等知识产权中的财产权

C. 仓单、提单

D. 可以转让的基金份额、股权

【答案】ABCD

【解析】本题考查权利质押的范围。根据《民法典》第四百四十条规定，债务人或者第三人有权处分的下列权利可以出质：①汇票、本票、支票；②债券、存款单；③仓单、提单；④可以转让的基金份额、股权；⑤可以转让的注册商标专用权、专利权、著作权等知识产权中的财产权；⑥现有的以及将有的应收账款；⑦法律、行政法规规定可以出质的其他财产权利。故 A、B、C、D 选项均符合题意。

【判断题】纳税抵押的财产只能是纳税人拥有处分权的财产。（　　）

【答案】错误

【解析】纳税抵押的财产也可以是第三人拥有处分权的财产。

【判断题】纳税担保具有强制性，税务机关一旦责成纳税人提供担保，纳税人不得拒绝，必须遵从。（　　）

【答案】错误

【解析】税法规定了税务机关在法定的情形下有权责令纳税人提供担保，但纳税担保并非税务机关决定即可成立，必须经过纳税担保人同意才能成立。纳税担保是税务机关、纳税担保人、纳税人共同意思的表示。

【判断题】税务机关依照《税收征管法》规定行使代位权、撤销权的，可免除纳税人的纳税义务。（　　）

【答案】错误

【解析】根据《税收征管法》第五十条规定，欠缴税款的纳税人因怠于行使到期债权，或者放弃到期债权，或者无偿转让财产，或者以明显不合理的低价转让财产而受让人知道该情形，对国家税收造成损害的，税务机关可以依照《民法典》的规定行使代位权、撤销权。税务机关依照上述规定行使代位权、撤销权的，不免除欠缴税款的纳税人尚未履行的纳税义务和应承担的法律责任。

3. 知识扩展

①纳税担保种类及注意事项

类型	注意事项
担保范围	税款、滞纳金和实现税款、滞纳金的费用
纳税保证	**不能作为保证人：** ①国家机关、事业单位、社会团体 ②企业法人的职能部门（有法人书面授权的分支机构在授权范围内可以） ③有偷税、抗税、骗税、逃避追缴欠税行为被税务机关、司法机关追究过法律责任未满2年的 ④因有税收违法行为正在被税务机关立案处理或涉嫌刑事犯罪被司法机关立案侦查的 ⑤纳税信誉等级被评为C级以下的 ⑥在主管税务机关所在地的市（地、州）没有住所的自然人或税务登记不在本市（地、州）的企业 ⑦无民事行为能力或限制民事行为能力的自然人 ⑧与纳税人存在担保关联关系的 ⑨有欠税行为的 **保证期间：**应缴纳税款期限届满之日起60日内（纳税保证期间内税务机关未通知纳税保证人缴纳税款及滞纳金以承担担保责任的，纳税保证人免除担保责任） **履行责任期限：**纳税人在规定的期限届满未缴清税款及滞纳金，税务机关在保证期限内书面通知纳税保证人的，纳税保证人应按照纳税担保书约定的范围，自收到纳税通知书之日起15日内缴纳税款及滞纳金，履行担保责任 纳税保证人未按照规定的履行保证责任的期限缴纳税款及滞纳金的，由税务机关发出责令限期缴纳通知书，责令纳税保证人在限期15日内缴纳；逾期仍未缴纳的，经县以上税务局（分局）局长批准，对纳税保证人采取强制执行措施，通知其开户银行或其他金融机构从其存款中扣缴所担保的纳税人应缴纳的税款、滞纳金，或扣押、查封、拍卖、变卖其价值相当于所担保的纳税人应缴纳的税款、滞纳金的商品、货物或者其他财产，以拍卖、变卖所得抵缴担保的税款、滞纳金
纳税抵押	**可以抵押的财产：** ①抵押人所有的房屋和其他地上定着物 ②抵押人所有的机器、交通运输工具和其他财产 ③抵押人依法有权处分的国有的房屋和其他地上定着物 ④抵押人依法有权处分的国有的机器、交通运输工具和其他财产 ⑤经设区的市、自治州以上税务机关确认的其他可以抵押的合法财产 **不得抵押的财产：** ①土地所有权

续表

类型	注意事项
纳税抵押	②土地使用权［以依法取得的国有土地上的房屋抵押的，该房屋占用范围内的国有土地使用权同时抵押。以乡（镇）、村企业的厂房等建筑物抵押的，其占用范围内的土地使用权同时抵押］ ③学校、幼儿园、医院等以公益为目的的事业单位、社会团体、民办非企业单位的教育设施、医疗卫生设施和其他社会公益设施（但可以其教育设施、医疗卫生设施和其他社会公益设施以外的财产为其应缴纳的税款及滞纳金提供抵押） ④所有权、使用权不明或者有争议的财产 ⑤依法被查封、扣押、监管的财产 ⑥依法定程序确认为违法、违章的建筑物 ⑦法律、行政法规规定禁止流通的财产或者不可转让的财产 ⑧经设区的市、自治州以上税务机关确认的其他不予抵押的财产
纳税质押	分为动产质押和权利质押。需转移财产占有

《税收征管法》第四十七条规定，税务机关扣押商品、货物或者其他财产时，必须开付收据；查封商品、货物或者其他财产时，必须开付清单。

商品房预售资金监管账户的资金可以冻结，但在房屋所有权首次登记前，不得采取扣划措施。根据《最高人民法院印发〈关于充分发挥司法职能作用 助力中小微企业发展的指导意见〉的通知》（法发〔2022〕2 号）规定，对商品房预售资金监管账户、农民工工资专用账户和工资保证金账户内资金依法审慎采取保全、执行措施，支持保障相关部门防范应对房地产项目逾期交付风险，维护购房者合法权益，确保农民工工资支付到位。冻结商品房预售资金监管账户的，应当及时通知当地住房和城乡建设主管部门；除当事人申请执行因建设该商品房项目而产生的工程建设进度款、材料款、设备款等债权案件外，在商品房项目完成房屋所有权首次登记前，对于监管账户中监管额度内的款项，不得采取扣划措施，不得影响账户内资金依法依规使用。除法律另有专门规定外，不得以支付为本项目提供劳动的农民工工资之外的原因冻结或者划拨农民工工资专用账户和工资保证金账户资金；为办理案件需要，人民法院可以对前述两类账户采取预冻结措施。

章节练习

一、单选题

1. 下列关于行政强制，说法错误的是（　　）。

A. 只有法律、行政法规和地方性法规有权设定行政强制

B. 行政强制措施及行政强制执行均不得委托实施

C. 行政强制执行措施的对象是从事生产、经营的纳税人、扣缴义务人、纳税担保人

D. 对未按照规定办理税务登记的从事生产、经营的纳税人以及临时从事经营的纳

税人，由税务机关核定其应纳税额，责令缴纳；不缴纳的，税务机关可以扣押其价值相当于应纳税款的动产

【答案】D

【解析】按照《税收征管法》第三十七条规定，对未按照规定办理税务登记的从事生产、经营的纳税人以及临时从事经营的纳税人，由税务机关核定其应纳税额，责令缴纳；不缴纳的，税务机关可以扣押其价值相当于应纳税款的商品、货物。

2. 下列关于税收保全措施的说法，错误的是（　　）。

A. 税收保全措施的对象是从事生产、经营的纳税人，不包括扣缴义务人

B. 税收保全措施只能由法律设定

C. 税收保全措施主要包括冻结、查封、扣押等

D. 纳税人在税务机关采取税收保全措施后，按照税务机关规定的期限缴纳税款的，税务机关应在1日内解除税收保全措施

【答案】B

【解析】税收保全措施可以由法律、法规设定。

3. 为保障纳税人及其所抚养家属的基本生存需要，税务机关对纳税人一定金额以下的其他生活用品不能实施税收保全和强制执行，该“一定金额”是指（　　）元。

A. 1000　　B. 2000　　C. 5000　　D. 10000

【答案】C

【解析】为保障纳税人及其所抚养家属的基本生存需要，税务机关对纳税人5000元以下的其他生活用品不能实施税收保全和强制执行。

4. 当事人对行政机关实施的行政强制，享有陈述权、申辩权；有权依法申请行政复议或者提起行政诉讼；因行政机关或人民法院实施行政强制受到损害的，有权依法要求赔偿。这体现了行政强制的（　　）。

A. 权利保障原则　　B. 合法性原则

C. 合理性原则　　D. 公平性原则

【答案】A

【解析】本题考查行政强制的基本原则。陈述权、申辩权是一项基本程序权利。在作出对当事人不利的决定前，应当听取当事人的意见，这样做有利于保证行政决定的公正、客观；申请复议、提起诉讼、申请损害赔偿等法律救济手段是事后监督的重要方式，也是当事人的一项重要权利，故此项规定体现了尊重当事人主体地位，保障其合法权利的原则。故A选项符合题意。

5. 下列关于纳税担保的说法错误的是（　　）。

A. 纳税人对税务机关作出的查封决定不服提起行政诉讼，税务机关可责成其提供纳税担保

B. 税务机关有根据认为从事生产、经营的纳税人有逃避纳税义务行为，在规定的纳税期之前经责令其限期缴纳应纳税款，在期限内发现纳税人有明显转移其应纳税商品

的，税务机关可责成其提供纳税担保

C. 欠缴税款、滞纳金的纳税人或者其法定代表人需要出境的，适用纳税担保

D. 纳税人与税务机关在纳税上发生争议未缴清税款，可以提供纳税担保后申请行政复议

【答案】 A

【解析】 本题考查提供纳税担保的情形。根据《税收征管法》第三十八条规定，税务机关有根据认为从事生产、经营的纳税人有逃避纳税义务行为的，可以在规定的纳税期之前，责令限期缴纳应纳税款；在期限内发现纳税人有明显的转移、隐匿其应纳税的商品、货物以及其他财产或者应纳税的收入的迹象的，税务机关可以责成提供纳税担保。根据《税收征管法》第四十四条规定，欠缴税款的纳税人或者他的法定代表人需要出境的，应当在出境前向税务机关结清应纳税款、滞纳金或者提供担保。根据《税收征管法》第八十八条规定，纳税人、扣缴义务人、纳税担保人同税务机关在纳税上发生争议时，必须先按照税务机关的纳税决定缴纳或者解缴税款及滞纳金或者提供相应的担保，然后可以依法申请行政复议；对行政复议决定不服的，可以依法向人民法院起诉。故 A 选项符合题意。

6. 当事人因行政机关违法实施行政强制受到损害的，有权依法提出的要求是（　　）。

A. 给予补偿　　B. 给予赔偿　　C. 撤销行政强制　　D. 恢复原状

【答案】 B

【解析】 本题考查违法行政强制行为的赔偿。根据《行政强制法》第六十八条规定，违反该法规定，给公民、法人或者其他组织造成损失的，依法给予赔偿。故 B 选项符合题意。

7. 下列属于行政强制合法性原则的有（　　）。

A. 冻结的存款金额应当适当　　B. 行政强制按法定程序实施

C. 优先选择间接强制手段　　D. 选择对当事人权益损害最小的措施

【答案】 B

【解析】 本题考查行政强制合法性原则的内容，行政强制合法性原则包括行政强制的设定权法定和行政强制依法定程序实施。其余选项为行政合理性原则的要求。

8. 下列选项中符合税务机关行使代位权要件的是（　　）。

A. 欠缴税款的纳税人怠于行使到期债权或与该债权有关的从权利

B. 欠缴税款的纳税人无偿转让财产

C. 欠缴税款的纳税人放弃到期债权

D. 欠缴税款的纳税人以明显不合理的低价转让财产且其相对人知道该情形

【答案】 A

【解析】 本题考查代位权行使的要件。（1）《税收征管法》第五十条规定：欠缴税款的纳税人因怠于行使到期债权，或者放弃到期债权，或者无偿转让财产，或者以明显不合理的低价转让财产而受让人知道该情形，对国家税收造成损害的，税务机关可以依

照《合同法》第七十三条、第七十四条的规定行使代位权、撤销权。(2) 因为《民法典》已取代《合同法》，代位权由《民法典》第五百三十五条作出规范。“因债务人怠于行使其债权或者与该债权有关的从权利，影响债权人的到期债权实现的，债权人可以向人民法院请求以自己的名义代位行使债务人对相对人的权利，但是该权利专属于债务人自身的除外。”由此可见，税务机关行使代位权的情形就是欠缴税款的纳税人怠于行使其到期债权或者与该债权有关的从权利。B、C、D 选项均是撤销权行使的要件。

9. 税务机关申请人民法院强制执行，说法正确的是（　　）。

A. 税务机关无权申请人民法院强制执行税款

B. 税务机关无权申请人民法院强制执行罚款

C. 税务机关申请人民法院强制执行前须事先履行催告程序

D. 税务机关可自诉讼期届满之日起 6 个月内申请人民法院强制执行

【答案】 C

【解析】 本题考查申请人民法院强制执行的要点。(1) 对于税款而言，税务机关能否申请人民法院强制执行，要视情况而定。如果是从事生产，只能自行强制；罚款既可以自行强制，也可以申请人民法院强制执行。所以 B 选项不正确。(2) 行政机关申请人民法院强制执行前需要事先履行催告程序，催告 10 日后当事人仍不履行的，申请人民法院强制执行。C 选项正确。(3) 行政机关可以自诉讼期届满之日起 3 个月内申请人民法院强制执行，而不是 D 选项的 6 个月。所以正确答案是 C。

10. 下列关于税务机关行使撤销权的说法，不正确的是（　　）。

A. 撤销权行使的情形之一是债务人怠于行使到期债权

B. 撤销权行使的情形之一是债务人无偿转让财产

C. 撤销权的行使需要税务机关以民事诉讼的方式实现

D. 撤销权行使的期限是自知道撤销事由之日起 1 年

【答案】 A

【解析】 本题考查撤销权的基本知识。根据《民法典》的规定，撤销权适用的情形有两大类型；一是债务人以放弃其债权、放弃债权担保、无偿转让财产等方式无偿处分财产权益，或者恶意延长其到期债权的履行期限，影响债权人的债权实现的；二是债务人以明显不合理的低价转让财产、以明显不合理的高价受让他人财产或者为他人的债务提供担保，影响债权人的债权实现，债务人的相对人知道或者应当知道该情形的。

二、多选题

1. 下列有关行政强制的说法，正确的有（　　）。

A. 行政强制只能由法律设定

B. 税务机关实施行政强制不需要征得行政相对人同意或认可

C. 行政强制本身不是目的，具有依附性

D. 行政强制措施一般具有物理性特征

【答案】 BCD

【解析】行政强制包括行政强制措施和行政强制执行方式，行政强制措施可以由法律、法规设定；行政强制执行方式只能由法律设定。

2. 税务机关采取行政强制执行措施，以拍卖或者变卖所得抵缴纳税人应缴或应付的款项包括（　　）。

A. 税务机关工作人员因实施强制执行措施所发生的交通费、差旅费

B. 执行中发生的保管、拍卖费用

C. 税款和滞纳金

D. 罚款

【答案】BCD

【解析】税务机关采取行政强制执行措施，以拍卖或者变卖所得抵缴纳税人应缴或应付的款项不包括税务机关工作人员因实施强制执行措施所发生的交通费、差旅费。

3. 下列属于地方性法规可以设定的行政强制措施的有（　　）。

A. 冻结存款　　B. 查封场所、设施或者财物

C. 扣押财物　　D. 加处罚款

【答案】BC

【解析】A 选项，冻结存款只能由法律设定；D 选项，属于行政强制执行方式，不是行政强制措施。

4. 下列不可以作为纳税抵押财产的有（　　）。

A. 土地所有权　　B. 抵押房屋占用范围内的土地使用权

C. 非公益单位设施　　D. 被查封房屋

【答案】AD

【解析】B 选项，地上房屋建筑物抵押的，占用范围内的土地使用权同时抵押；C 选项，非公益单位设施可以抵押，公益单位设施才不可抵押。

5. 税务机关必须通过民事诉讼方式才能实现的税收保障措施有（　　）。

A. 纳税担保　　B. 代位权　　C. 撤销权　　D. 税收优先权

【答案】BC

【解析】代位权与撤销权需通过起诉的方式实现，该起诉方式为民事诉讼。A 选项的纳税担保和 D 选项的税收优先权，税务机关可以自行实施。

6. 关于税务机关扣押程序，下列说法正确的有（　　）。

A. 扣押时应当通知当事人到场

B. 扣押清单一式二份，由当事人和行政机关分别保存

C. 对扣押物品发生的合理保管费用，由当事人承担

D. 行政机关应当妥善保管扣押的物品

【答案】ABD

【解析】本题考查的是扣押程序。根据《行政强制法》第十八条规定，行政机关实施行政强制措施应当通知当事人到场。根据《行政强制法》第二十四条规定，行政机

关决定实施查封、扣押的，应当履行该法第十八条规定的程序，制作并当场交付查封、扣押决定书和清单。查封、扣押决定书应当载明下列事项：当事人的姓名或者名称、地址；查封、扣押的理由、依据和期限；查封、扣押场所、设施或者财物的名称、数量等；申请行政复议或者提起行政诉讼的途径和期限；行政机关的名称、印章和日期。查封、扣押清单一式二份，由当事人和行政机关分别保存。根据《行政强制法》第二十六条规定，对查封、扣押的场所、设施或者财物，行政机关应当妥善保管，不得使用或者损毁；造成损失的，应当承担赔偿责任。对查封的场所、设施或者财物，行政机关可以委托第三人保管，第三人不得损毁或者擅自转移、处置。因第三人的原因造成的损失，行政机关先行赔付后，有权向第三人追偿。故 A、B、D 选项符合题意。因查封、扣押发生的保管费用由行政机关承担。故 C 选项不符合题意。

7. 撤销权是指债权人因债务人行使了一定行为才可以请求人民法院撤销债务人的相关行为。这些行为包括（　　）。

A. 放弃其债权、放弃债权担保

B. 无偿转让财产等方式无偿处分财产权益

C. 恶意延长其到期债权的履行期限，影响债权人的债权实现

D. 怠于行使到期债权

【答案】ABC

【解析】根据《民法典》第五百三十八条和第五百三十九条规定，债务人以放弃其债权、放弃债权担保、无偿转让财产等方式无偿处分财产权益，或者恶意延长其到期债权的履行期限，影响债权人的债权实现的，债权人可以请求人民法院撤销债务人的行为。债务人以明显不合理的低价转让财产、以明显不合理的高价受让他人财产或者为他人的债务提供担保，影响债权人的债权实现，债务人的相对人知道或者应当知道该情形的，债权人可以请求人民法院撤销债务人的行为。根据《民法典》第五百三十五条规定，因债务人怠于行使其债权或者与该债权有关的从权利，影响债权人的到期债权实现的，债权人可以向人民法院请求以自己的名义代位行使债务人对相对人的权利，但是该权利专属于债务人自身的除外。D 选项属于代位权的行使范围。故 A、B、C 选项符合题意。

8. 为了保障国家税收，税法规定了税收优先权，下列情形中不能对抗税收优先权的有（　　）。

A. 在欠税发生之前已设定担保的民事债权

B. 在欠税发生后才设定担保的民事债权

C. 税务机关处以的罚款

D. 税务机关处以的没收违法所得

【答案】BCD

【解析】本题考查的是税收优先权的适用。根据《税收征管法》第四十五条规定，税收优先于欠税发生在先的担保债权，但在欠税发生前已设定了担保的债权，税收并没

有优先权。纳税人欠缴税款，同时又被行政机关决定处以罚款、没收违法所得的，税收优先于罚款、没收违法所得。故 B、C、D 选项符合题意。

9. 纳税人因不履行税务处理决定确定的税款，税务机关对其强制执行。关于权利救济，下列说法中错误的有（　　）。

A. 纳税人只能就处理决定和强制执行决定一起申请复议

B. 行政强制执行依附于基础行政行为，没有独立的救济权利

C. 纳税人可以单就税务强制执行决定申请行政复议

D. 纳税人可以将税务处理决定和强制执行决定一同申请行政复议

【答案】 AB

【解析】 本题考查强制执行的救济方式。行政强制行为与所依附的基础行政行为都具有独立的救济权利。当事人对二者不服时，可以对基础行为提出复议诉讼，也可以对强制行为提起复议诉讼，还可以对两者同时提出。

10. 下列关于纳税担保的说法中正确的有（　　）。

A. 纳税保证责任是一种连带责任保证

B. 纳税保证期间为纳税人应缴纳税款期限届满之日起 30 日

C. 纳税抵押的财产只能是纳税人拥有处分权的财产

D. 质押物要移转占有

【答案】 AD

【解析】 本题考查纳税担保相关知识。（1）纳税担保包括：保证、抵押和质押。（2）纳税保证责任是一种连带责任保证，纳税保证期间为纳税人应缴纳税款期限届满之日起 60 日。（3）纳税抵押的财产既可以是纳税人拥有处分权的财产，也可以是第三人拥有处分权的财产。（4）质押物要移转占有，这是质押与抵押的最本质区别。

三、判断题

1. 行政机关对当事人加处罚款或者滞纳金的数额不得超出金钱给付义务的数额。（　　）

【答案】 正确

【解析】 根据《行政强制法》第四十五条规定，行政机关依法作出金钱给付义务的行政决定，当事人逾期不履行的，行政机关可以依法加处罚款或者滞纳金。加处罚款或者滞纳金的标准应当告知当事人。加处罚款或者滞纳金的数额不得超出金钱给付义务的数额。

2. 行政强制的设定和实施，应当适当、合理。采用非行政强制手段能够达到行政管理目的的，不得实施行政强制。（　　）

【答案】 正确

【解析】 根据《行政强制法》第五条规定，行政强制的设定和实施，应当适当。采用非强制手段可以达到行政管理目的的，不得设定和实施行政强制。

3. 纳税担保具有强制性，税务机关一旦责成纳税人提供担保，纳税人不得拒绝，

必须遵从。（　　）

【答案】错误

【解析】税法规定了税务机关在法定的情形下有权责令纳税人提供担保，但纳税担保并非税务机关决定即可成立，必须经过纳税担保人同意才能成立。纳税担保是税务机关、纳税担保人、纳税人共同意思的表示。

4. 行政机关实施行政强制措施时，当事人不到场的，邀请见证人到场，由见证人和行政执法人员在现场笔录上签名或者盖章。（　　）

【答案】正确

【解析】根据《行政强制法》第十八条规定，行政机关实施行政强制措施应当遵守下列规定：当事人不到场的，邀请见证人到场，由见证人和行政执法人员在现场笔录上签名或者盖章。

5. 被税务机关查封的场所、设施及财物一律不得继续使用。（　　）

【答案】错误

【解析】本题考查对查封财产的使用。查封通常需要对查封的场所、设施及财物加贴封条，使得被查封的财产不得转移、使用和处分。但如果继续使用不会损害财产的价值的，可以允许继续使用。

6. 查封、扣押的财产应相当于保全或执行标的，如果是不可分割的，且行政相对人没有其他可供执行的财产的，则不能实施查封、扣押。（　　）

【答案】错误

【解析】查封、扣押的财产应相当于保全或执行标的，如果是不可分割的，且行政相对人没有其他可供执行的财产的，可以超过标的实施保全和执行，执行完毕后应将余额退还行政相对人。

7. 金融机构接到行政机关依法作出的冻结通知书后，应当立即告知当事人并迅速协商冻结事宜，不得拖延。（　　）

【答案】错误

【解析】根据《行政强制法》第三十条第二款的规定，金融机构接到行政机关依法作出的冻结通知书后，应当立即予以冻结，不得拖延，不得在冻结前向当事人泄露信息。

8. 税收保全是税收强制执行的必要前提，税收强制执行是税收保全的必然结果。

（　　）

【答案】错误

【解析】首先，根据《税收征管法》第四十条规定，从事生产、经营的纳税人、扣缴义务人未按照规定的期限缴纳或者解缴税款，纳税担保人未按照规定的期限缴纳所担保的税款，由税务机关责令限期缴纳，逾期仍未缴纳的，经县以上税务局（分局）局长批准，税务机关就可以采取强制执行措施，无须经过税收保全措施。由此可见，税收强制执行前并非一定要采取保全措施，只要符合《税收征管法》第四十条所列情形，税务机关就可以依法实施强制执行。其次，根据《税收征管法》的相关规定，税务机关采取保全措施之后，纳税人依法缴纳税款、滞纳金的，税务机关应即时解除保全措施；只有逾期仍未缴纳的，税务机关才进入强制执行程序。因此，税收强制执行也不是税收保全的必然结果。

9. 税务机关在执行中或者执行完毕后，据以执行的行政决定被撤销、变更，或者执行错误的，应当恢复原状或者退还财物。（　　）

【答案】正确

【解析】本题考查执行回转。《行政强制法》第四十一条规定，在执行中或者执行完毕后，据以执行的行政决定被撤销、变更，或者执行错误的，应当恢复原状或者退还财物；不能恢复原状或者退还财物的，依法给予赔偿。

10. 税务机关只要认定纳税人有偷税行为，就可将其纳入重大税收违法失信主体信息公布范围。（　　）

【答案】错误

【解析】本题考查重大税收违法主体信息公布制度。根据《重大税收违法失信主体信息公布管理办法》（国家税务总局令第 54 号）的规定，重大税收违法失信主体认定的标准是：对于纳税人而言需要偷税金额达 100 万元以上，且任一年度查补税额占当年各税种应纳税总额 10% 以上。并非只要查实纳税人有偷税行为，就可将其认定为重大税收违法失信主体，纳入失信主体信息公布管理。

第六章 税务行政执法证据

本章主要掌握内容：证据概念、取证的方法、措施和证据管理、证据的审查和事实认定。

知识点1：税收执法证据分类

法定分类	8种：书证、物证、视听资料、电子数据、当事人陈述、证人证言、鉴定意见、勘验及现场笔录	
学理分类	原始证据和传来证据	**原始证据**：直接来源于案件事实或出自证据形成的原始出处的证据 **传来证据**：非直接来源于案件事实或原始出处（拍照、复印、电子记录等）
	言词证据和实物证据	**言词证据**：强调人口头或书面的陈述，包括当事人陈述、证人证言、鉴定意见 **实物证据**：以实物形态存在
	直接证据和间接证据	**直接证据**：能够直接证明案件待证事实 **间接证据**：不能直接证明案件待证事实
	本证和反证	**本证**：能够用以证明案件待证事实成立 **反证**：能够用以证明案件待证事实不成立
注意事项	①当事人陈述一般为直接证据，证人证言、视听资料有可能是直接证据和间接证据 ②发票有可能是书证或物证	

知识点2：取证要求及证据的注意事项

各类证据的取证要求

类型	主要内容
书证	不可抽样取证；复制件记载内容：提取时间、提取地点、提取人员、与原件核对无误的表述、其他说明，原件持有人签章或签字，两名以上执法人员签字；外文书证应附中文译本
物证	可抽样取证；对于不宜、不易调取原物的物证，可通过照片、录像方式加以复制和固定
视听资料	声音资料应附有文字记录；不违反禁止性规定或侵害他人合法权益的可为定案依据
电子数据	①以电子数据的内容证明案件事实的，税务检查人员可以要求打印涉税电子数据信息的纸质资料，并在纸质资料上注明数据出处、打印场所、打印时间或者提供时间，注明“与电子数据核对无误”，并由当事人签章 ②检查人员调取电子数据信息需要进行备份 ③现场调取电子数据时被查单位不配合，税务人员可以对电子数据原始存储介质先行登记保存

续表

类型	主要内容
证人证言和当事人陈述	可以由证人和当事人自书，也可以通过调查机关制作询问笔录的方式加以记录 询问笔录：2 人以上（询问、记录）；告知权利义务；双方签名确认（不可代签） **当事人陈述对象**：自然人纳税人、公司法定代表人以及其他组织的主要负责人
鉴定意见	税务机关仅有发票真伪鉴定权
现场笔录和勘验笔录	现场笔录需现场即时制作，不能事后补记；勘验笔录一般是在案件之后进行 笔录需双方签名，拒签则说明理由，有其他人在现场的，可以由其他人签名
域外证据的取证	①域外取证包括办案人员及当事人取得的域外证据 ②域外取证应当按照国际公约或司法协定收集 ③域外取证应当按照规定办理证明手续

证据特点及有关管理要求

类型	内容	注意事项
特性	**真实性、关联性、合法性**	**三性需同时具备，缺一不可**
电子数据证据取证	打印涉税电子数据信息	注意需打印纸质；签章确认
	拷贝、备份涉税电子数据信息	不得对提取的涉税电子数据信息进行转换、加密和压缩（保持证据与原件一致）
	固定电子数据证据	当事人对其中 1 个有形存储介质中涉税电子数据信息的制作情况和一致性进行确认
证据先行登记保存措施	**适用情形**：①被调查或检查单位或个人可能隐匿、转移、销毁、篡改或变卖证据的；②因受到自然条件或其他因素的限制，证据可能自然损毁或灭失的；③证据可能灭失或以后难以取得的其他情形	
	要求：本单位负责人批准；会同被调查人清点，开具《证据先行登记保存清单》 先行登记保存的证据原则上在解封后交由当事人就地负责保管	
	方式：如不是就地保管，而是将先行登记的证据调回税务机关进行保存，税务机关应开具《提取证据专用收据》而不是《证据先行登记保存清单》	

知识点 3：调回资料

审批	权利
县以上税务局（分局）局长批准	（1）将纳税人、扣缴义务人**以前会计年度**的账簿、记账凭证、报表和其他有关资料调回税务机关检查，**执法人员需开具清单并 3 月内**返还 （2）凭全国统一格式的检查存款账户许可证明，查询从事生产、经营的纳税人、扣缴义务人在银行或者其他金融机构的存款账户
经设区的市、自治州以上税务局（分局）局长批准	（1）将纳税人、扣缴义务人**当年**的账簿、记账凭证、报表和其他有关资料调回检查，但需 **30 日**内退回，退回时纳税人及扣缴义务人出具**收据** （2）可以查询案件**涉嫌人员**的储蓄存款

知识点4：证据规则

<table>
<tr><th>非法证据</th><th>补强证据</th><th>优势证据</th></tr>
<tr><td>程序非法</td><td>未成年人所作与其年龄和智力状况不相适应的证言</td><td rowspan="6">职能部门制作文书
公证文书
原件
法定鉴定部门鉴定意见
法院勘验笔录
原始证据
非密切关系证人证言
出庭作证证人证言
数个种类不同、内容一致的证据</td></tr>
<tr><td>手段非法</td><td>密切关系有利证言，不利关系不利证言</td></tr>
<tr><td>期限非法</td><td>无正当理由应出庭未出庭证言</td></tr>
<tr><td>形式非法</td><td>难以识别是否经过修改</td></tr>
<tr><td>对象非法</td><td>无法与原件、原物核对的复制件或复制品</td></tr>
<tr><td>条件非法</td><td>一方改动，另一方不认可</td></tr>
<tr><td colspan="3">注意：非法证据不能作为定案依据，补强证据不能单独作为定案依据</td></tr>
</table>

1. 概念详解

现场笔录是行政诉讼中特殊的证据，是行政机关工作人员在实施行政行为现场对现场情况所做的书面记录。现场笔录一般在行政执法过程中现场制作且事后不能补记。

勘验笔录是指行政机关工作人员对不能、不便拿到人民法院的物证和现场，就地进行分析、检验、测量、勘察后作的记录。勘验笔录一般是案件发生以后进行。

2. 经典习题演练

【单选题】下列证据中，不属于《行政诉讼法》规定的证据法定种类的是（　　）。

A. 电子数据　　B. 证人证言

C. 当事人陈述　　D. 被告人供述

【答案】D

【解析】本题考查的是证据的法定种类。根据《行政诉讼法》第三十三条规定，证据的法定种类有书证、物证、视听资料、电子数据、证人证言、当事人的陈述、鉴定意见、勘验笔录、现场笔录。A、B、C选项都属于其中种类，D选项的被告人供述是指被告人就其被指控的犯罪事实以及其他案件事实向公安司法机关所作的陈述。它是我国《刑事诉讼法》规定的刑事证据的一种，不属于《行政诉讼法》规定的证据法定种类。故正确答案是D。

【单选题】在税收违法案件检查过程中，调取的证据必须是客观存在的事实。这体现了证据的（　　）。

A. 关联性　　B. 合法性　　C. 真实性　　D. 准确性

【答案】C

【解析】本题考查的是证据的基本特性。证据所反映的内容是客观存在的事实，这是证据的真实性要求。故正确答案是C。

【单选题】税务机关为查处某公司的税收违法行为收集的以下证据中，不属于书证的是（　　）。

A. 某公司的纳税申报表

B. 税务机关送达的针对该公司的税收违法行为的《税务行政处罚事项告知书》

C. 某公司法定代表人王某的身份证复印件

D. 税务机关出具的发票真伪的鉴别意见

【答案】 D

【解析】 本题考查的是书证的种类。D 选项中的发票鉴别意见是税务机关运用专业知识和技能及必备的仪器、设备对需要鉴别的发票进行检测、检验、分析和判断，作出鉴别意见的过程，属于行政证据中的鉴定意见范畴，不是书证。故正确答案是 D。

【单选题】 下列可以作为定案依据的证据材料是（　　）。

A. 严重违反法定程序收集的证据材料

B. 以偷拍、偷录、窃听等手段获取侵害他人合法权益的证据材料

C. 以利诱、欺诈、胁迫、暴力等不正当手段获取的证据材料

D. 附有说明材料的报表、图纸、会计账册、专业技术资料、科技文献等书证

【答案】 D

【解析】 本题考查的是定案依据。根据《最高人民法院关于行政诉讼证据若干问题的规定》第五十七条规定，A、B、C 选项中的证据材料不具有证据的合法性特性，属于非法证据，不能作为定案依据的证据材料，只有 D 选项符合证据的要求，是可以成为定案依据的证据材料。故正确答案是 D。

【单选题】 经税务机关书面通知，某纳税人的仓库保管员到税务机关办公场所接受了纳税人产品出库、入库情况的询问，执法人员在没有告知该仓库保管员的情况下进行了全程录像，该录像资料（　　）。

A. 可以作为证据

B. 不能作为证据

C. 经该仓库保管员认可后才能作为证据

D. 经纳税人法定代表人认可后才能作为证据

【答案】 A

【解析】 本题考查的是定案依据的问题。偷拍的录像如果没有违反法律禁止性规定或侵害到他人合法权益的，仍可以作为定案证据使用。本题中虽然没有告知被询问人而对其询问进行了录像，但并未侵害到他人合法权益。故正确答案是 A。

【多选题】 税务机关在依法进行检查过程中，可以对当事人进行证据先行登记保存的情形有（　　）。

A. 被调查或检查单位或个人可能隐匿、转移、销毁、篡改或变卖证据的

B. 因证据资料数量众多无法及时提供的

C. 当事人拒不提供有关证据材料的

D. 因受到自然条件或其他因素的限制，证据可能自然毁损或灭失的

【答案】 AD

【解析】本题考查的是证据先行登记保存的情形。税务机关在依法进行税务调查或检查过程中，发现有下列情形之一的，可以决定采取证据先行登记保存：①被调查或检查单位或个人可能隐匿、转移、销毁、篡改或变卖证据的；②因受到自然条件或其他因素的限制，证据可能自然毁损或灭失的；③证据可能灭失或以后难以取得的其他情形。A、D选项属于其中的两种情形。故正确答案是A、D。

【多选题】下列证据中不能单独作为定案依据的证据包括（　　）。

A. 未成年人所作的证言

B. 难以识别是否经过修改的视听材料

C. 证据被改动，当事人不予认可的

D. 与被查对象有不利关系的证人所作的对该被查对象不利的证言

【答案】BCD

【解析】本题考查的是不能单独作为定案依据的证据。根据《最高人民法院关于行政诉讼证据若干问题的规定》第七十一条的规定，不能单独作为定案依据的证据包括：①未成年人所作的与其年龄和智力状况不相适应的证言；②与一方当事人有亲属关系或者其他密切关系的证人所作的对该当事人有利的证言，或者与一方当事人有不利关系的证人所作的对该当事人不利的证言；③应当出庭作证而无正当理由不出庭作证的证人证言；④难以识别是否经过修改的视听资料；⑤无法与原件、原物核对的复制件或者复制品；⑥经一方当事人或者他人改动，对方当事人不予认可的证据材料；⑦其他不能单独作为定案依据的证据材料。该规定确认了未成年人作为证人的资格，根据第一项的规定，不是所有的未成年人的证言都需要佐证，只是对于那些证言所涉及的内容与未成年人的年龄和智力状况有很大程度的“不适应性”时，未成年人的证言才需要其他证据的佐证。因此，A选项不是正确选项，而B、C、D选项则属于其中情形。故正确答案是B、C、D。

【多选题】下列对税务机关调回资料检查表述正确的有（　　）。

A. 调回纳税人当年度的资料的，须经县以上税务局（分局）局长的批准

B. 应当出具清单

C. 必要时可将纳税人或扣缴义务人以外的其他单位或个人的资料调回检查

D. 调回当年资料的，应当在30天内退回

【答案】BD

【解析】本题考查的是税务机关调回资料检查的规定。根据《税收征管法实施细则》第八十六条规定，B、D选项的表述是正确的。故正确答案是B、D。

【判断题】证据被他人改动，纳税人不予认可的不能单独作为该纳税人的税收违法案件的定案依据。（　　）

【答案】正确

【解析】根据《最高人民法院关于行政诉讼证据若干问题的规定》第五十七条规定，证据被他人改动且纳税人不予认可的属于不能作为定案依据的证据材料。从证据的

"三性"来看，证据被改动实质性地影响了证据的客观性，如果证据本身的客观性不能得到确信，其证据资格就无法成立。因此，证据被他人改动，纳税人不予认可的不能单独作为定案依据，需要佐证才能让人确信。

【判断题】法定鉴定部门的鉴定结论的证据效力优于其他鉴定部门的鉴定意见。（　　）

【答案】正确

【解析】《最高人民法院关于行政诉讼证据若干问题的规定》第六十三条对此有明确规定。鉴定结论之间按证明力高低的排序，是根据鉴定主体的不同所区别的。在鉴定结论内容上的证明力无法区分时，通过鉴定主体的规范位阶效力可以说明其鉴定结论本身的可信度。

【判断题】税务机关收集的来源于中华人民共和国领域外的有关证据材料，应当按照有关国际公约或司法协助协定办理必要的证明手续。（　　）

【答案】正确

【解析】本题考查域外证据的收集要求。税务机关收集的来源于中华人民共和国领域外的有关证据材料，应当按照有关国际公约或司法协助协定办理必要的证明手续。根据《最高人民法院关于行政诉讼证据若干问题的规定》第十六条规定，当事人向人民法院提供的在中华人民共和国领域外形成的证据，应当说明来源，经所在国公证机关证明，并经中华人民共和国驻该国使领馆认证，或者履行中华人民共和国与证据所在国订立的有关条约中规定的证明手续。

3. 知识扩展

①书证不可抽样取证的原因是每一份书证的内容都不一样，都会影响待证事实的判定，如虚开增值税专用发票，每一张专用发票的金额都可能会影响虚开行为的具体承担后果；物证可以抽样取证的原因是每一份物证所证明的事项具有同质性，如销售假发票行为，每一份假发票就是一份物证，具有同质性。

②根据《税收征管法》第五十七条规定，税务机关依法进行税务检查时，有权向有关单位和个人调查纳税人、扣缴义务人和其他当事人与纳税或者代扣代缴、代收代缴税款有关的情况。所以经过审批后，税务机关也可以向纳税人、扣缴义务人的交易相对人调取账簿等。

章节练习

一、单选题

1. 在税收违法案件检查过程中，调取的证据必须是客观存在的事实。这体现了证据的（　　）特性。

A. 关联性　　B. 合法性　　C. 真实性　　D. 准确性

【答案】C

【解析】本题考查的是证据的基本特性。证据所反映的内容是客观存在的事实，这是证据的真实性要求。故正确答案是C。

2. 下列证据不属于补强证据的是（　　）。

A. 未成年人所作与其年龄相适应的证言

B. 密切关系所作的有利证言

C. 难以识别是否经过修改的证据

D. 无法与原件、原物核对的复制品

【答案】A

【解析】未成年人所作与其年龄和智力状况不相适应的证言属于补强证据。

3. 下列属于实物证据的是（　　）。

A. 现场笔录　　B. 鉴定意见

C. 当事人陈述　　D. 证人书面证言

【答案】A

【解析】A选项，现场笔录属于实物证据；B、C选项属于言词证据；D选项，证人证言包括口头或者书面形式，均属于言词证据。

4. 下列不属于证据特性的是（　　）。

A. 适当性　　B. 真实性　　C. 合法性　　D. 关联性

【答案】A

【解析】证据的特性包括真实性、关联性和合法性。

5. 下列属于税务案件原始证据的是（　　）。

A. 伪造的发票　　B. 稽查工作底稿

C. 复印的会计资料　　D. 拷贝的电子资料

【答案】A

【解析】原始证据是指直接来源于案件事实或出自原始出处的证据材料。比如纳税人的各种原始账簿、发票、凭证、合同等。伪造的发票在证明当事人制造、持有假发票或者纳税人取得假发票时是原始证据。

6. 下列证据中既属于间接证据，又属于原始证据的是（　　）。

A. 纳税人承认违法行为的陈述

B. 证人听到法定代表人与会计商议如何做假账的证言

C. 销售清单的复印件

D. 鉴定意见的复印件

【答案】B

【解析】本题考查的是证据的学理分类。间接证据是指证据不能直接说明案件事实，需要与其他证据相结合，通过综合分析判断才能证明案件事实的证据；原始证据是直接来源于案件事实或出自证据形成的原始出处的证据。A选项是能直接说明案件事实的证据，属于直接证据；C选项和D选项是间接地从原始材料派生而获得的证据，属于传来证据。只有B选项既属于间接证据，又属于原始证据。故正确答案是B。

7. 税务机关为查处某公司的税收违法行为收集的以下证据中，不属于书证的是（　　）。

A. 某公司的纳税申报表

B. 税务机关送达的针对该公司的税收违法行为的《税务行政处罚事项告知书》

C. 某公司法定代表人王某的身份证复印件

D. 税务机关出具的发票真伪的鉴别意见

【答案】 D

【解析】 本题考查的是书证的种类。D选项中的发票鉴别意见是税务机关运用专业知识和技能及必备的仪器、设备对需要鉴别的发票进行检测、检验、分析和判断，作出鉴别意见的过程，属于行政证据中的鉴定意见范畴，不是书证。故正确答案是D。

8. 税务机关执法时取得书证复印件作为证据，需要证明该复印件的来源及其与原件一致时，下列方法中，最优的方法是（　　）。

A. 由提取书证的检查人员在复印件上注明来源及其与原件一致，并签名、盖章

B. 由纳税人在复印件上注明来源及其与原件一致，并签名、盖章

C. 由原件的持有人在复印件上注明来源及其与原件一致，并签名、盖章

D. 由负责复印的人员在复印件上注明来源及其与原件一致，并签名、盖章

【答案】 C

【解析】 本题考查的是书证复印件提取的确认要求。确认是一种证明活动，即证明复印件与原件的一致性，不同的记载可能影响复印件作为证据的证明力。在复制有关书证材料时，通常应当在复制件中记载下列事项：提取时间、提取地点、提取人员、与原件核对无误的表述、其他说明，并经原件持有人签章或签字。因此复印件应由原件的持有人在复印件上注明来源及其与原件一致，并签名、盖章。如果是在纳税人处复制的书证，应由纳税人在复印件上注明来源及其与原件一致，并签名、盖章；如果是从行政机关和其他单位或部门处复制的，就由相关的单位或部门在复印件上注明来源及其与原件一致，并签名、盖章。故正确答案是C。

9. 税务机关在提取物证时，可以同时制作加以佐证的（　　）。

A. 提取证据专用收据　　B. 现场笔录

C. 勘验笔录　　D. 询问笔录

【答案】 B

【解析】 本题考查的是提取物证的要求。现场笔录是行政主体工作人员在执行职务过程中当场进行调查、处理、处罚制作的文字记载材料。税务机关在提取物证时，同时制作现场笔录等加以佐证。故正确答案是B。

10. 税务稽查工作底稿属于（　　）。

A. 言词证据　　B. 实物证据　　C. 证人证言　　D. 书证

【答案】 D

【解析】本题考查的是证据的种类。税务稽查底稿除详细记载了当事人的基本情况外，更主要是记载了检查期间被稽查对象收入、成本、费用及利润，各类税费的申报缴纳情况（各类税费的应缴实缴数、税费缴纳日期、完税证号码、记载的凭证号码等），税务违法线索的出处（如记载违法线索的账簿、报表、凭证、发票等）等案件事实情况，经被查对象认可核实，由其法定代表人或主要负责人在底稿上逐页签明“以上记录核对属实”的字样，签名并加盖公章。因此，税务稽查工作底稿是基于对当事人各类书证原件进行归类、节录的基础上形成的资料，并经当事人核对签章（签字），完全符合有关书证的特征要素，故其属于书证的一种形式。因此税务稽查工作底稿属于书证。故正确答案是 D。

二、多选题

1. 下列关于不同证据类型的说法，错误的有（　　）。

A. 书证不可以抽样取证但物证可以抽样取证

B. 通过照片、录像方式加以复制和固定的物证属于原始证据

C. 公司财务负责人自书材料或者询问笔录都可以作为当事人陈述

D. 证人证言可以由证人自书，也可以通过调查机关制作询问笔录的方式加以记录

【答案】BC

【解析】B 选项，通过照片、录像方式加以复制和固定的物证属于传来证据；C 选项，公司法定代表人自书材料或者询问笔录都可以作为当事人陈述。一般在个案中，当事人陈述对象主要包括：自然人纳税人、公司法定代表人以及其他组织的主要负责人。

2. 下列属于当事人陈述的有（　　）。

A. 某自然人纳税人提交的申报情况说明

B. 税务机关针对某企业法定代表人所做的询问笔录

C. 税务机关针对某个人独资企业负责人所做的询问笔录

D. 税务机关针对某企业财务负责人所做的询问笔录

【答案】ABC

【解析】当事人陈述对象包括：自然人纳税人、公司法定代表人以及其他组织的主要负责人。

3. 下列符合证据取证要求的有（　　）。

A. 证人证言可以由证人自书，也可以通过调查机关制作询问笔录的方式加以记录

B. 现场笔录需现场即时制作，不能事后补记

C. 电子数据证据取证时为保证数据安全进行加密处理

D. 物证可以通过照片、录像方式加以复制和固定

【答案】ABD

【解析】电子数据证据取证时，需保持证据与原件一致，不得对提取的涉税电子数据信息进行转换、加密和压缩。

4. 下列有关现场笔录制作要求的表述，正确的有（　　）。

A. 由税务执法人员当场制作

B. 特殊情况可事后补记

C. 应当载明时间、地点和事件等内容

D. 若当事人拒绝签名，可由在场的其他人签名

【答案】ACD

【解析】现场笔录由税务执法人员当场制作，不能事后补记；现场笔录应由执法人员和当事人签名，当事人拒绝签名或不能签名的，应当注明原因，有其他人在现场的，可以由其他人签名。

5. 下列证据材料不能作为认定税收案件事实的证据的有（　　）。

A. 严重违反法定程序收集的证据

B. 以暴力、胁迫等不正当手段获取的证据

C. 复印的纳税人会计资料

D. 不能正确表达意志的证人提供的证言

【答案】ABD

【解析】本题考查的是不能作为认定案件事实的证据。证据是指一切能够用来证明案件真实情况的材料。税务机关收集的有关证据材料能否成为定案证据，取决于这些材料本身是否具备了证据的基本特性：真实性、关联性和合法性。根据《最高人民法院关于行政诉讼证据若干问题的规定》第五十七条规定，不能作为定案依据的证据材料包括：①严重违反法定程序收集的证据材料；②以偷拍、偷录、窃听等手段获取侵害他人合法权益的证据材料；③以利诱、欺诈、胁迫、暴力等不正当手段获取的证据材料；④当事人无正当事由超出举证期限提供的证据材料；⑤在中华人民共和国领域以外或者在中华人民共和国香港特别行政区、澳门特别行政区和台湾地区形成的未办理法定证明手续的证据材料；⑥当事人无正当理由拒不提供原件、原物，又无其他证据印证，且对方当事人不予认可的证据的复制件或者复制品；⑦被当事人或者他人进行技术处理而无法辨明真伪的证据材料；⑧不能正确表达意志的证人提供的证言；⑨不具备合法性和真实性的其他证据材料。A、B、D 选项是其中所列。其中，A、B 选项的证据不具有合法性的要求，D 选项不具有真实性的要求。故正确答案是 A、B、D。

6. 下列说法正确的有（　　）。

A. 提取已经开具的真实发票原件应使用统一的发票换票证

B. 税务机关“偷拍、偷录”的声像资料不能作为税务违法案件的定案依据

C. 税务案件中的证人必须是能够正确表达其意志的人

D. 税务机关原则上对已经登记保存的证据应当加封后交由当事人就地负责保管

【答案】ACD

【解析】本题考查的是证据取证的相关要求。根据《发票管理办法》第三十一条规定，税务机关需要将已开具的发票调出查验时，应当向被查验的单位和个人开具发票换票证，A 选项是正确的。行政执法机关以偷拍、偷录方式获取的证据材料如果违反了法

律的禁止性规定或损害他人合法权益的，视为非法证据。但以非公开方式获取的证据材料的行为没有违反法律的禁止性规定或侵害到他人合法权益的，仍可以作为定案证据使用，B 选项不正确。C 选项是对证人资格的法定要求。D 选项是先行登记保存的证据的保管规定。故正确答案是 A、C、D。

7. 下列证据属于电子数据证据的有（　　）。

A. 复制的纳税人存储在计算机里的电子账册

B. 纳税人网上申报的资料

C. 执法记录仪里的录音录像资料

D. 纳税人发往办案税务人员手机中的短信

【答案】ABD

【解析】本题考查的是电子数据证据的范畴。电子数据是指基于计算机应用、通信和现代管理技术等电子化技术手段形成的包括文字、图形符号、数字、字母等的客观资料，包括电子邮件、电子数据交换、网上聊天记录、博客、微博、手机短信、电子签名、域名等。A、B、D 选项属于电子数据的范畴，C 选项属于视听资料的范畴。故正确答案是 A、B、D。

8. 某企业采取购买假发票的手段多列支成本，造成少缴企业所得税，在证明企业偷税事实上，上述假发票属于（　　）。

A. 原始证据　　B. 传来证据　　C. 直接证据　　D. 实物证据

【答案】ACD

【解析】本题考查证据的法理分类。（1）原始证据是直接来源于案件事实或出自证据形成的原始出处的证据，传来证据是派生证据。直接证据是直接证明案件待证事实的证据，它是与间接证据相对应的概念；实物证据包括物证、书证、视听资料等，它是与言辞证据相对应的概念。（2）案件中的假发票直接来源于案件事实，属于原始证据、直接证据和实物证据。

9. 下列有关税收执法中的询问笔录，正确的表述有（　　）。

A. 询问必须由 2 名以上具有执法资格的税务干部实施

B. 询问笔录必须有在场人员见证

C. 询问笔录应当交被询问人确认

D. 询问笔录不能使用电脑进行记录

【答案】AC

【解析】本题考查询问笔录的制作要求。询问笔录必须由 2 名以上具备执法资格的税务干部实施；税务人员要表明身份并告知相关权利义务；询问笔录由被询问人签名确认。询问人员和记录人员也要在笔录上签字，询问笔录既可以钢笔或毛笔书写，也可以用电脑进行记录并打印，所以 D 选项不正确。故正确答案为 A、C。

10. 关于不同种类不同形式的证据效力，下列说法正确的有（　　）。

A. 经过公证或者登记的书证优于其他书证

B. 视听资料优于鉴定意见

C. 原件、原物优于复制件、复制品

D. 数个种类不同、内容不一致的证据优于一个孤立的证据

【答案】AC

【解析】本题考查优势证据规则。（1）《最高人民法院关于行政诉讼证据若干问题的规定》（法释〔2002〕21号）第六十三条规定，鉴定意见、现场笔录、勘验笔录、档案材料以及经过公证或者登记的书证优于其他书证、视听资料和证人证言；原件、原物优于复制件、复制品；数个种类不同、内容一致的证据优于一个孤立的证据。（2）由此可见，经过公证或者登记的书证优于其他书证，鉴定意见优于视听资料，而不是视听资料优于鉴定意见。所以A选项、C选项正确，B选项错误。D选项的错误在于，数个种类不同、“内容不一致”的证据不见得优于一个孤立的证据。

三、判断题

1. 非密切关系证人证言不能单独作为定案的依据。（　　）

【答案】错误

【解析】非密切关系证人证言属于优势证据，可以单独作为定案依据。

2. 在电子数据证据取证过程中，不得对提取的涉税电子数据信息进行转换和压缩，也不得进行加密处理。（　　）

【答案】正确

【解析】在电子数据证据取证过程中，不得对提取的涉税电子数据信息进行转换、加密和压缩，要保持证据与原件一致。

3. 精神病人提供的证言不能作为税收违法案件定案依据。（　　）

【答案】正确

【解析】根据《最高人民法院关于行政诉讼证据若干问题的规定》第五十七条第（八）项规定，不能正确表达意志的证人提供的证言不能作为定案依据。精神病人属于固定的不能正确表达意志的人，其所作的证言因不具有证据的真实性，而被列为排除证据，并非补强证据。故本题为错误。

4. 在税收违法案件的证据中，假发票和假账只能作为书证使用。（　　）

【答案】错误

【解析】假发票和假账上的记录内容以书证方式证明行政相对人违法的情况，因此具有书证的特征；另外假发票和假账因其“假”的特性以物证形式证明行政相对人违法事实，故可作为痕迹物证使用。假发票和假账上的记录内容是作为书证还是物证，主要是根据其证明内容来确定。

5.《证据先行登记保存清单》应当由2名以上税务执法人员和被调查（检查）人核对后签字或盖章。当事人拒绝签字或盖章的，税务机关不得采取证据先行登记保存措施。（　　）

【答案】错误

【解析】《证据先行登记保存清单》应当由2名以上税务执法人员和被调查（检查）人核对后签字或盖章。当事人拒绝签字或盖章的，应注明情况。

6. 公安机关查处涉嫌逃税犯罪案件时，对税务机关已经作出的税务处理决定书和税务行政处罚决定书，可以作为鉴定结论使用。（　　）

【答案】错误

【解析】税务机关只有对发票真伪的鉴别权，公安机关查处涉嫌逃税犯罪案件时，对税务机关已经作出的税务处理决定书和税务行政处罚决定书只作为一种证明资料，不能作为鉴定结论使用。

7. 以录音资料作为证据的，必须附具相应的文字整理资料。（　　）

【答案】正确

【解析】本题考查视听资料的调取要求。对于声音资料应当附有该声音内容的文字记录。

8. 税务机关依据公安机关的要求出具的纳税人偷税数额的认定，在证据种类上属于鉴定意见。（　　）

【答案】错误

【解析】本题考查税务机关出具鉴定意见的权力。税务机关只有对发票真伪的鉴定属于鉴定意见，其依据公安机关的要求出具的纳税人偷税数额的认定，属于证明的范畴，不属于鉴定意见。

9. 税务机关对当事人采取查封货物的行政强制措施并制作的现场笔录，如当事人拒绝签字，则无当事人签名的现场笔录不能作为证据。（　　）

【答案】错误

【解析】根据《最高人民法院关于行政诉讼证据若干问题的规定》第十五条的规定，根据《行政诉讼法》第三十一条第一款第（七）项的规定，被告向人民法院提供的现场笔录，应当载明时间、地点和事件等内容，并由执法人员和当事人签名。当事人拒绝签名或者不能签名的，应当注明原因。有其他人在现场的，可由其他人签名。即税务机关制作的现场笔录虽无当事人签名，但只要有了证明人的证明，是可以作为证据的。

10.《税务稽查案件办理程序规定》（国家税务总局令第52号）规定：询问笔录应当交当事人核对；核对无误后，由当事人签章或者押印；当事人拒绝的，应当注明；修改过的笔录，应当由当事人在改动页的末尾处签章或者押印。（　　）

【答案】错误

【解析】根据《税务稽查案件办理程序规定》（国家税务总局令第52号）第二十条第二款规定，询问笔录应当交被询问人核对或者向其宣读；询问笔录有修改的，应当由被询问人在改动处捺指印；核对无误后，由被询问人在尾页结束处写明“以上笔录我看过（或者向我宣读过），与我说的相符”，并逐页签章、捺指印。被询问人拒绝在询问笔录上签章、捺指印的，检查人员应当在笔录上注明。

第七章 税务行政法律救济

本章主要掌握内容：行政法律救济概念、税务行政复议、税务行政诉讼、税务行政赔偿。

知识点1：税务行政复议

行政复议与行政诉讼衔接

情形	内容
可复议可诉讼	一般具体行政行为
复议前置	征税行为，包括确认纳税主体、征税对象、征税范围、减税、免税、退税、抵扣税款、适用税率、计税依据、纳税环节、纳税期限、纳税地点和税款征收方式等具体行政行为，征收税款、加收滞纳金，扣缴义务人、受税务机关委托的单位和个人作出的代扣代缴、代收代缴、代征行为等
复议终局	根据国务院或者省、自治区、直辖市人民政府对行政区划的勘定、调整或者征收土地的决定，省、自治区、直辖市人民政府确认土地、矿藏、水流、森林、山岭、草原、荒地、滩涂、海域等自然资源的所有权或者使用权的行政复议决定为最终裁决

行政复议与行政诉讼附带审查

行政复议	审查对象	国家税务总局和国务院其他部门的规范性文件
		县级以上各级税务机关的规范性文件
		县级以上地方各级人民政府及其他工作部门的规范性文件
		乡、镇人民政府的规范性文件
	注意	上述规定不包括规章
行政诉讼	审查对象	国务院部门制定的规章以下（不包括规章）规范性文件
		地方人民政府规章以下（不包括规章）规范性文件
		地方人民政府工作部门制定的规章以下（不包括规章）规范性文件
对规范性文件不能单独提出复议审查申请，只能在复议中附带提出审查		

行政复议管辖

作出行政行为的税务机关	复议机关
计划单列市税务局	国家税务总局
国家税务总局派出机构（如特派办）	国家税务总局
税务所（分局）、各级税务局稽查局	所属税务局
国家税务总局	国家税务总局

续表

<table>
<tr><th colspan="2">作出行政行为的税务机关</th><th>复议机关</th></tr>
<tr><td colspan="2">两个以上税务机关/行政机关</td><td>共同上一级税务机关/行政机关</td></tr>
<tr><td colspan="2">被撤销税务机关</td><td>继续行使其职权的税务机关的上一级税务机关</td></tr>
<tr><td rowspan="2">作出处罚和加处罚款的税务机关</td><td>对加处罚款决定不服</td><td>向作出行政处罚决定税务机关申请复议</td></tr>
<tr><td>对已处罚款和加处罚款都不服</td><td>一并向作出行政处罚决定的税务机关的上一级税务机关申请行政复议</td></tr>
<tr><td colspan="3">注意：申请人可以向具体行政行为发生地的县级地方人民政府提交行政复议申请，但接受申请的县级政府不是复议机关，而是予以转送</td></tr>
</table>

行政复议申请人

<table>
<tr><th>情形</th><th colspan="4">内容</th></tr>
<tr><td>一般情形</td><td colspan="4">①申请人为税务行政相对人或者利害关系人（行政相对人未申请，利害关系人为申请人）
申请人：纳税人、扣缴义务人、纳税担保人等行政相对人，申请政府信息公开的申请人、举报人等
②申请人资格转移
公民死亡的，其近亲属可以申请行政复议
法人或者其他组织终止，承受其权利的法人或者其他组织可以申请行政复议</td></tr>
<tr><td rowspan="6">特殊情形</td><td colspan="2">组织名称</td><td>申请人（即以谁的名义）</td><td>具体实施人</td></tr>
<tr><td rowspan="2">合伙</td><td>合伙企业</td><td>核准登记的企业</td><td>执行合伙事务的合伙人</td></tr>
<tr><td>其他合伙组织</td><td>该合伙</td><td>合伙人共同申请</td></tr>
<tr><td colspan="2">不具备法人资格的其他组织</td><td>该组织</td><td>主要负责人→共同推选的其他成员</td></tr>
<tr><td colspan="2">股份制企业</td><td>该企业</td><td>股东大会、股东代表大会、董事会</td></tr>
<tr><td colspan="4">①非具体行政行为相对人，但权利受影响，行政相对人没申请的，可以单独申请行政复议
②同一行政复议案件申请人超过 5 人的，推选 1—5 名代表参加行政复议
③申请人可委托 1—2 名代理人参加行政复议</td></tr>
</table>

行政复议被申请人

<table>
<tr><th>情形</th><th colspan="2">内容</th></tr>
<tr><td>一般情形</td><td colspan="2">作出具体行政行为的税务机关是被申请人</td></tr>
<tr><td rowspan="9">特殊情形</td><td>实施主体</td><td>被申请人</td></tr>
<tr><td>扣缴义务人（企事业单位）的扣缴税款行为</td><td>主管该扣缴义务人的税务机关</td></tr>
<tr><td>代征人作出的代征行为</td><td>作出委托的税务机关</td></tr>
<tr><td>税务机关＋法律、法规授权的组织</td><td>共同作为被申请人</td></tr>
<tr><td>税务机关＋其他组织（非行政主体）</td><td>税务机关</td></tr>
<tr><td>经上级税务机关批准作出具体行政行为</td><td>批准机关</td></tr>
<tr><td>经重大税务案件审理程序作出的决定</td><td>审理委员会所在税务机关</td></tr>
<tr><td>派出机构、内设机构或者其他组织（未经法律、法规授权）</td><td>税务机关</td></tr>
<tr><td>派出机构、内设机构或者其他组织（经法律、法规授权）</td><td>该派出机构或内设机构（如税务所、稽查局）</td></tr>
</table>

行政复议第三人

概念	指因与被申请的具体行政行为有利害关系，通过申请或者复议机构通知，参加到复议中的除申请人和被申请人以外的公民、法人或者其他组织
法律地位	在行政复议中具有独立的法律地位，不是申请人也不是被申请人
参加复议的方式	①复议机构通知 ②第三人申请参加
其他	第三人不参加行政复议，不影响行政复议案件的审理 可委托 1—2 名代理人参加行政复议

行政复议申请时限

内容	法定情形	起算日
一般规定	作出具体行政为之日起 60 日内，不可抗力或被申请人设置障碍而耽误的，可扣除被耽误时间	
行政机关作为的期限起算	①当场作出的	作出之日
	②法律文书直接送达的	签收之日（没邮寄签收单，自送达回执上签名之日）
	③邮寄送达的	
	④公告形式告知	公告规定的**期限届满**之日
	⑤作出行为时未告知，事后补充告知的	收到补充告知的通知之日
	⑥被申请人能够证明申请人知道具体行政行为的	自证据材料证明其知道具体行政行为之日
	行政机关作出具体行政行为，依法应当送达法律文书而未送达的，视为该公民、法人或者其他组织不知道该具体行政行为	
行政机关不履行法定职责的期限起算	①有履行期限规定的	履行期限届满日
	②没有履行期限规定的	行政机关收到申请满 60 日

行政复议申请方式与受理

项目	内容	
申请方式	可书面可口头，口头申请的当场制作行政复议申请笔录，申请人确认	
复议受理（5 日内审查）	符合条件	决定受理
	不符合条件	决定不受理 + 书面告知
	符合条件，不属于本机关受理的	告知向有权机关提出
	收到申请后未在规定期限内审查并做出不予受理决定的	视为受理
	审查内容 ①是否符合复议范围 ②是否符合法定期限 ③是否有明确的申请人和符合规定被申请人 ④申请人是否具备主体资格 ⑤是否有管辖权 ⑥当事人是否已向其他法定复议机关或人民法院提起复议或诉讼 ⑦申请人就纳税发生争议，是否按规定缴清税款、滞纳金或提供了有效担保	

行政复议审查

项目	内容
审查准备	2 名以上行政复议工作人员参加
	①行政复议机构收到申请 **7** 日内将复议申请书副本或行政复议申请笔录复印件发送给被申请人 ②被申请人收到后 **10** 日内提出书面答复，提交相关材料 对国家税务总局申请复议的，由具体行政行为承办机构向行政复议机构提出书面答复及提交相关材料 ③被申请人不答复不提供，视为没有举证，需承担具体行政行为被撤销的风险
	行政复议过程中，被申请人不得自行向申请人和其他有关组织个人收集证据
审查形式	**书面审查**。当申请人提出要求或行政复议机构认为有必要时，应当听取相关人员意见并向有关组织和人员调查了解情况 **听证审查**。重大、复杂案件，申请人提出或行政复议机构认为有必要时，可采取听证方式审理
审查内容	审查合法性及适当性
	①是否属于受案范围 ②是否属于法定期限 ③是否有明确的申请人与合规的被申请人 ④申请人是否适格（有利害关系） ⑤是否有具体请求和理由 ⑥是否已按规定缴清税款、滞纳金或提供有效担保 ⑦是否属于收到行政复议申请的行政复议机关的职责范围 ⑧争议是否已被其他机关受理
审查结果	符合条件，决定受理，书面通知 不符合条件，决定不予受理，书面通知 不属于本机关受理，告知向有关行政复议机关提出
备注	行政复议机关收到申请后未按规定期限（5 日）审查并作出不予受理决定的，视为受理
附带审查	**情形 1：申请人提出** **情形 2**：行政复议机关在审查时认为依据不合法而开展审查 上述两种情形，复议机关有权处理的，应当在 **30** 日内依法处理，无权处理的，应在 **7** 日内按程序转送有权处理机关

行政复议中止和终止

中止	终止
作为申请人的公民死亡，其近亲属尚未确定是否参加行政复议	三种情形满 60 日，复议中止原因未消除
作为申请人的公民丧失参加行政复议的能力，尚未确定法定代理人参加行政复议的	
作为申请人的法人或者其他组织中止，尚未确定权利义务承受人	
作为申请人的公民下落不明或者被宣告失踪的	申请人要求撤回，复议机构准予
申请人、被申请人因不可抗力不能参加行政复议	申请人死亡，无近亲属或近亲属放弃复议权利
行政复议机关因不可抗力原因暂时不能履行工作职责	作为申请人法人及其他组织终止，其权利义务的承受人放弃行政复议权利
进行调解、和解后，申请人和被申请人同意中止	

续表

中止	终止
申请人提出规范性文件附带审查或复议机关认为行政行为的依据不合法而依法展开处理的	受理后发现其他复议机关已受理或人民法院已受理
案件涉及法律适用问题，需要有权机关作出解释或者确认	
案件审查需要以其他案件的审理结果为依据，其他案件尚未审结	经复议机构准许达成和解

行政复议证据

要求	内容
被申请人不得自行收集证据	行政复议期间，被申请人不得自行向申请人和其他有关单位或者个人收集证据；自行收集的证据不作为认定行政行为合法性、适当性的证据
被申请人可以补充证据情形	行政复议期间，申请人或者第三人提出被申请行政复议的行政行为作出时没有提出的理由或者证据的，经行政复议机构同意，被申请人可以补充证据
申请人、第三人及委托代理人的证据查阅复制权	申请人、第三人及委托代理人可以按规定查阅、复制被申请人提出的书面答复、作出行政行为的证据、依据等
	不能查阅复制：国家秘密、商业秘密、个人隐私或者可能危及国家安全、公共安全、社会稳定的
行政复议机关调取证据	行政复议机关有权查阅、复制、调取相关文件和资料，有权向有关人员询问
	调查取证不少于2人，需出示行政复议工作证件

行政复议审理程序

类型	简易程序	普通程序
适用情形	①被申请行政复议的行政行为是当场作出 ②被申请人行政复议的行政行为是警告或者通报批评 ③案件涉及款额3000元以下 ④属于政府信息公开案件 ⑤当事人各方同意	适用简易程序之外的情形
资料传递与被申请人答复要求	①复议机构自受理申请之日起3日内将行政复议申请书副本等发送被申请人 ②被申请人收到后5日内提出书面答复并提交证据（备注：均是工作日）	①复议机构自受理申请之日起7日内将行政复议申请书副本等发送被申请人 ②被申请人在收到后10日内作出书面答复并提交证据（备注：均是工作日）
审理方式	可以书面审理	①听取当事人意见（当面、互联网、电话等） ②可以书面审理（当事人原因不能听取意见） ③组织听证（**应当**：重大、疑难、复杂案件；**可以**：复议机构认为有必要申请人申请）
程序转化	行政复议机构认为不宜适用简易程序的，经负责人批准，可以转为普通程序审理	

税务行政复议决定

①60 日内作出决定，情况复杂经行政复议机关负责人批准可延长不超 30 日 ②行政复议机关审查被申请人的具体行政行为时，认为其依据不合法，本机关有权处理的，应当在 30 日内依法处理；无权处理的，应当在 7 日内逐级转送有权机关处理	
法定情形	**行政复议决定**
行政行为合法、内容适当	维持决定
被申请人有法定职责，且有履行必要	责令限期履行法定职责
①事实对、证据对、**程序对**、依据对、**内容错** ②事实对，证据对，程序对，**依据错（不正确）** ③**事实错，证据错（证据不足）**，复议机构**已查清**	变更决定
①事实错、证据错，**没查清** ②程序错 ③依据错（**不合法**） ④超越职权或滥用职权	撤销决定
①依法应撤销，但撤销损害国家利益、社会公共利益 ②程序轻微违法，但对申请人权利不产生实际影响 ③行政行为违法，但不具有可撤销内容 ④被申请人改变原违法行政行为，申请人仍要求撤销或者确认该行政行为违法 ⑤被申请人不履行或者拖延履行法定职责，责令履行没意义	确认违法决定
行政行为有实施主体不具有行政主体资格或者没有依据等重大且明显违法情形，申请人申请确认行政行为无效	确认无效决定
①申请人认为行政机关不履行法定职责，复议机关受理后发现该行政机关没有相应法定职责或者在受理前已经履行法定职责的 ②受理后，发现该复议申请不符合受理条件的	驳回决定

行政复议、行政诉讼不停止执行例外

诉讼不停止执行的例外	复议不停止执行的例外
①被告认为需要停止执行的	①被申请人认为需要停止执行的
②根据原告的申请，法院裁定停止执行	②申请人申请停止执行，行政复议机关，决定停止执行的
③法院认为该行政行为的执行会给国家利益、社会公共利益造成重大损害的	③复议机关认为需要停止执行的
④法律、法规规定可以停止执行的	**④法律**规定停止执行的

1. 概念详解

行政复议，是指行政相对人认为行政主体的行政行为侵犯其合法权益，依法向行政复议机关提出复查该具体行政行为的申请，行政复议机关依照法定程序对被申请的行政行为进行合法性、适当性审查，并作出行政复议决定的一种法律制度。

行政复议机关履行行政复议职责，应当遵循合法、公正、公开、高效、便民、为民的原则，坚持有错必纠，保障法律、法规的正确实施。

2. 经典习题演练

【单选题】 下列可以作为税务行政复议申请人的是（　　）。

A. 有权申请行政复议的公民死亡，其近亲属

B. 有权申请行政复议的股份制企业，其董事会

C. 与被审查的税务具体行政行为有利害关系的第三人

D. 有权申请行政复议的合伙企业，其任一合伙人

【答案】 A

【解析】 B 选项，股份制企业的股东大会、股东代表大会、董事会认为税务具体行政行为侵犯企业合法权益的，可以以企业的名义申请行政复议；C 选项，第三人是申请作为第三人参加行政复议，而不是作为行政复议申请人；D 选项，合伙企业以核准登记的企业为申请人，由执行合伙事务的合伙人代表该企业参加行政复议；其他合伙组织申请行政复议的，由合伙人共同申请。

【单选题】 某县税务局对某公司未按规定进行纳税申报行为罚款 3000 元，该公司不服欲提出税务行政复议，申请期限是（　　）。

A. 自接到行政处罚决定书之日起 30 日内

B. 自接到行政处罚决定书之日起 60 日内

C. 自接到行政处罚决定书之日起 1 年内

D. 自接到行政处罚决定书之日起 2 年内

【答案】 B

【解析】 本题考查行政复议的申请时限。根据《行政复议法》第九条规定，公民、法人或者其他组织认为具体行政行为侵犯其合法权益的，可以自知道该具体行政行为之日起 60 日内提出行政复议申请；但是法律规定的申请期限超过 60 日的除外。该条规定了行政复议的申请期限，一般情况下是自知道具体行政行为之日起 60 日。但是，如果其他法律规定了长于 60 日的复议申请期限，以其他法律为准；对短于 60 日的法律规定，则仍应遵守《行政复议法》的规定，以更好地保障行政相对人行使复议的权利。故 B 选项符合题意。

【单选题】 根据《税务行政复议规则》的管辖原则，下列表述不正确的是（　　）。

A. 对省及省以下各级税务局的具体行政行为不服申请行政复议的，由其上一级税务局管辖

B. 对税务所（分局）、各级税务局的稽查局的具体行政行为不服的，向其所属税务局申请行政复议

C. 对计划单列市税务局的具体行政行为不服的，向省税务局申请行政复议

D. 对被撤销的税务机关，在其被撤销以前作出的具体行政行为不服申请的复议，由继续行使其职权的税务机关的上一级税务机关管辖

【答案】 C

【解析】 本题考查行政复议的管辖。根据《税务行政复议规则》第十六条规定，对

计划单列市税务局的具体行政行为不服的，向国家税务总局申请行政复议。故C选项符合题意。

【单选题】甲税务局委托乙单位代征税款，纳税人对代征税款行为不服申请行政复议，复议机关是（　　）。

A. 乙单位　　B. 乙单位的上级单位

C. 甲税务局　　D. 甲税务局的上一级税务机关

【答案】D

【解析】本题考查行政委托行为的复议管辖。根据《税务行政复议规则》第二十七条规定，对税务机关委托的单位和个人的代征行为不服的，委托税务机关为被申请人。《税务行政复议规则》第十六条规定，对各级税务局的具体行政行为不服的，向其上一级税务局申请行政复议。本题中复议机关应当为委托税务机关的上一级税务机关。故D选项符合题意。

【单选题】对税务机关与其他行政机关共同作出的具体行政行为不服的，复议机关是（　　）。

A. 上一级税务机关　　B. 共同上一级行政机关

C. 国家税务总局　　D. 人民法院

【答案】B

【解析】本题考查税务机关与其他行政机关共同作出的具体行政行为的复议管辖问题。根据《税务行政复议规则》第十九条规定，对税务机关与其他行政机关以共同的名义作出的具体行政行为不服的，向其共同上一级行政机关申请行政复议。故B选项符合题意。

【单选题】税务行政复议中不可以进行调解的是（　　）。

A. 核定税额　　B. 行政处罚

C. 确定纳税主体　　D. 确定应税所得率

【答案】C

【解析】本题考查的是税务行政复议中调解与和解的范围。根据《税务行政复议规则》第八十六条规定，对行使自由裁量权作出的具体行政行为，如行政处罚、核定税额、确定应税所得率等；行政赔偿；行政奖励和存在其他合理性问题的具体行政行为，按照自愿、合法的原则，申请人和被申请人在行政复议机关作出行政复议决定以前可以达成和解，行政复议机关也可以调解。确定纳税主体是征税行为，不能调解或者和解。故C选项符合题意。

【多选题】纳税人对税务机关作出的下列行政行为不服时，可申请行政复议，也可以直接向人民法院提起行政诉讼的是（　　）。

A. 收缴发票行为　　B. 没收违法所得

C. 阻止出境行为　　D. 暂停免税办理

【答案】ABC

【解析】征税行为包括确认纳税主体、征税对象、征税范围、减免、免税、退税、抵扣税款、适用税率、计税依据、纳税环节、纳税期限、纳税地点、税收征收方式等，还有加收滞纳金、代扣代缴、代收代缴、代征行为等。征税行为需要复议前置，所以D选项不符合要求。

【多选题】税务行政复议期间，适用中止的情形包括（　　）。

A. 案件审理需要以其他案件的审理结果为依据，而其他案件尚未审结的

B. 作为申请人的法人或者其他组织终止，其权利义务的承受人放弃行政复议权利的

C. 申请人与被申请人达成和解且经行政复议机构准许的

D. 行政复议机关因不可抗力原因暂时不能履行工作职责的

【答案】AD

【解析】本题考查税务行政复议中止和终止的区别。根据《税务行政复议规则》第七十九条规定，行政复议期间，行政复议机关因不可抗力原因暂时不能履行工作职责的；案件审理需要以其他案件的审理结果为依据，而其他案件尚未审结的，行政复议中止。第八十条规定，作为申请人的法人或者其他组织终止，其权利义务的承受人放弃行政复议权利的；申请人与被申请人达成和解且经行政复议机构准许的，行政复议终止。故A、D选项符合题意。

【多选题】纳税人不服税务机关作出的行政处罚决定，可以采取的救济手段包括（　　）。

A. 直接提起行政诉讼

B. 申请行政复议，不服复议决定再提起行政诉讼

C. 提起行政诉讼，不服判决结果再申请行政复议

D. 必须先申请复议，对复议决定不服再向人民法院提起行政诉讼

【答案】AB

【解析】本题考查对税务行政处罚行为不服的救济途径。根据《税收征管法》第八十八条规定，当事人对税务机关的处罚决定、强制执行措施或者税收保全措施不服的，可以依法申请行政复议，也可以依法向人民法院起诉。故A、B选项符合题意。

【判断题】市稽查局经市局审理委员会重大案件审理后对甲公司作出行政处罚，甲公司不服，以市稽查局作为被申请人提起行政复议。（　　）

【答案】错误

【解析】市稽查局经市局审理委员会重大案件审理后对甲公司作出行政处罚，甲公司不服，应以市税务局为被申请人。

【判断题】行政复议调解书一经送达即发生法律效力。（　　）

【答案】错误

【解析】行政复议调解书经签字后生效，而不是以送达为生效标准。

【判断题】税务行政复议机关在申请人的行政复议请求范围内，可以作出对申请人更为不利的行政复议决定。（　　）

【答案】错误

【解析】根据《行政复议法实施条例》第五十一条规定，行政复议机关在申请人的行政复议请求范围内，不得作出对申请人更为不利的行政复议决定。这类似于《刑事诉讼法》中的“上诉不加刑”，有利于保障行政相对人在对税务机关作出的具体行政行为不服时，依法行使救济权利的积极性。

【判断题】在税务行政复议中，具体行政行为违反法定程序的，复议机关一般应当作出撤销该具体行政行为，责令重新作出具体行政行为的决定。（　　）

【答案】正确

【解析】根据《税务行政复议规则》第七十五条规定，税务具体行政行为违反法定程序的，复议机关一般应当撤销该具体行政行为，并责令被申请人在一定期限内重新作出具体行政行为。根据《税务行政复议规则》第七十六条规定，行政复议机关责令被申请人重新作出具体行政行为的，被申请人不得以同一事实和理由作出与原具体行政行为相同或者基本相同的具体行政行为；但是行政复议机关以原具体行政行为违反法定程序决定撤销的，被申请人重新作出具体行政行为的除外。

【判断题】申请人对税务机关作出逾期不缴纳罚款加处罚款的决定不服的，应当先缴纳罚款和加处罚款，再申请行政复议。（　　）

【答案】正确

【解析】根据《税务行政复议规则》第三十四条规定，申请人对税务机关作出逾期不缴纳罚款加处罚款的决定不服的，应当先缴纳罚款和加处罚款，再申请行政复议。

【判断题】对计划单列市税务局的具体行政行为不服的，可以选择向省税务局或者省级人民政府申请行政复议。（　　）

【答案】错误

【解析】根据《税务行政复议规则》第十六条规定，对计划单列市税务局的具体行政行为不服的，向国家税务总局申请行政复议。

3. 知识扩展

有下列情形之一的，公民、法人或者其他组织可以依照本法申请行政复议：

①对行政机关作出的行政处罚决定不服；

②对行政机关作出的行政强制措施、行政强制执行决定不服；

③申请行政许可，行政机关拒绝或者在法定期限内不予答复，或者对行政机关作出的有关行政许可的其他决定不服；

④对行政机关作出的确认自然资源的所有权或者使用权的决定不服；

⑤对行政机关作出的征收征用决定及其补偿决定不服；

⑥对行政机关作出的赔偿决定或者不予赔偿决定不服；

⑦对行政机关作出的不予受理工伤认定申请的决定或者工伤认定结论不服；

⑧认为行政机关侵犯其经营自主权或者农村土地承包经营权、农村土地经营权；

⑨认为行政机关滥用行政权力排除或者限制竞争；

⑩认为行政机关违法集资、摊派费用或者违法要求履行其他义务；

⑪申请行政机关履行保护人身权利、财产权利、受教育权利等合法权益的法定职责，行政机关拒绝履行、未依法履行或者不予答复；

⑫申请行政机关依法给付抚恤金、社会保险待遇或者最低生活保障等社会保障，行政机关没有依法给付；

⑬认为行政机关不依法订立、不依法履行、未按照约定履行或者违法变更、解除政府特许经营协议、土地房屋征收补偿协议等行政协议；

⑭认为行政机关在政府信息公开工作中侵犯其合法权益；

⑮认为行政机关的其他行政行为侵犯其合法权益。

下列事项不属于行政复议范围：

①国防、外交等国家行为；

②行政法规、规章或者行政机关制定、发布的具有普遍约束力的决定、命令等规范性文件；

③行政机关对行政机关工作人员的奖惩、任免等决定；

④行政机关对民事纠纷作出的调解。

知识点2：税务行政诉讼

行政诉讼基本原则和制度

原则/制度	内容
合法性审查原则	一般不审查合理性，但有例外（如行政处罚明显不当，行政行为涉及对款额的确定、认定确有错误的，可判决变更）
被告负举证责任原则	举证责任倒置
诉讼期间一般不停止行政行为的执行	有例外。同时行政诉讼期间，没有行政强制执行权的行政机关不能向人民法院申请强制执行
一般不适用调解	行政赔偿、补偿以及自由裁量权的案件可以调解

行政诉讼受案范围

一般原则	具体行政行为＋国务院部门和地方政府及其部门制定的规章以下规范性文件审查
不包括	①内部行政行为（奖惩、任免） ②终局行政裁决行为 ③国防、外交等国家行为 ④抽象行政行为 ⑤调解行为以及法律规定的仲裁行为 ⑥行政指导行为 ⑦驳回当事人对行政行为提起申诉的重复处理行为等

行政诉讼级别管辖

<table>
<tr><td rowspan="8">级别管辖</td><td>法院</td><td>管辖案件</td></tr>
<tr><td>基层法院</td><td>除中级、高级以及最高人民法院管辖以外的案件</td></tr>
<tr><td>中级法院</td><td>①对国务院部门或者县级以上政府所作的行政行为提起诉讼的案件
②海关处理的案件
③本辖区内重大、复杂的案件。如社会影响重大的共同诉讼案件；涉外或涉港澳台案件，其他重大、复杂案件
④其他法律规定由中级人民法院管辖的案件</td></tr>
<tr><td>高级法院</td><td>本辖区重大、复杂的第一审行政案件</td></tr>
<tr><td>最高法院</td><td>全国范围内重大、复杂的第一审行政案件</td></tr>
<tr><td>巡回法庭</td><td>管辖巡回区内应由最高人民法院受理的全国范围内重大、复杂的第一审行政案件</td></tr>
<tr><td>特别说明</td><td>原行政机关和复议机关作为共同被告（即复议机关“维持”原行政行为）的案件，以原机关确定级别管辖法院</td></tr>
</table>

行政诉讼地域管辖

<table>
<tr><td rowspan="10">地域管辖</td><td>类别</td><td>案件</td><td>管辖法院</td></tr>
<tr><td rowspan="2">一般地域管辖</td><td>直接起诉</td><td>最初作出行政行为的行政机关所在地法院管辖</td></tr>
<tr><td>经复议的</td><td>原机关所在地法院或者复议机关所在地法院</td></tr>
<tr><td rowspan="2">特殊地域管辖</td><td>对限制人身自由的行政强制措施不服</td><td>被告所在地或原告所在地法院</td></tr>
<tr><td>因行政行为导致不动产物权变动而提起的诉讼</td><td>不动产所在地的法院管辖</td></tr>
<tr><td rowspan="4">共同地域管辖</td><td>经复议的</td><td>原机关所在地法院＋复议机关所在地法院</td></tr>
<tr><td>人身强制措施＋其他强制或处罚</td><td>被告所在地＋原告所在地法院</td></tr>
<tr><td>因行政行为导致不动产物权变动而提起的诉讼</td><td>该不动产涉及两个以上的人民法院</td></tr>
<tr><td>规则</td><td>起诉人选择
若起诉人都提起诉讼，则由最先立案的法院管辖</td></tr>
</table>

行政诉讼裁定管辖

<table>
<tr><td rowspan="3">裁定管辖</td><td>移送管辖</td><td>①无管辖权的法院将案件移送至有管辖权的法院
②受移送法院不属于本院管辖的，应报请上级人民法院指定管辖，不得再行移送</td></tr>
<tr><td>指定管辖</td><td>①有管辖权的法院由于特殊原因，不能行使管辖权的，由上级法院指定管辖。如回避、不可抗力发生等
②当事人以案件重大复杂，基层法院不适宜审理为由，向中级法院起诉的
③基层法院认为需要由中级法院指定管辖的</td></tr>
<tr><td>管辖权转移</td><td>经上级法院决定或同意，将案件由下级法院移送给上级法院管辖</td></tr>
</table>

行政诉讼参加人

原告	①有利害关系的公民、法人或其他组织 ②**原告资格转移：**公民死亡，其近亲属可以作为原告提起行政诉讼；法人或其他组织终止，承受其权利的法人或者其他组织可以作为原告提起行政诉讼
被告	①**经复议案件：**维持的，复议机关和作出原行政行为的行政机关为共同被告；改变的，复议机关为被告 ②复议机关在法定期限内未作出复议决定，起诉原行政行为，作出原行政行为的机关为被告；起诉复议机关不作为，复议机关为被告 ③两个以上行政机关作出同一行政行为，所有机关为共同被告 ④行政机关委托的组织所作的行政行为，委托的行政机关是被告 ⑤行政机关被撤销或职权变更的，继续行使其职权的行政机关是被告
第三人	有利害关系；法院判决第三人承担义务或者减损第三人权益的，第三人有权依法提起上诉
诉讼代表人	一方或双方 2 人以上。原告 10 人以上，推选 2—5 人（行政复议是 1—5 人）
诉讼代理人	不是案件当事人。可委托 1—2 名代理人

行政诉讼证据管理

被告举证责任	①被告不提供或者无正当理由逾期（收到起诉状副本后 15 日内）提供证据，视为没有相应证据。但是涉及第三人合法权益，第三人提供证据的除外 ②诉讼过程中，被告及其诉讼代理人不得向原告、第三人和证人收集证据；作出行政行为时已收集，因不可抗力等正当事由不能提供的，经人民法院准许，可以延期提供 ③原告或第三人提出其在行政处理程序中没有提出的理由或证据，经人民法院准许，被告可以补充证据
原告举证责任	**应举证的情形：**①起诉被告不履行，原告应提供其向被告提出申请的证据。但以下情形之一的例外：被告应当依职权主动履行法定职责；原告因正当理由不能提供证据的 ②在行政赔偿、补偿案件中，原告应提供损害证据。因被告原因无法提供的，由被告承担举证责任
人民法院取证	不得为证明行政行为合法性调取被告作出行政行为时未收集证据 可申请法院提取的证据包括：①国家机关保存；②涉及国家秘密、商业秘密、个人隐私；③确因客观原因不能自行收集
证据出示、质证、采纳	①公开出示为原则（国家秘密、商业秘密、个人隐私除外） ②非法手段取得的证据不得作为认定案件事实的根据

行政诉讼起诉、审理判决及税务机关应诉

起诉标准	①原告必须是符合规定的公民、法人或者其他组织 ②有明确的被告 ③有具体的诉讼请求和事实根据 ④属于人民法院受案范围和管辖范围
一审简易程序	①被诉行政行为是依法当场作出 ②案件涉及金额 2000 元以下 ③属于政府信息公开案件
判决类型（一审）	①**判决驳回诉讼请求：**事实清楚，法律法规正确，符合法定程序 ②**判决撤销（部分撤销）：**主要证据不足的；适用法律、法规错误的；违反法定程序的；超越职权的；滥用职权的；明显不当的

续表

判决类型 （一审）	③**判定履行**：查明被告不履行法定职责或给付义务 ④**判决变更**：行政处罚明显不当；其他行政行为涉及对款项的确定、认定有误 ⑤**确认违法**：判决确认违法但不撤销（损害公共利益；轻微违法不产生实际影响）；不需撤销或履行（违法但不具有可撤销内容；被告已改变原违法行为但原告仍要求确认原行政行为违法；被告不履行或拖延履行，判决履行已没有意义） ⑥**确认无效**：不具主体资格或依据
税务机关应诉	①收到应诉通知书和起诉状副本：**2日内组建应诉工作小组，10日内可提管辖权异议，15日内进行答辩** ②出庭应诉人员为负责人和委托代理人。主要负责人不能出庭，分管负责人出庭；分管负责人也不能，主要负责人指定其他负责人 ③涉及重大事项的案件及法院书面建议负责人出庭的，负责人应出庭，不能的需要出具书面说明 ④对于因纳税发生的案件，地市级税务局负责人应出庭；县级及以下税务机构负责人对所有案件均应当出庭

1. 概念详解

行政诉讼是指公民、法人或者其他组织认为行政机关的行政行为侵犯其合法权益，向人民法院提起诉讼，人民法院依法予以受理、审理并作出裁判的活动。行政诉讼遵循“不告不理”，即行政机关不能作为原告提起行政诉讼，只能作为被告应诉。

2. 经典习题演练

【单选题】下列属于税务行政诉讼范围的是（　　）。

A. 税务机关行政处罚行为

B. 税务机关行政指导行为

C. 税务机关工作人员奖惩

D. 税务机关制定税收规范性文件行为

【答案】A

【解析】本题考查的是行政诉讼的受案范围。《行政诉讼法》第十二条有具体的规定。其中，与税务工作关联性较强的行政诉讼范围有：对暂扣或者吊销许可证和执照、责令停产停业、没收违法所得、没收非法财物、罚款、警告等行政处罚不服的；对限制人身自由或者对财产的查封、扣押、冻结等行政强制措施和行政强制执行不服的；申请行政许可，行政机关拒绝或者在法定期限内不予答复，或者对行政机关作出的有关行政许可的其他决定不服的；对征收、征用决定及其补偿决定不服的；申请行政机关履行保护人身权、财产权等合法权益的法定职责，行政机关拒绝履行或者不予答复的；认为行政机关违法集资、摊派费用或者违法要求履行其他义务的；认为行政机关侵犯其他人身权、财产权等合法权益的。故A选项符合题意。

【单选题】在税务行政诉讼第一审程序中，一般情况下举证责任由（　　）。

A. 被告承担　　　　B. 原告承担

C. 法院承担　　D. 原告和被告分担

【答案】A

【解析】本题考查行政诉讼中举证责任分配。根据《行政诉讼法》第三十四条规定，被告对作出的行政行为负有举证责任，应当提供作出该行政行为的证据和依据。这里需要解释的是，被告行政机关只对所作行政行为承担举证责任；对于原告的起诉依据和损失的大小等事宜由原告承担举证责任，行政机关不承担。故 A 选项符合题意。

【单选题】行政复议机关逾期不作决定的，申请人可以在一定期限内向人民法院提起诉讼，这个期限是（　　）。

A. 复议期满之日起 2 个月内　　B. 复议期满之日起 10 日内

C. 复议期满之日起 15 日内　　D. 复议期满之日起 1 个月内

【答案】C

【解析】本题考查的是行政复议机关不作决定提起行政诉讼的期限问题。根据《行政诉讼法》第四十五条规定，公民、法人或者其他组织不服复议决定的，可以在收到复议决定书之日起 15 日内向人民法院提起诉讼，复议机关逾期不作决定的，申请人可以在复议期满之日起 15 日内向人民法院提起诉讼。法律另有规定的除外。故 C 选项符合题意。

【单选题】在税务行政诉讼中，税务机关向人民法院提交答辩状以及作出具体行政行为的证据、依据的期限是（　　）。

A. 人民法院立案之日起 5 日内　　B. 人民法院立案之日起 7 日内

C. 收到起诉状副本之日起 10 日内　　D. 收到起诉状副本之日起 15 日内

【答案】D

【解析】本题考查被告向人民法院提交证据的时限要求。根据《行政诉讼法》第六十七条规定，人民法院应当在立案之日起 5 日内，将起诉状副本发送被告。被告应当在收到起诉状副本之日起 15 日内向人民法院提交作出行政行为的证据和所依据的规范性文件，并提出答辩状。故 D 选项符合题意。

【单选题】甲市乙县税务局对某运输公司作出补税 20 万元的处理决定。该公司不服，向甲市税务局申请复议，复议机关维持原处理决定。该运输公司对复议决定不服，欲向人民法院提起行政诉讼，管辖法院是（　　）。

A. 乙县人民法院

B. 甲市税务局所在地人民法院

C. 既可以是甲市税务局所在地人民法院，也可以是乙县税务局所在地人民法院

D. 省税务局所在地人民法院

【答案】C

【解析】本题考查税务行政诉讼的管辖。根据《行政诉讼法》第十八条规定，行政案件由最初作出行政行为的行政机关所在地人民法院管辖。经复议的案件，也可以由复

议机关所在地人民法院管辖。故 C 选项符合题意。

【单选题】下列关于税务行政诉讼被告的表述，不正确的是（　　）。

A. 公民、法人或者其他组织直接向人民法院提起诉讼的，作出行政行为的行政机关是被告

B. 经复议的案件，复议机关维持原行政行为的，作出原行政行为的行政机关和复议机关是共同被告；复议机关改变原行政行为的，复议机关是被告

C. 法律、法规授权的组织所作的行政行为，该组织是被告；行政机关委托的组织所作的行政行为，受委托的组织是被告

D. 作出行政行为的行政机关被撤销的，继续行使其职权的行政机关是被告

【答案】C

【解析】本题考查行政诉讼被告的确定。根据《行政诉讼法》第二十六条规定，公民、法人或者其他组织直接向人民法院提起诉讼的，作出具体行政行为的行政机关是被告。经复议的案件，复议机关决定维持原行政行为的，作出原行政行为的行政机关和复议机关是共同被告；复议机关改变原行政行为的，复议机关是被告。两个以上行政机关作出同一行政行为的，共同作出行政行为的行政机关是共同被告。行政机关委托的组织所作的具体行政行为，委托的行政机关是被告。行政机关被撤销或者职权变更的，继续行使其职权的行政机关是被告。故 C 选项符合题意。

【多选题】行政诉讼具有不同于其他诉讼活动的特殊原则，这些原则包括（　　）。

A. 一般不适用调解原则　　B. 司法变更权有限原则

C. 谁主张谁举证原则　　D. 合法性审查原则

【答案】ABD

【解析】本题考查行政诉讼的特殊原则。行政诉讼主要解决行政行为是否合法的问题，一般不适用调解原则是因为行政机关的权力是法律赋予的，必须维护法律的严肃性。所以行政诉讼一般不适用调解。司法变更权有限原则，根据《行政诉讼法》第七十七条规定，行政处罚明显不当，或者其他行政行为涉及对款额的确定、认定确有错误的，人民法院可以判决变更。根据《行政诉讼法》第三十四条规定，被告对作出的行政行为负有举证责任，应当提供作出该行政行为的证据和所依据的规范性文件。所以 C 选项错误。合法性审查原则，与行政复议不同，行政诉讼中人民法院一般只审查行政行为的合法性，除法定情形外，不对行政行为的合理性作出裁判，这也是正确处理司法权与行政权边界的要求。故 A、B、D 选项符合题意。

【多选题】人民法院对税务案件作出变更判决的条件包括（　　）。

A. 税款数额计算错误　　B. 行政处罚适用法律依据错误

C. 行政处罚违反法定程序　　D. 行政处罚显失公正

【答案】AD

【解析】本题考查人民法院作变更判决的情形。根据《行政诉讼法》第七十七条规定，行政处罚明显不当，或者其他行政行为涉及对款额的确定、认定确有错误的，人民

法院可以判决变更。根据《行政诉讼法》第七十条规定，对适用法律、法规错误的和违反法定程序的，人民法院判决撤销或者部分撤销，并可以判决被告重新作出行政行为。故 A、D 选项符合题意。

【多选题】 在税务行政诉讼中，原告承担举证责任的事项有（　　）。

A. 证明起诉符合法定条件

B. 在起诉被告不作为的案件中，证明其提出申请的事实

C. 在一并提起的行政赔偿诉讼中，证明因受被诉行为侵害而造成损失的事实

D. 税务机关认为原告起诉超过起诉期限的情形

【答案】 ABC

【解析】 本题考查行政诉讼中原告承担举证责任的情形。在行政诉讼的一审程序中，法律把证明合法性的举证责任配置给了税务机关，但作为原告也有一定的举证责任。主要包含以下几种情形：一是证明起诉符合法定条件。二是在起诉被告不作为的案件中，证明其提出申请的事实。三是在一并提起的行政赔偿诉讼中，证明因受被诉行为侵害而造成损失的事实。四是其他应当由原告承担举证责任的事项。被告税务机关认为原告的起诉超过诉讼时效的，要由被告税务机关来证明。故 A、B、C 选项符合题意。

【判断题】 人民法院因被告税务机关违反法定程序而判决其重新作出行政行为的，被告不得以同一的事实和理由作出与原行政行为基本相同的行政行为。（　　）

【答案】 错误

【解析】 人民法院判决被告重新作出行政行为的，被告不得以同一的事实和理由作出与原行政行为基本相同的行政行为。但是以违反法定程序被撤销重做的，不受限制。

【判断题】 人民法院判决变更，不得加重原告的义务或者减损原告的权益。但利害关系人同为原告，且诉讼请求相反的除外。（　　）

【答案】 正确

【解析】 根据《行政诉讼法》第七十七条规定，人民法院判决变更，不得加重原告的义务或者减损原告的权益。但利害关系人同为原告，且诉讼请求相反的除外。

【判断题】 人民法院审查税务行政案件，以法律、法规和规章为依据。（　　）

【答案】 错误

【解析】 根据《行政诉讼法》第六十三条规定，人民法院审理行政案件，以法律和行政法规、地方性法规为依据。地方性法规适用于本行政区域内发生的行政案件。人民法院审理民族自治地方的行政案件，并以该民族自治地方的自治条例和单行条例为依据。人民法院审理行政案件，参照规章。

【判断题】 经复议的案件，复议机关决定维持原行政行为的，作出原行政行为的行政机关是被告；复议机关改变原行政行为的，复议机关是被告。（　　）

【答案】 错误

【解析】 根据《行政诉讼法》第二十六条规定，经复议的案件，复议机关决定维持原行政行为的，作出原行政行为的行政机关和复议机关是共同被告；复议机关改变原行政行为的，复议机关是被告。

3. 知识扩展

行政复议和行政诉讼的区别：

①性质不同。行政诉讼是行政机关内部上级对下级的监督和审查，具有行政行为的特征，属于行政范畴；行政诉讼是人民法院对行政机关作出的司法监督，属于司法范畴。

②受理主体不同。行政复议的受理主体为上一级行政机关，特殊情形是本级受理；行政诉讼主体为人民法院。

③受案范围不同：人民法院只受理行政违法案件；复议机关除了受理行政违法案件以外，还受理行政不当案件，范围宽于行政诉讼。

④审查范围不同：人民法院主要审查具体行政行为的合法性；复议机关不仅审查合法性，还审查适当性。

⑤审查程序不同：行政复议实行一级复议制度；行政诉讼实行两审终审制。

行政复议和行政诉讼的联系：

①产生的根据相同：都是基于行政争议的存在，用以解决争议的法律制度。

②目的和作用相同：都是为了防止和纠正违法不当的具体行政行为，保护公民、法人和其他组织的合法效益，保障和监督行政机关依法行政。

③审查的对象基本相同：行政复议与行政诉讼都以行政争议为处理对象，都要对具体行政行为是否合法进行审查。

④行政复议与行政诉讼都是一种权利救济手段。两者都对行政主体的具体行政行为进行监督，纠正违法和不当。

⑤行政复议与行政诉讼都是由公民、法人或者其他组织提起，作为行使行政权的一方当事人行政机关无权提起。两者均适用不告不理的原则，都是一种依申请的行为。行政复议与行政诉讼的被申请人或被告都是享有国家行政职权、作出行政行为的国家行政机关。

简易程序知识点总结

内容	税务行政处罚	行政复议	行政诉讼
适用简易程序情形	违法事实确凿；有法定依据；处罚种类为数额较小的罚款或警告 ①公民（个体户）200 元以下 ②法人或其他组织 3000 元以下	①被申请行政复议的行政行为是当场作出 ②被申请人行政复议的行政行为是警告或者通报批评 ③案件涉及款额 3000 元以下 ④属于政府信息公开案件 ⑤当事人各方同意	①被诉行政行为是依法当场作出 ②案件涉及金额 2000 元以下 ③属于政府信息公开案件

知识点3：税务行政赔偿

赔偿范围		人身权、财产权
		不予赔偿：职权无关、行政相对人自己行为致使损害发生、其他法定情形
赔偿义务机关	一个税务机关及其工作人员致害	该税务机关
	两个以上税务机关及其工作人员	共同行使职权的税务机关
	原税务机关被撤销、变更	继续行使职权机关；撤销该赔偿义务机关的行政机关
	法律法规授权的组织	法律法规授权的组织
	受税务机关委托的组织或个人	委托的税务机关
	经行政复议维持原具体行政行为	侵权行为机关；复议加重损害的，复议机关对加重部分履行赔偿义务
请求人	合法权益受到损害的公民、法人、组织。公民死亡的，其继承人或其他有扶养关系的亲属，法人终止则为权利承受人。但有第一顺序继承人时，第二顺序继承人不享受继承权	
赔偿申请	可口头、可书面	资料不齐，当场或5日内一次性告知
赔偿决定	申请之日起**2个月**内作出决定	决定赔偿，制作赔偿决定书并10日内送达；不予赔偿的10日内书面通知
复议和诉讼	①行政复议、行政诉讼中可以一并提出行政赔偿请求。赔偿请求人可以向共同赔偿义务机关中的任何一个赔偿义务机关要求赔偿，该赔偿义务机关应当先予赔偿 ②赔偿义务机关应当自收到申请之日起两个月内依照规定给予赔偿；逾期不予赔偿或者赔偿请求人对赔偿数额有异议的，赔偿请求人可以自期间届满之日起三十日内向其上一级机关申请复议 ③赔偿义务机关应当自收到申请之日起两个月内依照规定给予赔偿；逾期不予赔偿或者赔偿请求人对赔偿数额有异议的，赔偿请求人可以自期间届满之日起三个月内向人民法院提起诉讼 ④行政复议和诉讼过程中，可以对行政赔偿问题进行调解及和解	
赔偿时效	2年，限制人身自由期间不计算	最后6个月，遇不可抗力的可中止
赔偿方式	**赔偿金**；返还财产或恢复原状；侵犯人身权致人精神损害的，赔偿精神损害（赔礼道歉、严重后果的支付精神损害抚慰金）；造成受害人名誉权、荣誉权损害的，应当在侵权行为影响的范围内，为受害人消除影响，恢复名誉，赔礼道歉	
赔偿计算标准	①侵犯人身自由：每日赔偿金按照国家上年度职工日平均工资 ②侵犯生命健康权：医疗费、护理费、误工费、死亡赔偿金等 ③侵犯财产权：直接损失	
税务行政追偿	①税务机关已经承担赔偿责任是税务行政追偿的前提条件 ②只适用于税务机关工作人员有故意或重大过失的情形 ③被追偿人不服的，可以向上级税务机关进行申诉（不可以提起行政复议或提起诉讼）	

1. 概念详解

税务行政赔偿是国家负责对税务机关及其工作人员违法行使职权的活动所造成的损害予以赔偿的一项行政法律制度。

2. 经典习题演练

【单选题】我国法律规定税务行政赔偿的义务主体是（　　）。

A. 国家　　　　B. 各级财政部门

C. 税务机关　　　　D. 税务执法人员

【答案】C

【解析】国家是责任主体，税务机关是具体的义务主体。

【单选题】税务赔偿义务机关作出是否赔偿决定的期限是（　　）。

A. 自收到申请之日起 1 个月内　　　　B. 自收到申请之日起 2 个月内

C. 自收到申请之日起 3 个月内　　　　D. 自收到申请之日起 6 个月内

【答案】B

【解析】本题考查作出税务赔偿决定的期限。根据《国家赔偿法》第十三条规定，赔偿义务机关应当自收到申请之日起 2 个月内，作出是否赔偿的决定。故 B 选项符合题意。

【单选题】赔偿义务机关赔偿损失后，应当行使其追偿权。工作人员或受委托的组织和个人承担部分或者全部赔偿费用的前提是（　　）。

A. 过失　　　　B. 有故意或者重大过失

C. 过错　　　　D. 重大过错或重大过失

【答案】B

【解析】本题考查税务行政追偿权。根据《国家赔偿法》第十六条规定，赔偿义务机关赔偿损失后，应当责令有故意或者重大过失的工作人员或者受委托的组织或者个人承担部分或者全部赔偿费用。故 B 选项符合题意。

【多选题】下列属于税务行政赔偿的范围的有（　　）。

A. 县税务局违规要求企业提前缴纳税款

B. 县税务局对企业未按规定期限办理纳税申报处以 2 万元罚款

C. 县税务局未及时解除税收保全措施

D. 某税务干部向纳税人私自借款 5 万元，到期不还

【答案】ABC

【解析】本题考查税务行政赔偿的范围。根据《国家赔偿法》第五条规定，行政机关工作人员与行使职权无关的个人行为，国家不承担赔偿责任。税务行政赔偿的范围应是税务机关及其工作人员履行职权的行为。某税务干部向企业私自借款 5 万元，到期不还，由此产生的纠纷属于平等民事主体之间发生的经济纠纷，国家不会也不应为那些与行使职权无关的个人行为造成的损害承担责任。故 A、B、C 选项符合题意。

【多选题】根据《国家赔偿法》规定，下列情形中税务机关不承担赔偿责任的有（　　）。

A. 税务机关工作人员与行使职权无关的个人行为

B. 税务机关工作人员因过失违法行使职权的行为

C. 因纳税人自己行为造成的损害

D. 税务机关工作人员行使职权时与纳税人共同造成的损害

【答案】AC

【解析】本题考查不予赔偿的法定情形。《国家赔偿法》第五条规定了国家不承担赔偿责任的三种法定情形：一是行政机关工作人员与行使职权无关的个人行为；二是因公民、法人和其他组织自己的行为致使损害发生的；三是法律规定的其他情形。因此，税务机关工作人员与行使职权无关的个人行为，以及因纳税人自己行为造成的损害，国家不应承担赔偿责任。而税务机关工作人员因过失违法行使职权造成的损害，国家应当为此承担责任。税务机关工作人员行使职权时与纳税人共同造成的损害，国家也应为其工作人员的过错部分承担赔偿责任。故 A、C 选项符合题意。

【多选题】税务行政赔偿的方式，主要包括（　　）。

A. 返还财产　　B. 恢复原状

C. 支付赔偿金　　D. 支付违约金

【答案】ABC

【解析】本题考查税务行政赔偿的方式。根据《国家赔偿法》第三十二条规定，国家赔偿以支付赔偿金为主要方式。能够返还财产或者恢复原状的，予以返还财产或者恢复原状。故税务行政赔偿的方式包括支付赔偿金、返还财产、恢复原状等。支付违约金是民事责任的承担方式。故 A、B、C 选项符合题意。

【判断题】税务人员依法执行公务过程中侵犯人身权致人精神损害的，所在单位需赔偿精神损害赔偿金。（　　）

【答案】错误

【解析】需赔礼道歉、严重后果的支付精神损害抚慰金。

【判断题】税务行政赔偿请求人请求赔偿的时效为 2 年，自知道或者应当知道税务机关及其工作人员行使职权行为侵犯其人身权、财产权之日起计算，但被羁押等限制人身自由期间不计算在内。（　　）

【答案】正确

【解析】根据《国家赔偿法》第三十九条规定，赔偿请求人请求国家赔偿的时效为 2 年，自其知道或者应当知道国家机关及其工作人员行使职权时的行为侵犯其人身权、财产权之日起计算，但被羁押等限制人身自由期间不计算在内。在申请行政复议或者提起行政诉讼时一并提出赔偿请求的，适用《行政复议法》《行政诉讼法》有关时效的规定。

【判断题】两个以上行政机关共同行使行政职权时，侵犯公民、法人和其他组织的合法权益造成损害的，共同行使行政职权的行政机关为共同赔偿义务机关。（　　）

【答案】正确

【解析】根据《国家赔偿法》第七条规定，两个以上行政机关共同行使行政职权时侵犯公民、法人和其他组织的合法权益造成损害的，共同行使行政职权的行政机关为共同赔偿义务机关。

【判断题】受害的法人或者其他组织终止的，其权利承受人有权要求赔偿。（　　）

【答案】正确

【解析】根据《国家赔偿法》第六条规定，受害的法人或者其他组织终止的，其权利承受人有权要求赔偿。

3. 知识扩展

关于行政赔偿范围的具体介绍：

行政机关及其工作人员在行使行政职权时有下列侵犯人身权情形之一的，受害人有取得赔偿的权利：

（1）违法拘留或者违法采取限制公民人身自由的行政强制措施的；

（2）非法拘禁或者以其他方法非法剥夺公民人身自由的；

（3）以殴打等暴力行为或者唆使他人以殴打等暴力行为造成公民身体伤害或者死亡的；

（4）违法使用武器、警械造成公民身体伤害或者死亡的；

（5）造成公民身体伤害或者死亡的其他违法行为。

行政机关及其工作人员在行使行政职权时有下列侵犯财产权情形之一的，受害人有取得赔偿的权利：

（1）违法实施罚款、吊销许可证和执照、责令停产停业、没收财物等行政处罚的；

（2）违法对财产采取查封、扣押、冻结等行政强制措施的；

（3）违反国家规定征收财物、摊派费用的；

（4）造成财产损害的其他违法行为。

属于下列情形之一的，国家不承担赔偿责任：

（1）行政机关工作人员与行使职权无关的个人行为；

（2）因公民、法人和其他组织自己的行为致使损害发生的；

（3）法律规定的其他情形。

章节练习

一、单选题

1. 下列关于行政复议的说法，错误的是（　　）。

A. 税务机关与其他组织以共同名义作出具体行政行为的，被申请人为税务机关和其他组织

B. 行政复议附带审查不能单独提出申请

C. 对委托代征行为不服的，作出委托的税务机关为被申请人

D. 税务机关作出加处罚款决定，如申请人仅对加处罚款不服的，向作出行政处罚决定的税务机关申请行政复议

【答案】A

【解析】税务机关与其他组织以共同名义作出具体行政行为的，被申请人为税务机关。

2. 被申请人应当自收到行政复议机关负责法制工作的机构发送的申请书副本或申请笔录复印件之日起一定时间内，向复议机关提出书面答复，并提交当初作出具体行政行为的证据、依据和其他有关材料，该一定时间是指（　　）。

A. 5 日　　B. 7 日　　C. 10 日　　D. 15 日

【答案】C

【解析】本题考查行政复议中被申请人答辩及举证的时限。根据《行政复议法》第二十三条规定，行政复议机关负责法制工作的机构应当自行政复议申请受理之日起 7 日内，将行政复议申请书副本或者行政复议申请笔录复印件发送被申请人。被申请人应当自收到申请书副本或者申请笔录复印件之日起 10 日内，提出书面答复，并提交当初作出具体行政行为的证据、依据和其他有关材料。故 C 选项符合题意。

3. 某稽查局对纳税人王某作出 5 万元税务行政处罚决定后，当事人王某逾期不申请行政复议也不向人民法院起诉，又不履行的，稽查局可以依法采取强制执行措施，或者依法向人民法院申请强制执行，该法院是（　　）。

A. 该稽查局所在地的基层人民法院　　B. 纳税人住所地的基层人民法院

C. 该稽查局所在地的中级人民法院　　D. 纳税人住所地的中级人民法院

【答案】A

【解析】依据《关于执行〈中华人民共和国行政诉讼法〉若干问题的解释》第八十九条，由申请人所在地的基层人民法院受理。

4. 下列关于行政诉讼举证责任的说法，错误的是（　　）。

A. 行政诉讼一般适用举证责任倒置原则

B. 人民法院可以按照规定为证明行政行为合法性调取被告作出行政行为时未收集的证据

C. 原告或第三人提出其在行政处理程序中没有提出的理由或证据，经人民法院准许，被告可以补充证据

D. 被告不提供或者无正当理由逾期提供证据，视为没有相应证据。但是涉及第三人合法权益，第三人提供证据的除外。

【答案】B

【解析】人民法院不得为证明行政行为合法性调取被告作出行政行为时未收集的证据。

5. 下列不属于行政复议附带审查对象的是（　　）。

A. 国务院的规定　　B. 国家税务总局的规定

C. 地方各级人民政府的规定　　D. 地方人民政府工作部门的规定

【答案】A

【解析】行政复议附带审查对象包括国家税务总局和国务院其他部门的规定、其他各级税务机关的规定、地方各级人民政府的规定、地方人民政府工作部门的规定，不包括国务院的规定。

6. 下列说法正确的是（　　）。

A. 行政复议委员会必须邀请本机关以外的具有相关专业知识的人员参加

B. 各级行政复议机关都必须成立行政复议委员会

C. 行政复议委员会不可以邀请本机关以外的具有相关专业知识的人员参加

D. 行政复议委员会可以邀请本机关以外的具有相关专业知识的人员参加

【答案】 D

【解析】 本题考查的是行政复议委员会的组成。根据《税务行政复议规则》第十二条规定，各级行政复议机关可以成立行政复议委员会，研究重大、疑难案件，提出处理建议。行政复议委员会可以邀请本机关以外的具有相关专业知识的人员参加。故D选项符合题意。

7. 甲税务局下属的乙税务所被撤销，纳税人对乙税务所被撤销之前作出的征税行为不服，复议机关为（　　）。

A. 甲税务局

B. 甲税务局的上一级税务机关

C. 甲税务局和乙税务所的共同上级税务机关

D. 国家税务总局

【答案】 B

【解析】 本题考查税务行政复议的管辖。根据《税务行政复议规则》第十九条规定，对被撤销的税务机关在撤销以前所作出的具体行政行为不服的，向继续行使其职权的税务机关的上一级税务机关申请行政复议。甲税务局下属的乙税务所撤销，意味着乙税务所的职权和职责一并归入甲税务局，甲税务局在承继乙税务所职权的同时，也承担了其相应的职责。因此，纳税人对乙税务所撤销之前作出的征税行为不服，被申请人应是甲税务局，复议机关则是甲税务局的上一级税务机关。故B选项符合题意。

8. 在行政复议过程中，被申请人未按照规定提交当初作出具体行政行为的证据、依据和有关资料的，则该具体行政行为（　　）。

A. 应由复议机关决定变更

B. 应由复议机关决定撤销

C. 应由复议机关责令重做

D. 不影响其法律效力

【答案】 B

【解析】 本题考查被申请人未按规定举证的法律后果。根据《行政复议法》第二十八条规定，被申请人不按照规定时间提出书面答复、提交当初作出具体行政行为的证据、依据和其他有关材料的，视为该具体行政行为没有证据、依据，决定撤销该具体行政行为。故B选项符合题意。

9. 下列关于税务行政赔偿机关的说法，错误的是（　　）。

A. 受税务机关委托的组织和个人在行使受委托的行政权力时侵犯公民、法人和其他组织的合法权益的，委托税务机关为赔偿义务机关

B. 经过复议的案件，赔偿机关为复议机关

C. 法律、法规授权的组织在行使授予的税务行政职权时侵犯公民、法人和其他组织的合法权益的，该法律、法规授权的组织为赔偿义务机关

D. 两个以上税务机关共同行使行政职权时侵犯公民、法人和其他组织的合法权益的，共同行使行政职权的税务机关为共同赔偿义务机关

【答案】 B

【解析】 经复议的案件，复议机关维持原行政行为的，最初造成侵权行为的税务机关为赔偿机关；但复议机关的复议决定加重损害的，由复议机关对加重部分履行赔偿义务。

10. 甲市乙县税务局查明某企业有少缴税款的情况，遂于 2024 年 8 月 20 日依法作出税务处理决定：责令该企业 10 日内缴纳税款 36000 元、滞纳金 1800 元。该企业不服，事隔 3 个多月后向甲市税务局申请复议。甲市税务局以超过申请期限为由决定不予受理。次日，该企业以乙县税务局为被告向乙县人民法院提起行政诉讼，要求撤销乙县税务局的处理决定。对此案，乙县人民法院的正确做法是（　　）。

A. 以超过法定起诉期限为由，裁定驳回诉讼请求

B. 以未经行政复议为由，裁定不予受理

C. 受理

D. 通知变更诉讼请求，原告拒绝变更的，判决不予受理

【答案】 B

【解析】 本题考查税务行政复议与诉讼的衔接问题。该企业对乙县税务局作出的缴纳税款及滞纳金的处理决定不服，属于纳税争议，对于纳税争议，依法应先复议，对复议决定不服再向人民法院起诉。本题中该企业过了申请复议的期限，复议机关决定不予受理。该企业再向人民法院起诉，法院也不应受理。理由是已过诉讼期限且对该争议复议机关未作处理。故 B 选项符合题意。根据《行政诉讼法》的规定，人民法院不予受理某个案件，要用司法裁定的方式作出，而不是用“判决”方式作出。所以 D 选项不正确。裁定驳回诉讼请求，适用的前提是案件已经人民法院受理，后发现有不应受理的理由存在，作出驳回诉讼请求的裁定。本案中企业的起诉申请并未被法院受理，所以不会存在“以超过法定起诉期限为由，裁定驳回诉讼请求”的情形。所以 A 选项不正确。

二、多选题

1. 下列属于行政复议终止情形的有（　　）。

A. 申请人因不可抗力不能参加行政复议，时间满 60 日

B. 申请人要求撤回

C. 申请人死亡，无近亲属或近亲属放弃复议权利

D. 经复议机构准许达成和解

【答案】 CD

【解析】 A 选项，申请人因不可抗力不能参加行政复议属于行政复议中止情形，该情形即使满 60 日，也不会导致行政复议终止；B 选项，申请人要求撤回，复议机构准予的，行政复议终止

2. 下列关于行政复议审查的有关说法，正确的有（　　）。

A. 行政复议审查需由2名以上行政复议工作人员参加

B. 行政复议过程中，被申请人可以根据需要自行向申请人和其他有关组织个人收集证据

C. 审查形式包括书面审查和听证审查

D. 审查内容包括合法性和适当性

【答案】 ACD

【解析】 B选项，行政复议过程中，被申请人不得自行向申请人和其他有关组织个人收集证据。

3. 下列关于税务行政复议参加人的表述，错误的有（　　）。

A. 税务行政复议的申请人只能是具体行政行为的相对人

B. 税务行政复议的申请人可以是具体行政行为的相关人

C. 同一复议案件申请人超过5人的，应推选代表参加行政复议

D. 申请人、被申请人和第三人均可委托1—2名代理人参加复议

【答案】 AD

【解析】 本题考查行政复议参加人。(1) 根据《税务行政复议规则》，虽非具体行政行为的行政管理相对人，但其权利直接被该具体行政行为所剥夺，限制或者被赋予义务的公民、法人或其他组织，在行政管理相对人没有申请行政复议时，可以单独申请行政复议，据此，行政复议的申请人既可以是具体行政行为的相对人，也可以是相关人。(2) 行政复议中，申请人、第三人可委托1—2名代理人参加复议，被申请人不得委托本机关以外人员参加行政复议。

4. 税务行政复议机关收到纳税人提出的复议申请后，在决定是否受理税务行政复议申请时，应当审查（　　）。

A. 申请是否符合法定复议条件

B. 被申请复议的税务行政行为是否证据充分

C. 是否属于复议机关已处理过案件的重复申请

D. 被申请复议的税务行政行为是否具备合法性和适当性

【答案】 AC

【解析】 根据《税务行政复议规则》，行政复议申请符合下列规定的，行政复议机关应当受理：属于本规则规定的行政复议范围；在法定申请期限内提出；有明确的申请人和符合规定的被申请人；申请人与具体行政行为有利害关系；有具体的行政复议请求和理由；符合第三十三条和第三十四条规定的条件；属于收到行政复议申请的行政复议机关的职责范围；其他行政复议机关尚未受理同一行政复议申请，人民法院尚未受理同一主体就同一事实提起的行政诉讼。

5. 下列关于行政诉讼管辖的有关规定，说法正确的有（　　）。

A. 按照一般地域管辖规定，经过复议的案件，原行为机关所在地和复议机关所在

地法院都有权管辖

B. 因不动产提起行政诉讼的，由不动产所在地人民法院管辖

C. 按照裁定管辖规定，管辖权转移是指将案件由上级法院移送给下级法院管辖

D. 按照共同管辖规定，两个以上人民法院都有管辖权的案件，由级别较高的法院管辖

【答案】AB

【解析】C 选项，管辖权转移是指经上级法院决定或同意，将案件由下级法院移送给上级法院管辖；D 选项，按照共同管辖规定，两个以上人民法院都有管辖权的案件，最先立案的法院管辖。

6. 下列关于行政诉讼证据的有关规定，说法正确的有（　　）。

A. 行政诉讼一般由被告承担举证责任

B. 在行政赔偿、补偿案件中，原告应提供损害证据。因被告原因无法提供的，由被告承担举证责任

C. 人民法院不得为证明行政行为合法性调取被告作出行政行为时未收集证据

D. 证据以公开出示为原则

【答案】ABCD

【解析】行政诉讼中举证责任倒置，一般由被告承担举证责任；一般情况下，在行政赔偿、补偿案件中，原告应提供损害证据。因被告原因无法提供的，由被告承担举证责任；人民法院不得为证明行政行为合法性调取被告作出行政行为时未收集证据；在行政诉讼中，证据要遵循公开出示原则。

7. 税务行政诉讼中原告承担举证责任的事项有（　　）。

A. 在税务行政许可案件中起诉税务机关不作为，证明其曾向被告提出过申请

B. 证明税务机关行政处罚行为具备合法性

C. 行政赔偿案件中，证明行政行为造成的损害

D. 税务机关工作人员在调查程序中已经出示证件

【答案】AC

【解析】本题考查行政诉讼中原告的举证责任。（1）行政诉讼中，原告对下列事项负举证责任：一是起诉被告不作为的案件中，原告应当提供其在行政程序中曾向被告提出申请的证据材料，但被告应当依职权主动履行法定职责的和原告因正当理由不能提供证据的除外；二是行政赔偿、行政补偿案件中，原告应当为行政行为造成的损害提供证据。（2）至于税务机关作出行政行为的合法性问题，原告没有证明责任。

8. 税务机关作出的行政行为有下列情形之一，不需要撤销或者判决履行的，人民法院判决确认行政行为违法（　　）。

A. 行政行为违法，但不具有可撤销内容的

B. 被告改变原违法行政行为，原告仍要求确认原行政行为违法的

C. 被告不履行或者拖延履行法定职责，判决履行没有意义的

D. 行政行为主要证据不足的

【答案】ABC

【解析】本题考查行政诉讼确认违法判决的情形。(1)根据《行政诉讼法》第七十四条规定:“行政行为有下列情形之一,不需要撤销或者判决履行的,人民法院判决确认违法:行政行为违法,但不具有可撤销内容的;被告改变原违法行政行为,原告仍要求确认原行政行为违法的;被告不履行或者拖延履行法定职责,判决履行没有意义的。”(2)行政行为主要证据不足,属于撤销判决的情形,故正确选项为A、B、C。

9. 税务行政诉讼中,人民法院可以依法作出变更判决的有( )。

A. 证据不足
B. 法律依据错误
C. 对税款金额的确定确有错误
D. 行政处罚明显不当

【答案】CD

【解析】A、B选项属于作出撤销判决情形。

10. 税务行政赔偿的赔偿范围包括( )。

A. 人身权
B. 健康权
C. 财产权
D. 人格权

【答案】AC

【解析】税务行政赔偿的赔偿范围只包括人身权和财产权。

三、判断题

1. 按照行政诉讼管辖权转移的有关规定,经上级法院决定或同意,可以将案件由上级法院移送给下级法院管辖。( )

【答案】错误

【解析】按照行政诉讼管辖权转移的有关规定,经上级法院决定或同意,可以将案件由下级法院移送给上级法院管辖。

2. 行政诉讼期间一般不停止行政行为的执行。( )

【答案】正确

【解析】行政诉讼期间一般不停止行政行为的执行。

3. 纳税人认为国家税务总局和国务院其他部门的规定侵犯其合法权益,可以单独提出行政复议申请。( )

【答案】错误

【解析】本题考查对抽象行政行为的复议申请。对“规定”的复议审查申请具有“附带性”。纳税人对上述税务规定不服,不能单独提出行政复议申请,只能对税务机关依据上述规定作出的行政行为不服,在对行政行为提起行政复议申请的同时,一并要求复议机关审查该规定。

4. 被申请人无故逾期不提交当初作出行政行为的证据和依据的,视为行政行为没有证据、依据,应当被撤销。( )

【答案】正确

【解析】本题考查被申请人逾期答辩的后果。依据《税务行政复议规则》第六十二条规定，被申请人应当自收到申请书副本或者申请笔录复印件之日起10日内提出书面答复，并提交当初作出具体行政行为的证据、依据和其他有关材料。第七十五条第一款第（四）项规定，被申请人不按照本规则第六十二条的规定提出书面答复，提交当初作出具体行政行为的证据、依据和其他有关材料的，视为该具体行政行为没有证据、依据，决定撤销该具体行政行为。

5. 行政诉讼过程中，被告不得自行向原告、第三人和证人收集证据。但是其诉讼代理人有权自行取证。（ ）

【答案】错误

【解析】本题考查行政诉讼证据规则，我国《行政诉讼法》第三十五条规定，行政诉讼过程中，被告及其诉讼代理人都不得自行向原告、第三人和证人收集证据。

6. 人民法院因被告税务机关违反法定程序而判决其重新作出行政行为的，被告不得以同一的事实和理由作出与原行政行为基本相同的行政行为。（ ）

【答案】错误

【解析】人民法院判决被告重新作出行政行为的，被告不得以同一的事实和理由作出与原行政行为基本相同的行政行为。但是因违反法定程序被撤销重作的，不受上述限制。

7. 行政诉讼案件均由最初作出行政行为的行政机关所在地人民法院管辖。（ ）

【答案】错误

【解析】根据《中华人民共和国行政诉讼法》第十八条规定，行政案件由最初作出行政行为的行政机关所在地人民法院管辖。经复议的案件，也可以由复议机关所在地人民法院管辖。

8. 当事人对已经发生法律效力的判决、裁定，认为确有错误的，可以向上一级人民法院申请再审，原判决、裁定停止执行。（ ）

【答案】错误

【解析】当事人对已经发生法律效力的判决、裁定，认为确有错误的，可以向上一级人民法院申请再审，但判决、裁定不停止执行。

9. 复议机关不可以向有关组织和人员调查取证，查阅文件和资料。（ ）

【答案】错误

【解析】根据《税务行政复议规则》第十一条规定，各级行政复议机关负责法制工作的机构依法办理行政复议事项，可以向有关组织和人员调查取证，查阅文件和资料。

10. 股份制企业的股东大会认为税务机关的税款征收决定侵犯企业合法权益的，可以以股东大会的名义申请行政复议。（ ）

【答案】错误

【解析】本题考查行政复议申请人资格。《税务行政复议规则》第二十一条规定，股份制企业的股东大会、股东代表大会、董事会认为税务具体行政行为侵犯企业合法权益的，可以以企业的名义申请行政复议。

第八章　税收的刑法保障

本章主要掌握内容：相关刑法知识概念、危害税收征管罪、涉嫌危害税收征管犯罪案件的移送。

知识点 1：相关刑法知识概念

刑法基本原则及犯罪构成

原则	内容
罪刑法定原则	罪刑法定原则与刑事诉讼法的无罪推定原则，共同构成了现代刑事法律制度的基石。“法无明文规定不为罪”
平等适用刑法原则	平等保护；定罪平等；量刑平等
罪责刑相当原则	根据罪行危害性的大小决定处刑的轻重。即重罪重罚，轻罪轻罚，罪刑相当，罚当其罪

刑罚种类

<table>
<tr><th>类别</th><th>刑种</th><th colspan="2">内容</th></tr>
<tr><td rowspan="5">主刑</td><td>管制</td><td>期限为 3 个月以上 2 年以下。在数罪并罚的情况下，期限可以延长到 3 年。如果判决执行前有先行羁押的情况，羁押 1 日可以折抵刑期 2 日</td><td rowspan="3">刑期从判决执行之日起计算</td></tr>
<tr><td>拘役</td><td>期限为 1 个月以上 6 个月以下，数罪并罚时最高不能超过 1 年。如果判决执行前有先行羁押的情况，羁押 1 日折抵刑期 1 日</td></tr>
<tr><td>有期徒刑</td><td>6 个月以上 15 年以下，数罪并罚总刑期不满 35 年的，不超 20 年；超 35 年的，不超 25 年。1 抵 1</td></tr>
<tr><td>无期徒刑</td><td colspan="2">被判处无期徒刑的罪犯在刑罚执行期间，符合减刑条件的，执行二年以上，可以减为有期徒刑</td></tr>
<tr><td>死刑</td><td colspan="2">死刑缓期两年执行：被判处死刑缓期执行的罪犯，如果在二年的缓刑考验期内没有故意犯罪，二年期满以后，减为无期徒刑；如果确有重大立功表现，二年期满以后，减为 15 年以上 20 年以下有期徒刑；如果故意犯罪，查证属实的，由最高人民法院核准，执行死刑</td></tr>
<tr><td rowspan="4">附加刑</td><td>罚金</td><td colspan="2">罚金不能用非法财产</td></tr>
<tr><td>剥夺政治权利</td><td colspan="2">选举权与被选举权；言论、出版、集会、结社、游行、示威自由权利；担任国家机关职务；担任国有公司、企业、事业单位和人民团体领导</td></tr>
<tr><td>没收财产</td><td colspan="2">应对犯罪人及其扶养家属保留必要的生活费用</td></tr>
<tr><td>驱逐出境</td><td colspan="2">适用于外籍人</td></tr>
</table>

1. 概念详解

犯罪主体包括自然人犯罪主体和单位犯罪主体。自然人犯罪主体需要考虑刑事责任年龄和刑事责任能力；单位犯罪主体要注意以下事项：①主体必须是公司、非法人企业、事业单位和机关团体；②犯罪主观方面必须有为本单位谋取非法利益的故意，而不是为个人谋取非法利益，且需经集体或主要负责人作出决定；③明确需要追责单位的，单位才承担责任。

2. 经典习题演练

【单选题】《刑法》规定："法律明文规定为犯罪行为的，依照法律定罪处刑；法律没有明文规定为犯罪行为的，不得定罪处刑。"该表述体现的刑法基本原则是（　　）。

A. 平等适用刑法原则　　B. 罪责刑相当原则

C. 罪刑法定原则　　D. 过罚相当原则

【答案】C

【解析】本题考查罪刑法定原则。该原则包含三个方面的基本内容：一是罪刑法定化，即犯罪和刑罚必须事先由法律作出明文规定；二是罪刑实定化，即对于什么行为是犯罪以及犯罪所产生的具体法律后果，都必须作出实体规定；三是罪刑明确化，即刑法条文必须用清晰的文字明确表达。所以，正确答案是C。

【单选题】在下列涉税犯罪行为中，不能由单位构成犯罪主体的是（　　）。

A. 虚开增值税专用发票罪　　B. 非法出售发票罪

C. 逃避追缴欠税罪　　D. 抗税罪

【答案】D

【解析】本题考查危害税收征管罪的犯罪主体。根据《刑法》第二百零二条规定，以暴力、威胁方法拒不缴纳税款的，处3年以下有期徒刑或者拘役，并处拒缴税款1倍以上5倍以下罚金；情节严重的，处3年以上7年以下有期徒刑，并处拒缴税款1倍以上5倍以下罚金。这是《刑法》关于抗税罪的规定。在危害税收征管罪各项罪名中，唯有抗税罪只能由自然人实施，而不可能由单位构成。因为抗税罪的犯罪特征之一就是行为人以暴力、威胁方法拒不缴纳税款。暴力、威胁的行为只能由自然人实施，故抗税罪的犯罪主体必须是自然人，单位不构成抗税罪主体。抗税罪是危害税收征管罪中唯一只能由自然人构成的罪名。

【单选题】在张某虚开增值税专用发票案中，从办理税务登记，到向税务主管部门领购增值税专用发票，以及虚开增值税专用发票都是以单位名义实施，但其违法所得没有归单位所有，而是绝大部分都被张某用于个人经商和挥霍。法院应认定张某为（　　）。

A. 单位犯罪　　B. 集团犯罪　　C. 自然人犯罪　　D. 共同犯罪

【答案】C

【解析】本题考查自然人犯罪与单位犯罪的区别。根据《最高人民法院关于审理单位犯罪案件具体应用法律有关问题的解释》第三条规定，盗用单位名义实施犯罪，违法所得由实施犯罪的个人私分的，依照刑法有关自然人犯罪的规定定罪处罚。所以正确答案是 C。

【多选题】下列犯罪中，可以由单位构成犯罪主体的有（　　）。

A. 逃税罪　　B. 虚开增值税专用发票罪

C. 骗取出口退税罪　　D. 抗税罪

【答案】ABC

【解析】本题考查危害税收征管罪的主体构成。危害税收征管罪的犯罪主体，既有特殊主体又有一般主体，既包括自然人也包括单位。依据《刑法》规定，除抗税罪外，单位均可以构成其他所有危害税收征管罪的犯罪主体。抗税罪是危害税收征管罪中唯一只能由自然人构成的罪名。

【判断题】对于某公司法定代表人张某用暴力方法拒不缴纳税款致使税务人员轻伤的行为，人民法院应判令张某 1 年有期徒刑，并处 6 个月拘役。（　　）

【答案】错误

【解析】有期徒刑与拘役都是刑罚中的主刑，主刑只能独立适用，不可附加适用。一个罪只能适用一个主刑，不能同时适用两个以上的主刑。

3. 知识扩展

相关罪名的有关规定

类别	罪名	备注
年满 12 周岁不满 14 周岁	故意杀人罪 故意伤害罪	致人死亡或以特别残忍手段致人重伤造成严重残疾，情节恶劣，经最高人民检察院核准追诉
年满 14 周岁不满 16 周岁	故意杀人、故意伤害致人重伤死亡、强奸、抢劫、贩卖毒品、放火、爆炸、投放危险物质罪等 8 类	杀（伤）、爆、强、抢、投、放、毒品
不满 18，审判时怀孕妇女、审判时已满 75 周岁（手段特别残忍致人死亡除外），不适用死刑		

知识点 2：危害税收征管罪、涉嫌危害税收征管犯罪案件的移送

罪名	主体	内容
逃税罪	纳税人 扣缴义务人 （不包括委托代征人）	纳税人：10 万元且占应纳税额 10% 以上，3 年以下或拘役，并处罚金；50 万元（数据巨大）以上且占应纳税额 30% 以上，3—7 年，并处罚金 扣缴义务人：10 万元（没有数额巨大的情形） 不予追究刑事责任情形：5 年内刑罚或二罚除外 注意：①对多次实施，未经处理的，按照累计数额计算；②税务机关的工作人员，如果与逃税人相互勾结，可按逃税罪共犯论处
抗税罪	纳税人 扣缴义务人	单位不能成为犯罪主体；其他主体可以成为本罪的共犯 唯一侵犯税务工作人员人身权利的危害税收征管罪名

续表

罪名	主体	内容
逃避追缴欠税罪	欠税人（自然人和单位）不包括扣缴义务人	主观故意；无法追缴欠税金额**1万**元以上（指的是纳税人转移、隐匿财产导致无法追缴欠税金额，而非纳税人转移或隐匿的财产数额或实际欠税金额） **注意：**税务机关的工作人员，如果与欠税人相互勾结，可按逃避追缴欠税罪共犯论处
骗取出口退税罪	自然人和单位	骗取出口退税款10万元以上；纳税人缴纳税款后，采取假报出口或其他欺骗手段，骗取所缴纳税款，按逃税罪；超过所缴纳部分，按本罪定 先缴后骗＋骗回≤所缴＝逃税罪 先缴后骗＋骗回＞所缴＝逃税罪＋骗取出口退税罪 注意：如果没有证据表明购货方知道销货方提供的专用发票是以非法手段获得的，则对购货方不以骗取出口退税罪论处
虚开增值税专用发票	自然人和单位	虚开税款金额10万元以上或者造成国家税款损失数额5万元以上 包括为他人虚开、为自己虚开、让他人为自己虚开、介绍他人虚开四种情形（单位犯罪的，为双罚制）
虚开发票罪	自然人和单位	①介绍他人虚开的，可成为共犯 ②虚开的是真实的普通发票 **立案标准：** ①虚开发票金额累计50万元以上 ②虚开发票100份以上且票面金额在30万元以上 ③五年内因虚开发票受过刑事处罚或2次以上行政处罚又虚开发票，数额达到第①、第②项标准60%以上
伪造、出售伪造的增值税专用发票罪	自然人和单位	出售既包括伪造后出售，也包括明知是他人伪造的而出售 **立案标准：** ①票面税额累计10万元以上 ②伪造或者出售伪造的增值税专用发票10份以上且票面税额6万元以上 ③非法获利数额在1万元以上
非法出售增值税专用发票罪	自然人和单位	①依法取得真发票后，将发票出售谋利，构成本罪；如出售假发票，则构成出售伪造的增值税专用发票罪 ②纳税人出售已经开具好的增值税专用发票，构成虚开增值税专用发票罪，不构成本罪 ③税务机关发票管理人员徇私舞弊违法发售，构成徇私舞弊发售发票罪而不构成本罪 ④立案标准：票额税额累计10万元以上；非法出售10份以上且票面税额6万元以上；非法获利数额1万元以上
非法购买增值税专用发票或者购买伪造的增值税专用发票罪	自然人和单位	①无权拥有、使用专票的单位和个人以非法手段向税务机关或他人购买专票，或明知是伪造的还购买 ②有权拥有、使用专票的单位和个人不按规定程序和数量向税务机关或他人购买专票，或明知是伪造的还购买 ③立案标准：20份以上且票面税额10万元以上；票面税额20万元以上 ④非法购买真、伪两种增值税专用发票的，数量累计计算，不实行数罪并罚

续表

罪名	主体	内容
非法制造、出售非法制造的用于骗取出口退税、抵扣税款发票罪	自然人和单位	①伪造、擅自制造或者出售伪造、擅自制造的可以用于骗取出口退税、抵扣税款的非增值税专用发票（包括海关代征的增值税专用缴款书、农产品收购发票） ②立案标准：10 份以上且票面税额 6 万元以上；票面可以退税、抵扣税额累计 10 万元以上；非法获利数额 1 万元以上
非法制造、出售非法制造的发票罪	自然人和单位	①行为人非法制造或出售非法制造的不具有骗取出口退税、抵扣税款功能的普通发票 ②立案标准：100 份以上且票面金额累计 30 万元以上；票面金额累计 50 万元以上；非法获利数额 1 万元以上
非法出售用于骗取出口退税、抵扣税款发票罪	自然人和单位	①所指发票不包括专票，主要包括运输发票、废旧物资收购发票等普通发票 ②填开后出售的，以虚开出口退税发票、抵扣税款发票罪论，不构成本罪 ③税务干部徇私舞弊发售此类发票，按徇私舞弊发票发票罪，不构成本罪 ④立案标准：10 份以上且票面税额 6 万元以上；票面可以退税、抵扣税额累计 10 万元以上；非法获利数额 1 万元以上
非法出售发票罪	自然人和单位	①本罪发票指真发票，出售假发票按出售非法制造的发票罪论处 ②立案标准：100 份以上且票面金额累计 30 万元以上；票面金额累计 50 万元以上；非法获利数额 1 万元以上
持有伪造的发票罪	自然人和单位	①发票包括专用发票、普通发票以及用于骗取出口退税、抵扣税款的其他发票 ②立案标准 能抵扣的 ①50 份以上且票面税额累计 25 万元以上 ②票面税额累计 50 万元以上 不能抵扣的 ①100 份以上且票额金额 50 万元以上 ②票面金额累计 100 万元以上

涉嫌危害税收征管犯罪案件移送

流程	内容
成立专案组	2 名或 2 名以上组成专案组报经本机关正职负责人或主持工作负责人审批（不是指定专人）
移送报审	负责人 3 日内作出是否批准移送；批准则 24 小时内移交同级公安机关
立案交接	公安机关立案，自接到立案通知书后 3 日内移交案件相关资料，并办结交接手续（不管是否立案，都要书面告知税务机关）
不立案管理	对不予立案有意见，自接到不予立案通知书后 3 日内提请作出不予立案决定的公安机关复议或建议检察院立案监督
注意：以上“3 日”非 3 个工作日	

1. 概念详解

《税收征管法》第六十三条规定了偷税行为：纳税人伪造、变造、隐匿、擅自销毁账簿、记账凭证，或者在账簿上多列支出或者不列、少列收入，或者经税务机关通知申报而拒不申报或者进行虚假的纳税申报，不缴或者少缴应纳税款的，是偷税。对纳税人偷税的，由税务机关追缴其不缴或者少缴的税款、滞纳金，并处不缴或者少缴的税款百分之五十以上五倍以下的罚款；构成犯罪的，依法追究刑事责任。

《刑法修正案（七）》第三条将原来的偷税罪改为逃税罪，罪名的改变，准确地定性了该罪的本质特征。

2. 经典习题演练

【单选题】抗税罪的犯罪主体是（　　）。

A. 纳税人且是法人　　B. 其他组织

C. 一般主体　　D. 自然人

【答案】D

【解析】本题考查抗税罪的犯罪主体。不是任何主体都可构成抗税罪，抗税罪的犯罪主体是特殊主体，只能是自然人。

【单选题】根据《刑法》及其司法解释的规定，下列说法正确的是（　　）。

A. 行为人构成抗税罪不仅要求对税务机关和税务人员实施了暴力、威胁的抗拒行为，而且不缴纳税款还要达到一定的数额

B. 不负有纳税义务、扣缴义务的单位和个人不能独立构成逃税罪的主体

C. 逃避追缴欠税罪的主观方面是故意或者过失

D. 骗取出口退税罪的法定最高刑是死刑

【答案】B

【解析】本题考核危害税收征管罪的犯罪构成。逃税罪的主体是特定主体，必须是纳税人或扣缴义务人。因此，不负有纳税义务、扣缴义务的单位和个人，不能独立构成逃税罪的主体，但可以构成逃税罪的共犯。抗税罪在客观方面表现为以暴力、威胁方法拒不缴纳税款的行为，没有数额和比例限制。逃避追缴欠税罪的主观方面必须是故意，且具有逃避缴纳应纳税款的目的，过失不构成逃避追缴欠税罪。骗取出口退税罪的法定最高刑是无期徒刑，而非死刑。所以正确答案是B。

【单选题】税务局局长应当自接到移送涉嫌犯罪案件的报告之日起一定期限内作出是否批准移送涉嫌犯罪案件的决定，该期限是（　　）。

A. 1日内　　B. 3日内　　C. 5日内　　D. 10日内

【答案】B

【解析】本题考查税务机关负责人对涉嫌犯罪案件作是否移送决定的时间限制。依据《行政执法机关移送涉嫌犯罪案件的规定》第五条第二款规定，行政执法机关正职负责人或者主持工作的负责人应当自接到报告之日起3日内作出批准移送或者不批准移送的决定。

【多选题】逃税罪在客观方面的表现包括（　　）。

A. 不履行纳税申报义务　　B. 利用税收的漏洞，规避纳税义务

C. 过失未缴纳税款　　D. 进行虚假的纳税申报

【答案】AD

【解析】本题考查逃税罪。本题中，B 选项属于避税行为，C 选项属于漏税行为。

【多选题】下列关于逃税罪的说法中，正确的有（　　）。

A. 因不了解税法和有关税收政策造成未缴或少缴应纳税款的，构成逃税罪

B. 对多次有逃税行为未经处理的，按照累计的数额计算

C. 只要符合逃税罪构成的，就要追究刑事责任

D. 扣缴义务人可以成为逃税罪的主体

【答案】BD

【解析】本题考核逃税罪。因不了解税法和有关税收政策规定，或者业务不熟、使用公式错误等原因造成未缴或少缴应纳税款的，由于其主观上没有逃避缴纳应纳税款获取非法利益的故意，因此不能构成逃税罪。A 选项错误。根据《刑法修正案（七）》第三条第四款规定，有逃税行为，经税务机关依法下达追缴通知后，补缴应纳税款，缴纳滞纳金，已受行政处罚的，不予追究刑事责任；但是，5 年内因逃避缴纳税款受过刑事处罚或者被税务机关给予 2 次以上行政处罚的除外。C 选项错误。

【多选题】对涉及增值税专用发票的犯罪案件，下列处理正确的有（　　）。

A. 非法购买增值税专用发票的，按非法购买增值税专用发票罪定罪处罚

B. 非法购买增值税专用发票后又虚开的，按非法购买增值税专用发票罪和虚开增值税专用发票罪并罚

C. 非法购买增值税专用发票后又出售的，按非法出售增值税专用发票罪定罪处罚

D. 非法购买伪造的增值税专用发票后又出售的，按出售伪造的增值税专用发票罪定罪处罚

【答案】ACD

【解析】本题考查涉及增值税专用发票的犯罪。如果行为人非法购买增值税专用发票或者购买伪造的增值税专用发票又虚开或者出售的，则不再定前罪，而应当按照虚开增值税专用发票罪、出售伪造的增值税专用发票罪、非法出售增值税专用发票罪定罪处罚。B 选项错误。

【判断题】某市稽查局欲将甲公司虚开增值税专用发票的案件依法移送公安机关，移送之前需经市稽查局长批准。（　　）

【答案】错误

【解析】某市稽查局欲将甲公司虚开增值税专用发票的案件依法移送公安机关，移送之前应经市税务局局长批准。

【判断题】实施骗取出口退税犯罪，同时构成虚开增值税专用发票罪等其他犯罪的，属于牵连犯，从一重罪处罚。（　　）

【答案】正确

【解析】实施骗取出口退税犯罪，同时构成虚开增值税专用发票罪等其他犯罪的不属于数罪并罚的范畴，应当从一重罪处罚。

【判断题】虚开增值税专用发票的手段主要有为他人虚开、为自己虚开、让他人为自己虚开和介绍他人虚开，行为人实施其中一种行为即可构成虚开增值税专用发票罪。（　　）

【答案】正确

【解析】虚开增值税专用发票的行为主要表现为为他人虚开、为自己虚开、让他人为自己虚开和介绍他人虚开，行为人只要实施其中一种行为即可构成虚开增值税专用发票罪。

【判断题】具有移送涉嫌犯罪案件审批权的负责人，应当自接到移送涉嫌犯罪案件的书面报告之日起1日内作出批准移送或者不批准移送的决定。（　　）

【答案】错误

【解析】根据《行政执法机关移送涉嫌犯罪案件的规定》，行政执法机关正职负责人或者主持工作的负责人应当自接到报告之日起3日内作出批准移送或者不批准移送的决定。决定批准的，应当在24小时内向同级公安机关移送；决定不批准的，应当将不予批准的理由记录在案。

3. 知识扩展

《最高人民法院 最高人民检察院关于办理危害税收征管刑事案件适用法律若干问题的解释》（法释〔2024〕4号）关于逃税罪（《刑法》第二百零一条）的具体规定：

（1）明确了逃税罪“欺骗、隐瞒手段”的具体情形（同时增加了兜底条款）：

①伪造、变造、转移、隐匿、擅自销毁账簿、记账凭证或者其他涉税资料的；

②以签订“阴阳合同”等形式隐匿或者以他人名义分解收入、财产的；

③虚列支出、虚抵进项税额或者虚报专项附加扣除的；

④提供虚假材料，骗取税收优惠的；

⑤编造虚假计税依据的；

⑥为不缴、少缴税款而采取的其他欺骗、隐瞒手段。

（2）明确了逃税罪“不申报”的具体情形（同时增加了兜底条款）：

①依法在登记机关办理设立登记的纳税人，发生应税行为而不申报纳税的；

②依法不需要在登记机关办理设立登记或者未依法办理设立登记的纳税人，发生应税行为，经税务机关依法通知其申报而不申报纳税的；

③其他明知应当依法申报纳税而不申报纳税的。

（3）明确了逃税罪的“数额较大”“数额巨大”：

纳税人逃避缴纳税款十万元以上、五十万元以上的，应当分别认定为《刑法》第二百零一条第一款规定的“数额较大”“数额巨大。

（4）纳税人有《刑法》第二百零一条第一款规定的逃避缴纳税款行为，在公安机关立案前，经税务机关依法下达追缴通知后，在规定的期限或者批准延缓、分期缴纳的期限内足额补缴应纳税款，缴纳滞纳金，并全部履行税务机关作出的行政处罚决定的，不予追究刑事责任。但是，五年内因逃避缴纳税款受过刑事处罚或者被税务机关给予二次以上行政处罚的除外。

（5）《刑法》第二百零一条第一款规定的"逃避缴纳税款数额"，是指在确定的纳税期间，不缴或者少缴税务机关负责征收的各税种税款的总额。

《刑法》第二百零一条第一款规定的"应纳税额"，是指应税行为发生年度内依照税收法律、行政法规规定应当缴纳的税额，不包括海关代征的增值税、关税等及纳税人依法预缴的税额。

《刑法》第二百零一条第一款规定的"逃避缴纳税款数额占应纳税额的百分比"，是指行为人在一个纳税年度中的各税种逃税总额与该纳税年度应纳税总额的比例；不按纳税年度确定纳税期的，按照最后一次逃税行为发生之日前一年中各税种逃税总额与该年应纳税总额的比例确定。纳税义务存续期间不足一个纳税年度的，按照各税种逃税总额与实际发生纳税义务期间应纳税总额的比例确定。

逃税行为跨越若干个纳税年度，只要其中一个纳税年度的逃税数额及百分比达到《刑法》第二百零一条第一款规定的标准，即构成逃税罪。各纳税年度的逃税数额应当累计计算，逃税额占应纳税额百分比应当按照各逃税年度百分比的最高值确定。

《刑法》第二百零一条第三款规定的"未经处理"，包括未经行政处理和刑事处理。

章节练习

一、单选题

1. 按照刑法规定，管制的最长期限为（　　）年。

A. 1　　B. 2　　C. 3　　D. 5

【答案】 C

【解析】 按照刑法规定，管制的期限为 3 个月以上 2 年以下，最长不得超过 3 年。

2. 下列罪名中，犯罪主体为行政执法人员的是（　　）。

A. 滥用职权罪　　B. 玩忽职守罪

C. 徇私舞弊不征、少征税款罪　　D. 徇私舞弊不移交刑事案件罪

【答案】 D

【解析】 滥用职权罪、玩忽职守罪的犯罪主体为国家机关工作人员，徇私舞弊不征、少征税款罪的犯罪主体为税务机关工作人员。

3. 下列关于危害税收征管犯罪的说法，错误的是（　　）。

A. 虚开增值税专用发票违法要件是虚开税款金额 5 万元以上

B. 介绍他人虚开的，可以成为虚开发票罪的共犯

C. 抗税罪是唯一侵犯税务工作人员人身权利的危害税收征管罪名

D. 逃避追缴欠税罪的犯罪主体包括扣缴义务人

【答案】D

【解析】逃避追缴欠税罪的犯罪主体为欠税人（包括自然人和单位），不包括扣缴义务人。

4. 某税务人员由于工作严重不负责任，对于一起本该移送追究刑事责任的案件未予移送，导致相关纳税人逃走并转移财产，所欠税款300余万元无法追回，该税务人员可能涉嫌（　　）。

A. 玩忽职守罪　　B. 滥用职权罪

C. 徇私舞弊不征、少征税款罪　　D. 徇私舞弊不移交刑事案件罪

【答案】A

【解析】国家机关工作人员严重不负责任，不履行或不认真履行法定职责，致使公共财产、国家和人民利益遭受重大损失的，构成玩忽职守罪。

5. 某个体工商户李某为达到不缴纳税款的目的，用尖刀威胁前来催缴税款的税务干部张某、王某，混乱中将张某刺成重伤。对于李某的行为，涉嫌构成（　　）。

A. 抗税罪　　B. 逃税罪　　C. 故意杀人罪　　D. 故意伤害罪

【答案】D

【解析】本题考查抗税罪与其他犯罪的界限。抗税的行为人使用暴力方法拒不缴纳税款，因暴力方法而故意造成税务人员重伤，同时构成了抗税罪和故意伤害罪，属于一个行为触犯数个罪名，符合想象竞合犯的行为特征，应按照刑罚较重的罪名定罪处罚。

6. 某公司财务主管人员张某在向税务机关缴纳10万元税款后，采取伪造报关单等手段，骗取国家出口退税15万元，按照我国《刑法》规定，张某构成（　　）。

A. 逃避追缴欠税罪　　B. 骗取出口退税罪

C. 逃税罪　　D. 骗取出口退税罪和逃税罪

【答案】D

【解析】本题考查骗取出口退税罪与逃税罪的认定。对纳税人实施假报出口或者其他欺骗手段骗取出口退税的应当分情况定罪处罚。纳税人缴纳税款后，采取上述欺骗方法，骗取所缴税款的，按逃税罪定罪处罚；骗取税款超过所缴纳的税款部分，对超过部分以骗取出口退税罪论处。

7. 根据《刑法》及其司法解释的规定，下列说法正确的是（　　）。

A. 行为人构成抗税罪不仅要求对税务机关和税务人员实施了暴力、威胁的抗拒行为，而且不缴纳税款还要达到一定的数额

B. 不负有纳税义务、扣缴义务的单位和个人不能独立构成逃税罪的主体

C. 逃避追缴欠税罪的主观方面是故意或者过失

D. 骗取出口退税罪的法定最高刑是死刑

【答案】B

【解析】本题考核危害税收征管罪的犯罪构成。逃税罪的主体是特定主体，必须是

纳税人或扣缴义务人。因此，不负有纳税义务、扣缴义务的单位和个人，不能独立构成逃税罪的主体，但可以构成逃税罪的共犯。抗税罪在客观方面表现为以暴力、威胁方法拒不缴纳税款的行为，没有数额和比例限制。逃避追缴欠税罪的主观方面必须是故意，且具有逃避缴纳应纳税款的目的，过失不构成逃避追缴欠税罪。骗取出口退税罪的法定最高刑是无期徒刑，而非死刑。所以正确答案是B。

8. 税收违法行为涉嫌犯罪的，稽查局依法移送公安机关之前需经（　　）局长批准。

A. 稽查局　　B. 所属税务局

C. 省级税务局　　D. 基层税务分局

【答案】B

【解析】本题考查涉嫌犯罪案件移送的审批权。根据规定，税收违法行为涉嫌犯罪的，填制涉嫌犯罪案件移送书，经税务局局长批准后，依法移送公安机关。在案件移送过程中，基层税务分局局长和稽查局局长无权行使审批权限。这里的所属税务局局长，根据稽查局级别的不同，可能是县级税务局，地市级税务局还有省级税务局。所以正确答案是B选项。

9. 骗取出口退税罪的追诉标准为，国家税款被骗数额达（　　）。

A. 1万元　　B. 10万元　　C. 5万元　　D. 5000元

【答案】B

【解析】本题考查骗取出口退税罪的追诉标准。根据《最高人民检察院 公安部关于公安机关管辖的刑事案件立案追诉标准的规定（二）》第五十五条，将立案追诉标准定为骗取国家出口退税款10万元以上。

10. 甲公司逃避缴纳税款数额20万元并且占应纳税额的12%，应（　　）。

A. 处3年以下有期徒刑或者拘役，并处罚金

B. 处3年以下有期徒刑或者拘役，可处罚金

C. 处3年以上7年以下有期徒刑，并处罚金

D. 处3年以上7年以下有期徒刑，可处罚金

【答案】A

【解析】本题考查逃税罪的量刑。（1）逃税罪有两档刑事责任；一是逃避缴纳税款数额较大并且占应纳税额10%以上的，处3年以下有期徒刑或者拘役，并处罚金；二是数额巨大并且占应纳税额30%以上的，处3年以上7年以下有期徒刑，并处罚金。（2）本题中甲公司逃避缴纳税款数额20万元并且占应纳税额的12%，符合“处3年以下有期徒刑或者拘役，并处罚金”的情形。

二、多选题

1. 下列属于年满14周岁不满16周岁需承担刑事责任的罪名有（　　）。

A. 故意伤害罪　　B. 抢劫罪

C. 危害公共安全罪　　D. 投放危险物质罪

【答案】BD

【解析】A 选项，故意伤害致人重伤死亡的，才需承担刑事责任。年满 14 周岁不满 16 周岁需承担刑事责任的罪名包括：故意杀人、故意伤害致人重伤死亡、强奸、抢劫、贩卖毒品、放火、爆炸、投放危险物质罪等 8 类。

2. 下列属于刑罚中的附加刑的有（　　）。

A. 罚金　　B. 剥夺政治权利

C. 没收财产　　D. 驱逐出境

【答案】ABCD

【解析】附加刑主要包括：罚金、剥夺政治权利、没收财产、驱逐出境

3. 下列属于危害税收征管犯罪的有（　　）。

A. 逃税罪　　B. 逃避追缴欠税罪

C. 帮助犯罪分子逃避处罚罪　　D. 骗取出口退税罪

【答案】ABD

【解析】C 选项属于税收职务犯罪。

4. 在下列罪名中，必须以增值税专用发票或者伪造的增值税专用发票为犯罪对象的有（　　）。

A. 伪造、出售伪造的增值税专用发票罪

B. 非法出售用于骗取出口退税、抵扣税款发票罪

C. 非法购买增值税专用发票或者购买伪造的增值税专用发票罪

D. 非法制造、出售非法制造的发票罪

【答案】AC

【解析】本题考查危害税收征管罪相关规定。非法出售用于骗取出口退税、抵扣税款发票罪犯罪对象为非增值税专用发票。非法制造、出售非法制造的发票罪犯罪对象为增值税普通发票，B、D 选项错误。

5. 下列关于逃避追缴欠税罪的表述，错误的是（　　）。

A. 本罪犯罪主体是特殊主体，即纳税人和扣缴义务人

B. 本罪犯罪主体既可以由自然人构成，也可以由单位构成

C. 客观方面为欠税人采取转移或者隐匿财产的手段，致使税务机关无法追缴到欠缴的税款，数额较大

D. 数额较大是指税务机关无法追缴的税款数额达 5 万元以上

【答案】AD

【解析】本题考查逃避追缴欠税罪的构成要件。（1）逃避追缴欠税罪的犯罪主体是特殊主体，即纳税人中的欠税人，包括自然人和单位。由此，B 选项正确，A 选项错误。（2）本罪客观方面表现为纳税人欠缴应纳税款，采取转移或者隐匿财产的手段，致使税务机关无法追缴到欠缴的税款，数额较大的行为。数额较大的标准是税务机关无法追缴的税款数额达 1 万元以上，而不是 5 万元以上。所以 C 选项正确，D 选项表述错

误。所以正确答案为 A、D 两项。

6. 下列情形涉嫌构成逃税罪的有（　　）。

A. 纳税人不缴少缴税款达到 5 万元以上

B. 纳税人不缴少缴税款达到 10 万元以上并且占应纳税额的比例为 10% 以上

C. 扣缴义务人不缴少缴已解缴的税款达 10 万元以上

D. 扣缴义务人不缴少缴已解缴的税款达 10 万元以上并且占应解缴税额的比例为 8%

【答案】BCD

【解析】本题考查逃税罪的犯罪标准。构成根据《最高人民检察院 公安部关于公安机关管辖的刑事案件立案追诉标准的规定（二）》逃税罪的立案标准为，纳税人不缴少缴税款达到 10 万元以上并且占应纳税额的比例为 10% 以上。扣缴义务人构成此罪，只要达到 10 万元数额标准即可，没有比例的限制。

7. 下列关于违反发票管理的犯罪，说法正确的有（　　）。

A. 虚开增值税专用发票虚开税款数额为 1 万元即可构成犯罪

B. 明知是伪造的发票而大量持有涉嫌构成持有伪造的发票罪

C. 非法出售增值税专用发票罪涉及的发票必须为真票

D. 非法出售普通发票 80 份且票面额累计为 60 万元时不构成犯罪

【答案】BC

【解析】本题考查违反发票管理的犯罪。(1) 虚开增值税专用发票，虚开税款数额达 10 万元方可立案追诉，所以 A 选项错误。(2)《最高人民检察院 公安部关于公安机关管辖的刑事案件立案追诉标准的规定（二）》第六十四条规定：〔非法出售发票案（刑法第二百零九条第四款）〕非法出售增值税专用发票、用于骗取出口退税、抵扣税款的其他发票以外的发票，涉嫌下列情形之一的，应予立案追诉：①非法出售增值税专用发票、用于骗取出口退税、抵扣税款的其他发票以外的发票一百份以上且票面金额累计在三十万元以上的；②票面金额累计在五十万元以上的；③非法获利数额在一万元以上的。所以 D 选项也错误。B、C 选项表述正确。

8. 以暴力、威胁方法拒不缴纳税款，具有下列什么情形，应当认定为《刑法》第二百零二条规定抗税罪的“情节严重”（　　）。

A. 聚众抗税的首要分子

B. 故意伤害致人轻伤的

C. 其他情节严重的情形

D. 故意伤害致人死亡

【答案】ABC

【解析】根据最新法释〔2024〕4 号第五条规定：以暴力、威胁方法拒不缴纳税款，具有下列情形之一的，应当认定为《刑法》第二百零二条规定的“情节严重”：（一）聚众抗税的首要分子；（二）故意伤害致人轻伤的；（三）其他情节严重的情形。实施抗税行为致人重伤、死亡，符合《刑法》第二百三十四条或者第二百三十二条规定的，以故意伤害罪或者故意杀人罪定罪处罚。

9. 税务机关移送逃税案件，应当移送给公安机关的资料有（　　）。

A.《涉嫌犯罪案件移送书》 B. 涉嫌犯罪案件情况的调查报告
C. 涉嫌犯罪的主要证据材料复制件 D. 其他有关涉嫌犯罪的材料

【答案】ABCD

【解析】本题考查涉税案件移送的资料。《税务稽查案件办理程序规定》第四十八条规定，税收违法行为涉嫌犯罪的，填制《涉嫌犯罪案件移送书》，经税务局局长批准后，依法移送公安机关，并附送涉嫌犯罪案件情况的调查报告，涉嫌犯罪的主要证据材料复制件和其他有关涉嫌犯罪的材料等资料。

10. 公安机关接受税务机关移送的涉嫌犯罪案件后，正确的处理方法有（ ）。

A. 自接受税务机关移送的涉嫌犯罪案件之日起 3 日内进行审查

B. 自接受税务机关移送的涉嫌犯罪案件之日起 7 日内进行审查

C. 认为有犯罪事实，需要追究刑事责任，依法决定立案

D. 认为没有犯罪事实，或者犯罪事实显著轻微，不需要追究刑事责任，依法不予立案

【答案】ACD

【解析】公安机关应当自接受行政执法机关移送的涉嫌犯罪案件之日起 3 日内进行审查。认为有犯罪事实，需要追究刑事责任，依法决定立案的，应当书面通知移送案件的行政执法机关；认为没有犯罪事实，或者犯罪事实显著轻微，不需要追究刑事责任，依法不予立案的，应当说明理由，并书面通知移送案件的行政执法机关，相应退回案卷材料。故 A、C、D 选项正确。

三、判断题

1. 过失行为也可能会导致欠税人犯逃避追缴欠税罪。（ ）

【答案】错误

【解析】逃避追缴欠税罪在主观方面表现为故意，并且具有逃避缴纳应缴税款而非法获利的目的。

2. 具有移送涉嫌犯罪案件审批权的负责人，应当自接到移送涉嫌犯罪案件的书面报告之日起 1 日内作出批准移送或者不批准移送的决定。（ ）

【答案】错误

【解析】根据《行政执法机关移送涉嫌犯罪案件的规定》，行政执法机关正职负责人或者主持工作的负责人应当自接到报告之日起 3 日内作出批准移送或者不批准移送的决定。决定批准的，应当在 24 小时内向同级公安机关移送；决定不批准的，应当将不予批准的理由记录在案。

3. 虚开增值税专用发票的手段主要有为他人虚开、为自己虚开、让他人为自己虚开和介绍他人虚开，行为人实施其中一种行为即可构成虚开增值税专用发票罪。（ ）

【答案】正确

【解析】虚开增值税专用发票的行为主要表现为为他人虚开、为自己虚开、让他人为自己虚开和介绍他人虚开，行为人只要实施其中一种行为即可构成虚开增值税专用发

票罪。

4. 对于公安机关决定不予立案的案件，税务机关无权再实施行政处罚。（ ）

【答案】错误

【解析】本题考查行刑衔接的规定。对公安机关决定不予立案的案件，应当依法作出处理。其中，依照有关法律、法规或者规章的规定应当给予行政处罚的，行政机关应当依法实施行政处罚。

5. “法无明文规定不为罪，法无明文规定不处罚”，这是刑法的罪责刑相当原则的具体体现。（ ）

【答案】错误

【解析】“法无明文规定不为罪，法无明文规定不处罚”是刑法的罪刑法定原则的具体体现。

6. 对于某公司法定代表人张某用暴力方法拒不缴纳税款致使税务人员轻伤的行为，人民法院应判令张某 1 年有期徒刑，并处 6 个月拘役。（ ）

【答案】错误

【解析】有期徒刑与拘役都是刑罚中的主刑，主刑只能独立适用，不可附加适用。一个罪只能适用一个主刑，不能同时适用两个以上的主刑。

7. 罚款是人民法院判处犯罪人向国家缴纳一定数额金钱的刑罚方法。（ ）

【答案】错误

【解析】罚金是人民法院判处犯罪人向国家缴纳一定数额金钱的刑罚方法。

8. 抗税罪的犯罪客体不仅包括税收征收管理制度，也包括税务执法人员的人身权。（ ）

【答案】正确

【解析】犯罪客体是指为《刑法》所保护而被犯罪活动侵犯的社会关系。抗税罪不仅侵害了国家的税收管理制度，而且给税务执法人员造成了人身伤害。

9. 没收财产是既包括没收犯罪分子的个人所有财产的一部分或全部，也包括没收犯罪分子家属所有或者应有的财产。（ ）

【答案】错误

【解析】没收财产属于刑罚的一种，没收的只能是属于犯罪分子本人所有的财产，包括犯罪分子本人所有的财物及其在与他人共有财产中依法应有的份额，但不包括没收犯罪分子家属所有或者应有的财产。

10. 实施骗取出口退税犯罪，同时构成虚开增值税专用发票罪等其他犯罪的，属于牵连犯，从一重罪处罚。（ ）

【答案】正确

【解析】实施骗取出口退税犯罪，同时构成虚开增值税专用发票罪等其他犯罪的不属于数罪并罚的范畴，应当从一重罪处罚。

第九章 《民法典》

本章主要掌握内容：《民法典》基本内容、《民法典》与税务工作。

知识点1：《民法典》基本内容

《民法典》总则

基本内容	具体内容
基本原则	民事权益受法律保护原则（中心任务）、平等原则、自愿原则、公平原则、诚信原则、合法原则、公序良俗原则、绿色原则
民事法律关系主体与客体	主体：自然人（8周岁、18周岁）、法人和非法人组织，包括国家 客体：民事权利和民事义务所指向的对象
民事义务	**法定义务与约定义务：**法律法规规定；协商确定（合同） **基本义务与附随义务：**主要义务；强行性义务 注意：附随义务不能独立存在
民事法律行为	**有效民事法律行为** **无效民事法律行为：**①无民事行为能力人实施的；②恶意串通；③虚假行为；④违反强制性规定；⑤违背公序良俗 **可撤销民事法律行为：**①重大误解；②欺诈；③胁迫；④显失公平 **效力待定民事法律行为：**限制民事行为能力人实施的行为（纯获利益或与其年龄、智力、精神健康状况相适应的有效）；欠缺代理权的代理行为 **附条件和附期限民事法律行为**

民事责任

基本内容	具体内容
民事责任类型	违约责任与侵权责任 连带责任与按份责任
民事责任承担方式	停止侵害、排除妨碍、消除危险、惩罚性赔偿等 承担民事责任的方式，可以单独适用，也可以合并适用
不需承担民事责任情形	①不可抗力 ②正当防卫 ③紧急避险，由引起险情发生的人承担民事责任。危险由自然原因引起的，紧急避险人不承担责任 ④因自愿实施紧急救助行为造成受助人损害的，救助人不承担民事责任
特殊情形	侵害英雄烈士等的姓名、肖像、名誉、荣誉，损害社会公共利益的，应当承担民事责任
诉讼时效	一般为3年 最长诉讼时效为20年

《民法典》分编

基本内容	具体内容
物权编	**所有权**：最完整、最充分的物权，具有排他性，又称为绝对权 **用益物权**：土地承包经营权、建设用地使用权、宅基地使用权、居住权等 **担保物权**：抵押权、质权、留置权 **物权变动**：动产——交付生效（船舶、航空器、机动车等未经登记，不得对抗善意第三人）；不动产——登记生效（物权变动采公示原则和公信原则）
合同编	**债**：债的客体为特定的给付行为，属于一种请求权 **合同**：包括要约和承诺两个程序（拍卖公告、招标公告、招股说明书、债券募集办法、基金招募说明书、商业广告和宣传、寄送的价目表等为要约邀请） **合同的代位权与撤销权**：以诉讼的方式行使 **无因管理：可以请求受益人支付必要费用或者给予适当补偿** **不当得利：受损失的人可以请求得利人返还取得的利益**
人格编	生命权（最基本的人格权）、姓名权、肖像权、隐私权和个人信息安全 不需经肖像权人同意可合理实施的行为：①个人学习、艺术欣赏、课堂教学或者科学研究；②新闻报道；③国家机关依法履行职责
婚姻家庭编	**近亲属**：配偶、父母、子女、兄弟姐妹、祖父母、外祖父母、孙子女、外孙子女 **结婚**：男22周岁，女20周岁；无直系血亲或三代以内旁系血亲 **无效婚姻**：重婚、有禁止结婚的亲属关系、未到法定婚龄 **可撤销婚姻**：胁迫结婚；一方有重大疾病在结婚登记前未如实告知 **共同债务**：共同签名或另一方事后追认；夫妻一方在婚姻期间以个人名义为家庭日常生活需要所负的债务
继承编	**法定继承**：第一顺序——配偶、子女、父母；第二顺序——兄弟姐妹、祖父母，外祖父母 **遗嘱继承**：自书、代书、打印、录音录像、公证、口头遗嘱（继承人只能是法定继承人）；合法订立的遗嘱在遗嘱人死亡时生效 **遗赠**：遗嘱赠予国家、集体或法定继承人以外的组织、个人（单方行为） **遗赠扶养协议**：对象是法定继承人以外的其他公民或集体所有制组织（双方行为）
侵权责任编	过错责任；过错推定责任；无过错责任；公平责任 **过错推定责任**：患者诊疗活动中受到损害，有以下情形的，推定有过错：违反规定；隐匿或者拒绝提供与纠纷有关的病历资料；遗失、伪造、篡改或者违法销毁病历资料 **无过错责任**：监护人责任、用人者责任、环境污染和生态破坏、高度危险责任、饲养动物损害责任等

知识点2：《民法典》与税收工作

基本内容	具体内容
联系	《民法典》是税务行政行为的基础性规范
差异	两者属于相互独立的法律体系 税费法律征纳双方意思自治空间有限，民法以意思自治为原则
规范作用	①对征税对象的规范 ②对征税范围的规范（地役权取得收入征收范围） ③对优惠享受的规范 ④对执法行为的规范 ⑤对征管制度的规范（房产交易中第三人代为履行税费缴纳义务） ⑥对监管制度的规范（保护个人隐私） ⑦对税收保障制度的规范（代位权、撤销权）

1. 概念详解

《民法典》跟税收管理结合紧密的包括代位权、撤销权、纳税担保、行政强制（查封、扣押、拍卖、变卖等涉及物权的行政行为）等，尤其是关于代位权和撤销权，《民法典》作出了更加具体的规定，主要体现在第五百三十五条至第五百四十二条（第五章 合同的保全）。

2. 经典习题演练

【单选题】杨某因走失两年后，被其父母向人民法院申请宣告为失踪人，其财产由父母担任财产代管人进行管理。因杨某在失踪前取得一笔劳务报酬所得而未申报缴纳个人所得税，在系统中形成了欠税和滞纳金，下列处理方式正确的是（　　）。

A. 因纳税人已经失踪，主管税务机关不再过问

B. 虽然纳税人已经失踪，但应当由杨某的父母从自己的存款中支付欠税及滞纳金

C. 虽然纳税人已经失踪，但应当由杨某的父母从杨某的存款中支付欠税及滞纳金

D. 虽然纳税人已经失踪，但可以向杨某的兄弟姐妹追缴欠税及滞纳金

【答案】C

【解析】根据《民法典》第四十三条规定，财产代管人应当妥善管理失踪人的财产，维护其财产权益。失踪人所欠税款、债务和应付的其他费用，由财产代管人从失踪人的财产中支付。财产代管人因故意或者重大过失造成失踪人财产损失的，应当承担赔偿责任。故C选项正确。

【单选题】下列法律原则中，属于《民法典》基本原则的是（　　）。

A. 公信原则　　B. 公序良俗原则

C. 等价有偿原则　　D. 公示原则

【答案】B

【解析】《民法典》的基本原则包括民事权益受法律保护原则、平等原则、自愿原则、公平原则、诚信原则、合法和公序良俗原则、绿色原则。故B选项正确。

【单选题】《民法典》规定了承担民事责任的方式，其中不包括（　　）。

A. 赔礼道歉　　B. 消除危险

C. 吊销许可证件　　D. 支付违约金

【答案】C

【解析】《民法典》第一百七十九条规定，承担民事责任的方式主要有：停止侵害；排除妨碍；消除危险；返还财产；恢复原状；修理、重作、更换；继续履行；赔偿损失；支付违约金；消除影响、恢复名誉；赔礼道歉。法律规定惩罚性赔偿的，依照其规定。C选项属于行政处罚。故C选项正确。

【多选题】下列选项中，属于民事权利行使原则的有（　　）。

A. 自愿原则　　B. 义务必须履行原则

C. 禁止权利滥用原则　　D. 契约自由原则

【答案】ABC

【解析】根据《民法典》第一百三十条规定，民事主体按照自己的意愿依法行使民事权利，不受干涉。第一百三十一条规定，民事主体行使权利时，应当履行法律规定的和当事人约定的义务。根据《民法典》第一百三十二条规定，民事主体不得滥用民事权利损害国家利益、社会公共利益或者他人合法权益。故本题 A、B、C 选项正确。

【判断题】2020 年 5 月 28 日，第十三届全国人民代表大会第三次会议通过《中华人民共和国民法典》，自 2021 年 1 月 1 日起施行。（　）

【答案】正确

【解析】2020 年 5 月 28 日，第十三届全国人民代表大会第三次会议通过《中华人民共和国民法典》，自 2021 年 1 月 1 日起施行。

【判断题】民法调整平等主体的公民、法人和非法人组织之间的人身关系和财产关系。（　）

【答案】错误

【解析】《民法典》第二条明确规定，民法调整平等主体的自然人、法人和非法人组织之间的人身关系和财产关系。

3. 知识扩展

《中华人民共和国民法典》是新中国第一部以法典命名的法律，开创了我国法典编纂立法的先河，具有里程碑意义，被称为“社会生活的百科全书”，在法律体系中居于基础性地位，也是市场经济的基本法。它共 7 编、1260 条，各编依次为总则、物权、合同、人格权、婚姻家庭、继承、侵权责任和附则，自 2021 年 1 月 1 日起施行。《民法典》通过对我国现行的民事法律制度规范进行系统整合、编订纂修，形成了一部适应新时代中国特色社会主义发展要求，符合我国国情和实际，体例科学、结构严谨、规范合理、内容完整并协调一致的法典。

《民法典》在中国特色社会主义法律体系中具有重要地位，是一部固根本、稳预期、利长远的基础性法律，对推进全面依法治国、加快建设社会主义法治国家，对发展社会主义市场经济、巩固社会主义基本经济制度，对坚持以人民为中心的发展思想、依法维护人民权益、推动我国人权事业发展，对推进国家治理体系和治理能力现代化都具有重大意义。

章节练习

一、单选题

1. 《民法典》新规定的一项用益物权是（　）。

A. 土地承包经营权　　B. 建设用地使用权

C. 宅基地使用权　　D. 居住权

【答案】D

【解析】本题考查居住权。居住权是指权利人为了满足生活居住的需要，按照合同约定或遗嘱，在他人享有所有权的住宅之上设立的占有、使用该住宅的权利，它是《民法典》新规定的一项用益物权。

2. 法人终止的标志是（　　）。

A. 完成法人工商注销登记　　B. 完成法人清算

C. 完成法人税务登记注销　　D. 被依法吊销营业执照

【答案】 A

【解析】 本题考查法人终止的标志。《民法典》第六十八条规定，有下列原因之一并依法完成清算、注销登记的，法人终止：（1）法人解散。（2）法人被宣告破产。（3）法律规定的其他原因。法人终止，法律、行政法规规定须经有关机关批准的，依照其规定。据此，法人终止的标志是完成法人工商注销登记。

3. 根据《民法典》的规定，不满（　　）的未成年人为无民事行为能力人，由其法定代理人代理实施民事法律行为。

A. 10 周岁　　B. 18 周岁　　C. 14 周岁　　D. 8 周岁

【答案】 D

【解析】 本题考查无民事行为能力人的年龄界定。《民法典》第二十条规定，不满 8 周岁的未成年人为无民事行为能力人，由其法定代理人代理实施民事法律行为。

4. 根据《民法典》的规定，权利人向人民法院请求保护民事权利的诉讼时效期间为（　　）年。

A. 2　　B. 3　　C. 5　　D. 20

【答案】 B

【解析】 本题考查普通诉讼时效的规定。《民法典》第一百八十八条规定，向人民法院请求保护民事权利的诉讼时效期间为 3 年。法律另有规定的，依照其规定。

5. 甲方隐瞒了房屋将要被拆迁的事实，将该房屋以市场价格卖给乙方。就《民法典》的基本原则而言，甲方最可能违反（　　）。

A. 自愿原则　　B. 平等原则

C. 禁止权力滥用原则　　D. 诚实信用原则

【答案】 D

【解析】 本题考查《民法典》的基本原则的含义。《民法典》第七条规定，民事主体从事民事活动，应当遵循诚信原则，秉持诚实，恪守承诺。甲方隐瞒重要事实将房屋卖给乙方，违背了诚实信用原则。

6. 甲买了一套商品房，其取得房屋产权的时间是（　　）。

A. 订立合同时

B. 缴纳商品房全款时

C. 自商品房交付时

D. 在不动产登记簿上将该房屋记载于甲名下时

【答案】 D

【解析】本题考查不动产物权的取得时间。《民法典》第二百一十四条规定，不动产物权的设立、变更、转让和消灭，依照法律规定应当登记的，自记载于不动产登记簿时发生效力。

7. 民法是调整平等主体之间的人身关系和财产关系的法律规范的总和，下列主体中描述不准确的是（　　）。

A. 自然人　　B. 公民　　C. 法人　　D. 非法人组织

【答案】B

【解析】民法是调整平等主体的自然人、法人和非法人组织之间的人身关系和财产关系的法律规范的总和。公民作为民法调整对象的概念不够准确，范围较窄。

8. 物权是权利人依法对特定的物享有直接支配和排他的权利，最完整、最充分的物权是（　　）。

A. 担保物权　　B. 用益物权　　C. 所有权　　D. 居住权

【答案】C

【解析】本题考查所有权。所有权人对自己的不动产或者动产，依法享有占有、使用、收益和处分的权利。所有权是最完整、最充分的物权，具有排他性，又称绝对权。

9. 下列属于效力待定民事行为的是（　　）。

A. 基于重大误解实施的民事法律行为

B. 无民事行为能力人实施的民事法律行为

C. 限制民事行为能力人实施的民事法律行为

D. 违反法律强制性规定的民事法律行为

【答案】C

【解析】本题考查效力待定民事行为。A 选项属于可撤销民事法律行为，B 选项、D 选项属于无效民事法律行为。限制民事行为能力人实施的纯获利益的民事法律行为或者与其年龄、智力、精神健康状况相适应的民事法律行为有效；实施的其他民事法律行为经法定代理人同意或者追认后有效。

10. 下列选项中，不属于法定继承人的是（　　）。

A. 配偶　　B. 子女

C. 兄弟姐妹　　D. 孙子女、外孙子女

【答案】D

【解析】本题考查法定继承人的范围。根据《民法典》的规定，法定继承的继承人包括：配偶、子女、父母、兄弟姐妹、祖父母、外祖父母。据此，孙子女、外孙子女不属于法定继承人的范围。

二、多选题

1. 根据《民法典》的规定，民事主体从事民事活动，应当遵循（　　）。

A. 自愿原则　　B. 诚信原则　　C. 公平原则　　D. 绿色原则

【答案】ABCD

【解析】本题考查《民法典》的基本原则。《民法典》的基本原则有：民事权利法律保护原则、平等原则、自愿原则、公平原则、诚信原则、守法和公序良俗原则、绿色原则等。

2. 根据《民法典》的规定，民事主体的（　　）受法律保护，任何组织或者个人不得侵犯。

A. 民事行为能力和民事责任能力　　B. 人身权利

C. 财产权利　　D. 其他合法权益

【答案】BCD

【解析】本题考查民事主体的民事权利。《民法典》第三条规定，民事主体的人身权利、财产权利以及其他合法权益受法律保护，任何组织或者个人不得侵犯。

3. 根据《民法典》的规定，侵权责任的归责原则主要有（　　）。

A. 过错责任原则　　B. 过错推定原则

C. 无过错原则　　D. 公平责任原则

【答案】ABCD

【解析】本题考查侵权责任的归责原则。侵权责任的归责原则主要有过错责任原则、过错推定原则、无过错原则和公平责任原则。

4. 根据《民法典》的规定，下列属于个人信息的有（　　）。

A. 住址、电话号码、电子邮箱　　B. 姓名、出生日期

C. 身份证号码、生物识别信息　　D. 健康信息、行踪信息

【答案】ABCD

【解析】本题考查个人信息的范畴。《民法典》第一千零三十四条规定，自然人的个人信息受法律保护。个人信息是以电子或者其他方式记录的能够单独或者与其他信息结合识别特定自然人的各种信息，包括自然人的姓名、出生日期、身份证件号码、生物识别信息、住址、电话号码、电子邮箱、健康信息、行踪信息等。

5. 侵害英雄烈士等的（　　），损害社会公共利益的，应当承担民事责任。

A. 名誉　　B. 荣誉　　C. 肖像　　D. 姓名

【答案】ABCD

【解析】本题考查侵害英雄、烈士等人格权的责任。《民法典》第一百八十五条规定，侵害英雄烈士等的姓名、肖像、名誉、荣誉，损害社会公共利益的，应当承担民事责任。

6. 王某拥有一套湖滨别墅，其对这套别墅依法享有（　　）的权利。

A. 使用　　B. 处分　　C. 收益　　D. 占有

【答案】ABCD

【解析】本题考查所有权的各项权能。根据《民法典》第二百四十条的规定，所有权人对自己的不动产或者动产，依法享有占有、使用、收益和处分的权利。

7. 下列关于合同代位权的表述，正确的有（　　）。

A. 债务人怠于行使其债权或者与该债权有关的从权利

B. 债务人放弃其债权

C. 债务人怠于行使其债权的行为影响债权人的到期债权实现

D. 债权人应以向人民法院提起民事诉讼的方式实现代位权

【答案】ACD

【解析】本题考查合同编代位权的制度。(1)《民法典》第五百三十五条规定，因债务人怠于行使其债权或者与该债权有关的从权利，影响债权人的到期债权实现的，债权人可以向人民法院请求以自己的名义代位行使债务人对相对人的权利，但是该权利专属于债务人自身的除外。(2)债务人放弃其债权是债权人行使撤销权的情形之一。

8. 下列情形中，适用无过错责任的有（　　）。

A. 患者在诊疗活动中受到损害的

B. 因污染环境、破坏生态造成他人损害的

C. 饲养的动物造成他人损害的

D. 从事高度危险作业造成他人损害的

【答案】BCD

【解析】本题考查无过错责任的适用情形。(1)无过错责任侵权行为构成损害，进行归责时，不以行为人主观上具有过错作为衡量承担侵权责任的必要条件。(2)根据《民法典》适用无过错责任的情形主要有：第一，因污染环境、破坏生态造成他人损害的，侵权人应当承担侵权责任。第二，从事高度危险作业造成他人损害的，应当承担侵权责任。第三，饲养的动物造成他人损害的，动物饲养人或者管理人应当承担侵权责任。(3)《民法典》第一千二百一十八条规定，患者在诊疗活动中受到损害，医疗机构或者其医务人员有过错的，由医疗机构承担赔偿责任。说明医疗纠纷适用过错责任原则。故正确答案为B、C、D。

9. 下列属于无效民事法律行为的情形有（　　）。

A. 无民事行为能力人实施的民事法律行为

B. 恶意串通的民事法律行为

C. 基于重大误解实施的民事法律行为

D. 违背公序良俗的民事法律行为

【答案】ABD

【解析】本题考查无效民事法律行为的情形。(1)无效民事法律行为的情形主要包括：无民事行为能力人实施的民事法律行为、恶意串通行为、虚假行为、违反法律强制性规定及违背公序良俗的行为。(2)基于重大误解实施的民事法律行为属于可撤销民事法律行为。

10. 下列属于张三的近亲属的是（　　）。

A. 张三的配偶　　B. 张三的父母

C. 张三的子女　　D. 张三的妹夫

【答案】ABC

【解析】本题考查近亲属的范围。《民法典》第一千零四十五条规定，（1）亲属包括配偶、血亲和姻亲。（2）配偶、父母、子女、兄弟姐妹、祖父母、外祖父母、孙子女、外孙子女为近亲属。据此，A 选项、B 选项、C 选项属于张三的近亲属，D 选项属于张三的姻亲，与其属亲属关系，而非近亲属。

三、判断题

1.《民法典》是我国第一部以“法典”命名的法律，在中国特色社会主义法律体系中具有重要地位。（　　）

【答案】正确

【解析】习近平总书记指出，《民法典》是我国第一部以“法典”命名的法律，在中国特色社会主义法律体系中具有重要地位。

2. 不承担民事责任的情形包括：不可抗力、正当防卫、紧急避险、紧急救助。（　　）

【答案】正确

【解析】不承担民事责任的情形也被称为免责事由、抗辩事由，是指减轻或免除行为人责任的理由，具体包括：①不可抗力，即不能预见、不能避免且不能克服的客观情况。②正当防卫，指当公共利益、他人或本人人身或其他利益受到不法侵害时，行为人所采取的一种防卫措施。③紧急避险，指为避免使公共利益、本人或他人的合法权益受到现实和紧急的危险损害，不得已而采取的致他人和本人损害的行为。④紧急救助，也称为“好人条款”，指在自愿实施紧急救助行为的情形下，即便造成了受助人损害，救助人也无须承担民事责任。

3. 当事人订立合同时，只能采用书面形式，以便于解决合同纠纷。（　　）

【答案】错误

【解析】本题考查订立合同的形式。《民法典》第四百六十九条第一款规定，当事人订立合同，可以采用书面形式、口头形式或者其他形式。

4. 夫妻一方因家庭日常生活需要而实施的民事法律行为，一般对夫妻双方都发生效力。（　　）

【答案】正确

【解析】本题考查夫妻日常家事代理权。《民法典》第一千零六十条规定，夫妻一方因家庭日常生活需要而实施的民事法律行为，对夫妻双方发生效力，但是夫妻一方与相对人另有约定的除外。

5. 继承人放弃继承的，对被继承人依法应当缴纳的税款和债务仍需负清偿责任。（　　）

【答案】错误

【解析】本题考查继承与税收的关系。《民法典》第一千一百六十一条规定，继承人以所得遗产实际价值为限清偿被继承人依法应当缴纳的税款和债务。超过遗产实际价值部分，继承人自愿偿还的不在此限。继承人放弃继承的，对被继承人依法应当缴纳的税款和债务可以不负清偿责任。

6. 失踪人所欠税款、债务和应付的其他费用，由财产代管人从失踪人的财产中支付。（　　）

【答案】 正确

【解析】 本题考查财产代管人代为支付失踪人所欠税款债务制度。《民法典》第四十三条第二款规定，失踪人所欠税款、债务和应付的其他费用，由财产代管人从失踪人的财产中支付。

7. 饲养的动物造成他人损害的，动物饲养人或者管理人有过错的，应当承担侵权责任。（　　）

【答案】 错误

【解析】 本题考查饲养动物致人损害的归责原则。《民法典》第一千二百四十五条规定，饲养的动物造成他人损害的，动物饲养人或者管理人应当承担侵权责任；但是，能够证明损害是因被侵权人故意或者重大过失造成的，可以不承担或者减轻责任。饲养动物致人损害适用无过错责任，而非过错责任。

8. 自然人从出生时起到死亡时止，具有民事权利能力和民事行为能力，依法享有民事权利，承担民事义务。（　　）

【答案】 错误

【解析】 本题考查自然人的民事权利能力和民事行为能力。(1) 自然人的民事权利能力一律平等。自然人从出生时起到死亡时止，具有民事权利能力，依法享有民事权利，承担民事义务。(2) 自然人的民事行为能力是指自然人以自己的行为去取得民事权利、承担民事义务的能力。该能力并非从出生时起自然享有，而是需要到达一定的年龄才具备。

9. 自愿原则，也称意思自治原则，指民事主体享有绝对的广泛的行为自由，并可以根据主体意志产生、变更、消灭民事法律关系。（　　）

【答案】 错误

【解析】 自愿原则，也称为意思自治原则，指民事主体依法享有法定范围内的广泛行为自由，并可以根据主体意志产生、变更、消灭民事法律关系。

10. 民法处理的是平等主体之间的法律权利义务关系。（　　）

【答案】 正确

【解析】 民法调整的主体双方平等，而行政法调整的是管理与被管理者的关系。

第十章　社保费和非税收入法律制度

本章主要掌握内容：社保费和非税收入相关法律制度基本概念、征缴管理、监督检查、法律责任等。

知识点1：社保费和非税收入制度规定及法律责任

用人单位及职工社保费申报缴纳

类别	子项	主要内容
用人单位及职工	申报	按月申报，未按规定申报，按该单位上月缴费数额的110%缴纳
	缴纳	非因不可抗力等法定事由不得缓缴、不得减免
	未按时足额缴纳	社会保险费征收机构可申请划拨、申请法院扣押查封拍卖、按日加收万分之五滞纳金或处1倍以上3倍以下罚款 用人单位职工应由用人单位代扣代缴社保费，用人单位未按时足额代缴的，征收机关对用人单位按日加收万分之五滞纳金，用人单位不得要求职工承担滞纳金
社会保险领域权益保障	①缓缴申请：不可抗力造成经营严重困难，经省级政府社会保险行政部门批准，可以暂缓缴纳社会保险费，期限一般不超过一年，暂缓缴费期间，免收滞纳金 ②延期缴费：账户余额不足，用人单位提供担保后，社会保险费征收机构与其签订延期缴费协议	

用人单位及税务机关法律责任

类别	法律责任
用人单位违法责任	用人单位不办理社会保险登记，社保行政部门责令限期改正，逾期不改，对用人单位处应缴社保费数额1倍以上3倍以下罚款，对其直接负责的主管人员和其他直接责任人员处500元以上3000元以下的罚款
	用人单位未按规定申报应缴纳的社保费，责令改正，情节应处罚
	用人单位未按时足额缴纳社保费，责令限期缴纳或补足，并自欠缴之日起，按日加收万分之五的滞纳金；逾期仍不缴纳的，处欠缴数额1倍以上3倍以下的罚款
税务机关法律责任	①泄露用人单位和个人信息的，对直接负责的主管人员和其他直接责任人员依法给予处分；给用人单位或者个人造成损失的，应承担赔偿责任 ②擅自更改基数、费率，导致少收或多收社保费的，由有关行政部门责令其追缴或退还，对直接负责的主管人员和其他直接责任人员依法给予处分

非税收入分类

类别	内容
按性质分类	（1）行政事业性收费 （2）政府性基金收入 （3）罚没收入 （4）国有资源（资产）有偿使用收入 （5）国有资本收益 （6）彩票公益金收入 （7）特许经营收入 （8）中央银行收入 （9）以政府名义接受的捐赠收入 （10）主管部门集中收入 （11）政府收入的利息收入 （12）其他非税收入
按预算管理分类	（1）一般公共预算中的非税收入 （2）政府性基金预算中的非税收入 （3）国有资本经营预算中的非税收入
按征收依据分类	（1）利用政府权力取得的非税收入 （2）利用国有财产取得的非税收入 （3）提供准公共服务或公共产品所取得的非税收入 （4）凭借政府信誉取得的非税收入
按收入归属分类	（1）中央非税收入 （2）地方非税收入 （3）中央与地方共享的非税收入
按设立权限分类	（1）国务院及其有关部门设立的非税收入 （2）省级政府及其有关部门设立的非税收入

1. 概念详解

非税收入是政府财政收入的重要组成部分，是国家参与国民收入分配的重要形式，也是国家管理社会公共事务，促进经济社会协调发展，实施宏观调控的重要政策工具。加强和规范非税收入管理，是市场经济条件下理顺政府收入分配关系、健全公共财政职能和推动国家治理现代化的客观要求。

2. 经典习题演练

【单选题】用人单位未按时足额缴纳社会保险费的，由社会保险费征收机构责令限期缴纳或补足，并自欠缴之日起，向用人单位按日加收（　　）的滞纳金，逾期仍不缴纳的，由社保行政部门处以罚款。

A. 万分之三　　B. 万分之五

C. 千分之一点五　　D. 千分之一

【答案】B

【解析】根据《社会保险法》第八十六条规定，用人单位未按时足额缴纳社会保险费的，由社会保险费征收机构责令限期缴纳或者补足，并自欠缴之日起，按日加收万分之五的滞纳金；逾期仍不缴纳的，由有关行政部门处欠缴数额一倍以上三倍以下的罚款。故 B 选项正确。

【单选题】依据《政府非税收入管理办法》的规定，下列项目不属于非税收入的是（　　）。

A. 国家重大水利工程建设基金　　B. 国有资本收益

C. 残疾人就业保障金　　D. 社会保险费

【答案】D

【解析】根据《政府非税收入管理办法》第三条规定，该《办法》所称非税收入，是指除税收以外，由各级国家机关、事业单位、代行政府职能的社会团体及其他组织依法利用国家权力、政府信誉、国有资源（资产）所有者权益等取得的各项收入。具体包括：①行政事业性收费收入；②政府性基金收入；③罚没收入；④国有资源（资产）有偿使用收入；⑤国有资本收益；⑥彩票公益金收入；⑦特许经营收入；⑧中央银行收入；⑨以政府名义接受的捐赠收入；⑩主管部门集中收入；⑪政府收入的利息收入；⑫其他非税收入。故 D 选项正确。

【多选题】我国社会保险制度的基本原则包括（　　）。

A. 广覆盖、保基本、多层次、可持续的原则

B. 社会保险水平与经济社会发展水平相适应的原则

C. 普遍性与强制性结合的原则

D. 互济性与保险性结合的原则

【答案】AB

【解析】根据《社会保险法》第三条规定，社会保险制度坚持广覆盖、保基本、多层次、可持续的方针，社会保险水平应当与经济社会发展水平相适应。

【多选题】目前，由税务部门负责征收的非税收入主要包括（　　）。

A. 行政事业性收费收入　　B. 政府性基金收入

C. 国有资源（资产）有偿使用收入　　D. 社会保险费收入

【答案】ABC

【解析】目前，由税务部门负责征收的非税收入主要包括行政事业性收费收入、政府性基金收入、国有资源（资产）有偿使用收入和其他非税收入等项目。

【判断题】社会保障，是指由国家依法运用财政资源和其他社会资金，对公民因个人原因导致的生活困难给予物质帮助或服务帮助的保障手段。　　（　　）

【答案】错误

【解析】社会保障，是指由国家依法运用财政资源和其他社会资金，对公民因自然或社会等原因导致的生活困难给予物质帮助或服务帮助的保障手段。

【判断题】按照现行法律规定，只有个人依法负有缴纳社会保险费的义务，并有权查询缴费记录、个人权益记录，要求社会保险经办机构提供社会保险咨询等相关服务。

（　　）

【答案】错误

【解析】根据《社会保险法》第四条规定，中华人民共和国境内的用人单位和个人依法缴纳社会保险费，有权查询缴费记录、个人权益记录，要求社会保险经办机构提供社会保险咨询等相关服务。个人依法享受社会保险待遇，有权监督本单位为其缴费情况。因此，用人单位和个人均有依法缴纳社会保险费的义务。

【判断题】用人单位在终止或者解除劳动合同时拒不出具终止或者解除劳动关系证明的，由劳动行政部门责令改正；因上述原因对劳动者造成无法享受社会保险待遇等损害的，应当依法承担赔偿责任。（ ）

【答案】正确

【解析】根据《社会保险法》第八十五条规定，用人单位拒不出具终止或者解除劳动关系证明的，依照《劳动合同法》的规定处理。根据《劳动合同法》第八十九条规定，用人单位违反本法规定未向劳动者出具解除或者终止劳动合同的书面证明，由劳动行政部门责令改正；给劳动者造成损害的，应当承担赔偿责任。

3. 知识扩展

只要存在国家和政府，非税收入就会存在，政府征收非税收入存在的理论依据主要在于以下三个方面：一是准公共物品分配效率最大化；二是矫正负外部效应的需要；三是政府所有者权益的存在。

章节练习

一、单选题

1. 下列选项中，不属于目前由税务部门负责征收的非税收入的是（ ）。

A. 国有企业利润　　B. 行政事业性收费

C. 政府基金　　D. 国有资源（资产）有偿使用收入

【答案】A

【解析】目前，由税务部门负责征收的非税收入主要包括行政事业性收费收入、政府性基金收入、国有资源（资产）有偿使用收入和其他非税收入等项目。国有企业利润不属于非税收入。

2. 下列选项中，不属于社会保险的特征的是（ ）。

A. 普遍性　　B. 保险性　　C. 互济性　　D. 自愿性

【答案】D

【解析】社会保险的特征有：普遍性、保险性、强制性、互济性，自愿性是错误的。

3. 用人单位未按时足额缴纳社会保险费的，由（ ）责令限期缴纳或者补足，并自欠缴之日起，按日加收万分之五的滞纳金。

A. 社会保险行政部门　　B. 社会保险费征收机构

C. 社会保险经办机构　　D. 人民法院

【答案】B

【解析】本题考查社会保险费的催缴机关。《社会保险法》第八十六条规定，用人单位未按时足额缴纳社会保险费的，由社会保险费征收机构责令限期缴纳或者补足，并自欠缴之日起，按日加收万分之五的滞纳金。

4. 用人单位未按时足额缴纳社会保险费的，由社会保险费征收机构责令其限期缴纳或者补足。用人单位逾期仍未缴纳或者补足的，社会保险费征收机构有权采取的措施是（　　）。

A. 扣押、查封、拍卖用人单位价值相当于应纳社会保险费的财产

B. 以拍卖所得抵缴社会保险费

C. 向银行和其他金融机构查询其存款账户

D. 作出划拨社会保险费的决定

【答案】C

【解析】本题考查社会保险费的管理措施。根据《社会保险法》第六十三条的规定，用人单位未按时足额缴纳社会保险费的，由社会保险费征收机构责令其限期缴纳或者补足。用人单位逾期仍未缴纳或者补足社会保险费的，社会保险费征收机构可以向银行和其他金融机构查询其存款账户；并可以申请县级以上有关行政部门作出划拨社会保险费的决定，书面通知其开户银行或者其他金融机构划拨社会保险费。用人单位账户余额少于应当缴纳的社会保险费的，社会保险费征收机构可以要求该用人单位提供担保，签订延期缴费协议。用人单位未足额缴纳社会保险费且未提供担保的，社会保险费征收机构可以申请人民法院扣押、查封、拍卖其价值相当于应当缴纳社会保险费的财产，以拍卖所得抵缴社会保险费。

5. 用人单位因不可抗力造成生产经营出现严重困难的，经省级人民政府社保管理部门批准后，可以暂缓缴纳一定期限的社会保险费，暂缓缴纳期限一般不超过（　　）。

A. 3个月　　B. 6个月　　C. 1年　　D. 2年

【答案】C

【解析】用人单位因不可抗力造成生产经营出现严重困难的，经省级人民政府社保管理部门批准后，可以暂缓缴纳一定期限的社会保险费，暂缓缴纳期限一般不超过1年。

6. 将“国家建立健全同经济发展水平相适应的社会保障制度”载入现行《宪法》的是（　　）宪法修正案。

A. 1988年　　B. 1993年　　C. 1999年　　D. 2004年

【答案】D

【解析】2004年《宪法修正案》第二十三条规定，《宪法》第十四条增加一款，作为第四款：“国家建立健全同经济发展水平相适应的社会保障制度”。故D选项正确。

7. 为贯彻落实中央经济工作会议精神，充分发挥失业保险保生活、防失业、促就业功能作用，支持企业稳定岗位，兜住、兜准、兜牢民生底线，经国务院同意，延续实施阶

段性降费率政策。将阶段性降低失业保险费率至（　　）的政策延续实施一年，执行期限至2025年12月31日。

A. 0.8%　　B. 0.9%　　C. 1%　　D. 1.2%

【答案】C

【解析】《人力资源社会保障部 财政部 国家税务总局关于延续实施失业保险援企稳岗政策的通知》（人社部发〔2024〕40号）第一条规定，延续实施阶段性降费率政策。阶段性降低失业保险费率至1%的政策延续实施一年，执行期限至2025年12月31日。

8. 下列不属于城乡居民基本医疗保险征收范围的是（　　）。

A. 中小学阶段的学生　　B. 中专学生

C. 少年儿童　　D. 灵活就业人员

【答案】D

【解析】D选项，缴纳的是职工基本医疗保险费。

9. 机关事业单位工作人员基本养老保险费的个人缴费基数是（　　）。

A. 本人上年度月平均工资　　B. 本人工资总额

C. 本人工资收入　　D. 本人平均工资

【答案】C

【解析】机关事业单位工作人员基本养老保险费的个人缴费基数是本人工资收入。

10. 社会保险基金通过（　　）实现收支平衡。

A. 区域统筹　　B. 征收　　C. 预算　　D. 财政补贴

【答案】C

【解析】根据《社会保险法》第六十五条规定，社会保险基金通过预算实现收支平衡。县级以上人民政府在社会保险基金出现支付不足时，给予补贴。

二、多选题

1. 下列选项中，属于非税收入的有（　　）。

A. 行政事业性收费　　B. 政府性基金

C. 罚没收入　　D. 彩票公益金收入

【答案】ABCD

【解析】非税收入包括：①行政事业性收费收入；②政府性基金收入；③罚没收入；④国有资源（资产）有偿使用收入；⑤国有资本收益；⑥彩票公益金收入；⑦特许经营收入；⑧中央银行收入；⑨以政府名义接受的捐赠收入；⑩主管部门集中收入；⑩政府收入的利息收入；②其他非税收入。故A、B、C、D选项都正确。

2. 现阶段由税务部门负责征收的社会保险项目有（　　）。

A. 基本养老保险　　B. 基本医疗保险（含生育保险）

C. 工伤保险　　D. 军人保险

【答案】ABC

【解析】现阶段由税务部门负责征收基本养老保险、基本医疗保险（含生育保险）、工伤保险、失业保险等内容，暂不包括军人保险。

3. 现阶段由税务机关负责征收的非税收入主要包括（　　）。

A. 行政事业性收费收入　　B. 罚没收入

C. 政府性基金收入　　D. 国有资源（资产）有偿使用收入

【答案】ACD

【解析】本题考查现阶段由税务机关负责征收的非税收入的内容。(1) 目前由税务机关负责征收的非税收入主要包括行政事业性收费收入、政府性基金收入、国有资源（资产）有偿使用收入和其他非税收入等。(2) 罚没收入目前尚未归税务机关征收。

4. 用人单位未按时足额缴纳社会保险费的，社会保险费征收机构可以采取的措施有（　　）。

A. 责令其限期缴纳或者补足

B. 向银行和其他金融机构查询其存款账户

C. 书面通知其开户银行或者其他金融机构划拨社会保险费

D. 扣押、查封、拍卖其价值相当于应当缴纳社会保险费的财产，以拍卖所得抵缴社会保险费

【答案】AB

【解析】本题考查税务机关对社会保险费的强制权。(1) 根据《社会保险法》第六十三条的规定，用人单位未按时足额缴纳社会保险费的，由社会保险费征收机构责令其限期缴纳或者补足。用人单位逾期仍未缴纳或者补足社会保险费的，社会保险费征收机构可以向银行和其他金融机构查询其存款账户；并可以申请县级以上有关行政部门作出划拨社会保险费的决定，书面通知其开户银行或者其他金融机构划拨社会保险费。用人单位账户余额少于应当缴纳的社会保险费的，社会保险费征收机构可以要求该用人单位提供担保，签订延期缴费协议。用人单位未足额缴纳社会保险费且未提供担保的，社会保险费征收机构可以申请人民法院扣押、查封、拍卖其价值相当于应当缴纳社会保险费的财产，以拍卖所得抵缴社会保险费。(2) 据此，税务机关作为社保费的征收机关，没有自行强制执行社保费的权力。

5. 在中国境内参加（　　）的劳动者，可以参加个人养老金制度。

A. 城镇职工基本养老保险　　B. 企业职工基本养老保险

C. 职工基本医疗保险　　D. 城乡居民基本养老保险

【答案】AD

【解析】《人力资源社会保障部 财政部 国家税务总局 金融监管总局 中国证监会关于全面实施个人养老金制度的通知》（人社部发〔2024〕87 号）第一条规定，自 2024 年 12 月 15 日起，在中国境内参加城镇职工基本养老保险或者城乡居民基本养老保险的劳动者，均可以参加个人养老金制度。

6. 根据保障人群的不同，我国的基本养老保险可划分为（　　）险种。

A. 企业职工基本养老保险

B. 机关事业单位工作人员基本养老保险

C. 城乡居民基本养老保险

D. 城镇职工基本养老保险

【答案】ABC

【解析】根据保障人群的不同，我国的基本养老保险可划分为企业职工基本养老保险、机关事业单位工作人员基本养老保险、城乡居民基本养老保险三个险种，对应三种社会保险费。

7. 下列属于城乡居民基本医疗保险征收范围的是（　　）。

A. 中小学阶段的学生　　B. 非从业居民

C. 少年儿童　　D. 灵活就业人员

【答案】ABC

【解析】D 选项，灵活就业人员缴纳的是职工基本医疗保险。

8. 下列属于 2019 年划转的非税收入项目的是（　　）。

A. 国有土地使用权出让收入　　B. 农网还贷资金

C. 石油特别收益金　　D. 国家重大水利工程建设基金

【答案】BCD

【解析】A 选项，国有土地使用权出让收入属于 2021 年划转项目。

9. 下列属于 2021 年划转的非税收入项目的是（　　）。

A. 国有土地使用权出让收入　　B. 水土保持补偿费

C. 农网还贷资金　　D. 城镇垃圾处理费

【答案】ABD

【解析】C 选项，农网还贷资金属于 2019 年专员办划转项目。

10. 下列关于社会保险费征收管理的说法，正确的是（　　）。

A. 受不可抗力因素影响的，社会保险费可以缓缴或减免

B. 用人单位及职工应按月申报社会保险费，未按规定申报的，按该单位上月缴费数额的 100% 缴纳

C. 用人单位未按时足额代缴的，征收机关对用人单位按日加收万分之五滞纳金

D. 灵活就业人员及城乡居民自愿缴纳、自行申报社会保险费，可选择按月、按季或按年

【答案】ACD

【解析】B 选项，用人单位及职工应按月申报社会保险费，未按规定申报的，按该单位上月缴费数额的 110% 缴纳。

三、判断题

1. 各级税务部门是非税收入的主管部门。国家税务总局负责制定全国非税收入管理制度和政策，按管理权限审批设立非税收入，征缴、管理和监督中央非税收入，指导

地方非税收入管理工作。（　　）

【答案】错误

【解析】各级财政部门是非税收入的主管部门。财政部负责制定全国非税收入管理制度和政策，按管理权限审批设立非税收入，征缴、管理和监督中央非税收入，指导地方非税收入管理工作。税务部门目前是部分非税收入的征收部门。

2. 国务院所属部门（含直属机构）、地方各级人民政府及其所属部门申请征收政府性基金，没有法律、行政法规和中共中央、国务院文件明确规定的，一律不予审批。

（　　）

【答案】正确

【解析】国务院所属部门（含直属机构）、地方各级人民政府及其所属部门申请征收政府性基金，必须以法律、行政法规和中共中央、国务院文件为依据，法律、行政法规和中共中央、国务院文件没有明确规定征收政府性基金的，一律不予审批。

3. 企业依法缓缴社会保险费期间，其职工不得享受社会保险待遇。（　　）

【答案】错误

【解析】本题考查职工的社会保险待遇。企业缓缴社会保险费期间，不影响其职工依法享受社会保险待遇。

4. 用人单位未按规定申报应当缴纳的社会保险费数额的，由社保经办机构暂按该单位上月缴费额的100%确定应当缴纳数额。（　　）

【答案】错误

【解析】本题考查用人单位未按规定申报社保费的后果。《社会保险法》第六十二条规定，用人单位未按规定申报应当缴纳的社会保险费数额的，按照该单位上月缴费额的110%确定应当缴纳数额；缴费单位补办申报手续后，由社会保险费征收机构按照规定结算。

5. 用人单位因不可抗力造成生产经营出现严重困难的，经国务院社会保险行政部门批准后，可以暂缓缴纳一定期限的社会保险费，期限一般不超过一年。（　　）

【答案】错误

【解析】用人单位因不可抗力造成生产经营出现严重困难的，经省级人民政府社会保险行政部门批准后，可以暂缓缴纳一定期限的社会保险费，期限一般不超过一年。

6. 职业年金由机关事业单位及其工作人员强制缴纳。（　　）

【答案】正确

【解析】企业年金由企业及其职工自愿建立，职业年金由机关事业单位及其工作人员强制缴纳。

7. 机关事业单位缴纳职业年金的缴费比例为本单位职工工资总额的8%。（　　）

【答案】正确

【解析】机关事业单位缴纳职业年金的缴费比例为本单位职工工资总额的8%。

8. 非税收入的职能包括组织财政收入职能、经济监督职能和稳定经济职能。（　　）

【答案】错误

【解析】非税收入的职能包括组织财政收入职能、经济管理职能和稳定经济职能。

9. 非税收入具有灵活性、非确定性、非普遍性、资金使用上的特定性等特点。（　　）

【答案】正确

【解析】非税收入具有灵活性、非确定性、非普遍性、资金使用上的特定性等特点。

10. 用于政府行政管理目的的公务船舶专用码头用海，免缴海域使用金。（　　）

【答案】正确

【解析】《海域使用金减免管理办法》第四条规定，下列项目用海，依法免缴海域使用金：（二）用于政府行政管理目的的公务船舶专用码头用海，包括公安边防、海关、交通港航公安、海事、海监、出入境检验检疫、环境监测、渔政、渔监等公务船舶专用码头用海。

第十一章　相关法规对税务公务员履职责任规定

本章主要掌握内容：公务员基本权利义务及其责任、税务违纪违法及其行政法律责任、税务职务犯罪及其刑事法律责任。

知识点1：公务员履职责任

公务员责任

类型	内容
内部行政纪律责任	批评教育、责令作出书面检查、通报批评、取消评选先进的资格、责令待岗、调离执法岗位、取消执法资格等
法律责任	包括行政法律责任和刑事法律责任
注意	行政纪律责任、行政法律责任和刑事法律责任可以并存，但不能相互替代

政务处分种类

类型	时间	晋升职务职级	晋升工资档次
警告	6 个月	×	√
记过	12 个月	×	×
记大过	18 个月	×	×
降级	24 个月	×	×
撤职	24 个月	×	×
开除	—	—	—

政务处分要求

类型	内容
从轻、减轻、免予或者不予政务处分	①主动交代；②配合调查；③检举他人且属实；④主动采取措施避免或挽回损失、消除不良影响；⑤起次要或者辅助作用；⑥主动上交或者退赔违法所得；⑦其他
从重给予政务处分	①处分期内在此故意违法；②阻止他人检举、提供证据；③串供或者伪造、隐匿、毁灭证据；④包庇同案人员；⑤胁迫、唆使他人实施违法行为；⑥拒不上交或者退赔违法所得；⑦其他
予以开除	①因故意犯罪被判处管制、拘役或者有期徒刑以上刑罚（含宣告缓刑） ②因过失犯罪被判处有期徒刑超过 3 年 ③因犯罪被单处或者并处剥夺政治权利 因过失犯罪被判处管制、拘役或 3 年以下有期徒刑的，一般应当予以开除，但有例外（需经上一级机关批准） 因犯罪被单处罚金，或者犯罪情节轻微不予起诉或免于刑事处罚的，予以撤职，造成不良影响的，予以开除

续表

类型	内容
合并处理	两种以上的，执行其中最重的政务处分 应给予撤职以下多个相同政务处分的，可以在一个处分期以上，多个处分期之和以下确定处分期，最长不超过 48 个月

政务处分程序

类型	内容
主要程序	①立案调查（2 名以上）；②听取陈述申辩；③作出处分决定；④宣布政务处分决定；⑤执行处分（对降级以上的，人事部门在处分决定作出后 1 个月内办理职务、工资等变更手续）
处分决定类型	**作出处分决定**：确有违法行为 **撤销案件**：违法事实不能成立 **免予、不予处分决定**：对符合免予、不予政务处分条件的 **依法移送主管机关**：涉嫌其他违法或者犯罪行为
复审复核	**复审**：向作出决定的机关申请 **复核**：向作出决定的机关的上一级机关申请 **注意**：①要先复审后再申请复核；②复审、复核期间，不停止原处分决定的执行；③公职人员不因提出复审、复核而被加重政务处分；④公职人员被撤销或减轻处分的，应对其薪酬待遇受到的损失予以补偿
税务违法违纪处分规定	**①追究主体**：监察机关或者任免机关 **②权利救济**：不服可以向原处理机关申请复核；对复核结果不服的，可以向同级公务员主管部门或者作出该处分机关的上一级机关提出申诉；也可以不经复核直接提出申诉

知识点 2：税收职务犯罪

罪名	犯罪主体	内容
玩忽职守罪	国家机关工作人员	过失犯罪；表现为不负责任、不履行或不认真履行 3 年以下或拘役，情节特别严重的，3—7 年
滥用职权罪	国家机关工作人员	间接故意；超越职权违法决定、处理 3 年以下或拘役，情节特别严重的，3—7 年
徇私舞弊发售发票、抵扣税款、出口退税罪	税务机关工作人员	违反法律、行政法规的规定，在办理发售发票、抵扣税款、出口退税工作中徇私舞弊，**致使国家利益遭受重大损失的行为**。包括： ①致使国家税收损失累计达 10 万元以上的 ②损失累计不满 10 万元，但发售增值税专用发票 25 份以上或者其他发票 50 份以上或增值税专用发票与其他发票合计 50 份以上，或者具有索取、收受贿赂或者其他恶劣情节的 ③其他致使国家利益遭受重大损失的情形 5 年以下或拘役；致使国家利益遭受特别重大损失的 5 年以上

续表

罪名	犯罪主体	内容
徇私舞弊不征、少征税款罪	税务机关工作人员	违反税收法规徇私舞弊，不征或者少征税款。**致使国家税收遭受重大损失**的行为。具体标准如下： ①徇私舞弊不征、少征应征税款，致使国家税收损失累计达10万元以上的 ②上级主管部门工作人员指使税务机关工作人员徇私舞弊不征、少征应征税款，致使国家税收损失累计达10万元以上的 ③徇私舞弊不征、少征应征税款不满10万元，但具有索取或者收受贿赂或者其他恶劣情节的 ④其他致使国家税收遭受重大损失的情形 主观故意，即行为人明知纳税人应当缴纳税款，却为徇私情私利而故意不征或者少征税款
徇私舞弊不移交刑事案件罪	行政执法人员	**注意：**如果没有私情私利，没有弄虚作假，只是对是否应当移交存在不同观点或错误认识，造成未予移交的，不构成本罪 **立案标准：**①对依法可能判处3年以上有期徒刑、无期徒刑、死刑的犯罪案件不移交 ②不移交刑事案件涉及3人次以上的或3次以上不移交 ③司法机关提出意见后，无正当理由仍然不予移交的 ④以罚代刑，放纵犯罪嫌疑人，致使犯罪嫌疑人继续进行违法犯罪活动的 ⑤行政执法部门主管领导阻止移交的 ⑥隐瞒、毁灭证据，伪造材料，改变刑事案件性质的 ⑦直接负责的主管人员和其他直接责任人员为牟取本单位私利而不移交刑事案件，情节严重的 ⑧其他情节严重的情形 3年以下或拘役；造成严重后果的，3年以上7年以下
帮助犯罪分子逃避处罚罪	国家机关工作人员	表现为向犯罪分子通风报信、提供便利，帮助犯罪分子逃避处罚
受贿罪	国家工作人员	故意；以利用职务上的便利（直接利用职务便利或利用职务影响），向他人**索取财物（索贿不以谋取利益为要件）**或者收受他人财物并为他人谋取**利益（不论是否合法）**的行为；多次受贿未经处理的，按照累计受贿数额处罚。索贿的从重处罚 立案标准：3万元以上，1万—3万元特别情形（①贪污救灾、抢险、防汛、优抚、扶贫、移民、救济、防疫、社会捐助等特定款物的；②曾因贪污、受贿、挪用公款受过党纪、行政处分的；③曾因故意犯罪受过刑事追究的；④赃款赃物用于非法活动的；⑤拒不交代赃款赃物去向或者拒不配合追缴工作，致使无法追缴的；⑥造成恶劣影响或者其他严重后果的）
贪污罪	国家工作人员	故意；以利用职务便利为前提；3万元以上，1万—3万元特别情形（①贪污救灾、抢险、防汛、优抚、扶贫、移民、救济、防疫、社会捐助等特定款物的；②曾因贪污、受贿、挪用公款受过党纪、行政处分的；③曾因故意犯罪受过刑事追究的；④赃款赃物用于非法活动的；⑤拒不交代赃款赃物去向或者拒不配合追缴工作，致使无法追缴的；⑥造成恶劣影响或者其他严重后果的）
挪用公款罪	国家工作人员	临时占有的故意。占为己有为贪污罪 ①利用职务便利挪用公款**个人使用**，进行非法活动（无时间限制） ②利用职务便利挪用公款**数额较大**，进行经商，办企业等营利活动（无时间限制） ③利用职务便利挪用公款**数额较大**，超3个月，单位发现前未退还的行为。 立案标准：①3万元以上；②③5万元以上

续表

罪名	犯罪主体	内容
私分罚没财物罪	司法机关，行政执法机关人员	没有明显主动要求私分故意的人员，不构成本罪 以单位名义私分，个人名义私分的为贪污罪；累计数额10万元以上

1. 概念详解

政务处分是国家监察机关针对所有行使公权力的公职人员，包括行政机关的工作人员、审判机关、检察机关、事业单位以及基层群众自治组织的管理人员，企业的管理人员和其他的行使公权力的公职人员所给予的纪律处分和惩戒。

2. 经典习题演练

【单选题】公务员执行公务时，认为上级的决定或者命令有错误的，可以向上级提出改正或者撤销该决定或者命令的意见；上级不改变该决定或者命令，或者要求立即执行的，公务员应当执行该决定或者命令，执行的后果由（　　）。

A. 单位负责　　B. 上级负责　　C. 公务员负责　　D. 共同负责

【答案】B

【解析】本题考查行政过错责任追究。一般而言，行政责任主要追究行政行为人，但对于行政行为人已认为上级决定或者命令有错误而向上级提出撤销该决定或者命令的意见，上级不改变该决定或者命令的，执行的后果应由上级负责。故B选项符合题意。

【单选题】某税务人员工作严重不负责任，对于一起本该移送追究刑事责任的案件未予移送，导致相关纳税人逃走并转移财产，所欠税款300余万元无法追回，该税务人员可能涉嫌（　　）。

A. 玩忽职守罪　　B. 滥用职权罪

C. 徇私舞弊不征、少征税款罪　　D. 徇私舞弊不移交刑事案件罪

【答案】A

【解析】国家机关工作人员严重不负责任，不履行或不认真履行法定职责，致使公共财产、国家和人民利益遭受重大损失的，构成玩忽职守罪。

【单选题】下列关于徇私舞弊不移交刑事案件罪的说法，正确的是（　　）。

A. 本罪侵犯的客体是国家税务机关正常的税收征管秩序

B. 本罪的主体必须是税务机关工作人员

C. 本罪的行为人主观方面必须是故意，如果不是出于故意，则不构成本罪

D. 本罪的客观方面表现为行为人利用职务之便收受贿赂，对依法应当移交司法机关追究刑事责任的案件不移交的行为

【答案】C

【解析】本题考查徇私舞弊不移交刑事案件罪的构成要件。区分本罪的一个标准，即行为人的主观方面是否为故意。客观方面表现为徇私舞弊，对依法应当移交司法机关

追究刑事责任的案件不移交，并且情节严重的行为。故 C 选项符合题意。

【单选题】行政执法机关违反国家规定，将应当上缴国家的罚没财物，以单位名义集体私分给个人的，构成的罪名是（　　）。

A. 私分国有资产罪　　B. 贪污罪

C. 侵占罪　　D. 私分罚没财物罪

【答案】D

【解析】本题考查私分罚没财物罪的构成。私分罚没财物罪是指司法机关、行政执法机关违反国家规定，将应当上缴国家的罚没财物，以单位名义集体私分给个人的行为。构成私分罚没财产罪的主体为特殊主体，只能是司法机关、行政执法机关；在客观方面表现为违反国家规定，以单位名义将应当上缴国家的罚没财物集体私分给个人的行为。D 选项符合题意。

【多选题】《公职人员政务处分法》规定，国家公职人员有下列行为之一，情节严重的，予以降级或者撤职（　　）。

A. 违反规定向管理服务对象收取、摊派财物的

B. 在管理服务活动中故意刁难、吃拿卡要的

C. 滥用职权，危害国家利益、社会公共利益或者侵害公民、法人、其他组织合法权益的

D. 不正确履行职责，玩忽职守，贻误工作的

【答案】AB

【解析】本题主要考查国家公职人员的公仆意识。国家公职人员是人民的公仆，全心全意为人民服务是公职人员的职责所在。对利用职务之便，侵害管理服务对象的合法权益，应当依法追究法律责任。C、D 两项，情节严重的，根据《公职人员政务处分法》，予以开除。故 A、B 选项符合题意。

【多选题】下列因素中，属于受贿罪构成要件的是（　　）。

A. 主观方面故意　　B. 收受财物

C. 利用职务便利　　D. 为行贿人谋取利益

【答案】ABC

【解析】是否为行贿人谋取利益不是构成受贿罪的必然要件，例如，索贿就不以为他人谋取利益为要件。

【多选题】只能由税务机关工作人员构成的犯罪是（　　）。

A. 滥用职权罪　　B. 徇私舞弊不征、少征税款罪

C. 徇私舞弊发售发票罪　　D. 徇私舞弊不移交刑事案件罪

【答案】BC

【解析】只能由税务机关工作人员构成的犯罪是与"税"相关的犯罪，所以选择 B、C 选项。

【多选题】根据《刑法》相关规定，下列关于渎职罪的说法错误的有（　　）。

A. 涉税渎职犯罪分为徇私舞弊型渎职罪、滥用职权型渎职罪、玩忽职守型渎职罪

B. 徇私舞弊不征、少征税款罪与违法提供出口退税凭证罪的犯罪主体都是税务机关工作人员

C. 渎职罪的犯罪主体都是一般主体，任何自然人或单位都能成为渎职罪的犯罪主体

D. 徇私舞弊不移交刑事案件罪与徇私舞弊不征、少征税款罪在主观方面都表现为故意

【答案】BC

【解析】本题考查渎职罪各罪的构成要件。违法提供出口退税凭证罪的犯罪主体是海关、外汇管理等国家工作人员而不是税务机关工作人员。所以B选项错误。渎职罪的犯罪主体为特殊主体，即只能是国家机关工作人员，但法律另有规定除外，所以C选项错误。B、C选项符合题意。

【判断题】受贿罪当中的为他人谋取利益是指已经帮助他人实现或谋取到了某种利益。（　　）

【答案】错误

【解析】为他人谋取利益包括已经为他人谋取利益，也包括意图为他人谋取利益或者承诺为他人谋取利益。利益是否合法、是否正当，不影响受贿罪的成立。

3. 知识扩展

罪名之间的区分

内容	徇私舞弊……罪			徇私舞弊不征、少征税款罪
	发售发票	抵扣税款	出口退税	
相同点	都发生在税收征管领域			
发生的阶段不同	发生在征收税收之前	发生在征收过程中	发生在征收税收之后	发生在征收税收过程中，或者应当履行征收税收职责而故意不履行
具体方式不同	往往表现为“作为”			往往表现为“不作为”，即故意不履行职责，或不正确履行其职责

章节练习

一、单选题

1. 下列不属于受贿罪法定客观方面表现的是（　　）。

A. 国家工作人员利用职务上的便利，索取他人财物

B. 国家工作人员非法收受他人财物，为他人谋取利益

C. 国家工作人员在经济往来中，违反国家规定，收受各种名义的回扣、手续费，归个人所有

D. 国家工作人员利用职务上的便利，侵吞公共财物

【答案】D

【解析】本题考查受贿罪的构成要件。根据《刑法》第三百八十五条规定，国家工作人员利用职务上的便利，索取他人财物的，或者非法收受他人财物，为他人谋取利益的，是受贿罪。国家工作人员在经济往来中，违反国家规定，收受各种名义的回扣、手续费，归个人所有的，以受贿论处。D 选项符合题意。

2. 下列不属于通常所说的职务犯罪的是（　　）。

A. 分裂国家罪　　B. 玩忽职守罪

C. 徇私舞弊不征、少征税款罪　　D. 挪用公款罪

【答案】A

【解析】本题考查职务犯罪分类。根据《刑法》规定，常见的职务犯罪包括玩忽职守罪，滥用职权罪，徇私舞弊发售发票、抵扣税款、出口退税罪，徇私舞弊不征、少征税款罪，徇私舞弊不移交刑事案件罪，受贿罪，贪污罪，挪用公款罪，私分罚没财物罪等。A 选项分裂国家罪属于危害国家安全罪类，不属于职务类犯罪。故 A 选项符合题意。

3. 公职人员依法履行职责受法律保护，非因法定事由、非经（　　）不受政务处分。

A. 上级批准　　B. 集体研究　　C. 法定程序　　D. 法律许可

【答案】C

【解析】本题考查法律的程序合法。法律规定，对于一项执法行为，既要实体合法，也要程序合法。故 C 选项符合题意。

4. 税务机关及税务人员违反规定发售、保管、代开增值税专用发票以及其他发票，致使国家税收遭受损失或者造成其他不良影响的（非情节较重或情节严重），对有关责任人，要给予的处分是（　　）。

A. 警告或者记过　　B. 记过或者记大过

C. 降级或者撤职　　D. 开除

【答案】B

【解析】本题考查对于违反规定发售、保管、代开增值税专用发票等行为的处分规定。根据《税收违法违纪行为处分规定》第四条规定，税务机关及税务人员违反规定发售、保管、代开增值税专用发票以及其他发票，致使国家税收遭受损失或者造成其他不良影响的，对有关责任人员，给予记过或者记大过处分。该条同时规定，情节较重的，给予降级或者撤职处分；情节严重的，给予开除处分。B 选项符合题意。

5. 徇私舞弊不征、少征税款罪的主观方面表现是（　　）。

A. 过失　　B. 故意

C. 只能是直接故意　　D. 过失或故意

【答案】B

【解析】本题考查徇私舞弊不征、少征税款罪的主观方面表现。徇私舞弊不征、少征税款罪的主观方面表现为主观故意，是在明知行政相对人有缴纳税款的义务，而希望

或放任其逃避缴纳税款义务的行为。本罪的主观故意可以是直接故意，即在征税的过程中主动协助纳税人，有意识地不征少征税款；也可以是间接故意，即在明知或应知行政相对人有缴纳税款义务，而消极地不作为，放任不缴少缴税款后果的发生。B 选项符合题意。

6. 下列情形中，可以从轻或者减轻给予公职人员政务处分的是（　　）。

A. 串供或者伪造、隐匿、毁灭证据的

B. 阻止他人检举、提供证据的

C. 包庇同案人员的

D. 主动交代本人应当受到政务处分的违法行为的

【答案】 D

【解析】 本题考查可以从轻或者减轻政务处分的情形。《政务处分法》第十一条规定，公职人员有下列情形之一的，可以从轻或者减轻给予政务处分：（1）主动交代本人应当受到政务处分的违法行为的；（2）配合调查，如实说明本人违法事实的；（3）检举他人违纪违法行为，经查证属实的；（4）主动采取措施，有效避免、挽回损失或者消除不良影响的；（5）在共同违法行为中起次要或者辅助作用的；（6）主动上交或者退赔违法所得的；（7）法律、法规规定的其他从轻或者减轻情节。

7. 下列关于玩忽职守罪的表述，正确的是（　　）。

A. 构成主体是税务机关工作人员

B. 玩忽职守罪主观方面为故意

C. 客观表现为严重不负责任，不履行或不认真履行法定职责

D. 玩忽职守是行为犯罪，只要严重不负责任，不履行或不认真履行法定职责即构成此罪

【答案】 C

【解析】 本题考查玩忽职守罪的构成。玩忽职守罪的构成主体是国家机关工作人员，主观方面为表现为过失，所以 A、B 两项错误；玩忽职守是结果犯罪，必须达到法定的危害结果，才追究刑事责任，所以 D 选项错误。正确答案为 C 选项。

8. 下列关于徇私舞弊不移交刑事案件罪，说法不正确的是（　　）。

A. 本罪的行为人主观方面必须是故意

B. 本罪的主体必须是税务机关工作人员

C. 因政策理解不到位而造成未予移交刑事案件的，不以本罪追责

D. 本罪的客观方面表现为行为人徇私舞弊，对依法应当移交司法机关追究刑事责任的案件不移交的行为

【答案】 B

【解析】 本题考查徇私舞弊不移交刑事案件罪的构成。徇私舞弊不移交刑事案件罪的主体是行政执法人员，税务人员可以成为本罪的主体，但不是唯一构成主体。所以 B 选项错误。

9. 挪用公款归个人使用，进行非法活动，达到犯罪的数额标准是（　　）。

A. 5 万元以上　　B. 1 万元以上　　C. 10 万元　　D. 3 万元以上

【答案】D

【解析】本题考查挪用公款罪的立案标准。挪用公款归个人使用，进行非法活动，数额在 3 万元以上构成犯罪；挪用公款数额较大，进行营利活动或者超过 3 个月未还的，数额在 5 万元以上构成犯罪。

10. 监察机关合并政务处分时，处分期最长不超过（　　）。

A. 24 个月　　B. 36 个月　　C. 48 个月　　D. 5 年

【答案】C

【解析】本题考查合并政务处分的最长期限。《中华人民共和国公职人员政务处分法》第十五条规定，公职人员有两个以上违法行为的，应当分别确定政务处分。应当给予两种以上政务处分的，执行其中最重的政务处分；应当给予撤职以下多个相同政务处分的，可以在一个政务处分期以上、多个政务处分期之和以下确定政务处分期，但是最长不得超过 48 个月。

二、多选题

1. 下列关于玩忽职守罪的说法正确的有（　　）。

A. 玩忽职守罪的主观方面表现为故意

B. 玩忽职守罪是结果犯罪

C. 玩忽职守罪在客观方面表现为严重不负责任

D. 玩忽职守罪一般只有领导才能构成此类犯罪

【答案】BC

【解析】本题考查玩忽职守罪的犯罪构成。根据《刑法》的相关规定，玩忽职守罪是一种国家机关工作人员严重的渎职犯罪，是指国家机关工作人员严重不负责任，不履行或不认真履行职责，致使公共财产、国家和人民利益遭受重大损失的行为。玩忽职守罪在客观方面表现为：①国家机关工作人员具有严重的玩忽职守行为，即国家机关工作人员在工作中严重不负责任，不履行或者不认真履行职责。②致使公共财产、国家和人民利益遭受重大损失的。所以，玩忽职守罪在主观方面表现为过失，在客观方面表现为工作中严重不负责任，不履行或者不认真履行职责，且必须具备致使公共财产、国家和人民利益遭受重大损失的结果才构成此罪。故 B、C 选项符合题意。

2. 公职人员犯罪，有下列情形（　　）之一的，应当予以开除。

A. 因故意犯罪被判处管制、拘役或者有期徒刑以上刑罚的

B. 因过失犯罪被判处有期徒刑，刑期超过 3 年的

C. 因犯罪被单处或者并处剥夺政治权利的

D. 因故意犯罪被判处拘役 6 个月，缓期 1 年执行

【答案】ABCD

【解析】本题考查给予公职人员开除的情形。《政务处分法》第十四条规定，公职

人员犯罪，有下列情形之一的，予以开除：（1）因故意犯罪被判处管制、拘役或者有期徒刑以上刑罚（含宣告缓刑）的；（2）因过失犯罪被判处有期徒刑，刑期超过三年的；（3）因犯罪被单处或者并处剥夺政治权利的。应当予以开除的情形包括宣告缓刑。

3.《公务员法》规定的公务员的行政法律责任种类有（　　）。

A. 警告　　B. 责令待岗　　C. 降级　　D. 记过

【答案】 ACD

【解析】 本题考查行政法律责任的种类。根据《公务员法》的规定，公务员行政处分种类分为：警告、记过、记大过、降级、撤职、开除。责令待岗属于一种行政纪律责任。

4. 下列有关受贿罪的表述中，正确的有（　　）。

A. 受贿罪是一种故意犯罪

B. 受贿人利用了职务便利是受贿罪成立的要件之一

C. 受贿人为行贿人谋取了不正当利益是受贿罪成立的要件之一

D. 多次受贿未经处理的，按照累计受贿数额处罚

【答案】 ABD

【解析】 本题考查受贿罪的犯罪构成要件。（1）受贿罪是一种故意犯罪，行为人利用了职务便利是受贿罪成立的要件之一，但是否为行贿人谋取了不正当利益并不是受贿罪的成立要件，所以 C 选项错误。多次受贿未经处理的，按照累计受贿数额处罚。正确答案为 A、B、D。

5. 利用职务上的便利，（　　）符合挪用公款罪的客观手段。

A. 挪用公款归个人使用，进行非法活动

B. 挪用公款归个人使用，进行营利活动

C. 挪用公款数额较大，进行营利活动

D. 挪用公款数额较大，超过 3 个月未还

【答案】 ACD

【解析】 本题考查挪用公款罪的客观方面的表现。《刑法》第三百八十四条规定，国家工作人员利用职务上的便利，挪用公款归个人使用，进行非法活动的，或者挪用公款数额较大、进行营利活动的，或者挪用公款数额较大、超过 3 个月未还的，是挪用公款罪。由此可见，挪用公款归个人使用进行非法活动不需要数额的限制，挪用公款进行营利活动或者挪用公款超过 3 个月未还的情形，都需要达到"数额较大"的标准。所以只有 B 选项不正确。

6. 下列各项属于公务员权利的有（　　）。

A. 申请辞职　　B. 参加培训

C. 获得履职应当具有的工作条件　　D. 非因法定事由和法定程序不被处分

【答案】 ABCD

【解析】 本题考查公务员的基本权利。根据《公务员法》第十五条规定，公务员享

有的权利包括：（1）获得履行职责应当具有的工作条件；（2）非因法定事由、非经法定程序，不被免职、降职、辞退或者处分；（3）获得工资报酬，享受福利、保险待遇；（4）参加培训；（5）对机关工作和领导人员提出批评和建议；（6）提出申诉和控告；（7）申请辞职；（8）法律规定的其他权利。

7. 税务人员对监察机关作出的涉及本人的政务处分决定不服的，可以（　　）。

A. 向作出决定的监察机关申请复审

B. 对复审决定仍不服的，可以向作出决定的监察机关的上一级机关申请复核

C. 对复审决定仍不服的，可以向作出决定的监察机关的上一级机关申请行政复议

D. 直接向作出决定的监察机关的上一级机关申请复核

【答案】 AB

【解析】 本题考查对政务处分决定不服的救济途径。《政务处分法》第五十五条规定，公职人员对监察机关作出的涉及本人的政务处分决定不服的，可以依法向作出决定的监察机关申请复审；公职人员对复审决定仍不服的，可以向上一级监察机关申请复核。

8. 税务人员在受一定的行政处分期间不得晋升工资档次，这些行政处分包括（　　）。

A. 警告　　B. 记过　　C. 降级　　D. 撤职

【答案】 BCD

【解析】 本题考查不得晋升工资档次的行政处分。我国《公务员法》第六十四条规定，公务员在受处分期间不得晋升职务和级别，其中受记过、记大过、降级、撤职处分的，不得晋升工资档次。因此正确答案为 B、C、D。

9.《政务处分法》规定，国家公职人员有下列（　　）行为之一，情节严重的，予以降级或者撤职。

A. 违反规定向管理服务对象收取、摊派财物的

B. 在管理服务活动中故意刁难、吃拿卡要的

C. 滥用职权，危害国家利益、社会公共利益或者侵害公民、法人、其他组织合法权益的

D. 不正确履行职责，玩忽职守，贻误工作的

【答案】 AB

【解析】 本题主要考查国家公职人员的公仆意识。国家公职人员是人民的公仆，全心全意为人民服务是公职人员的职责所在。对利用职务之便，侵害管理服务对象的合法权益，应当依法追究法律责任。C、D 两项，情节严重的，根据《政务处分法》，予以开除。

10. 公职人员犯罪，有下列情形之一的，应当予以开除。（　　）

A. 因故意犯罪被判处管制、拘役或者有期徒刑以上刑罚的

B. 因过失犯罪被判处有期徒刑，刑期超过 3 年的

C. 因犯罪被单处或者并处剥夺政治权利的

D. 因故意犯罪被判处拘役6个月，缓期1年执行

【答案】ABCD

【解析】本题考查给予公职人员开除的情形。《中华人民共和国公职人员政务处分法》第十四条规定，公职人员犯罪，有下列情形之一的，予以开除：（1）因故意犯罪被判处管制、拘役或者有期徒刑以上刑罚（含宣告缓刑）的。（2）因过失犯罪被判处有期徒刑，刑期超过3年的。（3）因犯罪被单处或者并处剥夺政治权利的。应当予以开除的情形包括宣告缓刑。

三、判断题

1. 国家机关、单位集体作出的决定违法或者实施违法行为的，对负有责任的领导人员和直接责任人员中的公职人员依法给予政务处分。（　　）

【答案】正确

【解析】根据《公职人员政务处分法》规定，有关机关、单位、组织集体作出的决定违法或者实施违法行为的，对负有责任的领导人员和直接责任人员中的公职人员依法给予政务处分。

2. 公务员认为机关及其领导人员侵犯其合法权益的，可以依法向上级机关或者有关的专门机关提出控告。受理控告的机关应当按照规定及时处理。（　　）

【答案】正确

【解析】根据《公务员法》第九十八条规定，公务员认为机关及其领导人员侵犯其合法权益的，可以依法向上级机关或者有关的专门机关提出控告。受理控告的机关应当按照规定及时处理。

3.《公务员法》规定的公务员行政法律责任种类有警告、记过、记大过、降级、撤职、开除。（　　）

【答案】正确

【解析】根据《公务员法》第六十二条规定，处分分为：警告、记过、记大过、降级、撤职、开除。

4. 违反法律、行政法规的规定，擅自作出税收的开征、停征或者减税、免税、退税、补税以及其他同税收法律、行政法规相抵触的决定，对有关责任人员，给予记过或者记大过处分。（　　）

【答案】正确

【解析】根据《税收违法违纪行为处分规定》第十四条规定，有下列行为之一的，对有关责任人员，给予记过或者记大过处分；情节较重的，给予降级或者撤职处分；情节严重的，给予开除处分：违反法律、行政法规的规定，摊派税款的；违反法律、行政法规的规定，擅自作出税收的开征、停征或者减税、免税、退税、补税以及其他同税收法律、行政法规相抵触的决定的。

5. 非税务机关工作人员超越职权，擅自作出减免税决定，造成少征税款，致使国家税收遭受重大损失的，则可能构成徇私舞弊不征、少征税款罪。（　　）

【答案】错误

【解析】根据《刑法》第四百零四条的规定，【徇私舞弊不征、少征税款罪】税务机关的工作人员徇私舞弊，不征或者少征应征税款，致使国家税收遭受重大损失的，处5年以下有期徒刑或者拘役，造成特别重大损失的，处5年以上有期徒刑。可见本罪主体是税务人员。根据第三百九十七条规定，【滥用职权罪，玩忽职守罪】国家机关工作人员滥用职权或者玩忽职守，致使公共财产、国家和人民利益遭受重大损失的，处3年以下有期徒刑或者拘役，情节特别严重的，处3年以上7年以下有期徒刑。非税务人员超越职权，应按滥用职权罪追究责任。

6. 公务员在受处分期间可晋升职级，但受记过、记大过、降级、撤职处分的，不得晋升工资档次。（　　）

【答案】错误

【解析】根据《公务员法》第六十四条的规定，公务员在受处分期间不得晋升职务、职级和级别，其中受记过、记大过、降级、撤职处分的，不得晋升工资档次。

7. 滥用职权罪的主观方面要件通常表现为过失。（　　）

【答案】错误

【解析】滥用职权罪的主观方面要件通常表现为间接故意，即明知或应当知道其行为可能发生危害后果，而放任其危害后果的发生。

8. 利用职务上的便利索取他人财物，为他人谋取利益的行为，是受贿罪客观方面的表现之一。（　　）

【答案】错误

【解析】本题是对索贿知识的考查。索贿行为，就是利用职务上的便利索取他人财物。索贿行为构成受贿罪不以为他人谋取利益为要件。

9. 某私营企业财务人员挪用公款归个人使用进行非法活动，构成挪用公款罪。

（　　）

【答案】错误

【解析】本题考挪用公款罪的犯罪主体。挪用公款罪只能由国家工作人员构成，私营企业财务人员利用职务便利挪用企业款项，不能构成挪用公款罪。

10. 受贿数额在1万元以上不满3万元，但有多次索贿情节的，按照受贿罪定罪处罚。

（　　）

【答案】正确

【解析】根据《最高人民法院 最高人民检察院关于办理贪污贿赂刑事案件适用法律若干问题的解释》第一条第三款，受贿数额在1万元以上不满3万元，具有上述第二项至第六项规定的情形之一，或者具有下列情形之一的，应当认定为《刑法》第三百八十三条第一款规定的“其他较重情节”，依法判处三年以下有期徒刑或者拘役，并处罚金：（一）多次索贿的。

下篇　税费基础知识

考试大纲分析

章节	分值	主要内容
税收概论	1 分	税收、税收的职能和作用、税制体系、税收法治化建设、税收管理体制、新时代治税方略
增值税	12 分	概念、征税范围、纳税人及税率、应纳税额的计算、税收优惠、征收管理、增值税专用发票管理
消费税	3 分	概念、纳税人、征税范围、税率和纳税环节、应纳税额的计算、征收管理
企业所得税	13 分	概念、纳税人、征税对象和税率、应纳税所得额的确定、税收优惠、应纳税额计算、征收管理
个人所得税	6 分	概念、纳税人和征税对象、税率和应纳税所得额确定、应纳税额计算、税收优惠、征收管理
资源税	2 分	概述、纳税人、征税范围、税率、计税依据、应纳税额计算、税收优惠、征收管理
环境保护税	1 分	概述、纳税人、征税范围、税率、计税依据、应纳税额计算、税收优惠、征收管理
契税	2 分	概述、纳税人、征税范围、税率、计税依据、应纳税额计算、税收优惠、征收管理
耕地占用税	0.5 分	概述、纳税人、征税范围、税率、计税依据、应纳税额计算、税收优惠、征收管理
烟叶税	0.5 分	概述、纳税人、征税范围、税率、计税依据、应纳税额计算、税收优惠、征收管理
车船税	1 分	概述、纳税人、征税范围、税率、计税依据、应纳税额计算、税收优惠、征收管理
车辆购置税	0.5 分	概述、纳税人、征税范围、税率、计税依据、应纳税额计算、税收优惠、征收管理
土地增值税	3 分	概述、纳税人、征税范围、税率、计税依据、应纳税额计算、税收优惠、征收管理
房产税	2 分	概述、纳税人、征税范围、税率、计税依据、应纳税额计算、税收优惠、征收管理
城镇土地使用税	2 分	概述、纳税人、征税范围、税率、计税依据、应纳税额计算、税收优惠、征收管理
城市维护建设税	1 分	概述、纳税人、征税范围、税率、计税依据、应纳税额计算、税收优惠、征收管理
印花税	2 分	概述、纳税人、征税范围、税率、计税依据、应纳税额计算、税收优惠、征收管理
社会保险费	2 分	概念、基本养老保险费、基本医疗保险费、生育保险费、失业保险费、工伤保险费、社会保险费征收管理
非税收入	2 分	概念、税务部门征收的非税收入项目、非税收入优惠政策、非税收入征收管理
税费征收与服务	3 分	税费征收管理、税费服务、税费收入统计分析、税费风险管理、税务稽查
税收信息化建设	0.5 分	概念、税收网络安全和信息化相关制度、税务信息化建设的成就、税务征管数字化升级和智能化改造，数字素养和技能
国际税收	1 分	概论、国际重复征税及其消除、国际税收协定、国际避税与反避税、国际税收征管协作、国际税收合作与“一带一路”税收征管合作机制

近三年考点分布

章节＼内容	题型	2024 年	2023 年	2022 年
税收概论	单选题	税收本质	纳税义务人	纳税人定义
	判断题	税收负担	—	—
增值税	单选题	简易计税情形、包装物处理	抵扣进项项目	
	多选题	销售额确定	建筑项目增值税预缴管理	不得开具专票情形、留抵退税条件
	判断题		税额计算	
消费税	单选题		征税范围	税额计算
	多选题			纳税环节
	判断题	纳税环节	电子烟税率、税额计算	购进抵扣
企业所得税	单选题	视同销售情形	税收优惠	研发费加计扣除
	多选题	企业所得税扣除凭证管理	企业所得税扣除凭证管理	不得税前抵扣情形、收入确认
	判断题	跨地区经营汇总纳税企业征管	研发费适用对象	
个人所得税	单选题	税额计算（稿酬）		税额计算（劳务报酬）
	多选题	按“次”判定、专项附加扣除	专项附加扣除、非综合所得	征收管理（经营所得）
	判断题	境内外综合所得计算要求	征免规定	财产转让个税计算、专项附加扣除
资源税	单选题			征收管理
	多选题	计税依据	计税依据（选项）	
环境保护税	单选题	应税污染物应纳税额计算	税种要素（税率、产生量判定等）	征免规定
	多选题		计税依据（选项）	
契税	单选题			计税依据
	多选题		征税范围（选项）	
耕地占用税	多选题		计税依据及缴纳期限（选项）	
	判断题			征税范围
烟叶税	单选题			
车船税	单选题			
	多选题		计税依据（选项）	
车辆购置税	单选题			
	判断题	计税依据	税种分类（中央税）	

续表

章节 \ 内容	题型	2024 年	2023 年	2022 年
土地增值税	单选题	征收管理	税额计算	评估价格、土增清算条件
	多选题		印花税扣除（选项）	征免规定
	判断题			
房产税	单选题	应纳税额计算		
	多选题		纳税人及税款缴纳	
	判断题			
城镇土地使用税	单选题			征免规定
	多选题			
	判断题			纳税义务发生时间
城市维护建设税	单选题	应纳税额计算		计税依据
	多选题		征税范围（选项）	
印花税	单选题		征税范围	
	多选题	征收管理		征免规定
	判断题			征免规定
社会保险费	单选题		缴费范围、比例	缴费比例
	多选题	养老保险参保范围		
	判断题	缴费比例	缴费比例	养老保险征收方式
非税收入	单选题	征收管理要求	教育费附加、地方教育附加、文化事业建设费	非税收入种类
	多选题	文化事业建设费缴费人判定	残保金、土地出让金、垃圾处理费、文化事业建设费等	
	判断题			非税收入用途
税费征收与服务	单选题	账簿凭证等保存年限	税款追征	税款追征
	多选题	税款追征	纳税人权利	延期缴纳税款
	判断题			
税收信息化建设	判断题	发票电子化改革		
国际税收	单选题	税收饶让抵免		管辖权
	判断题		税收协定优先	重复征税
综合题	增值税：销项税、进项税、应纳税额 企业所得税：税前扣除、应纳税所得额、应纳税额			

第一章 税收概论

本章主要掌握内容：税收、税收的职能和作用、税制体系、税收法治化建设、税收管理体制、新时代治税方略。

知识点1：税收概念、本质、特征、作用及原则

税收概念	**基本、直接作用：**税收是国家取得财政收入最主要的形式 **历史角度：**支撑国家有效发挥公共事务管理能力的经济基础主要是税收 **法律角度：**税收是国家参与社会财富分配的主要形式 **经济学角度：**税收是国家参与资源配置的主要手段 **政治学角度：**税收在国家治理中具有基础性、支柱性、保障性作用
税收本质	**国家角度：**国家对社会剩余产品进行分配所体现的一种特殊分配关系 **个人角度：**纳税人向国家购买公共产品支付的费用
税收特征	强制性、无偿性（核心特征）、固定性
税收作用	税收在国家治理中具有基础性、支柱性、保障性作用
税收原则	**税收法定原则：**①要素法定；②要素确定；③征税合法（主要指程序合法，也可为程序法定或依法稽征） **税收公平原则：**普遍征税、平等课征、量能课税或横向公平、纵向公平 **税收效率原则：**行政效率（征税费用占收入比例尽可能小）、生态效率（可持续发展）、经济效率（①“额外负担”最小；②保护税本；③税收分配促进） **税收适度原则：**性质（兼顾财政需要与经济现实）、数量（宏观税负接近“最佳水平”） **实质课税原则：**实质重于形式（典型如融资性售后回租） **税收财政原则：**收入充裕、收入弹性、收入适度
税收负担	**衡量方法：**宏观指标（主要包括国内生产总值税收负担率、国民收入税收负担率）、微观指标（主要包括居民税收负担率、企业税收负担率）

1. 概念详解

税收公平原则中普遍征税主要是体现“人人平等”，即符合纳税条件的纳税人都应该依法纳税；平等课征体现横向公平，即经济能力相同的纳税人承担相同税负；量能课税体现纵向公平，即经济能力不同的纳税人承担不同税负。

2. 经典习题演练

【单选题】税收要使社会承受的超额负担最小，并形成较小的税收成本换取较大的所得，这体现了税收的（　　）原则。

A. 行政效率原则　　B. 经济效率原则

C. 生态效率原则　　D. 适度效率原则

【答案】B

【解析】题干内容体现了税收经济效率原则中的"额外负担最小"。

【判断题】个人所得税采用超额累进税率，体现了税收的法定原则。 （ ）

【答案】错误

【解析】个人所得税采用超额累进税率体现的是税收的公平原则。

3. 知识扩展

税收负担率的计算方法包括宏观指标和微观指标，但本质上都是体现应纳税额与对应计税依据的比例关系，如宏观角度中，国内生产总值税收负担率＝税收收入总额/国内生产总值、国民收入税收负担率＝税收收入总额/国民收入；微观角度中，居民税收负担率＝居民实际所纳税款/居民同期收入总额。

企业税收负担率包括三种计算方法：①企业综合税收负担率＝企业实际缴纳的税款总额/企业同期利税总额（或增加值）；②企业所得税负担率＝企业实际缴纳的所得税总额/企业同期利润总额；③企业货物与劳务税负担率＝企业实际缴纳的货物与劳务税总额/企业同期销售收入（或营业收入）。

知识点2：税收职能、作用与效应

税收职能	税收财政收入职能（**基本职能**） 税收调节经济职能 税收调节分配职能
作用机制	**市场作用机制**：①为公共需要提供资金；②应对经济外部性 **政府作用机制**：①缓解收入分配矛盾；②实现宏观经济目标 **其他作用机制表述方式**：筹集财政收入、矫正市场失灵、调节供需总量、优化经济结构、调节收入分配、维护国家权益、优化营商环境
税收效应	收入效应、替代效应
税收转嫁	税收转嫁：前转（最典型和普遍的转嫁方式，转嫁对象是购买者）、后转（转嫁对象是供应商）、混转 影响因素：自主定价、供求弹性（需求、供应弹性）、税种 需求（供应）完全无弹性：价格随意变化 需求（供应）完全弹性：价格无法变化

1. 概念详解

税收收入效应是指由于政府征税减少了纳税人的可支配收入，从而产生的激励纳税人增加收入的效应。税收的替代效应则是指政府征税改变了一种经济活动的机会成本，使纳税人放弃这种经济活动而代之以另外一种经济活动的效应。

2. 经典习题演练

【单选题】消费税对部分消费品设置不同的税率及征收环节，这体现了税收的（ ）职能。

A. 财政收入职能　　B. 调节经济职能

C. 监督管理职能　　D. 调节分配职能

【答案】B

【解析】消费税通过对部分消费品的不同环节征收税收，可以起到有效调节经济，引导市场行为的作用，这体现了税收的经济调节职能。

3. 知识扩展

在经济学上，完全弹性需求是指在某个特定价格水平下，消费者对某种商品的需求量会随着价格的变化而呈现出极端的敏感性，如价格上升时，需求量会下降，呈现反比例关系，所以在完全弹性需求下，一般价格无法变化，否则会引起需求量下降，反之完全无弹性需求则价格与需求量不会出现明显的反比例关系，所以价格的随意变化不会引起需求量变化。供应弹性同理。

知识点3：税收制度概念、税收要素

税种制度概念	①税收制度是税收征纳双方在税收分配活动中应当遵循的行为规范 ②税收制度是由国家的生产力发展水平、生产关系性质、经济管理体制，以及税收应发挥的作用决定的	
税收要素	纳税人、负税人、扣缴义务人、代征人	
	征税对象、税目（征收对象的具体化，应税的行业、物品等）、计税依据（税基）	
	税率	比例税率、定额税率、累进税率（全额超额、全率超率）
	纳税环节	单环节、多环节
	纳税期限	按期、按次、按年
	纳税地点	机构所在地、业务发生地、核算地、财产所在地、报关地等
	减税免税	①形式：税基式、税率式、税额式 ②分类：法定减免、特定减免、临时减免

1. 概念详解

纳税人与负税人既有联系也有区别，纳税人是税法上规定的直接负有纳税义务的单位和个人，而负税人是实际负担税款的单位和个人。纳税人与负税人可能是统一的，主要体现在企业所得税、个人所得税等直接税；也可能是不统一的，主要体现在增值税、消费税等间接税。

征收对象和计税依据（也称税基）可能一致也可能不同，如企业所得税和个人所得税的征税对象和计税依据均是应纳税所得额；在消费税的征税对象是应税消费品，但是计税依据是销售收入或销售数量。

2. 经典习题演练

【多选题】按照税收与价格关系分类，税收可分为（　　）。

A. 直接税　　B. 间接税　　C. 价内税　　D. 价外税

【答案】CD

【解析】根据税收与价格关系分类，税收可以分为价内税与价外税；根据能否转嫁，税收可以分为直接税与间接税。

3. 知识扩展

计税依据也称为税基，所以税基式优惠也可以理解为计税依据优惠；零税率是法定税率，不属于税率减免优惠。以下是各类减免优惠的常见类型。

税基式减免	免税收入、免征额、起征点、减半收入、减计收入、加计扣除、专项扣除
税率式减免	小型微利企业减按 20% 的税率、高新技术企业减按 15% 的税率、非居民企业减按 10% 的税率
税额式减免	全部免税、减半征收、即征即退、先征后退、先征后返、税额抵免

知识点4：税制分类

对象	标准	内容
税制分类	征税对象	货物劳务税：增值税、消费税、关税 所得税：企业所得税、个人所得税 资源和环境税：资源税、环境保护税、耕地占用税、烟叶税 财产税与行为目的税：土地增值税、房产税、城镇土地使用税、印花税、契税、城市维护建设税、车船税等
	计税依据计量	从价税、从量税、复合税
	税收价格关系	价内税、价外税
	能否转嫁	直接税（难以实现转嫁），包括企业所得税、个人所得税等 间接税（容易发生转嫁），包括增值税、消费税、关税等
	管理和使用权限	**中央税**：消费税、关税、车购税、船舶吨税、进口环节增值税 **中央和地方共享税**：增值税、企业所得税、个人所得税、城建税（各银行、保险总公司集中缴纳的部分为中央收入）、资源税（海洋石油企业缴纳的为中央收入）、印花税（证券交易印花税为中央收入） **地方税**：其他税种，包括房产税、城镇土地使用税、烟叶税等

1. 概念详解

价内税与价外税的主要区别在于税收征税方式和税额与价格的关系，如税额包含在商品或服务的销售价格中，由销售方承担税款，即为价内税；如税额不包含在商品或服务的销售价格中，由购买方承担税款，即为价外税，典型的如增值税。

2. 经典习题演练

【多选题】下列属于中央与地方共享税的是（　　）。

A. 进口环节增值税　　B. 证券交易印花税

C. 企业所得税　　D. 资源税

【答案】CD

【解析】进口环节增值税与证券交易印花税属于中央税。

【多选题】下列属于税基式优惠的是（　　）。

A. 免税收入　　B. 减计收入　　C. 即征即退　　D. 全部免税

【答案】AB

【解析】C 选项和 D 选项属于税额式优惠。

【判断题】划分不同税种的标准是计税依据。（　　）

【答案】错误

【解析】划分不同税种的标准是征收对象。

3. 知识扩展

中央税、中央地方共享税、地方税主要是根据中央财政和地方财政的收入分成规定进行划分的。中央税又称国家税，由国家中央政府征税、管理和支配，与地方税相对。中央地方共享税是指中央财政和地方财政按照一定比例分享收入的各种税。

知识点5：税制体系和税制结构

税制体系	单一税制、复合税制（普遍采用）
税制结构	①税制结构是一国税制体系建设的主体工程，是有效发挥税收职能作用的前提，也是充分体现税收公平与效率原则的有力保证 ②我国目前属于以间接税为主体的税制结构，“十四五”规划明确我国完善税制结构的目标是：优化税制结构，适当提高直接税比重 ③一个国家经济越发达，国民收入水平越高，直接税税源就越丰富

1. 概念详解

税制体系指的是一国在进行税制设置时，根据本国的具体情况，将不同功能的税种进行组合配置，形成主体税种明确，辅助税种各具特色和作用、功能互补的税种体系。单一税制是指以一种课税对象为基础设置税种所形成的税制；复合税制则是指由多种征税对象为基础设置税种所形成的税制，它是由主次搭配、层次分明的多个税种构成的税收体系。各国普遍采用的是复合税制。

2. 经典习题演练

【判断题】目前，我国的税制结构主要以直接税为主。（　　）

【答案】错误

【解析】当前我国的税制结构主要以间接税为主。

3. 知识扩展

经济越发达，直接税（企业所得税、个人所得税等）的计税基数越高，在税收收入中所占比重越大，所以对经济的调节能力越强，这样一来，就导致一个国家经济越发达，直接税比重越高。

知识点6：税收法制化建设

对象	标准	内容
税法分类	内容	税收实体法、税收程序法（税收程序法的核心是《税收征管法》）
	效力	税收法律、法规、规章、税收规范性文件
		截至2024年底，我国现行税收法律共15部，《税收征管法》和14个税种的相关法律，尚有消费税、土地增值税、房产税、城镇土地使用税等4个税种未完成立法
	税收管辖权	国内税法、国际税法
税收法治内涵	基本价值取向	树立法律至上的现代法治观念
	最基本原则	税收法定
	核心	正确处理权力与权利的关系
	基本特征	良法与善治的统一
税收法治化建设途径		坚持党对法治税务建设的全面领导
		依法全面履行税收职能
		健全税费法律制度体系
		坚持严格规范公正文明执法
		依法预防调处化解矛盾纠纷
		强化税务权力制约和监督
		大力推进税收征管数字化转型
		全面加强依法行政能力建设

1. 概念详解

实体法规定的主要是权利和义务的法律；程序法是保障实体法所规定的权利义务关系的实现而制定的诉讼程序的法律。

2. 经典习题演练

【判断题】《税收征管法》属于程序法，规定的都是有关程序性的法律内容。（　　）

【答案】错误

【解析】《税收征管法》是规范税收征收管理的一部程序法，但也有关于实体方面的权利义务的规定，比如法律责任等。

3. 知识扩展

一般来说，经政府和立法机关法律确认，国际税法效力原则上高于国内税法。

知识点7：税收管理体制

内容	税收立法权	税法制定权、审议权、表决权、批准权、公布权
	税种开征停征	
	税法解释权	
	税法的调整权	税目增减；条文修订或补充；部分税制要素作出具体规定和调整（税率、起征点）
	税收的减免权、加征权	
	税收执法权	
	税收收入分配	
分税制	立法权	税收法律：全国人大及其常委会 税收行政法规：国务院 税收部门规章：财政部、国家税务总局、海关总署、国务院关税税则委员会
	税收执法机关	税务机关、海关
	收入划分	收入波动较大的划入中央；税收返还补地方财政缺口
新时代治税方略	税收本质	**国家角度：**税收是国家以法律规定对社会剩余产品进行分配所体现的一种特殊的分配关系 **个人角度：**税收是纳税人作为整体向国家购买公共产品支付的“价格”
	新时代税收工作新要求	①坚持党对税收工作的全面领导，自觉提升政治站位 ②坚持依法治税，落实税收法定原则 ③坚持“以人民为中心”，顺应人民群众期盼 ④坚持系统观点，统筹推进改革措施 ⑤坚持全球视野，突出合作共赢
	高质量推进税收现代化的“六大体系”	①构建坚强有力的党的领导制度体系 ②构建科学完备的税收法治体系 ③构建优质便捷的税费服务体系 ④构建严密规范的税费征管体系 ⑤构建合作共赢的国际税收体系 ⑥构建高效清廉的队伍组织体系

1. 概念详解

2013年12月，国家税务总局提出了“完备规范的税法体系、成熟定型的税制体系、优质便捷的服务体系、科学严密的征管体系、稳固强大的信息体系、高效清廉的组织体系”的税收现代化“六大体系”的具体目标内容。到2020年提出“坚强有力的党的领导制度体系、科学完备的税收法治体系、优质便捷的税费服务体系、严密规范的税费征管体系、合作共赢的国际税收体系、高效清廉的队伍组织体系”的税收现代化新“六大体系”。

2. 经典习题演练

【多选题】我国税收执法机关包括（　　）。

A. 税务部门　　B. 海关部门　　C. 财政部门　　D. 金融部门

【答案】AB

【解析】我国税收执法机关主要包括税务部门和海关部门。

3. 知识扩展

2024 年全国税务工作会议提出当前和今后一个时期，要聚焦“一条工作主线、六个着力强化”，“一条工作主线”是坚持以习近平新时代中国特色社会主义思想为指引，高质量推进中国式现代化税务实践，“六个着力强化”是着力强化政治统领、着力强化依法治税、着力强化改革创新、着力强化管理增效、着力强化服务提质、着力强化风险防范。

章节练习

一、单选题

1. 税收是人类社会发展到一定阶段的产物，税收产生的经济条件是（　　）。

A. 私有制的出现　　B. 国家政治权力的建立

C. 财产所有权　　D. 国家强制力

【答案】A

【解析】本题是对税收产生条件的考查。税收产生的条件有两个：一是社会条件，国家公共权力（或政治权力）的建立；二是经济条件，私有制的出现。

2. 下列不属于税收法定原则内容的是（　　）。

A. 要素法定　　B. 要素确定　　C. 权利法定　　D. 程序法定

【答案】C

【解析】税收法定原则包括：要素法定、要素确定和程序法定（程序合法、依法稽征）。

3. 下列不属于税收效率原则内容的是（　　）。

A. 行政效率　　B. 社会效率　　C. 经济效率　　D. 生态效率

【答案】B

【解析】税收效率原则包括：行政效率、生态效率、经济效率。

4. 通过减小计税依据的方式实现的税收减免，称为（　　）。

A. 税基式减免　　B. 税率式减免　　C. 税额式减免　　D. 特定减免

【答案】A

【解析】本题是对减免税优惠分类的考查。税基，又称计税依据，通过减小计税依据的方式实现的税收减免，为税基式减免。

5. 下列各项中，不属于税收在国家治理中发挥作用的是（　　）。

A. 支撑性　　B. 基础性　　C. 支柱性　　D. 保障性

【答案】A

【解析】习近平总书记指出，坚持和完善中国特色社会主义制度，推进国家治理体系和治理能力现代化。发挥税收在国家治理中的基础性、支柱性、保障性作用。以税收“新三性”代替传统的“老三性”（强制性、无偿性和固定性），具有重要的理论与现实意义。

6. 税收负担必须根据纳税人的负担能力分配，负担能力相等，税负相同；负担能力不等，税负不同。上述税收思想所体现的税收原则是（　　）。

A. 税收法定原则　　B. 实质征税原则

C. 税收公平原则　　D. 法律优位原则

【答案】C

【解析】量能征税就是要求税收实现纵向公平，经济能力不同的人应缴纳数额不同的税收。

7. 以下税收要素中，作为税种之间相互区别的标志的是（　　）。

A. 征税对象　　B. 税率　　C. 计税依据　　D. 纳税人

【答案】A

【解析】本题是对税收要素的考查。A 选项，征税对象是指税法规定的对什么征税，是征纳税双方权利义务共同指向的客体或标的物，是区别一种税与另一种税的重要标志。

8. 以下属于税务系统征收的税种是（　　）。

A. 关税　　B. 进口环节增值税

C. 进口环节消费税　　D. 车辆购置税

【答案】D

【解析】本题是对税收征收机关的考查。关税、进口环节增值税和消费税由海关系统征收，车辆购置税由税务系统征收。

9. 下列税种中，纳税人自己承担税负，不易发生税负转嫁的是（　　）。

A. 增值税　　B. 消费税　　C. 印花税　　D. 财产税

【答案】D

【解析】凡是由纳税人自己承担税负，不易发生转嫁的税称为直接税，如所得税和财产税。D 选项正确。

10. 以下税种属于地方税的是（　　）。

A. 进口环节增值税　　B. 个人所得税

C. 城市维护建设税　　D. 环境保护税

【答案】D

【解析】根据税收管理和使用权限的不同，可分为中央税、地方税以及中央与地方共享税。A 选项，进口环节增值税属于中央税；B 选项、C 选项，属于中央与地方共享税。

二、多选题

1. 税收职能是税收固有的职责和功能，反映了税收在分配过程中所固有的基本属性。关于税收职能的表述，下列说法不正确的有（　　）。

A. 环境保护职能是税收固有职能之一

B. 财政收入职能是税收的基本职能，其他职能为派生职能

C. 税收只能了解宏观经济状况，不能反映企业的个体经营情况

D. 税收的经济调节职能反映税收对经济生活的监督和管理能力

【答案】ACD

【解析】本题是对税收职能的考查。A 选项，税收具有三大职能：财政收入职能、经济调节职能和监督管理职能，不包括环境保护职能；B 选项，财政收入职能是税收首要的、基本的职能，经济调节职能和监督管理职能是派生职能，表述正确；C 选项，税收不仅能通过宏观汇总数据及时掌握宏观经济状况，为国家经济管理提供依据，也可以通过纳税人的具体报税信息，了解微观主体的生产经营情况；D 选项，税收的经济调节职能反映的是国家征税对经济运行的调节作用，税收监督管理职能才是反映税收对经济生活的监督和管理能力。

2. 税收的各类构成要素只能由法律予以明确和征税机关必须严格按照法律规定的课税要素与征纳程序来征收税款，分别体现了税收法定原则的（　　）要求。

A. 课税要素法定　　B. 课税要素明确

C. 税收依法稽征　　D. 课征主体法定

【答案】AC

【解析】税收的各类构成要素只能由法律予以明确，体现了课税要素法定原则；征税机关必须严格按照法律规定的课税要素与征纳程序来征收税款，体现了税收依法稽征原则。

3. 税收经济效率原则包括（　　）三个层次。

A. 税收的“额外负担”最小　　B. 税收无负担

C. 保护税本　　D. 提高资源配置的效率

【答案】ACD

【解析】本题是对税收原则的考查。税收效率原则包括行政效率原则和经济效率原则。税收行政效率原则，是指征收和缴纳耗费的成本最小。税收经济效率原则包括三个层次：第一层次，税收的“额外负担”最小；第二层次，保护税本；第三层次，提高资源配置的效率。

4. 根据《立法法》规定，下列只能制定法律的税收基本制度的有（　　）。

A. 税种的设立　　B. 纳税人的确定

C. 税率的确定　　D. 税收征收管理

【答案】ACD

【解析】我国《立法法》规定，税种的设立、税率的确定和税收征收管理等税收基本制度只能制定法律。

5. 截至 2024 年底，下列税种已经立法征税的有（　　）。

A. 土地增值税　　B. 车辆购置税

C. 耕地占用税　　D. 关税

【答案】BCD

【解析】截至 2024 年底，我国 18 个税种中，只有消费税、土地增值税、房产税和城镇土地使用税 4 个税种尚未立法。

6. 按照税法内容分类，税法可分为（　　）。

A. 税收实体法　　B. 税收程序法

C. 税收法律法规　　D. 税收规范性文件

【答案】AB

【解析】按税法内容分类，税法分为税收实体法和税收程序法。税收程序法，规定国家征税权行使程序和纳税人义务履行程序；税收实体法，规定税收法律关系主体的实体权利和义务。

7. 按照税收负担是否可以转嫁，税收可分为（　　）。

A. 直接税　　B. 间接税　　C. 价内税　　D. 价外税

【答案】AB

【解析】本题是对税制分类的考查。按税收负担是否可以转嫁分类，税收可分为直接税和间接税。直接税，是指难以实现税负转嫁的税种，纳税人和负税人是一致的；间接税，是指容易发生税负转嫁的税种，纳税人和负税人不一致。

8. 关于目前我国税制对纳税人和负税人的规定，下列说法正确的有（　　）。

A. 所得税的纳税人和负税人通常是一致的

B. 造成纳税人与负税人不一致的主要原因是税负转嫁

C. 消费税的纳税人和负税人是一致的

D. 扣缴义务人是纳税人不是负税人

【答案】AB

【解析】本题考查关于纳税人和负税人概念辨析。所得税属于直接税，税负很难转嫁，因此所得税的纳税人和负税人通常是一致的，A 选项符合题意。纳税人和负税人不一致的主要原因是税负转嫁，当税负不发生转嫁时，纳税人与负税人一致，税负发生转嫁时，纳税人与负税人不一致，B 选项符合题意。消费税属于间接税，税负会转嫁给最终消费者，纳税人和负税人是不一致的，C 选项不符合题意。扣缴义务人既不是纳税人也不是负税人，D 选项不符合题意。

9. 减免税的具体形式包括税基式减免、税率式减免和税额式减免。下列选项中属于税额式减免的有（　　）。

A. 加计扣除　　B. 减半征收　　C. 即征即退　　D. 加速折旧

【答案】BC

【解析】本题是对减免税形式具体内容的划分。减免税的具体形式包括税基式减免、税率式减免和税额式减免。其中税基式减免包括免税收入、减计收入、起征点、免征额、加计扣除、加速折旧、特许扣除等，税额式减免包括全部免征、减半征收、税额抵免、即征即退、先征后返等。A、D 选项属于税基式减免，不符合题意。B、C 选项符合题意。

10. 税收公平原则的主要内容包括（　　）。

A. 横向公平　　　　B. 纵向公平

C. 社会正义　　　　D. 保护弱势群体

【答案】AB

【解析】税收公平原则包括横向公平和纵向公平，能力高的多纳税，能力低的少纳税。

三、判断题

1. 税收程序法规定国家征税权行使程序和纳税人义务履行程序。

【答案】正确

【解析】本题是对税法分类的考查。税收程序法，规定国家征税权行使程序和纳税人义务履行程序；税收实体法，规定税收法律关系主体的实体权利和义务。

2. 税收协定属于国际税法的范畴。

【答案】正确

【解析】本题是对税法分类的考查。根据主权国家行使税收管辖权的不同，税法分为国内税法和国际税法。税收协定，调整的是国家与国家之间税收权益的分配，属于国际税法。

3. 企业所得税是间接税，纳税人与负税人不一致。

【答案】错误

【解析】本题是对税收分类的考查。按照纳税人与负税人是否一致，税收分为直接税和间接税两类。其中，纳税人与负税人一致的，为直接税，如企业所得税和个人所得税。

4. 扣缴义务人是代纳税人向税务机关申报缴纳税款的单位和个人，分为代收代缴义务人和代扣代缴义务人。

【答案】正确

【解析】本题是对税制要素的考查。扣缴义务是法定义务，扣缴义务人是法律规定代纳税人向税务机关申报缴纳税款的单位和个人，分为代收代缴义务人和代扣代缴义务人。

5. 免征额是对课税对象征税的起点，不达起点不征税，超过起点全额征税。

【答案】错误

【解析】本题是对税制要素的考查。起征点是对课税对象征税的起点，不达点不征税，超过起征点全额征税。免征额是计税时可以免除纳税义务的数额，未超过免征额标准，不纳税；超过标准，按减除免征额之后的数额计算缴纳税款。

6. 从税收基本原理角度看，起征点只能照顾一部分纳税人，而免征额可以照顾适用范围内的所有纳税人。因此，起征点和免征额尽管都是税收优惠，但其基本内涵不同。

【答案】正确

【解析】“起征点”是征税对象达到一定数额开始征税的起点，“免征额”是在征税对象的全部数额中免予征税的数额。因此，两者内涵不同，但都是一种税收优惠。

7. 税收规章可以作为税收司法的直接依据，发挥特有的税法效力。

【答案】 错误

【解析】 税收规章可以增强税法的灵活性和可操作性，是税法体系的必要组成部分但其法律效力较低。一般情况下，税收规章不作为税收司法的直接依据，而只具有参考性的效力。

8. 国际税法和国内税法的法律效力是平行的。

【答案】 错误

【解析】 国际税法是国际法的特殊组成部分，一旦得到一国政府和立法机关的法律承认，国际税法的效力高于国内税法。

9. 税收立法权是税收管理体制的核心内容。

【答案】 错误

【解析】 划分税权是税收管理体制的核心内容。

10. 从量税是以固定价格和定额税率计算应纳税额的税种。

【答案】 错误

【解析】 从量税，是以课税对象的重量、数量、容积等为计税依据计征税款的税种，与课税对象的价格无关；从价税，才是以课税对象的价格为计税依据计征税款的税种。

第二章　增值税

本章主要掌握内容：概念、征税范围、纳税人及税率、应纳税额的计算、税收优惠、征收管理、增值税专用发票管理。

知识点1：增值税概述、增值额与增值税类型

对象	内容
增值额	理论增值额：企业在生产经营过程中新创造的价值，是货物或劳务中的V（劳动力价值）+M（税金、利润等），在我国相当于净产值或国民收入的部分 法定增值额是指增值税制度中认为确定的增值额
增值税类型	生产型增值税：不允许扣除外购固定资产（理论增值额＜法定增值额） 收入型增值税：外购固定资产只允许扣除当期折旧费（理论增值额＝法定增值额） 消费型增值税：外购固定资产一次性全部扣除（理论增值额＞法定增值额）
计税方法	直接计算法 ①加法：增值额＝增值项目相加 ②减法：销售金额－外购项目金额 间接计算法 购进扣税法（发票扣税法）：购进金额作为扣除税额，进项税额在购进当期扣除 实耗扣税法：实耗金额作为扣除税额，进项税在实耗当期扣除 实耗扣税法按照不同环节区分为：投入法（生产环节）、产出法（完工环节）、销售法（销售环节）

1. 概念详解

增值额是劳动所创造的价值量，理论增值额从理论原理的角度诠释了新创造价值量，包括劳动力价值和产生的税金、利润；而法定增值额则是不同国家、地区基于现行增值税制度所自行确定的增值额。两者差异主要来源于对外购固定资产的处理方法不同，并因为抵扣额度的不同，区分为不同类型增值税。

2. 经典习题演练

【单选题】增值税不同类型的划分标准主要是根据对（　　）处理办法的不同。

A. 外购固定资产　　B. 外购商品货物

C. 外购生产资料　　D. 外购机器设备

【答案】A

【解析】增值税不同类型的分类取决于理论增值额与法定增值额的不同，两者的不同主要是源自对外购固定资产处理的不同。

【判断题】我国增值税的计算方法主要包括购进扣税法和实耗扣税法。（　　）

【答案】正确

【解析】我国增值税的计算主要采用购进扣税法，仅部分行业购进农产品目前以核定扣除的方式试点实耗扣税法。

3. 知识扩展

我国增值税类型演变：1994 年税制改革以来，我国一直实行生产型增值税，即采取了对企业购进的固定资产所含税金不予抵扣的办法。自 2009 年 1 月 1 日起，我国规定所有增值税一般纳税人新购进设备所含的进项税额可以计算抵扣，从此，我国增值税类型由生产型转变为消费型。

实耗扣税法：我国的实耗扣税法主要表现在：以购进农产品为原料生产销售液体乳及乳制品、酒及酒精、植物油的增值税一般纳税人实施核定扣除办法。

知识点 2：增值税的纳税人及扣缴义务人

纳税人	增值税纳税人是指税法规定负有缴纳增值税义务的单位和个人。在我国境内销售、进口货物或者提供加工、修理、修配劳务以及应税服务的单位和个人，为增值税纳税人。按照经营规模的大小和会计核算健全与否等标准，增值税纳税人可分为一般纳税人和小规模纳税人 2018 年 5 月 1 日后，增值税小规模纳税人标准为年应征增值税销售额 500 万元及以下。其中，年应征增值税销售额是指连续 12 个月或四个季度增值税销售额，而不是自然年度。对于采用差额计税的，按差额前的销售额确定 **销售额：**包括免税、代开发票销售额，出口销售额，稽查查补、纳税评估调整销售额，不包括偶然发生的销售无形资产、不动产销售额［口诀：查出那（纳）袋（代）面（免）］ **注意：** ①自然人一定是小规模纳税人 ②销售货物、劳务的非企业性单位、不经常发生应税行为的企业可按小规模纳税人管理 ③销售服务、无形资产或不动产年应税销售额超过标准但不经常发生应税行为的单位和个体户可按小规模纳税人管理 ④小规模会计健全可申请为成为一般纳税人 ⑤除国家税务总局另有规定外，一般纳税人不得转小规模纳税人（符合条件的一般纳税人可以申请转为小规模纳税人的政策自 2020 年 12 月 31 日后已取消） **特殊规定** ①销售货物、劳务以及进口货物单位：租赁或承包给其他单位、个人的，承租承包人为纳税人 ②销售服务、无形资产或者不动产的单位：以承包、承租、挂靠方式经营的，以发包人、出租人、被挂靠人名义对外经营并由其承担责任，以该发包人为纳税人，否则以承包人为纳税人 ③建筑企业与发包方签订建筑合同后，以内部授权或者三方协议等方式授权集团内其他纳税人为发包方提供建筑服务，并由第三方直接与发包方结算工程款的，由第三方缴纳增值税，与发包方签订建筑合同的建筑企业不缴纳增值税
扣缴义务人	境外单位或个人在境内提供应税劳务，在境内未设有经营机构的，以其境内代理人为扣缴义务人；在境内没有代理人的，以购买方为扣缴义务人 境外单位或个人在境内发生销售服务、无形资产或者不动产行为，在境内未设有经营机构的，以购买方为增值税扣缴义务人

1. 概念详解

扣缴义务人包括代扣代缴义务人、代收代缴义务人。

代扣代缴是指按照税法规定，负有扣缴税款义务的单位和个人，负责对纳税人应纳的税款进行代扣代缴的一种方式。即由支付人在向纳税人支付款项时，从所支付的款项中依法直接扣收税款代为缴纳。

代收代缴是指税收法律、行政法规已经明确规定负有扣缴义务的单位和个人在收取款项时，代税务机关向负有纳税义务的单位和个人收取并向税务机关缴纳的行为。代扣代缴情形注重支付款项时代为缴纳税款，包括增值税、个人所得税、企业所得税、印花税、资源税等税种均存在对应代扣代缴情形。代收代缴情形注重收取款项时代为缴纳税款，包括消费税、车船税等税种存在对应代收代缴情形。

2. 经典习题演练

【判断题】境外单位或个人在境内发生销售服务、无形资产或者不动产行为，在境内设有经营机构的，以购买方为增值税扣缴义务人。（　）

【答案】错误

【解析】境外单位或个人在境内发生销售服务、无形资产或者不动产行为，在境内未设有经营机构的，以购买方为增值税扣缴义务人。

3. 知识扩展

按照规定，从境外单位或者个人购进劳务、服务、无形资产或者境内的不动产，自税务机关或者扣缴义务人取得的代扣代缴的完税凭证上注明的增值税额，准予从销项税额中抵扣。上述内容指的就是增值税代扣代缴情形，这也是以税票（完税凭证）作为抵扣进项税凭证的特例。

知识点3：征税范围

增值税征税范围	一般增值税征税范围需满足四个条件：①境内；②属于《销售服务、无形资产、不动产注释》范围内的业务活动；③为他人提供；④有偿 **满足上述部分条件但不需要缴纳增值税的情形。主要包括：** **1. 非经营活动：** ①行政单位收取的同时满足条件的政府性基金或者行政事业性收费 ②单位或个体户员工为本单位或雇主提供取得工资的服务 ③单位或个体工商户为聘用的员工提供服务 **2. 不征收增值税项目：** ①根据国家指令无偿提供铁路运输、航空运输服务，属于规定的公益事业的服务 ②存款利息 ③被保险人获得的保险赔付 ④住宅专项维修资金 ⑤在资产重组过程中，通过合并、分立、出售、置换等方式，将全部或者部分实物资产以及与其相关联的债权、负债和劳动力一并转让给其他单位和个人，其中涉及的不动产、土地使用权转让行为 ⑥融资性销售回租业务中，承租方出售资产的行为（出租方按金融贷款服务缴纳增值税） ⑦境外单位或个人向境内单位或个人销售完全在境外发生的服务，销售或出租完全在境外使用的无形资产 **注：**纳税人取得的财政补贴收入，与其销售货物、劳务、服务、无形资产、不动产的收入或者数量直接挂钩的，应按规定计算缴纳增值税。纳税人取得的其他情形的财政补贴收入，不属于增值税应税收入，不征收增值税［《国家税务总局关于取消增值税扣税凭证认证确认期限等增值税征管问题的公告》（国家税务总局公告2019年第45号）］

续表

基本规定	《增值税暂行条例》第一条规定：在中华人民共和国境内销售货物或者加工、修理修配劳务，销售服务、无形资产、不动产以及进口货物的单位和个人，为增值税的纳税人 **属于境内：** ①销售货物、劳务：交易货物所在地、劳务发生地在中国境内 ②销售应税服务：销售方或购买方其中一方在中国境内 ③销售、出租不动产及销售自然资源使用权：不动产所在地、自然资源所在地在中国境内 **不属于境内：** 境外向境内销售完全在境外发生、使用的服务、无形资产 境外向境内出租完全在境外使用的有形动产 **注意：** 境内向境外销售、出租完全在境外发生、适用的服务、无形资产、有形动产：属于境内
具体情形	**境外单位或者个人发生的下列行为不属于境内销售服务或无形资产** ①为出境的函件、包裹在**境外**提供的邮政服务、收派服务 ②向境内单位或者个人提供的工程施工地点在**境外**的建筑服务、工程监理服务 ③向境内单位或者个人提供的工程、矿产资源在**境外**的工程勘察勘探服务 ④向境内单位或者个人提供的会议展览地点在**境外**的会议展览服务
	建筑分包特殊规定 境内单位和个人作为工程分包方，为施工地点**在境外的工程项目提供建筑服务**，从境内工程总承包方取得的分包款，视同从境外取得收入（国家税务总局公告2019年第45号）

视同销售行为

视同销售货物、服务、无形资产或不动产	1. 将货物交付其他单位或者个人代销 2. 销售代销货物 3. 总分机构不在同一县（市），将货物从一个机构移送其他机构用于销售的 4. 自产、委托加工货物用于：非应税项目（营改增后不存在实际意义了）、集体福利或个人消费、投资、分配、赠送 5. 外购货物用于：投资、分配、赠送 6. 单位或者个体工商户向其他单位或个人无偿提供服务，但用于公益事业或以社会公众为对象的除外（营改增部分） 7. 单位和个人向其他单位或个人无偿转让无形资产或不动产，但用于公益事业或以社会公众为对象的除外（营改增部分） **需注意的几个问题：** ①视同销售货物和服务适用于单位和个体工商户，不包括其他个人 ②不动产、无形资产无偿转让适用于所有单位和个人（含个体工商户、其他个人） ③用于抵偿债务：属于销售行为，而非视同销售

混合销售与兼营行为

混合销售	**一项销售行为既涉及服务又涉及货物** **税务一般处理**：从事货物的**生产、批发或者零售**的单位和个体工商户（主营生产、批发零售，兼营服务也可以）的混合销售，按照销售货物缴纳增值税；其他单位和个体工商户的混合销售，按照销售服务缴纳增值税。（不同税率的货物、不同税率的服务组合不是混合销售） **特殊处理（销售货物包含服务，但不按混合销售处理）：** 销售**自产**机器设备并安装：分别核算，货物按税率，安装按征收率（甲供工程） 销售**外购**机器设备并安装：已按兼营分别核算，货物按税率，安装按征收率（甲供工程） **注意**：如果是销售自产货物并提供建筑服务，货物、建筑服务均按税率 **举例**：一般纳税人销售自制活动板房、钢结构件并提供安装服务，安装服务按9%的税率纳税，不按甲供工程适用简易计税

续表

兼营行为	**整体经营涉及不同的增值税项目** 1. 应当分别核算适用不同税率或者征收率 2. 未分别核算的： ①兼有不同税率的，从高适用税率 ②兼有不同征收率的，从高适用征收率 ③兼有不同税率和征收率的，从高适用税率 3. 应分别核算应税项目与免税项目，未分别核算的不得享受免税优惠

1. 概念详解

境内作为判定是否缴纳增值税的重要条件，需要根据不同对象进行划分，销售货物和劳务是以交易客体是否在中国境内进行判定；销售应税服务是以买卖双方所在地点；销售、出租不动产及销售自然资源使用权，由于对象是特定对象，所以是按照对象所在地。同时，也要注意跟企业所得税判定境内的方式进行区分，如企业所得税中，判定销售应税服务是否属于境内，应该以服务发生地进行判定。

视同销售是一种特殊的经济业务处理方式，业务本身并非销售也并未产生收入，但出于税法或会计上的目的，将该业务视为销售。增值税、企业所得税、会计上都有视同销售的相关规定：增值税的视同销售处理本质上可理解为增值税销售链条的终止，而会计上未做销售处理，如货物用于投资、分配、赠送等，同时由于外购货物用于集体福利和个人消费时属于购进货物直接用于消费，并未产生后续的生产行为，所以外购货物是抵扣的进项税应予以转出；企业所得税的视同销售处理本质上是资产所有权发生转移，而会计上没有确认收入；会计上的视同销售是指没有产生收入但是视同产生收入。三者视同销售的范围并不一样，如抵偿债务行为增值税规定属于正常销售行为，但是企业所得税规定属于视同销售，而会计处理上应计入其他收益。增值税、企业所得税、会计有关视同销售的处理情况对比如下：

情形	增值税视同销售	企业所得税视同销售	会计确认收入
将货物交付其他单位或者个人代销	√	×	×
销售代销货物	√	×	×
总分机构不在同一县（市），将货物从一个机构移送其他机构用于销售的	√	×	×
自产、委托加工用于集体福利、个人消费	√	√	√
外购货物用于集体福利、个人消费	×	√	×
自产、委托加工、外购用于投资	√	√	√
自产、委托加工、外购用于分配	√	√	√
自产、委托加工、外购用于赠送	√	√	×
单位或个体工商户无偿提供服务	√	√	×
单位或个人无偿转让无形资产或不动产	√	√	×

2. 经典习题演练

【多选题】下列属于增值税视同销售情形的是（　　）。

A. 李某免费赠予朋友住房一套　　B. 张某以某住房投资甲企业

C. 甲个体户免费为A企业提供设计服务　　D. B企业赠送一台手机给顾客王某

【答案】ACD

【解析】B选项，自然人视同销售的情形只有两种，即无偿赠送不动产和无形资产，其他视同销售情形不适用于自然人。

【多选题】下列不属于增值税视同销售情形的是（　　）。

A. 采用以旧换新方式销售货物　　B. 甲公司以某货物抵债给债权人乙

C. 乙公司将购买的货物无偿赠送他人　　D. A公司将外购的货物用于公司饭堂

【答案】ABD

【解析】A选项，属于正常销售行为；B选项以物抵债的行为属于销售行为；D选项，应进行进项转出处理，不属于视同销售行为。

【判断题】境内向境外销售、出租完全在境外发生、适用的服务、无形、有形动产的，不属于境内销售行为。（　　）

【答案】错误

【解析】境内向境外销售、出租完全在境外发生、适用的服务、无形、有形动产的，属于境内销售行为；境外向境内销售出租完全在境外发生、适用的服务、无形、有形动产的才不属于境内销售行为。

【判断题】罚没物品不需要缴纳增值税。（　　）

【答案】错误

【解析】纳入正常销售渠道销售的罚没物品需要缴纳增值税；具备拍卖条件，其拍卖收入作为罚没收入上缴财政的，不征增值税。

【判断题】纳税人销售自产设备并提供安装服务的，销售设备适用13%税率，安装服务适用3%征收率。（　　）

【答案】正确

【解析】销售自产设备并提供安装服务的，分别核算，销售设备按照税率，安装服务按照甲供工程适用征收率。

3. 知识扩展

境内A公司向境外甲公司支付商标使用费1000万元，咨询费800万元，设计费5万元，但甲公司未派遣相关人员来中国提供相关服务。

请问：境内A公司是否需要代扣代缴增值税与企业所得税？

【答案】需要代扣代缴增值税，因为服务购买方A公司在中国境内；不需要代扣代缴企业所得税，因为服务发生地不在中国境内。

《增值税暂行条例实施细则》第四条（该条款表明以下八种视同销售货物情形的主体不包括其他个人，即自然人）

单位或个体经营者的下列行为，视同销售货物：

①将货物交付他人代销；

②销售代销货物；

③设有两个以上机构并实行统一核算的纳税人，将货物从一个机构移送其他机构用于销售，但相关机构设在同一县（市）的除外；

④将自产或委托加工的货物用于非应税项目；

⑤将自产、委托加工或购买的货物作为投资，提供给其他单位或个体经营者；

⑥将自产、委托加工或购买的货物分配给股东或投资者；

⑦将自产、委托加工的货物用于集体福利或个人消费；

⑧将自产、委托加工或购买的货物无偿赠送他人。

《营业税改征增值税试点实施办法》第十四条（该条列举的第一种视同销售情形，对象不包括其他个人；列举的第二种视同销售情形，对象包括个体工商户、其他个人）

下列情形视同销售服务、无形资产或者不动产：

①**单位或者个体工商户**向其他单位或者个人无偿提供服务，但用于公益事业或者以社会公众为对象的除外。

②**单位或者个人**向其他单位或者个人无偿转让无形资产或者不动产，但用于公益事业或者以社会公众为对象的除外。

③财政部和国家税务总局规定的其他情形。

征收范围的特殊项目

特殊项目	征收增值税	不征收增值税
罚没物品	再销售、再经营	如数上缴财政
自产创新药	生产销售自产创新药	提供给患者后续免费使用的相同创新药
单用途卡和多用途预付卡	①售卡方取得的手续费、结算费、服务费、管理费等收入 ②持卡人到特约商户（如超市）消费时，特约商户的应税行为（特约商户不能向持卡人开具增值税发票） **单用途：京东E卡、沃尔玛购物卡等** **多用途：商通卡、福卡、中欣卡**	售卡或持卡人充值取得的充值或预收资金（可开具普票，不可开专票） **注：**后续发卡方将结算的销售款转给销售方（特约商户）并取得增值税普通发票，以此作为取得充值或预售资金不缴纳增值税的凭证
财政补贴收入	与销售货物、劳务、服务、无形资产、不动产的收入或者数量直接挂钩的财政补贴	其他情形的财政补贴收入

知识点4：税率和征收率

税率	税目
13%	一般货物销售进口、劳务、有形动产租赁 备注：销售自行开发的软件产品按照13%的税率征税，不是按照销售无形资产适用6%的税率

续表

税率	税目
9%	23种列举的低税率货物（吃的、用的、看的、农业相关的） 如：自来水、热水、冷气、暖气、农产品（含粮食）、饲料、化肥、农药、农机、农膜、图书、报纸、杂志、音像制品、电子出版物、二甲醚等 交通运输、邮政、基础电信 建筑、不动产租赁、销售不动产、转让土地使用权
6%	增值电信 金融服务、生活服务 现代服务（租赁除外） 销售无形资产（土地使用权除外）
0%	纳税人出口货物 境内单位和个人跨境销售国务院规定范围内的服务、无形资产 包括：国际运输服务、航天运输服务、向境外提供的完全在境外消费的部分服务（具体情形教材未列举，可仅做理解）

特别记忆

税率	油类	煤炭	其他
13%	环氧大豆油、氢化植物油、肉桂油、香茅油、桉油	原煤、工业用煤	**淀粉**、农机零部件、**调制乳**
9%	花椒油、橄榄油、核桃油、杏仁油、葡萄籽油、牡丹籽油	居民用煤炭制品	农机（**整机**）、农膜、鲜奶、巴氏杀菌乳、灭菌乳、豆粕、宠物饲料、二甲醚、**天然气**、**沼气**、煤气、石油液化气、暖气、冷气、热水、**自来水**

适用3%与5%征收率的项目

征收率	税目
3%	①小规模纳税人；一般纳税人选择简易计税 ②有形动产出售和出租、转让土地使用权按**全额**计算销售额 ③小规模纳税人提供劳务派遣服务选择**全额**计税 ④公路经营企业的一般纳税人收取试点前开工的高速公路的车辆通行费，可选择简易计税，减按3%征收率（高速公路通行费）计算公式为：应纳税额=[含税价格/(1+3%)]×3%
5%	①不动产出售和出租（含**出租土地使用权及转让土地使用权按差额**计算销售额） ②小规模纳税人提供劳务派遣服务选择差额计税；一般纳税人提供劳务派遣服务选择简易计税，按差额计税（**即劳务派遣差额计税**） ③一般纳税人收取试点前开工的一、二级公路，桥、闸通行费选择简易计税的（相当不动产租赁）
特殊规定	个体工商户和自然人出租住房，按照5%征收率减按1.5%征税 计算公式为：应纳税额=[含税价格/(1+5%)]×1.5% **自2020年5月1日至2023年12月31日，从事二手车经销业务的纳税人销售其收购的二手车，按以下规定执行：纳税人减按0.5%征收率征收增值税，并按下列公式计算销售额：销售额=含税销售额/（1+0.5%）（原政策是3%减按2%）**

总结：小规模纳税人征收率适用

征收率	情形	计算方式
3%	①有形动产转让	全额
	②有形动产出租	全额
	③土地使用权转让	全额
	④劳务派遣服务、安保服务	全额
5%	①不动产转让（非自建）	**差额**
	②不动产转让（自建）	全额
	③房地产开发企业销售、出租开发房产	**全额**
	④不动产出租（减按1.5%）	全额
	⑤土地使用权出租	全额
	⑥劳务派遣服务、安保服务	**差额**

知识点5：一般纳税人选择按3%简易计税情形

可选择按照3%征收率纳税的货物	①自产的和自来水公司销售的**自来水** ②县级及以下小型**水力**发电单位生产的电力（不是火力发电） ③用微生物、血液或组织等制成的生物制品 ④建筑用和生成建筑材料所用的砂、土、石料 ⑤以自产/自采的砂、土、石料或其他矿物连续生产的砖、瓦、石灰（不含黏土实心砖、瓦） ⑥商品混凝土 ⑦从事再生资源回收的增值税一般纳税人**销售其收购的再生资源**（财政部 税务总局公告2021年第40号）（也可以选择一般计税）
可选择按照3%征收率纳税的服务	①公共交通运输服务、**教育辅助服务、非学历教育服务** ②动漫产品的设计、制作服务，以及在境内转让动漫版权 ③电影放映服务、仓储服务、装卸搬运服务、收派服务和文化体育服务 ④以“营改增”试点前取得的有形动产提供的有形动产经营租赁服务 ⑤“营改增”试点前签订的，尚未执行完毕的“有形动产租赁”合同 **⑥以清包工和甲供工程方式提供建筑服务以及建筑工程老项目** ⑦非企业性单位提供研发技术服务、信息技术服务、鉴证咨询服务；销售技术、著作权等无形资产 ⑧中国邮政储蓄银行纳入“三农金融事业部”改革的县域支行提供农户贷款、农村企业和农村各类组织贷款取得的利息收入
选择简易办法后，“36个月”内不得变更（建筑业和房地产业按项目进行管理，不受36个月限制）	

1. 概念详解

税率，是对征税对象的征收比例或征收额度；征收率，是指在纳税人因财务会计核算制度不健全，不能提供税法规定的课税对象和计税依据等资料的条件下，由税务机关经调查核定，按与课税对象和计税依据相关的其他数据计算应纳税额的比例。我国的增值税税率包括13%、9%、6%、零税率四档，征收率分为5%和3%两档，对于1.5%和2%等不属于法定征收率，而是优惠计算缴税比例。

甲供工程，是指全部或部分设备、材料、动力由工程发包方自行采购的建筑工程，甲供工程涉及工程材料较多，主要材料、设备等由甲方供应。清包工方式提供建筑服务，是指施工方不采购建筑工程所需的材料或只采购辅助材料，并收取人工费、管理费或者其他费用的建筑服务，清包工主要是人工成本。

2. 经典习题演练

【多选题】下列适用13%税率的商品货物是（　　）。

A. 整机农机　　B. 农膜　　C. 肉桂油　　D. 原煤

【答案】CD

【解析】A选项与B选项适用9%税率，农机零部件才适用13%税率。

【多选题】下列适用9%税率的服务是（　　）。

A. 增值电信服务　　B. 不动产租赁

C. 转让商标权　　D. 交通运输服务

【答案】BD

【解析】A选项，销售增值电信服务适用6%的税率，基础电信服务适用9%的税率；B选项与D选项适用9%的税率；C选项为销售无形资产，适用6%的税率。

【多选题】金融企业提供金融服务取得的下列收入中，按“贷款服务”计税的是（　　）。

A. 以货币资金投资收取的保底利润

B. 融资性售后回租业务取得的利息收入

C. 买入返售金融商品利息收入

D. 金融商品持有期间取得的非保本收益

【答案】ABC

【解析】各种占用、拆借资金取得收入，包括金融商品持有期间（含到期）利息（保本收益、报酬、资金占用费、补偿金等）收入、信用卡透支利息收入、买入返售金融商品利息收入、融资融券利息收入、融资性收回回租、押汇、罚息、票据贴现、转贷等均按照贷款服务。D选项，金融商品持有期间取得的非保本收益，不属于利息或利息性质收入，不征收增值税。

【多选题】下列适用3%征收率的应税行为是（　　）。

A. 小规模纳税人按差额转让土地使用权

B. 小规模纳税人提供劳务派遣服务选择全额计税

C. 小规模纳税人提供汽车租赁

D. 小规模纳税人转让不动产

【答案】BC

【解析】A选项，转让土地使用权按差额计算销售额适用5%的征收率；D选项，小规模纳税人转让不动产适用5%的征收率。

【多选题】下列增值税一般纳税人发生的下列业务中，可以选择适用简易计税的是（　　）。

A. 提供装卸搬运服务　　B. 提供文化体育服务

C. 提供公共交通运输服务　　D. 提供税务咨询服务

【答案】ABC

【解析】可选择适用简易计税的服务包括：公共交通运输服务，动漫产品的设计、制作服务，境内转让动漫版权，电影放映服务，仓储服务，装卸搬运服务，收派服务和文化体育服务

3. 知识扩展

适用零税率的情形

类型	内容
国际运输服务	①在境内载运旅客或者货物出境 ②在境外载运旅客或者货物入境 ③在境外载运旅客或者货物
向境外单位提供的完全在境外消费的服务	①研发服务 ②合同能源管理服务 ③设计服务 ④广播影视节目（作品）的制作和发行服务（播映服务为免税） ⑤软件服务 ⑥电路设计及测试服务 ⑦信息系统服务 ⑧业务流程管理服务 ⑨离岸服务外包业务 ⑩转让技术 注：境内单位和个人以无运输工具方式提供的国际运输服务，由境内实际承运人适用零税率；无运输工具承运业务的经营者适用增值税免税政策
航天运输服务	
其他	境内单位和个人发生的与香港、澳门、台湾地区有关的应税行为
注：纳税人可以选择放弃零税率适用免税	

出口货物、劳务和跨境免税情形

类型	内容
出口企业或其他单位出口规定的货物	**增值税小规模纳税人出口的货物**；避孕药品和开具；古旧图书；软件产品（软件服务为零税率）；来料加工复出口的货物（不是进料加工）；农业生产者自产农产品；非出口企业委托出口的货物；国家计划内出口的卷烟；含黄金、铂金成分的货物、钻石及其饰品；以旅游购物贸易方式报关出口的货物等
境内单位和个人提供的跨境应税服务	（1）工程项目在境外的**建筑服务和工程监理**服务 （2）工程、矿产资源在境外的**工程勘察勘探**服务 （3）会议展览地点在境外的**会议展览**服务 （4）存储地点在境外的**仓储**服务 （5）标的物在境外使用的**有形动产租赁**服务 （6）为出口货物提供的**邮政、收派、保险**服务 （7）在境外提供的广播影视节目（作品）的**播映**服务 （8）在境外提供的**文化体育、教育医疗、旅游服务** （9）向境外单位销售的广告投放地在境外的**广告**服务

续表

类型	内容
境内单位和个人提供的跨境应税服务	(10)完全在境外消费的以下服务：**电信、知识产权、物流辅助（仓储服务、收派服务除外）、鉴证服务、专业技术服务、商务辅助服务、无形资产（技术除外）** (11)为境外单位之间的货币资金融通及其他金融业务提供的直接收费金融服务，且该服务与境内的货物、无形资产和不动产无关
国际运输服务	(1)以**无运输工具承运方式**提供的国际运输服务 (2)以**水路、公路、航空运输**方式提供国际运输服务但未取得相关许可证的

采取填埋、焚烧等方式进行专业化处理（了解）

是否产生货物	产生的货物	受托方适用征税范围	税率
是	归属委托方	加工劳务	13%
	归属受托方	现代服务—专业技术服务	6%
		产生的货物再销售时	**货物的适用税率**
否	—	现代服务—专业技术服务	6%

行业税率具体情形（了解）

行业	应税服务	具体内容
1. 交通运输服务（9%）	陆路	铁路、公路、**缆车、索道**、地铁、城市轨道等运输
	水路	远洋运输的程租、期租业务
	航空	航空运输的湿租业务，航天运输
	管道	通过**管道输送**气体、液体、固体物质
2. 邮政服务（9%）	邮政普遍	函件、包裹等邮件寄递，以及**邮票发行、报刊发行和邮政汇兑**等业务活动
	邮政特殊	义务兵平常信函、机要通信、盲人读物和革命烈士遗物的寄递等业务活动
	其他邮政	邮册等**邮品销售、邮政代理**等活动
邮政服务，是指中国邮政集团公司及所属邮政企业提供的业务活动，中国邮政速递物流股份有限公司及其子公司（含各级分支机构），不属于中国邮政集团公司所属邮政企业		
3. 电信服务	基础电信服务（9%）	利用固网、移动网、互联网提供**语音通话**服务，及出租出售宽带、波长等网络元素
	增值电信服务（6%）	提供**短信和彩信服务**、电子数据和信息的传输及应用服务、互联网接入服务。**卫星电视信号落地转接服务，按照增值电信服务征税**
4. 建筑服务（9%）	工程服务	新建、改建各种建筑物、构筑物的工程作业
	安装服务	是指设备、设施的装配、安置工程作业，包括与被安装设备相连的工作台、梯子、栏杆的装设工程作业，以及被安装设备的绝缘、防腐、保温、油漆等工程作业
	修缮服务	对建筑物进行修补、加固、养护、改善
	装饰服务	修饰装修，使之美观或具有特定用途的工程
	其他	如**钻井（打井）、拆除建筑物**、平整土地、园林绿化等

续表

<table>
<tr><th>行业</th><th>应税服务</th><th>具体内容</th></tr>
<tr><td rowspan="4">5. 金融服务（6%）</td><td>贷款服务</td><td>各种占用、拆借资金取得的收入、融资性售后回租、罚息、票据贴现等业务取得的利息</td></tr>
<tr><td>直接收费金融服务</td><td>提供信用卡、基金管理、金融交易场所管理、资金结算、资金清算等</td></tr>
<tr><td>保险服务</td><td>包括人身保险服务和财产保险服务</td></tr>
<tr><td>金融商品转让</td><td>包括转让外汇、有价证券、非货物期货和其他金融商品所有权的业务活动</td></tr>
<tr><td rowspan="10">6. 现代服务（9 项，除租赁外均为 6%）</td><td>研发和技术服务</td><td>包括研发服务、合同能源管理服务、工程勘察勘探服务、专业技术服务（如气象服务、地震服务、海洋服务、测绘服务、城市规划、环境与生态监测服务等专项技术服务）</td></tr>
<tr><td>信息技术服务</td><td>软件服务、电路设计及测试服务、信息系统服务、业务流程管理服务</td></tr>
<tr><td>文化创意服务</td><td>包括设计服务、知识产权服务、广告服务和会议展览服务</td></tr>
<tr><td>物流辅助服务</td><td>包括航空服务、港口码头服务、货运客运场站服务、打捞救助服务、装卸搬运服务、仓储服务、收派服务</td></tr>
<tr><td rowspan="2">租赁服务
（13%，9%）</td><td>融资租赁：动产＋不动产</td></tr>
<tr><td>经营租赁：动产＋不动产</td></tr>
<tr><td>鉴证咨询服务</td><td>包括认证服务、鉴证服务和咨询服务。翻译服务、市场调查服务按照咨询服务</td></tr>
<tr><td>广播影视服务</td><td>包括广播影视节目（作品）的制作服务、发行服务、播映（含放映）服务</td></tr>
<tr><td>商务辅助服务</td><td>企业管理服务、经纪代理服务、人力资源服务、安全保护服务</td></tr>
<tr><td colspan="2" style="display:none"></td></tr>
<tr><td rowspan="5">7. 生活服务（6 项，6%）</td><td>文化体育服务</td><td>包括文艺表演、比赛，档案馆的档案管理，文物及非物质遗产保护，提供游览场所等</td></tr>
<tr><td>教育医疗服务</td><td>教育服务，是指提供学历教育服务、非学历教育服务、教育辅助服务的业务活动</td></tr>
<tr><td>旅游娱乐服务</td><td>包括旅游服务和娱乐服务</td></tr>
<tr><td>餐饮住宿服务</td><td></td></tr>
<tr><td>居民日常服务</td><td>包括市容市政管理、家政、婚庆、养老、殡葬、护理、美容美发、按摩、桑拿、沐浴、洗染、摄影扩印等服务</td></tr>
</table>

知识点6：销售额确定

一般规定	销售货物劳务	收取价款＋价外费用（不包收取的增值税） 价外费用：**违约金**、滞纳金、赔偿金、延期付款利息、**包装物租金**、代收款项、代垫款项等 **不包括：** ①代收代缴消费税 ②符合条件的代垫运费：发票开给购买方；纳税人将发票交购买方 ③符合条件的代为收取的政府性基金或行政事业性收费（注意省级） ④代收保险费、车辆购置税、车辆牌照费
	销售服务、无形、不动产	①收取价款＋价外费用（不包收取的增值税） 不包括： ①代为收取的符合规定条件的政府性基金或行政事业性收费 ②以委托方名义开具发票代委托方收取的款项
含税判定		①专票不含税，普票含税；②零售价含税；③价外费用一般含税
外币折算		可选择销售额发生当天或当月1日的汇率中间价；12个月内不能变
注：简易计税销售额不计入销项税，计算出来的是应纳税额，不抵扣进项税		

特殊销售方式下的销售额

特殊销售方式	折扣销售	商业折扣（折扣销售）：可在销售额中扣除，需在发票金额栏分别注明，备注栏注明的不可以扣减 现金折扣（销售折扣）：不可在销售额中扣除，计入财务费用 销售折让：当期冲减收入和销项税额 实物折扣：买一送一视同销售，即按两件计算
	以旧换新	不得扣减旧货收购价格（金银首饰除外）
	还本销售	不得扣减还本支出
	以物易物	双方均做购销处理
	包装物押金	**①一般货物＋啤酒、黄酒：**单独记账且逾期或1年 **未单独记账的，在收取时计入价外费用** **一年内：**未到期，不计入价外费用；到期，计入价外费用 **一年外：**不论是否到期，均计入价外费用 **②其他酒类：**收取时就征
销售额核定		①纳税人最近时期同类货物销售均价 ②其他纳税人最近时期同类货物销售均价 ③组成计税价格 注：一般货物成本利润率按10%，销售服务、无形、不动产的成本利润率由国家税务总局确定 进口货物用的是组成计税价格（关税完税价格＋关税＋消费税）

1. 概念详解

包装物押金和包装物租金两者在增值税处理上完全不全，包装物押金要根据是否单独记账、逾期（或1年）与否确定是否计入销售额（价外费用），而包装物租金是直接计入价外费用。

2. 经典习题演练

【判断题】 A公司系销售白酒的一般纳税人，日常销售中对包装物押金进行单独记账，2022年5月销售一批白酒给B公司，不含税销售额100万元，收取包装物押金11.3万元，押金期限8个月，纳税人应税销售额为110万元。（　　）

【答案】 正确

【解析】 A公司销售白酒，在收取包装物押金时即应计入价外费用计征销项税。

3. 知识扩展

价外费用换算时税率采用主业所采用的税率，主业一般采用销售额占比超过50%的行业。

进行销售额核定时，需按以下顺序进行确定，首先是按照纳税人最近时期同类货物销售均价，其次是按照其他纳税人最近时期同类货物销售均价，最后才是按照组成计税价格。

知识点7：差额计税

房企一般纳税人销售房地产（简易计税除外）（仅适用一般纳税人）	销售额＝（**全部价款＋价外费用－允许扣除的土地价款**）/（1＋9%） 【提示】扣除的**地价款**应和收入相配比，**包括向政府支付的征地和拆迁补偿费、土地前期开发费用、土地出让收益、取得土地时向其他单位和个人支付的拆迁补偿费等（不包括取得土地的契税）** 当期允许扣除的土地价款＝（当期销售房地产项目建筑面积÷房地产项目可供销售建筑面积）×支付的土地价款） **备注：** 老项目选择简易计税则是按5%征收率全额计税 小规模纳税人的房开企业，按照5%征收率全额计税
金融商品转让（适用一般纳税人、小规模纳税人）	销售额＝（卖出价－买入价－当年负差）/（1＋6%） （1）卖出价和买入价均含增值税，不得扣除税费 （2）正负差年内相抵，跨年不得抵，**只能开普通发票** （3）买入价和卖出价要配比
旅游服务（适用一般纳税人，小规模纳税人）	扣除向购买方收取并支付给他人的住宿费、餐饮费、交通费、签证费、门票费和其他接团企业旅游费 **注：**不扣除为导游支付的费用，支付给境外接团企业的费用无须扣缴增值税
客运站场（仅适用一般纳税人）	扣除支付**承运方**的运费（小规模纳税人提供客运站场服务只能全额）
劳务派遣（适用一般纳税人，小规模纳税人）安保服务比同处理	**一般纳税人：** （1）全额一般计税：6% （2）差额简易计税：5% **小规模纳税人：** （1）全额简易计税：3% （2）差额简易计税：5% ①选择差额计税，向用工单位收取用于支付给劳务派遣员工工资、福利和为其办理社会保险及住房公积金的费用，不得开具增值税专用发票，可以开具普通发票 ②劳务派遣公司有多个项目，可以分别选择一般计税或差额征收
建筑服务（适用一般纳税人，小规模纳税人）	**一般纳税人：** （1）全额一般计税：9%（注意预缴时是按差额，回机构所在地申报时是全额） （2）差额简易计税：3%（扣除分包款） **小规模纳税人：** 差额计税：3%（扣除分包款）

续表

物业管理服务（适用一般纳税人，小规模纳税人）	销售额 = 收取的自来水水费 − 对外支付的自来水水费 一般纳税人：适用征收率 3% 小规模纳税人：适用征收率 3%
经纪代理服务（适用一般纳税人，小规模纳税人）	销售额 = 所取得的全部价款、价外费用 − 向委托方收取并代为支付的政府性基金或行政事业性收费 一般纳税人：适用税率 6% 小规模纳税人：适用征收率 3%

1. 概念详解

还本销售是企业销售货物后，在一定期限内将全部或部分销货款一次或分次无条件退还给购货方的一种销售方式，还本销售的目的在于促销和筹资。虽然还本销售通过还本的方式实际上减少了销售额，但是从增值税处理看，取得销售收入跟后续的一次或分次还本行为系两个不同的行为，所以在计算销售额时不扣减还本支出。

2. 经典习题演练

【多选题】下列关于差额计税，说法正确的是（　　）。

A. 房地产企业一般纳税人销售房地产可以选择差额简易计税

B. 提供物业管理服务纳税人，向服务接收方收取水费，以扣除其对外支付的水费后的余额为销售额，按简易计税依 3% 征收率计算缴纳增值税

C. 小规模纳税人适用客运站场差额计税

D. 一般纳税人选择劳务派遣全额计税的，适用 6% 税率

【答案】BD

【解析】A 选项，房企一般纳税人销售房地产可以选择差额计税，适用 9% 税率；C 选项，小规模纳税人不适用客运站场差额计税。

【多选题】根据增值税政策规定，按差额确定销售额的有（　　）。

A. 一般纳税人销售自行开发的房地产项目

B. 一般纳税人金融商品转让销售额

C. 一般纳税人提供旅游服务

D. 一般纳税人适用一般计税方法提供建筑安装服务

【答案】BC

【解析】A 选项，选择简易计税的则为全额；D 选项，适用简易计税方法的，可以差额确定销售额；适用一般计税方法的，销售额全额计税

3. 知识扩展

金融商品转让对于“买入价”的特殊规定（了解）

情形	买入价格的确定
IPO 形成的限售股	IPO 发行价
重大资产重组形成的限售股	停牌前一交易日的收盘价

续表

情形	买入价格的确定
持有的限售股在解禁后对外转让，按规定确定的买入价低于实际成本价的	实际成本价
无偿转让股票	转出方以买入价为卖出价；转入方再转让时，以原转出方的卖出价为买入价

知识点8：进项税额确定

可抵扣情形：凭票抵扣

	项目	进项税额计算
凭票抵扣	增值税专用发票（含税控机动车销售统一发票）	发票上注明的税额
	从海关取得的进口增值税专用缴款书	税率为13%或9%
	购进农产品准予抵扣的进项税额 ①农产品生产者：销售发票（普票）或收购发票。批发、零售环节购进免税而取得的普票不可抵扣 ②农产品批发商和零售商：专用发票 小规模纳税人3%，一般纳税人9% ③境外农产品销售方：进口增值税专用缴款书 ④购进农产品为原料生产销售液体乳及乳制品、酒及酒精、植物油的增值税一般纳税人：无论是否用于生产相关产品，均适用进项核定 ⑤烟叶：可抵扣进项＝(收购价＋实际支付的价外补贴＋烟叶税)×9%或10%	①销售发票或收购发票，以票面注明的农产品买价×9%计算进项税 ②专票：不含税×9% ③用于生产、加工13%税率货物，按10% ④进项核定扣除方法：投入产出法、成本法、参照法
	收费公路通行费增值税电子普通发票（高速、一二级公路）	票面增值税额抵扣进项税
	桥、闸纸质通行费发票	发票金额/(1＋5%)×5%
	代扣代缴税款完税凭证（主管税务机关向购买方开具）	完税凭证注明抵扣税额

可抵扣情形：农产品加计扣除

销售方	凭证	能否抵扣	如何抵扣	记忆口诀
一般纳税人	9%专用发票	能	发票金额×9%	①普票**不能抵**，免税**有例外** ②专票**可以抵**，税率**无例外** 注：后续用于继续生产13%高税率的货物的，再加扣1%
	9%普通发票	**不能**	—	
	自产免税普票	能	买价×9%	
	批发零售免税普票	**不能**	—	
小规模纳税人	3%专用发票	能	发票金额×9%	
	3%普通发票	**不能**	—	
	自产免税普票	能	买价×9%	
	批发零售免税普票	**不能**	—	
农民个人	自产收购发票（自开）	能	买价×9%	
	自产免税普票（代开）	能	买价×9%	
农民合作社	自产免税普票	能	买价×9%	
海关进口	进口增值税专用缴款书	能	发票金额×9%	

备注：根据财税〔2017〕37 号第二条、财税〔2018〕32 号第二条、财政部 税务总局 海关总署公告 2019 年第 39 号第二条规定，纳税人购进农产品，从依照 3% 征收率计算缴纳增值税的小规模纳税人取得增值税专用发票的，以增值税专用发票上注明的金额和 9% 的扣除率计算进项税额；纳税人购进农产品用于生产或者委托加工 13% 税率货物的，按照 10% 的扣除率计算进项税额。

因此，如取得开具的税率为 **1% 的农产品专用发票，不得按 9% 或 10% 的扣除率计算抵扣进项税额**。小规模纳税人选择放弃享受减征增值税政策，开具 3% 征收率的增值税专用发票，取得了小规模纳税人开具的 **3% 征收率的增值税专用发票，即可按上述规定计算抵扣进项税额**。

可抵扣情形：国内旅客运输服务

	项目	进项税额计算
国内旅客运输服务（非本单位员工的不可扣）	增值税专用发票	发票上注明的税额
	增值税电子普通发票	发票上注明的税额
	注明旅客身份信息的航空运输电子客票行程单	（票价 + 燃油附加费）/（1 +9%）×9%
	注明旅客身份信息的铁路车票	票面金额/（1 +9%）×9%
	注明旅客身份信息的公路、水路等客票	票面金额/（1 +3%）×3%
从境外购进劳务、服务、无形或境内不动产，从税务机关或扣缴义务人取得的完税凭证		凭证注明的增值税额（合同、付款证明、对账单、发票等资料需齐全）
注意： ①2019 年 3 月 1 日起，取消增值税发票认证的范围扩大至所有一般纳税人 ②2019 年 4 月 1 日起，国内旅客运输服务纳入抵扣；不动产由分两次抵扣改为一次性全额抵扣 ③计算进项税额时，要包括进口环节海关代征增值税和代扣代缴增值税		

可抵扣情形：进项税额加计抵减

进项税额加计抵减	《财政部 税务总局关于明确增值税小规模纳税人减免增值税等政策的公告》（财政部 税务总局公告 2023 年第 1 号） 自 2023 年 1 月 1 日至 2023 年 12 月 31 日，增值税加计抵减政策按照以下规定执行： （一）允许生产性服务业纳税人按照当期可抵扣进项税额加计 5% 抵减应纳税额。生产性服务业纳税人，是指提供邮政服务、电信服务、现代服务、生活服务取得的销售额占全部销售额的比重超过 50% 的纳税人 （二）允许生活性服务业纳税人按照当期可抵扣进项税额加计 10% 抵减应纳税额。生活性服务业纳税人，是指提供生活服务取得的销售额占全部销售额的比重超过 50% 的纳税人 《财政部 税务总局关于先进制造业企业增值税加计抵减政策的公告》（财政部 税务总局公告 2023 年第 43 号） 自 2023 年 1 月 1 日至 2027 年 12 月 31 日，允许先进制造业企业按照当期可抵扣进项税额加计 5% 抵减应纳增值税税额 本公告所称先进制造业企业是指高新技术企业（含所属的非法人分支机构）中的制造业一般纳税人
	《财政部 税务总局关于集成电路企业增值税加计抵减政策的通知》（财税〔2023〕17 号） 自 2023 年 1 月 1 日至 2027 年 12 月 31 日，允许集成电路设计、生产、封测、装备、材料企业，按照当期可抵扣进项税额加计 15% 抵减应纳增值税税额

不予抵扣情形

	情形	备注
不予抵扣	外购用于简易计税、免税项目、集体福利或个人消费的货物、劳务、服务、无形、不动产	固定资产、无形资产、不动产混用的可全部抵扣，专用的不可扣 其他混用要划分
	①非正常损失的购进货物以及相关的劳务和交通运输服务 ②非正常损失的在产品、产成品所耗用的购进货物（不含固定资产）、劳务和交通运输服务 ③非正常损失的不动产及所耗购进货物、设计、建筑服务 ④非正常损失的不动产在建工程所耗购进货物、设计、建筑	管理不善不可抵 灾害次品都可抵 运费伴随货物抵
	购进的贷款服务、餐饮服务、居民日常服务和娱乐服务 注：接受贷款而支付的投融资顾问费、手续费、咨询费等费用不可抵	吃饭（餐费）不抵住宿抵
	财政部和国家税务总局规定的其他情形	

不予抵扣情形：进项扣减

	情形	计算方法
扣减进项计算	一般计税纳税人兼营简易计税、免征项目	不得抵扣＝全部进项×（简易计税销售额＋免税项目销售额）/当期全部销售额
	已抵扣进项税的固定资产、无形资产发生不得抵扣情形	不得抵扣＝固定资产、无形资产净值×税率
	已抵扣进项税情形的不动产发生不得抵扣情形	不得抵扣＝已抵扣进项税额×不动产净值率 不动产净值率＝不动产净值/不动产原值×100%
	不得抵扣进项税的不动产发生用途改变用于可抵扣	可抵扣＝增值税扣税凭证注明或计算的进项税额×不动产净值率
	购进免税农产品转出进项税	账面成本/（1－扣除率）×扣除率，扣除率为9%或10%； **理解：购进免税农产品计入成本金额＝买价×（1－扣除率），买价＝账面成本/（1－扣除率）**
	购进非免税产品	账面成本×税率或征收率
	平销返利	冲减进项＝返利/（1＋税率）×税率
	销货退回、销售折让	冲减进项＝已抵扣进项

1. 概念详解

非正常损失是指管理不善导致被盗、丢失、霉烂变质的损失以及违反法律、法规造成货物或不动产被依法没收、销毁、拆除的情形。生产过程中的残次品及运输过程中的合理损耗都属于正常损失。同时自然灾害（如风、火、雷、电等）所导致的损失也不属于非正常损失，不需要转出进项税。

2. 经典习题演练

【多选题】下列可以用于抵扣进项税额的凭证是（　　）。

A. 增值税纸质普通发票　　　　　　　　B. 铁路车票

C. 增值税专用发票　　　　　　　　　　D. 桥梁纸质通行费发票

【答案】 CD

【解析】 A 选项应为增值税电子普通发票；B 选项应该注明旅客身份信息；D 选项要注意：公路通行费增值税电子普通发票按发票注明税额抵扣，桥、闸纸质通行费发票按发票金额/(1 +5%)×5%计算。

【判断题】 A 公司为生产玉米罐头的专业公司，2022 年 5 月从农户手中购买一批玉米并开具农产品收购发票，金额 100 万元，则 5 月 A 公司可以抵扣的进项为 10 万元。（　　）

【答案】 错误

【解析】 购进当期，可抵扣进项税额为 9 万元，后续用于连续生产环节再加扣 1%的进项税额。

【判断题】 从小规模纳税人农产品批发商购进玉米，取得代开的增值税专用发票，不含税价 30000 元，税额 900 元，直接用于对外销售，可抵扣的进项税额为 900 元。（　　）

【答案】 错误

【解析】 可抵扣进项税 =30000×9% =2700（元）。

【判断题】

一般纳税人选择简易计税的，不可以开具增值税专用发票。（　　）

【答案】 错误

【解析】 除有特别说明，否则一般纳税人选择简易计税的，可以开具增值税专用发票。

【判断题】

一般纳税人 A 公司从农民手中收购玉米一批用于直接出售，账面成本 4550 元，因保管不善导致霉变，产品进项已抵扣。则本期应转出的进项税是 450 元。（　　）

【答案】 正确

【解析】 转出进项税 =4550/(1 −9%)×9% =450（元）。

3. 知识扩展

进项核定扣除

	用途		进项税额计算
核定扣除	用于生产	投入产出法	销量×单耗量×平均购买单价×扣除率/（1+扣除率）
		成本法	主营业务成本×农产品耗用率×扣除率/（1+扣除率）
		参照法	参照所属行业或者生产结构相近的其他试点纳税人确定农产品单耗数量或者农产品耗用率
	直接销售		当期销售农产品数量/（1－损耗率）×农产品平均购买单价×9%/(1+9%)
注意：扣除率为销售货物的适用税率			

知识点9：留抵退税（2019年4月1日试行）

符合以下条件的，可以向主管税务机关申请退还增量留抵税额：
①纳税信用等级为A级或者B级
②申请退税前36个月未发生骗取留抵退税、出口退税或虚开增值税专用发票情形的
③申请退税前36个月未因偷税被税务机关处罚两次及以上的
④自2019年4月1日起未享受即征即退、先征后返（退）政策的
允许退还的增量留抵税额＝增量留抵税额×进项构成比例×60％ 进项构成比例，为2019年4月至申请退税前一税款所属期内已抵扣的增值税专用发票（含税控机动车销售统一发票）、海关进口增值税专用缴款书、解缴税款完税凭证注明的增值税额占同期全部已抵扣进项税额的比重。（2022年4月1日起，符合条件的小微企业扣除比例为100％，分子新增专票字样的全电发票、收费公路通行费增值税电子普通发票） 注：纳税人适用增值税留抵退税政策，有纳税信用级别条件要求的，以纳税人向主管税务机关申请办理增值税留抵退税提交《退（抵）税申请表》时的纳税信用级别确定（国家税务总局公告2019年第45号）

1. 概念详解

2019年3月21日，财政部、税务总局、海关总署三部门联合发布《关于深化增值税改革有关政策的公告》中提出，自2019年4月1日起，试行增值税期末留抵税额退税制度。留抵税额，简单可理解为当进项税额大于销项税额时，即出现了留抵税额。对于留抵税额一般有两种处理方式，允许纳税人结转下期继续抵扣或申请当期退还，我国自2019年4月1日开始试行留抵税额退税，把纳税人今后才可继续抵扣的进项税额予以提前返还。留抵税额包括存量留抵税额和增量留抵税额，存量留抵税额是指纳税人将当期期末的留抵税额与2019年3月31日的期末留抵税额相比较后所确认的用于留抵退税的金额；增量留抵税额是指当纳税人当期销项税款不足以弥补其进项税款时的部分差额。按照《关于进一步加大增值税期末留抵退税政策实施力度的公告》（财政部 税务总局公告2022年第14号）规定：

增量留抵税额，区分以下情形确定：

①纳税人获得一次性存量留抵退税前，增量留抵税额为当期期末留抵税额与2019年3月31日相比新增加的留抵税额。

②纳税人获得一次性存量留抵退税后，增量留抵税额为当期期末留抵税额。

存量留抵税额，区分以下情形确定：

①纳税人获得一次性存量留抵退税前，当期期末留抵税额大于或等于2019年3月31日期末留抵税额的，存量留抵税额为2019年3月31日期末留抵税额；当期期末留抵税额小于2019年3月31日期末留抵税额的，存量留抵税额为当期期末留抵税额。

②纳税人获得一次性存量留抵退税后，存量留抵税额为零。

2. 经典习题演练

【多选题】甲企业为一家汽车制造企业，于2023年5月底申请增值税留抵退税，需符合的条件有（　　）。

A. 自2019年4月税款所属期起，连续六个月（两个季度）增量留抵税额均大于零，且第六个月增量留抵税额不低于50万元

B. 申请退税前36个月未发生骗取留抵退税、骗取出口退税或虚开增值税专用发票情形

C. 申请退税前36个月未因偷税被税务机关处罚两次及以上

D. 2019年4月1日起未享受即征即退、先征后返（退）政策

E. 纳税信用等级为A级或者B级

【答案】BCDE

【解析】A选项的条件自2022年4月1日起已取消。

3. 知识扩展

不计入进项构成比例的进项税额主要包括农产品抵扣进项、国内旅客运输抵扣进项、桥闸纸质通行费发票等。

关于留抵退税适用行业的历次变化情况

《财政部 税务总局关于明确先进制造业增值税期末留抵退税政策的公告》（财政部 税务总局公告2021年第15号）规定先进制造业纳税人，是指按照《国民经济行业分类》，生产并销售“非金属矿物制品”“通用设备”“专用设备”“计算机、通信和其他电子设备”“医药”“化学纤维”“铁路、船舶、航空航天和其他运输设备”“电气机械和器材”“仪器仪表”销售额占全部销售额的比重超过50%的纳税人
《财政部 税务总局关于进一步加大增值税期末留抵退税政策实施力度的公告》（财政部 税务总局公告2022年第14号）规定的相关行业包括：“制造业”“科学研究和技术服务业”“电力、热力、燃气及水生产和供应业”“软件和信息技术服务业”“生态保护和环境治理业”和“交通运输、仓储和邮政业”
《财政部 税务总局关于扩大全额退还增值税留抵税额政策行业范围的公告》（财政部 税务总局公告2022年第21号）扩围相关行业：按月全额退还增值税增量留抵税额、一次性退还存量留抵税额的政策范围，扩大至“批发和零售业”“农、林、牧、渔业”“住宿和餐饮业”“居民服务、修理和其他服务业”“教育”“卫生和社会工作”和“文化、体育和娱乐业”

知识点10：销售自己使用过的物品、旧货

纳税人类别	情形	计算
一般纳税人	销售购进时不得抵扣且未抵扣进项税额的固定资产	应纳税额＝含税销售额/(1＋3%)×2%
	销售购进时已抵扣进项税额的固定资产	应纳税额＝含税销售额/(1＋13%)×13%
	销售除固定资产以外的其他物品	按适用税率征收
小规模纳税人（不含其他个人）	销售自己使用过的固定资产	应纳税额＝含税销售额/(1＋3%)×2%
	销售除固定资产外的其他物品	按简易计税，适用3%征收率
其他个人	所有物品	免税
纳税人销售旧货（不包括自己使用过的物品），按简易办法依照3%减按2%		

1. 概念详解

旧货是指二次流通的货品，购旧物品又卖；使用过的物品是指新物品用旧后首次出

售流通。

2. 经典习题演练

【判断题】个体工商户销售旧货可以享受免征增值税优惠。 （ ）

【答案】错误

【解析】自然人销售旧货可以享受免征增值税优惠，个体工商户销售旧货需按规定纳税。

3. 知识扩展

购进时不得抵扣且未抵扣进项税额的固定资产，一般是指 2009 年 1 月 1 日前我们施行生产型增值税时购进固定资产不得抵扣进项税额的情形。

知识点 11：不动产的出售与出租

纳税人类别	不动产转让		不动产出租
一般纳税人	简易计税	转让 2016 年 4 月 30 日前取得不动产：差额计税，征收率为 5% 转让 2016 年 4 月 30 日前自建不动产：全额计税，征收率为 5%	2016 年 4 月 30 日前，5%
	一般计税	转让 2016 年 4 月 30 日前取得不动产（含自建）选择一般计税，转让 2016 年 5 月 1 日后取得（含自建）不动产：全额计税，征收率为 9%	2016 年 4 月 30 日前，9% 2016 年 5 月 1 日后，9%
小规模纳税人（不含其他个人）	简易计税	转让取得的不动产：差额计税，征收率为 5% 转让自建的不动产：全额计税，征收率为 5%	5% 征收率，个体户出租住房按 5% 减按 1.5%
其他个人	简易计税	转让住房：两年以内，全额计税，征收率为 5%；两年以上，免 北上广深：凡取消普通住宅和非普通住宅标准的，与全国其他地区适用统一的个人销售住房增值税政策，对该城市个人将购买 2 年以上（含 2 年）的住房对外销售的，免征增值税	5% 征收率，其他个人出租住房按 5% 减按 1.5%

1. 概念详解

根据《纳税人转让不动产增值税征收管理暂行办法》（国家税务总局公告 2016 年第 14 号）第三条规定，一般纳税人转让其取得的不动产，按照以下规定缴纳增值税：

①一般纳税人转让其 2016 年 4 月 30 日前取得（不含自建）的不动产，可以选择适用简易计税方法计税，以取得的全部价款和价外费用扣除不动产购置原价或者取得不动产时的作价后的余额为销售额，按照 5% 的征收率计算应纳税额。纳税人应按照上述计税方法向不动产所在地主管税务机关预缴税款，向机构所在地主管税务机关申报纳税。

②一般纳税人转让其 2016 年 4 月 30 日前自建的不动产，可以选择适用简易计税方法计税，以取得的全部价款和价外费用为销售额，按照 5% 的征收率计算应纳税额。纳税人应按照上述计税方法向不动产所在地主管税务机关预缴税款，向机构所在地主管税务机关申报纳税。

③一般纳税人转让其2016年4月30日前取得（不含自建）的不动产，选择适用一般计税方法计税的，以取得的全部价款和价外费用为销售额计算应纳税额。纳税人应以取得的全部价款和价外费用扣除不动产购置原价或者取得不动产时的作价后的余额，按照5%的预征率向不动产所在地主管税务机关预缴税款，向机构所在地主管税务机关申报纳税。

④一般纳税人转让其2016年4月30日前自建的不动产，选择适用一般计税方法计税的，以取得的全部价款和价外费用为销售额计算应纳税额。纳税人应以取得的全部价款和价外费用，按照5%的预征率向不动产所在地主管税务机关预缴税款，向机构所在地主管税务机关申报纳税。

⑤一般纳税人转让其2016年5月1日后取得（不含自建）的不动产，适用一般计税方法，以取得的全部价款和价外费用为销售额计算应纳税额。纳税人应以取得的全部价款和价外费用扣除不动产购置原价或者取得不动产时的作价后的余额，按照5%的预征率向不动产所在地主管税务机关预缴税款，向机构所在地主管税务机关申报纳税。

⑥一般纳税人转让其2016年5月1日后自建的不动产，适用一般计税方法，以取得的全部价款和价外费用为销售额计算应纳税额。纳税人应以取得的全部价款和价外费用，按照5%的预征率向不动产所在地主管税务机关预缴税款，向机构所在地主管税务机关申报纳税。

第四条规定，小规模纳税人转让其取得的不动产，除个人转让其购买的住房外，按照以下规定缴纳增值税：

①小规模纳税人转让其取得（不含自建）的不动产，以取得的全部价款和价外费用扣除不动产购置原价或者取得不动产时的作价后的余额为销售额，按照5%的征收率计算应纳税额。

②小规模纳税人转让其自建的不动产，以取得的全部价款和价外费用为销售额，按照5%的征收率计算应纳税额。

除其他个人之外的小规模纳税人，应按照本条规定的计税方法向不动产所在地主管税务机关预缴税款，向机构所在地主管税务机关申报纳税；其他个人按照本条规定的计税方法向不动产所在地主管税务机关申报纳税。

第五条规定，个人转让其购买的住房，按照以下规定缴纳增值税：

①个人转让其购买的住房，按照有关规定全额缴纳增值税的，以取得的全部价款和价外费用为销售额，按照5%的征收率计算应纳税额。

②个人转让其购买的住房，按照有关规定差额缴纳增值税的，以取得的全部价款和价外费用扣除购买住房价款后的余额为销售额，按照5%的征收率计算应纳税额。

个体工商户应按照本条规定的计税方法向住房所在地主管税务机关预缴税款，向机构所在地主管税务机关申报纳税；其他个人应按照本条规定的计税方法向住房所在地主管税务机关申报纳税。

2. 经典习题演练

【多选题】小规模纳税人转让其取得（不含自建）的不动产，在计算销售时可以扣除的项目有（　　）。

A. 不动产购置原价　　B. 购进时产生的相关费用

C. 购进时缴纳的契税　　D. 取得不动产时的作价

【答案】AD

【解析】小规模转让其取得（不含自建）的不动产，以取得的全部价款和价外费用扣除不动产购置原价或者取得不动产时的作价后的余额作为销售额，并适用5%征收率计算应纳税额。

3. 知识扩展

根据《纳税人提供不动产经营租赁服务增值税征收管理暂行办法》（国家税务总局公告2016年第16号）第七条、第八条，个体工商户出租住房，按照以下公式计算应预缴税款：应预缴税款＝含税销售额÷(1＋5%)×1.5%；其他个人出租不动产，按照以下公式计算应纳税款：出租住房：应纳税款＝含税销售额÷(1＋5%)×1.5%。在计算个人（含个体工商户、其他个人）出租住房应纳税款时，应用征收率5%进行计算，而不是1.5%。

知识点12：预缴税款管理

类型	内容
房开企业销售房地产	采用预收款方式 一般纳税人（一般计税）：预缴税款＝预收款/(1＋9%)×3% 小规模纳税人（简易计税）：预缴税款＝预收款/(1＋5%)×3%
纳税人提供建筑服务	**跨县（市、区）建筑服务** **一般计税** 预缴税款＝（收入－分包款）/(1＋9%)×2% **简易计税** 应纳税款＝（收入－分包款）/(1＋3%)×3% 预缴税款＝（收入－分包款）/(1＋3%)×3%
	采用预收款 取得的预收款扣除分包款后预缴（看规定是否需要在建筑发生地预缴） 一般计税：按预征率2%；简易计税：按预征率3%
不动产租赁	除其他个人外，不动产与机构所在地不同的，应预缴 一般计税：预缴税款＝含税销售额/(1＋9%)×3% 简易计税：预缴税款＝含税销售额/(1＋5%)×5% 注：个体工商户出租住房：预缴税款＝含税销售额/(1＋5%)×1.5%
纳税人转让取得的不动产	除其他个人外，纳税人转让取得的不动产，向不动产所在地预缴 一般纳税人 ①转让取得的（不含自建）不动产：预缴税款＝(收入－购置价格或作价)/(1＋5%)×5% ②转让自建不动产：预缴税款＝收入/(1＋5%)×5% 小规模纳税人 个体工商户按照应纳税款的计税方法预缴；其他个人按照应纳税额的计税方法申报纳税（不是预缴）

总结：不同业务类型预缴率

业务类型	一般计税	简易计税
建筑劳务	2%	3%
房开企业销售房地产	3%	3%
不动产租赁	3%	5% （个体或个人租赁住房：1.5%）
不动产销售	5%	5%

总结：预缴税款及机构地申报计算

业务类型		一般计税		简易计税	
		预缴申报	机构地申报	预缴申报	机构地申报
建筑劳务		(总包－分包)/(1＋9%)×2%	全额/(1＋9%)×9%－预缴	(总包－分包)/(1＋3%)×3%	同预缴
房开企业销售房地产		预收款/(1＋9%)×3%	含税销售额/(1＋9%)×9%－预缴 含税销售额＝全部价款和价外费用－可扣土地价款	预收款/(1＋5%)×3%	含税销售额/(1＋5%)×5%－预缴 含税销售额＝全部价款和价外费用
不动产租赁		租金/(1＋9%)×3%	租金/(1＋9%)×9%－预缴	租金/(1＋5%)×5%	同预缴
不动产销售	非自建	转让差额/(1＋5%)×5%	转让全额/(1＋9%)×9%－预缴	转让差额/(1＋5%)×5%	同预缴
	自建	转让全额/(1＋5%)×5%		转让全额/(1＋5%)×5%	同预缴

1. 概念详解

预缴申报与机构地申报一般适用于一般纳税人、小规模纳税人（不含其他个人），其他个人发生相应业务时，直接向主管税务机关办理纳税申报即可，不区分预缴申报与机构地申报。如《纳税人转让不动产增值税征收管理暂行办法》（国家税务总局公告2016年第14号）第七条规定，其他个人转让其取得的不动产，按照本办法第六条规定的计算方法计算应纳税额并向不动产所在地主管地税机关申报纳税。《纳税人提供不动产经营租赁服务增值税征收管理暂行办法》（国家税务总局公告2016年第16号）第四条规定，其他个人出租不动产（不含住房），按照5%的征收率计算应纳税额，向不动产所在地主管税务机关申报纳税。其他个人出租住房，按照5%的征收率减按1.5%计算应纳税额，向不动产所在地主管税务机关申报纳税。

2. 经典习题演练

【单选题】 房地产开发企业一般纳税人采用预收款方式销售的，适用的预缴率是（　　）。

A. 1%　　B. 2%　　C. 3%　　D. 5%

【答案】 C

【解析】房地产开发企业一般纳税人采用预收款方式销售的，适用3%预缴率。

3. 知识扩展

根据《国家税务总局关于进一步明确营改增有关征管问题的公告》（国家税务总局公告2017年第11号）第三条规定，纳税人在同一地级行政区域内跨县（市、区）提供服务，不适用《纳税人跨县（市、区）提供建筑服务增值税征收管理暂行办法》。

知识点13：税收优惠

优惠类型	内容
《增值税暂行条例》规定免税项目	①农业生产者销售的自产农产品（流通环节的蔬菜和部分鲜活肉蛋类产品也免税），销售非自产，外购农产品再加工后销售均不属于免税范围 ②避孕药品和用具 ③古旧图书 ④直接用于科学研究、科学实验和教学的进口仪器、设备 ⑤外国政府、国际组织无偿援助的进口物资和设备 ⑥由残疾人的组织直接进口供残疾人专用的物品 ⑦销售的自己使用过物品（其他个人） ⑧纳税人将国有农用地出租给农业生产者用于农业生产
“营改增”免税	**学习**：学历教育（含中外合作办学）、学生勤工俭学 **游玩**：纪念馆等场所的第一道门票、寺庙等的门票收入 **养育**：托儿所及幼儿园保育教育、残疾人福利机构育养、婚姻介绍 **养老**：机构养老服务 **疾病**：残疾人提供服务、医疗机构提供医疗服务、病虫防治疾病防治、殡葬服务
起征点	①按期纳税：月销售额5000—20000元（含本数） ②按次纳税：每次（日）300—500元（含本数）
小规模纳税人优惠	自2023年1月1日至2023年12月31日，对月销售额10万元以下（含本数）的增值税小规模纳税人，免征增值税。（财政部 税务总局公告2023年第19号，本政策延续至2027年12月31日） 自2023年1月1日至2023年12月31日，增值税小规模纳税人适用3%征收率的应税销售收入，减按1%征收率征收增值税；适用3%预征率的预缴增值税项目，减按1%预征率预缴增值税。（财政部 税务总局公告2023年第19号，本政策延续至2027年12月31日） **注意**： ①小规模纳税人月销售额超过10万元，但扣除销售不动产销售额后未超过10万元，其销售货物、劳务、服务、无形资产取得的销售额免征增值税 ②差额征税小规模纳税人，以差额后的销售额确定是否可以享受免征增值税政策

1. 概念详解

增值税起征点适用范围限于个人（含个体户、其他个人），但不适用于登记为一般纳税人的个体工商户。

2. 经典习题演练

【多选题】按照现行增值税优惠政策，下列免征增值税的是（　　）。

A. 残疾人为企业提供服务　　B. 残疾人福利机构提供的育养服务

C. 被保险人获得的保险赔付　　D. 用于科学研究的设备

【答案】AB

【解析】C 选项，属于不征增值税项目；D 选项，直接用于科学研究、科学试验和教学的仪器、设备需要是进口的。

【判断题】被保险人获得的保险赔付免征增值税。 （ ）

【答案】错误

【解析】被保险人获得的保险赔付不征收增值税，而不是免征增值税。

3. 知识扩展

免税与不征税本质上是不同的，免税属于税收优惠，但免税货物、服务仍属于增值税的征收范围。不征税不属于税收优惠，符合条件不征税的货物、服务不属于增值税的征收范围。

知识点 14：纳税义务发生时间、纳税期限与纳税地点

纳税义务发生时间

类型	内容
销售货物或者应税劳务纳税义务发生时间	①直接收款，收到款项或按合同约定应收款项的当天（不是发出货物） ②托收承付、委托收款，发出货物并办妥托收手续 ③赊销和分期收款，合同约定收款日期；无合同或合同未约定，为货物发出当天 ④预收款，货物发出当天（超过 12 个月，收到预收款或合同约定收款日期） ⑤委托代销，收到清单或收到全部或部分款项，否则满 180 天 ⑥发生视同销售货物行为，货物移送当天 先开具发票的以开具发票为准，如直接收款方式只收到 50% 价款，但发票已开，则按全额计算销售额
销售服务、无形资产、不动产	①收款当日或取得销售款项凭据当天；先开发票的为开具发票当天（取得凭据：合同付款期；服务、无形资产转让完成或不动产权属变更当天） ②租赁（或建筑业）收到预收款：收到预收款当天 ③纳税人从事金融商品转让：金融商品所有权转移当天 ④发生视同销售服务、无形、不动产：服务、无形转让完成或不动产权属变更当天
其他	①进口货物，为报关进口当天 ②增值税扣缴义务发生时间为纳税人增值税纳税义务发生当天

纳税期限与纳税地点

类型	内容
纳税期限	期限：1、3、5、10、15、1 个月或者 1 个季度；或按次 1 个月以上：期满 15 天申报 1 个月以下：5 天预缴税款，次月 15 日内申报 1 个季度为纳税期限：小规模纳税人、银行、财务公司、信托投资公司、信用社
纳税地点	固定业户：机构所在地，总分机构分别在各自所在地，可申请汇总 固定业户跨区域经营：向机构所在地报告，未报告的，向销售地报税。未报告也未向销售地报税的，由机构所在地补征 非固定业户：销售地、劳务和服务发生地；未申报的，机构所在地或居住地补征 其他个人：建筑服务地、不动产所在地、自然资源所在地 进口货物：报关地海关 代扣代缴：扣缴义务人机构所在地或居住地

1. 概念详解

纳税义务发生时间通常是纳税人发生应税行为应当承担纳税义务的起始时间。纳税义务发生时间是按照税法规定的，而收入确认时间是按照会计准则确定的，一般情况下，纳税义务发生时间和收入确认时间是一致的，但是在部分情形下也可能存在不一致的情形，如以预收款方式销售货物，纳税义务发生时间是发出货物的当天，但根据会计准则收入确认的相关要求，可能发出货物的当天不能确认收入。

2. 经典习题演练

【单选题】 下列关于增值税纳税义务发生时间，说法错误的是（　　）。

A. 进口货物为货物进口的当天

B. 视同销售行为为货物移送当天

C. 租赁取得预收款，为收到预收款当天

D. 转让金融商品为所有权转移当天

【答案】 A

【解析】 进口货物纳税义务发生时间为报关进口的当天。

【单选题】 下列不属于增值税纳税期限为一个季度的是（　　）。

A. 小规模纳税人　　B. 保险公司　　C. 信托投资公司　　D. 财务公司

【答案】 B

【解析】 增值税纳税期限为一个季度的包括：小规模纳税人、银行、财务公司、信托投资公司、信用社。

3. 知识扩展

增值税纳税义务发生时间的确认要求与企业所得税纳税义务发生时间的确认要求基本上一致，但部分情形存在不一致的情况，如根据企业所得税纳税义务发生时间确认要求，采用委托代销方式销售货物，提供劳务的，以收到代销清单确认纳税义务发生时间，并没有关于180天或取得款项、部分款项的规定。

知识点15：增值税专用发票管理

对象	内容
最高开票限额	区县税务机关审批；不超10万元的，无须实地查验
专用发票领用范围	不得领用： ①会计核算不健全 ②有《税收征管法》违法行为，拒不接受税务机关处理 ③有相关行为，责令改正而未改正：虚开专票；私印专票；向税务机关以外单位个人买取专票；借用他人专票；违规开具发票；违规保管专票及设备；违规申请办理防伪税控系统变更发行；未按规定接受检查
不得开具专票	①应税销售行为购买方为消费者个人 ②免税行为 ③部分简易征收行为 ④商业企业一般纳税人零售除了劳保专用部分的消费品

续表

对象	内容
开具要求	①项目齐全 ②字迹清楚 ③发票联和抵扣联加盖财务专用章或发票专用章 ④按纳税义务发生时间
专票认证	①增值税发票查询平台认证 ②网上认证系统认证 ③办税服务厅认证
开具专票后退货、服务终止或有误	①作废；②开具红字发票（不符合作废条件）
专票丢失	①丢失前已认证相符：以对方记账联复印件和《证明单》做抵扣凭证 ②丢失前未认证：以对方记账联复印件进行认证，认证相符后，以对方记账联复印件和《证明单》做抵扣凭证同时留存备查
小规模纳税人代开专票	①《关于增值税发票管理等有关事项的公告》（国家税务总局公告2019年第33号）：自2020年2月1日起，增值税小规模纳税人（其他个人除外）发生增值税应税行为，需要开具增值税专用发票的，可以自愿使用增值税发票管理系统自行开具。选择自行开具的，税务机关不再为其代开增值税专用发票 ②根据目前文件规定，自然人仅在发生不动产租赁、销售的业务时方可代开增值税专用发票

1. 概念详解

并未采用简易征收方式的纳税人就一定不能开具增值税专用发票，只有符合一定条件的情形，如纳税人销售旧货适用简易办法，才不能开具增值税专用发票。

2. 经典习题演练

【多选题】下列情形中，不得开具增值税专用发票的情形包括（　　）。

A. 向消费者销售货物　　B. 自然人向一般纳税人出租住房

C. 农民销售自产农产品　　D. 自然人销售使用过的物品

【答案】ACD

【解析】A选项，购买方为消费者，不得开具增值税专用发票；C、D选项属于免税情形，不得开具增值税专用发票。

3. 知识扩展

总结：不得开具增值税专用发票情形

情形	依据
应税销售行为的购买方为消费者个人	《增值税暂行条例》
发生应税销售行为适用免税规定	《增值税暂行条例》
一般纳税人会计核算不健全，或者不能够提供准确税务资料	《增值税暂行条例实施细则》
实行增值税退（免）税办法的增值税零税率应税服务	《国家税务总局关于发布〈适用增值税零税率应税服务退（免）税管理办法〉的公告》

续表

情形	依据
提供劳务派遣服务的纳税人选择差额纳税的，向用工单位收取用于支付给劳务派遣员工工资、福利和为其办理社会保险及住房公积金的费用	《财政部 国家税务总局关于进一步明确全面推开营改增试点有关劳务派遣服务、收费公路通行费抵扣等政策的通知》
纳税人销售自己使用过的固定资产，适用简易办法依3%征收率减按2%征收增值税政策（可以放弃减税，按简易办法依照3%征收率缴纳增值税并开具增值税专用发票）	《国家税务总局关于增值税简易征收政策有关管理问题的通知》
纳税人销售旧货减按2%征收增值税	《国家税务总局关于增值税简易征收政策有关管理问题的通知》
一般纳税人的单采血浆站销售非临床用人体血液按照简易办法计算应纳税额	《国家税务总局关于供应非临床用血增值税政策问题的批复》
商业企业一般纳税人零售的烟、酒、食品、服装、鞋帽（不包括劳保专用部分）、化妆品等	《国家税务总局关于修订〈增值税专用发票使用规定〉的通知》
一般纳税人销售自行开发房地产，其2016年4月30日前收取并已向主管地税机关申报缴纳营业税的预收款，未开具营业税发票的，可以开具增值税普通发票，不能开具增值税专用发票	《国家税务总局关于发布〈房地产开发企业销售自行开发的房地产项目增值税征收管理暂行办法〉的公告》
不征收增值税项目	《财政部、国家税务总局关于全面推开营业税改征增值税试点的通知》
金融商品转让	
经纪代理服务向委托方收取的政府性基金或者行政事业性收费	
提供有形动产融资性售后回租服务收取的有形动产价款本金	
应当办理一般纳税人资格登记而未办理	
向旅游服务购买方收取并支付给其他单位或者个人的住宿费、餐饮费、交通费、签证费、门票费和支付给其他接团旅游企业的旅游费用	

章节练习

一、单选题

1. 下列增值税应税服务项目中，应按照“租赁服务”计征增值税的是（　　）。

A. 融资性售后回租　　　　B. 提供会议场地及配套服务

C. 航空运输的湿租业务　　D. 写字楼广告位出租

【答案】 D

【解析】 A选项，按照金融服务的贷款服务缴纳增值税；B选项，按照现代服务业下的会议展览服务缴纳增值税；C选项，按照交通运输服务下的航空运输服务缴纳增值税。

2. 下列选项中属于提供增值税应税服务的是（　　）。

A. 某动漫设计公司为其他单位提供动漫设计服务

B. 某广告公司聘用广告制作人才为本公司设计广告

C. 某事业单位收取的政府性基金

D. 某单位聘用的员工为本单位负责人提供专车驾驶服务

【答案】 A

【解析】 依据《财政部国家税务总局关于全面推开营业税改征增值税试点的通知》，单位或者个体工商户聘用的员工为本单位或者雇主提供应税服务以及非企业性单位按照法律和行政法规的规定，为履行国家行政管理和公共服务职能收取政府性基金和行政事业性收费的活动，属于非营业活动，不属于提供应税服务，故 B、C、D 选项不属于提供应税服务，A 选项，属于现代服务应税范围中的文化创意服务。

3. 增值税一般纳税人发生的下列业务中，不可以选择适用简易计税的是（　　）。

A. 提供装卸搬运服务　　B. 提供邮政服务

C. 提供电影放映服务　　D. 销售自来水

【答案】 B

【解析】 可选择适用简易计税的服务包括：公共交通运输服务，动漫产品的设计、制作服务，境内转让动漫版权，电影放映服务，仓储服务，装卸搬运服务，收派服务和文化体育服务，A、C 选项正确，B 选项错误。D 选项属于可以选择适用简易计税纳税的货物。

4. 以下不属于增值税纳税人的是（　　）。

A. 进口农产品的单位　　B. 销售旧货的单位

C. 提供餐饮服务的个体户　　D. 承包给他人经营的销售货物单位

【答案】 D

【解析】 本题是对增值税纳税人的考查。在中华人民共和国境内销售货物或者加工、修理修配劳务，销售服务、无形资产、不动产以及进口货物的单位和个人，是增值税的纳税人。

A、B、C 选项，进口农产品的单位、销售旧货的单位、提供餐饮服务的个体户，均是增值税的纳税人。销售货物、劳务以及进口货物的单位租赁或者承包给其他单位或者个人经营的，以承租人或者承包人为纳税人。

D 选项，承包给他人经营的销售货物单位，是出包方，不是纳税人，承包方才是纳税人。

5. 下列各项中，视同销售应当征收增值税的是（　　）。

A. 某商场为厂家代销服装　　B. 外购毛巾用于职工福利

C. 某工厂外购钢材用于在建工程　　D. 餐厅购进酒水用于提供给顾客消费

【答案】 A

【解析】本题是对增值税视同销售行为的考查。A 选项，代销行为视同销售。B 选项，自产或委托加工货物用于职工福利，视同销售；外购货物，发放职工福利当天，作进项税额转出处理。C 选项，在建工程属于内部生产经营过程，不涉及销售或视同销售问题。D 选项，餐厅供餐时提供酒水，属于混合销售，而不是视同销售。

6. 下列关于兼营的说法错误的是（　　）。

A. 纳税人兼营不同税率或征收率的项目，应分别核算

B. 纳税人兼营不同税率的项目，未分开核算的，从高适用税率

C. 纳税人兼营不同税率或征收率的项目，未分开核算的，从高适用征收率

D. 纳税人兼营不同征收率的项目，未分开核算的，从高适用征收率

【答案】C

【解析】本题是对增值税兼管行为的考查。纳税人销售货物、劳务、服务、无形资产或不动产适用不同税率或征收率的，应当分别核算不同税率或征收率的销售额。未分别核算的，按以下方法确定适用税率或征收率：纳税人兼营不同税率的，从高适用税率；兼营不同征收率的，从高适用征收率；兼营不同税率和征收率的，从高适用税率。

7. 某商场为增值税一般纳税人，2024 年 10 月采取以旧换新方式销售空调，开具增值税普通发票，价税合计 56. 5 万元。收取旧空调折价 22. 6 万元。该商场当月应计算销项税额为（　　）万元。

A. 6. 5　　B. 3. 9　　C. 7. 35　　D. 4. 41

【答案】A

【解析】以旧换新的方式销售货物，金银首饰以新旧首饰的差价为计税价格，其他货物以新货物售价为计税价格；计税价格均为不含税销售额。本题中，销项税额 = 新空调不含税销售额 × 税率 = 56. 5 ÷（1 + 13%）× 13% = 6. 5（万元）。

8. 下列项目所包含的进项税额，不得从销项税额中抵扣的是（　　）。

A. 生产过程中出现的报废产品　　B. 用于返修产品修理的易损零配件

C. 生产企业用于经营管理的办公用品　　D. 生产企业由于管理不善丢失的货物

【答案】D

【解析】本题是对增值税进项税额抵扣的考查。非正常损失，是指因管理不善造成的被盗、丢失、霉烂变质的损失，以及违反法律、法规造成货物或不动产被依法没收、销毁、拆除的情形。A、B 选项，不属于非正常损失，可以抵扣；C 选项，用于正常的生产经营，无论用于生产部门还是后勤部门，均可正常抵扣；D 选项，属于非正常损失，进项税额不得抵扣，需转出。

9. 2024 年 7 月，某汽车生产企业（增值税一般纳税人）销售一批小轿车，取得不含税销售额 1300 万元，同时收取小轿车改装款 16. 95 万元，则该汽车生产企业当月需要计算的增值税销项税额为（　　）万元。

A. 2. 44　　B. 225. 59　　C. 170. 95　　D. 228. 46

【答案】C

【解析】收取的小轿车改装款属于价外费用（含税销售额），需换算为不含税销售额。销项税额 =1300×13% +16.95/(1 +13%)×13% =170.95（万元）

10. 关于增值税进口货物的计税价格，下列说法正确的是（　　）。

A. 计税价格不含消费税　　B. 计税价格含增值税

C. 计税价格不含关税　　D. 计税价格含关税和消费税

【答案】D

【解析】纳税人进口货物，按照组成计税价格和规定的税率计算应纳税额，组成计税价格的公式为：组成计税价格 = 关税完税价格 + 关税 + 消费税。

二、多选题

1. 按照扣除金额的具体环节不同，间接计算法又可分为（　　）。

A. 购进扣税法　　B. 加法

C. 减法　　D. 实耗扣税法

【答案】AD

【解析】本题是对增值税计算方法的考查。按照扣除金额的具体环节不同，间接计算法可分为购进扣税法和实耗扣税法。购进扣税法是在购进当期抵扣进项税额的方法，实耗扣税法是在实耗当期抵扣进项税额的方法。

2. 下列关于增值税一般纳税人登记，说法错误的有（　　）。

A. 年应税销售额是指一个公历年度的应税销售额

B. 年应税销售额不包括稽查查补的销售额

C. 纳税人兼营销售额货物和应税行为的，应分别核算，分别适用增值税一般纳税人资格登记标准

D. 纳税人偶然发生的转让不动产的销售额，计入应税行为年应税销售额

【答案】ABCD

【解析】本题是对增值税一般纳税人登记制度的考查。A 选项，年销售额不是以一个公历年度为单位，而是按滚动周期，以不超过 12 个月或者四个季度的销售额为核算范围；B 选项，年应税销售额包括稽查查补销售额；C 选项，纳税人兼营销售额货物和应税行为的，应统一核算，适用增值税一般纳税人资格登记标准；D 选项，年应税销售额不包括偶然发生的转让不动产销售额。

3. 下列纳税人取得的发票，可以抵扣进项税额的有（　　）。

A. 一般纳税人从农产品批发商购进货物时取得的增值税普通发票

B. 一般纳税人从农户购进农产品取得的农产品销售发票

C. 小规模纳税人初次购进增值税税控系统专用设备取得的增值税专用发票

D. 一般纳税人从商场购进货物取得的增值税普通发票

【答案】BC

【解析】A 选项，一般纳税人从农产品批发商购进货物时需取得增值税专用发票才可扣除；C 选项，增值税纳税人初次购买增值税税控系统专用设备（包括分开票机）支付

的费用，可凭购买增值税税控系统专用设备取得的增值税专用发票，在增值税应纳税额中全额抵减，不足抵减的可结转下期继续抵减；D 选项，一般纳税人从商场购进货物取得的增值税普通发票不可抵扣进项税。

4. 下列属于在境内销售服务、无形资产或者不动产的有（　　）。

A. 销售或者租赁的不动产在境内

B. 自然资源使用权销售方在境内

C. 医疗服务的接受方在境内

D. 境内单位向境外单位销售完全在境外发生的服务

【答案】 ACD

【解析】 本题是对增值税征税范围的考查。A 选项，销售或者租赁的不动产在境内，属于在境内提供不动产租赁服务；B 选项，自然资源按坐落地判断是否在境内，而不是根据销售方所在地判断；C 选项，医疗服务的接受方在境内，属于在境内提供应税服务；D 选项，境内单位向境外单位销售完全在境外发生的服务，属于在境内提供应税服务；境外单位向境内单位销售完全在境外发生的服务，不属于在境内提供应税服务。

5. 下列行为属于视同销售的有（　　）。

A. 某化工厂将委托加工的化工原料用于抵顶债务

B. 将自产的布匹用于连续生产服装

C. 某电机厂将外购的钢材分配给投资者

D. 某皮革厂将委托加工的服装用于发放个人福利

【答案】 CD

【解析】 本题是对增值税视同销售行为的考查。A 选项，某化工厂将委托加工的化工原料用于抵顶债务，属于销售行为；B 选项，将自产的布匹用于连续生产服装，属于内部生产经营过程，不涉及销售或视同销售的问题。

6. 下列属于增值税扣税凭证的有（　　）。

A. 增值税专用发票　　　　B. 税控机动车销售统一发票

C. 海关进口增值税专用缴款书　　　　D. 代扣代缴税款完税凭证

【答案】 ABCD

【解析】 本题是对增值税扣税凭证的考查。增值税专用发票、税控机动车销售统一发票、海关进口增值税专用缴款书、代扣代缴税款完税凭证均属于增值税扣税凭证。

7. 下列行为免征增值税的有（　　）。

A. 个人转让著作权　　　　B. 残疾人个人提供应税服务

C. 个人销售自建自用住房　　　　D. 会计师事务所提供管理咨询服务

【答案】 ABC

【解析】 D 选项应当按照鉴证咨询服务缴纳增值税。

8. 下列关于收费公路通行费政策的说法，正确的有（　　）。

A. 一般纳税人支付的道路、桥、闸通行费，可凭财政票据进行抵扣

B. 2018 年 7 月 1 日起，高速公路通行费必须凭通行费增值税电子普通发票进行扣税

C. 在 2019 年 1 月 1 日起，一级、二级公路通行费必须凭通行费增值税电子普通发票进行扣税

D. 桥、闸通行费，凭纸质通行费发票按征收率 5% 计算抵扣进项税额

【答案】BCD

【解析】本题是对通行费增值税进项税额抵扣的考查。一般纳税人支付的道路、桥、闸通行费，必须凭发票抵扣进项税额，不可以凭财政票据进行抵扣。具体要求为：（1）自 2018 年 7 月 1 日起，高速公路通行费必须凭通行费增值税电子普通发票进行扣税；（2）自 2019 年 1 月 1 日起，一级、二级公路通行费必须凭借通行费增值税电子普通发票进行扣税；（3）桥、闸通行费，凭纸质通行费发票按征收率 5% 计算抵扣进项税额。

9. 下列有关纳税义务发生地的说法，错误的有（　　）。

A. 固定业户向其机构所在地或居住地主管税务机关申报纳税

B. 总机构和分支机构不在同一县（市）的，应当向总机构所在地主管税务机关所在地申报纳税

C. 非固定业户应当向应税行为发生地主管税务机关申报纳税

D. 自然人租赁不动产，应向居住地主管税务机关申报纳税

【答案】BD

【解析】本题是对增值税纳税地点的考查。B 选项，总分机构不在同一县（市）的，分别报税；经国务院财政、税务主管部门或者其授权的财政、税务机关批准，可以由总机构汇总向总机构所在地的主管税务机关申报纳税；D 选项，自然人租赁不动产，向不动产所在地申报纳税。

10. 下列关于增值税纳税义务发生时间的表述中，正确的有（　　）。

A. 纳税人销售应税劳务，为提供劳务的同时收讫销售款或者取得索取销售款凭据的当天

B. 提供租赁服务采取预收款方式，为收到预收款的当天

C. 纳税人采取赊销方式销售货物，为书面合同约定的收款日期的当天

D. 纳税人采取直接收款方式销售货物，为货物发出的当天

【答案】ABC

【解析】D 选项，纳税人采取直接收款方式销售货物，不论货物是否发出，均为收到销售款或取得索取销售款凭据。

三、判断题

1. 按固定期限纳税的增值税小规模纳税人，应选择按季度申报缴纳增值税。

【答案】错误

【解析】本题是对增值税小规模纳税人纳税期限的考查。根据《国家税务总局关于

小规模纳税人免征增值税征管问题的公告》（国家税务总局公告2021年第5号）第三条的规定，按固定期限纳税的小规模纳税人可以选择以1个月或1个季度为纳税期限，一经选择，一个会计年度内不得变更。

2. 单位或者个体工商户向其他单位或者个人无偿提供服务，视同销售服务。

【答案】错误

【解析】视同销售服务，是指单位或者个体工商户向其他单位或者个人无偿提供服务，但用于公益事业或者以社会公众为对象的除外。

3. 根据现行增值税政策规定，将公交站牌出租给广告公司用于发布广告，应按照广告服务缴纳增值税。

【答案】错误

【解析】根据《营业税改征增值税试点实施办法》，将建筑物、构筑物等不动产或者飞机、车辆等有形动产的广告位出租给其他单位或者个人用于发布广告，按照经营租赁服务缴纳增值税。所以将公交站牌租给广告公司用于发布广告，应按经营租赁服务缴纳增值税。

4. 根据增值税的有关规定，如果纳税人兼营不同税率的货物或者应税劳务，则应分别核算不同税率货物或应税劳务的销售额；未分别核算销售额的，从高适用税率计算缴纳增值税。

【答案】正确

【解析】兼营行为要求分别核算销售额，分别适用税率或征收率。如果纳税人兼营不同税率的货物或者应税劳务，则应分别核算不同税率货物或应税劳务的销售额；未分别核算销售额的，从高适用税率计算缴纳增值税。

5. 某药厂为增值税一般纳税人，销售免税药品可以开具增值税专用发票。

【答案】错误

【解析】《国家税务总局关于加强免征增值税货物专用发票管理的通知》（国税函〔2005〕780号）规定，增值税一般纳税人销售免税货物，一律不得开具专用发票（国有粮食购销企业销售免税粮食除外）。

6. 纳税人出租不动产，约定免租期的，不属于视同销售。

【答案】正确

【解析】按照《国家税务总局关于土地价款扣除时间等增值税征管问题的公告》（国家税务总局公告2016年第86号）第七条规定，纳税人出租不动产，租赁合同中约定免租期的，不属于视同销售。

7. 纳税人从事租赁服务，收到预收款的当天为增值税纳税义务发生时间。

【答案】正确

【解析】本题是对增值税纳税义务发生时间的考查。纳税人从事租赁服务，增值税纳税义务发生时间为收到预收款的当天。

8. 纳税人跨地（市、州）提供建筑服务，在建筑服务发生地主管税务机关申报纳税。

【答案】错误

【解析】纳税人跨地（市、州）提供建筑服务，应向建筑服务发生地主管税务机关预缴税款，向机构所在地主管税务机关申报纳税。

9. 桥、闸可以通过电子普通发票进行抵扣，抵扣金额 = 发票金额 ÷（1 + 5%）× 5%。

【答案】错误

【解析】目前，桥、闸通过纸质发票进行抵扣，抵扣金额 = 发票金额 ÷（1 + 5%）× 5%。高速公路和一、二级公路通过收费公路通行费增值税电子普通发票进行抵扣，抵扣税额为发票上注明的税额。

10. 销售方为自然人的，不得代开增值税专用发票。

【答案】错误

【解析】购买方为个人的，不得开具增值税专用发票。销售方为自然人的，如果提供不动产出租服务，只要承租方不是自然人，销售方可以向税务机关申请代开增值税专用发票。

四、计算题

（一）

甲设备生产企业为增值税一般纳税人，2024 年 6 月经营业务如下：

（1）销售设备一批，合同约定不含税价款 800 万元，按合同约定本月底收取货款的 50%，下个月底收取余下的 50%。

（2）以预收款方式销售设备一批，取得预收款 113 万元，设备尚未发出。

（3）从境外公司承租仪器一台，支付租金（含税）169.5 万元，该境外公司在我国境内未设有经营机构，也没有代理人。

（4）销售已使用的一批固定资产，取得含税收入 103 万元，并开具了增值税普通发票。该批固定资产未抵扣过进项税。

（5）将名下的一套房产出租，当月取得含税收入 105 万元，甲公司选择简易计税方式。

上月留抵进项税额 1.5 万元。

（上述取得的符合规定的税控发票均通过认证）

请根据上述资料和税法规定，回答下列问题：

1. 该企业本月销项税额为（　　）万元。

A. 52　　B. 59　　C. 65　　D. 72

【答案】A

【解析】业务 2，采用预收款销售方式的，以货物发出时间为收入确认时间；业务 4 和 5，采用简易计税方式的，不计入销项税额。所以销项税额为业务 1：销项税 = 800 × 50% × 13% = 52（万元）。

2. 业务 4 应缴纳的增值税额为（　　）万元。

A. 1　　B. 2　　C. 3　　D. 13

【答案】B

【解析】应纳税额 = 103/(1 + 3%) × 2% = 2（万元）

3. 该企业本月增值税应纳税额为（　　）万元。

A. 31　　B. 33　　C. 38　　D. 39.5

【答案】C

【解析】52(业务1) − 19.5(业务3) + 2(业务4) + 5(业务5) − 1.5 = 38（万元）

（二）

某食品生产有限公司为增值税一般纳税人，公司成立于2019年，2024年8月该公司发生如下业务：

（1）从农民手中收购一批农产品用于加工生产罐头，开具农产品收购发票，发票上注明买价为80000元，货物已验收入库。

（2）从甲公司购进加工设备一台，取得增值税专用发票，发票上注明金额300000元；支付运输公司运费，取得增值税普通发票，票面金额3270元。

（3）上个月购进的一批原材料，取得增值税专用发票，注明税额5400元，进项已抵扣，因自然灾害损失50%。

（4）采用预收款方式销售罐头一批，取得不含税价款500000元，货款全部收到，合同约定本月发出货物50%，另外的50%下月发出。

（5）以赊销方式销售罐头一批，当天全额开具增值税普通发票，票面金额678000元，合同约定下月20日付清全部款项。

（6）采取预收款方式出租2020年购进的办公大楼，租期12个月，每月含税租金21800元，本月收到租金261600元。

（7）本月外购一栋二层办公楼，取得增值税专用发票，票面金额872000元，第一层用于办公，第二层用于饭堂。

上月留抵进项税额4800元。

（上述取得的符合规定的税控发票均通过认证）

请根据上述资料和税法规定，回答下列问题：

1. 该企业本月销项税额为（　　）元。

A. 41500　　B. 119500　　C. 132100　　D. 164600

【答案】C

【解析】销项税额 = 500000 × 13% × 50% + 678000/(1 + 13%) × 13% + 261600/(1 + 9%) × 9% = 32500 + 78000 + 21600 = 132100（元）

2. 该企业本月进项税额为（　　）元。

A. 115500　　B. 116570　　C. 118200　　D. 118470

【答案】C

【解析】进项税额 = 80000 × 9% + 300000 × 13% + 8720000/(1 + 9%) × 9% = 118200（元）

3. 该企业本月增值税应纳税额为（　　）元。

A. 9100　　B. 10730　　C. 11800　　D. 41600

【答案】A

【解析】应纳税额 = 132100 − 118200 − 4800 = 9100（元）。

（三）

某电器城为增值税一般纳税人，2024 年 9 月发生如下业务：

（1）本月购入油烟机一批，取得增值税专用发票，注明价款 64000 元、增值税 8320 元；支付运输费用，取得增值税专用发票上注明增值税为 900 元。

（2）本月销售油烟机 40 台，每台零售价为 4520 元；另外，将 10 台油烟机奖励给先进职工。

（3）采取以旧换新方式销售电视机 30 台，旧电视机收购价为 200 元/台（取得增值税普通发票），新电视机零售价为 2147 元/台。

（4）采用分期收款方式销售冰柜 10 台，每台零售价为 9040 元，合同规定当月收款 50%，余款 2023 年 3 月收回。

请根据上述资料和税法规定，回答下列问题：

（1）该电器城本月的销项税额为（　　）元。

A. 33410　　B. 38610　　C. 47520　　D. 53920

【答案】A

【解析】销项税额 =（40 × 4520 + 30 × 2147 + 10 × 9040 × 50%）÷（1 + 13%）× 13% = 33410（元）

（2）该电器城本月的进项税额为（　　）元。

A. 4020　　B. 14440　　C. 9220　　D. 15340

【答案】A

【解析】进项税额 = 8320 + 900 − 10 × 4520 ÷（1 + 13%）× 13% = 4020（元）

（3）该电器城当月应缴纳的增值税额为（　　）元。

A. 30290　　B. 33075　　C. 24170　　D. 29390

【答案】D

【解析】销项税额 =（40 × 4520 + 30 × 2147 + 10 × 9040 × 50%）÷（1 + 13%）× 13% = 33410（元）

进项税额 = 8320 + 900 − 10 × 4520 ÷（1 + 13%）× 13% = 4020（元）

应纳税额 = 33410 − 4020 = 29390（元）

第三章 消费税

本章主要掌握内容：概念、纳税人、征税范围、税率和纳税环节、应纳税额的计算、征收管理。

知识点1：纳税人、征税范围

纳税人	境内生产、委托加工、进口、批发、零售应税消费品的单位和个人 境内：应税消费品的起运地或所在地在境内	
代收代缴义务人	委托加工，受托方在交货时代收代缴；受托方为个人，委托方向机构所在地或居住地主管税务机关自行申报	
应税消费品（15类）	健康	烟（含电子烟）、酒（不是酒精）
	奢侈	高档化妆品、贵重首饰及珠宝玉石、高尔夫球及球具、高档手表、游艇 高档化妆品：高档美容修饰类化妆品、高档护肤类化妆品、成套化妆品
	环保	鞭炮焰火、木制一次性筷子、实木地板、小汽车、摩托车、成品油、电池、涂料 成品油：①汽油；②柴油；③航空煤油；④石脑油；⑤溶剂油；⑥润滑油；⑦燃料油
单位和个体工商户将自产、委托加工或购买的货物，通过公益性社会组织和县级以上人民政府及其部门等国家机关，或者直接向承担疫情防治任务的医院，无偿捐赠用于应对新冠疫情的，免征增值税、消费税、城市维护建设税、教育费附加、地方教育附加		
高档消费品	高档化妆品：10元/毫升（克），15元/片（张） 高档手表：不含税价10000元（含）以上的各类手表 超豪华小汽车：零售价不含增130万元及以上	
属于应税范围的货物	酒	包括：啤酒屋生产的啤酒
	高档化妆品	包括：高档美容修饰类化妆品、高档护肤类化妆品、成套化妆品
	小汽车	包括：乘用车、中轻型商用客车（不包括大型商用客车）、超豪华小汽车、购进乘用车或中轻型商用客车整车改装的汽车
	金银珠宝	包括金银珠宝首饰，金、银、铂金不属于消费税的征税范围
	成品油	免税：纯生物柴油，生产成品油过程中作燃料、动力及原料消耗掉的自产成品油。变压器油、导热类油等绝缘油类产品不属于润滑油，不征收消费税
	电池	原电池、铅蓄电池 不缴纳消费税的包括：燃料电池、太阳能电池、锂电子蓄电池、锂原电池、无汞原电池、镍氢蓄电池等

续表

不属于应税范围的货物	酒	不包括：酒精（包括食用酒精、医用酒精、工业酒精等）、调味料酒
	高档化妆品	不包括：护肤护发品，舞台戏剧影视演员化妆用的上妆油、卸妆油、油彩
	鞭炮烟火	不包括：体育上用的发令纸、鞭炮引线
	游艇	不包括：非机动艇
	木制一次性筷子	不包括：竹制筷子、木质工艺筷子
	小汽车	不包括：电动汽车、沙滩车、雪地车、卡丁车、高尔夫车、大客车、大货车、购进货车或箱货货车改装生产的商务车、卫星通信车等专用汽车
	摩托车	不包括：气缸容量小于250毫升

电子烟相关政策

文件	财政部 海关总署 税务总局关于对电子烟征收消费税的公告（财政部 海关总署 税务总局公告2022年第33号）2022年11月1日起施行
政策要点	征收范围：烟弹、烟具以及烟弹与烟具组合销售的电子烟产品
	纳税人包括： 生产环节：取得烟草专卖生产企业许可证，并取得或经许可使用他人电子烟产品注册商标的企业，即持有商品企业。（通过代加工方式生产电子烟的，由持有商标的企业缴纳消费税） 批发环节：取得烟草专卖批发企业许可证并经营电子烟批发业务的企业 进口环节：进口电子烟的单位和个人
	计税依据 一般情况：销售额 生产环节：采用代销方式销售电子烟的，按照经销商（代理商）销售给电子烟批发企业的销售额 进口环节：组成计税价格（平均成本利润率暂定为10%） 注意：电子烟生产环节纳税人从事电子烟代加工业务的，应当分开核算持有商标电子烟的销售额和代加工电子烟的销售额；未分开核算的，一并缴纳消费税

1. 概念详解

金、银、铂金不属于消费税的征税范围，金、银、铂金首饰才属于消费税的征税范围。钻石及钻石首饰都属于消费税的征税范围。

2. 经典习题演练

【单选题】下列不属于应税消费品高档化妆品的是（　　）。

A. 高档美容类化妆品　　B. 高档护肤类化妆品

C. 高档保养类化妆品　　D. 成套化妆品

【答案】C

【解析】高档化妆品包括高档美容修饰类化妆品、高档护肤类化妆品、成套化妆品。

3. 知识扩展

以下情形视同生产行为：

①将外购的消费税非应税产品以消费税应税产品对外销售的；

②将外购的消费税低税率应税产品以高税率应税产品对外销售的。

知识点2：税率

各类应税消费品税率

<table>
<tr><td rowspan="5">烟</td><td rowspan="3">卷烟</td><td colspan="2">生产环节：≥70 元/条，56% +0.003 元/支
<70 元/条，36% +0.003 元/支</td></tr>
<tr><td colspan="2">批发环节：11% +0.005 元/支，不得扣前一环节已纳税款</td></tr>
<tr><td colspan="2">备注：兼营卷烟批发零售的，应分开核算，否则全部按批发环节缴纳消费税；电子烟按从价计征，生产（进口）环节税率为36%，批发环节税率为11%</td></tr>
<tr><td>雪茄</td><td colspan="2">36%</td></tr>
<tr><td>烟丝</td><td colspan="2">30%</td></tr>
<tr><td rowspan="7">酒</td><td rowspan="3">啤酒（含果啤）
生产环节</td><td>甲类（含包装物及包装物押金的出厂价≥3000 元/吨）</td><td>250 元/吨</td></tr>
<tr><td>乙类（含包装物及包装物押金的出厂价 <3000 元/吨）</td><td>220 元/吨</td></tr>
<tr><td colspan="2">备注：不包括重复使用的塑料周转箱押金</td></tr>
<tr><td>黄酒</td><td colspan="2">240 元/吨</td></tr>
<tr><td>白酒</td><td colspan="2">20% +0.5 元/500 克</td></tr>
<tr><td>其他酒</td><td colspan="2">10%（葡萄酒）</td></tr>
<tr><td>配制酒</td><td colspan="2">10%（蒸馏酒或食用酒精为酒基≤38、发酵酒为酒基≤20）
其他配制酒的税率为：20% +0.5 元/500 克</td></tr>
<tr><td colspan="2" rowspan="3">金银珠宝</td><td>金银首饰、铂金首饰和钻石及钻石饰品
金银首饰包括：
①金基、银基合金首饰，金、银和金基、银基合金的镶嵌首饰
②锻压金、铸金、复合金首饰</td><td>零售环节 5%</td></tr>
<tr><td>镀金银、包金银及其镶嵌首饰和珠宝玉石</td><td>生产环节 10%</td></tr>
<tr><td colspan="2">备注：以旧换新方式（含翻新改制）销售的金银首饰，按实际收取的不含税价款确定计税依据</td></tr>
<tr><td colspan="2">高档化妆品</td><td colspan="2">15%</td></tr>
<tr><td colspan="2">超豪华小汽车</td><td colspan="2">5%
零售环节加征 10%
备注：汽车生产企业直接销售给消费者的超豪华小汽车，消费税税率按照生产环节和零售环节税率加总计算</td></tr>
<tr><td colspan="2">实木地板</td><td colspan="2">5%</td></tr>
<tr><td colspan="2">木制一次性筷子</td><td colspan="2">5%</td></tr>
<tr><td colspan="2">涂料</td><td colspan="2">5%</td></tr>
<tr><td colspan="2">电池</td><td colspan="2">4%</td></tr>
</table>

应税消费品计征方式

<table>
<tr><td>复合计征</td><td colspan="2">卷烟、白酒</td></tr>
<tr><td>从量计征</td><td colspan="2">啤酒、黄酒、成品油</td></tr>
<tr><td>从价计征</td><td colspan="2">其他</td></tr>
<tr><td rowspan="3">从高适用税率情形</td><td rowspan="2">兼营不同税率应税消费品</td><td>分别核算，分别计税
未分别核算，从高计税</td></tr>
<tr><td>注：销售金银首饰及其他产品需分别核算
未分别核算：
生产环节销售的，一律从高
零售环节销售的，一律按金银首饰征收</td></tr>
<tr><td>将应税消费品与非应税消费品、不同税率应税消费品组成成套消费品销售</td><td>从高计税（分别核算也从高适用税率）</td></tr>
</table>

1. 概念详解

消费税从高适用税率的情形中，应税消费品与非应税消费品或不同税率应税消费品组成的成套消费品，不论是否分开核算，均应从高适用税率。

2. 经典习题演练

【多选题】下列属于在生产环节征收消费税的有（　　）。

A. 镀金镶嵌首饰　　B. 包金镶嵌首饰

C. 锻压金首饰　　D. 铸金首饰

【答案】AB

【解析】锻压金、铸金、复合金首饰均在零售环节征收消费税。

3. 知识扩展

烟丝、卷烟属于应税消费品，但是烟叶不属于应税消费品。

知识点3：纳税环节

<table>
<tr><td>生产销售环节</td><td>自产应税消费品用于连续生产应税消费品的，不纳税
用于其他（生产非应税消费品、赞助、奖励等），移送使用时纳税</td></tr>
<tr><td>委托加工环节</td><td>委托方提供原料和主材，受托方只收取加工费和代垫部分辅材</td></tr>
<tr><td>进口环节</td><td>进口应税消费品，由进口报关者在报关进口时纳税</td></tr>
<tr><td>批发环节</td><td>卷烟批发环节加征（是指批发商给零售商，如果是批发企业给批发企业的则不征）</td></tr>
<tr><td rowspan="2">零售环节</td><td>①金银铂金首饰
②金基、银基合金首饰
③金、银和金基、银基合金的镶嵌首饰
④钻石、钻石首饰（其他贵重首饰和珠宝玉石是生产环节）
不包括：镀金银、包金银（包金、镀金工艺外的其他工艺制成的含金、银首饰及镶嵌首饰则包括）</td></tr>
<tr><td>超豪华小汽车在生产环节征收消费税基础上，在零售环节加征10%</td></tr>
</table>

1. 概念详解

委托加工环节中，需注意以下情形：

①受托方提供原料或先卖原料给委托方再接受加工，以及受托方以委托方名义购进原材料生产：按销售自制应税消费品缴税消费税（按同类销售价格计算消费税，与加工费无关，因不是采用委托加工方式计算消费税）。

②收回委托加工应税消费品直接出售，不缴纳消费税。售价高于计税价，扣除已代收代缴消费税后缴纳消费税。

2. 经典习题演练

【单选题】下列不属于消费税纳税人的是（　　）。

A. 销售珠宝的企业　　B. 生产鞭炮的个体户

C. 生产成品油的企业　　D. 生产豪华小汽车的企业

【答案】A

【解析】A 选项，珠宝玉石的征税环节是生产环节。

【判断题】

纳税人将自产实木地板用于厂房建设，应当视同销售缴纳增值税与消费税。（　　）

【答案】错误

【解析】自产实木地板用于自己内部厂房建设的，不属于增值税视同销售行为；自产应税消费品用于生产非应税消费品、在建工程等都要视同销售缴纳消费税。

3. 知识扩展

2019 年 9 月 26 日，国务院印发了《实施更大规模减税降费后调整中央与地方收入划分改革推进方案》（以下简称《方案》），《方案》提出："将部分在生产（进口）环节征收的现行消费税税目逐步后移至批发或零售环节征收，以拓展地方收入来源，引导地方改善消费环境。"《方案》明确了消费税下一步改革方向，征收环节稳步后移成为必然趋势。2021 年 3 月 13 日发布的《中华人民共和国国民经济和社会发展第十四个五年规划和 2035 年远景目标纲要》指出："十四五"期间要调整优化消费税征收范围和税率，推进征收环节后移并稳步下划地方。下一步，消费税征税环节后移问题值得关注。

知识点 4：销售额确定及应纳税额计算

一般情形	全部价款 + 价外费用（符合条件的代垫运费及代收政府性基金及行政事业性收费除外） 不包括向购货方收取的增值税，如是含税价应换算为不含税
特殊情形	连同包装物销售：计缴消费税（不区分是否单独计价） 包装物收取押金：同增值税处理，除啤酒、黄酒外的酒类销售额均加押金 **注意**：计算甲、乙类啤酒分类标准时应计算包装物押金，重复使用周装箱除外
	通过非独立核算门市销售，应按门市部对外销售额计算征收消费税

续表

特殊情形	同类最高销售价格作计税依据：交换、抵债、投资（增值税是同类平均销售价格）
	计税依据明显偏低且无正常理由，核定计税依据： ①卷烟、白酒、小汽车由总局核定，报财政部备案 ②其他由省、自治区和直辖市税务局核定 ③进口的由海关核定（采用组成计税价格：完税价格＋关税＋消费税）
	以旧换新：与增值税处理相同，不得扣减旧货收购价格（金银首饰除外）
	外币结算：销售额发生当天或当月1日汇率中间价，同增值税（1年不得变更）

以外购、进口或委托加工收回的已税消费品连续生产应税消费品的抵扣

烟丝	生产卷烟
高档化妆品	生产高档化妆品
珠宝玉石	生产贵重首饰及珠宝玉石（如生产消费环节征税的金银首饰则不可扣）
鞭炮、焰火	生产鞭炮、焰火
汽柴油、润滑油 石脑油、燃料油	生产汽柴油、润滑油 生产应税消费品
木制一次性筷子	生产木制一次性筷子（竹制一次性筷子不征消费税）
杆头、杆身、握把	生产高尔夫球杆
实木地板	生产实木地板（复合地板不征消费税）
葡萄酒	生产应税葡萄酒
不可扣除项目：酒（葡萄酒除外）、小汽车、摩托车、高档手表、游艇、电池、涂料 口诀：戴着名表喝着酒，开着“两车一艇”去买电池、涂料	

应纳税额计算

不同类型的应纳税额具体计算（扣除应为实耗法，而非增值税的购进法） 原则上＝不含税价×消费税率或不含税价×消费税率＋数量×定额税率 只有组成计税价格才需要以消费税率进行换算	
外购	①从价：可扣买价×适用税率；可扣买价＝期初＋当期－期末 从量：可扣数量×单位税额；可扣数量＝期初＋当期－期末 ②进口：可扣税款＝期初进口应税品已纳税款＋当期进口应税品已纳税款－期末进口应税品已纳税款 ③抵扣凭证：增值税专用发票（含销货清单）、《海关进口消费税专用缴款书》
自产自用	①有同类消费品，按同类（如当月高低不同则按加权算） ②无同类按组成计税价格＝(成本＋利润＋自产数量×定额税率)/(1－比例税率)
委托加工	①受托方有同类消费品，按同类 ②无同类，按组成计税价格（分子没有加利润） 组成计税价格＝(材料成本＋加工费＋委托加工数量×定额税率)/(1－比例税率) ③抵扣凭证：《代扣代收税款凭证》 如有委托方运往受托方的运费，则应将其计入材料成本中，构成组成计税价格一部分 加工费包括受托方代垫的辅材
进口	只能按组成计税价格 组成计税价格＝（完税价格＋关税＋进口数量×定额税率)/(1－比例税率)

1. 概念详解

确定销售额时，对于从量计征消费税的应税消费品，在处理包装物押金时与增值税不同，如啤酒、黄酒在包装物押金逾期或超一年时需缴纳增值税但不缴纳消费税，因为啤酒、黄酒是从量计消费税。

2. 经典习题演练

【判断题】受托方没有代收代缴消费税的，委托方需要补交税款。如已经直接销售的，由委托方按组成计税价格计算缴纳消费税。（ ）

【答案】错误

【解析】如已经直接销售的，按销售额（或销售量）计税，收回的应税消费品尚未销售或用于连续生产的，用组成计税价格计算。

【计算题】甲公司委托乙公司生产涂料，双方约定甲公司提供原材料，材料成本 80 万元，乙公司开具的增值税专用发票注明加工费 10 万元（含代垫辅助材料费用 1 万），增值税 1.3 万元，乙公司无同类产品对外销售。收回乙公司加工的涂料后甲公司直接销售 80%，取得不含税销售额 85 万元。问：甲公司是否需要缴纳消费税？（涂料消费税率为 4%）

【答案】需要

【解析】$(80+10)/(1-4\%)\times80\%=75$（万元）

$(85-75)\times4\%=0.4$（万元）

3. 知识扩展

以外购、进口或委托加工收回的已税消费品连续生产应税消费品，在计算征收消费税时应按当期生产领用数量计算准予扣除的应税消费品已纳的消费税税款，该制度设计主要是为了避免重复征税。除了上文提及的九种情形外，还有一种情形可做了解，即啤酒生产集团内部企业间用啤酒液连续灌装生产的啤酒，相关规定内容如下：

①啤酒生产集团内部企业间调拨销售的啤酒液，应由啤酒液生产企业按现行规定申报缴纳消费税。

②购入方企业应依据取得的销售方销售啤酒液所开具的增值税专用发票上记载的销售数量、销售额、销售单价确认销售方啤酒液适用的消费税单位税额，单独建立外购啤酒液购入使用台账，计算外购啤酒液已纳消费税额。

③购入方使用啤酒液连续灌装生产并对外销售的啤酒，应依据其销售价格确定适用单位税额计算缴纳消费税，但其外购啤酒液已纳的消费税额，可以从其当期应纳消费税额中抵减。

知识点 5：纳税义务发生时间、纳税期限及纳税地点

纳税义务发生时间确认

赊销和分期付款	合同规定收款期，没约定或无书面合同，为发出应税消费品当天
预收货款	发出应税消费品当天
托收承付和委托银行结算	发出应税消费品并办妥托收手续
其他结算方式	收讫销售款或取得索取销售款凭据当天

续表

自产自用	移送使用的当天
委托加工	提货当天
进口	报关进口当天

纳税期限及纳税地点

类型	内容
纳税期限	期限：1、3、5、10、15 日，1 个月或者 1 个季度；或按次 1 个月以上：期满 15 天申报 1 个月以下：5 天预缴税款，次月 15 日内申报 进口：海关填发海关进口消费税专用缴款书之日起 15 日内
纳税地点	**①一般原则：** 机构所在地/居住地，总分机构在各自所在地，可申请汇总 **特别注意：** 卷烟批发企业总机构与分支机构不在同一地区，由总机构申报缴纳 **②跨县或委托外县销售：** 机构所在地/居住地 **③委托加工：** 受托方非个人，由受托方在其机构所在地或居住地解缴；受托方为个人，由委托方在其机构所在地或居住地自行申报 **④进口：** 进口人或代理人向报关地海关申报 注：销售发生退回，可退还已缴纳消费税款

1. 概念详解

委托加工应税消费品，纳税义务发生时间为委托方提货当天，受托方代收代缴的计税数量（金额）为提货数量（金额），而非加工数量（金额）。

2. 经典习题演练

【判断题】 纳税人增值税和消费税的纳税期限最长为 1 个季度。（　　）

【答案】 正确

【解析】 纳税人增值税和消费税的纳税期限最长都为 1 个季度。

【判断题】 卷烟批发企业总机构与分支机构不在同一地区，由总机构申报缴纳。（　　）

【答案】 正确

【解析】 卷烟批发企业总机构与分支机构不在同一地区，由总机构申报缴纳，无须分别向各自机构所在地的主管税务机关申报纳税。

3. 知识扩展

不同于增值税，消费税纳税义务发生时间与发票开具时间无关。

章节练习

一、单选题

1. 下列货物不属于消费税征税范围的是（　　）。

A. 铂金　　B. 鞭炮　　C. 摩托车　　D. 高尔夫球具

【答案】A

【解析】本题是对消费税税目的考查。A 选项，铂金不属于消费税征税范围，国家对铂金首饰征收消费税。

2. 下列不属于消费税纳税人的是（　　）。

A. 生产镶金珠宝的企业　　B. 销售豪华小汽车的车商

C. 生产复合金首饰的商店　　D. 生产雪茄的企业

【答案】C

【解析】锻压金、铸金、复合金首饰的消费税征收环节为零售环节。

3. 下列应税消费品中，应在零售环节征收消费税的是（　　）。

A. 钻石　　B. 卷烟　　C. 镀金首饰　　D. 高档手表

【答案】A

【解析】B 选项，在生产、委托加工、进口和批发环节缴纳消费税，C 选项，在生产环节缴纳消费税，D 选项，高档手表在生产、委托加工、进口环节缴纳消费税。

4. 下列关于消费税计税方式，说法错误的是（　　）。

A. 受托方没有代收代缴消费税的，委托方需要补交税款。如已经直接销售的，由委托方按组成计税价格计算缴纳消费税

B. 通过非独立核算门市销售，应按门市部对外销售额计算征收消费税

C. 对于自产应税产品用于内部在建工程的，应当视同销售缴纳消费税

D. 对于销售白酒，计税依据明显偏低且无正常理由的，由国家税务总局核定计税依据

【答案】A

【解析】A 选项，如已经直接销售的，按销售额（或销售量）计税，收回的应税消费品尚未销售或用于连续生产的，用组成计税价格计算。

5. 某筷子生产企业为增值税一般纳税人。2024 年 10 月取得不含税销售额如下：销售烫花木制筷子 15 万元；销售竹制筷子 18 万元：销售木制一次性筷子 12 万元，另外没收逾期未退还的木制一次性筷子包装物押金 0.226 万元，该押金于 2022 年 9 月收取。该企业 10 月应纳消费税（　　）万元。（消费税税率为 5%）

A. 0.6100　　B. 0.6115　　C. 1.3598　　D. 2.2615

【答案】A

【解析】本题是对消费税税目和计税销售额的考查。花木制筷子和竹制筷子不属于消费税征税范围，只有木制一次性筷子需要缴纳消费税，木制一次性筷子的包装物押金在逾期时计入销售额缴纳消费税。押金属于价外费用，销售额为含税销售额，计税时应换算为不含税销售额，应纳税额 =（12 + 0.226/1.13）× 5% = 0.61（万元）。

6. 下列各项行为中，不需要纳税人自行缴纳消费税的是（　　）。

A. 将自产的应税消费品对外交换其他应税消费品

B. 将自产的应税消费品对外投资

C. 将外购的原料委托其他企业加工应税消费品

D. 将自产的应税消费品对外交换其他非应税消费品

【答案】C

【解析】本题是对消费税委托加工应税消费品扣缴义务的考查。除受托方为个体工商户或自然人外，受托方为扣缴义务人，按提货数量，代收代缴委托方应税消费品的消费税，向受托方主管税务机关申报。

7. 下列委托加工收回的应税消费品已纳消费税不可抵扣消费税税款的情形是（　　）。

A. 用委托加工收回的已税高档化妆品为原料生产的高档化妆品

B. 用委托加工收回的已税鞭炮为原料生产的鞭炮

C. 用委托加工收回的已税焰火为原料生产的焰火

D. 用委托加工收回的已税涂料为原料生产的涂料

【答案】D

【解析】本题是对消费税已纳税款扣除的考查。D 选项，用委托加工收回的已税涂料为原料生产的涂料，不属于列明可抵扣范围，委托加工收回涂料的已纳消费税不得扣除。

8. 以下关于消费税的纳税申报的说法，错误的是（　　）。

A. 进口的应税消费品，由进口人或者其代理人向报关地海关申报纳税

B. 纳税人销售的应税消费品，如因质量等原因由购买者退回时，经机构所在地或者居住地主管税务机关审核批准后，可退还已缴纳的消费税税款

C. 纳税人到外县（市）销售或者委托外县（市）代销自产应税消费品的，在销售地申报纳税

D. 自产自用的应税消费品，除国务院财政，税务主管部门另有规定外，应当向纳税人机构所在地或者居住地的主管税务机关申报纳税

【答案】C

【解析】本题是对消费税纳税地点的考查。C 选项，纳税人到外县（市）销售或者委托外县（市）代销自产应税消费品的，于应税消费品销售后，向机构所在地或者居住地主管税务机关申报纳税。

9. 2024 年 5 月，某汽车制造厂以自产越野车（排量为 20 升）20 辆投资某广告公司取得 20% 的股份，双方确认价值 750 万元。该厂生产的同一型号的越野车当月不含增值税售价分别为 40 万元/辆、38 万元/辆、36 万元/辆，则用作投资入股的越野车应缴纳的消费税是（　　）万元。（消费税税率为 5%）

A. 40　　B. 35　　C. 30　　D. 0

【答案】A

【解析】纳税人自产的应税消费品用于换取生产资料和消费资料、投资入股和抵偿债务等方面，应当以纳税人同类应税消费品的最高销售价格作为计税依据。因此，以最高销售价格 40 万元/辆为计税依据。应纳消费税 $=20\times40\times5\%=40$（万元）。

10. 下列各项中，不符合消费税纳税义务发生时间规定的是（　　）。

A. 进口的应税消费品，为报关进口的当天

B. 自产自用的应税消费品应该纳税的，为移送使用的当天

C. 采取预收货款结算方式的，为发出应税消费品的当天

D. 委托加工的应税消费品，为支付加工费的当天

【答案】D

【解析】纳税人委托加工应税消费品的，纳税义务发生时间为纳税人提货的当天。

二、多选题

1. 纳税人发生的下列行为中，应征收消费税的有（　　）。

A. 酒厂将自产白酒赠送给客户

B. 烟厂将自产烟丝用于连续生产卷烟

C. 实木地板厂将自产地板用于建设内部厂房

D. 原油加工厂将自产柴油用于调和生产生物柴油

【答案】AC

【解析】B、D 选项错误，纳税人自产自用的应税消费品，用于连续生产应税消费品的，不征收消费税。

2. 下列货物不属于消费税征税范围的有（　　）。

A. 大货车　　B. 电子烟　　C. 天然宝石　　D. 汽车轮胎

【答案】AD

【解析】本题是对消费税税目的考查。A 选项，消费税对小汽车和中轻型商用客车征税，大货车、大客车和卡车不征税；B 选项，电子烟属于消费税征税范围；D 选项，汽车轮胎不属于消费税征税范围。

3. 下列各项业务，应同时征收增值税和消费税的有（　　）。

A. 石化厂销售自产汽油　　B. 烟酒经销商销售外购的已税白酒

C. 贸易公司进口游艇　　D. 卷烟生产企业向批发商销售卷烟

【答案】ACD

【解析】本题是对消费税纳税环节的考查。A 选项、B 选项和 C 选项，汽油、白酒和游艇在生产销售、委托加工和进口环节征收消费税，批发环节的烟酒经销商销售外购的已税白酒，征收增值税但不征收消费税；D 选项，卷烟在生产销售、委托加工、进口环节和批发环节均征收消费税。

4. 下列关于消费税从高适用税率情形说法，正确的有（　　）。

A. 兼营不同税率应税消费品，未分别核算的，从高计税

B. 将应税消费品与非应税消费品组成成套消费品销售的，分别核算的，分别计税

C. 将不同税率应税消费品组成成套消费品销售的，不论是否分别核算，均适用从高计税

D. 同时销售金银首饰及其他产品，未分别核算的，零售环节一律按金银首饰征收

【答案】ACD

【解析】将应税消费品与非应税消费品、不同税率应税消费品组成成套消费品销售的，不论是否分别核算，均适用从高计税。

5. 关于消费税税率的说法，正确的有（　　）。

A. 纳税人销售成套消费品，按其中应税消费品适用的最高税率征税

B. 钻石饰品在零售环节征收消费税，税率是5%

C. 纳税人兼营卷烟批发和零售业务的，销售额分别核算，分别适用税率

D. 生产企业直接销售超豪华小汽车给消费者，按10%的税率计征消费税

【答案】ABC

【解析】本题是对消费税税率的综合考查。D选项，国内汽车生产企业直接销售给消费者的超豪华小汽车，消费税税率按照生产环节和零售环节税率加总计算。

6. 关于消费税计税销售额确定的说法，正确的有（　　）。

A. 消费税的销售额包括逾期付款收取的违约金

B. 消费税的销售额不含增值税也不含消费税

C. 应税消费品连同包装物销售的，包装物价款不含在销售额中

D. 纳税人自产的应税小汽车用于换取钢材，应当按纳税人同类应税小汽车的最高销售价格作为计税依据

【答案】AD

【解析】本题是对消费税计税销售额的考查。B选项，消费税的销售额不含增值税包含消费税本身，因为增值税是价外税而消费税是价内税；C选项，应税消费品连同包装物销售的，无论包装物是否单独计价以及在会计上如何核算，均应并入应税消费品的销售额中缴纳消费税。

7. 关于自产自用应税消费品的组成计税价格，下列说法正确的有（　　）。

A. 组成计税价格 = 成本 + 利润 + 消费税

B. 当消费税为从量税时，组成计税价格 = 成本 + 利润 + 数量 × 从量税税率

C. 当消费税为从价税时，组成计税价格 =（成本 + 利润）/（1 − 从价税税率）

D. 当消费税为复合税时，组成计税价格 =（成本 + 利润）/（1 − 从价税税率）+ 从量税

【答案】ABC

【解析】本题是对自产自用应税消费品组成计税价格的考查。自产自用应税消费品的组成计税价格，基本公式为：组成计税价格 = 成本 + 利润 + 消费税。根据消费税计税方法的不同，具体分为：当消费税为从量税时，组成计税价格 = 成本 + 利润 + 数量 × 从量税税率；当消费税为从价税时，组成计税价格 =（成本 + 利润）/（1 − 从价税税率）；当消费税为复合税时，组成计税价格 =（成本 + 利润 + 从量税）/（1 − 从价税税率）。

8. 下列关于消费税纳税义务发生时间的说法，正确的有（　　）。

A. 采取预收货款的，为发出应税消费品当天

B. 采取分期付款的，按照合同规定收款时间，合同未规定的，为签订合同当天

C. 委托加工的，为移送加工的当天

D. 采用其他结算方式的，为收讫销售款或取得索取销售款凭据当天

【答案】AD

【解析】B 选项，采取分期付款的，按照合同规定收款时间，合同未规定或无书面合同的，为发出应税消费品当天；C 选项，委托加工的，为提货当天。

9. 下列关于白酒消费税最低计税价格的说法中不正确的有（　　）。

A. 白酒消费税最低计税价格由白酒生产企业自行申报，税务机关核定

B. 已核定最低计税价格的白酒，生产企业实际销售价格高于消费税最低计税价格的，按最低计税价格申报纳税

C. 白酒生产企业未按规定上报销售单位销售价格的，主管税务局应按照销售单位销售价格征收消费税

D. 白酒生产企业销售给销售单位的白酒，生产企业消费税计税价格低于销售单位对外销售价格 70% 以下的，消费税最低计税价格由税务机关根据生产规模、白酒品牌、利润水平等情况在销售单位对外销售价格 60% 至 80% 范围内自行核定

【答案】BD

【解析】已核定最低计税价格的白酒，生产企业实际销售价格高于消费税最低计税价格的，按实际销售价格申报纳税；白酒生产企业销售给销售单位的白酒，生产企业消费税计税价格低于销售单位对外销售价格 70% 以下的，消费税最低计税价格由税务机关根据生产规模、白酒品牌、利润水平等情况在销售单位对外销售价格 50% 至 70% 范围内自行核定。

10. 下列关于消费税纳税地点的表述，正确的有（　　）。

A. 纳税人自产自用应税消费品，除国务院财政税务主管部门另有规定外，应向机构所在地或者居住地的主管税务机关申报纳税

B. 纳税人的总机构与分支机构不在同一县（市）的，应当分别向各自机构所在地的主管税务机关申报纳税，经批准，可以汇总纳税

C. 纳税人到外县（市）销售应税消费品，应向销售地主管税务机关申报纳税

D. 委托个人加工的应税消费品，由委托方向其机构所在地或者居住地主管税务机关申报纳税

【答案】ABD

【解析】纳税人销售的应税消费品，以及自产自用的应税消费品，除国务院财政、税务主管部门另有规定外，应当向纳税人机构所在地或者居住地的主管税务机关申报纳税。纳税人的总机构与分支机构不在同一县（市）的，应当分别向各自机构所在地的主管税务机关申报纳税；经财政部、国家税务总局或者其授权的财政、税务机关批准，可以由总机构汇总向总机构所在地的主管税务机关申报纳税。纳税人到外县（市）销售或委托外县（市）代销自产应税消费品的，于应税消费品销售后，向机构所在地或

者居住地主管税务机关申报纳税。委托个人加工的应税消费品，由委托方向其机构所在地或者居住地主管税务机关申报纳税。

三、判断题

1. 缴纳消费税的货物一定缴纳增值税，缴纳增值税的货物不一定缴纳消费税。

【答案】正确

【解析】本题是对增值税和消费税征税范围的考查。消费税是选取了15类应税消费品作为征税对象，而增值税是以所有货物作为征税对象。

2. 进口金银首饰的单位应当按规定向申报进口地海关缴纳消费税。

【答案】错误

【解析】本题是对消费税纳税环节的考查。金银首饰在零售环节征收消费税。进口环节不缴纳消费税。

3. 委托加工应税消费品的纳税人，必须在委托加工合同上如实注明（或者以其他方式提供）材料成本，凡未提供材料成本的，委托方主管税务机关有权核定其材料成本。

【答案】错误

【解析】本题是对消费税计税销售额的考查。委托加工应税消费品的纳税人，必须在委托加工合同上如实注明（或者以其他方式提供）材料成本，凡未提供材料成本的，受托方主管税务机关有权核定其材料成本。

4. 纳税人兼营不同税率的应税消费品，如果未分别核算不同税率应税消费品的销售额销售数量，或者将不同税率的应税消费品组成成套消费品销售的，从高适用税率。

【答案】正确

【解析】纳税人兼营不同税率的应当缴纳消费税的消费品，应当分别核算不同税率应税消费品的销售额、销售数量；未分别核算，或者将不同税率的应税消费品组成成套消费品销售的，从高适用税率。

5. 卷烟在生产和批发两个环节均征收消费税，但批发企业在计算纳税时可以扣除已含的生产环节的消费税税款。

【答案】错误

【解析】卷烟在生产和批发两个环节征收消费税后，批发企业在计算纳税时不得扣除已含的生产环节的消费税税款。

6. 金、银、铂金在零售环节征收消费税。

【答案】错误

【解析】应税消费品针对的是金银首饰、铂金首饰，金、银、铂金不属于消费税的征税范围。

7. 纳税人应税消费品的计税价格明显偏低且无正当理由的，由主管税务机关核定其计税价格。卷烟、白酒、成品油和小汽车的计税价格由国家税务总局核定，送财政部备案。

【答案】错误

【解析】纳税人应税消费品的计税价格明显偏低且无正当理由的，由主管税务机关核定其计税价格。①卷烟、白酒和小汽车的计税价格由国家税务总局核定，送财政部备案；②其他应税消费品的计税价格由省、自治区和直辖市税务局核定。

8. 纳税人委托个体经营者加工的应税消费品，由受托方向其居住所在地缴纳消费税。

【答案】错误

【解析】对纳税人委托个体经营者加工的应税消费品，一律于委托方收回后在委托方所在地缴纳消费税。

9. 纳税人收回已代扣代缴消费税的委托加工应税消费品，将其直接出售，无论售价高低，均不再缴纳消费税。

【答案】错误

【解析】委托方将收回的应税消费品，以不高于受托方的计税价格出售的，为直接出售，不再缴纳消费税；以高于受托方的计税价格出售的，不属于直接出售，需按照规定申报缴纳消费税。

10. 纳税人自产自用的应税消费品，属于从价计征消费税的，如果没有同类消费品销售价格，按照组成计税价格计算缴纳消费税。

【答案】正确

【解析】纳税人自产自用的应税消费品，按照纳税人生产的同类消费品的销售价格计算纳税；没有同类消费品销售价格的，按照组成计税价格计算纳税。

第四章　企业所得税

本章主要掌握内容： 概念、纳税人、征税对象和税率、应纳税所得额的确定、税收优惠、应纳税额计算、征收管理

关于企业所得税征税的基本规定：

《企业所得税法》第三条：

居民企业应当就其来源于中国境内、境外的所得缴纳企业所得税。

非居民企业在中国境内设立机构、场所的，应当就其所设机构、场所取得的来源于中国境内的所得，以及发生在中国境外但与其所设机构、场所有实际联系的所得，缴纳企业所得税。

非居民企业在中国境内未设立机构、场所的，或者虽设立机构、场所但取得的所得与其所设机构、场所没有实际联系的，应当就其来源于中国境内的所得缴纳企业所得税。

知识点 1：纳税人、扣缴义务人及税率

<table>
<tr><td rowspan="2">25%</td><td>居民企业</td></tr>
<tr><td>在中国境内设有机构、场所且所得与机构、场所有实际联系的非居民企业</td></tr>
<tr><td rowspan="2">20%（实际 10%）</td><td>中国境内未设立机构、场所的非居民企业</td></tr>
<tr><td>虽设立机构、场所但取得的所得与其所设机构、场所没有实际联系的非居民企业</td></tr>
<tr><td>20%</td><td>小型微利企业</td></tr>
<tr><td>15%</td><td>高新技术企业、技术先进型服务企业</td></tr>
<tr><td colspan="2">居民企业：①境内依法成立；②境外成立但实际管理机构在境内
非居民企业：①境外成立但在中国有机构、场所；②在中国无机构场所但有来源于中国境内所得的企业</td></tr>
<tr><td colspan="2">扣缴义务人：未设机构的非居民企业或虽设立机构但取得的所得与境内机构没有联系的，以境内支付方为扣缴义务人</td></tr>
</table>

1. 概念详解

实际管理机构： 对企业的生产经营、人员、财务、财产等实施实质性全面管理和控制的机构。

机构、场所： 从事相关生产经营的场所（管理机构、营业机构、提供劳务的场所等，委托营业代理人代为签订合同或者储存、交付货物等，视为机构、场所）。

实际联系： 是指非居民企业在中国境内设立的机构、场所拥有据以取得所得的股

权、债权，以及拥有、管理、控制据以取得所得的财产等。

2. 经典习题演练

【单选题】下列关于企业所得税政策规定的表述正确的是（　　）。

A. 居民企业对来源于境外的所得无须缴纳企业所得税

B. 居民企业应当就其来源于中国境内、境外的所得缴纳企业所得税

C. 非居民企业在中国境内未设立机构、场所的，应当就其来源于中国境内、境外的所得缴纳企业所得税

D. 非居民企业在中国设立机构、场所但取得的所得与其所设机构、场所没有实际联系的，应当就其来源于境外的所得缴纳企业所得税

【答案】B

【解析】《企业所得税法》第三条规定：

居民企业应当就其来源于中国境内、境外的所得缴纳企业所得税。

非居民企业在中国境内设立机构、场所的，应当就其所设机构、场所取得的来源于中国境内的所得，以及发生在中国境外但与其所设机构、场所有实际联系的所得，缴纳企业所得税。

非居民企业在中国境内未设立机构、场所的，或者虽设立机构、场所但取得的所得与其所设机构、场所没有实际联系的，应当就其来源于中国境内的所得缴纳企业所得税。

所以，B 选项正确，其他选项错误。

【判断题】在中国境内未设立机构、场所的非居民企业应当就其来源于中国境内的所得缴纳企业所得税，计算缴纳的企业所得税时应适用 10% 的税率。（　　）

【答案】错误

【解析】在中国境内未设立机构、场所的非居民企业应当就其来源于中国境内的所得缴纳企业所得税，计算缴纳的企业所得税时应适用 20% 的税率，实际执行 10% 的税率。

3. 知识扩展

我国现行企业所得税实行的是法人税制，所以个人独资企业和合伙企业应缴纳个人所得税，而不是企业所得税。对于民办非企业，应根据实际情况缴纳个人所得税或者企业所得税。

知识点 2：所得来源地确认

情形	所得来源地
销售货物	交易活动发生地
提供劳务	劳务发生地
不动产转让	不动产所在地

续表

情形	所得来源地
动产转让	转让动产的企业或者机构、场所所在地
权益性投资资产转让	被投资企业所在地
股息、红利等权益性投资	分配所得的企业所在地
利息、租金和特许权使用费所得	负担支付所得的企业或者机构、场所所在地或个人住所地

1. 概念详解

所得来源地的判定主要是为了确定取得所得是来源于中国境内还是境外，并以此确定纳税人的企业所得税纳税义务。

2. 经典习题演练

【多选题】下列关于所得税来源地判定，说法正确的有（　　）。

A. 销售货物按销售方所在地　　B. 提供劳务按劳务发生地

C. 权益性投资按被投资企业所在地　　D. 取得利息按支付利息企业所在地

【答案】BCD

【解析】销售货物按交易活动发生地。

【多选题】日本 A 公司在我们境内未设立机构、场所，取得的下列所得应在我国缴纳企业所得税的有（　　）。

A. 在日本将一批货物销售给我国某企业

B. 将一批机械设备出租给我国的某工程企业

C. 将日本一块商用地转让给我国某房地产企业

D. 将持有的我国境内居民企业的股权转让给另一家日本企业

【答案】BD

【解析】A 选项，销售货物所得，按照交易活动发生地确定，不属于来源于我国境内所得；B 选项，租金由我国支付，属于来源于境内所得；C 选项，不动产在日本，不属于来源于中国境内所得；D 选项，权益性投资资产转让所得，按照被投资企业所在地确定，属于来源于我国境内所得。

【判断题】非居民企业在中国境内设立机构场所的，应当就其所设机构、场所取得的来源于中国境内的所得和来源于中国境外但与该机构、场所有实际联系的所得，计算缴纳企业所得税。（　　）

【答案】正确

【解析】注意与设立机构场所有关的境内、境外所得都需缴纳企业所得税。

3. 知识扩展

企业所得税的所得来源地判定主要由《企业所得税法实施条例》第七条规定，目的是最大限度维护国家税收主权，实现税收公平和效率。如权益性投资资产转让的所得来源地为被投资企业所在地，股息、红利等权益性投资的所得来源地为分配所得的企业所在地，实质上两者的所得税来源地是一样的，从制度和事实上最大限度地维护了我国企业所得税的税收利益。

知识点3：收入确认

销售收入判定

类型	内容	是否影响销售收入
一般收入	销售货物收入	√
	提供劳务收入	√
	转让财产收入	×（列入资产处置损益）
	股息、红利等权益性投资收益	×
	利息收入	×
	租金收入	√
	特许权使用费收入	√
	接受捐赠收入	×
	其他收入	×
特殊收入	视同销售收入	√
销售收入包括：主营业务收入、其他业务收入、视同销售货物收入、提供劳务收入 其他收入包括：企业资产溢余收入、逾期未退包装物押金收入、确实无法偿付的应付款项、已作坏账损失处理后又收回的应收款项、债务重组收入、补贴收入、违约金收入、汇兑收益等		

视同销售收入

内部处置资产，不视同销售确认收入	不属于内部处置资产，按规定视同销售确定收入
（1）将资产用于生产、制造、加工另一产品 （2）改变资产形状、结构或性能 （3）改变资产用途（如自建商品房转为自用或经营） （4）将资产在总机构及其分支机构之间转移（但资产移送至境外分支机构则要视同销售） （5）上述两种或两种以上情形的混合 （6）其他不改变资产所有权属的用途	（1）用于市场推广（赞助、广告、样品）或销售 （2）用于交际应酬 （3）用于职工奖励或福利 （4）用于利润分配 （5）用于对外捐赠、偿债、集资 （6）其他改变资产所有权属的用途
（1）区分的关键看资产所有权属在形式和实质上是否发生改变 （2）视同销售在确认收入时：一般按公允价值确定销售收入，同时确认成本属于企业自制的资产，应按企业同类资产同期对外销售价格确定销售收入；属于外购的资产，可按购入时的价格确定销售收入	

收入确认时间

不同项目收入确认时间	销售商品	风险及所有权转移；收入成本可靠计量
	提供劳务	完工百分比法（已完成工作的测量、已提供劳务占劳务总量比例、发生成本占总成本比例）
	转让股权收入	协议生效且完成股权变更手续
	股息、红利等权益性投资收益	被投资方作出利润分配决定的日期
	利息、租金、特许权使用费收入	合同约定的应付日期
	接受捐赠收入	实际收到捐赠资产的日期

续表

不同结算方式收入确认时间	采用预收款	发出商品时
	需要安装和检验	安装和检验完毕时确认收入。安装程序简单的，可在发出商品时确认收入
	支付手续费委托代销	收到代销清单时（没有 180 天、取得款项的说法）
	托收承付	办妥托收手续时
	分期收款	合同约定收款日期
	产品分成	分得产品的日期

收入金额确认

收入金额确认	售后回购	（1）符合收入条件：销售的商品按售价确认收入，回购的商品作为购进商品处理 （2）不符合销售收入确认条件：收到的款项确认为负债，回购价格大于原售价的，差额在回购期间确认利息费用 **（融资性售后回租中出售行为既不缴纳增值税，也不缴纳企业所得税）**
	商业折扣	扣除商业折扣后的金额
	现金折扣	扣除现金折扣前的金额确定销售商品收入金额，现金折扣在实际发生时作为财务费用扣除
	销售折让	发生当期冲减当期销售商品收入
	以旧换新	销售商品按收入确认条件确认收入，回收商品作为购进商品处理
	买一赠一	不属于捐赠，将总的销售金额按各项商品的公允价值的比例来分摊确认各项收入
	产品分成	按产品公允价格确定收入实现
	跨年租金	出租人可以在租赁期内分期均匀计入相关年度收入

不征税收入

财政拨款：各级政府对纳入预算管理的事业单位、社会团体等组织拨付的财政资金，另有规定除外
依法收取并纳入财政管理的行政事业性收费、政府性基金（企业收取的各种基金收费，应计入收入总额）
国务院规定的其他不征税收入
注意： 企业的不征税收入用于支出所形成的费用或者财产，不得扣除或者计算对应的折旧、摊销税前扣除，但企业的免税收入用于支出所形成的费用或者财产，可以税前扣除或者计算对应的折旧、摊销扣除

1. 概念详解

企业所得税在确认收入过程中，销售收入一般包括销售货物收入、提供劳务收入、租金收入、特许权使用费收入以及视同销售收入。同时，销售收入从会计收入角度看，又可以区分为主营业务收入和其他业务收入，其中销售货物收入和提供劳务收入一般属于主营业务收入，租金收入和特许权使用费收入本质上都是让渡资产使用权，一般属于其他业务收入。

2. 经典习题演练

【单选题】下列关于企业所得税收入确认时间，说法错误的是（　　）。

A. 采用预收款的为发出商品时

B. 采用分期付款方式的按合同约定时间

C. 采用手续费委托代销为取得款项时

D. 采用产品分成的为分得产品的日期

【答案】C

【解析】采用手续费方式委托代销货物的，收到代销清单时确认收入。

【多选题】下列关于企业所得税收入金额确认的说法错误的有（　　）。

A. 现金折扣以折扣前的金额计入收入总额，现金折扣冲减财务费用

B. 采用以旧换新销售的，回收商品作为购进商品处理

C. 采用产品分成方式取得收入的，收入额按分得产品的公允价值确定

D. 企业以买一赠一方式组合销售本企业商品的，按视同销售处理

【答案】AD

【解析】A 选项，现金折扣计入财务费用，不是冲减；D 选项，按各项商品的公允价值的比例分摊确认各项销售收入。

【多选题】下列应当计入企业应纳所得税收入的有（　　）。

A. 债务重组收入

B. 已做坏账损失处理后又收回的应收款项

C. 违约金收入

D. 销售货物时收取的包装物押金

【答案】ABC

【解析】D 选项，包装物收取时，作为企业负债处理，逾期未退时才计入应税收入。

【判断题】

企业的免税收入用于支出所形成的费用或者财产，不得扣除或者计算对应的折旧、摊销税前扣除。（　　）

【答案】错误

【解析】企业的免税收入用于支出所形成的费用或者财产，可以税前扣除或者计算对应的折旧、摊销扣除。

3. 知识扩展

总结：融资性售后回租税收政策

融资性售后回租	增值税	承租方出售资产的行为不缴纳增值税
	企业所得税	承租方出售资产的行为不缴纳企业所得税
	印花税	承租人、出租人因出售租赁资产及购回租赁资产所签订的合同，不征收印花税
	契税	对售后回租合同期满，承租人回购原房屋、土地权属的，免征契税

其他形式的收入确认时间

安装费	（1）依安装完工进度确认 （2）安装是商品销售附带条件的确认商品销售实现时确认
宣传媒介收费	（1）相关的广告或商业行为出现于公众面前时确认 （2）广告的制作费根据制作完工进度确认
软件费	为特定客户开发软件的根据开发的完工进度确认
服务费	含在商品售价内可区分的服务费在提供服务期间分期确认
艺术表演、招待宴会和其他特殊活动收费	（1）在相关活动发生时确认 （2）收费涉及多项活动的，预收的款项应合理分配给每项活动分别确认
会员费	（1）只有会籍，其他服务或商品另收费的取得该会员费时确认 （2）入会员后，不再付费或低于非会员的价格销售商品或提供服务的会员费应在整个受益期内分期确认
特许权使用费	（1）提供设备和其他有形资产的特许权费，在交付资产或转移资产所有权时确认 （2）提供初始及后续服务的特许权费，在提供服务时确认
劳务费	长期为客户提供重复的劳务收取的劳务费在相关劳务活动发生时确认

知识点4：扣除项目与不可扣除项目

扣除项目基本要求

扣除原则：与取得收入（生产经营）有关；支出合理；凭证有效（不一定是发票）		
一般项目	成本	销售成本、销货成本、业务支出、其他耗费
	费用	销售费用、管理费用、财务费用（不包括计入成本）
	税金	企业所得税及可抵扣增值税除外的税金及附加
	损失	固定存货盘亏毁损报废、转让财产损失、呆账损失、坏账损失、不可抗力造成的损失
	其他支出	其他与**生产经营活动有关**的、合理的支出
扣除时间	收益性支出当期扣除；资本性支出分期扣除或计入有关资产成本（折旧）	
扣除凭证	内部凭证	符合法律法规规定的会计原始凭证（工资分配表、劳动合同等）
	外部凭证	发票、财政票据、完税凭证、收款凭证、分割单等
	扣除规定	一般汇算清缴前取得；以后年度取得的，如真实，可在不超过5年内追补

扣除项目具体规定

扣除项目	扣除标准	备注
工资薪金支出	不包五险一金且要根据股东会、董事会等机构制定的工薪制度实际发放	只要是任职受雇的即可
职工福利费支出	工资薪金总额的14%，超出部分不得结转	包括福利部门人员工薪等
工会经费	工资薪金总额的2%，超出部分不得结转	凭工会收据扣除

续表

扣除项目	扣除标准	备注
职工教育经费	工资薪金总额的8%，超过部分可以结转	没有结转年限限制，软件生产企业及核电厂操纵员的培养费全额扣除
社保、公积金	基本的按国家标准；补充养老、医疗保险，在工资总额的5%以内可以扣除	特殊工种人身安全保险费及相关商业保险（意外险）；企业财产保险也可扣除；一般商业保险不可扣
借款费用	费用化可直接扣；资本化计入成本后续扣 可扣限额=借款×金融企业同期同类贷款利率×时间 注：①企业向关联自然人借款利息支出，符合债资比例+利率标准的可扣；②向非关联自然人借款利息支出，在金融企业同期同类贷款利率内可扣	非金融企业间借款利息要按金融企业同期同类贷款利率；关联方债权权益比例超过标准的利息支出不可扣除（金融企业5∶1；其他企业2∶1）；能证明交易独立或企业实际税负不高于境内关联方的，不受上述限制
汇兑损失	除计入资产成本（资本化）和利润分配（因为是税后分配利润）相关部分外，可扣	汇兑收益要缴税
业务招待费	①发生额60%和不超过当年销售（营业）收入的5‰孰低扣除 ②筹办活动有关的业务招待费，可按实际发生额×60%税前扣除	要与生产经营活动相关
广告费、业务宣传费	不超过当年销售（营业）收入的15%，超过部分可结转 ①化妆品制造或销售、医药制造和饮料制造（不含酒类）为不超过销售（营业）收入的30%，超过部分可结转；烟草的一律不可扣 ②筹办活动有关的广宣费可按实际发生额全额扣除	结转没有年限要求
环境保护、生态恢复专项基金	按规定提取的，可以扣除；改变用途的，不可扣	
固定资产租赁费用	经营租赁，租赁期限均匀扣除；融资租赁：折旧	
公益性捐赠	①年度利润总额（不减上年亏损）12%以内可扣除，超过部分可结转 ②企业同时发生扶贫捐赠支出和其他公益性捐赠支出，在计算公益性捐赠支出年度扣除限额时，符合上述条件的扶贫捐赠支出不计算在内，扶贫捐赠支出可据实扣除	只能结转3年
资产损失	减除责任人赔偿和保险赔款后的余额可扣，收回则计税	因损失转出的进项也视同损失可扣

不可扣除项目

扣除项目	内容
权益性投资收益款项	企业向投资者支付的股息、红利因为是税后支付，所以不可扣
企业所得税税款	

续表

扣除项目	内容
税收滞纳金	指的是税收上的滞纳金，合同的罚息、滞纳金、违约金可扣
罚金、罚款和被没收财物的损失	仅包括刑事处罚和行政处罚，不包括合同规定违约金、罚款、诉讼费
超过规定标准的捐赠支出	包括非公益性捐赠支出和不符合规定的公益性捐赠支出
赞助支出	主要是指企业发生的与生产经营活动无关的各种非广告性质支出
未经核定的准备金	如资产减值准备、信用减值损失、风险准备等
企业之间费用	企业之间支付的管理费、企业内营业机构之间支付的租金和特许权使用费、非银行企业内营业机构之间支付的利息（企业间支付的租金、特许权使用费、利息则可扣）
其他支出	与取得收入无关的

1. 概念详解

收益性支出一般是企业基于一个会计期间，为了获取收益而支出的费用，如管理费用、销售费用、财务费用等；资本性支出一般会超过一个会计期间或营业周期，该支出不仅是为了取得本期收益，也是为了取得日后的其他各期收益，资本性支出一般通过计入资产成本，分期计算折旧或摊销的形式进行扣除。

2. 经典习题演练

【单选题】企业当年开业，销售收入100万，实际发生的广告费、业务宣传费40万元（含筹办期间发生的广告费10万元），请问当年可扣除的广告费、业务宣传费为（　　）万元。

A. 10　　B. 15　　C. 25　　D. 40

【答案】C

【解析】广告费、业务宣传费的扣除限额 = 100 × 15% = 15（万元），筹办期间发生的广告费、业务宣传费不计入扣除限额。所以可扣除金额 = 10 + 15 = 25（万元）。

【多选题】下列扣除项目属于可以无限制年限结转扣除的有（　　）。

A. 职工教育经费　　B. 公益性捐赠支出

C. 广告费和业务宣传费　　D. 购进环保设备的投资额

【答案】AC

【解析】B选项，结转年限为3年；D选项，结转年限为5年。

【多选题】下列不得在计算企业所得税时税前扣除的有（　　）。

A. 企业之间支付的租金

B. 企业内营业机构之间支付的特许权使用费

C. 合同滞纳金

D. 企业内营业机构之间支付的利息

【答案】BD

【解析】A选项，企业之间支付的管理费不可税前扣除，但支付的租金可以，只有企业内营业机构之间支付的租金才不可税前扣除；D 选项，非银行企业内营业机构之间支付的利息不得税前扣除。

【判断题】按照来源的不同，税前扣除凭证可以分为内部凭证和外部凭证。（　　）

【答案】正确

【解析】发票及符合要求的内外部凭证都可作为税前扣除凭证。

【判断题】筹办期间的业务招待费，可以按照实际发生额税前扣除。（　　）

【答案】错误

【解析】筹办期间的业务招待费，按照实际发生额 ×60% 税前扣除，且不计入销售收入 ×0.005 的扣除限额。

【判断题】企业的捐赠支出的限额标准为会计利润的 12%，超过可在三年内结转。（　　）

【答案】错误

【解析】企业的公益性捐赠支出的限额标准为会计利润的 12%，超过可在三年内结转。

3. 知识扩展

企业所得税判断项目能够扣除的原则包括权责发生制原则（如一次性取得大的租赁收入分期确认）、配比原则（如当期收入所应对的成本费用在当期扣除）、相关性原则（如非广告性赞助支出不得扣除）、确定性原则（如不承认计提的各种准备）、合理性原则（如职工福利费支出扣除金额不得超过工资薪金总额的 14%）。

知识点 5：资产税务处理

固定资产税务处理

资产类型	项目	内容
固定资产	基本要求	使用时间超 12 个月
	计税基础	外购：买价 + 税费 + 达到预定用途发生的其他支出
		自行建造：竣工结算前发生的支出
		融资租入：合同价 + 费用；公允价值 + 费用
		盘盈：同类固定资产的重置完全价值
		捐赠、投资、交换、重组等：公允价值 + 税费
		改建：以改建支出增加计税基础（已足额计提折旧及租入的固定资产除外） 未提足折旧的，按照扩建后尚可使用年限与税法年限孰短计提折旧
	折旧计提	投入次月至停止使用当月，预计净残值一经确定不得变更
	折旧年限	①房屋、建筑物：20 年 ②飞机、火车、轮船、机器、机械和其他生产设备：10 年 ③与生产经营活动有关的器具、工具、家具等：5 年 ④飞机、火车、轮船以外的运输工具：4 年 ⑤电子设备：3 年
	不得计提折旧	房屋、建筑物以外未投入使用的固定资产
		以经营租赁方式租入的固定资产

续表

资产类型	项目	内容
固定资产	不得计提折旧	以融资租赁方式租出的固定资产
		已足额提取折旧仍继续使用的固定资产
		与经营活动无关的固定资产
		单独估价作为固定资产入账的土地（应计入无形资产）

无形资产税务处理

资产类型	项目	内容
无形资产	主要内容	专利权、商标权、著作权、土地使用权、非专利技术、商誉等
	计税基础	外购：买价＋税费＋达到预定用途发生的其他支出
		自行开发：资本化后至达到预定用途前发生的支出
		捐赠、投资、交换、重组等：公允价值＋税费
	摊销计提	直线法；外购商誉在企业整体转让或清算时扣除（类似投资资产）；摊销期间为取得当月至停止使用的上月
	摊销年限	不少于10年；投资或者受让的无形资产，有规定或合同约定年限的，按规定或者约定的使用年限分期摊销（此次情形可能低于10年）
	不得计算摊销	①自行开发的支出已在计算应纳税所得额时扣除的无形资产 ②自创商誉 ③与经营活动无关的无形资产 ④其他

生物资产、长期待摊费用税务处理

资产类型	项目	内容
生物资产（生产性）	主要内容	消耗性、生产性、公益性生物资产 消耗性、公益性类似存货，不涉及折旧
	计税基础	外购：买价＋税费
		捐赠、投资、交换、重组等：公允价值＋税费
	折旧计提	直线法；要求同固定资产
	摊销年限	林木类（经济林、薪炭林）：10年；畜类（产畜、役畜）：3年
长期待摊费用	固定资产改建支出	已足额提取折旧的固定资产，按照预计尚可使用年限分期摊销（不是3年）
		租入固定资产的改建支出，按照合同约定的剩余租赁期限分期摊销（不是3年）
	固定资产大修理支出	按照固定资产尚可使用年限分期摊销
		①修理支出在计税基础50%以上；②修理后使用年限延长2年以上
	其他	自支出发生月份的次月起，摊销年限不得低于3年

投资资产、存货税务处理

资产类型	项目	内容
投资资产	主要内容	权益性投资（股权投资）、债权性投资（应收债券等）
	成本计算	支付现金：购买价款＋相关税费
		支付现金以外方式：公允价值＋相关税费
	扣除方式	企业在转让或者处置投资资产时，投资资产的成本准予扣除；企业对外投资期间，投资资产的成本不得扣除 投资方：投资期间投资资产不可扣除 被投资方：投资期间，如果投资资产是固定资产或无形资产，被投资方可以按照规定进行折旧或摊销
存货	主要内容	产品、在产品、耗用材料等
	成本计算	支付现金：购买价款＋税费
		支付现金以外方式：公允价值＋税费
		生产性生物资产收获的农产品：材料费＋人工费＋分摊间接费用
	计算方式	先进先出法、加权平均法、个别计价法（没有移动加权平均法）

1. 概念详解

固定资产不得计提折旧的情形中，以经营租赁方式租入的固定资产主要是因为经营租赁期一般比较多，而且承租方也不具有经营租赁租入固定资产的所有权，所以承租方不计提折旧，而是采用直接抵扣经营租赁费用的方式进行税前扣除；以融资租赁方式租出的固定资产主要是因为融资租赁期一般比较长，占用了固定资产使用寿命的大部分时间，而且租赁期到期后一般承租方可以用非常低的价格取得该固定资产的所有权，所以承租方计提折旧；已足额提取折旧仍继续使用的固定资产如果涉及改建支出的，那么在尚可使用年限计入长期待摊费用进行摊销；单独估价作为固定资产入账的土地作为无形资产计提摊销，而不作为固定资产计提折旧。

无形资产中外购商誉可以在企业整体转让或清算时扣除，是因为外购商誉是企业实实在在付出成本获得的，所以可以税前列支。而自创商誉，并没有实实在在地体现相关的成本费用支出，所以不得计算摊销。

2. 经典习题演练

【多选题】下列关于资产的企业所得税税务处理，说法正确的有（　　）。

A. 外购固定资产以购买价款以及直接归属于该资产达到预定用途发生的其他支出为计税基础

B. 已足额计提折旧的固定资产的改建支出，可以按可使用年限计提折旧

C. 生产性生物资产按直线法计提折旧，自投入使用月份的次月起开始计提

D. 现金之外方式取得投资资产的，以该资产的公允价值和相关税费为成本

【答案】CD

【解析】A 选项，还应包括支付的相关税费；B 选项，可以按预计尚可使用年限分期摊销。

【判断题】开发支出已作为费用化计入管理费用的专利技术可以在税前扣除。（　　）

【答案】正确

【解析】开发支出已作为费用化计入管理费用的专利技术可以在税前扣除，不可以在税前计提摊销扣除。

【判断题】通过支付现金方式取得的存货，以购买价款为存货的成本。（　　）

【答案】错误

【解析】通过支付现金方式取得的存货，以购买价款和支付的相关税费为资产成本。

3. 知识扩展

投资方撤回或减少投资、股权转让的税务处理

内容	撤资或减资取得或收回的资产中	股权转让所得
相当于初始投资成本的部分	收回投资成本（不征税）	允许从转让收入中扣除（不征税）
相当于被投资企业累计未分配利润和累计盈余公积按减少实收资本比例计算的部分	股息、红利所得（符合条件的可作为免税收入）	不得从转让收入中扣除（征税）
其余部分	投资资产（股权）转让所得（征税）	股权转让所得（征税）

特殊性企业重组

<table>
<tr><th>项目</th><th colspan="3">内容</th></tr>
<tr><td rowspan="5">企业重组适用特殊性税务处理条件</td><td colspan="3">①具有合理的商业目的，且不以减少、免除或者推迟缴纳税款为主要目的</td></tr>
<tr><td colspan="3">②被收购、合并或分立部分资产或股权比例≥50%</td></tr>
<tr><td colspan="3">③企业重组后的连续12个月内不改变重组资产原来的实质性经营活动</td></tr>
<tr><td colspan="3">④重组交易对价中涉及股权支付金额≥85%</td></tr>
<tr><td colspan="3">⑤企业重组中取得股权支付的原主要股东，在重组后连续12个月内，不得转让所取得的股权</td></tr>
<tr><td rowspan="4">内容总结</td><td>支付方式</td><td>转让方</td><td>受让方</td></tr>
<tr><td>股权支付</td><td>不确认损益</td><td>按原有计税基础</td></tr>
<tr><td rowspan="2">非股权支付</td><td>确认损益</td><td>以公允价值作为计税基础</td></tr>
<tr><td colspan="2">（转让公允价值－原计税基础）×（非股权支付金额/转让公允价值）</td></tr>
</table>

投资资产的税前扣除问题

企业所得税法规定，企业对外投资期间，投资资产的成本不得扣除。一是，企业的日常生产经营活动包括销售货物、提供劳务和让渡资产使用权等，企业为日常生产经营活动所购进的固定资产、生物资产、无形资产、油气资产等，其价值会随着生产经营活动的进行，转移到产品、劳务中形成产品、劳务的成本，或者为企业管理服务而形成企业的管理费用，企业销售货物、提供劳务等取得应税收入，同时实现了对固定资产、无形资产等的价值补偿。但对外投资活动所形成的投资资产，是企业行使其资本所有权或者债权的凭据，企业据此取得被投资企业分回的利润、股息或利息，在投资持有期间，除非企业增加或者减少对投资企业的股权或债权，投资资产的账面价值不应发生变化，特别是对其折旧或者摊销，因为对一般企业来说，投资资产的折旧或者摊销很难归入产品或劳务的成本，又不属于管理费用的范畴，很难实现价值补偿，同时投资资产价值的自行降低又容易丧失对所投资企业的权益。二是，企业为生产经营所购进的固定资产、无形资产等，随着时间的流逝和生产经营活动的进行，其价值会不断发生损耗，因而需要以折旧或者摊销的方式，将损耗的价值在税前扣除。但投资资产价值并不是由企业本身所决定的，主要取决于所投资企业的生产经营状况，因而投资资产价值本身是否会发生损耗存在很大的不确定性，按照税前扣除的确定性原则，对投资资产不能计提折旧或者摊销额。三是，根据企业所得税税前扣除的相关性原则，税前扣除的成本、费用等必须从根源与性质上与所取得的应税收入直接相关。据此原则，当被投资企业发生亏损，没有投资受益分回时，企业的投资成本是不能税前扣除的；而当企业取得投资收益时，因为投资收益是税后利润，当投资企业与被投资企业适用税率一致时，该投资收益一般作为免税所得处理，由于取得投资收益为非应税所得，其投资成本也不允许税前扣除。四是，对外投资，特别是长期投资，一般具有数额大、长期受益的特点，其支出的效益体现于几个会计年度（或者几个营业周期），按照企业应纳税所得额计算的收入与支出配比原则，应作为资本性支出，而不是作为当期费用一次性扣除。

知识点6：亏损弥补

定义	税法中的亏损，是指纳税人根据《企业所得税法》和《企业所得税法实施条例》的规定将每一纳税年度的收入总额减除不征税收入、免税收入和各项扣除以后小于零的数额
要求	结转年限最长不得超过5年 筹办期间不计算为亏损年度，自开始生产经营的年度起算
	境外营业机构的亏损不得抵减境内营业机构的盈利；但境外营业机构的盈利可以弥补境内营业机构的亏损
例外	2018年1月1日起，当年具备高新技术企业或科技型中小企业资格的企业，其具备资格年度之前5个年度发生的尚未弥补完的亏损，准予结转以后年度弥补，最长结转年限由5年延长至10年 财政部 税务总局公告2020年第8号第四条规定，受疫情影响较大的困难行业企业2020年度发生的亏损，最长结转年限由5年延长至8年。［困难行业企业，包括交通运输、餐饮、住宿、旅游（指旅行社及相关服务、游览景区管理两类）四大类，具体判断标准按照现行《国民经济行业分类》执行］

1. 概念详解

亏损弥补中的亏损是指税法的亏损，而不是会计上的亏损，即该亏损额是经过税会差异调整后确认的亏损额。

2. 经典习题演练

【单选题】 目前我国高新技术企业纳税年度发生的企业所得税亏损最长结转年限为（　　）年。

A. 3　　B. 5　　C. 8　　D. 10

【答案】 D

【解析】2018 年 1 月 1 日起，当年具备高新技术企业或科技型中小企业资格的企业，其具备资格年度之前 5 个年度发生的尚未弥补完的亏损，准予结转以后年度弥补，最长结转年限由 5 年延长至 10 年。

【判断题】境外营业机构的亏损不得抵减境内营业机构的盈利。（　　）

【答案】正确

【解析】境外营业机构的亏损不得抵减境内营业机构的盈利；但境外营业机构的盈利可以弥补境内营业机构的亏损。

3. 知识扩展

境外营业机构的亏损不得抵减境内营业机构的盈利，但境外营业机构的盈利可以弥补境内营业机构的亏损的原因主要是只有境内的亏损才是税务机关能够较全面掌握的，境外的亏损税务机关受限于各种因素很难清楚掌握。

知识点 7：特别纳税调整

特别纳税调整相关内容

类型	内容
转让定价管理	包括可比非受控价格法、再销售价格法、成本加成法、交易净利润法、利润分割法等
预约定价安排	包括预备会谈、正式申请、审核评估、磋商、签订安排和监控执行六个阶段
成本分摊协议管理	可通过采取预约定价安排的方式达成成本分摊协议；协议年度税前扣除；补偿调整的，在补偿调整年度计入应纳税所得额
受控外国企业管理	控制：①居民企业获中国居民直接或间接单一持有外国企业 10% 以上表决权股份，且共同持有 50% 以上；②虽达不到标准，但构成实质控制
资本弱化管理	金融企业：5∶1；其他企业 2∶1
一般反避税管理	实施其他不具有合理商业目的的安排而减少应税收入或所得额的，税务机关有权按照合理方法调整

1. 概念详解

企业与其关联方之间的业务往来，不符合独立交易原则而减少企业或者其关联方应纳税收入或者所得额的，税务机关有权按照合理方法调整，这种调整就是特别纳税调整。特别纳税调整涉及的是企业与关联方之间的业务，影响着应纳税所得额的计算。

2. 经典习题演练

【多选题】下列属于特别纳税调整中转让定价管理方法的有（　　）。

A. 可比非受控价格法　　B. 再销售价格法

C. 成本加成法　　D. 利润分割法

【答案】ABCD

【解析】特别纳税调整中转让定价管理的方法包括可比非受控价格法、再销售价格法、成本加成法、交易净利润法、利润分割法及其他符合独立交易原则的方法。

3. 知识扩展

税务机关根据税收法律、行政法规的规定对企业作出特别纳税调整的，应当对补征的税款，自税款所属纳税年度的次年 6 月 1 日起至补缴税款之日止的期间，按日加收利息。该利息应当按照税款所属年度中国人民银行公布的与补税期间同期的人民币贷款基准利率加 5 个百分点计算。企业依照《企业所得税法》和《企业所得税法实施条例》的规定提供有关资料的，可以只按规定的人民币贷款基准利率计算利息。加收的利息，不得在计算应纳税所得额时扣除。

知识点 8：税收优惠

免税收入及税基式优惠

资产类型	项目	内容
免税收入		国债利息收入
		居民企业之间符合条件的股息、红利等权益性投资收益，不包括连续持有居民企业公开发行并上市流通的股票不足 12 个月取得的投资收益
		中国境内设立机构、场所的非居民企业从居民企业取得与该机构、场所有实际联系的股息红利等权益性投资收益，不包括连续持有居民企业公开发行并上市流通的股票不足 12 个月取得的投资收益
		非营利组织收入（从事营利活动取得的收入除外）
税基式优惠	免税	①农林牧渔；②远洋捕捞；③牲畜、家禽饲养；④非居民企业免税所得（外国政府对中国政府提供贷款的利息所得、国际金融组织向中国政府和居民企业提供优惠贷款取得的利息所得）；⑤海南自贸港设立的旅游业、现代服务业、高新技术产业企业新增境外直接投资取得的所得；⑥经营性文化事业单位于 2022 年 12 月 31 日前转制为企业的，自转制注册之日起至 2027 年 12 月 31 日免征企业所得税
	减计收入	以规定资源为主要原料生产国家非限制和禁止并符合国家和行业相关标准的产品取得的收入，减按 90% 计入收入总额
	减半	①花卉、茶及其他饮料、香料作物种植；②海水养殖、内陆养殖
	免税与减半	技术转让所得（技术转让收入 - 技术转让成本 - 相关税费）≤500 万元，免税；>500 万元，减半征税 备注：①技术转让收入是指当事人履行技术转让合同后获得的价款，不包括销售或转让设备、仪器、零部件、原材料等非技术性收入；也不包括与技术转让项目非密不可分的技术咨询、技术服务、技术培训等收入 ②不享受技术转让减免优惠政策情形：居民企业取得禁止出口和限制出口技术转让所得；居民企业从直接或间接持有股权之和达到 100% 的关联方取得的技术转让所得；享受技术转让所得减免企业所得税优惠的企业，应单独计算技术转让所得，并合理分摊企业的期间费用，没有单独计算的，不得享受技术转让所得企业所得税优惠
	三免三减半	①国家重点扶持的公共基础设施项目投资经营的所得 ②从事符合条件的环境保护、节能节水项目的所得
	创投优惠	创业投资企业：股权投资未上市的中小高新技术企业和种子期、初创期科技型企业 2 年（24 个月）以上——按照投资额的 70% 抵扣应纳税所得额
		有限合伙制创业投资企业（法人合伙人）：股权投资未上市的中小高新技术企业和种子期、初创期科技型企业 2 年（24 个月）以上——按照投资额的 70% 抵扣应纳税所得额
		当年不足抵扣的，可在以后纳税年度结转抵扣，且无结转年限要求

续表

资产类型	项目	内容
税基式优惠	新购设备器具	企业在2024年1月1日至2027年12月31日新购设备器具价格≤500万元，一次性扣除；>500万元，最低折旧年限为3年的设备器具，单位价值的100%可一次性扣除；最低折旧年限为4年、5年、10年的，单位价值的50%可在当年一次性税前扣除，其余在剩余年度计算折旧税前扣除
	加计扣除	企业安置残疾人员，按支付给残疾职工工资的100%加计扣除
		企业出资给非营利性科研机构、高等学校和政府性自然科学基金用于基础研究的支出：据实扣除+100%加计扣除 备注：对非营利性科研机构、高等学校接收企业、个人和其他组织机构基础研究资金收入，免征企业所得税
	加速折旧	法定优惠：技术进步更新换代快；常年强震动、高腐蚀状态，缩短年限的，不低于规定年限的60%；加速折旧方法可采用双倍余额递减法或者年数总和法 临时优惠：疫情防控重点保障物资生产企业为扩大产能新购置的相关设备：一次性扣除

研发费加计扣除政策汇总说明

类型	项目	内容
税基式优惠	研发费加计扣除	研发费加计扣除政策中的研发费是指开发新技术、新产品、新工艺发生的研究开发费用 **六项研发费：** ①人员人工费用 ②直接投入费用 ③折旧费用 ④无形资产摊销费用 ⑤新产品设计费、新工艺规程制定费、新药研制的临床试验费、勘探开发技术的现场试验费 ⑥其他相关费用（总额不得超过可加计扣除研发费用总额的10%） 其他相关费用限额＝（研究开发费用总额－其他相关费用）×10%/（1－10%） 上述公式也可以替代演算为以下公式： 其他相关费用限额＝（5项费用＋其他相关费用限额）×10% 《财政部 税务总局关于进一步完善研发费用税前加计扣除政策的公告》（财政部 税务总局公告2023年第7号）第一条规定：企业开展研发活动中实际发生的研发费用，未形成无形资产计入当期损益的，在按规定据实扣除的基础上，自2023年1月1日起，再按照实际发生额的100%在税前加计扣除；形成无形资产的，自2023年1月1日起，按照无形资产成本的200%在税前摊销 注：①烟草制造业、住宿和餐饮业、批发和零售业、房地产业、租赁和商务服务业、娱乐业等不适用税前加计扣除政策 ②集成电路企业和工业母机企业开展研发活动中实际发生的研发费用，未形成无形资产计入当期损益的，在按规定据实扣除的基础上，在2023年1月1日至2027年12月31日，再按照实际发生额的120%在税前扣除；形成无形资产的，在上述期间按照无形资产成本的220%在税前摊销

研发费加计扣除（委托情形）

<table>
<tr><th>资产类型</th><th>项目</th><th>内容</th></tr>
<tr><td rowspan="4">研发费
加计扣除
（委托情形）</td><td colspan="2">委托研发费用加计扣除不能超过规定的比例
（80% 比例影响的是加计扣除基数，而不是实际发生的研发费只能按 80% 扣除）</td></tr>
<tr><td>委托境内</td><td>按照费用实际发生额的 80% 计入委托方研发费用并计算加计扣除</td></tr>
<tr><td>委托境外</td><td>①按照费用实际发生额的 80% 计入委托方的委托境外研发费用
②委托境外研发费用不超过境内符合条件研发费用三分之二的部分，可以按规定在企业所得税前加计扣除
①与②：选取孰小确定委托境外研发加计扣除基数</td></tr>
<tr><td colspan="2">对委托境外个人的，不可享受企业所得税加计扣除。受托研发的境外个人是指外籍（含港澳台）个人</td></tr>
</table>

税率式优惠及税额式优惠

<table>
<tr><th>类型</th><th>项目</th><th>内容</th></tr>
<tr><td rowspan="5">税率优惠</td><td rowspan="2">小微企业</td><td>减按 20%</td></tr>
<tr><td>《财政部 税务总局公告关于进一步支持小微企业和个体工商户发展有关税费政策的公告》（财政部 税务总局公告 2023 年第 12 号）第三条规定：对小型微利企业减按 25% 计算应纳税所得额，按 20% 的税率缴纳企业所得税政策，延续执行至 2027 年 12 月 31 日（实际税负 5%）
小微企业标准：应纳税所得额不超 300 万元，从业人数不超 300 人，资产总额不超 5000 万元（需是从事国家非限制或禁止行业，从业人数包括正式员工和劳务派遣员工）
注：企业设立不具有法人资格分支机构的，应当汇总计算总机构及其各分支机构的从业人数、资产总额、年度应纳税所得额再判断；小微企业统一按季度申报，按月申报的，在当年度 4 月、7 月、10 月预缴申报时符合小微，则下一个预缴申报期起调整为按季度预缴申报，一经调整，当年度内不再变更</td></tr>
<tr><td>高新技术、
先进型、
特别地区等</td><td>高新技术企业、技术先进型服务企业、西部地区及海南自贸港鼓励类产业企业、符合条件的从事污染防治的第三方企业：减按 15%</td></tr>
<tr><td>非居民</td><td>未设立机构、场所，虽设立但所得与其无关：10%</td></tr>
<tr style="display:none"><td></td><td></td></tr>
<tr><td rowspan="2">税额优惠</td><td>专用设备购入</td><td>环保、节能节水、安全生产等设备，按投资额（不包括可抵扣进项税）10% 抵扣应纳税额，不足抵免的，5 个纳税年度内结转；期间转让出租的，补缴已抵免税款</td></tr>
<tr><td>专用设备数字化智能化改造</td><td>2024 年 1 月 1 日至 2027 年 12 月 31 日发生的专用设备数字化、智能化改造投入，不超过该专用设备购置时原计税基础 50% 的部分，可按照 10% 的比例抵免企业当年应纳税额。企业当年应纳税额不足抵免的，可以向以后年度结转，但结转年限最长不得超过 5 年
政策说明：
专用设备要求：企业购置并实际使用列入《财政部 税务总局 应急管理部关于印发〈安全生产专用设备企业所得税优惠目录（2018 年版）〉的通知》（财税〔2018〕84 号）、《财政部 税务总局 国家发展改革委 工业和信息化部 环境保护部关于印发节能节水和环境保护专用设备企业所得税优惠目录（2017 年版）的通知》</td></tr>
</table>

续表

类型	项目	内容
税额优惠	专用设备数字化智能化改造	（财税〔2017〕71 号）的专用设备。专用设备改造后仍应符合上述目录规定条件，不符合上述目录规定条件的不得享受优惠 **企业所得税应纳税额**是指企业当年的应纳税所得额乘以适用税率，扣除依照企业所得税法和有关税收优惠政策规定减征、免征税额后的余额 **专用设备数字化、智能化改造具体包括以下方面：** （1）数据采集。利用传感、自动识别、系统读取、工业控制数据解析等数据采集技术，将专用设备的性能参数、运行状态和环境状态等信息转化为数字形式，实现对专用设备信息的监测和采集 （2）数据传输和存储。利用网络连接、协议转换、数据存储等数据传输和管理技术，将采集的专用设备数据传输和存储，实现对专用设备采集数据的有效汇集 （3）数据分析。利用数据计算处理、统计分析、建模仿真等数据分析技术，对采集的专用设备信息进行深度分析，实现专用设备故障诊断、预测维护、优化运行等方面的改进 （4）智能控制。利用自动化技术和智能化技术，对专用设备监测告警、动态调参、反馈控制等功能进行升级，实现专用设备的智能化控制 （5）数字安全与防护。利用数据加密、漏洞扫描、权限控制、冗余备份等数据和网络安全技术，对专用设备的数据机密性和完整性进行强化，实现专用设备数据和网络安全风险防控能力的明显提升 （6）国务院财政、税务主管部门会同科技、工业和信息化部门规定的其他数字化、智能化改造情形 **改造投入要求：**企业对专用设备数字化、智能化改造过程中发生的并形成该专用设备固定资产价值的支出，但不包括按有关规定退还的增值税税款以及专用设备运输、安装和调试等费用（企业利用财政拨款资金进行的专用设备数字化、智能化改造投入，不得抵免企业当年的企业所得税应纳税额） **其他要求：**①企业在专用设备改造完成后 5 个纳税年度内转让、出租的，应在该专用设备停止使用当月停止享受优惠，并补缴已经抵免的企业所得税税款；②承租方企业以融资租赁方式租入的，并在融资租赁合同中约定租赁期届满时租赁设备所有权转移给承租方企业的专用设备，承租方企业发生的专用设备数字化、智能化改造投入，可按规定享受优惠。如融资租赁期届满后租赁设备所有权未转移至承租方企业的，承租方企业应停止享受优惠，并补缴已经抵免的企业所得税税款；③企业应对专用设备数字化、智能化改造投入进行单独核算，准确、合理归集各项支出；企业在一个纳税年度内对多个专用设备进行数字化、智能化改造的，应按照不同的专用设备分别归集相关支出。对相关支出划分不清的，不得享受本公告规定的税收优惠政策
	民族自治	对于地方分享部分可减征、免征，需报省、自治区、直辖区政府批准

1. 概念详解

六项研发费具体内容

人员人工费用 直接从事研发活动人员的工资薪金、基本养老保险费、基本医疗保险费、失业保险费、工伤保险费、生育保险费和住房公积金，以及外聘研发人员的劳务费用 **直接投入费用** （1）研发活动直接消耗的材料、燃料和动力费用 （2）用于中间试验和产品试制的模具、工艺装备开发及制造费，不构成固定资产的样品、样机及一般测试手段购置费，试制产品的检验费 （3）用于研发活动的仪器、设备的运行维护、调整、检验、维修等费用，以及通过经营租赁方式租入的用于研发活动的仪器、设备租赁费

续表

折旧费用
用于研发活动的仪器、设备的折旧费
无形资产摊销
用于研发活动的软件、专利权、非专利技术（包括许可证、专有技术、设计和计算方法等）的摊销费用
新产品设计费、新工艺规程制定费、新药研制的临床试验费、勘探开发技术的现场试验费
其他相关费用
如技术图书资料费、资料翻译费、专家咨询费、高新科技研发保险费，研发成果的检索、分析、评议、论证、鉴定、评审、评估、验收费用，知识产权的申请费、注册费、代理费，差旅费、会议费，职工福利费、补充养老保险费、补充医疗保险费。此类费用总额不得超过可加计扣除研发费用总额的10%

2. 经典习题演练

【多选题】下列属于免税收入的有（　　）。

A. 国债利息收入

B. 依法收取并纳入财政管理的政府性基金

C. 财政拨款

D. 符合条件的非营利组织取得的收入

【答案】AD

【解析】B选项和C选项属于不征税收入。

【判断题】专用于研发的房屋所计提的折旧应列入研发费加计扣除范围。（　　）

【答案】错误

【解析】《国家税务总局关于研发费用税前加计扣除归集范围有关问题的公告》（国家税务总局公告2017年第40号）规定，折旧费用是指用于研发活动的仪器、设备的折旧费。

【计算题】某企业用于新产品研发的费用为2000万元（含委托境外研发机构研发支出800万），计算应调整的应纳税所得额是多少万元。

【答案】1840

【解析】委托境外研发费用 = 800 × 80% = 640（万元），未超过境内研发费用2000 − 800 = 1200的2/3（即800万元），可计算加计扣除。

应调减的应纳税所得额 = 1200 × 100%（境内加计）+ 800 × 80% × 100%（境外加计）= 1840（万元）。

3. 知识扩展

①国债处置收益不免税，应就转让损益缴纳税款，转让损益 = 转让价 − 购买成本 − 持有期间尚未兑付利息 − 交易税费。

②居民企业之间符合条件的股息、红利等权益性投资收益中，不包括投资到个人独资企业、合伙企业、非居民企业；也不包括间接投资与债权性投资。

③居民企业从直接或间接持有股权之和达到100%关联方取得的技术转让所得，不享受技术转让减免企业所得税优惠政策。

④加速折旧的具体优惠汇总。

<table>
<tr><th rowspan="2">行业</th><th rowspan="2">≤100 万元
（2021—2023 年：500 万元）</th><th colspan="2">＞100 万元（2021—2023 年：500 万元）</th><th rowspan="2">≤5000 万元</th></tr>
<tr><th>研发专用</th><th>共用或非研发用</th></tr>
<tr><td>制造业</td><td rowspan="2">一次性扣除</td><td colspan="2">缩短折旧年限或加速折旧</td><td>一次性</td></tr>
<tr><td>其他行业</td><td>缩短/加速折旧</td><td>正常折旧</td><td>一次性</td></tr>
</table>

⑤关于研发费用加计扣除政策优惠中研发项目鉴定机制。

2023 年和 2024 年，科技部政策法规与创新体系建设司、税务总局所得税司先后从经专家鉴定的研发项目中挑选整理了两批研发费用加计扣除项目鉴定案例。从公布的案例看，专家鉴定是否属于研发活动的判断理由主要包括：项目是否具有明确创新目标；项目是否具有系统组织形式；研发结果是否具有不确定性；项目是否具有相关佐证材料。

案例 1：激光颗粒物传感器

一、企业提供的项目基本情况

（一）项目研发目标和内容

企业分析认为，目前国内市场上的空气监测器和空气净化器中，用于空气颗粒物成分及质量检测的传感器主要基于红外散射法研制，成本较低但准确度不足；基于激光的颗粒物检测技术虽也可用于空气质量监测，但主要用于大型仪器设备，较少用于微型传感器。据此，提出了微型激光颗粒物传感器的研发目标。

（二）企业拟突破的核心技术和技术创新点

企业认为，该项目的核心技术是激光颗粒物传感器技术。技术创新点包括：一是结构微型化集成技术，通过××、××、××等实现；二是颗粒物精密测量技术，采用自校准和自补偿技术确保产品一致性，在空气通路结构上增加××装置提高测量准确度；三是高精度标定检验技术，独创多浓度、多参数、混合颗粒物标定法等。

（三）已达到的技术指标

通过项目研发，企业认为其激光颗粒物传感器在微型化方面，实现了预设的直流供电电压、工作电流、待机电流、数据接口电平、工作温度范围、工作湿度范围、储存温度范围、平均无故障时间与最大尺寸等 9 项技术指标；在颗粒物测量方面，实现了预设的测量范围、计数效率、颗粒物质量浓度有效量程（PM2. 5 标准值）、颗粒物质量浓度最大量程（PM2. 5 标准值）、颗粒物质量浓度分辨率、颗粒物质量浓度一致性（PM2. 5 标准值）、称准体积等 7 项技术指标突破。

二、专家鉴定情况

该项目提请科技部门组织专家鉴定，专家认为属于研发活动。专家判断的理由如下：

（一）项目具有明确创新目标

该项目研制性能优越、成本低廉的激光颗粒物传感器，将填补国内在上游核心元器件、传感器领域的空白，同时为家用、车载空气净化器、空调等的智能化提供核心技术支持。

（二）项目具有系统组织形式

1. 项目由研发部门提出可行性研究报告，并经企业有权部门通过项目立项决议。

2. 项目由研发部门组织实施，由包括电路、结构、软件、算法设计等方面人员参加，组成的研发团队配置合理、专业齐全、分工明确。

3. 企业现有的技术积累、技术装备、设施等软硬件，满足研发必备条件和能力。

（三）研发结果具有不确定性

项目对三年实施期间从“产品设计”到“批量生产”的研发进度进行规划，对每个阶段进行必要的测试和改进，逐步达到预期技术指标。项目结束后聘请专家验收通过。

（四）项目的佐证资料情况

企业已就该项技术成功申请专利。

综上所述：该项目立项依据充分，项目研发内容和目标明确，技术上具有一定的先进性、创新性。项目已按要求完成和验收，达到预期效果，并已成功申请专利。专家鉴定该项目属于研发活动，可以适用研发费用加计扣除政策。

请注意，以上鉴定结论是基于当时的技术水平作出的判断，随着技术发展可能发生变化。

案例2：喷淋冲浪一体化葡萄干清洗装置

一、企业提供的项目基本情况

（一）项目研发目标和内容

葡萄干加工时，通常采用人工冲洗和搅拌的方式清洗。企业分析提出“集喷淋和冲浪一体化的葡萄干清洗装置”的研发目标，即生产一种喷淋、冲浪一体化的葡萄干清洗设备，实现葡萄干快速清洗，以便于后续加工、降低人工投入。

（二）企业拟突破的核心技术和技术创新点

本项目装置采用清洗槽和清洗管配合，使葡萄干随着水流一起运动，进行冲浪式清洗；设置喷淋槽对葡萄干进行喷淋，冲洗去除葡萄干表面附着的顽固杂质，保证葡萄干的充分清洗。

（三）拟达到的技术指标

未设定定量技术指标。预估通过项目研发申报发明专利1项，实用新型专利2项，并对研发装置实现生产，预计新增销售收入50万元。

二、专家鉴定情况

该项目提请科技部门组织专家鉴定，专家判断该项目不具有创新性，不属于研发活动。主要理由如下：

（一）项目目标没有体现创新性

集喷淋和冲浪一体化的葡萄干清洗装置项目主要是研发一种葡萄干清洗设备，目标是优化葡萄干加工清洗过程，提升批量清洗效率。目前葡萄干清洗存在多种方式，此项目设备从结构上看是在冲浪式水泵清洗装置基础上增加喷淋及喷淋槽（安装有喷淋头、高压喷头和高压风机），属于在现有的技术上增加装置进行简单组合优化。

（二）项目组织实施的材料缺失

项目设备未从技术实现的路径角度充分论证，仅介绍立项报告、设备总体设计和构图，无决议文件，设备研发过程中的日志、进展报告、测试记录、实施过程中的具体效益等，实施过程中未制定定量技术指标。

（三）研发结果没有体现不确定性

该项目设备作为葡萄干清洗装置，在现有的设备上增加工艺，组合两种方式清洗葡萄干，设备功能并未改变，未体现研发结果不确定性的特点。

综上所述：该项目不具有创新性，属于《财政部 国家税务总局 科技部关于完善研究开发费用税前加计扣除政策的通知》（财税〔2015〕119号）第一条第（二）款“下列活动不适用税前加计扣除政策”第四项“对现存产品、服务、技术、材料或工艺流程进行的重复或简单改变”的情形，不是符合条件的研发活动，不能适用研发费用加计扣除政策。

知识点9：应纳税额计算及征收管理

境外抵免及核定征收

资型	项目	内容
境外抵免	基本要求	境外已缴纳的所得税税额可在5个年度内，在每年抵免限额抵免 抵免限额：分国不分项；不分国不分项（计算抵免限额的方法由企业自行选择，一经选择，5年内不得改变）
	抵免方法	直接抵免（企业直接境外所得）、间接抵免（企业直接或间接控制分回的股息、红利）
核定征收	核定应税所得率	收入已知，成本费用未知；成本费用已知，收入未知 经营多行业的，按主业 应纳税所得额 = 应税收入额 × 应税所得率 应纳税所得额 = 成本费用支出额/（1 – 应税所得率） × 应税所得率 核定征收方式的小微企业可以享受小微企业优惠
	核定应纳所得税额	不符合核定应税所得率情形的
	专门从事股权（股票）投资业务的企业，不得核定征收企业所得税	
清算所得	计算方式	清算所得 = 资产处置损益 + 负债清偿损益 – 清算费用 – 清算税金及附加 ± 其他所得或支出
	投资方	按股息所得；剩余资产减去股息所得后确认投资资产转让所得或损失

境外所得税额抵免的基本计算方法

情形	计算抵免限额
分国	某国（地区）抵免限额 = 来源于某国（地区）的应纳税所得额 × 适用我国所得税税率
不分国	境外所得抵免限额 = 境外全部应纳税所得额 × 适用我国所得税税率
抵免额	实际缴纳或负担的境外所得税额 > 抵免限额：按照抵免限额抵免 实际缴纳或负担的境外所得税额 < 抵免限额：按照实际缴纳和负担的境外所得税额抵免
计算方式	企业实际应纳税额 = 企业境内外所得应纳税总额 − 境外所得税抵免额

例题：甲公司境内应纳税所得额 5000 万元，境外分支机构应纳税所得额 1000 万元，境外缴纳 330 万元税，适用国内税率 25%
①境内外应纳税所得额 = 6000 万元
②境内外应纳税总额 = 6000 × 25% = 1500（万元）
③抵免限额 = 1000 × 25% = 250（万元）<330 万元，按抵免限额抵免
④享受境外抵免后的应纳税额 = 1500 − 250 = 1250（万元）

企业所得税征收管理

类型	项目	内容
纳税期限	一般情况	公历年度；不足 12 个月，按实际经营期；清算期间作为一个纳税年度
	源泉扣缴	按次，代扣之日起 7 日内入国库
纳税地点	居民企业	①企业登记注册地，注册地在境外的，为实际管理机构所在地 ②总分机构的，总机构和具有主体生产经营职能的二级分支就地预缴
	非居民企业	①取得与机构场所有实际联系的所得，以机构、场所所在地 ②无机构场所或所得与其无实际联系，扣缴义务人所在地（源泉扣缴）
纳税期限	预缴税款	月度或季度终了之日起 15 日内
	汇算清缴	年度终了之日起 5 个月内；年中终止经营的，终止之日起 60 日内
源泉扣缴（7 天）	法定扣缴	①股息、红利、利息、租金、特许权使用费：全额扣缴 ②转让财产所得：差额扣缴
	指定扣缴	①预计工程作业或者提供劳务期限不足一个纳税年度，不履行义务 ②非居民企业没办理税务登记或临时登记，且未委托境内代理人 ③非居民企业未按规定期限办理企业所得税纳税申报或预缴申报
	特定扣缴	在其他支付人应付的款项中，追缴纳税人的应纳税款

1. 概念详解

直接抵免是指企业直接作为纳税人就其境外所得在境外缴纳的所得税额在我国应纳税额中抵免。主要适用于企业就来源于境外的营业利润所得在境外所缴纳的企业所得税，以及就来源于或发生于境外的股息、红利等权益性投资所得、利息、租金、特许权使用费、财产转让等所得在境外被源泉扣缴的所得税。

间接抵免是指居民企业从其直接或者间接控制的外国企业分得的来源于中国境外的股息、红利等权益性投资收益，外国企业在境外实际缴纳的所得税税额中属于该项所得负担的部分，可以作为该居民企业的可抵免境外所得税税额，在《企业所得税法》规定的抵免限额内抵免。

直接控制是指居民企业直接持有外国企业20%以上股份。间接控制是指居民企业以间接持股方式持有外国企业20%以上股份。

2. 经典习题演练

【判断题】采用核定征收方式的小微企业不得享受小型微利企业税收优惠。（　　）

【答案】错误

【解析】采用核定征收方式的小微企业可以享受小型微利企业税收优惠。

【判断题】

A企业取得直接控制的外国企业分配的红利160万元，境外企业所得税率20%，按照直接抵免法的规定，境外可抵免税额为160/(1－20%)×20%＝40（万元）。（　　）

【答案】错误

【解析】应该是属于间接抵免法。

3. 知识扩展

《非居民企业所得税核定征收管理办法》（国税发〔2010〕19号）第四条规定，非居民企业因会计账簿不健全，资料残缺难以查账，或者其他原因不能准确计算并据实申报其应纳税所得额的，税务机关有权采取以下方法核定其应纳税所得额。

（1）按收入总额核定应纳税所得额：适用于能够正确核算收入或通过合理方法推定收入总额，但不能正确核算成本费用的非居民企业。计算公式如下：

应纳税所得额＝收入总额×经税务机关核定的利润率

（2）按成本费用核定应纳税所得额：适用于能够正确核算成本费用，但不能正确核算收入总额的非居民企业。计算公式如下：

应纳税所得额＝成本费用总额/(1－经税务机关核定的利润率)×经税务机关核定的利润率

（3）按经费支出换算收入核定应纳税所得额：适用于能够正确核算经费支出总额，但不能正确核算收入总额和成本费用的非居民企业。计算公式如下：

应纳税所得额＝经费支出总额/（1－经税务机关核定的利润率－营业税税率）×经税务机关核定的利润率

章节练习

一、单选题

1. 在我国境内设立有机构、场所的某非居民企业，本年度发生了下列所得，其中无须在我国缴纳企业所得税的所得是（　　）。

A. 来源于中国境内，与其所设机构、场所没有实际联系的所得

B. 来源于中国境外，与其所设机构、场所有实际联系的所得

C. 来源于中国境内，与其所设机构、场所有实际联系的所得

D. 来源于中国境外，与其所设机构、场所没有实际联系的所得

【答案】D

【解析】本题是对企业所得税征税对象的考查。D 选项，非居民企业来源于中国境外，与其所设机构、场所没有实际联系的所得，不属于我国企业所得税的征税范围。

2. 关于企业所得税视同销售行为的说法，错误的是（　　）。

A. 视同销售确定收入时，除另有规定外，应按照被移送资产的重置成本价确定销售收入

B. 自制的资产，按同类资产同期对外销售价格确认收入

C. 外购的资产，可按购入时的价格确定销售收入

D. 在确认视同销售收入时，需要同时确认视同销售成本

【答案】A

【解析】本题是对企业所得税视同销售行为的考查。视同销售确定收入时，除另有规定外，应按照被移送资产的公允价值确定销售收入。自制的资产，按同类资产同期对外销售价格确认收入；外购的资产，可按购入时的价格确定销售收入；无同类资产对外销售价格的，计税价格确定标准目前没有规定，暂按组成计税价格计算。同时注意，在确认视同销售收入时，需要同时确认视同销售成本。

3. 下列关于企业所得税扣除项目标准的说法，错误的是（　　）。

A. 按照规定提取的环境保护专项基金可以税前扣除，如改变用途的，不可以扣除

B. 企业筹办期间发生的业务招待费，可以按照实际发生额税前扣除

C. 企业发生资产损失的，在税前扣除时应减除责任人赔偿和保险赔偿

D. 权益性投资收益不可在税前扣除

【答案】B

【解析】B 选项，企业筹办期间发生的业务招待费，可以按照实际发生额 ×60% 税前扣除。

4. 关于企业所得税对固定资产最低折旧年限的规定，下列说法错误的是（　　）。

A. 飞机、火车、轮船，为 10 年

B. 飞机、火车，轮船以外的运输工具，为 4 年

C. 电子设备，为 3 年

D. 房屋，为 15 年

【答案】D

【解析】本题是对企业所得税固定资产最低折旧年限的考查。D 选项，房屋最低折旧年限为 20 年。

5. 某非居民企业在中国境内未设立机构、场所的，2024 年 5 月从中国境内获得利息收入 26 万元、特许权使用费收入 40 万元、财产转让价款 120 万元（该财产的净值为 50 万元），应扣缴企业所得税（　　）万元。

A. 13.6　　B. 20.6　　C. 27.2　　D. 41.2

【答案】A

【解析】《企业所得税法实施条例》第二十七条第五款、第九十一条规定，非居民企业取得企业所得税法第三条第三款规定的所得（非居民企业在中国境内未设立机构、场所的，或者虽设立机构、场所但取得的所得与其所设机构、场所没有实际联系的，应当就其来源于中国境内的所得缴纳企业所得税），减按10%的税率计税。应扣缴的企业所得税 = [26 + 40 + (120 − 50)] × 10% = 13.6（万元）。

6. 关于企业所得税无形资产累计摊销的说法，错误的是（　　）。

A. 一般无形资产最低摊销年限为10年

B. 作为投资或者受让的无形资产，有关法律规定或者合同约定了使用年限的，可以按照规定或者约定的使用年限分期摊销

C. 无形资产按直线法计提摊销

D. 无形资产于开始使用的次月起计提摊销

【答案】D

【解析】本题是对企业所得税无形资产计提摊销的考查。D选项，无形资产应于开始使用的当月起计提摊销。

7. 下列关于收入确认时间的说法中，不正确的是（　　）。

A. 接受捐赠，在实际收到捐赠资产时确认收入

B. 企业转让股权收入，应于转让协议生效且完成股权变更手续时，确认收入的实现

C. 股息、红利等权益性投资收益以投资方收到所得的日期确认收入的实现

D. 特许权使用费收入以合同约定的特许权使用人应付特许权使用费的日期确认收入的实现

【答案】C

【解析】根据《企业所得税法实施条例》第十七条规定，股息、红利等权益性投资收益，是指企业因权益性投资从被投资方取得的收入。股息、红利等权益性投资收益，除国务院财政、税务主管部门另有规定外，按照被投资方作出利润分配决定的日期确认收入的实现。

8. 下列业务所得，享受企业所得税减半征收优惠的是（　　）。

A. 远洋捕捞所得　　B. 咨询服务所得

C. 海水养殖所得　　D. 苹果种植所得

【答案】C

【解析】本题是对企业所得税税收优惠的考查。A选项和D选项，远洋捕捞所得和苹果种植所得属于免税所得；B选项，咨询服务所得不享受企业所得税税收优惠。

9. 关于企业所得税的申报缴纳，下列说法错误的是（　　）。

A. 企业在年度中间终止经营活动的，应当自实际经营终止之日起60日内，向税务机关办理当期企业所得税汇算清缴

B. 企业应当在办理注销税务登记前，就其清算所得向税务机关申报并依法缴纳企业所得税

C. 企业应当自年度终了之日起 3 个月内，向税务机关报送年度企业所得税纳税申报表，并汇算清缴，结清应缴应退税款

D. 企业所得税分月或者分季预缴，年终汇算清缴

【答案】C

【解析】本题是对企业所得税申报缴纳期限的考查。企业应当自年度终了之日起 5 个月内，向税务机关报送年度企业所得税纳税申报表，并汇算清缴，结清应缴应退税款。

10. 甲汽车销售有限公司是我国居民企业，2024 年度境内应纳税所得额为 200 万元，来源于境外某国税前所得 100 万元。该企业全年已预缴所得税款 40 万元，境外已纳所得税款 20 万元，该企业当年汇算清缴应补（退）的税款为（　　）万元。

A. 5　　B. 10　　C. 15　　D. 35

【答案】C

【解析】应补（退）的税额 =（200 + 100）× 25% − 20 − 40 = 15（万元）。

二、多选题

1. 按照来源的不同，税前扣除凭证可分为（　　）。

A. 内部凭证　　B. 外部凭证　　C. 境内凭证　　D. 境外凭证

【答案】AB

【解析】按照来源的不同，税前扣除凭证可分为内部凭证和外部凭证。

2. 按照企业所得税法及相关规定，纳税人发生的下列借款费用、利息支出准予在发生当期税前扣除的有（　　）。

A. 企业向非金融机构借款的利息支出，超过按照金融企业同期同类贷款利率计算的数额的部分

B. 企业在生产经营活动中发生的合理的不需要资本化的借款费用

C. 企业经批准发行债券的利息支出

D. 企业办公用房建造期间发生的合理的借款费用

【答案】BC

【解析】本题是对企业所得税税前扣除标准的考查。A 选项，企业向非金融机构借款的利息支出，超过按照金融企业同期同类贷款利率计算的数额的部分，不得扣除；D 选项，企业办公用房建造期间发生的合理的借款费用，为资本化的借款费用，不得扣除。

3. 下列支出中，可作为长期待摊费用核算的有（　　）。

A. 固定资产的大修理支出　　B. 租入固定资产的改建支出

C. 未足额提取折旧的固定资产改建支出　　D. 接受捐赠固定资产的改建支出

【答案】AB

【解析】可作为长期待摊费用核算的包括：固定资产的大修理支出、租入固定资产的改建支出、已足额提取折旧的固定资产改建支出。

4. 下列关于企业所得税扣除项目的说法正确的有（　　）。

A. 企业实际发生的合理的工资薪金支出，准予扣除

B. 除已经计入有关资产成本以及与向所有者进行利润分配相关部分外的汇兑损失，准予当期扣除

C. 企业发生的职工福利费支出，不超过工资薪金总额 14% 的部分，准予扣除；超过部分准予结转以后年度扣除

D. 企业参加财产保险，按照规定缴纳的保险费，准予税前扣除

【答案】 ABD

【解析】 根据《企业所得税法实施条例》第四十条规定，企业发生的职工福利费支出，不超过工资薪金总额 14% 的部分，准予扣除。并无超过部分准予结转以后年度扣除的相关规定。

5. 2024 年，某企业购进下列固定资产。在计算企业所得税应纳税所得额时，可以一次性计入成本费用扣除的有（　　）。

A. 商场购进价值为 5500 元的二维码打码器

B. 某饮料厂购进价值 490 万元的办公楼

C. 集成电路生产企业购进价值为 150 万元的分析仪器

D. 生物制药企业自建一台价值 490 万元的生产设备

【答案】 ACD

【解析】 根据《关于设备、器具扣除有关企业所得税政策的公告》（财政部 税务总局公告 2023 年第 37 号）第一条的规定，企业在 2024 年 1 月 1 日至 2027 年 12 月 31 日新购进的设备、器具，单位价值不超过 500 万元的，允许一次性计入当期成本费用在计算应纳税所得额时扣除，不再分年度计算折旧；单位价值超过 500 万元的，仍按《企业所得税法实施条例》《财政部 国家税务总局关于完善固定资产加速折旧企业所得税政策的通知》（财税〔2014〕75 号）、《财政部 国家税务总局关于进一步完善固定资产加速折旧企业所得税政策的通知》（财税〔2015〕106 号）等相关规定执行。

6. 根据企业所得税的规定，固定资产的税务处理正确的有（　　）。

A. 自行建造的固定资产以竣工结算前发生的支出为计税基础

B. 未投入使用的机器设备可以计提折旧扣除

C. 房屋折旧最低年限为 20 年

D. 机器设备从投入使用的当月起计算折旧

【答案】 AC

【解析】 根据企业所得税的相关规定，固定资产按直线法计提折旧，自投入使用月份的次月起开始计提折旧，自停止使用月份的次月起停止计提折旧。B 选项，未投入使用的机器设备，不得计提折旧扣除；D 选项，机器设备从投入使用的次月起计算折旧。

7. 根据企业所得税的有关规定，下列委托研究开发费用支出，可以加计扣除的有（　　）。

A. 委托境内机构发生的研发费用　　B. 委托境外机构发生的研发费用

C. 委托境内个人发生的研发费用　　D. 委托境外个人发生的研发费用

【答案】 ABC

【解析】 根据《财政部 国家税务总局科学技术部关于完善研究开发费用税前加计扣除政策的通知》（财税〔2015〕119 号）第二条，企业委托外部机构或个人进行研发活动所发生的费用，按照费用实际发生额的 80% 计入委托方研发费用并计算加计扣除，受托方不得再进行加计扣除。根据《财政部 税务总局 科技部关于企业委托境外研究开发费用税前加计扣除有关政策问题的通知》（财税〔2018〕64 号）第一条，委托境外进行研发活动所发生的费用，按照费用实际发生额的 80% 计入委托方的委托境外研发费用。委托境外研发费用不超过境内符合条件的研发费用三分之二的部分，可以按规定在企业所得税前加计扣除。第六条规定，本通知所称委托境外进行研发活动不包括委托境外个人进行的研发活动。A、B、C 选项符合题意。

8. G 公司为科技型小型企业，2024 年发生研发费用 300 万元，其中，研发人员工资及“五险一金”80 万元、直接投入材料费用 70 万元，支付境外机构的委托研发费用 150 万元，关于 2023 年 G 公司上述业务的企业所得税处理，下列说法正确的有（　　）。

A. 境内研发费用可以加计扣除 150 万元

B. 境外研发费用可以加计扣除 100 万元

C. 境外研发费用可以加计扣除 120 万元

D. 境外研发费用可以加计扣除 150 万元

【答案】 AB

【解析】 根据《财政部 税务总局关于进一步完善研发费用税前加计扣除政策的公告》（财政部 税务总局公告 2023 年第 7 号），企业开展研发活动中实际发生的研发费用，未形成无形资产计入当期损益的，在按规定据实扣除的基础上，自 2023 年 1 月 1 日起，再按照实际发生额的 100% 在税前加计扣除；形成无形资产的，自 2023 年 1 月 1 日起，按照无形资产成本的 200% 在税前摊销。根据《财政部 税务总局 科技部关于企业委托境外研究开发费用税前加计扣除有关政策问题的通知》（财税〔2018〕64 号）第一条的规定，委托境外进行研发活动所发生的费用，按照费用实际发生额的 80% 计入委托方的委托境外研发费用。委托境外研发费用不超过境内符合条件的研发费用三分之二的部分，可以按规定在企业所得税前加计扣除。G 公司境内研发费用 150 万元可以全部按照 100% 加计扣除，A 选项符合题意。G 公司计入委托方的境外研发费用的 $80\% = 150 \times 80\% = 120$（万元），加计扣除的限额 $= 150 \times 2 \div 3 = 100$（万元），100 万元 < 120 万元，因此 G 公司境外研发费用可以加计扣除的金额为 100 万元，B 选项符合题意。

9. 根据企业所得税的有关规定，下列项目中，企业可以自取得第一笔生产经营收入起，享受“三免三减半”企业所得税优惠政策的有（　　）。

A. 海水淡化　　B. 公共垃圾处理

C. 沼气综合开发利用　　D. 内部自建自用码头

【答案】ABC

【解析】根据《企业所得税法实施条例》第八十七条第三款的规定，企业承包经营、承包建设和内部自建自用本条规定的项目，不得享受本条规定的企业所得税优惠。D 选项不符合题意。根据《企业所得税法实施条例》第八十八条第一款的规定，《企业所得税法》第二十七条第（三）项所称符合条件的环境保护、节能节水项目，包括公共污水处理、公共垃圾处理、沼气综合开发利用、节能减排技术改造、海水淡化等。项目的具体条件和范围由国务院财政、税务主管部门商国务院有关部门制订，报国务院批准后公布施行。A、B、C 选项符合题意。

10. 根据企业所得税法的相关规定，下列关于资产损失的表述中错误的有（　　）。

A. 企业发生的资产损失，未经申报的，不得在税前扣除

B. 企业以前年度发生的资产损失未能在当年税前扣除的，按照规定进行专项申报后，均应追补至该项损失发生年度扣除

C. 企业因以前年度实际资产损失未在税前扣除而多缴的企业所得税税款，可在以后年度企业所得税应纳税款中予以抵扣

D. 企业实际资产损失发生年度扣除追补确认的损失后出现亏损的，以后年度不得弥补该项亏损

【答案】BCD

【解析】B 选项，企业以前年度发生的资产损失未能在当年税前扣除的，可以按照规定向税务机关说明并进行专项申报扣除。其中，属于实际资产损失的，准予追补至该项损失发生年度扣除，其追补确认期限一般不得超过 5 年。属于法定资产损失的，应在申报年度扣除。C 选项，企业因以前年度实际资产损失未在税前扣除而多缴的企业所得税税款，可在“追补确认年度”企业所得税应纳税款中予以抵扣，不足抵扣的，向以后年度递延抵扣。D 选项，企业实际资产损失发生年度扣除追补确认的损失后出现亏损的，应先调整资产损失发生年度的亏损额，再按弥补亏损的原则计算以后年度多缴的企业所得税税款，并按规定进行税务处理。

三、判断题

1. 根据企业所得税的有关规定，小型微利企业所得税优惠政策，仅适用于查账征收企业所得税的企业。

【答案】错误

【解析】根据《国家税务总局关于落实小型微利企业所得税优惠政策征管问题的公告》（国家税务总局公告 2023 年第 6 号）的规定，小型微利企业无论按查账征收方式或核定征收方式缴纳企业所得税，均可享受小型微利企业所得税优惠政策。

2. 根据企业所得税相关规定，销售货物时，取得的销售货物收入和收取的包装物押金均应并入应纳税所得额，征收企业所得税。

【答案】错误

【解析】根据《企业所得税法实施条例》第二十二条的规定，《企业所得税法》第

六条第（九）项所称其他收入，是指企业取得的除《企业所得税法》第六条第（一）项至第（八）项规定的收入外的其他收入，包括企业资产溢余收入、逾期未退包装物押金收入、确实无法偿付的应付款项、已作坏账损失处理后又收回的应收款项、债务重组收入、补贴收入、违约金收入、汇兑收益等。企业收取的包装物押金计入“其他应付款”科目，作为往来款项处理，不计入收入总额计算企业所得税，逾期不予退还和没收时，并入收入总额计算缴纳企业所得税。

3. 境外营业机构的盈利可以弥补境内机构的亏损。

【答案】正确

【解析】企业在汇总计算缴纳企业所得税时，其境外营业机构的亏损不得抵减境内营业机构的盈利，但境外营业机构的盈利可以弥补境内机构的亏损。

4. 居民企业均以企业登记注册地为企业所得税纳税地点。

【答案】错误

【解析】根据《企业所得税法》第五十条的规定，除税收法律、行政法规另有规定外，居民企业以企业登记注册地为纳税地点，但登记注册地在境外的，以实际管理机构所在地为纳税地点。

5. 扣缴义务人每次扣缴的税款，应当自代扣代缴之日起 15 日内缴入国库，并报送扣缴企业所得税报告表。

【答案】错误

【解析】扣缴义务人每次扣缴的税款，应当自代扣代缴之日起 7 日内缴入国库。

6. 企业按规定缴纳的商业保险和发生的合理的劳动保护支出，准予扣除。

【答案】正确

【解析】本题是对企业所得税税前扣除范围的考查。除有特殊规定外，企业按规定缴纳的商业保险费，不得税前扣除。企业发生的合理的劳动保护支出，准予扣除。

7. 企业采取核定方式征收企业所得税，能正确核算收入总额的，全部收入均应作为应税收入额计算应纳税所得额。

【答案】错误

【解析】根据《国家税务总局关于企业所得税核定征收若干问题的通知》（国税函〔2009〕377 号）第二条的规定，《企业所得税核定征收办法（试行）》（国税发〔2008〕30 号印发）第六条中的“应税收入额”等于收入总额减去不征税收入和免税收入后的余额。用公式表示为：应税收入额 = 收入总额 - 不征税收入 - 免税收入。因此核定征收时，应税收入额不包括不征税收入和免税收入。

8. 企业发生的损失经核实后，依照国务院财政、税务主管部门的规定全额扣除。

【答案】错误

【解析】企业发生的损失，减除责任人赔偿和保险赔款后的余额，依照国务院财政、税务主管部门的规定扣除。

9. 企业购置并实际使用符合规定的环境保护、节能节水、安全生产专用设备，该专用设备投资额的10%可以从企业当年所得税额中抵免。其中，专用设备的投资额是指不含税的金额。

【答案】错误

【解析】企业购置并实际使用符合规定的环境保护、节能节水、安全生产专用设备，该专用设备投资额的10%可以从企业当年所得税额中抵免。购进时进项税额可抵扣的，投资额为不含税价；未抵扣的，投资额为含税价。

10. 企业发生的资本性支出，应当分期扣除或计入有关资产成本，不得在发生当期直接扣除。

【答案】正确

【解析】企业发生的支出应当区分收益性支出和资本性支出。收益性支出，当期直接扣除；资本性支出，分期扣除或计入有关资产成本，不得在发生当期直接扣除。

四、计算题

（一）

某制造企业为增值税一般纳税人，自2020年起被认定为高新技术企业，2024年度生产经营情况如下：

（1）当年主营业务收入7200万元，主营业务成本5100万元，取得的其他业务收入800万元，其他业务成本200万元。

（2）12月购入一套环保设备，取得增值税专用发票，票面金额400万元。

（3）取得国债利息收入200万元，企业债券利息收入120万元。

（4）全年支出的合理工资薪金总额400万元（含残疾职工工资50万元），实际发生职工福利费120万元，职工教育经费30万元，工会经费18万元。

（5）当年发生管理费用800万元，其中新产品研究开发费用100万元，业务招待费80万元。

（6）当年发生财务费用和销售费用200万元。

（7）当年支出税金及附加合计184万元。

上述收入均不含增值税。

根据上述资料，回答下列问题：

1. 该企业2024年度可以扣除的三项经费为（　　）万元。

A. 48　　B. 94　　C. 104　　D. 168

【答案】B

【解析】400×14% =56（万元），可扣除的职工福利费为56（万元）；400×8% =32（万元），可扣除的职工教育经费为30万元；400×2% =8（万元），可扣除的工会经费为8万元。三项经费扣除金额=56+30+8=94（万元）。

2. 该企业2024年度税前可扣除的管理费用为（　　）万元。

A. 580　　B. 640　　C. 760　　D. 860

【答案】D

【解析】企业取得的销售收入 = 7200 + 800 = 8000（万元），8000 × 0.005 = 40 万元 < 80 × 60% = 48（万元），故业务招待费可扣除为 40 万元，加上研发费加计扣除 100 万元，发生的可扣管理费用为 860 万元。

3. 该企业 2024 年应纳企业所得税为（　　）万元。

A. 140　　B. 180　　C. 250　　D. 300

【答案】A

【解析】

业务 1：主营业务收入和其他业务收入均计入销售收入，即销售收入为 8000 万元。

业务 2：购进环保设备低于 500 万元，可一次性扣除，且购进金额的 10% 可抵扣应纳税额，即可抵扣 40 万元。

业务 3：国债利息收入免税，企业债券利息收入应税。

业务 4：残疾职工工资可按 100% 加计扣除。

业务 5：新产品研究开发费用可加计 100% 扣除。

应纳税所得额 = 2700（业务 1） - 400（业务 2） + 120（业务 3） + 74 - 50（业务 4） - 800 + 40 - 100（业务 5） - 200（业务 6） - 184（业务 7） = 1200（万元）

应纳税额 = 1200 × 15% - 40 = 140（万元）

（二）

某居民企业（适用 25% 税率）2024 年有关经营情况如下：

（1）产品销售收入 3000 万元，其中：属于符合条件的综合利用资源生产产品的收入为 100 万元；购买国债取得利息收入 60 万元；接受现金捐赠收入 80 万元。

（2）销售成本 1600 万元。

（3）销售费用 200 万元，其中：广告费 180 万元。

（4）管理费用 300 万元，其中：业务招待费 50 万元，符合条件的新技术研究开发费 100 万元。

（5）财务费用 80 万元，其中：向分支机构支付融资利息 45 万元。

（6）营业外支出 60 万元，其中：通过公益性社会团体向灾区捐款 10 万元。

上述收入均不含增值税。

根据上述资料，回答下列问题：

1. 该企业 2024 年纳税调整减少额为（　　）万元。

A. 60　　B. 70　　C. 145　　D. 170

【答案】D

【解析】《资源综合利用企业所得税优惠目录》规定的资源作为主要原材料，生产国家非限制和禁止并符合国家和行业相关标准的产品取得的收入，减按 90% 计入收入总额，符合条件的综合利用资源生产产品的收入计入收入总额为 100 × 90% = 90（万元），应调减 10 万元；国债利息收入免税，应调减 60 万元；广告费的扣除限额 = 3000 × 15% = 450（万元），广告费不用调整；符合条件的新技术研究开发费加计扣除，研究开发费应调减 100 ×

100% =100（万元）。

2 该企业 2024 年纳税调整增加额为（　　）万元。

A. 20　　B. 35　　C. 45　　D. 80

【答案】D

【解析】业务招待费扣除限额 1 =3000 ×5‰ =15（万元），业务招待费扣除限额 2 =50 ×60% =30（万元），业务招待费应调增 35 万元；企业之间支付的管理费、企业内营业机构之间支付的租金和特许权使用费，以及非银行企业内营业机构之间支付的利息，不得扣除，向分支机构支付融资利息应调增 45 万元。2020 年纳税调整增加额 =35 +45 =80（万元）。

3. 该企业 2024 年应纳企业所得税为（　　）万元。

A. 202.5　　B. 208.75　　C. 217.5　　D. 225

【答案】A

【解析】应纳税所得额 =3000 +60 +80 −1600 −200 −300 −80 −60 −170 +80 =810（万元），应纳企业所得税 =810 ×25% =202.5（万元）。

（三）

某居民生产企业为增值税一般纳税人，2024 年度会计利润为 500 万元，适用企业所得税税率 25%，已预缴企业所得税 50 万元。该企业 2024 年部分业务如下：

（1）全年取得主营业务收入和其他业务收入共计 2500 万元；

（2）取得国债利息收入 8 万元；

（3）取得技术转让所得 100 万元；

（4）业务招待费支出 55 万元；

（5）通过公益性组织向灾区捐赠 85 万元；

（6）计提存货跌价准备 20 万元。

上述收入均不含增值税。

根据上述资料，回答下列问题：

1. 该企业 2024 年合计调增应纳税所得额为（　　）万元。

A. 20　　B. 25　　C. 42.5　　D. 87.5

【答案】D

【解析】业务招待费扣除限额 =2500 ×5‰ =12.5（万元）

业务招待费扣除限额 =55 ×60% =33（万元）

业务招待费调增应纳税所得额 =55 −12.5 =42.5（万元）

公益性捐款扣除限额 =500 ×12% =60（万元），调增应纳税所得额 =85 −60 =25（万元）

计提存货跌价准备 20 万元不得扣除，调增应纳税所得额 20 万元。

合计调增应纳税所得额 =42.5 +25 +20 =87.5（万元）

2. 该企业 2024 年合计调减应纳税所得额为（　　）万元。

A. 0　　B. 8　　C. 20　　D. 108

【答案】D

【解析】国债利息收入 8 万元属于免税收入，调减应纳税所得额 8 万元；
技术转让所得 100 万元免征企业所得税，调减应纳税所得额 100 万元；
共计调减应纳税所得额 108 万元。

3. 该企业 2024 年应补缴企业所得税（　　）万元。

A. 69. 875　　B. 79. 88　　C. 119. 88　　D. 479. 50

【答案】A

【解析】应纳税所得额 =500 +87. 5 −108 =479. 5（万元）
应补缴税额 =479. 5 ×25% −50 =69. 875（万元）

第五章　个人所得税

本章主要掌握内容：概念、纳税人和征税对象、税率和应纳税所得额确定、应纳税额计算、税收优惠、征收管理。

知识点1：个人所得税特点、纳税人及扣缴义务人

项目	类别	内容
特点	①实行混合征收（分类综合制）；②累进税率与比例税率并用；③费用扣除额范围较宽；④源泉扣缴与自行申报相结合	
纳税人分类	居民个人	①中国境内有住所 ②中国境内无住所而一个纳税年度内在中国境内居住累计满183天
	非居民个人	①中国境内无住所又不居住 ②中国境内无住所而一个纳税年度内在中国境内居住累计不满183天
扣缴义务人	支付所得的单位或者个人	

1. 概念详解

在中国境内有住所，是指因户籍、家庭、经济利益关系而在中国境内习惯性居住。习惯性居住是判定纳税人是居民或非居民的一个法律意义上的标准，不是指实际居住或在某一个特定时期内的居住地。

纳税年度为自公历1月1日起至12月31日止。

无住所个人1个纳税年度内的境内居住天数计算：停留当天满24小时的，计入中国境内居住天数，在中国境内停留的当天不足24小时的，不计入中国境内居住天数。

工作天数计算：在境内停留的当天不足24小时的，按照0.5天计算境内工作天数。

在中国境内居住累计满183天的任一年度中有一次离境超过30天，连续年限重新起算。

2. 经典习题演练

【判断题】 在中国境内有房屋，不管是否居住，均属于居民个人。（　　）

【答案】 错误

【解析】 在中国境内有住所，不管是否实际居住，均属于居民个人。

【判断题】 在中国境内无住所的个人，在中国境内居住满100天，其取得的境外所得和境外支付的境内所得免予缴纳个人所得税。（　　）

【答案】 错误

【解析】 境外所得无须缴纳个人所得税，但境外支付的境内所得需缴纳个人所

得税。

3. 知识扩展

总结：无住所个人纳税义务一览表（“√”表示纳税，“×”表示不纳税）

居住时间	纳税人性质	境内所得		境外所得	
		境内支付	境外支付	境内支付	境外支付
90 日以内	非居民	√	×	×	×
90 日－183 日	非居民	√	√	×	×
183 日以上连续不满 6 年	居民	√	√	√	×
183 日以上连续满 6 年	居民	√	√	√	√

知识点 2：征税范围

项目		征税对象	具体情形
综合所得	工资、薪金所得	任职受雇关系取得的工薪、奖金、分红、津补贴等	①非独立劳动获得的报酬 ②出租车驾驶员采取单车承包或承租方式经营的 ③雇员免费旅游等业绩奖励
	劳务报酬所得	个人从事劳务取得的所得	①独立劳动 ②不在公司任职受雇担任董事取得收入按劳务（有任职则按工薪） ③非居民免费旅游等业绩奖励（非雇员） ④非出版发表的翻译、审稿、书画所得
	稿酬所得	个人因作品以图书报刊等形式出版发表而取得收入	①任职受雇报纸杂志等单位的人员发表作品而取得的收入按工薪；其他人员发表的为稿酬 ②出版社专业作者撰写、编写或翻译的作品，由本社以图片形式出版而取得的收入按稿酬 ③图书作者去世后，对取得其遗作稿酬所得
	特许权使用费所得	专利权、商标权、著作权、非专利技术	①作者将自己的文字作品手稿原件或复印件公开拍卖的所得 ②编剧从电视剧制作单位取得的剧本使用费，不再区分使用方是否为其任职单位 ③个人取得特许权的经济赔偿收入
	经营所得	①个体户生产经营所得；个人独资企业投资人和合伙企业合伙人取得的生产经营所得 ②个人经批准取得执照，从事办学、医疗、咨询等有偿服务 ③个人承包、承租经营或者转包、转租取得的所得 ④个人从事其他生产、经营活动取得所得	①从事个体出租车运营的出租车驾驶员取得收入 ②出租车属于个人所有，但挂靠经营单位并缴纳管理费，或者经营单位将出租车所有权转移给驾驶员的，出租车驾驶员从事客货运营取得的收入 ③个人因从事彩票代销业务而取得的所得

续表

项目		征税对象	具体情形
	利息股息红利所得	个人拥有债权、股权等而取得的利息股息、红利所得	职工个人以股份形式取得企业量化资产参与企业分配而获得的股息红利
	财产租赁所得	出租不动产、机器设备等取得的所得	房开企业与商品房购买个人签订协议优惠出售，同时约定购买个人需提供无偿使用期的
	财产转让所得	个人转让有价证券、股权、财产份额、不动产、机器设备等	
	偶然所得	个人得奖、中奖、中彩等	原有的其他所得并不能全部归入偶然所得，如需缴纳个税的受赠所得

1. 概念详解

经营所得包括个体工商户从事生产、经营活动取得的所得，以及个人独资企业投资人、合伙企业个人合伙人、个人取得的从事生产、经营活动取得的所得，所以不能片面地理解生产经营所得就是个体工商户的生产经营所得。此外，经营所得是个人所得税九项应税所得中唯一一项没有扣缴义务人的应税所得，其他八项应税所得的扣缴义务人为支付所得的单位或者个人。

2. 经典习题演练

【单选题】下列各项所得，按“工资、薪金所得”计算缴纳个人所得税的是（　　）。

A. 个人合伙人从合伙企业按月取得的生产、经营所得

B. 律师以个人名义再聘请其他人员为其工作而支付的报酬

C. 任职于杂志社的记者在本社杂志上发表作品取得的稿费

D. 出版社的专业作者的作品，由本社以图书形式出版而取得的稿费

【答案】C

【解析】A 选项，按照“经营所得”缴纳个人所得税；B 选项，根据《国家税务总局关于律师事务所从业人员取得收入征收个人所得税有关业务问题的通知》（国税发〔2000〕149 号）第七条的规定，按照“劳务报酬所得”缴纳个人所得税；C 选项，根据《国家税务总局关于个人所得税若干业务问题的批复》（国税函〔2002〕146 号）第三条第一项的规定，按“工资、薪金所得”项目征收个人所得税；D 选项，根据《国家税务总局关于个人所得税若干业务问题的批复》（国税函〔2002〕146 号）第三条第二项的规定，按照“稿酬所得”缴纳个人所得税。

3. 知识扩展

稿酬的相关情况处理

①同一作品再版取得的所得，应视为另一次稿酬所得计征个人所得税。

②同一作品先在报刊上连载，然后再出版，或者先出版，再在报刊上连载的，应视

为两次稿酬所得征税，即连载作为一次，出版作为另一次；同一作品在报刊上连载取得收入的，以连载完成后取得的所有收入合并为一次，计征个人所得税。

③同一作品在出版和发表时，以预付稿酬或分次支付稿酬等形式取得的收入，应合并计算为一次。

④同一作品出版、发表后，因添加印数而追加稿酬的，应与以前出版、发表时取得的稿酬合并计算为一次，计征个人所得税。

知识点3：所得来源地确定

《个人所得税法实施条例》第三条：除国务院财政、税务主管部门另有规定外，下列所得，无论支付地点是否在中国境内，均为来源于中国境内所得
①因任职、受雇、履约等在中国境内提供劳务取得的所得（**提供劳务在境内**）
②将财产出租给承租人在中国境内使用而取得的所得（**承租人在境内**）
③许可各种特许权在中国境内使用而取得的所得（**特许权使用在境内**）
④转让中国境内的不动产等财产或者在中国境内转让其他财产取得的所得（**不动产在境内**）
⑤从中国境内企业、事业单位、其他组织以及居民个人取得的**利息、股息、红利所得**（**支付单位在境内**）

1. 概念详解

所得来源地的判定是为了区分纳税人取得的所得是来源于中国境内还是境外，以此判定纳税人的个人所得税纳税义务。

2. 经典习题演练

【多选题】下列属于境内所得的有（　　）。

A. 任职境内企业取得收入

B. 外国企业许可国内企业在境外使用品牌

C. 转让中国境内不动产

D. 外国企业出租境外住房给国内企业使用

【答案】AC

【解析】B选项，许可在境内使用才是境内所得；D选项，出租境内住房才属于境内所得。

【判断题】因任职、受雇、履约等在中国境内提供劳务取得的所得，如支付方在境外，则为来源于境外的所得。（　　）

【答案】错误

【解析】因任职、受雇、履约等在中国境内提供劳务取得的所得，无论支付地点是否在中国境内，均为来源于中国境内所得。

3. 知识扩展

在个人所得税中，纳税人的所得来源地与所得支付地，两者可能是一致的，也可能是不同的，我国个人所得税判定纳税义务主要是根据“所得来源地”判定经济获得实质并据此征收个人所得税，最典型的规定就是《个人所得税法实施条例》第三条。

知识点4：税率

<table>
<tr><th colspan="2">项目</th><th>居民个人</th><th>非居民个人</th></tr>
<tr><td rowspan="4">综合所得</td><td>工资、薪金所得</td><td rowspan="4">年度汇总后适用3%—45%
七级超额累进税率
（年度税率表）</td><td rowspan="4">各项单独适用3%—45%
七级超额累进税率
（月度税率表）</td></tr>
<tr><td>劳务报酬所得</td></tr>
<tr><td>稿酬所得</td></tr>
<tr><td>特许权使用费所得</td></tr>
<tr><td rowspan="5">非综合所得</td><td>经营所得</td><td colspan="2">适用5%—35%的五级超额累进税率</td></tr>
<tr><td>利息、股息、红利所得</td><td colspan="2" rowspan="4">适用20%的比例税率</td></tr>
<tr><td>财产租赁所得</td></tr>
<tr><td>财产转让所得</td></tr>
<tr><td>偶然所得</td></tr>
</table>

个人所得税税率表（年度税率表）

（综合所得适用）

级数	全年应纳税所得额	税率（%）	速算扣除数
1	不超过36000元的	3	0
2	超过36000元至144000元的	10	2520
3	超过144000元至300000元的	20	16920
4	超过300000元至420000元的	25	31920
5	超过420000元至660000元的	30	52920
6	超过660000元至960000元的	35	85920
7	超过960000元的	45	181920

个人所得税税率表（月度税率表）

（非居民个人工资、薪金所得，劳务报酬所得、稿酬所得、特许权使用费所得适用）

级数	累计预扣预缴应纳税所得额	预扣率（%）	速算扣除数
1	不超过3000元的	3	0
2	超过3000元至12000元的	10	210
3	超过12000元至25000元的	20	1410
4	超过25000元至35000元的	25	2660
5	超过35000元至55000元的	30	4410
6	超过55000元至80000元的	35	7160
7	超过80000元的	45	15160

个人所得税预扣率表一

（居民个人工资、薪金所得预扣预缴适用）

级数	累计预扣预缴应纳税所得额	预扣率（%）	速算扣除数
1	不超过 36000 元的	3	0
2	超过 36000 元至 144000 元的	10	2520
3	超过 144000 元至 300000 元的	20	16920
4	超过 300000 元至 420000 元的	25	31920
5	超过 420000 元至 660000 元的	30	52920
6	超过 660000 元至 960000 元的	35	85920
7	超过 960000 元的	45	181920

个人所得税预扣率表二

（居民个人劳务报酬所得预扣预缴适用）

级数	预扣预缴应纳税所得额	预扣率（%）	速算扣除数
1	不超过 20000 元的	20	0
2	超过 20000 元至 50000 元的	30	2000
3	超过 50000 元部分	40	7000

1. 概念详解

年度税率表是按照全年应纳税所得额划分不同级数并对应不同税率，月度税率表是按照月度应纳税所得额划分不同级数并对应不同税率。在具体应用上，简单来说就是将年度税率表各级数的应纳税所得额金额范围和速算扣除数分别除以 12，即可得出月度税率表各级数的应纳所得额金额范围和速算扣除数。

2. 经典习题演练

【多选题】我国现行个人所得税适用的税率形式包括（　　）。

A. 超额累进税率　　B. 全额累进税率

C. 比例税率　　D. 超率累进税率

【答案】AC

【解析】目前我国对于居民个人的综合所得和非居民个人的工资薪金所得、劳务报酬所得、稿酬所得和特许权使用费所得以及居民个人和非居民个人的经营所得，适用超额累进税率；对于利息、股息、红利所得，财产租赁所得，财产转让所得，偶然所得，无论居民个人还是非居民个人，均适用 20% 比例税率。

【判断题】非居民个人取得的工资薪金所得、劳务报酬所得、稿酬所得和特许权使用费所得应当按月汇总计算并适用月度税率表。（　　）

【答案】错误

【解析】非居民个人取得的工资薪金所得、劳务报酬所得、稿酬所得和特许权使用费所得应当单独计算并适用月度税率表。

3. 知识扩展

非居民个人取得的工资薪金所得、劳务报酬所得、稿酬所得和特许权使用费所得不参加年度汇算清缴，所以在计算个人所得税应纳税额时采用各项所得单独适用3%—45%七级超额累进税率（月度税率表）。

知识点5：计税依据（应纳税所得额）

基本规定

项目		居民个人	非居民个人	
综合所得	工资、薪金所得	**纳税年度收入额**－60000－专项扣除－专项附加扣除－其他扣除（注意四个项目的预扣算法）	月收入额－5000元	均适用月度税率表
	劳务报酬所得		次收入额＝收入×(1－20%)	
	稿酬所得		次收入额＝收入×(1－20%)减按70%计算	
	特许权使用费所得		次收入额＝收入×(1－20%)	
在计算综合所得的年收入额时，工资薪金所得以收入全额为收入额，而不是减除每月5000元费用后的余额为收入额。其他所得无论每次收入是否超过4000元，均按照下列规定计算：劳务报酬所得、稿酬所得、特许权使用费所得以收入减除20%的费用后的余额为收入额，稿酬所得的收入额减按70%计算				
非综合所得	经营所得	应纳税所得额＝年度收入总额－成本－费用－损失		
	利息、股息、红利所得	次收入额		
	财产租赁所得	次收入额－800元；次收入额×（1－20%）		
	财产转让所得	转让财产的收入额－财产原值－合理费用		
	偶然所得	次收入额		

经营所得应纳税所得额计算

项目		内容
经营所得	基本计算	应纳税所得额＝收入－成本－费用－税金－损失－其他支出－允许弥补亏损
	不得扣除的支出	①个税税款；②税收滞纳金；③罚金、罚款和被没收财物的损失；④不符合规定的捐赠支出；⑤赞助支出；⑥用于个人和家庭的支出；⑦经营无关支出
	混用费用	应分别核算生产经营和个人家庭费用，无法分，只能扣40%
	补亏年限	结转年限最长不得超过5年
	保险费用	①五险一金；②补充养老及医疗：雇员不超过从业人员工资总额5%可扣，业主按上年社会平均工资三倍5%以内扣；③特殊工种从业人员的人身安全保险费可扣；④商业保险费不可扣
	相关费用	①工会经费：2%；职工福利费：14%；职工教育经费2.5%（可结转） ②业务招待费：60%，5‰；广告费和业务宣传费：15% ③"三新"设备10万元（含）以下直接扣，10万元以上列作固定资产管理
	公益捐赠	应纳税所得额的30%。经营所得采用核定征收方式的，不得扣除公益捐赠支出
	专项附加	如无综合所得，可扣专项附加扣除，但预缴不扣汇缴扣
	汇算清缴	取得所得次年的3月31日前

续表

项目	内容
利息、股息、红利	应纳税额 = 应纳税所得额 ×20%，从非上市公司取得的，应征收
财产租赁所得	以月为一次，不超 4000 元，减 800 元；超 4000 元，扣除 20%；个人出租住房的所得减按 10%；（了解）可扣相关税费，修缮费用以每次 800 元为限，扣除时是按照出租收入减去税费和修缮费用后，再根据有没超过 4000 元以确定是扣 800 元还是 20%

财产转让所得、偶然所得应纳税所得额计算

项目	内容
财产转让	应纳税所得额 = 收入额 − 财产原值 − 合理税费
	财产原值确定（了解） ①有价证券：买入价 + 费用 ②建筑物：建造费或购进价格 + 费用 ③土地使用权：支付金额 + 开发土地费用 + 其他费用 ④机器设备、车船：购进价格 + 运输费 + 安装费 + 其他费用 无法确定原值的，税务机关核定
偶然所得	应纳税额 = 应纳税所得额 ×20% ①企业对累积消费达到一定额度的顾客，给予额外抽奖机会，个人获奖所得：征税企业对累积消费达到一定额度的顾客，按消费积分反馈礼品：不征（与销售挂钩） ②企业在业务宣传、广告、年会、座谈会、庆典等活动中随机向本单位以外的个人赠送礼品：征（但具有价格折扣或折让的消费券、代金券、抵用券等除外） 企业在向个人销售商品和提供服务的同时给予赠品（如赠送话费）：不征（与销售挂钩） ③提供担保的收入以及无偿受赠房屋取得的受赠收入也属于偶然所得

1. 概念详解

个人所得税的计税依据（应纳税所得额）与收入额可能是相同的，也可能是不同的，如利息、股息、红利所得与偶然所得的应纳税所得额与收入额相同；年度综合所得的应纳税所得额是年度收入额减去固定费用（60000 元）、专项扣除、专项附加扣除、其他扣除等之后的余额；财产转让所得的应纳税所得额是收入额减去财产原值和合理费用后的余额。

2. 经典习题演练

【判断题】对于非居民个人取得的劳务报酬，收入低于或等于 4000 元的，扣除 800；超过 4000 元的，扣除 20%。（　　）

【答案】错误

【解析】不区分金额，统一按照 20% 扣除，且非居民不适用劳务报酬加成征收。

【判断题】个体工商户计算生产经营所得时，用于家庭和个人的支出，其 40% 视为与生产经营有关的费用，准予扣除。（　　）

【答案】错误

【解析】用于家庭和个人的支出，不得扣除；但生产经营与个人、家庭生活混用难以分清的费用，其 40% 视为与生产经营有关费用，准予扣除。

3. 知识扩展

非居民个人在计算代扣代缴工资、薪金所得、劳务报酬所得、稿酬所得、特许权使用费所得的应纳税所得额时，工资、薪金所得统一按月收入额扣减费用扣除（5000 元）确定，劳务报酬所得税，稿酬所得、特许权使用费所得不再区分是否超过 4000 元，统一按收入额扣减 20% 确定，其中稿酬所得在上述基础上再减按 70% 计算。

知识点 6：综合所得扣除项目

<table>
<tr><th colspan="2">项目</th><th colspan="2">内容</th><th>注意要点</th></tr>
<tr><td colspan="2">专项扣除</td><td colspan="2">养老、医疗、失业保险 + 住房公积金</td><td>没有工伤、生育保险</td></tr>
<tr><td rowspan="8">专项附加扣除
（相关资料保存 5 年）</td><td>子女教育</td><td colspan="2">学前（3 岁）教育 + 全日制学历教育（含境外）；每个子女 2000 元/月；可 100%，各 50%</td><td>扣除方式一个纳税年度不变</td></tr>
<tr><td>继续教育</td><td colspan="2">学历（学位）继续教育：400 元/月，48 个月
资格继续教育：取得证书当年直接扣 3600 元</td><td>本科以下，可父母扣，本人扣；只能境内；多个证书不能同时享受</td></tr>
<tr><td>大病医疗</td><td colspan="2">医药费用支出扣除医保报销后个人负担超过 15000 元的，8 万元内扣除；可本人或配偶扣，未成年子女选择父母一方扣</td><td>年度汇算清缴时方可享受</td></tr>
<tr><td>住房贷款利息</td><td colspan="2">首套，1000 元/月，240 个月，可选择一方扣；婚前各自首套，选择一方 100% 或各 50%</td><td>扣除方式一个纳税年度不变；只能境内</td></tr>
<tr><td>住房租金</td><td colspan="2">在主要工作城市无住房：1500 元；1100 元；800 元</td><td>不可与利息同时享受</td></tr>
<tr><td>赡养老人</td><td colspan="2">赡养年满 60 岁的父母、祖父母（子女去世）
独生子女：3000 元/月；
非独生：3000/月分摊，每人不超 1500 元</td><td>①均摊；②指定分摊、约定分摊，需签书面协议。指定优先于约定</td></tr>
<tr><td>3 岁以下
婴幼儿照护</td><td colspan="2">每名婴幼儿 2000 元/月，夫妻可一方扣 100%，也可各 50%</td><td>监护人不是父母的，也可以按政策规定扣除</td></tr>
<tr><td colspan="4">**外籍个人**：外籍个人符合居民个人条件的，可以选择享受个人所得税专项附加扣除，也可以享受住房补贴、伙食补贴、搬迁费、洗衣费、境内外出差补贴、探亲费、语言训练费、子女教育费等津补贴免税优惠政策，但不得同时享受，外籍个人一经选择，在一个纳税年度内不得变更。（已由 2023 年底延续至 2027 年底）</td></tr>
<tr><td rowspan="3">其他扣除</td><td rowspan="2">补充养老</td><td>企业年金</td><td rowspan="2">单位为个人缴费部分，暂免；个人缴费部分，在本人缴费工资计税基数的 4% 以内税前扣除
（**注意**：①基数不超本地上一年度职工月平均工资 300%；②超过 4% 的部分应该按工薪所得纳税）</td><td>非强制缴纳</td></tr>
<tr><td>职业年金</td><td>强制缴纳</td></tr>
<tr><td>个人养老金</td><td colspan="2">在缴费环节，个人向个人养老金资金账户的缴费，按照 12000 元/年的限额标准</td><td>自 2024 年 12 月 15 日起全国铺开</td></tr>
</table>

续表

项目		内容	注意要点
其他扣除	法定商业健康保险	**对象**：取得工资薪金、连续性劳务报酬所得的个人；个体户业主、个人独资企业投资者、合伙企业合伙人和承包承租经营者 **标准**：2400 元/年（200 元/月）	
	税收递延型商业养老保险	据实扣除，但有限额标准 ①工资薪金、连续性劳务收入：当月收入的 6% 和 1000 元孰低（按月扣） ②经营所得：当年应税收入的 6% 和 12000 元孰低（按年扣）	
	允许扣除的税费	个人取得劳务报酬收入时，发生的合理税费支出，包括城建税、教育费附加、地方教育附加	不包括增值税、个人所得税
	其他	包括保险营销员、证券经纪人佣金收入的展业成本	

有关个人公益捐赠扣除的规定

项目	内容	
综合所得	工资薪金所得	自行选择预缴时扣除或年度汇算时扣除
	劳务所得、稿酬所得、特许权使用费所得	只能选择年度汇算扣除
分类所得	经营所得	自行选择预缴时扣除或年度汇算时扣除
	财产转让、财产租赁、利息股息红利、偶然所得	捐赠当月取得的分类所得额中扣除。当月未扣除的，可按规定追补扣除

1. 概念详解

我国的多层次、多支柱养老保险体系由三个部分组成。

第一支柱是基本养老保险，包括职工基本养老保险和城乡居民基本养老保险，采取社会统筹与个人账户相结合的制度模式，由国家、用人单位（集体）和个人共同承担，发挥保基本、兜底线的功能。

第二支柱是企业年金和职业年金，由用人单位和职工个人共同缴费，采取个人账户方式管理，实行完全积累。

第三支柱是个人储蓄性养老保险和商业养老保险，具体包括个人养老金和其他个人商业养老金融业务两个部分。第二、第三支柱都是对第一支柱的有益补充。

2. 经典习题演练

【判断题】取得经营所得的个人，没有综合所得的，在预缴应纳税所得额时，可以依次减除费用、专项扣除、专项附加扣除以及依法确定的其他扣除。（　　）

【答案】错误

【解析】专项附加扣除只能在办理汇算清缴时扣除。

【判断题】纳税人同时从两处以上取得工资、薪金所得，并由扣缴义务人减除专项

附加扣除的，对同一专项附加扣除项目，在一个纳税年度内只能选择从一处所得的所得中扣除。（ ）

【答案】正确

【解析】多处所得的，同一专项附加扣除只能在一处所得中扣除。

【判断题】甲2020年购买首套住房并享受住房贷款利息专项附加扣除，2024年甲将住房出售，同时以首套住房贷款利率贷款购买另一套住房，按照规定，甲购买新住房因享受了首套住房贷款利率所以可继续享受住房贷款利息专项附加扣除。（ ）

【答案】错误

【解析】纳税人只能享受一次首套住房贷款利息扣除。

【判断题】纳税人同时从两处以上取得工资、薪金所得，预扣预缴个人所得税时只能选择从一处扣除每月5000元的费用。（ ）

【答案】错误

【解析】预扣预缴时可以在各处所得同时扣除5000元的费用。

3. 知识扩展

其他扣除项目内容详解

项目		计税规则	扣除方式
其他扣除	个人养老金	自2024年1月1日起，在全国范围实施个人养老金递延纳税优惠政策 **在缴费环节，**个人向个人养老金资金账户的缴费，按照12000元/年的限额标准，在综合所得或经营所得中据实扣除 **在投资环节，**计入个人养老金资金账户的投资收益暂不征收个人所得税 **在领取环节，**个人领取的个人养老金，不并入综合所得，单独按照3%的税率计算缴纳个人所得税，其缴纳的税款计入“工资、薪金所得”项目（由开立个人养老金资金账户所在市的商业银行机构代扣代缴个人所得税）	①取得工资薪金所得、按累计预扣法预扣预缴个人所得税劳务报酬所得的，其缴费可以选择在当年预扣预缴或次年汇算清缴时在限额标准内据实扣除 ②取得其他劳务报酬、稿酬、特许权使用费等所得或经营所得的，其缴费在次年汇算清缴时在限额标准内据实扣除
	税收递延型商业养老保险	领取的税收递延型商业养老保险的养老金收入，其中25%的部分予以免税，其余75%的部分按照10%的比例税率计算缴纳个人所得税，税款计入“工资、薪金所得”项目	①取得工资薪金、连续性劳务收入的，按月扣 ②取得经营所得的，按年扣

知识点7：税收优惠

免税项目

项目	内容
免税项目	①省级、部委、军级以上单位，以及外国组织、国际组织颁发的科、教、文、卫、技、体、环保等方面的奖金
	②国债、地方债、国家发行的金融债券利息、居民储蓄存款利息

续表

项目	内容
免税项目	③按照国家统一规定发给的补贴、津贴（国务院政府特殊津贴、院士津贴）
	④福利费、抚恤金、救济金
	⑤保险赔款
	⑥军人的转业费、复员费、退役金
	⑦按照国家统一规定发给干部、职工的安家费、退职费、基本养老金或者退休费、离休费、离休生活补助费
	⑧依照有关法律规定应予免税的各国驻华使馆、领事馆的外交代表、领事官员和其他人员的所得
	⑨中国政府参加的国际公约、签订的协议中规定免税的所得
	⑩企业依照国家有关法律规定宣告破产，企业职工从该破产企业取得的一次性安置费收入
	⑪个人转让自用5年以上，且是家庭唯一生活住房取得的所得

减税项目及不征税项目

项目	内容
减税项目	①残疾、孤老人员和烈属的所得
	②因自然灾害遭受重大损失的
	③创投企业个人合伙人、天使投资个人直接投资于初创科技型企业满2年，投资额的70%可抵扣所得
	④2023年1月1日至2027年12月31日，个体户年应纳税所得额不超过200万元的部分，在现行优惠政策基础上，减半征收个人所得税（**指减半征收应纳税额**） **减免税额**＝（个体工商户经营所得应纳税所得额不超过200万元部分的应纳税额－其他政策减免税额×个体工商户经营所得应纳税所得额不超过200万元部分÷经营所得应纳税所得额）×50%（不区分个体户征收方式、预缴税款时即可享受）
	⑤一个纳税年度内在船航行时间累计满183天的远洋船员，其取得的工资薪金收入减按50%计入应纳税所得额（政策执行至2027年12月31日）
不征税项目	①独生子女补贴
	②执行公务员工资制度未纳入基本工资总额的补贴、津贴差额和家属成员的副食品补贴
	③托儿补助费
	④差旅费津贴、误餐补助 单位以误餐补助名义发给职工的补助、津贴不包括在内

相关政策

《国家税务总局关于支持居民换购住房个人所得税政策有关征管事项的公告》（国家税务总局公告2022年第21号）	
主要内容	在2022年10月1日至2023年12月31日（延续至2025年12月31日），纳税人出售自有住房并在现住房出售后1年内，在同一城市重新购买住房的，可按规定申请退还其出售现住房已缴纳的个人所得税

续表

计算方式	①新购住房金额大于或等于现住房转让金额的：退税金额 = 现住房转让时缴纳的个人所得税 ②新购住房金额小于现住房转让金额的：退税金额 = （新购住房金额 ÷ 现住房转让金额） × 现住房转让时缴纳的个人所得税 现住房转让金额和新购住房金额均不含增值税
特殊情形	对于出售多人共有住房或新购住房为多人共有的，应按照纳税人所占产权份额确定该纳税人现住房转让金额或新购住房金额
已退税款缴回	纳税人因新购住房的房屋交易合同解除、撤销或无效等原因导致不再符合退税政策享受条件的，应当在合同解除、撤销或无效等情形发生的次月 15 日内向主管税务机关主动缴回已退税款
《财政部 税务总局 民政部 体育总局关于彩票兑奖与适用税法有关口径的公告》（财政部 税务总局 民政部 体育总局公告 2024 年第 12 号）	
主要内容	继续执行有关彩票一次中奖收入不超过 10000 元暂免征收个人所得税
计算方式	电脑彩票以同一人在同一期同一游戏中获得的全部奖金为一次中奖收入，其中全国联网单场竞猜游戏分别按照足球游戏、篮球游戏、冠军游戏和冠亚军游戏设期，以每张彩票涉及比赛场次中最晚的比赛编号日期为判定标准，相同的为同一期；海南视频电子即开游戏以同一场游戏奖金为一次中奖收入。即开型彩票以一张彩票奖金为一次中奖收入
代扣代缴	彩票机构负责代扣代缴个人所得税，为电脑彩票一次中奖收入超过 3000 元至 10000 元（含）的个人办理免税申报，为电脑彩票和即开型彩票一次中奖收入超过 10000 元的个人办理纳税申报
数据管理	①彩票机构和销售网点兑付电脑彩票时，兑奖金额超过 3000 元的，应登记中奖人相关实名信息和兑奖信息，中奖人应主动配合做好登记工作 ②彩票发行机构按季度将彩票兑奖数据报送税务部门
执行时间	本公告自 2024 年 9 月 1 日起执行。2024 年 9 月 1 日前已销售，仍在兑奖有效期内但尚未兑奖的彩票，按本公告规定执行
《国家税务总局 财政部 中国证监会关于进一步完善个人转让上市公司限售股所得个人所得税有关征管服务事项的公告》（国家税务总局 财政部 中国证监会公告 2024 年第 14 号）	
纳税地点	个人转让上市公司限售股所得缴纳个人所得税时，纳税地点为发行限售股的上市公司所在地
代扣代缴	个人股东开户的证券机构代扣代缴限售股转让所得个人所得税时，可优先通过自然人电子税务局网站、扣缴客户端远程办理申报，也可在证券机构所在地主管税务机关就近办理申报，税款在上市公司所在地解缴入库
自行申报	纳税人需自行申报清算或纳税的，可优先通过自然人电子税务局网站远程办理申报，也可到上市公司所在地主管税务机关办理申报
主管部门	上市公司所在地主管税务机关负责限售股转让所得个人所得税征收管理，证券机构所在地主管税务机关予以协同管理
适用范围特别规定	个人转让全国中小企业股份转让系统挂牌公司、北京证券交易所上市公司原始股缴纳个人所得税的有关征管服务事项，依照本公告规定
执行时间	2024 年 12 月 27 日起施行

1. 概念详解

不同税种之间关于不征税收入和免税收入的规定有所不同，如保险赔款在增值税中属于不征税收入，但在个人所得税中属于免税收入。

2. 经典习题演练

【多选题】 下列属于个人所得税免税收入的有（　　）。

A. 存款利息　　B. 独生子女补贴

C. 残疾人取得所得　　D. 福利费

【答案】 AD

【解析】 B 选项，属于不征税收入；C 选项，属于减税收入。

3. 知识扩展

项目	内容
递延纳税	①全国范围内的高新技术企业转化科技成果，给予本企业相关技术人员的股权奖励，一次缴纳有困难的，可在 5 年内分期缴纳
	②上市公司授予的股票期权等股权奖励，备案后自行权、解禁、取得之日起 12 个月内分期缴纳个人所得税
	③非上市公司授予的股票期权等股权奖励，备案后可暂不纳税，递延至转让时再纳税（按照财产转让所得适用 20% 税率）
	④个人以非货币性资产投资的，纳税人一次性缴税有困难的，可合理确定分期缴纳计划并报主管税务机关备案后，在不超过 5 个公历年度（含 5 年）分期缴纳个人所得税
减计应纳税所得额	对个人投资者持有 2024—2027 年发行的铁路债券取得的利息收入，减按 50% 计入应纳税所得额计算征收个人所得税。税款由兑付机构在向个人投资者兑付利息时代扣代缴

知识点 8：申报方式、纳税期限及纳税地点

项目		内容	纳税申报期限
申报方式	预扣预缴 代扣代缴	预扣预缴：综合所得项目 代扣代缴：利息股息红利、财产租赁、财产转让、偶然所得	次月 15 日内预扣代扣；支付工资薪金的扣缴义务人在次年 2 个月内向纳税人提供其个人所得和已扣缴税款信息
	经营所得申报	按年计算个人所得税	月度/季：经营所得纳税申报表 A 表 年报：次年 3 月 31 日前，B 表 境内两处以上取得经营所得：C 表
	自行申报	①取得综合所得需办理汇算清缴：两处综合所得且综合所得年收入额减除专项扣除的余额超过 6 万元；取得劳务、稿酬、特许权使用权中的一项或多项所得，且综合所得年收入额减除专项扣除的余额超过 6 万元；年度预缴税额低于应纳税额；纳税人申请退税	次年 3 月 1 日至 6 月 30 日办理纳税申报，报送《个人所得税年度自行纳税申报表》
		②取得应税所得没有扣缴义务人	取得所得的次月 15 日内

续表

项目		内容	纳税申报期限
申报方式	自行申报	③取得应税所得，扣缴义务人未扣缴	①居民取得综合所得：次年3月1日至6月30日 ②非居民取得工薪、劳务、稿酬、特许权使用费：次年6月30日前，提前离境的应当在离境前办理纳税申报 ③纳税人取得利息股息红利、财产租赁、财产转让、偶然所得：次年6月30日前 ④税务机关限期缴纳的，纳税人应按期限缴纳 ②③报送：《个人所得税自行纳税申报表（A表）》
		④取得境外所得	次年3月1日至6月30日
		⑤因移居境外注销中国户籍	在申请注销中国户籍前办理纳税申报
		⑥非居民个人在境内有两处工薪所得	取得所得的次月15日内办理纳税申报

纳税地点

情形	纳税地点
取得综合所得需要办理汇算清缴	向任职、受雇单位所在地办理；有两处以上所得的，选择其中一处；没有任职受雇单位的，向户籍所在地或经常居住地办理
取得经营所得的纳税人	向经营管理所在地办理；有两处以上所得的，选择其中一处
取得应税所得，扣缴义务人未扣缴	①居民取得综合所得：向任职受雇单位所在地 ②非居民取得工资薪金、劳务、稿酬、特许权使用费：扣缴义务人所在地，有两个以上扣缴义务人均为扣缴，选择其中一处
取得境外所得的纳税人	①向中国境内任职、受雇单位所在地办理 ②无第一种的，向户籍所在地或经常居住地，两者不一致，选择其中一地，没有户籍的，按经常居住地（有哪个按哪个）
移居境外注销中国户籍的纳税人	向户籍所在地办理
中国境内取得两处以上工薪的非居民	向其中一处任职、受雇单位所在地办理
口诀：任职受雇是首选；两处以上选其一；户籍居住有则选；非居综合看扣缴	

个人所得税综合所得汇算清缴

《国家税务总局关于办理2023年度个人所得税综合所得汇算清缴事项的公告》（国家税务总局公告2024年第2号）	
无须办理年度汇算情形	①汇算需补税但综合所得收入全年不超过12万元的 ②汇算需补税金额不超过400元的 ③已预缴税额与汇算应纳税额一致的 ④符合汇算退税条件但不申请退税的 备注：2024年1月1日至2027年12月31日，居民个人取得的综合所得，年度综合所得收入不超过12万元且需要汇算清缴补税的，或者年度汇算清缴补税金额不超过400元的，居民个人可免于办理个人所得税综合所得汇算清缴。居民个人取得综合所得时存在扣缴义务人未依法预扣预缴税款的情形除外（财政部 税务总局公告2023年第32号）

续表

需办理年度汇算情形	①已预缴税额大于汇算应纳税额且申请退税的 ②2023 年取得的综合所得收入超过 12 万元且汇算需要补税金额超过 400 元因适用所得项目错误或者扣缴义务人未依法履行扣缴义务，造成 2023 年少申报或者未申报综合所得的，纳税人应当依法据实办理年度汇算
资料保存	自年度汇算期结束之日起留存 5 年
股权及现金激励处理	存在股权（股票）激励、职务科技成果转化现金奖励等情况的单位，应当按照相关规定进行报告、备案。同时，纳税人在一个纳税年度内从同一单位多次取得股权激励的，由该单位合并计算扣缴税款。纳税人在一个纳税年度内从不同单位取得股权激励的，可将之前单位取得的股权激励有关信息提供给现单位并由其合并计算扣缴税款，也可在次年 3 月 1 日至 6 月 30 日自行向税务机关办理合并申报
受理税务机关	向纳税人任职受雇单位的主管税务机关申报；有两处及以上任职受雇单位的，可自主选择向其中一处申报 纳税人没有任职受雇单位的，向其户籍所在地、经常居住地或者主要收入来源地的主管税务机关申报。主要收入来源地，是指 2023 年向纳税人累计发放劳务报酬、稿酬及特许权使用费金额最大的扣缴义务人所在地 单位为纳税人代办汇算的，向单位的主管税务机关申报 为方便纳税服务和征收管理，汇算期结束后，税务部门将为尚未办理汇算申报、多次股权激励合并申报的纳税人确定其主管税务机关

1. 概念详解

预扣预缴与代扣代缴：在个人所得税中，居民个人取得综合所得，采用月度预扣预缴，年度汇算清缴的方式；居民个人取得利息股息红利所得、财产租赁所得、财产转让所得、偶然所得，直接采用代扣代缴方式，四项所得不参与年度汇算清缴。非居民个人取得工资、薪金所得、劳务报酬所得、稿酬所得、特许权使用费所得、利息股息红利所得、财产租赁所得、财产转让所得、偶然所得等八项应税所得，均直接采用代扣代缴方式。不管是居民个人还是非居民个人取得经营所得，都是采用自行申报方式，即自行申报情形中“取得应税所得没有扣缴义务人”的情形。

2. 经典习题演练

【多选题】下列情形属于个人所得税自行申报情形的有（　　）。

A. 取得应税所得没有扣缴义务人　　B. 取得应税所得，扣缴义务人未扣缴

C. 取得境外所得　　D. 因移居境外注销中国户籍

【答案】ABCD

【解析】《个人所得税法》第十条规定，有下列情形之一的，纳税人应当依法办理纳税申报：

①取得综合所得需要办理汇算清缴；

②取得应税所得没有扣缴义务人；

③取得应税所得，扣缴义务人未扣缴税款；

④取得境外所得；

⑤因移居境外注销中国户籍；

⑥非居民个人在中国境内从两处以上取得工资、薪金所得；

⑦国务院规定的其他情形。

3. 知识扩展

总结：预扣预缴的几个问题

项目		居民个人
综合所得	劳务报酬所得	预扣预缴时按照有无超过 4000 元，采取减 800 或乘以 20% 计算应纳税额。但汇算清缴时统一乘以 20%，没有减 800 元的情形
	稿酬所得	
	特许权使用费所得	
注意	全年一次性奖金个人所得税政策执行至 2027 年 12 月 31 日	
	非居民个人一月内取得数月奖金，按 6 个月分摊计税，不减除费用 当月应纳税额 =［（数月奖金收入额 ÷6）× 适用税率 − 速算扣除数］×6	
	①自 2020 年 7 月 1 日起，对一个纳税年度内首次取得工薪的，预扣时可按 5000 元/月乘以纳税人当年截至本月的月份数计算累计减除费用	
	②上年 1 − 12 月均在同一单位扣缴工资薪金，且全年收入不超过 6 万元的，从 1 月份起直接按照全年 6 万元的累计费用计算扣除	
	③其他正常情况下，累计减除费用和累计专项附加扣除在计算时以纳税人当年截至本月在“本单位”的任职受雇月份数计算，而非本年度截至本月的月份数计算	
	《国家税务总局关于办理 2021 年度个人所得税综合所得汇算清缴事项的公告》（国家税务总局公告 2022 年第 1 号）规定：同时取得综合所得和经营所得的纳税人，可在综合所得或经营所得中申报减除费用 6 万元、专项扣除、专项附加扣除以及依法确定的其他扣除，但不得重复申报减除	

章节练习

一、单选题

1. 按规定，下列所得在计算个人所得税应纳税所得额时允许在税前扣除一部分费用的是（　　）。

A. 股息所得　　B. 财产租赁所得

C. 彩票中奖所得　　D. 红利所得

【答案】 B

【解析】 本题是对个人所得税扣除项目的考查。B 选项，根据《个人所得税法》第六条第一款第四项的规定，财产租赁所得，每次收入不超过 4000 元的，减除费用 800 元；4000 元以上的，减除 20% 的费用，其余额为应纳税所得额；A、C、D 选项，根据《个人所得税法》第六条第一款第六项的规定，利息、股息、红利所得和偶然所得，以每次收入额为应纳税所得额。

2. 下列属于个人所得税工资、薪金项目的是（　　）。

A. 税收递延型商业养老保险的养老金收入

B. 任职电视剧制作单位的编剧从单位取得的剧本使用费

C. 公司独立董事取得的所得

D. 职工个人以股份形式取得企业量化资产参与企业分配

【答案】A

【解析】B 选项属于特许权使用费；C 选项属于劳务报酬；D 选项属于利息、股息、红利所得。

3. 对个人依法从事医疗、咨询活动取得的所得计征个人所得税时，适用的所得项目是（　　）。

A. 劳务报酬所得　　B. 工资、薪金所得

C. 偶然所得　　D. 经营所得

【答案】D

【解析】个人依法从事办学、医疗、咨询以及其他有偿服务活动取得的所得，应按照“经营所得”项目计征个人所得税。

4. 某居民个人 2024 年度发生的与基本医保相关的医药费用支出，扣除医保报销后个人负担（指医保目录范围内的自付部分）金额为 20 万元，则当年度汇算清缴时可以扣除的大病医疗支出为（　　）万元。

A. 6.5　　B. 8　　C. 18.5　　D. 20

【答案】B

【解析】在一个纳税年度内，纳税人发生的与基本医保相关的医药费用支出，扣除医保报销后个人负担（指医保目录范围内的自付部分）累计超过 15000 元的部分，由纳税人在办理年度汇算清缴时，在 80000 元限额内据实扣除。该居民个人负担的大病医疗支出超过 15000 的部分为 185000 元，大病医疗扣除的限额为 80000 元，所以最多只能扣除 80000 元。

5. 下列关于个人所得税专项附加扣除时限的表述，正确的是（　　）。

A. 住房贷款利息，扣除时限最长不得超过 120 个月

B. 同一学历继续教育，扣除时限最长不得超过 24 个月

C. 取得继续教育资格证书的，扣除时间为取得相关证书的当年

D. 大病医疗，扣除时间为医疗保障信息系统记录的医药费用实际支出的次年

【答案】C

【解析】A 选项应为 240 个月，B 选项应为 48 个月，D 选项应当实际支出的当年。

6. 根据个人所得税法规定，下列关于专项附加扣除说法正确的是（　　）。

A. 个人接受本科及以下学历（学位）继续教育，符合规定扣除条件的，可以选择由其父母扣除，也可以选择由本人扣除

B. 纳税人的子女接受全日制学历教育的相关支出，按照每个子女每月 1000 元的标准定额扣除

C. 纳税人接受技能人员职业资格继续教育、专业技术人员职业资格继续教育的支出，在取得相关证书的当年，按照 2400 元定额扣除

D. 纳税人发生的首套住房贷款利息支出，扣除期限最长不超过 360 个月

【答案】A

【解析】B 选项，纳税人的子女接受全日制学历教育的相关支出，按照每个子女每月 2000 元的标准定额扣除；C 选项，纳税人接受技能人员职业资格继续教育、专业技术人员职业资格继续教育的支出，在取得相关证书的当年，按照 3600 元定额扣除；D 选项，纳税人发生的首套住房贷款利息支出，扣除期限最长不超过 240 个月。

7. 2024 年 8 月，钱某受聘为甲公司进行装修设计，甲公司应支付钱某税前劳务报酬收入 6 万元，甲公司应为钱某预扣预缴个人所得税税额（　　）元。

A. 12400　　B. 10000　　C. 14000　　D. 15400

【答案】A

【解析】根据《国家税务总局关于发布〈个人所得税扣缴申报管理办法（试行）〉的公告》（国家税务总局公告 2018 年第 61 号）第八条的规定，钱某取得的装修设计费收入属于劳务报酬所得，且一次超过了 4000 元，因此，甲公司应预扣预缴的个人所得税 =60000 ×（1 －20%）×30% －2000 =12400（元）。

8. 张先生通过拍卖行将一幅珍藏多年的字画拍卖，取得收入 500000 元，根据合法有效凭证，主管税务机关认定其收藏该字画发生的费用为 100000 元，拍卖时支付相关税费 50000 元。拍卖字画所得应缴纳个人所得税（　　）元。

A. 50000　　B. 70000　　C. 90000　　D. 100000

【答案】B

【解析】根据《国家税务总局关于加强和规范个人取得拍卖收入征收个人所得税有关问题的通知》（国税发〔2007〕38 号）第一条的规定，个人拍卖除文字作品原稿及复印件外的其他财产，应以其转让收入额减除财产原值和合理费用后的余额为应纳税所得额，按照“财产转让所得”项目适用 20% 的税率缴纳个人所得税。拍卖字画按照财产转让所得计税，应纳个人所得税 =（500000 －100000 －50000）×20% =70000（元）。

9. 下列关于个人所得税征收管理的说法，错误的是（　　）。

A. 同一纳税年度内，居住时间超过 90 日但不满 183 日的无住所个人对于境内支付和境外支付的境外所得均没有纳税义务

B. 在中国境内有住所，不管是否实际居住，均属于居民个人

C. 作者将他人的文字作品手稿原件或复印件公开拍卖的所得属于特许权使用费所得

D. 税收递延型商业养老保险的养老金收入属于工资、薪金所得

【答案】C

【解析】作者将自己的文字作品手稿原件或复印件公开拍卖的所得属于特许权使用费所得。如果是作者将他人的文字作品手稿原件或复印件公开拍卖的所得则为财产转让所得。

10. 根据个人所得税相关规定，个人独资企业的投资者及其家庭发生的生活费用与

企业生产经营费用混合在一起且难以划分的，其正确的税务处理是（　　）。

A. 不得在税前扣除　　B. 按实际发生额的50%在税前扣除

C. 按实际发生额的60%在税前扣除　　D. 按实际发生额的40%在税前扣除

【答案】A

【解析】根据《关于个人独资企业和合伙企业投资者征收个人所得税的规定》第六条第三项的规定，个人独资企业的投资者及其家庭发生的生活费用与企业生产经营费用混合在一起，且难以划分的，全部视为投资者个人及其家庭发生的生活费用，不允许在税前扣除。

二、多选题

1. 下列各项所得在计算应纳税所得额时，不允许扣减任何费用的有（　　）。

A. 偶然所得　　B. 特许权使用费所得

C. 利息、股息、红利所得　　D. 财产租赁所得

【答案】AC

【解析】偶然所得，利息、股息、红利所得以每次收入额为应纳税所得额，不允许作任何扣除。

2. 下列选项中，应按照“利息、股息、红利所得”项目征收个人所得税的有（　　）。

A. 个人取得的企业债券利息

B. 合伙企业的个人投资者以企业资金为本人购买住房

C. 个人参与商场的抽奖活动抽到的奖金

D. 公司股东从公司借款用于个人消费，纳税年度终了后仍未归还

【答案】AD

【解析】依据《个人所得税法》，B选项，按照“经营所得”项目征税；C选项，按照“偶然所得”项目征税。

3. 下列符合个人所得税专项附加扣除规定的有（　　）。

A. 住房租金扣除标准包括1500元、1000元、800元三档

B. 医药费用支出个人负担超过15000元的，在80000元内扣除

C. 独生子女赡养年满60周岁的父母，扣除标准为3000元/月

D. 取得经营所得的个人，没有综合所得的，在预缴应纳税所得额时不能扣除专项附加扣除

【答案】CD

【解析】A选项，住房租金扣除标准包括1500元、1100元、800元三档；B选项，医药费用支出扣除医保报销后个人负担超过15000元的，在80000元内扣除。D选项，取得经营所得的个人，没有综合所得的，专项附加扣除只能在办理经营所得汇算清缴时扣除。

4. 专项附加扣除中赡养老人的扣除方式包括（　　）。

A. 平均分摊　　B. 协商分摊　　C. 指定分摊　　D. 约定分摊

【答案】ACD

【解析】专项附加扣除中赡养老人的扣除方式包括：平均分摊、指定分摊、约定分摊。

5. 某职员 2020 年入职，2024 年每月应发工资 35000 元，三险一金等专项扣除 5000 元，专项附加扣除 3000 元，没有其他减免收入等情况。以 2024 年 1—3 月为例，下列关于每月应预扣预缴税额的说法，正确的有（　　）。

A. 1 月应预扣预缴税额 660 元　　B. 2 月应预扣预缴税额 1220 元

C. 3 月应预扣预缴税额 2200 元　　D. 3 月应预扣预缴税额 2000 元

【答案】ABC

【解析】1 月应预扣预缴税额 =（35000 × 1 − 5000 × 1 − 5000 × 1 − 3000 × 1）× 3% − 0 = 660（元）；

2 月应预扣预缴税额 =（35000 × 2 − 5000 × 2 − 5000 × 2 − 3000 × 2）× 10% − 2520 − 660 = 1220（元）；

3 月应预扣预缴税额 =（35000 × 3 − 5000 × 3 − 5000 × 3 − 3000 × 3）× 10% − 2520 − 660 − 1220 = 2200（元）。

6. 根据个人所得税法规定，区分居民纳税人和非居民纳税人的判断标准包括（　　）。

A. 住所　　B. 收入来源地

C. 国籍　　D. 居住时间

【答案】AD

【解析】《个人所得税法》依据住所和居住时间两个标准，将纳税人区分为居民和非居民纳税人，分别承担不同的纳税义务。

7. 在确定综合所得的应纳税所得额时，下列说法正确的有（　　）。

A. 工资、薪金所得以收入减除每月 5000 元费用后的余额为收入额

B. 劳务报酬所得以收入减除 20% 的费用后的余额为收入额

C. 稿酬所得以收入减除 20% 的费用后的余额为收入额，稿酬所得的收入额减按 70% 计算

D. 特许权使用费所得以收入减除 20% 的费用后的余额为收入额

【答案】BCD

【解析】在计算综合所得的年收入额时，工资薪金所得以收入全额为收入额，其他所得无论每次收入是否超过 4000 元，均按照下列规定计算：劳务报酬所得、稿酬所得、特许权使用费所得以收入减除 20% 的费用后的余额为收入额。稿酬所得的收入额减按 70% 计算。

8. 居民个人从中国境外取得的特许权使用费所得，在计算抵免限额和实际抵免额时，下列说法正确的有（　　）。

A. 与境内综合所得合并计算应纳税额

B. 与境内综合所得分别计算应纳税额

C. 应该分国分项计算抵免限额

D. 实际已纳税额超过抵免限额部分可以在以后 5 个纳税年度内结转抵免

【答案】 AD

【解析】 根据《个人所得税法实施条例》第二十条规定，居民个人从中国境内和境外取得的综合所得、经营所得，应当分别合并计算应纳税额，A 选项正确；根据《个人所得税法实施条例》第二十一条第二款的规定，除国务院财政、税务主管部门另有规定外，来源于中国境外一个国家（地区）的综合所得抵免限额、经营所得抵免限额以及其他所得抵免限额之和，为来源于该国家（地区）所得的抵免限额。即应该分国不分项计算抵免限额，C 选项错误；根据《个人所得税法实施条例》第二十一条第三款的规定，居民个人在中国境外一个国家（地区）实际已经缴纳的个人所得税税额，低于依照前款规定计算出的来源于该国家（地区）所得的抵免限额的，应当在中国缴纳差额部分的税款；超过来源于该国家（地区）所得的抵免限额的，其超过部分不得在本纳税年度的应纳税额中抵免，但是可以在以后纳税年度来源于该国家（地区）所得的抵免限额的余额中补扣，补扣期限最长不得超过五年。

9. 下列关于个人所得税纳税期限的表述，错误的有（　　）。

A. 纳税人因移居境外注销中国户籍的，应当在注销中国户籍前办理税款清算

B. 居民个人从中国境外取得所得的，应当在取得所得的次年 3 月 1 日前申报纳税

C. 非居民个人在中国境内从两处以上取得工资、薪金所得的，应当在取得所得的次月 15 日内申报纳税

D. 纳税人取得经营所得，在取得所得的次年 3 月 1 日至 6 月 30 日内办理汇算清缴

【答案】 BD

【解析】 B 选项，居民个人从中国境外取得所得的，应当在取得所得的次年 3 月 1 日至 6 月 30 日内申报纳税。D 选项，纳税人取得经营所得，在取得所得的次年 3 月 31 日前办理汇算清缴。

10. 下列关于非居民个人征税具体规定的说法，正确的有（　　）。

A. 非居民个人的劳务报酬所得属于一次性收入的，以取得该项收入为一次

B. 非居民个人的劳务报酬所得属于同一事项连续取得收入的，以一年内的收入为一次

C. 非居民个人稿酬所得分次支付的，应合并计算为一次

D. 非居民个人取得的工资薪金所得，应按年计税

【答案】 AC

【解析】 B 选项，非居民个人的劳务报酬所得属于同一事项连续取得收入的，以一个月内取得的收入为一次；D 选项，非居民个人取得的工资薪金所得，应按月计税。

三、判断题

1. 个人从中国境内企业、事业单位、其他组织以及居民个人取得的利息、股息，红利所得，不论支付地点是否在中国境内，均为来源于中国境内的所得。

【答案】正确

【解析】本题是对个人所得税所得来源地的考查，个人从中国境内企业、事业单位、其他组织以及居民个人取得的利息、股息、红利所得，不论支付地点是否在中国境内，均为来源于中国境内的所得。

2. 个人取得的财产租赁所得，以每次取得收入为一次。

【答案】错误

【解析】本题是对个人所得税计税依据的考查。财产租赁所得，以一个月内取得的收入为一次。

3. 某外籍公民A先生在中国境内无住所，2019年1月来华工作后一直在中国境内居住。A先生2024年8月取得一笔来源于境外并由境外公司支付的特许权使用费，这笔所得应在中国缴纳个人所得税。

【答案】错误

【解析】在中国境内无住所，但在中国境内一个纳税年度累计居住满183天的年度连续不满6年，其来源于中国境外且由境外单位或个人支付的所得，免予缴纳个人所得税。

4. 劳务报酬所得、稿酬所得、特许权使用费所得，属于一次性收入的，以取得该项收入为一次；属于同一项目连续性收入的，以一年内取得的收入为一次。

【答案】错误

【解析】属于同一项目连续性收入的，以一个月内取得的收入为一次。

5. 取得经营所得的个人，在计算其每一纳税年度的应纳税所得额时，应当以经营收入减去经营成本和费用作为应纳税所得额，不得减除费用6万元、专项扣除、专项附加扣除以及依法确定的其他扣除。

【答案】错误

【解析】取得经营所得的个人，没有综合所得的，计算其每一纳税年度的应纳税所得额时，应当减除费用6万元、专项扣除、专项附加扣除以及依法确定的其他扣除。专项附加扣除在办理汇算清缴时减除。

6. 王某2024年度通过某县民政部门对贫困地区捐款5万元，未考虑捐赠的个人所得税综合所得为12万元。按规定扣除公益捐赠额后，王某2024年度个人所得税的应纳税所得额是8.4万元。

【答案】正确

【解析】个人将其所得对教育、扶贫、济困等公益慈善事业进行捐赠，捐赠额未超过纳税人申报的应纳税所得额百分之三十的部分，可以从其应纳税所得额中扣除；国务院规定对公益慈善事业捐赠实行全额税前扣除的，从其规定。王某公益性捐赠税前扣除限额 $=12\times30\%=3.6$（万元）<5 万元。则按规定扣除公益捐赠额后，王某2024年度个人所得税的应纳税所得额是8.4万元。

7. 2019年1月1日起，纳税人取得的“工资、薪金所得”“劳务报酬所得”“稿酬所得”和“特许权使用费所得”四项所得称为综合所得，按纳税年度合并计算个人所得税。

【答案】错误

【解析】根据《个人所得税法》第二条第二款的规定，居民个人取得前款第一项至第四项所得（以下称“综合所得”），按纳税年度合并计算个人所得税；非居民个人取得前款第一项至第四项所得，按月或者按次分项计算个人所得税。

8. 自 2023 年 1 月 1 日起，3 岁以下婴幼儿照护、子女教育专项附加扣除标准，由每个婴幼儿（子女）每月 1000 元提高到 2000 元。父母可以选择由其中一方按扣除标准的 100% 扣除，也可以选择由双方分别按 50% 扣除。

【答案】正确

【解析】根据《国家税务总局关于贯彻执行提高个人所得税有关专项附加扣除标准政策的公告》（国家税务总局公告 2023 年第 14 号）第一条的规定，表述正确。

9. 截至 2027 年 12 月 31 日，一个纳税年度内在船航行时间累计满 183 天的远洋船员，其取得的工资薪金收入减按 50% 计入应纳税所得额，依法缴纳个人所得税。

【答案】正确

【解析】根据《财政部 税务总局关于延续实施远洋船员个人所得税政策的公告》（财政部 税务总局公告 2023 年第 31 号）第一条的规定，表述正确。

10. 2023 年 1 月 1 日至 2027 年 12 月 31 日，对个体工商户年应纳税所得额不超过 200 万元的部分，减半征收个人所得税。个体工商户在享受现行其他个人所得税优惠政策的基础上，可叠加享受本条优惠政策。个体工商户不区分征收方式，均可享受。

【答案】正确

【解析】根据《国家税务总局关于进一步落实支持个体工商户发展个人所得税优惠政策有关事项的公告》（国家税务总局公告 2023 年第 12 号）的相关规定，表述正确。

第六章　资源和环境税相关税种

本章主要掌握内容：掌握资源税、环境保护税、耕地占用税（对比契税知识点）、烟叶税、车船税（对比车辆购置税知识点）的概述、纳税人、征税范围、税率、计税依据、应纳税额计算、税收优惠、征收管理。

知识点1：资源税

纳税人、征税范围、税率

项目	内容	备注
纳税人	开采矿产品或者生产盐的单位和个人（进口不征出口不退）	包括直接取用地表水、地下水的单位和个人
征税范围	原油	开采的天然原油。不包括人造石油、成品油
	天然气	专门开采或与原油同时开采的天然气
	煤炭	包括原煤和未税原煤加工的洗选煤；不包括已税原煤加工的洗选煤及煤炭制品；地面抽采的煤层气暂不征收资源税
	金属矿	
	非金属矿	
	海盐	包括固体盐和液体盐（卤水）。不包括食用盐
	地热、矿泉水、二氧化碳气等	
税率	从量＋从价 开采或生产不同税率的，应分别核算，未分别核算，从高	经营分散、多为现金交易且难以控管的黏土、砂石还是从量定额计征；从量定额征收的计税依据是应税产品的销售数量

销售额的确定

项目	内容	说明
基本规定	买价＋价外费，**不包**符合条件代垫运费、政府性基金或行政事业性收费	与增值税规定一致
特殊规定	**视销情形的销售额核定：** ①最近时期同类产品均价 ②其他纳税人最近时期同类产品均价 ③组成计税价：成本×（1＋成本率）/（1－资源税率） ④销售价格－后续加工环节的成本利润	**视同销售情形：** ①自采原矿直接加工为非应税产品 ②自采原矿洗选（加工）后的精矿连续生产非应税产品 ③应税产品用于投资、分配、抵债、赠与、以物易物等

续表

项目	内容		说明
特殊规定	符合条件的运杂费用可扣：包含在销售收入中；有发票或凭据；与收入分开核算		运杂费用明显偏高导致产品价格偏低且无正当理由，税务机关可调整
	销售额换算与折算	征税对象为原矿的计税销售额	原矿销售额 = 精矿销售额 × 折算率
		征税对象为精矿的计税销售额	精矿销售额 = 原矿销售额 × 换算比
		征税对象为金锭的计税销售额	金锭销售额 = 金原矿销售额 × 金原矿换算比 = 金精矿销售额 × 金精矿换算比
符合规定的相关运杂费用准予从销售额中扣除：从坑口或者洗选（加工）地到车站、码头或者购买方指定地点的运输费用、建设基金以及随运销产生的装卸、仓储、港杂费用			

税收优惠

项目	内容	
基本规定	①开采原油过程中用于加热、修井的原油免税 ②煤炭开采企业因安全生产需要抽采的煤成（层）气（非因安全生产需要的则征） ③开采或生产应税产品过程中，因意外事故或自然灾害等原因遭受重大损失，省级政府定减免	
具体规定	原油 天然气	①油田范围内运输稠油过程中用于加热的原油、天然气免征资源税 ②对稠油、高凝油资源税减征 40% ③对高含硫天然气、三次采油、深水油气田开采的原油、天然气减征 30% ④对低丰度油气田资源税暂减征 20%
	煤炭	①对衰竭期煤矿开采的煤炭，减征 30% ②对充填开采置换出来的煤炭，减征 50%
	其他	①依法在建筑物下、铁路下、水体下通过充填开采：减征 50% ②实际开采年限 15 年以上的衰竭期矿山开采矿产资源：减征 30%
享受规定	纳税人的免税、减税项目，应当单独核算销售额或者销售数量；未单独核算或者不能准确提供销售额或者销售数量的，不予免税或者减税	
其他优惠政策	普惠性	自 2023 年 1 月 1 日至 2027 年 12 月 31 日，对增值税小规模纳税人、小型微利企业和个体工商户减半征收资源税（不含水资源税）、城市维护建设税、房产税、城镇土地使用税、印花税（不含证券交易印花税）、耕地占用税和教育费附加、地方教育附加
	页岩气	在 2027 年 12 月 31 日之前，继续对页岩气资源税（按 6% 的规定税率）减征 30%

征收管理

项目	内容	
纳税义务发生时间	分期收款结算	合同规定的收款日期
	预收货款结算	发出应税产品
	其他结算方式	收讫销售款或者取得索取销售款凭据
	自产自用应税产品	移送使用应税产品的当天
	代扣代缴	支付首笔货款或首次开具凭据当天
	水资源	取用水资源当日
纳税期限	①资源税按月或者按季申报缴纳；不能按固定期限计算缴纳的，可以按次申报缴纳 ②纳税人按月或者按季申报缴纳的，应当自月度或者季度终了之日起15日内，向税务机关办理纳税申报并缴纳税款；按次申报缴纳的，应当自纳税义务发生之日起15日内，向税务机关办理纳税申报并缴纳税款	
纳税地点	应税产品的开采或者生产所在地； 省、自治区、直辖市税务机关可调整区域内资源税纳税地点	
注：《中华人民共和国资源税法》于2020年9月1日起实施		

水资源税改革

项目	内容	具体规定
纳税人	直接取用地表水、地下水的单位和个人	
征税对象	地表水和地下水，不包括再生水、集蓄雨水、海水及海水淡化水、微咸水等非常规水	地表水是陆地表面上动态水和静态水的总称，包括江、河、湖泊（含水库、引调水工程等水资源配置工程）等水资源 地下水是指赋存于地表以下的水
不征税情形	农村集体经济组织及其成员从本集体经济组织的水塘、水库中取用水的	
	家庭生活和零星散养、圈养畜禽饮用等少量取用水的	
	水工程管理单位为配置或者调度水资源取水的	
	为保障矿井等地下工程施工安全和生产安全必须进行临时应急取（排）水的	
	为消除对公共安全或者公共利益的危害临时应急取水的	
	为农业抗旱和维护生态与环境必须临时应急取水的	
应纳税额计算	**实行从量计征** 应纳税额 = 实际取用水量 × 适用税额 疏干排水的实际取用水量按照排水量确定。疏干排水是指在采矿和工程建设过程中破坏地下水层、发生地下涌水的活动	
各类特别情形的应纳税额计算	城镇公共供水企业	应纳税额 = 实际取用水量 ×（1 - 公共供水管网合理漏损率）× 适用税额（合理漏损率由各省、自治区、直辖市人民政府确定）
	水力发电取用水	应纳税额 = 实际发电量 × 适用税额（实际发电量以所有发电机组的发电计量之和确定，包括上网电量、综合厂用电量、运输损失电量等）
	冷却取用水	应纳税额 = 实际取用（耗）水量 × 适用税额（火力发电冷却取用水可以按照实际发电量或者实际取用（耗）水量计征水资源税）

续表

项目	内容	具体规定
从高确定税额情形	①对取用地下水从高确定税额 同一类型取用水，地下水税额应当高于地表水 对水资源严重短缺和超载地区取用水从高确定税额 对未经批准擅自取用水、取用水量超过许可水量或者取水计划的部分，结合实际适当提高税额 ②对特种取用水，从高确定税额 特种取用水，是指洗车、洗浴、高尔夫球场、滑雪场等取用水 ③纳税人取用水资源适用不同税额的，应当分别计量实际取用水量；未分别计量的，从高适用税额	
从低确定税额情形	对疏干排水中回收利用的部分和水源热泵取用水，从低确定税额（疏干排水中回收利用的部分，是指将疏干排水进行处理、净化后自用以及供其他单位和个人使用的部分）	
征收管理	适用税额判定	一般规定：水资源税的适用税额是指取水口所在地的适用税额（纳税人取用水工程管理单位配置、调度的水资源，其纳税地点为接入水工程管理单位的取水口所在地，适用接入水工程管理单位的取水口所在地的税额标准）
		特别规定：水力发电取用水适用税额最高不得超过每千瓦时0. 008 元（跨省/自治区/直辖市）界河水电站水力发电取用水的适用税额，按相关省份中较高一方的水资源税税额标准执行）
税收优惠	免征	①规定限额内的农业生产取用水，免征水资源税 ②除接入城镇公共供水管网以外，军队、武警部队、国家综合性消防救援队伍通过其他方式取用水的，免征水资源税 ③抽水蓄能发电取用水，免征水资源税 ④采油（气）排水经分离净化后在封闭管道回注的，免征水资源税 ⑤受县级以上人民政府及有关部门委托进行国土绿化、地下水回灌、河湖生态补水等生态取用水，免征水资源税
	减征	工业用水前一年度用水效率达到国家用水定额先进值的纳税人，减征本年度20%的水资源税（各省水行政主管部门应当于每年3月31日前，会同同级财政、税务等部门公布本省工业用水前一年度用水效率达到国家用水定额先进值的纳税人名单）
	各省、自治区、直辖市人民政府可以根据实际情况，决定免征或者减征超过规定限额的农业生产取用水和主要供农村人口生活用水的集中式饮水工程取用水的水资源税（农业生产取用水，是指种植业、畜牧业、水产养殖业、林业等取用水）	
纳税义务发生时间	纳税人取用水资源的当日	未经批准取用水资源的，水资源税的纳税义务发生时间为水行政主管部门认定的纳税人实际取用水资源的当日

续表

<table>
<tr><th>项目</th><th>内容</th><th>具体规定</th></tr>
<tr><td rowspan="2">纳税申报</td><td>按月或者按季申报缴纳，不能按固定期限计算缴纳的，可以按次申报缴纳。对超过规定限额的农业生产取用水，可以按年申报缴纳</td><td>纳税人按月或者按季申报缴纳的，应当自月度或者季度终了之日起15日内，向税务机关办理纳税申报并缴纳税款；按次申报缴纳的，应当自纳税义务发生之日起15日内，向税务机关办理纳税申报并缴纳税款；按年申报缴纳的，应当自年度终了之日起5个月内，向税务机关办理纳税申报并缴纳税款</td></tr>
<tr><td colspan="2">①纳税人取用水工程管理单位跨省（自治区、直辖市）配置、调度的水资源，应当根据调入区域适用税额和实际取用水量，向调入区域所在地的税务机关申报缴纳水资源税
②纳税人通过两个以上取水口取用水的，应当分别计量每一个取水口的实际取用水量并申报缴纳水资源税。纳税人一个取水许可证上有多个取水口信息且适用同一税额标准，并由水行政主管部门合并下达许可水量或取水计划的，可以将该取水许可证上多个取水口的实际取用水量合并申报缴纳水资源税</td></tr>
<tr><td rowspan="6">核定情形</td><td rowspan="6">按照水行政主管部门根据相应工况最大取（排）水能力核定的取水量申报纳税，水行政主管部门应当在纳税申报期结束前向纳税人出具当期取水量核定书；或者按照省级财政、税务、水行政主管部门确定的其他方法核定的取用水量申报纳税</td><td>①纳税人未按规定安装取水计量设施（器具）的</td></tr>
<tr><td>②纳税人安装的取水计量设施（器具）经水行政主管部门检查发现问题的</td></tr>
<tr><td>③纳税人安装的取水计量设施（器具）发生故障、损毁，未在水行政主管部门规定期限内更换或修复的</td></tr>
<tr><td>④纳税人安装的取水计量设施（器具）不能准确计量全部取（排）水量的</td></tr>
<tr><td>⑤纳税人篡改、伪造取水计量数据的</td></tr>
<tr><td>⑥其他需要核定水量情形的</td></tr>
<tr><td>其他要求</td><td colspan="2">城镇公共供水企业缴纳的水资源税不计入自来水价格，在终端综合水价中单列，并可以在增值税计税依据中扣除（可以按照“不征增值税自来水”项目开具普通发票）</td></tr>
<tr><td>施行时间</td><td colspan="2">自2024年12月1日起实施</td></tr>
</table>

各省、自治区、直辖市水资源税最低平均税额表　　单位：元/立方米

<table>
<tr><th>省（自治区、直辖市）</th><th>地表水水资源税
最低平均税额</th><th>地下水水资源税
最低平均税额</th></tr>
<tr><td>北京</td><td>1.6</td><td>4</td></tr>
<tr><td>天津</td><td>0.8</td><td>4</td></tr>
<tr><td>山西</td><td rowspan="2">0.5</td><td rowspan="2">2</td></tr>
<tr><td>内蒙古</td></tr>
<tr><td>河北</td><td rowspan="3">0.4</td><td rowspan="3">1.5</td></tr>
<tr><td>山东</td></tr>
<tr><td>河南</td></tr>
</table>

续表

<table>
<tr><th>省（自治区、直辖市）</th><th>地表水水资源税
最低平均税额</th><th>地下水水资源税
最低平均税额</th></tr>
<tr><td>陕西</td><td rowspan="5">0.3</td><td rowspan="5">0.7</td></tr>
<tr><td>宁夏</td></tr>
<tr><td>辽宁</td></tr>
<tr><td>吉林</td></tr>
<tr><td>黑龙江</td></tr>
<tr><td>江苏</td><td rowspan="6">0.2</td><td rowspan="6">0.5</td></tr>
<tr><td>浙江</td></tr>
<tr><td>广东</td></tr>
<tr><td>云南</td></tr>
<tr><td>甘肃</td></tr>
<tr><td>新疆</td></tr>
<tr><td>四川</td><td rowspan="13">0.1</td><td rowspan="13">0.2</td></tr>
<tr><td>上海</td></tr>
<tr><td>安徽</td></tr>
<tr><td>福建</td></tr>
<tr><td>江西</td></tr>
<tr><td>湖北</td></tr>
<tr><td>湖南</td></tr>
<tr><td>广西</td></tr>
<tr><td>海南</td></tr>
<tr><td>重庆</td></tr>
<tr><td>贵州</td></tr>
<tr><td>西藏</td></tr>
<tr><td>青海</td></tr>
</table>

1. 概念详解

资源税的纳税人，是指在我国领域及管辖的其他海域开发应税资源产品的单位和个人。构成资源税的纳税人需要同时具备以下两个条件：①纳税人是应税产品的开发者。②开发的应税产品来源于我国领域及管辖的其他海域。境外进口的资源产品不缴纳资源税，出口应税产品不退还已经缴纳的资源税（进口不征出口不退）。

2. 经典习题演练

【单选题】根据《水资源税改革试点实施办法》的相关规定，下列说法错误的是（　　）。

A. 农村集体经济组织及其成员从本集体经济组织的水塘、水库中取用水免征水资

源税

B. 为消除对公共安全或者公共利益的危害临时应急取水的不征水资源税

C. 规定限额内的农业生产取用水，免征水资源税

D. 抽水蓄能发电取用水，免征水资源税

E. 各省、自治区、直辖市人民政府可以根据实际情况，决定免征或者减征超过规定限额的农业生产取用水和主要供农村人口生活用水的集中式饮水工程取用水的水资源税

【答案】 A

【解析】 根据《水资源税改革试点实施办法》第三条的规定，有下列情形之一的，不缴纳水资源税：农村集体经济组织及其成员从本集体经济组织的水塘、水库中取用水的……A 选项错误。

【多选题】 关于水资源税的计征方式，下列说法正确的有（　　）。

A. 水资源税实行从量计征，除特定情形外，应纳税额 = 实际取用水量 × 适用税额

B. 城镇公共供水企业应纳税额 = 实际取用水量 ×（1 – 公共供水管网合理漏损率）× 适用税额，其中公共供水管网合理漏损率由各省、自治区、直辖市人民政府确定

C. 火力发电取用水应纳税额 = 实际发电量 × 适用税额

D. 冷却取用水应纳税额 = 实际取用（耗）水量 × 适用税额

E. 疏干排水的实际取用水量按照排水量确定，疏干排水是指在采矿和工程建设过程中破坏地下水层、发生地下涌水的活动

【答案】 ABE

【解析】 根据《水资源税改革试点实施办法》第七条的规定，水力发电取用水应纳税额的计算公式为：应纳税额 = 实际发电量 × 适用税额，C 选项错误；第八条规定，除火力发电冷却取用水外，冷却取用水应纳税额的计算公式为：应纳税额 = 实际取用（耗）水量 × 适用税额，D 选项错误。

【多选题】 关于水资源税的申报期限，下列说法正确的有（　　）。

A. 水资源税按月或者按季申报缴纳，由主管税务机关根据实际情况确定

B. 不能按固定期限计算缴纳的，可以按次申报缴纳

C. 对农业生产取用水，可以按年申报缴纳

D. 纳税人按月或者按季申报缴纳的，应当自月度或者季度终了之日起 15 日内，向税务机关办理纳税申报并缴纳税款

E. 按年申报缴纳的，应当自年度终了之日起 6 个月内，向税务机关办理纳税申报并缴纳税款。

【答案】 ABD

【解析】 根据《水资源税改革试点实施办法》第二十一条第一款的规定，对超过规定限额的农业生产取用水，可以按年申报缴纳。C 选项错误。第二款规定，按年申报缴纳的，应当自年度终了之日起 5 个月内，向税务机关办理纳税申报并缴纳税款。E 选项

错误。

【多选题】下列不属于资源税纳税人的有（　　）。

A. 开采原油的油气田企业　　B. 进口煤炭的企业

C. 销售固体盐的企业　　D. 收购未税矿产品的独立矿山

【答案】BCD

【解析】B 选项，进口应税资源不征资源税；C 选项，销售环节不征；D 选项，属于扣缴义务人。

【判断题】资源税采用从价定率和从量定额两种计税方式，以从价定率为主。（　　）

【答案】正确

【解析】部分应税资源采用从量计征。

【判断题】

资源税是按照开采量进行计税的。（　　）

【答案】错误

【解析】资源税是按照销售量或者移送量（应税品用于进一步生产时）进行纳税的。

【计算题】甲公司当月开采原油 5010 吨，对外销售 2000 吨，取得不含税价款 600 万元，将开采的另外 3000 吨用于加工生产汽油 1800 吨，另外 10 吨原油用于开采过程中加热使用。请问当月应缴纳资源税为（　　）万元。（原油资源税率为 6%）

【答案】90 万元

【解析】$600\times6\%+3000\times(600/2000)\times6\%=90$（万元）

3. 知识扩展

纳税人销售的应税产品中包含外购应税产品的，在计算资源税应纳税额时，可以对外购部分作相应扣减，具体规定如下：

《财政部 税务总局关于资源税有关问题执行口径的公告》明确规定：纳税人外购应税产品与自采应税产品混合销售或者混合加工为应税产品销售的，在计算应税产品销售额或者销售数量时，准予扣减外购应税产品的购进金额或者购进数量；当期不足扣减的，可结转下期扣减。纳税人应当准确核算外购应税产品的购进金额或者购进数量，未准确核算的，一并计算缴纳资源税。纳税人核算并扣减当期外购应税产品购进金额、购进数量，应当依据外购应税产品的增值税发票、海关进口增值税专用缴款书或者其他合法有效凭据。

《国家税务总局关于资源税征收管理若干问题的公告》明确规定：纳税人以外购原矿与自采原矿混合为原矿销售，或者以外购选矿产品与自产选矿产品混合为选矿产品销售的两种情形，在计算应税产品销售额或者销售数量时，直接扣减外购原矿或者外购选矿产品的购进金额或者购进数量。纳税人以外购原矿与自采原矿混合洗选加工为选矿产品销售的情形，在计算应税产品销售额或者销售数量时，按照该公告规定的方法计算准予扣减的外购应税产品的购进金额或者购进数量。

知识点2：环境保护税

纳税人、征收对象

纳税人	在中华人民共和国领域和中华人民共和国管辖的其他海域，**直接**向环境排放应税污染物的**企业事业单位**和其他**生产经营者**
	不属于直接向环境排放污染物： ①企业事业单位和其他生产经营者向**依法设立**的污水集中处理、生活垃圾集中处理场所排放应税污染物的 ②企业事业单位和其他生产经营者在**符合国家和地方环境保护标准**的设施、场所贮存或者处置固体废物的 ③畜禽养殖场**依法**对畜禽养殖废弃物**进行综合利用和无害化处理的**
征税对象	应税污染物，包括大气污染物、水污染物、固体废物和噪声等四类 不包括二氧化碳，不包括建筑施工噪声和交通噪声
	应缴纳环境保护税情形： ①依法设立的城乡污水集中处理、生活垃圾集中处理场所**超过国家和地方规定的排放标准**向环境排放应税污染物的 ②企业事业单位和其他生产经营者贮存或者处置固体废物**不符合国家和地方环境保护标准的** ③**达到省级人民政府确定的规模标准**并且**有污染物排放口**的畜禽养殖场 **注意：**城乡污水集中处理场所不包括为工业园区、开发区等工业聚集区域内的企业事业单位和其他生产经营者提供污水处理服务的场所，以及企业事业单位和其他生产经营者自建自用的污水处理场所

税率、纳税义务发生时间、纳税期限、纳税地点及税收优惠

税率	定额税率，分为全国统一定额税率和浮动定额税率	
纳税义务发生时间	排放应税污染物的当日	
纳税期限	按月计算，按季申报缴纳。不能按固定期限计算的，可以按次 按季的，为季度终了之日起15日内申报；按次的，在纳税义务发生之日起15日内申报	
纳税地点	应税污染物排放地： ①应税大气污染物、水污染物**排放口**所在地 ②应税固体废物**产生地** ③应税噪声产**生地** 有争议先协商，协商不成再上级定	
税收优惠	免税	①农业生产（**不包括规模化养殖**） ②机动车、铁路机车、非道路移动机械、船舶和航空器等流动污染源 ③依法设立的城乡污水集中处理、生活垃圾集中处理场所（不超标准） ④纳税人综合利用固体废物，符合国家和地方环境保护标准
	减税	①排放应税大气、水污染物浓度值低于排放标准30%，减按75% ②排放应税大气、水污染物浓度值低于排放标准50%，减按50% ③一个月内累计昼间超标不足15昼或者累计夜间超标不足15夜，减按50% **注意：**减征环保税的，应对每一排放口排放的不同应税污染物分别计算

计税依据

一般规定	①污染物自动检测数据 ②检测机构出具的检测数据 ③排污系数、物料衡算方法计算 ④核定
特殊规定	**以当期应税固体废物的产生量作为固定废物的排放量：** ①非法倾倒应税固体废物 ②进行虚假申报 **以当期应税大气污染物、水污染物的产生量作为污染物的排放量：** ①未依法安装使用污染物自动监测设备或未将污染物自动监测设备与生态环境主管部门的监控设备联网 ②损毁或者擅自移动、改变污染物自动监测设备 ③篡改、伪造污染物监测数据 ④通过暗管、渗井、渗坑、灌注或稀释排放以及不正常运行防治污染设施等方式违法排放应税污染物 ⑤进行虚假纳税申报 **其实就是一句话：弄虚作假、不按常规：产生量做排放量**
特殊方法	①污染当量 ②排污系数 ③物料衡算

应纳税额计算

应税污染物	计税依据	应纳税额	征税范围
大气污染物	污染当量数	排放量/污染当量值×适用税额	污染当量数前3项
水污染物	污染当量数	排放量/污染当量值×适用税额	第一类水污染物的前5项和其他类水污染物的前3项
固体废物	排放量	（产生量－贮存量－处置量－综合利用量）×适用税额	全部
应税噪声	超过国家规定标准的分贝数	分贝数×适用税额	边界多处噪声超标的，按最高一处声级；每100米边界为一个核算单位；一个单位有不同地点作业场所，分开算；昼夜均超标，分开算，累计计征；声源一个月内超标不足15天，减半；夜间频发偶发，按等效声级和峰值噪声孰高

1. 概念详解

环境保护税的纳税人是在我国领域和我国管辖的其他海域，直接向环境排放应税污染物的企业事业单位和其他生产经营者。在理解环境保护税的纳税人时，可以考虑两个角度：①排污主体应当是企业事业单位和其他生产经营者（即不包括不从事生产经营活动的单位、团体和居民个人）；②排污行为应当是直接向环境排放应税污染物。

2. 经典习题演练

【判断题】环境保护税应当按月申报。（　　）

【答案】错误

【解析】环境保护税应当按月计算，按季申报缴纳。

【判断题】应税噪声以分贝数作为计税依据。 （ ）

【答案】错误

【解析】应税噪声以超过国家规定标准的分贝数为计税依据。

3. 知识扩展

目前，我国已逐步形成以环境保护税为主体，以资源税、消费税、耕地占用税等具备环境保护性质的绿色税种为重点，以降碳、减污、扩绿、增长四方面绿色税费优惠政策为辅助，覆盖资源开采、生产、流通、消费、排放多环节的具备中国特色的绿色税收体系。

税务部门与生态环境部门建立了“税务征管、企业申报、环保监测、信息共享、协作共治”的环境保护税征管协作机制，2023 年两部门共互相交换信息约 4000 万条，实现了税收征管能力和生态环境保护能力的“双提升”。

知识点3：契税与耕地占用税

为方便知识点对比学习，本书将契税与耕地占用税的相关知识点作对比归纳。

税种要素

税种要素	契税	耕地占用税
纳税人	取得土地、房屋权属的单位个人	占用耕地建设建筑物、构筑物或从事非农业建设的单位个人（包括占用园地、林地、草地、农田水利用地、养殖水面、渔业水域滩涂以及其他农用地）
税率	3%—5%（省级政府提出，同级人大常委会决定，报全国人大常委会和国务院备案） 个人购买住房契税政策：①对个人购买家庭唯一住房（家庭成员范围包括购房人、配偶以及未成年子女），面积为 90 平方米及以下的，减按 1% 的税率征收契税；面积为 90 平方米以上的，减按 1.5% 的税率征收契税；②对个人购买家庭第二套改善性住房，面积为 90 平方米及以下的，减按 1% 的税率征收契税；面积为 90 平方米以上的，减按 2% 的税率征收契税	特殊规定： ①人均耕地低于 0.5 亩的地区，省、自治区、直辖市可以根据当地经济发展情况，适当提高耕地占用税的适用税额，但提高的部分不得超过规定适用税额的 50%。占用园地、林地、草地等其他农用地的，适用税额可以适当低于本地区规定适用税额，但降低的部分不得超过 50% **②占用基本农田，应纳税额加按 150%征收** （各地耕地占用税的适用税额，由省级政府提出，报同级人大常委会决定，并报全国人大常委会和国务院备案）
计税依据	不动产价格（不含税价）	实际占用面积
纳税义务发生时间	签订权属转移合同（或类似性质凭证）的当天	收到自然资源主管部门办理占用耕地手续的书面通知当日；改变用途导致不再免征减征，改变用途当日（需在改变用途当日起 30 日内申报）
纳税地点	土地、房屋所在地	占用耕地或其他农用地所在地
纳税申报	申报、缴款：转移权属之日	30 日内申报，税务机关复核的，相关部门 30 日出意见

契税应税情形

情形	契税
土地使用权出让、出售、房屋买卖	按成交价格缴纳契税（承受土地的，不得因减免出让金而减免契税）
房产抵债、实物交换房屋、获奖方式取得房屋、预购方式或预付集资建房款方式承受房屋	视同买卖，应由产权承受人，按房屋现值缴纳契税
房产投资或股权转让	视同房屋买卖，由产权承受方按投资房产价值或买价缴纳契税（以自有房产作股投入本人经营的企业，免征契税）
买房拆料或翻建新房	需缴纳契税
房屋赠与	按市场价格核定（**包括遗赠也要征**）
房屋交换	双方交换价值相等，免纳契税；不相等的按差价
特别规定	①成交价、交换差额明显低于市场价无正当理由征收机关参照市场价格核定 ②划拨方式取得经批准转让房地产，按补缴土地使用权出让费用或者土地收益 ③分期付款的，按合同总价 ④承受的房屋附属设施权属单独计价，按照适用税率；与房屋统一计价的，适用房屋税率

税收优惠—免征

优惠类型	契税	耕地占用税
免征	国家机关、事业单位、社会团体、军事单位承受土地房屋用于办公、教学、医疗、科研和军事设施	军事设施、学校、幼儿园、社会福利机构、医疗机构占用耕地
	城镇职工按规定第一次购买公有住房（非公有住房则征）	
	承受“四荒”用于农、林、牧、渔	批准搬迁农村居民新建占用不超原面积
	有协定免税的外国驻华使领馆、联合国驻华机构及其外交代表、领事官员和其他外交人员承受土地房屋权属	
	国有控股公司以部分资产投资组建新公司，且该国有控股公司占新公司股份超过85%的，对新公司承受该国有控股公司土地、房屋权属免征契税	农村烈士遗属、因公牺牲军人遗属、残疾军人以及符合农村最低生活保障条件的农村居民，在规定用地标准内新建自用住宅
	个体工商户的经营者将其个人名下的房屋、土地权属转移至个体工商户名下，或个体工商户将其名下的房屋、土地权属转回原经营者个人名下，免征契税；合伙企业参照上述规定	
	婚姻关系存续期间，房屋、土地权属由单方所有，改为共同所有，免征契税	
	自2019年6月1日至2025年12月31日，为社区提供养老、托育、家政等服务的机构，承受房屋、土地用于提供上述服务，免征契税	
	企业合并、分立、破产债权人承受、同一投资主体内部资产划转、债权转股权涉及房屋、公司股权转让涉及房屋（非同一投资主体或房开企业，征收）	
	对保障性住房经营管理单位回购保障性住房继续作为保障性住房房源的	

税收优惠—其他

<table>
<tr><th>优惠类型</th><th>契税</th><th>耕地占用税</th></tr>
<tr><td rowspan="3">减征</td><td rowspan="3">140 平方米及以下不区分家庭第一、二套均减按 1%；140 平方米以上家庭第一套 1.5%，家庭第二套 2%（家庭成员范围包括购房人、配偶以及未成年子女）</td><td>铁路、公路、飞机场跑道、停机坪、港口、航道、水利工程占用，减按 2 元/平方米</td></tr>
<tr><td>规定用地标准内占用耕地新建自用住宅，减半征收</td></tr>
<tr><td>自 2019 年 1 月 1 日至 2021 年 12 月 31 日，各省、自治区、直辖市人民政府根据本地区实际情况，对增值税小规模纳税人在 50% 的税额幅度内减征耕地占用税（已延期至 2024 年）</td></tr>
<tr><td rowspan="2">可免可减</td><td>不可抗力灭失住房而重新购买住房</td><td rowspan="3">退税情形：
①批准临时占用耕地期满之日起 1 年内依法恢复
②挖损、采矿塌陷、压占、污染等损毁的耕地，从自然资源、农业农村等相关部门认定损毁耕地之日起 3 年内依法复垦或修复，恢复种植条件的
③用地申请人在农用地转用环节已缴税，在供地环节，建设用地人使用耕地用途符合税法规定免税情形</td></tr>
<tr><td>土地、房屋被县级以上政府征占用，重新承受土地房屋权属</td></tr>
<tr><td>退税</td><td>已缴纳契税的购房者，权属变更前退房的，退税；权属变更后退房的，不予退还已纳契税</td></tr>
<tr><td>其他</td><td>对个人购买保障性住房，减按 1% 的税率征收契税（2023 年 10 月 1 日起执行）</td><td>不征耕地占用税：
①建设农田水利设施占用耕地
②建设直接为农业生产服务的生产设施所占用园地、林地、草地、农田水利用地、养殖水面、渔业水域滩涂以及其他农用地</td></tr>
</table>

1. 概念详解

关于契税计税几个需要注意的问题

情形	计税依据
划拨土地改为出让土地（地改变）	土地使用权人补缴的土地出让价款
划拨土地不变，涉及转让房地产（房改变）	房地产权属转移合同成交价格
划拨土地改为出让并涉及转让房地产（房、地改变）	补缴的土地出让价款 + 房地产权属转移合同成交价格
承受已装修房屋	包括装修费用在内的费用计入承受方应交付的总价款

2. 经典习题演练

【判断题】契税的具体适用税率，由省、自治区、直辖市人民政府在规定的税率幅度内决定。（　　）

【答案】错误

【解析】契税的具体适用税率，由省、自治区、直辖市人民政府在规定的税率幅度内提出，报同级人民代表大会常务委员会决定，并报全国人民代表大会常务委员会和国务院备案（注意耕地占用税的税率确定程序也一样）。

3. 知识扩展

契税实质性规定：土地使用者转让、抵押或置换土地，无论其是否取得了该土地的使用权属证书，无论其在转让、抵押或置换土地过程中是否与对方当事人办理了土地使用权属证书变更登记手续，只要土地使用者享有占有、使用、收益或处分该土地的权利，且有合同等证据表明其实质转让、抵押或置换了土地并取得了相应的经济利益，土地使用者及其对方当事人应当依照税法规定缴纳契税。

知识点4：烟叶税

纳税人	境内收购烟叶的单位（收购方不是扣缴义务人，是纳税义务人）
征收范围	晾晒烟叶、烤烟叶
税率	20%
计税依据	烟叶税 = 烟叶收购价款 × （1 + 10%）
纳税义务发生时间	纳税人收购烟叶的当天（向烟叶销售者付讫收购烟叶款项或者开具收购烟叶凭据的当天）
纳税期限	按月，月度终了之日起 15 日内
纳税地点	烟叶收购地（不是机构所在地）
申报缴纳	按月计征，于纳税义务发生月终了之日起 15 日内申报缴纳

1. 概念详解

关于纳税人的特别规定，依照《烟草专卖法》查处没收的违法收购的烟叶，由收购罚没烟叶的单位按照购买金额计算缴纳烟叶税。

2. 经典习题演练

【多选题】烟叶税的征税范围包括（　　）。

A. 烟丝　　B. 卷烟　　C. 晾晒烟叶　　D. 烤烟叶

【答案】CD

【解析】烟叶税的征税范围包括晾晒烟叶和烤烟叶。

【判断题】收购烟叶的单位是烟叶税的扣缴义务人。（　　）

【答案】错误

【解析】收购烟叶的单位是烟叶税的纳税人。

3. 知识扩展

烟叶税收入归地方所有，所以烟叶税属于地方税；烟叶税包含在征税对象价格之中，所以烟叶税属于价内税。

知识点5：车船税与车辆购置税

税种要素具体内容

税种要素	车船税	车辆购置税
纳税人	车船所有人或管理人	境内购置应税车辆的单位和个人
税率	定额税率	比例税率：10%
计税依据	数量（辆、吨、米）	申报价格或核定价格
纳税义务发生时间	取得车船所有权或管理权的当月	购买日/进口日/取得日（获奖、受赠等）
纳税地点	车船登记及或扣缴义务人所在地；无须办理的，为所有人或管理人所在地	需登记的，车辆登记注册地；无须登记，纳税人机构所在地或居住地/户籍地

续表

税种要素	车船税	车辆购置税
纳税期限	按年申报，分月计算，一次缴纳	纳税义务发生之日起60日内
纳税环节	扣缴的，缴纳保险时	登记注册之前
征税范围	①乘用车：每辆 ②商用车：客车（每辆）、货车（整备质量） ③挂车：（整备质量） ④其他车辆：专业作业车、轮式专业机械车（整备质量） ⑤摩托车（辆） ⑥机动船舶（吨）、游艇（米）	①汽车 ②有轨电车 ③汽车挂车 ④排气量超过150毫升的摩托车（不包电动摩托车）
应纳税额	应纳税额=年应纳税额/12×应纳税月份数	应纳税额=计税价格×10%
计税方法	①需办理登记的，按车船登记证书或行驶证所载数据；依法无须办理登记或依法应当登记而未办理登记或者不能提供车船登记证书、行驶证的车船，按车船出厂合格证明或进口凭证标注的技术参数、数据为准，不能提供车船出厂合格证明或进口凭证的，由主管税务机关参照国家相关标准核定，没有国家相关标准的参照同类车船核定 ②在一个纳税年度内，已完税的车船被盗抢、报废、灭失的，纳税人可以凭有关管理机关出具的证明和完税凭证，向纳税所在地的主管税务机关申请退还自被盗抢、报废、灭失月份起至该纳税年度终了期间的税款 ③车辆退回的，退还自退货月份（退货发票日期当月）起至该纳税年度终了期间的税款 ④缴税车辆同一年度办理转让，不另纳税也不退税	①车辆退回的，退税额（不能为负）=已缴税款×（1-10%×使用年限） 年限按缴纳税款日至申请退税日，每满一年扣10% ②免税条件消失，计税价格=初次办理确定的计税价格×（1-10%×使用年限），年限取整，不满1年不算 应纳税额（不能为负）=计税价格×10%-已纳税额 ③申报应税车辆计税价格偏低且无正当理由，税务机关可以核定
计税依据具体内容		购买：实际支付价格（不含增值税款）
		进口：关税完税价+关税+消费税
		自产自用：同类销售价；成本×（1+成本利润率）
		受赠、获奖或其他方式：按照购置应税车辆时相关凭证载明的价格/同类销售价/组成计税价格

车船税具体内容

税目		计税单位	备注
乘用车〔按发动机汽缸容量（排气量）分档〕		每辆	核定载客人数9人（含）以下
商用车	客车	每辆	核定载客人数9人以上，包括电车
	货车	整备质量每吨	包括半挂牵引车、三轮汽车和低速载货汽车等
挂车		整备质量每吨	按照货车税额的50%计算
其他车辆	专用作业车	整备质量每吨	不包括拖拉机
	轮式专用机械车		
摩托车		每辆	最高设计车速大于每小时50千米，或者使用内燃机，其排量大于50毫升的两轮或者三轮车辆
船舶	机动船舶	净吨位每吨	拖船、非机动驳船分别按照机动船舶税额的50%计算；拖船每1千瓦折合0.67吨
	游艇	艇身长度每米	

车船税与车辆购置税税收优惠

车船税	法定免税	①捕捞、养殖渔船 ②军队、武装警察部队专用车船 ③警用车船 ④外国驻华使领馆、国际组织驻华代表机构及其有关人员的车船
	条例减免	①节能汽车减半，新能源车船免征［纯电动商用车、燃料电池商用车、插电式（含增程式）混合动力汽车］ ②缴纳船舶吨税的机动船舶、机场、港口、铁路站场内部行驶、作业车船，自《车船税法》（2012 年）实施之日起 5 年内免征
	授权减免	①省、自治区、直辖市政府可对农村居民拥有并主要在农村地区使用的摩托车、三轮汽车和低速载货汽车定期减征或免征车船税 ②对受地震、洪涝等严重自然灾害影响纳税困难以及其他特殊原因确需减免的，可以在一定期限内减征或免征车船税 ③悬挂应急救援专用号牌的国家综合性消防救援车辆和国家综合性消防救援专用船舶免征车船税 ④对受严重自然灾害影响纳税困难以及有其他特殊原因确需要减税、免税的，可以减征或者免征车船税
	不征	①纯电动乘用车 ②燃料电池乘用车 ③非机动车船（不包非机动驳船） ④临时入境港澳台车船 ⑤境内单位和个人租入外国籍船舶或将船舶出租到境外

车辆购置税具体内容

车辆购置税	法定减免	①外国驻华使馆、领事馆和国际组织驻华机构及有关人员自用的车辆 ②中国人民解放军和中国人民武装警察部队列入装备订货计划的车辆 ③悬挂应急救援专用号牌的国家综合性消防救援车辆 ④设有固定装置的非运输专用作业车辆 ⑤城市公交企业购置的公共汽电车辆
	其他减免	①回国服务的在外留学人员用现汇购买 1 辆个人自用国产小汽车免税 ②长期来华定居专家进口 1 辆自用小汽车免税 ③防汛部门和森林消防部门用于指挥、检查、调度、报汛（警）、联络的由指定厂家生产的设有固定装置的指定型号的车辆免税 ④自 2021 年 1 月 1 日至 2023 年 12 月 31 日，对购置新能源汽车免税 **备注：购置日期在 2024 年 1 月 1 日至 2025 年 12 月 31 日免税，每辆新能源乘用车免税额不超过 3 万元；购置日期在 2026 年 1 月 1 日至 2027 年 12 月 31 日减半，每辆新能源乘用车减税额不超过 1.5 万元** ⑤自 2018 年 7 月 1 日至 2027 年 12 月 31 日，对购置挂车减半征收车辆购置税 ⑥中国妇女发展基金会“母亲健康快车”项目的流动医疗车免税 ⑦北京 2022 年冬奥会和冬残奥会组织委员会新购置车辆免税 ⑧原公安现役部队和原武警黄金、森林、水电部队改制后换发地方机动车牌证的车辆（公安消防、武警森林部队执行灭火救援任务的车辆除外），一次性免税 ⑨农用三轮车免税

1. 概念详解

车船税税收优惠中，纯电动商用车和燃料电池商用车属于免税范围，但纯电动乘用车和燃料电池乘用车属于不征税范围。

2. 经典习题演练

【多选题】 以下列方式取得车辆中，应缴纳车辆购置税的有（　　）。

A. 购置二手车　　B. 以受赠方式取得的自用汽车

C. 自产自用汽车　　D. 购买自用汽车

【答案】 BCD

【解析】 A 选项，因为二手车已交过车辆购置税。

【多选题】 下列不属于车辆购置税征税范围的有（　　）。

A. 汽车　　B. 无轨电车

C. 汽车挂车　　D. 排气量 130 毫升的摩托车

【答案】 BD

【解析】 B 选项，应该是有轨电车；D 选项，应该是排气量超过 150 毫升的摩托车。

【多选题】 下列车船税计税单位为整备质量的有（　　）。

A. 货车　　B. 三轮汽车

C. 半挂牵引车　　D. 商用客车

【答案】 ABC

【解析】 D 选项，商用客车计税单位为辆，商用货车计税单位为整备质量。

【多选题】 下列属于车辆购置税征税范围的有（　　）。

A. 小汽车　　B. 汽车挂车

C. 有轨电车　　D. 消防车

【答案】 ABCD

【解析】 D 选项，设有固定装置的非运输车辆，属于免征车辆购置税的车辆，但属于车辆购置税的征税范围。

【多选题】 下列属于车船税征税范围的有（　　）。

A. 拖拉机　　B. 节能汽车

C. 非机动驳船　　D. 纯电动乘用车

【答案】 BC

【解析】 D 选项，纯电动乘用车、燃料电池乘用车不属于车船税征收范围，不是免税。

【判断题】 自产、进口小汽车用于销售、投资、捐赠、偿债的无须缴纳车辆购置税。（　　）

【答案】 正确

【解析】 车辆购置税的纳税人是境内购置应税车辆的单位和个人，所称购置，是指以购买、进口、自产、受赠、获奖或者其他方式取得并自用应税车辆的行为。

3. 知识扩展

车辆购置税完税证明的有关规定

车辆购置税	完税证明	自 2019 年 6 月 1 日起，纳税人在全国范围内办理车辆购置税纳税业务时，税务机关不再打印和发放纸质车辆购置税完税证明。纳税人办理完成车辆购置税纳税业务后，在公安机关交通管理部门办理车辆注册登记时，无须向公安机关交通管理部门提交纸质车辆购置税完税证明
		自 2019 年 7 月 1 日起，纳税人在全国范围内办理车辆购置税补税、完税证明换证或者更正等业务时，税务机关不再出具纸质车辆购置税完税证明
		纳税人如需纸质车辆购置税完税证明，可向主管税务机关提出，由主管税务机关打印《车辆购置税完税证明（电子版）》，亦可自行通过本省（自治区、直辖市和计划单列市）电子税务局等官方互联网平台查询和打印

章节练习

一、单选题

1. 下列属于资源税纳税人的是（　　）。

A. 出口铁矿的外贸企业　　B. 开采石灰岩的外资企业

C. 外购原煤销售的商贸企业　　D. 进口有色金属矿原矿的进口公司

【答案】 B

【解析】 资源税纳税人为境内开采矿产品或者生产盐的单位和个人。其中，开采销售应税资源的征税，外购销售应税资源的不征税。

2. 按照资源税的规定，下列表述正确的是（　　）。

A. 开采原油过程中用于加热的原油，减半征收资源税

B. 水资源税的征税范围是地下水和地表水

C. 纳税人以自产的原矿洗选加工为选矿销售的，按原矿征税

D. 纳税人开采应税产品自用的，免征资源税

【答案】 B

【解析】 本题是对资源税征税范围和税收优惠的考查。A 选项，开采原油过程中用于加热的原油，免税。C 选项，纳税人以自采原矿（经过采矿过程采出后未进行选矿或者加工的矿石）直接销售，或者自用于应当缴纳资源税情形的，按照原矿计征资源税。纳税人以自采原矿洗选加工为选矿产品（通过破碎、切割、洗选、筛分、磨矿、分级、提纯、脱水、干燥等过程形成的产品，包括富集的精矿和研磨成粉、粒级成型、切割成型的原矿加工品）销售，或者将选矿产品自用于应当缴纳资源税情形的，按照选矿产品计征资源税，在原矿移送环节不缴纳资源税。D 选项，纳税人开采应税产品自用的，用于应税产品生产的，不征税；用于生产非应税产品的，移送时视同销售征收资源税。

3. 下列关于资源税纳税地点的说法中，错误的是（　　）。

A. 煤矿资源税在销售地缴纳

B. 天然气资源税在开采地缴纳

C. 海上开采的原油资源税由海洋石油税务管理机构征收管理

D. 海盐资源税应当向生产地主管税务机关缴纳

【答案】A

【解析】本题是对资源税纳税地点的考查。根据《财政部 税务总局关于资源税有关问题执行口径的公告》（财政部 税务总局公告2020年第34号）的规定："纳税人应当在矿产品的开采地或者海盐的生产地缴纳资源税。海上开采的原油和天然气资源税由海洋石油税务管理机构征收管理。"故A选项错误。

4. 根据资源税相关规定，除特殊规定外，水资源税的计税依据是（　　）。

A. 自用水量　　B. 实际销售水量

C. 实际取用水量　　D. 税务机关核定的水量

【答案】C

【解析】本题是对水资源税计税依据的考查，根据《水资源税改革试点实施办法》第五条的规定，水资源税实行从量计征，除本办法第六条至第八条规定的情形外，应纳税额的计算公式为：应纳税额＝实际取用水量×适用税额。C选项符合题意。

5. 下列关于环境保护税的有关税收管理规定，说法错误的是（　　）。

A. 环境保护税的应税污染物包括大气污染物、水污染物、固体废物和噪声

B. 环境保护税的纳税义务发生时间为应税污染物产生当日

C. 环境保护税的税率为定额税率，分为全国统一定额税率和浮动定额税率

D. 环境保护税按月计算，按季申报缴纳，符合条件的也可以按次

【答案】B

【解析】环境保护税的纳税义务发生时间为应税污染物排放当日。

6. 下列不属于环境保护税中规定的应税污染物排放地的是（　　）。

A. 应税大气污染物产生地　　B. 应税固体废物产生地

C. 应税水污染物排放口所在地　　D. 应税噪声产生地

【答案】A

【解析】A选项应为应税大气污染物排放口所在地。

7. 下列关于环境保护税应纳税额计算方法错误的是（　　）。

A. 排放应税大气污染物，每一排放口均应按照污染当量数从大到小排序，对前三项污染物计算环境保护税

B. 排放应税大气污染物而没有排放口的，按照污染当量数从大到小排序，对前五项污染物计算环境保护税

C. 排放应税水污染物，每一排放口均应区分第一类水污染物和其他类水污染物，按照污染当量数从大到小排序，对第一类水污染物按照前五项计算环境保护税对其他类水污染物按照前三项计算环境保护税。

D. 从两个以上排放口排放应税污染物的，对每一排放口排放的应税污染物分别计

算征收环境保护税

【答案】 B

【解析】 排放应税大气污染物而没有排放口的，按照污染当量数从大到小排序，对前三项污染物计算环境保护税，只有 B 选项符合题意。

8. 下列关于环境保护税计税依据确定方法说法正确的是（　　）。

A. 应税大气污染物按照污染物排放浓度折合的污染当量数确定

B. 应税水污染物按照污染物排放量折合的污染当量数确定

C. 应税固体废物按照固体废物的产生量确定

D. 应税噪声按照实测的分贝数确定

【答案】 B

【解析】 环境保护税的计税依据，按照应税污染物的类别确定：应税大气污染物和应税水污染物的计税依据按照污染物排放量折合的污染当量数确定；应税固体废物的计税依据按照固体废物的排放量确定；应税噪声的计税依据按照超过国家规定标准的分贝数确定。

9. 关于契税相关政策的说法，正确的是（　　）。

A. 契税的具体适用税率，由省、自治区、直辖市人民政府在规定的税率幅度内决定

B. 房屋赠予直系亲属的，无须缴纳契税

C. 契税的纳税义务发生时间为办理权属转移登记当天

D. 对承受国有土地使用权应支付的土地出让金，要征收契税，不得因减免土地出让金而减免契税

【答案】 D

【解析】 A 选项，契税的具体适用税率，由省、自治区、直辖市人民政府在规定的税率幅度内提出，报同级人民代表大会常务委员会决定，并报全国人民代表大会常务委员会和国务院备案。B 选项，房屋赠予直系亲属的，需按规定缴纳契税。C 选项，契税的纳税义务发生时间为纳税人签订土地、房屋权属转移合同的当日，或者纳税人取得其他具有土地、房屋权属转移合同性质凭证的当日。

10. 关于契税政策的说法，正确的是（　　）。

A. 契税对转让土地使用权的一方征收

B. 契税实行定额税率

C. 计征契税的成交价格包含增值税

D. 房屋交换，其价值不相等的，按超出部分由支付差价方缴纳契税

【答案】 D

【解析】 本题是对契税税制要素的综合考查。A 选项，契税对受让土地使用权的一方征收；B 选项，契税实行幅度比例税率，税率为 3%—5%；C 选项，计征契税的成交价格不能含增值税。

11. 下列关于契税征收管理的说法不正确的是（　　）。

A. 根据人民法院、仲裁委员会的生效法律文书发生土地、房屋权属转移，纳税人不能取得销售不动产发票的，可持人民法院的裁决书原件及相关资料办理契税纳税申报

B. 购买新建商品房的纳税人在办理契税纳税申报时，由于销售新建商品房的房地产开发企业已办理注销税务登记或者被税务机关列为非正常户等原因，致使纳税人不能取得销售不动产发票的，税务机关在核实有关情况后应予受理

C. 纳税人应当自纳税义务发生之日起 7 日内，向征收机关申报缴纳契税

D. 纳税义务发生时间是纳税人签订土地、房屋权属转移合同的当天

【答案】ABD

【解析】根据《国家税务总局关于契税纳税申报有关问题的公告》（国家税务总局公告 2015 年第 67 号）的规定：根据人民法院、仲裁委员会的生效法律文书发生土地、房屋权属转移，纳税人不能取得销售不动产发票的，可持人民法院执行裁定书原件及相关材料办理契税纳税申报，税务机关应予受理。购买新建商品房的纳税人在办理契税纳税申报时，由于销售新建商品房的房地产开发企业已办理注销税务登记或者被税务机关列为非正常户等原因，致使纳税人不能取得销售不动产发票的，税务机关在核实有关情况后应予受理。A、B 选项正确。根据《契税法》第九条规定，契税的纳税义务发生时间为纳税人签订土地、房屋权属转移合同的当日；第十条规定，纳税人应当在依法办理土地、房屋权属登记手续前申报缴纳契税。C 选项错误，D 选项正确。

12. 下列不属于我国耕地占用税纳税人的是（　　）。

A. 经批准占用耕地的建设用地人

B. 农用地转用的用地申请人

C. 占用耕地建设农田水利设施的实际用地人

D. 未经批准占用耕地的实际用地人

【答案】C

【解析】根据《财政部 税务总局 自然资源部 农业农村部 生态环境部关于发布〈中华人民共和国耕地占用税法实施办法〉的公告》（财政部公告 2019 年第 81 号）第二条的规定，经批准占用耕地的，纳税人为农用地转用审批文件中标明的建设用地人；农用地转用审批文件中未标明建设用地人的，纳税人为用地申请人，其中用地申请人为各级人民政府的，由同级土地储备中心、自然资源主管部门或政府委托的其他部门、单位履行耕地占用税申报纳税义务。未经批准占用耕地的，纳税人为实际用地人。根据《中华人民共和国耕地占用税法》的规定，占用耕地建设农田水利设施的，不缴纳耕地占用税。C 选项错误。

13. 以下占用耕地，减按每平方米 2 元税额征收耕地占用税的是（　　）。

A. 专用铁路线路占用耕地　　B. 城区内机动车道占用耕地

C. 水利工程占用耕地　　D. 农田水利设施占用耕地

【答案】C

【解析】根据《中华人民共和国耕地占用税法》第七条的规定，铁路线路、公路线

路、飞机场跑道、停机坪、港口、航道、水利工程占用耕地，减按每平方米 2 元的税额征收耕地占用税。

14. 下列关于耕地占用税征收管理的表述中，符合税法规定的是（　　）。

A. 经批准占用耕地的，耕地占用税的纳税人为用地申请人

B. 占用耕地的纳税人应在其机构所在地或经常居住地缴纳耕地占用税

C. 纳税义务发生时间为纳税人收到自然资源主管部门办理占用耕地手续通知书的次日

D. 未经批准占用耕地的，纳税义务发生时间为自然资源主管部门认定其实际占用耕地的当日

【答案】 D

【解析】 根据《国家税务总局关于耕地占用税征收管理有关事项的公告》（国家税务总局公告 2019 年第 30 号）第五条的规定，未经批准占用应税土地的纳税人，其纳税义务发生时间为自然资源主管部门认定其实际占用耕地的当日。

15. 下列关于车船税计税单位的说法中，不正确的是（　　）。

A. 机动船舶以净吨位每吨为计税单位　　B. 游艇以艇身长度每米为计税单位

C. 摩托车以整备质量每吨为计税单位　　D. 客车以每辆为计税单位

【答案】 C

【解析】《中华人民共和国车船税法》中的车船税税目税额表中规定摩托车以每辆为计税单位。

16. 根据《中华人民共和国车船税法》的相关规定，下列不属于车船税纳税地点的是（　　）。

A. 车船的登记地　　B. 车船的经常使用地

C. 车船的所有人或者管理人所在地　　D. 车船税扣缴义务人所在地

【答案】 B

【解析】《中华人民共和国车船税法》第七条规定，车船税的纳税地点为车船的登记地或者车船税扣缴义务人所在地。依法不需要办理登记的车船，车船税的纳税地点为车船的所有人或者管理人所在地。

17. 某运输企业 2024 年年初拥有小轿车 5 辆，2024 年 3 月外购货车 12 辆（整备质量为 10 吨/辆）并于当月办理登记手续。假设货车适用的车船税税率为整备质量每吨 50 元，小轿车适用的车船税税率为每辆 500 元，该运输企业 2024 年应缴纳车船税（　　）元。

A. 2500　　B. 7000　　C. 8500　　D. 7500

【答案】 D

【解析】 根据《中华人民共和国车船税法实施条例》（中华人民共和国国务院令第 611 号）第十九条的规定："购置的新车船，购置当年的应纳税额自纳税义务发生的当月起按月计算。应纳税额为年应纳税额除以 12 再乘以应纳税月份数。"该运输企业 2024

年应缴纳车船税 =5×500+12×10×50/12×10=7500（元）。

18. 下列选项中属于车辆购置税应税车辆的是（　　）。

A. 电动摩托车　　B. 平地机　　C. 起重机　　D. 小汽车

【答案】D

【解析】依据《财政部 税务总局关于车辆购置税有关具体政策的公告》，地铁、轻轨等城市轨道交通车辆，装载机、平地机、挖掘机、推土机等轮式专用机械车，以及起重机（吊车）、叉车、电动摩托车，不属于应税车辆。

19. 2024年8月，某汽车贸易公司进口了10辆小轿车，海关审定关税完税价格为30万元/辆。当月销售6辆，取得不含税销售收入300万元，3辆供企业自用，剩余1辆用于抵偿债务，合同约定含税价格为35万元。若进口小轿车的关税税率为25%，消费税为9%，2024年该公司应缴纳的车辆购置税税额为（　　）万元。

A. 9　　B. 10.32　　C. 12.36　　D. 16.48

【答案】C

【解析】本题考查车辆购置税的计算，兼顾考查进口环节的组成计税价格。根据《车辆购置税法》第二条的规定，本法所称购置，是指以购买、进口、自产、受赠、获奖或者其他方式取得并自用应税车辆的行为。该汽车贸易公司进口的小轿车中，用于销售6辆和用于抵债的1辆应由购买方和债权方缴纳，不由该公司缴纳。该公司缴纳车辆购置税的计税依据为进口车辆的组成计税价格，组成计税价格 = 关税完税价格 ×（1 + 关税税率）÷（1 – 消费税税率）。2024年该企业应缴纳车辆购置税 =3×30×（1+25%）÷（1–9%）×10% =12.36（万元）。C选项符合题意。

20. 2024年10月，某烟草公司收购一批晾晒烟叶，支付收购价款为375万元，同时支付了价外补贴。则当月甲烟草公司应缴纳烟叶税税额是（　　）万元。

A. 66.37　　B. 73.01　　C. 75.00　　D. 82.50

【答案】D

【解析】本题涉及的知识点是烟叶税的计算，相对考查难度较小。根据《烟叶税法》第五条的规定，烟叶税的应纳税额按照纳税人收购烟叶实际支付的价款总额乘以税率计算。当月甲烟草公司应缴纳烟叶税税额 = 烟叶收购价款 ×（1+10%）×20% =375×（1+10%）×20% =82.50（万元）。D选项符合题意。

二、多选题

1. 下列关于水资源税改革试点的说法，正确的有（　　）。

A. 水资源税的纳税人是取用地表水的单位和个人

B. 水资源税采用从价计征方式征收

C. 一般按实际取用水量作为计税依据

D. 疏干排水的实际取用水量按照排水量确定

【答案】CD

【解析】A选项，水资源税的纳税人是取用地表水和地下水的单位和个人；B选项，水资源税实行从量计征。

2. 根据水资源税相关规定，下列情形属于免征水资源税的有（　　）。

A. 水工程管理单位为配置或者调度水资源取水

B. 抽水蓄能发电取用水

C. 工业用水前一年度用水效率达到国家用水定额先进值的纳税人

D. 采油排水经分离净化后在封闭管道回注的

【答案】BD

【解析】本题是对水资源税优惠政策的考查。根据《水资源税改革试点实施办法》第十六条的规定，有下列情形之一的，免征或者减征水资源税：（1）规定限额内的农业生产取用水，免征水资源税；（2）除接入城镇公共供水管网以外，军队、武警部队、国家综合性消防救援队伍通过其他方式取用水的，免征水资源税；（3）抽水蓄能发电取用水，免征水资源税；（4）采油（气）排水经分离净化后在封闭管道回注的，免征水资源税；（5）工业用水前一年度用水效率达到国家用水定额先进值的纳税人，减征本年度20%水资源税。省级水行政主管部门会同同级财政、税务等部门及时公布享受减征政策的纳税人名单。A 选项不征收水资源税。因此，B、D 选项符合题意，A、C 选项不符合题意。

3. 下列关于资源税的纳税时间，说法正确的有（　　）。

A. 纳税人销售应税产品，纳税义务发生时间为收讫销售款或者取得索取销售款凭据的当日

B. 自用应税产品的，纳税义务发生时间为移送应税产品的当日

C. 不能按固定期限计算缴纳的，可以按次申报缴纳

D. 纳税人按月或者按季申报缴纳资源税的，应当自月度或者季度终了之日起 10 日内，向税务机关办理纳税申报并缴纳税款

【答案】ABC

【解析】本题是对资源税征税范围征收管理的考查。D 选项，纳税人按月或者按季申报缴纳资源税的，应当自月度或者季度终了之日起 15 日内，向税务机关办理纳税申报并缴纳税款。

4. 矿山开采企业发生的从坑口或者洗选（加工）地到车站、码头或者购买方指定地点的相关运杂费用不计入资源税从价计征应税产品销售额。下列属于相关运杂费用的有（　　）。

A. 增值税税款

B. 运输费用

C. 装卸费用

D. 建设基金

【答案】BCD

【解析】相关运杂费用是指应税产品从坑口或者洗选（加工）地到车站、码头或者购买方指定地点的运输费用，建设基金以及随运销产生的装卸、仓储、港杂费用。

5. 关于环境保护税，下列说法中正确的有（　　）。

A. 环境保护税纳税人不包括个人

B. 环境保护税税率为统一比例税率

C. 环境保护税收入全部归地方

D. 机动车和船舶排放的应税污染物暂时免征环境保护税

【答案】ACD

【解析】B 选项，环境保护税税额为统一定额税和浮动定额税结合。

6. 关于环境保护税税目，下列说法中正确的有（　　）。

A. 一氧化碳属于大气污染物

B. 煤矸石属于固体废物

C. 石棉尘属于大气污染物

D. 建筑施工噪声属于噪声污染

【答案】ABC

【解析】D 选项，目前只对工业企业厂界噪声超标的情况征收环境保护税。

7. 按照环境保护税的计税依据规定，以当期应税大气污染物、水污染物的产生量作为污染物的排放量的情形有（　　）。

A. 未依法安装使用污染物自动监测设备或者未将污染物自动监测设备与环境保护主管部门的监控设备联网

B. 损毁或者擅自移动、改变污染物自动监测设备

C. 篡改、伪造污染物监测数据

D. 进行虚假纳税申报

【答案】ABCD

【解析】本题是对环境保护税计税依据的考查。纳税人有下列情形之一的，以其当期应税大气污染物、水污染物的产生量作为污染物的排放量：未依法安装使用污染物自动监测设备或者未将污染物自动监测设备与环境保护主管部门的监控设备联网；损毁或者擅自移动、改变污染物自动监测设备；篡改、伪造污染物监测数据；通过暗管、渗井、渗坑、灌注或者稀释排放以及不正常运行防治污染设施等方式违法排放应税污染物；进行虚假纳税申报。

8. 下列环境保护税政策中，对于应税噪声的相关描述正确的有（　　）。

A. 夜间频繁突发和夜间偶然突发厂界超标噪声，按等效声级和峰值噪声两种指标中超标分贝值高的一项计算应纳税额

B. 应税噪声的应纳税额为超过国家规定标准分贝数对应的具体适用税额。噪声超标分贝数不是整数值的，按四舍五入取整

C. 声源一个月内累计昼间超标不足 15 昼或者累计夜间超标不足 15 夜的，应分别减半计算应纳税额

D. 一个单位边界上有多处噪声超标，根据最高一处超标声级计算应纳税额

【答案】ABCD

【解析】根据《环境保护税税目税额表》，“噪声”税目的备注列，一个单位边界上有多处噪声超标，根据最高一处超标声级计算应纳税额；夜间频繁突发和夜间偶然突发

厂界超标噪声，按等效声级和峰值噪声两种指标中超标分贝值高的一项计算应纳税额。A、D 选项正确。根据《财政部 税务总局 生态环境部关于环境保护税有关问题的通知》（财税〔2018〕23 号）第四条的规定，应税噪声的应纳税额为超过国家规定标准分贝数对应的具体适用税额。噪声超标分贝数不是整数值的，按四舍五入取整。一个单位的同一监测点当月有多个监测数据超标的，以最高一次超标声级计算应纳税额。声源一个月内累计昼间超标不足 15 昼或者累计夜间超标不足 15 夜的，分别减半计算应纳税额。B、C 选项正确。

9. 以下列方式取得房屋需要缴纳契税的有（　　）。

A. 法定继承人继承的房屋

B. 受赠方式取得的房屋

C. 以偿债方式转移房屋权属

D. 经国务院批准实施债转股后的新企业取得的原企业房屋

【答案】 BC

【解析】 A、D 选项属于免税情形。

10. 以下各项，属于契税征税范围的有（　　）。

A. 因共有人增加或者减少，房屋所有权转移的

B. 国有土地使用权转让

C. 农村集体土地承包经营权转移

D. 因人民法院、仲裁委员会的生效法律文书或者监察机关出具的监察文书等因素，发生土地、房屋权属转移的

【答案】 ABD

【解析】 本题是对契税征税范围的考查。C 选项，农村集体土地承包经营权转移，不征收契税。

11. 关于契税计税依据和税率，说法正确的有（　　）。

A. 以划拨方式取得的土地使用权，经批准改为出让方式重新取得该土地使用权的，应由该土地使用权人以补缴的土地出让价款为计税依据缴纳契税

B. 土地使用权及所附建筑物、构筑物等（包括在建的房屋、其他建筑物、构筑物和其他附着物）转让的，计税依据为承受方应交付的总价款

C. 房屋附属设施与房屋为同一不动产单元的，计税依据为承受方应交付的总价款，但适用与房屋不同的税率

D. 土地使用权互换、房屋互换，互换价格相等的，互换双方计税依据为零

【答案】 ABD

【解析】 本题是对契税计税依据和税率的考查。根据《财政部 税务总局关于贯彻实施契税法若干事项执行口径的公告》（财政部 税务总局公告 2021 年第 23 号）的规定，A、B、D 选项正确；C 选项，房屋附属设施与房屋为同一不动产单元的，计税依据为承受方应交付的总价款，并适用与房屋相同的税率；房屋附属设施与房屋为不同不动产单

元的，计税依据为转移合同确定的成交价格，并按当地确定的适用税率计税。

12. 下列关于耕地占用税的说法中，正确的有（　　）。

A. 军事设施占用耕地免征耕地占用税

B. 专用铁路和铁路专用线占用耕地减按每平方米 2 元的税额征收耕地占用税

C. 农村烈士家属在规定用地标准以内新建住宅缴纳耕地占用税确有困难的，报经县级人民政府批准后，可以免征或者减征耕地占用税

D. 飞机场跑道、停机坪、港口、航道占用耕地，减按每平方米 3 元的税额征收耕地占用税

【答案】 AC

【解析】 B 选项，根据《耕地占用税法实施办法》第十条第二款的规定，专用铁路和铁路专用线占用耕地的，按照当地适用税额缴纳耕地占用税；D 选项，铁路线路、公路线路、飞机场跑道、停机坪、港口、航道、水利工程占用耕地，减按每平方米 2 元的税额征收耕地占用税。

13. 某县新成立一家中医医院，2024 年 3 月 20 日收到自然资源管理局办理农用地手续的书面通知，3 月 25 日办理完全部手续，占用农用地 9 万平方米，其中医院内职工住房占用果树园地 1.5 万平方米，占用养殖水面 1 万平方米，医院门诊和病房大楼占用 5.5 万平方米，1 万平方米为医院配套设施占用。税率为 20 元/平方米，下列关于该医院耕地占用税的税法正确的有（　　）。

A. 耕地占用税纳税义务发生时间为 2024 年 3 月 25 日

B. 该医院耕地占用税的计税依据为 2.5 万平方米

C. 该医院应缴纳耕地占用税 50 万元

D. 该医院只需要在获准占用耕地环节一次性缴纳耕地占用税

【答案】 BCD

【解析】 根据《中华人民共和国耕地占用税法》第十条的规定，耕地占用税的纳税义务发生时间为纳税人收到自然资源主管部门办理占用耕地手续的书面通知的当日。本题耕地占用税纳税义务发生时间为 2024 年 3 月 20 日，A 选项错误。根据《中华人民共和国耕地占用税法实施办法》（财政部 税务总局 自然资源部 农业农村部 生态环境部公告 2019 年第 81 号）第九条的规定，免税的医疗机构，具体范围限于县级以上人民政府卫生健康行政部门批准设立的医疗机构内专门从事疾病诊断、治疗活动的场所及其配套设施。医疗机构内职工住房占用耕地的，按照当地适用税额缴纳耕地占用税。故职工住房占用果树园地和养殖水面不得享受免征耕地占用税优惠政策，耕地占用税的计税依据 $=1.5+1=2.5$（万平方米），B 正确。应缴纳耕地占用税 $=2.5\times20=50$（万元），C 正确。耕地占用税一次性征收，D 正确。

14. 下列关于耕地占用税纳税义务发生时间和纳税期限的说法，正确的有（　　）。

A. 经批准占用耕地的，为收到自然资源主管部门办理占用耕地手续的书面通知的当日

B. 未经批准占用耕地的，为纳税人实际占用的当日

C. 因挖损、采矿塌陷、压占、污染毁损耕地的，为自然资源、农业农村等相关部门认定毁损耕地的当日

D. 纳税人应当自纳税义务发生之日起30日内申报缴纳耕地占用税。

【答案】ACD

【解析】本题是对耕地占用税征收管理的考查。B选项，未经批准占用耕地的，为自然资源主管部门认定的纳税人实际占用的当日。

15. 下列车船中，属于车船税征税范围的有（　　）。

A. 拖拉机

B. 节能汽车

C. 非机动驳船

D. 纯电动乘用车

【答案】BC

【解析】A、D选项属于不征税范围，B选项属于免税范围，C选项属于征税范围。

16. 以下车船享受车船税免税优惠的有（　　）。

A. 捕捞、养殖渔船

B. 军队专用的车船

C. 警用车船

D. 纯电动乘用车

【答案】ABC

【解析】本题是对车船税税收优惠的考查。捕捞、养殖渔船，军队、武装警察部队专用的车船，警用车船，以及依照法律规定应当予以免税的外国驻华使领馆、国际组织驻华代表机构及其有关人员的车船，免征车船税。D选项，根据《财政部 税务总局 工业和信息化部 交通运输部关于节能 新能源车船享受车船税优惠政策的通知》（财税〔2018〕74号）第二条的规定，纯电动乘用车和燃料电池乘用车不属于车船税征税范围，对其不征收车船税。

17. 关于车船税的相关政策规定，下列说法错误的有（　　）。

A. 境内单位和个人租入外国籍船舶的，免征车船税

B. 境内单位和个人将船舶出租到境外的，应依法征收车船税

C. 纯电动商用车和燃料电池商用车，减半征收车船税

D. 依法不需要在车船登记管理部门登记的机场、港口、铁路站场内部行驶或者作业的车船，自车船税法实施之日起3年内免征车船税

【答案】AD

【解析】根据《国家税务总局关于车船税征管若干问题的公告》（国家税务总局公告2013年第42号）第七条的规定，境内单位和个人租入外国籍船舶的，不征收车船税。境内单位和个人将船舶出租到境外的，应依法征收车船税。A选项错误。按照规定，纯电动商用车和燃料电池商用车，减半征收车船税。根据《车船税法实施条例》第二十五条第二款的规定，依法不需要在车船登记管理部门登记的机场、港口、铁路站场内部行驶或者作业的车船，自车船税法实施之日起5年内免征车船税。D选项错误。

18. 下列行为需要缴纳车辆购置税的有（　　）。

A. 某医院接受某汽车厂捐赠小客车用于医疗服务

B. 某汽车厂将自产小轿车用于日常办公

C. 某轮胎制造企业接受汽车生产商抵债的小汽车自用

D. 某物流企业接受汽车生产商投资的运输车辆自用

【答案】ABCD

【解析】车辆购置税的征税范围是指在我国境内购置应税车辆的行为，具体包括：购买自用行为、进口自用行为、受赠使用行为、自产自用行为、获奖自用行为等。

19. 下列车辆属于车辆购置税应税车辆的有（　　）。

A. 汽车挂车　　B. 排气量120毫升的摩托车

C. 叉车　　D. 有轨电车

【答案】AD

【解析】车辆购置税以列举的车辆作为征税对象，未列举的车辆不征税。其征税范围包括：汽车、有轨电车、汽车挂车、排气量超过150毫升的摩托车。

20. 下列关于烟叶税的说法中，正确的有（　　）。

A. 烟叶税的纳税地点是烟叶的收购地

B. 烟叶税按月计征，纳税人应当于纳税义务发生月终了之日起15日内申报并缴纳税款

C. 烟叶税以烟叶收购价款为计税依据征税

D. 烟叶税税率为10%

【答案】AB

【解析】C选项，烟叶税的计税依据为纳税人收购烟叶实际支付的价款总额；D选项，烟叶税税率为20%。

三、判断题

1. 取用污水处理再生水，照常征收水资源税。

【答案】错误

【解析】根据《水资源税改革试点实施办法》第四条的规定，水资源税的征税对象为地表水和地下水，不包括再生水、集蓄雨水、海水及海水淡化水、微咸水等非常规水。

2. 纳税人以自采原矿加工选矿产品的，在原矿移送使用时不缴纳资源税，在选矿销售或者自用时缴纳资源税。

【答案】正确

【解析】纳税人以自采原矿洗选加工为选矿产品销售，或者将选矿产品自用于应当缴纳资源税情形的，按照选矿产品计征资源税，在原矿移送环节不缴纳资源税。

3. 纳税人取用水工程管理单位跨省（自治区、直辖市）配置、调度的水资源，应当根据调出区域适用税额和实际取用水量，向调出区域所在地的税务机关申报缴纳水资源税。

【答案】错误

【解析】根据《水资源税改革试点实施办法》第二十三条的规定，纳税人取用水工程管理单位跨省（自治区、直辖市）配置、调度的水资源，应当根据调入区域适用税额和实际取用水量，向调入区域所在地的税务机关申报缴纳水资源税。

4. 纳税人以外购原矿与自采原矿混合为原矿销售，或者以外购选矿产品与自产选矿产品混合为选矿产品销售的，在计算应税产品销售额或者销售数量时，直接扣减外购原矿或者外购选矿产品的购进金额或者购进数量。

【答案】正确

【解析】根据《国家税务总局关于资源税征收管理若干问题的公告》（国家税务总局公告2020年第14号）第一条的规定，纳税人以外购原矿与自采原矿混合为原矿销售，或者以外购选矿产品与自产选矿产品混合为选矿产品销售的，在计算应税产品销售额或者销售数量时，直接扣减外购原矿或者外购选矿产品的购进金额或者购进数量。

5. 依法设立的城乡污水集中处理场所，是指为社会公众提供生活污水处理服务的场所，其向环境排放经处理后的生活污水的，免于缴纳环境保护税。

【答案】错误

【解析】依法设立的城乡污水集中处理场所超过国家和地方规定的排放标准向环境排放应税污染物的，应当缴纳环境保护税；排放应税污染物不超过国家和地方规定的排放标准的，暂予免征环境保护税。

6. 环境保护税的纳税地点为应税污染物产生地。

【答案】错误

【解析】环境保护税的纳税地点为应税污染物排放地。

7. 企业直接向环境排放的应税污染物即使达到国家规定的排放标准，也需要缴纳环境保护税。

【答案】正确

【解析】与原排污费制度相衔接，环境保护税针对大气、水污染物的排放总量征收，即不管是达标排放的污染物还是超标排放的污染物都要征税。但由于达标排放的污染物所含污染当量数少，从而可以少缴税；超标排放的污染物所含污染当量数多，从而需要多缴税。这种政策处理，有利于促进企业、单位改进工艺、减少污染物排放。

8. 在中华人民共和国领域和中华人民共和国管辖的其他海域，直接向环境排放应税污染物的企业事业单位、其他生产经营者和个人，均应缴纳环境保护税。

【答案】错误

【解析】根据《环境保护税法》第二条的规定，直接向环境排放应税污染物的企业事业单位和其他生产经营者为环境保护税的纳税人，应当依照本法规定缴纳环境保护税。

9. 因土地、房屋被县级以上人民政府征收、征用，重新承受土地、房屋权属的，省、自治区、直辖市可以决定对其免征或者减征契税。

【答案】正确

【解析】省、自治区、直辖市可以决定对下列情形免征或者减征契税：（1）因土地、房屋被县级以上人民政府征收、征用，重新承受土地、房屋权属。（2）因不可抗力灭失住房，重新承受住房权属。

10. 以出让方式或国家作价出资（入股）方式承受原改制重组企业、事业单位划拨用地的，承受方免征契税。

【答案】 错误

【解析】《财政部 税务总局关于继续实施企业、事业单位改制重组有关契税政策的公告》（财政部 税务总局公告2023年第49号）第八条规定，以出让方式或国家作价出资（入股）方式承受原改制重组企业、事业单位划拨用地的，不属于上述规定的免税范围，对承受方应按规定征收契税。

11. 在依法办理土地、房屋权属登记后，权属转移合同、权属转移合同性质凭证不生效、无效、被撤销或者被解除的，纳税人可以向税务机关申请退还已缴纳的税款，税务机关应当依法办理。

【答案】 错误

【解析】《契税法》第十二条规定，在依法办理土地、房屋权属登记前，权属转移合同、权属转移合同性质凭证不生效、无效、被撤销或者被解除的，纳税人可以向税务机关申请退还已缴纳的税款，税务机关应当依法办理。

12. 农村烈士遗属、因公牺牲军人遗属、残疾军人以及符合农村最低生活保障条件的农村居民，在规定用地标准以内新建自用住宅的，减半征收耕地占用税。

【答案】 错误

【解析】 农村烈士遗属、因公牺牲军人遗属、残疾军人以及符合农村最低生活保障条件的农村居民，在规定用地标准以内新建自用住宅的，免征耕地占用税。

13. 纳税人经批准改变原占地用途，不再属于免征或者减征耕地占用税情形的，耕地占用税纳税义务发生时间为纳税人收到批准文件的当日。

【答案】 正确

【解析】 本题是对耕地占用税征收管理的考查。纳税人改变原占地用途，不再属于免征或者减征耕地占用税情形的；经批准改变用途的，耕地占用税纳税义务发生时间为纳税人收到批准文件的当日；未经批准改变用途的，耕地占用税纳税义务发生时间为自然资源主管部门认定纳税人改变原占地用途的当日。

14. 占用耕地建设农田水利设施的行为，不征收耕地占用税。

【答案】 正确

【解析】 根据《耕地占用税法》第二条第二款的规定，占用耕地建设农田水利设施的，不缴纳耕地占用税。

15. 已经缴纳车船税的车船，因质量原因，车船被退回生产企业或者经销商的，纳税人可以向车辆登记地的主管税务机关申请退还自退货月份起至该纳税年度终了期间的税款。退货月份以退货发票所载日期的当月为准。

【答案】 错误

【解析】根据《国家税务总局关于车船税征管若干问题的公告》（国家税务总局公告 2013 年第 42 号）第四条的规定，已经缴纳车船税的车船，因质量原因，车船被退回生产企业或者经销商的，纳税人可以向纳税所在地的主管税务机关申请退还自退货月份起至该纳税年度终了期间的税款。退货月份以退货发票所载日期的当月为准。

16. 从事机动车第三者责任强制保险业务的保险机构是车船税的扣缴义务人。

【答案】正确

【解析】本题是对车船税扣缴义务人的考查。从事机动车第三者责任强制保险业务的保险机构是车船税的扣缴义务人。

17. 车辆所有人或者管理人在申请办理车辆相关登记、定期检验手续时，应当向公安机关交通管理部门提交依法纳税或者免税证明。公安机关交通管理部门核查后办理相关手续。

【答案】正确

【解析】根据《车船税法》第十条第二款的规定，车辆所有人或者管理人在申请办理车辆相关登记、定期检验手续时，应当向公安机关交通管理部门提交依法纳税或者免税证明。公安机关交通管理部门核查后办理相关手续。

18. 截至 2027 年 12 月 31 日，继续对购置挂车减半征收车辆购置税。购置日期按照《机动车销售统一发票》《海关关税专用缴款书》或者其他有效凭证的开具日期确定。

【答案】正确

【解析】《财政部 税务总局 工业和信息化部关于继续对挂车减征车辆购置税的公告》（财政部 税务总局 工业和信息化部公告 2023 年第 47 号）第一条规定，继续对购置挂车减半征收车辆购置税。购置日期按照《机动车销售统一发票》《海关关税专用缴款书》或者其他有效凭证的开具日期确定。

19. 购买已缴纳车辆购置税的旧机动车自用也要缴纳车辆购置税。

【答案】错误

【解析】车辆购置税实行一次性征收。购置已征车辆购置税的车辆，不再征收车辆购置税。

20. 烟叶税的纳税人为生产晾晒烟叶、烤烟叶的单位。

【答案】错误

【解析】烟叶税的纳税人为境内收购烟叶的单位。

第七章 财产和行为税相关税种

本章主要掌握内容：掌握土地增值税、城镇土地使用税、房产税、城市维护建设税、印花税的概述、纳税人、征税范围、税率、计税依据、应纳税额计算、税收优惠、征收管理。

知识点1：土地增值税

征收范围

基本规定	①转让国有土地使用权课税，转让非国有土地和出让国有土地不征税 ②对转让土地使用权课税，也对转让地上建筑物和其他附着物的产权征税
房地产继承、赠与	不征（赠与行为特指赠与直系亲属或承担直接赡养义务人和通过中国境内非营利社会团体、国家机关赠与教育、民政和其他社会福利、公益事业的）
出租	不征
房地产抵押	①抵押期不征 ②抵押期满，不能偿还债务，房地产抵债，征税
房地产交换	征税（个人之间互换自有居住用房地产免征）
合作建房	①建成后自用，暂免 ②建成后转让，征税
代建房	不征
房地产重新评估	不征
国家收回土地等	免征

房地产开发企业转让新建房土地增值税计算过程

（1）计算转让房地产取得的收入A（不含税收入，包括货币收入、实物收入和其他收入）
（2）计算扣除项目金额B
（3）计算增值额C＝A－B
（4）计算增值额C占扣除项目金额B的比例，确定适用税率
（5）应纳税额＝增值额C×适用税率－扣除项目金额B×扣除系数

扣除项目

（1）取得土地使用权所支付的金额	①出让方式为土地出让金；行政划拨方式为补缴的土地出让金；转让方式为实际支付的地价款 ②交纳的有关税费，如契税、登记、过户手续费 注：房地产开发企业逾期开发缴纳的土地闲置费不得扣除
（2）房地产开发成本	①土地的征用及拆迁补偿费（含耕地占用税、安置动迁用房支出） ②前期工程费（三通一平、勘察、测绘等）

续表

（2）房地产开发成本	③建筑安装工程费 ④基础设施费 ⑤公共配套设施费（不能有偿转让的开发小区内公共配套设施发生的支出） ⑥开发间接费用（工资、职工福利费、折旧费、修理费、办公费等） **注：** ①扣除项目金额必须是实际发生的，预提费用除另有规定外，不得扣除 ②质保金只有开了发票的才可扣，未开发票的不可扣 ③房开企业销售已装修的房屋，其装修费用可以计入房地产开发成本 ④与清算项目配套的公共设施的成本费用 产权为全体业主，无偿移交用于非营利事业：可扣 有偿转让：计算收入并准予扣除成本费用
（3）房地产开发费用	①分摊利息支出，并提供证明的：利息 +（取得土地使用权所支付的金额 + 房地产开发成本）× 5% 以内 ②不能分摊利息支出或不能提供证明的：（取得土地使用权所支付的金额 + 房地产开发成本）× 10% 以内 **注意：**全部使用自有资金，没有利息支出的，按照以上方法②扣除 利息按商业银行同类同期贷款利率计算，上浮幅度按国家有关规定执行，超过上浮幅度的部分不允许扣除 超过贷款期限的利息部分和加罚的利息不允许扣除 有金融机构和其他机构借款的，不能同时适用两种办法 清算时，已开发成本的利息支出（资本化），应调至财务费用中扣除 费用包括销售费用、管理费用、财务费用、不是按照实际发生数，而是按规定计算出来的数 房地产开发企业的印花税计入管理费用
（4）有关税金	营业税（营改增后，增值税在计算收入时已剔除，不存在扣除问题）、城市维护建设税、教育费附加、地方教育附加；非房地产开发企业多一个印花税
（5）其他扣除项目	（取得土地使用权所支付的金额 + 房地产开发成本）×20%（只适用房地产开发企业） 房地产开发企业直接出售生地的，不得享受 20% 加计扣除
备注：①扣除项目涉及的增值税进项税额，允许在销项税额中抵扣的，不计入扣除项目，不允许在销项税中计算抵扣的，可以计入扣除项目（如小规模纳税人房地产企业在开发成本中建安项目涉及的进项税，小规模纳税人不予抵扣，可直接计入房地产开发成本）；②营改增后，有关税金中不再包括增值税	

出售旧房或旧建筑物扣除项目

能提供评估价	（1）取得土地使用权所支付的地价款和国家统一规定交纳的有关费用（含契税） （未支付地价款或不能提供已支付的地价款凭据的不允许扣除）
	（2）房屋及建筑物的评估价：重置成本价 × 成新度折扣率
	（3）与转让房地产有关的税金：城建税、教育费附加税、地方教育附加税、印花税 购入房地产再转让，购买时缴的契税已计入评估价中，不再扣
	（4）评估费用
不能取得评估价格、但能提供购房发票	（1）按发票金额（如是增值税，普票按票面价税合计金额，专票按不含税价加不允许抵扣的进项，因为要用含税收入）并从购买年度起至转让年度止每年加计 5% 计算扣除。“每年”按购房发票所载日期起至售房发票开具之日止，每满 12 个月计 1 年；超过 1 年，未满 12 个月但超过 6 个月的，可以视同为 1 年 注：为何不含地价？因为购房款中已经包含分摊的土地
	（2）与转让房地产有关的税金：城建税、教育费附加税、地方教育附加税、印花税、契税（需要能提供契税完税凭证，且不可作为加计 5% 的基数，因为房子增值才加计扣，契税不存在增值）
无评估价发票	实行核定征收

评估价格运用情形

(1) 出售旧房及建筑物
(2) 隐瞒、虚报房地产成交价格的
(3) 提供扣除项目金额不实的
(4) 转让房地产的成交价格低于房地产评估价格，又无正当理由

税收优惠

项目	内容
纳税人建造普通标准住宅	增值额未超过扣除项目金额 20% 的，免税（取消普通住宅和非普通住宅标准的城市继续免征）
企事业单位、社会团体以及其他组织转让旧房作为保障性住房房源	增值额未超过扣除项目金额 20% 的，免税
企事业单位、社会团体以及其他组织转让旧房	转让旧房作为廉租住房、经济适用住房房源、公共租赁住房房源，增值额未超过扣除项目金额 20% 的，免税
因国家建设需要被政府征收、收回、搬迁房地产	因城市市政规划、国家建设需要而搬迁，纳税人自行转让原房地产而取得的收入，免征土地增值税
居民个人销售、互换住房	免税
合作建房	一方出土地、一方出资金，建成后按比例分房自用的，免税

征收管理

<table>
<tr><th>项目</th><th colspan="3">内容</th></tr>
<tr><td>纳税期限</td><td colspan="3">自转让房地产合同签订之日起 7 日内</td></tr>
<tr><td>纳税地点</td><td colspan="3">房地产所在地</td></tr>
<tr><td>预征率</td><td colspan="3">自 2024 年 12 月 1 日起，除保障性住房外，东部地区省份预征率下限为 1.5%，中部和东北地区省份预征率下限为 1%，西部地区省份预征率下限为 0.5%</td></tr>
<tr><td rowspan="6">土地增值税清算</td><td rowspan="5">清算条件</td><td>依申请（纳税人必须清算）</td><td>依职权（税务机关可要求）</td></tr>
<tr><td>①房地产开发项目全部竣工、完成销售</td><td>①已竣工验收，已转让建筑面积占整个项目可售建筑面积 85% 以上或虽未达到 85% 但剩余的可售建筑面积已出租或自用</td></tr>
<tr><td>②整体转让未竣工决算项目</td><td>②取得销售许可证满 3 年仍未销售完毕</td></tr>
<tr><td>③直接转让土地使用权</td><td>③申请注销税务登记但未办理土增清算手续</td></tr>
<tr><td>满足条件之日起 90 日清算</td><td>纳税人收到清算通知 90 日内办理清算手续</td></tr>
<tr><td>清算审核</td><td colspan="2">包括案头审核、实地审核。清算审核结束后，主管税务机关应当将审核结果书面通知纳税人，并确定办理补、退税期限。期限补缴的免滞纳金</td></tr>
</table>

续表

项目		内容
土地增值税清算	核定	①依照法律、行政法规的规定应当设置但未设置账簿的 ②擅自销毁账簿或者拒不提供纳税资料的 ③虽设置账簿，但账目混乱或者成本资料、收入凭证、费用凭证残缺不全，难以确定转让收入或扣除项目金额的 ④符合土地增值税清算条件，企业未按照规定的期限办理清算手续，经税务机关责令期限清算，预期仍不清算的 ⑤申报的计税依据明显偏低，又无正当理由的 （核定征收率≥5%）
	清算后再转让房地产	单位建筑面积成本费用＝清算时扣除项目总金额/清算的建筑总面积

1. 概念详解

土地增值税中的相关税费处理总结

税费种	房地产开发企业转让新建房	旧房转让
契税	计入取得土地成本，不列入与转让房地产有关的税金扣除	**有评估价**：计入土地成本，不作为与转让房地产有关的税金扣除 **无评估价（有发票价）**：列入相关税金扣除
增值税	收入不含税	收入不含税
印花税	计入管理费用，不再另行扣除	作为与转让房地产有关的税金予以扣除
耕地占用税	列入房地产开发成本	—
城市维护建设税	作为与转让房地产有关的税金予以扣除	作为与转让房地产有关的税金予以扣除
教育费附加		
地方教育附加		

2. 经典习题演练

【单选题】下列不属于房地产开发成本的是（　　）。

A. 已计入开发成本的利息支出　　B. 拆迁补偿费

C. 开发间接费用　　D. 前期工程费

【答案】A

【解析】已计入开发成本的利息支出，调整至开发费用的财务费用项目扣除。

【多选题】下列项目中，免征土地增值税的有（　　）。

A. 个人继承的房产　　B. 国有土地使用权的出让

C. 因国家建设被征用的房地产　　D. 合作建房建成后按比例分房自用

【答案】CD

【解析】A、B 选项属于不征税范围。

【多选题】下列属于土地增值税征税范围的有（　　）。

A. 转让非国有土地　　B. 企业互换员工居住房屋

C. 合作建房建成后转让　　D. 出让国有土地

【答案】BC

【解析】转让非国有土地和出让国有土地使用权不征收土地增值税。

【多选题】下列属于评估价格适用情形的有（　　）。

A. 出售旧房或者旧建筑物

B. 提供扣除项目金额属实

C. 隐瞒房地产成交价格的

D. 转让房地产成交价格高于房地产评估价格

【答案】AC

【解析】B 选项，应为提供扣除项目金额不实的；D 选项，应为转让房地产成交价格低于房地产评估价格，又无正当理由的。

【多选题】房地产开发企业进行土地增值税清算时，下列表述正确的有（　　）。

A. 房地产开发企业的预提费用，除另有规定外，不得扣除

B. 房地产开发企业提供的开发间接费用资料不实的，不得扣除

C. 房地产开发企业提供的前提工程费的凭证不符合清算要求的，不得扣除

D. 房地产开发企业销售已装修房屋，装修费用可以扣除

【答案】AD

【解析】房地产开发企业办理土地增值税清算所附送的前提工程费、建筑安装工程费、基础设施费、开发间接费用的凭证或资料不符合清算要求或不实的，税务机关可以核定标准，并据以计算扣除。

【判断题】甲房地产企业已销售可售建筑面积的 80%，取得不含税收入 20000 万元，另 20% 投资入股某酒店，则该企业在进行土增税清算时，收入为 20000 万元。（　　）

【答案】错误

【解析】另 20% 应视同销售，土地增值税清算收入 =20000/80% =25000（万元）。

【判断题】纳税人取得销售许可证满 3 年仍未销售完毕，必须向税务机关申请办理土地增值税清算。（　　）

【答案】错误

【解析】纳税人取得销售许可证满 3 年仍未销售完毕，税务机关可以要求纳税人办理土地增值税清算。

【计算题】某药厂 2023 年 7 月 1 日转让其位于市区的一栋办公大楼，取得不含税增值税销售收入 24000 万元，2012 年建造该办公楼时，为取得土地使用权支付金额 6000 万元，发生建造成本 8000 万元。转让时，经评估，重置成本价位 16000 万元，成新度折扣率为 60%，允许扣除的有关税金及附加 1000 万元，请问计算土增税允许扣除项目

合计数为多少万元。

【答案】 $6000+16000\times60\%+1000=16600$（万元）

【解析】 转让旧房，发生的建造成本不可扣除。

3. 知识扩展

关于土地使用者转让、抵押或置换土地涉税处理：土地使用者转让、抵押或置换土地，无论土地使用者是否取得了该土地的使用权属证书，无论其在转让、抵押或置换土地过程中是否与对方当事人办理了土地使用权属证书变更登记手续，只要土地使用者享有占有、使用、收益或处分该土地的权利，且有合同等证据表明其实质转让、抵押或置换了土地并取得了相应的经济利益，土地使用者及其对方当事人应当依照税法规定缴纳土地增值税等相关税收。

在 2019 年 7 月 16 日财政部、国家税务总局发布的《中华人民共和国土地增值税税法》（征求意见稿）中，第二条明确指出，本法所称转移房地产，是指下列行为：（1）转让土地使用权、地上的建筑物及其附着物。（2）出让集体土地使用权、地上的建筑物及其附着物，或以集体土地使用权、地上的建筑物及其附着物作价出资、入股。该条文新增了出让集体土地使用权或以集体土地使用权作价出资、入股的应税情形，这改变了现行《土地增值税暂行条例》规定的土地增值税纳税义务人范围。按照《土地增值税暂行条例》第二条规定，转让国有土地使用权、地上的建筑物及其附着物并取得收入的单位和个人，为土地增值税的纳税义务人，应当依照本条例缴纳土地增值税。

上述政策变化的主要背景是 2014 年中共中央办公厅、国务院办公厅明确要求建立集体经营性建设用地入市制度，并要求建立兼顾国家、集体、个人的土地增值收益分配机制，合理提高个人收益。2019 年新修订的《土地管理法》第六十三条规定，土地利用总体规划、城乡规划确定为工业、商业等经营性用途，并经依法登记的集体经营性建设用地，土地所有权人可以通过出让、出租等方式交由单位或者个人使用，并应当签订书面合同，载明土地界址、面积、动工期限、使用期限、土地用途、规划条件和双方其他权利义务。

前款规定的集体经营性建设用地出让、出租等，应当经本集体经济组织成员的村民会议三分之二以上成员或者三分之二以上村民代表的同意。

通过出让等方式取得的集体经营性建设用地使用权可以转让、互换、出资、赠与或者抵押，但法律、行政法规另有规定或者土地所有权人、土地使用权人签订的书面合同另有约定的除外。

集体经营性建设用地的出租，集体建设用地使用权的出让及其最高年限、转让、互换、出资、赠与、抵押等，参照同类用途的国有建设用地执行。具体办法由国务院制定。

关于房地产开发企业转让新建房中拆迁安置的处理

拆迁安置	本项目安置	房地产企业用建造的本项目房地产安置回迁户的，安置用房视同销售处理，按《国家税务总局关于房地产开发企业土地增值税清算管理有关问题的通知》（国税发〔2006〕187号）第三条第（一）款规定确认收入，同时将此确认为房地产开发项目的拆迁补偿费。房地产开发企业支付给回迁户的补差价款，计入拆迁补偿费；回迁户支付给房地产开发企业的补差价款，应抵减本项目拆迁补偿费
	异地安置	异地安置的房屋属于自行开发建造的，房屋价值按国税发〔2006〕187号第三条第（一）款的规定计算，计入本项目的拆迁补偿费；异地安置的房屋属于购入的，以实际支付的购房支出计入拆迁补偿费
	货币安置	房地产开发企业凭合法有效凭据计入拆迁补偿费
配套设施	直接扣除	①建成后产权属于全体业主所有 ②建成后无偿移交给政府、公用事业单位用于非营利性社会公共事业
	分别计算	建成后有偿转让的，应计算收入，并准予扣除成本、费用

知识点2：房产税与城镇土地使用税

纳税义务人判定

税种	具体情形	纳税义务人	
房产税	产权属国家所有的（或全民所有）	由经营管理单位纳税	
	产权属集体和个人所有的	由集体单位和个人纳税	
	产权出典的	由承典人纳税	
	产权所有人、承典人不在房屋所在地或产权未确定及租典纠纷未解决的	由房产代管人或者使用人纳税	
	无租使用房产管理部门、免税单位及纳税单位	由使用人代为缴纳房产税	按房产余值计算缴纳
	纳税单位将应税房产无租出借给免税单位使用	房产所有人缴纳房产税	
	经营性租赁	由出租人缴纳	
	融资性租赁	由承租人缴纳	
城镇土地使用税	有土地使用权纳税人不在土地所在地	由代管人或实际使用人纳税	
	土地使用权未确定或权属纠纷未解决	由实际使用人纳税	
	土地使用权共有的	由共有各方分别纳税	
	承租集体所有建设用地	直接承租土地的单位和个人纳税	
	免税单位无偿使用纳税单位的土地	免征	
	纳税单位无偿使用免税单位的土地	照章缴纳	

税种要素具体内容

税种要素	房产税	城镇土地使用税
征税范围	城市、县城、建制镇、工矿区（不包括农村）	
税率	1.2%（从价计征）；12%（从租计征）；个人出租不分用途均为4%，企事业单位、社会团体及其他组织按照市场价格向个人出租用于居住的住房，减按4%	大城市：1.5—30元 中等城市：1.2—24元 小城市：0.9—18元 县城、建制镇、工矿区：0.6—12元
计税依据	①余值（原值扣10%—30%，具体幅度由省、自治区、直辖市人民政府定） ②租金收入	实际占用的土地面积 地下建筑面积：独立减半、非独立全额
		经省、自治区、直辖市人民政府批准，经济落后地区适用税额标准可以适当降低，但降低额不得超过规定最低税额的30%。经济发达地区土地使用税的适用税额标准可以适当提高，但须报经财政部批准
纳税义务发生时间	原有房产用于生产经营，当月开始	土地权利变化，纳税义务截至当月
	购置新建商品房，房屋交付使用次月	同左
	购置存量房，权属转移次月	同左
	出租、出借房产，自交付次月	出租、出借土地，自交付次月
	融资租赁的房产，合同约定开始日（未约定则为合同签订）的次月	出转让方式取得土地使用权，合同约定交付土地次月，未约定自合同签订次月
	自建房屋，自建成之次月	新征用耕地，批准征用之日满1年开始缴
	委托建设，自办理验收手续次月；验收前已使用或出租、出借，从当月起算	新征用非耕地，批准征用次月起缴纳
纳税地点	房产所在地	土地所在地（同一省跨区，省局定；跨省，分别向土地所在地的税务机关纳税）
房产税的其他规定	①对出租房产，租赁双方签订的租赁合同约定有免收租金期限的，免收租金期间由产权所有人按照房产原值缴纳房产税 ②对于以房产投资联营，投资者参与投资利润分红，共担风险的，按房产的余值作为计税依据计征房产税；收取固定收入，不承担联营风险的，从租计征	

税收优惠

房产税（免税）	城镇土地使用税（免税）
（1）国家机关、人民团体、军队自用的房产。自用是指单位本身办公、公务用房	（1）国家机关、人民团体、军队自用的土地
（2）财政部门拨付事业经费的单位自用房产	（2）财政部门拨付事业经费的单位自用土地
（3）宗教寺庙、公园、名胜古迹自用房产	（3）宗教寺庙、公园、名胜古迹自用土地
（4）个人所有非营业用的房产	（4）市政街道、广场、绿化地带等公共用地
（5）企业办的各类学校医院、托儿所幼儿园自用的房产	（5）集体和个人举办学校、医院、托儿所、幼儿园用地
（6）毁损不堪居住的房屋和危险房屋，经有关部门鉴定，停止使用后，可免征房产税	（6）批准开山填海整治的土地和改造的废弃土地，从使用月份起免缴5—10年

续表

<table>
<tr><th>房产税（免税）</th><th>城镇土地使用税（免税）</th></tr>
<tr><td>（7）纳税人因房屋大修导致连续停用半年以上的，在房屋大修期间免征房产税</td><td>（7）财政部规定的能源、交通、水利设施用地</td></tr>
<tr><td>（8）老年服务机构自用的房产</td><td>（8）对政府企事业单位、社会团体及个人等投资兴办的福利性、非营利性的老年服务机构自用的土地免税</td></tr>
<tr><td>（9）在基建工地为基建工地服务的各种工棚等临时性房屋，施工期间一律免征房产税；工程结束后，交还或估价转让给基建单位</td><td>（9）保障性住房项目建设用地（2023 年 10 月 1 日起执行）</td></tr>
<tr><td colspan="2">（10）对农产品批发市场、农贸市场专门用于经营农产品的房产，土地，暂免征收房产税和城镇土地使用税，同时经营其他产品的，按其他产品与农产品交易场地面积的比例确定征免房产税和城镇土地使用税（该政策已延期至 2027 年 12 月 31 日）</td></tr>
<tr><td colspan="2">（11）为社区提供养老、托育、家政等服务的机构自有或其通过承租、无偿使用等方式取得并用于提供社区养老、托育、家政服务的房产、土地，免征房产税、城镇土地使用税（该政策已延期至 2027 年 12 月 31 日）</td></tr>
<tr><td colspan="2">（12）对增值税小规模纳税人、小型微利企业和个体工商户减半征收房产税、城镇土地使用税（该政策已延期至 2027 年 12 月 31 日）</td></tr>
<tr><td rowspan="2">（13）高校学生公寓（该政策已延期至 2027 年 12 月 31 日）</td><td>（13）直接用于农林牧渔业的生产用地</td></tr>
<tr><td>（14）个人所有的居住房屋及院落用地</td></tr>
<tr><td>（14）经营单独核算的公租房取得的租金收入</td><td>（15）免税单位职工家属宿舍用地</td></tr>
<tr><td>（15）由财政部门拨付事业经费的文化单位于 2022 年 12 月 31 日前转制为企业的，自转制注册之日起至 2027 年 12 月 31 日对其自用房产免征房产税</td><td>（16）城市公交站场、道路客运站场、城市轨道交通系统运营用地（该政策已延期至 2027 年 12 月 31 日）</td></tr>
</table>

备注：自 2023 年 1 月 1 日起至 2027 年 12 月 31 日，物流企业自有（包括自用和出租）或承租的大宗（6000 平方米以上）商品仓储设施用地，减按 50% 计征城镇土地使用税。

1. 概念详解

房产税中的原值是指“固定资产”科目的房屋原价，包含不可随意移动的附属设备和配套设施；对原有房屋进行改建、扩建的，要相应增加房屋的原值；更换房屋附属设备和配套设施的，在将其价值计入房产原值时，可扣减原来相应设备和设施的价值，易损坏经常更新的，更新部分不增加原值，也不扣减原值；房产原值应包括地价（包括为取得土地使用权支付的价款、开发土地发生的成本费用等）。

2. 经典习题演练

【单选题】房产税采用余值计税的，按照房产原值一次减除 10% 至 30% 后的余值计算缴纳房产税，具体减除幅度由（　　）规定。

A. 省、自治区、直辖市人民政府　　B. 省级人大常委会

C. 国家税务总局　　D. 国务院

【答案】A

【解析】减除幅度由省、自治区、直辖市人民政府规定（注意区别契税税率是省、自治区、直辖市人民政府提出，同级人大常委会决定）。

【单选题】下列事项中，符合现行城镇土地使用税法规定的是（　　）。

A. 土地权利发生变化的，纳税义务截至变化的次月

B. 购买存量房，自房屋交付使用之次月起缴纳城镇土地使用税

C. 纳税人新征用的非耕地，自批准征用次月起缴纳城镇土地使用税

D. 出租、出借土地，自交付当月起缴纳城镇土地使用税

【答案】C

【解析】A 选项，土地权利发生变化的，纳税义务截至变化当月；B 选项，购买存量房，自办理房屋权属转移、变更登记手续，房地产权属登记机关签发房屋权属证书之次月起计征城镇土地使用税；D 选项，应自交付次月起缴纳。

【多选题】下列关于房产税纳税人，说法正确的有（　　）。

A. 产权属国家所有的，纳税人为经营管理单位

B. 无租使用免税单位房产的，纳税人为使用人

C. 采用经营方式租赁房产的，纳税人为承租人

D. 产权出典的，纳税人为出典人

【答案】AB

【解析】C 选项，经营租赁的，纳税人为出租人，融资租赁的，纳税人为承租人；D 选项，产权出典的，纳税人为承典人。

【多选题】下列选项中，可以作为城镇土地使用税计税依据的有（　　）。

A. 实际占用的土地面积

B. 房地产管理部门核发的土地使用证书上确认的土地面积

C. 纳税人据实申报的土地面积

D. 税务机关核定的土地面积

【答案】ABC

【解析】城镇土地使用税以纳税人实际占用面积为依据。实际占用面积确定方法：有证书的按证书确认的土地面积为准；尚未核发证书的，由纳税人据实申报，待核发土地使用证后再作调整。

3. 知识扩展

独立地下建筑物房产税应纳税额计算

<table>
<tr><th colspan="2">房产用途</th><th>应税原值</th><th>税额计算公式</th></tr>
<tr><td rowspan="2">自用</td><td>工业用房产</td><td>房屋原价的 50%—60% 作为应税房产原值</td><td>应纳房产税的税额 = 应税房产原值 ×（1 − 原值减除比例）×1.2%</td></tr>
<tr><td>商业和其他用房产</td><td>房屋原价的 70%—80% 作为应税房产原值</td><td>应纳房产税的税额 = 应税房产原值 ×（1 − 原值减除比例）×1.2%</td></tr>
<tr><td>出租</td><td colspan="3">出租的地下建筑，按照出租地上房屋建筑的有关规定计算征收房产税</td></tr>
</table>

续表

房产余值的相关规定 ①凡在房产税征收范围内的具备房屋功能的地下建筑，包括与地上房屋相连的地下建筑及完全建在地面以下的建筑、地下人防设施等，均征收房产税。对于与地上房屋相连的地下建筑，如房屋的地下室、地下停车场、商场的地下部分等，应将地下部分与地上房屋视为一个整体按照地上房屋建筑的有关规定计算征收房产税 ②按房产余值计税的房产，宗地容积率低于0.5的，按**房产建筑面积2倍**计算土地面积并据此确定计入房产原值的地价（也就是一个房子最多分摊2倍于自己面积的土地成本）

知识点3：城市维护建设税

纳税人	缴纳、扣缴增值税、消费税的单位和个人
扣缴义务人	负有增值税、消费税扣缴义务的单位和个人，在扣缴增值税、消费税的同时扣缴城市维护建设税（代扣代缴不含因境外单位和个人向境内销售劳务、服务、无形资产代扣代缴增值税情形）
税率	纳税人所在地：市区7%；县城、镇5%；其他1% 缴税所在地：①受托方代征代扣；②流动经营等无固定纳税地点
计税依据	实际缴纳的增值税、消费税，不包括滞纳金、罚款 被查补增值税、消费税和处以罚款时，应同时补交城市维护建设税
税收优惠	①海关对进口产品代征增值税、消费税的，不征收城市维护建设税 ②增值税、消费税依法退税的，应同时退还已缴纳城市维护建设税 ③实行增值税期末留抵退税的纳税人，允许计税依据扣除退还增值税税额 **注意：** ①增值税、消费税先征后返、先征后退、即征即退的，除另有规定外（不是一律不退），不予退还随两税附征的城建税（《国家税务总局关于城市维护建设税征收管理有关事项的公告》） ②出口产品退税 **消费税出口退税：**不退还已缴纳的城建税 **增值税出口退税：**免退（不退还已缴纳的城建税）；免抵退（免抵增值税额应纳入城建税计税范围）
纳税地点	缴纳增值税、消费税的地点；代征代扣地；建筑、不动产所在地（预缴增值税时）
期限、环节	与增值税、消费税相同

1. 概念详解

城市维护建设税的计税依据为实际缴纳的增值税、消费税，不包括滞纳金、罚款，其中实际缴纳并不等于应纳税款。

2. 经典习题演练

【判断题】代收代缴消费税的受托方位于市区，委托方在县城，应按照受托方所在地适用税率计税。（　　）

【答案】正确

【解析】应该按照受托方所在地适用税率，而不是委托方所在地适用税率。

3. 知识扩展

城市维护建设税属于附加税，根据城镇规模设计税率，为城市的开发与建设以及城镇居民环境的改善提供稳定的资金来源，以促进城市公用事业的发展和城市经济的繁荣。城市维护建设税属于共享税，中国铁路总公司、各银行总行、各保险总公司集中缴纳的部分为中央收入，其余部分为地方收入。

知识点3：印花税

<table>
<tr><th>税目</th><th>范围</th><th>税率</th><th>备注</th></tr>
<tr><td>租赁合同</td><td>计税依据为租赁金额，不足1元的，按1元贴花</td><td>1‰</td><td rowspan="15">产权转让包括买卖（出售）、继承、赠与、互换、分割</td></tr>
<tr><td>保管合同</td><td>保管费收入</td><td>1‰</td></tr>
<tr><td>仓储合同</td><td>仓储费收入</td><td>1‰</td></tr>
<tr><td>财产保险合同</td><td>保险费金额，不包括所保财产金额（不包括再保险合同）</td><td>1‰</td></tr>
<tr><td>证券交易</td><td>成交金额（对证券交易的出让方征收，不对受让方征收）</td><td>1‰</td></tr>
<tr><td>营业账簿</td><td>实收资本与资本公积的合计金额</td><td>0.25‰</td></tr>
<tr><td>承揽合同</td><td>受托方供主材：分别记载则区分；供辅材按加工</td><td>0.3‰</td></tr>
<tr><td>建设工程合同</td><td>勘察、设计收入；发包、分包方按合同缴纳</td><td>0.3‰</td></tr>
<tr><td>运输合同</td><td>不包括所运货物的金额、装卸费和保险费（不包管道运输合同）</td><td>0.3‰</td></tr>
<tr><td>买卖合同</td><td>以物易物按购销额合计；个人书立动产买卖合同不缴</td><td>0.3‰</td></tr>
<tr><td>技术合同</td><td>研发费不作计税依据</td><td>0.3‰</td></tr>
<tr><td rowspan="2">产权转移书据</td><td>商标权、著作权、专利权、专有技术使用权转让书据</td><td>0.3‰</td></tr>
<tr><td>土地使用权出让书据；土地使用权、房屋等建筑物和构筑物所有权转让书据；股权转让书据</td><td>0.5‰</td></tr>
<tr><td>借款合同</td><td>借款金额（同业拆借合同不缴纳）</td><td>0.05‰</td></tr>
<tr><td>融资租赁合同</td><td></td><td>0.05‰</td></tr>
</table>

应税凭证具体情形

1. 在中华人民共和国境外书立在境内使用的应税凭证，应当按规定缴纳印花税
（1）应税凭证的标的为不动产的，该不动产在境内
（2）应税凭证的标的为股权的，该股权为中国居民企业的股权
（3）应税凭证的标的为动产或者商标专用权、著作权、专利权、专有技术使用权的，其销售方或者购买方在境内，但不包括境外单位或者个人向境内单位或者个人销售完全在境外使用的动产或者商标专用权、著作权、专利权、专有技术使用权
（4）应税凭证的标的为服务的，其提供方或者接受方在境内，但不包括境外单位或者个人向境内单位或者个人提供完全在境外发生的服务
2. 企业之间书立的确定买卖关系、明确买卖双方权利义务的订单、要货单等单据，且未另外书立买卖合同的，应当按规定缴纳印花税
3. 不属于印花税征收范围 （1）人民法院的生效法律文书，仲裁机构的仲裁文书，监察机关的监察文书 （2）县级以上人民政府及其所属部门按照行政管理权限征收、收回或者补偿安置房地产书立的合同、协议或者行政类文书 （3）总公司与分公司、分公司与分公司之间书立的作为执行计划使用的凭证

计税依据及补退税具体情形

（1）同一应税合同、应税产权转移书据中涉及两方以上纳税人，且未列明纳税人各自涉及金额的，以纳税人平均分摊的应税凭证所列金额（**不包括列明的增值税税款**）确定计税依据
（2）应税合同、应税产权转移书据所列的金额与**实际结算金额不一致**，不变更应税凭证所列金额的，以所列金额为计税依据；变更应税凭证所列金额的，以变更后的所列金额为计税依据。已缴纳印花税的应税凭证，变更后所列金额增加的，纳税人应当就增加部分的金额补缴印花税；变更后所列金额减少的，纳税人可以就减少部分的金额向税务机关申请退还或者抵缴印花税
（3）纳税人因应税凭证列明的增值税税款**计算错误导致应税凭证的计税依据减少或者增加的**，纳税人应当按规定调整应税凭证列明的增值税税款，重新确定应税凭证计税依据。已缴纳印花税的应税凭证，调整后计税依据增加的，纳税人应当就增加部分的金额补缴印花税；调整后计税依据减少的，纳税人可以就减少部分的金额向税务机关申请退还或者抵缴印花税
（4）纳税人转让股权的印花税计税依据，**按照产权转移书据所列的金额（不包括列明的认缴后尚未实际出资权益部分）确定**
（5）应税凭证金额为人民币以外的货币的，应当**按照凭证书立当日的人民币汇率中间价**折合人民币确定计税依据
（6）**未履行**的应税合同、产权转移书据，已缴纳的印花税不予退还及抵缴税款
（7）纳税人**多贴的印花税票，不予退税及抵缴税款**

部分税目注意事项

运输合同	联运业务：运输方运哪段算哪段外国运输方运输进出口货物免；托运方算全程
产权转移书据	包括财产所有权、版权、商标专用权、专利权、专有技术使用权等5项 ①专利权转让和专利实施许可合同属于产权转移书据 ②股权转让合同不包括非居民企业股权，也不包括列明的认缴后尚未实际出资权益部分
营业账簿	企业启用新账簿，实收资本和资本公积大于原已贴花金额，增加的部分需补贴印花（其他营业账簿在2018年5月1日后已免）
买卖合同	合同未列明金额的，应按合同所载购销数量，按国家牌价或市场价计算应纳税额 **不征税**：订阅单位和个人签订的图书、报刊、音像征订凭证，电网系统之间互供电量，电网与用户之间签订的供电合同 **征税**：出版单位与发行单位之间订立的书刊、音像制品的应税凭证；发电厂与电网之间、电网与电网之间签订的购售电合同
技术合同	包括技术开发、转让、咨询、服务、培训、中介合同 ①技术转让合同包括专利申请转让和非专利技术转让 ②一般的法律、会计、审计等方面的咨询不属于技术咨询 ③技术服务合同包括技术服务合同、技术培训合同、技术中介合同 ④不含研究开发经费
借款合同	①流动资金周转性借款合同的，按最高限额为计税依据，贴花一次即可，限额内随借随还且不签订合同的，不再另行贴花 ②当事人有一方需为金融机构，不含同业拆借、民间借贷，含融资租赁合同 ③用委托贷款方式书立的借款合同纳税人，为受托人和借款人，不包括委托人

税收优惠（免税）

（1）已缴纳印花税的凭证副本或抄本
（2）财产所有权人将财产赠与政府、学校、社会福利机构、慈善组织书立的产权转移书据
（3）中国人民解放军、中国人民武装警察部队书立的应税凭证

续表

（4）依照规定应当予以免税的外国驻华使馆、领事馆和国际组织驻华代表机构为获得馆舍书立的应税凭证
（5）无息或者贴息借款合同、国际金融组织向中国提供优惠贷款书立的借款合同
（6）个人与电子商务经营者订立的电子订单
（7）各类发行单位之间，以及发行单位与订阅单位或个人之间书立的征收订凭证
（8）房地产管理部门与个人订立的租房合同用于生活居住的
（9）个人出租、承租住房签订的租赁合同
（10）自2008年11月1日起，个人销售或购买住房
（11）廉租住房、经济适用房经营管理单位、承租人、购买人相关的印花税
（12）保障性住房经营管理单位与保障性住房相关的印花税，以及保障性住房购买人涉及的印花税予以免征
（13）按万分之五税率贴花的资金账簿减半征收
（14）普惠性减税政策下的减半
（15）自2023年8月28日起，证券交易印花税实施减半征收

企业改制重组及事业单位改制有关印花税政策

（政策自2024年10月1日起执行至2027年12月31日）

营业账簿	（1）企业改制重组以及事业单位改制过程中成立的新企业，其新启用营业账簿记载的实收资本（股本）、资本公积合计金额，原已缴纳印花税的部分不再缴纳印花税，未缴纳印花税的部分和以后新增加的部分应当按规定缴纳印花税
	（2）企业债权转股权新增加的实收资本（股本）、资本公积合计金额，应当按规定缴纳印花税。对经国务院批准实施的重组项目中发生的债权转股权，债务人因债务转为资本而增加的实收资本（股本）、资本公积合计金额，免征印花税
	（3）企业改制重组以及事业单位改制过程中，经评估增加的实收资本（股本）、资本公积合计金额，应当按规定缴纳印花税
	（4）企业其他会计科目记载的资金转为实收资本（股本）或者资本公积的，应当按规定缴纳印花税
各类应税合同	企业改制重组以及事业单位改制前书立但尚未履行完毕的各类应税合同，由改制重组后的主体承继原合同权利和义务且未变更原合同计税依据的，改制重组前已缴纳印花税的，不再缴纳印花税
产权转移书据	（1）对企业改制、合并、分立、破产清算以及事业单位改制书立的产权转移书据，免征印花税
	（2）对县级以上人民政府或者其所属具有国有资产管理职责的部门按规定对土地使用权、房屋等建筑物和构筑物所有权、股权进行行政性调整书立的产权转移书据，免征印花税
	（3）对同一投资主体内部划转土地使用权、房屋等建筑物和构筑物所有权、股权书立的产权转移书据，免征印花税

征收管理

纳税义务发生时间	①书立应税凭证当日 ②完成证券交易当日（也是扣缴义务发生时间）
纳税地点	单位：机构所在地 个人：应税凭证书立地或居住地 不动产产权转移：不动产所在地

续表

纳税期限	①季/年/次；按季/年，季度或年度终了之日起15日内；按次，纳税义务发生之日起15日内 ②证券交易印花税扣缴义务人按周解缴，自每周终了之日起5日内 ③应税合同、产权转移书据印花税可以按季或者按次申报缴纳，应税营业账簿印花税可以按年或者按次申报缴纳，省一级税务机关定 ④境外单位或个人的应税凭证印花税可以按季、按年或者按次申报缴纳，省一级税务机关定
纳税方式	①应税合同、产权转移书据未列明金额的，印花税的计税依据按照实际结算的金额确定。计税依据按照前款规定仍不能确定的，按照书立合同、产权转移书据时的市场价格确定；依法应当执行政府定价或者政府指导价的，按照国家有关规定确定 ②同一应税凭证载有两个以上税目事项并分别列明金额的，按照各自适用的税目税率分别计算应纳税额；未分别列明金额的，从高适用税率。同一应税凭证由两方以上当事人书立的，按照各自涉及的金额分别计算应纳税额 ③应税合同、产权转移书据未列明金额，在后续实际结算时确定金额的，纳税人应当于书立应税合同、产权转移书据的首个纳税申报期申报应税合同、产权转移书据书立情况，在实际结算后下一个纳税申报期，以实际结算金额计算申报缴纳印花税
合同计税依据	如合同销售额和增值税是分别列明的，按不含税销售额；如只列明含税销售额，以含税销售额为计税依据
扣缴义务人	①纳税人为境外单位或者个人，在境内有代理人的，以其境内代理人为扣缴义务人；在境内没有代理人的，由纳税人自行申报缴纳印花税
	②证券登记结算机构为证券交易印花税的扣缴义务人
纳税地点	①扣缴义务人向机构所在地（居住地）主管税务机关申报 ②纳税人为境外单位或者个人，在境内没有代理人的，纳税人应当自行申报缴纳印花税。境外单位或者个人可以向资产交付地、境内服务提供方或者接受方所在地（居住地）、书立应税凭证境内书立人所在地（居住地）主管税务机关申报缴纳；涉及不动产产权转移的，应当向不动产所在地主管税务机关申报缴纳

1. 概念详解

印花税是对经济活动和经济交往中书立应税凭证、进行证券交易所征收的一种税。印花税具有征税范围广泛、税率低、税负轻，可由纳税人自行完成纳税义务等特点。

2. 经典习题演练

【多选题】下列属于产权转移书据合同的有（　　）。

A. 技术转让合同　　B. 专用技术使用权转移书据

C. 专利实施许可合同　　D. 专利权转移书据

【答案】BCD

【解析】A选项属于技术合同。

【多选题】下列属于技术合同的有（　　）。

A. 专利实施许可合同　　B. 技术中介合同

C. 专利权申请转让合同　　D. 法律咨询合同

【答案】BC

【解析】A选项，属于产权转移书据；D选项，会计、审计、法律等方面的咨询不属于技术合同。

【判断题】不同种类应纳税凭证，需频繁贴花的，纳税人可以根据实际情况自行决定是否采用按期汇总缴纳印花税的方式。 （ ）

【答案】错误

【解析】同一种类应纳税凭证，需频繁贴花的，纳税人可以根据实际情况自行决定是否采用按期汇总缴纳印花税的方式。

3. 知识扩展

《中华人民共和国印花税法》已于2022年7月1日正式施行，与《中华人民共和国印花税暂行条例》相比，总体变化可总结为“四降、一变、一删”。

四降：

（1）承揽合同；

（2）建设工程合同（建设工程勘察设计合同）；

（3）运输合同；

（4）商标专用权、著作权、专利权、专有技术使用权转让书据等合同。

以上合同税率从万分之五降为万分之三。

一变：财产保险合同由投保金额的万分之零点三变为保险费的千分之一。

一删：“权利、许可证照”的税目删除。

具体的10大变化包括：

（1）明确增值税不作为计算缴纳印花税依据。

明确应税合同、应税产权转移书据计税依据为合同或产权转移书据所列金额，不包括列明的增值税税款。

注意：如合同中没有注明增值税，还是要按全额计算缴纳印花税。

（2）证券交易印花税被纳入法律规范。

证券交易印花税被纳入征税范围。

（3）缩减征税范围。

取消对权利、许可证照每件5元印花税的规定，这意味着房产证、土地使用证、工商营业执照、商标注册证和专利权证将不再交印花税。

（4）降低税率。

承揽合同、建设工程合同（建设工程勘察设计合同）、货物运输合同的税率由万分之五降为万分之三。

部分产权转移合同降低税率：商标专用权、著作权、专利权、专有技术使用权转让书据税率由万分之五降低为万分之三。

营业账簿印花税税率从原先按对“实收资本和资本公积合计”的万分之五降低为万分之二点五，将财税〔2018〕50号规定直接纳入立法。

（5）规定了同一应税凭证多方所持计税金额。

同一应税凭证由两方以上当事人书立的，按照各自涉及的金额分别计算应纳税额。原规定为“由各方就所执的一份各自全额贴花”。

（6）取消了尾数规定，直接按实际计算税额纳税。

原先《印花税暂行条例》第三条规定：应纳税额不足一角的，免纳印花税。应纳税额在一角以上的，其税额尾数不满五分的不计，满五分的按一角计算缴纳。新的《印花税法》取消了该规定。

（7）新增印花税扣缴义务人。

纳税人为境外单位或个人，在境内有代理人的，以其境内代理人为扣缴义务人；在境内无代理人的，由纳税人自行申报缴纳印花税，具体办法由国务院税务主管部门规定。

（8）明确纳税时间。

印花税的纳税义务发生时间为纳税人书立应税凭证或者完成证券交易的当日。

证券交易印花税扣缴义务发生时间为证券交易完成的当日。

印花税按季、按年或者按次计征。实行按季、按年计征的，纳税人应当自季度、年度终了之日起15日内申报缴纳税款；实行按次计征的，纳税人应当自纳税义务发生之日起15日内申报缴纳税款。

证券交易印花税按周解缴。证券交易印花税扣缴义务人应当自每周终了之日起5日内申报解缴税款以及银行结算的利息。

（9）明确减、免征印花税范围。

8种凭证免征收印花税。国务院对居民住房需求保障、企业改制重组、支持小型微型企业发展等情形可以规定减征或者免征印花税，报全国人民代表大会常务委员会备案。

（10）取消了轻税重罚的做法，统一按征管法执行。

原《印花税暂行条例》第十三条规定，纳税人有下列行为之一的，由税务机关根据情节轻重，予以处罚：

①在应纳税凭证上未贴或少贴印花税票的，税务机关除责令其补贴印花税票外，可处以应补贴印花税票金额20倍以下的罚款；

②违反本条例第一款规定的，税务机关可处以未注销或者画销印花税票金额10倍以下的罚款；

③违反本条例第六条第二款规定的，税务机关可处以重用印花税票金额30倍以下的罚款。

伪造印花税票的，由税务机关提请司法机关依法追究刑事责任。

《印花税法》中取消了上述规定，纳税人、扣缴义务人和税务机关及其工作人员违反本法规定的，依照《税收征管法》和有关法律、行政法规的规定追究法律责任。

章节练习

一、单选题

1. 下列行为属于土地增值税征税范围的是（　　）。

A. 村委会依法转让集体经营性建设用地使用权

B. 企业以房地产抵债

C. 事业单位出租闲置房产

D. 政府向国有企业划拨土地使用权

【答案】B

【解析】本题是对土地增值税征税范围的考查。土地增值税只对转让国有土地使用权的行为课税，转让非国有土地和出让、划拨国有土地的行为均不征税。

2. 下列不属于土地增值税房地产开发成本的是（　　）。

A. 前期工程费　　B. 过户手续费

C. 开发间接费用　　D. 基础设施费

【答案】B

【解析】房地产开发成本包括：土地的征用及拆迁补偿费、前期工程费、建筑安装工程费、基础设施费、公共配套设施费、开发间接费用等。过户手续费属于取得土地使用权所支付的费用。

3. 房地产开发公司支付的下列相关费用，不可以列入土地增值税加计20%扣除范围的是（　　）。

A. 安置动迁用房支出　　B. 支付建筑人员的工资福利费

C. 开发小区内的道路建设费用　　D. 销售过程中发生的销售费用

【答案】D

【解析】销售费用计入房地产开发费用，房地产开发费用不作为加计扣除的基数。

4. 某生产企业转让一栋旧办公楼，取得不含增值税收入400万元，转让环节可扣除的相关税金共计2.61万元。该办公楼原造价300万元。经房地产评估机构评定，该楼的重置成本价为800万元。成新度折扣率为四成，该企业转让办公楼应缴纳的土地增值税为（　　）万元。

A. 23.22　　B. 16.5　　C. 14.5　　D. 25.5

【答案】A

【解析】第一步，确定收入额：不含增值税的转让收入为400万元；第二步，确定扣除项目金额：纳税人转让旧房及建筑物的评估价格 = 800 × 40% = 320（万元）；扣除项目金额合计 = 320 + 2.61 = 322.61（万元）；第三步，增值额 = 400 − 322.61 = 77.39（万元）；第四步，增值比率 = 增值额/扣除项目金额 × 100% = 77.39/322.61 × 100% = 23.99%；第五步，确定税率为30%，速算扣除系数为0：第六步，土地增值税税额 = 增值额 × 适用税率 − 扣除项目金额 × 适用速算扣除系数 = 77.39 × 30% = 23.22（万元）。

5. 关于房地产开发企业土地增值税清算时费用的扣除处理，下列表述正确的是（　　）。

A. 扣留的质保金不得计算扣除

B. 房地产开发企业逾期开发缴纳的土地闲置费不得计算扣除

C. 用本项目房产安置回迁户的，不确认销售收入

D. 采取异地安置回迁户的，异地安置的房屋属于购入的，以实际支付的购房支出计入取得土地使用权所支付的金额

【答案】B

【解析】根据《国家税务总局关于土地增值税清算有关问题的通知》（国税函〔2010〕220 号）第二条的规定，建筑安装施工企业就质量保证金对房地产开发企业开具发票的，按发票所载金额予以扣除，未开具发票的，扣留的质保金不得计算扣除。A 选项不符合题意。第四条规定，房地产开发企业逾期开发缴纳的土地闲置费不得扣除。B 选项符合题意。根据《国家税务总局关于土地增值税清算有关问题的通知》第六条的规定：（1）房地产企业用建造的本项目房地产安置回迁户的，安置用房视同销售处理，按《国家税务总局关于房地产开发企业土地增值税清算管理有关问题的通知》（国税发〔2006〕187 号）第三条第（一）款规定确认收入，同时将此确认为房地产开发项目的拆迁补偿费。房地产开发企业支付给回迁户的补差价款，计入拆迁补偿费，回迁户支付给房地产开发企业的补差价款，应抵减本项目拆迁补偿费。（2）开发企业采取异地安置，异地安置的房屋属于自行开发建造的，房屋价值按《国家税务总局关于房地产开发企业土地增值税清算管理有关问题的通知》（国税发〔2006〕187 号）第三条第（一）款的规定计算，计入本项目的拆迁补偿费，异地安置的房屋属于购入的，以实际支付的购房支出计入拆迁补偿费。C、D 选项不符合题意。

6. 在计算土地增值税时，不符合相关核算要求，应按比例扣除的是（　　）。

A. 取得土地使用权时所支付的金额　　B. 房地产开发成本

C. 房地产开发费用　　D. 与转让房地产有关的税金

【答案】C

【解析】根据《国家税务总局关于土地增值税清算有关问题的通知》（国税函〔2010〕220 号）的规定，凡不能按转让房地产项目计算分摊利息支出或不能提供金融机构证明的，房地产开发费用在按“取得土地使用权所支付的金额”与“房地产开发成本”金额之和的 10% 以内计算扣除。

7. 关于房产税的纳税义务起止时间，下列说法错误的是（　　）。

A. 纳税人因房产的实物或权利状态发生变化而依法终止房产税纳税义务的，其应纳税款的计算应截至房产的实物或权利状态发生变化的当月末

B. 融资租赁的房产，由承租人自融资租赁合同约定开始日的次月起依照房产余值缴纳房产税

C. 购置新建商品房，自房屋交付使用之次月起计征房产税

D. 房地产开发企业自用、出租、出借本企业建造的商品房，自房屋使用或交付之当月起计征房产税

【答案】D

【解析】本题是对房产税纳税义务起止时间的考查。根据《国家税务总局关于房产税城镇土地使用税有关政策规定的通知》（国税发〔2003〕89 号）第二条的规定，房

地产开发企业自用、出租、出借本企业建造的商品房，自房屋使用或交付之次月起计征房产税。

8. 某企业 2024 年 1 月以 1500 万元购买 5 万平方米的土地使用权，用于建造面积为 3 万平方米的厂房，建筑成本和费用为 2000 万元，2024 年底竣工并投入使用。则该厂房征收房产税时的房产原值为（　　）万元。

A. 2900　　B. 3500　　C. 3800　　D. 5000

【答案】B

【解析】容积率大于 0.5，所以房产原值为地价和建成成本、费用的总额。

9. 2024 年初，刘某将其市区一套原值 80 万元的住房出租给李某用于生产经营，合同约定年不含增值税租金 80000 元。已知：该省政府规定房产税扣除比例为 30%，各项优惠政策均按照最高比例执行。则刘某 2024 年应缴纳的房产税为（　　）元。

A. 1600　　B. 3200　　C. 4800　　D. 9600

【答案】A

【解析】本题涉及个人出租住房适用优惠税率的问题，同时要注意个人出租住房符合"六税两费"优惠政策，要适用减征优惠。根据《财政部 国家税务总局关于廉租住房、经济适用住房和住房租赁有关税收政策的通知》（财税〔2008〕24 号）第二条第三款的规定，对个人出租住房，不区分用途，按 4% 的税率征收房产税，免征城镇土地使用税。根据《财政部 国家税务总局关于营改增后契税、房产税、土地增值税、个人所得税计税依据问题的通知》（财税〔2016〕43 号）第二条的规定，房产出租的，计征房产税的租金收入不含增值税。自 2023 年 1 月 1 日至 2027 年 12 月 31 日，对增值税小规模纳税人、小型微利企业和个体工商户减半征收资源税（不含水资源税）、城市维护建设税、房产税、城镇土地使用税、印花税（不含证券交易印花税）、耕地占用税和教育费附加、地方教育附加。则刘某 2024 年应缴纳房产税 = 80000 × 4% × 50% = 1600（元）。A 选项符合题意。

10. 下列各项中，不符合房产税税收优惠政策的是（　　）。

A. 对按政府规定价格出租的公有住房和廉租住房，暂免征收房产税

B. 损坏不堪居住的房屋和危险房屋，经有关部门鉴定，在停止使用后免征房产税

C. 在基建工地为基建工地服务的各种工棚等临时性房屋，在施工期间免征房产税

D. 因房屋大修导致连续停用半年以上的，该房屋在当年免征房产税

【答案】D

【解析】本题是考查考生对房产税优惠政策的掌握程度。《财政部 国家税务总局关于调整住房租赁市场税收政策的通知》（财税〔2000〕125 号）第一条规定，对按政府规定价格出租的公有住房和廉租住房，包括企业和自收自支事业单位向职工出租的单位自有住房；房管部门向居民出租的公有住房；落实私房政策中带户发还产权并以政府规定租金标准向居民出租的私有住房等，暂免征收房产税。A 选项不符合题意。根据《财政部 税务总局关于房产税若干具体问题的解释和暂行规定》（财税地字〔1986〕8 号）

第十六条的规定，经有关部门鉴定，对毁损不堪居住的房屋和危险房屋，在停止使用后，可免征房产税。B 选项不符合题意。《财政部 税务总局关于房产税若干具体问题的解释和暂行规定》（财税地字〔1986〕8 号）第二十一条规定，凡是在基建工地为基建工地服务的各种工棚、材料棚、休息棚和办公室、食堂、茶炉房、汽车房等临时性房屋，不论是施工企业自行建造还是由基建单位出资建造交施工企业使用的，在施工期间，一律免征房产税。C 选项不符合题意。《财政部 税务总局关于房产税若干具体问题的解释和暂行规定》（财税地字〔1986〕8 号）第二十四条规定，房屋大修停用在半年以上的，经纳税人申请，在大修期间可免征房产税。D 选项符合题意。

11. 根据城镇土地使用税的相关规定，下列表述中不正确的是（　　）。

A. 对饮水工程运营管理单位自用的办公用地，按章征收城镇土地使用税

B. 免税单位无偿使用纳税单位的土地，免征城镇土地使用税

C. 纳税单位无偿使用免税单位的土地，纳税单位照章征收城镇土地使用税

D. 厂区以外的公共绿化用地和向社会开放的公园用地，暂免征收城镇土地使用税

【答案】 A

【解析】《财政部 税务总局关于继续实施农村饮水安全工程税收优惠政策的公告》（财政部 税务总局公告 2023 年第 58 号）第三条规定，对饮水工程运营管理单位自用的生产、办公用房产、土地，免征房产税、城镇土地使用税。A 选项错误。

12. 经省、自治区、直辖市人民政府批准，经济落后地区土地使用税的适用税额标准可以适当降低，但降低额不得超过上述最低税额的（　　）。

A. 20%　　B. 30%　　C. 40%　　D. 50%

【答案】 B

【解析】 经省、自治区、直辖市人民政府批准，经济落后地区土地使用税的适用税额标准可以适当降低，但降低额不得超过上述最低税额的 30%。

13. 下列用地行为，免征城镇土地使用税的是（　　）。

A. 军队家属的宿舍用地　　B. 个人所有的居住房屋及院落用地

C. 国家机关的办公用地　　D. 企业内部道路绿化工地

【答案】 C

【解析】 A、B 选项，免税单位职工家属的宿舍用地、个人所有的居住房屋及院落用地，由各省、自治区、直辖市税务局决定是否免征城镇土地使用税；D 选项，市政街道、广场、绿化地带等公共用地免征城镇土地使用税，对企业厂区（包括生产、办公及生活区）以内的绿化用地应照章征收城镇土地使用税。

14. 关于城镇土地使用税的纳税义务人，下列说法正确的是（　　）。

A. 拥有土地使用权的单位和个人

B. 土地使用权未确定或权属纠纷未解决的，不用缴纳土地使用税

C. 土地使用权共有的，选择其中一方是纳税人

D. 纳税单位无偿使用免税单位的土地，纳税单位免征土地使用税

【答案】A

【解析】本题考查的知识点是城镇土地使用税的纳税义务人，属于记忆性内容，考生需熟记相关规定。根据《中华人民共和国城镇土地使用税暂行条例》（以下简称《城镇土地使用税暂行条例》）第二条的规定，在城市、县城、建制镇、工矿区范围内使用土地的单位和个人，为城镇土地使用税（以下简称"土地使用税"）的纳税人。具体规定为以下五点：（1）拥有土地使用权的单位和个人为纳税义务人；（2）拥有土地使用权的单位和个人不在土地所在地的，其土地的实际使用人或代替人为纳税义务人；（3）土地使用权未确定或权属纠纷未解决的，其实际使用人为纳税义务人；（4）土地使用权共有的，共有各方都是纳税义务人，由共有各方分别纳税；（5）对免税单位无偿使用纳税单位的土地（如公安、海关等单位使用铁路、民航等单位的土地），免征土地使用税，对纳税单位无偿使用免税单位的土地，纳税单位应照章缴纳土地使用税。因此，本题符合城镇土地使用税纳税人定义的选项为A，符合题意。

15. 下列合同，不属于印花税征税范围的是（　　）。

A. 管道运输合同　　　　B. 承揽合同

C. 建设工程合同　　　　D. 商标专用权转让书据

【答案】A

【解析】本题是对印花税征税范围的考查。根据最新的《印花税税目税率表》，运输合同是印花税税目之一，但其不包括管道运输合同。B、C、D选项均属于印花税税目。

16. 下列有关印花税的说法，错误的是（　　）。

A. 纳税人多贴的印花税票，不予退税及抵缴税款

B. 未履行的应税合同、产权转移书据，已缴纳的印花税不予退还及抵缴税款

C. 应税凭证金额为人民币以外的货币的，应当按照凭证书立当日的人民币汇率中间价折合人民币确定计税依据

D. 对应税凭证适用印花税减免优惠的，书立该应税凭证的纳税人均可享受印花税减免政策

【答案】D

【解析】本题是对印花税征收管理的综合考查。D选项，根据《财政部 税务总局关于印花税若干事项政策执行口径的公告》（财政部 税务总局公告2022年第22号）第四条的规定，对应税凭证适用印花税减免优惠的，书立该应税凭证的纳税人均可享受印花税减免政策，明确特定纳税人适用印花税减免优惠的除外。

17. 根据印花税政策规定，下列各项中，应按产权转移书据贴花的是（　　）。

A. 专利申请转让合同　　　　B. 非专利技术转让合同

C. 土地使用权出让合同　　　　D. 审计咨询合同

【答案】C

【解析】印花税税目中的产权转移书据包括财产所有权、版权、商标专用权、专利权、专有技术使用权共5项产权的转移书据。土地使用权出让合同、土地使用权转让合

同、商品房销售合同按照产权转移书据征收印花税。

18. 根据《印花税法》规定，下列不属于印花税纳税期限的是（　　）。

A. 按次　　B. 按月　　C. 按季　　D. 按年

【答案】B

【解析】本题是对印花税纳税期限的考查。根据《印花税法》第十六条的规定，印花税按季、按年或者按次计征。实行按季、按年计征的，纳税人应当自季度、年度终了之日起 15 日内申报缴纳税款；实行按次计征的，纳税人应当自纳税义务发生之日起 15 日内申报缴纳税款。

19. 下列应计入城市维护建设税计税依据的是（　　）。

A. 进口货物环节缴纳的增值税

B. 境外单位向境内销售劳务缴纳的增值税税额

C. 因逾期申报缴纳增值税加收的滞纳金

D. 增值税免抵税额

【答案】D

【解析】根据《财政部 税务总局关于城市维护建设税计税依据确定办法等事项的公告》（财政部 税务总局公告 2021 年第 28 号）的规定，城市维护建设税以纳税人依法实际缴纳的增值税、消费税税额为计税依据。依法实际缴纳的两税税额，是指纳税人依照增值税、消费税相关法律法规和税收政策规定计算的应当缴纳的两税税额（不含因进口货物或境外单位和个人向境内销售劳务、服务、无形资产缴纳的两税税额），加上增值税免抵税额，扣除直接减免的两税税额和期末留抵退税退还的增值税税额后的金额。

20. 位于某县城的甲企业（不符合小型微利企业标准）为增值税一般纳税人，2024 年 7 月缴纳增值税 80 万元，其中含进口环节增值税 20 万元。缴纳消费税 40 万元，其中含进口环节消费税 20 万元。甲企业当月应缴纳的城市维护建设税为（　　）万元。（假设不考虑其他优惠政策）

A. 2　　B. 8　　C. 4　　D. 6

【答案】C

【解析】城建税以纳税人实际缴纳的增值税、消费税为计税依据，城建税进口不征。甲企业当月应缴纳的城市维护建设税 =（80 − 20 + 40 − 20）×5% =4（万元）。

二、多选题

1. 下列情形中，应计算缴纳土地增值税的有（　　）。

A. 房产所有人将房屋产权赠与直系亲属

B. 个人销售住房

C. 企业以自有国有土地使用权交换其他企业的股权

D. 企业之间等价互换自有住房

【答案】CD

【解析】本题是对土地增值税征税范围和免税优惠的考查。应计算缴纳土地增值税的项目为属于土地增值税征税范围且不享受免税优惠的项目。A 选项，房产所有人将房屋产权赠与直系亲属，不征土地增值税；B 选项，个人销售住房暂免征收土地增值税。

2. 下列情形，属于主管税务机关可要求纳税人进行土地增值税清算的是（　　）。

A. 房地产开发项目全部竣工，完成销售的

B. 已竣工验收的房地产开发项目，已转让的房地产建筑面积占整个项目可售建筑面积的比例在 85% 以上的

C. 整体转让未竣工决算房地产开发项目的

D. 取得销售（预售）许可证满三年仍未销售完毕的

【答案】 BD

【解析】 本题是对土地增值税清算情形的考查。A 选项和 C 选项，属于纳税人必须进行土地增值税清算的情形。主管税务机关可要求纳税人进行土地增值税清算的情形包括：已竣工验收的房地产开发项目，已转让的房地产建筑面积占整个项目可售建筑面积的比例在 85% 以上，或该比例虽未超过 85%，但剩余的可售建筑面积已经出租或自用的；取得销售（预售）许可证满三年仍未销售完毕的；纳税人申请注销税务登记但未办理土地增值税清算手续的。

3. 下列各项中，属于转让旧房可以扣除的有（　　）。

A. 房屋及建筑物的评估价格　　B. 取得土地使用权所支付的地价款

C. 房地产开发成本　　D. 在转让环节缴纳的税金

【答案】 ABD

【解析】《财政部 国家税务总局关于土地增值税一些具体问题规定的通知》（财税字〔1995〕48 号）规定："关于转让旧房如何确定扣除项目金额的问题转让旧房的，应按房屋及建筑物的评估价格、取得土地使用权所支付的地价款和按国家统一规定交纳的有关费用以及在转让环节缴纳的税金作为扣除项目金额计征土地增值税。"

4. 下列各项中，在进行土地增值税清算时，不得扣除成本费用的有（　　）。

A. 建成后开发公司用作办公室

B. 建成后用作出租的商业用房

C. 建成后销售给通信公司用作通信基站

D. 建成后产权属于全体业主所有的变电站

【答案】 AB

【解析】 根据《国家税务总局关于房地产开发企业土地增值税清算管理有关问题的通知》（国税发〔2006〕187 号）第四条第（三）项的规定，房地产开发企业开发建造的与清算项目配套的居委会和派出所用房、会所、停车场（库）、物业管理场所、变电站、热力站、水厂、文体场馆、学校、幼儿园、托儿所、医院、邮电通信等公共设施，按以下原则处理：（1）建成后产权属于全体业主所有的，其成本、费用可以扣除；（2）建成后无偿移交给政府、公用事业单位用于非营利性社会公共事业的，其成本、费用可以扣除；（3）建成后有偿转让的，应计算收入，并准予扣除成本、费用。A、B 选项符合

题意。

5. 根据土地增值税收入确认的相关政策，下列说法正确的有（　　）。

A. 土地增值税清算时，已全额开具商品房销售发票的，按照发票所载金额确认收入

B. 土地增值税清算时，未开具发票或未全额开具发票的，以交易双方签订的销售合同所载的售房金额及其他收益确认收入

C. 销售合同所载商品房面积与有关部门实际测量面积不一致，应在计算土地增值税时予以调整

D. 纳税人转让房地产的土地增值税应税收入不含增值税

【答案】 ABD

【解析】《国家税务总局关于土地增值税清算有关问题的通知》（国税函〔2010〕220号）第一条规定，土地增值税清算时，已全额开具商品房销售发票的，按照发票所载金额确认收入；未开具发票或未全额开具发票的，以交易双方签订的销售合同所载的售房金额及其他收益确认收入。销售合同所载商品房面积与有关部门实际测量面积不一致，在清算前已发生补、退房款的，应在计算土地增值税时予以调整。C选项错误。

6. 根据土地增值税征收管理的相关规定，下列说法正确的有（　　）。

A. 对于县级及县级以上人民政府要求房地产开发企业在售房时代收的各项费用，如果代收费用是计入房价中向购买方一并收取的，可作为转让房地产所取得的收入计税

B. 对于县级及县级以上人民政府要求房地产开发企业在售房时代收的各项费用，如果代收费用未计入房价中，而是在房价之外单独收取的，可以不作为转让房地产的收入

C. 对于代收费用作为转让收入计税的，在计算扣除项目金额时，可予以扣除，并允许作为加计20%扣除的基数

D. 对于代收费用未作为转让房地产的收入计税的，在计算增值额时不允许扣除代收费用

【答案】 ABD

【解析】《财政部 国家税务总局关于土地增值税一些具体问题规定的通知》（财税字〔1995〕48号）第六条规定，对于县级及县级以上人民政府要求房地产开发企业在售房时代收的各项费用，如果代收费用是计入房价中向购买方一并收取的，可作为转让房地产所取得的收入计税；如果代收费用未计入房价中，而是在房价之外单独收取的，可以不作为转让房地产的收入。对于代收费用作为转让收入计税的，在计算扣除项目金额时，可予以扣除，但不允许作为加计20%扣除的基数；对于代收费用未作为转让房地产的收入计税的，在计算增值额时不允许扣除代收费用。C选项不符合题意。

7. 下列关于房产税纳税人，说法正确的有（　　）。

A. 产权属国家所有的，纳税人为经营管理单位

B. 无租使用免税单位房产的，纳税人为使用人

C. 采用经营方式租赁房产的，纳税人为承租人

D. 产权出典的，纳税人为出典人

【答案】 AB

【解析】 C选项，经营租赁的，纳税人为出租人；融资租赁的，纳税人为承租人。D选项，产权出典的，纳税人为承典人。

8. 下列事项中，不符合现行房产税法规政策规定的有（　　）。

A. 无租使用其他单位房产的某生产企业，无须缴纳房产税

B. 房产产权出典的，由出典人缴纳房产税

C. 产权属于全民所有的，由经营管理的单位缴纳

D. 产权所有人不在房产所在地的，由房产代管人或者使用人缴纳

【答案】 AB

【解析】 本题是对房产税纳税人的考查。A选项，根据《财政部 国家税务总局关于房产税 城镇土地使用税有关问题的通知》（财税〔2009〕128号）的规定，无租使用其他单位房产的应税单位和个人，依照房产余值代缴纳房产税。B选项，房产产权出典的，由承典人缴纳。

9. 下列关于房产税计税依据的表述中，正确的有（　　）。

A. 经营租赁的房产，以租金收入为计税依据缴纳房产税

B. 融资租赁的房产，由承租人依照房产余值缴纳房产税

C. 产权出典的房产，以房产余值为计税依据缴纳房产税

D. 投资联营的房产，投资者参与投资利润分红、共担风险的，以取得的分红金额为计税依据缴纳房产税

【答案】 ABC

【解析】 D选项，根据《国家税务总局关于安徽省若干房产税业务问题的批复》（国税函发〔1993〕368号）的规定，对于投资联营的房产，应根据投资联营的具体情况，在计征房产税时予以区别对待。对于以房产投资联营，投资者参与投资利润分红，共担风险的情况，按房产原值作为计税依据计征房产税；对于以房产投资，收取固定收入，不承担联营风险的情况，实际上是以联营名义取得房产的租金，应根据《中华人民共和国房产税暂行条例》的有关规定由出租方按租金收入计缴房产税。

10. 根据房产税征收管理的相关规定，下列说法正确的有（　　）。

A. 房产不在一地的纳税人，应按房产的坐落地点，分别向房产所在地的税务机关缴纳房产税

B. 企业办的各类学校、医院、托儿所、幼儿园自用的房产，可以比照由国家财政部门拨付事业经费的单位自用的房产，免征房产税

C. 个人所有的非营业用的房产免征房产税

D. 纳税人自建的房屋，自建成当月起征收房产税

【答案】 ABC

【解析】《财政部 税务总局关于房产税若干具体问题的解释和暂行规定》[(1986)财税地字第8号]第十九条规定，纳税人自建的房屋，自建成之次月起征收房产税。D选项错误。

11. 下列关于城镇土地使用税征收管理的表述中，正确的有（　　）。

A. 城镇土地使用税按年计算，分期缴纳

B. 纳税人以出让方式取得土地使用权的，应由受让方从合同约定交付土地时间的次月起缴纳城镇土地使用税

C. 纳税人新征收的耕地，自批准征收之日起满一年开始缴纳城镇土地使用税

D. 纳税人新征收的非耕地，自批准征收当月起缴纳城镇土地使用税

【答案】ABC

【解析】本题是城镇土地使用税纳税义务发生时间的考查。D选项，纳税人新征收的非耕地，自批准征收次月起开始缴纳城镇土地使用税。

12. 关于城镇土地使用税的纳税人，下列说法正确的有（　　）。

A. 土地使用权共有的，共有各方分别为纳税人

B. 土地使用权未确定的，实际使用人为纳税人

C. 拥有土地使用权的纳税人不在土地所在地的，由代管人或实际使用人纳税

D. 在建制镇范围内使用土地的自然人不是城镇土地使用税的纳税人

【答案】ABC

【解析】城镇土地使用税由拥有土地使用权的单位和个人缴纳；拥有土地使用权的纳税人不在土地所在地的，由代管人或实际使用人纳税；土地使用权未确定或权属纠纷未解决的，由实际使用人纳税；土地使用权共有的，由共有各方分别纳税；凡在城市、县城、建制镇、工矿区范围内使用土地的单位和个人，为城镇土地使用税的纳税义务人，个人包括个体工商户及其他个人（自然人），D选项错误。

13. 自2023年1月1日至2027年12月31日，对增值税小规模纳税人、小型微利企业和个体工商户减半征收的有（　　）。

A. 契税　　B. 房产税

C. 城镇土地使用税　　D. 城市维护建设税

【答案】BCD

【解析】《财政部 税务总局关于进一步支持小微企业和个体工商户发展有关税费政策的公告》（财政部 税务总局公告2023年第12号）第二条规定，自2023年1月1日至2027年12月31日，对增值税小规模纳税人、小型微利企业和个体工商户减半征收资源税（不含水资源税）、城市维护建设税、房产税、城镇土地使用税、印花税（不含证券交易印花税）、耕地占用税和教育费附加、地方教育附加。A选项错误。

14. 下列关于城镇土地使用税征收管理的表述，正确的有（　　）。

A. 纳税人出租、出借房产，自交付出租、出借房产之次月起计征城镇土地使用税。

B. 城镇土地使用税按年计算、一次性缴纳

C. 纳税人新征用的耕地，自批准征用次月起缴纳城镇土地使用税

D. 纳税人购置存量房，自办理房屋权属转移、变更登记手续，房地产权属登记机关签发房屋权属证书之次月起计征城镇土地使用税。

【答案】AD

【解析】B 选项，城镇土地使用税按年计算、分期缴纳，具体缴纳期限由省、自治区、直辖市人民政府确定，一般分别确定按月、季、半年或 1 年等不同的期限缴纳。C 选项，纳税人新征用的耕地，自批准征用之日起满 1 年时开始缴纳城镇土地使用税。

15. 根据印花税的相关规定，下列说法错误的有（　　）。

A. 由受托方提供原材料的加工、定作合同，凡在合同中分别记载加工费金额和原材料金额的，应分别按承揽合同、买卖合同计税

B. 由受托方提供原材料的加工、定作合同，合同中未分别记载加工费金额和原材料金额的，应就全部金额依照买卖合同计税

C. 对房地产管理部门与个人订立的租房合同，暂免贴花

D. 对铁路、公路、航运、水路承运快件行李、包裹开具的托运单据，暂免贴印花

【答案】BC

【解析】《国家税务局关于印花税若干具体问题的规定》（国税地字〔1988〕25 号）第一条规定，由受托方提供原材料的加工、定作合同，凡在合同中分别记载加工费金额与原材料金额的，应分别按“加工承揽合同”“购销合同”计税，两项税额相加数，即为合同应贴印花；合同中不划分加工费金额与原材料金额的，应按全部金额，依照“加工承揽合同”计税贴花。B 选项错误。第三条规定，对房地产管理部门与个人订立的租房合同，凡用于生活居住的，暂免贴印花；用于生产经营的，应按规定贴花。C 选项错误。

16. 关于印花税的计税依据，下列说法正确的有（　　）。

A. 同一应税合同、应税产权转移书据中涉及两方以上纳税人，且未列明纳税人各自涉及金额的，以纳税人平均分摊的应税凭证所列金额（不包括列明的增值税税款）确定计税依据

B. 应税合同、应税产权转移书据所列的金额与实际结算金额不一致，不变更应税凭证所列金额的，以所列金额为计税依据

C. 纳税人转让股权的印花税计税依据，按照产权转移书据所列的金额（包括列明的认缴后尚未实际出资权益部分）确定

D. 应税凭证金额为人民币以外的货币的，应当按照凭证书立当日的人民币汇率中间价折合人民币确定计税依据

【答案】ABD

【解析】C 选项，根据《财政部 税务总局关于印花税若干事项政策执行口径的公告》（财政部 税务总局公告 2022 年第 22 号）第三条的规定，纳税人转让股权的印花税计税依据，按照产权转移书据所列的金额（不包括列明的认缴后尚未实际出资权益部

分）确定。

17. 下列关于印花税税收管理的说法，正确的有（　　）。

A. 货物运输合同不包括所运货物的金额和装卸费，但包括保险费

B. 技术合同的计税依据不包括研究开发费用

C. 发行单位之间订立的征收订凭证按照购销合同征税

D. 同一种类应纳税凭证需频繁贴花的，可自行决定是否采用按期汇总缴纳，汇总缴纳的期限为一个月

【答案】 BD

【解析】 A 选项，货物运输合同不包括所运货物的金额、装卸费以及保险费；C 选项，发行单位之间订立的征收订凭证免征印花税。

18. 下列有关印花税征收管理的说法，正确的有（　　）。

A. 应税合同、产权转移书据印花税可以按季或者按次申报缴纳，具体纳税期限由各省、自治区、直辖市、计划单列市税务局结合征管实际确定

B. 应税营业账簿印花税可以按年或者按次申报缴纳，具体纳税期限由各省、自治区、直辖市、计划单列市税务局结合征管实际确定

C. 应税合同、产权转移书据未列明金额的，印花税的计税依据按照实际结算的金额确定

D. 纳税人应当根据书立印花税应税合同、产权转移书据和营业账簿情况，填写《印花税税源明细表》，进行财产行为税综合申报

【答案】 ABCD

【解析】 本题是对印花税征收管理的考查。根据《印花税法》第六条的规定，C 选项正确；根据《国家税务总局关于实施〈中华人民共和国印花税法〉等有关事项的公告》（国家税务总局公告 2022 年第 14 号）第一条的规定，A、B、D 选项正确。

19. 关于城市维护建设税的计税依据，下列说法错误的有（　　）。

A. 城市维护建设税的计税依据是纳税人实际缴纳的“增值税、消费税”税额

B. 纳税人缴纳“增值税、消费税”的滞纳金，应计入城市维护建设税的计税依据

C. 纳税人缴纳稽查查补“增值税、消费税”的，应同时补征城市维护建设税，但无须征收城市维护建设税的滞纳金

D. 海关对进口货物代征增值税时，同时征收城市维护建设税

【答案】 BCD

【解析】 本题考查城市维护建设税的计税依据。B 选项，纳税人违反“增值税、消费税”规定而征收的滞纳金，属于违反增值税、消费税规定而加收的带有惩罚性质的非税款项，不是城市维护建设税的计税依据，C 选项，纳税人在被查补“增值税、消费税”和被处以罚款时，应同时对其偷漏的城市维护建设税进行补税、征收滞纳金和罚款，D 选项，进口环节海关代征的增值税，不作为城市维护建设税的计税依据，这也是城市维护建设税“进口不征”的特点。B、C、D 选项符合题意。

20. 关于城市维护建设税征收管理有关事项，下列说法正确的有（ ）。

A. 城建税以纳税人依法实际缴纳的增值税、消费税税额为计税依据

B. 纳税人自收到留抵退税额之日起，应当在下一个纳税申报期从城建税计税依据中扣除

C. 留抵退税额仅允许在按照增值税一般计税方法确定的城建税计税依据中扣除。当期未扣除完的余额，在以后纳税申报期按规定继续扣除。

D. 对增值税免抵税额征收的城建税，纳税人应在税务机关核准免抵税额的下一个纳税申报期内向主管税务机关申报缴纳

【答案】 ABCD

【解析】 根据《国家税务总局关于城市维护建设税征收管理有关事项的公告》（国家税务总局公告2021年第26号）的规定，A、B、C、D选项都正确

三、判断题

1. 土地增值税清算过程中，房地产开发企业缴纳的印花税应计入房地产开发费用予以扣除。

【答案】 正确

【解析】 土地增值税清算过程中，房地产开发企业缴纳的印花税计入管理费用予以扣除。

2. 计算土地增值税增值额的扣除项目时，房地产开发成本中土地的征用及拆迁补偿费包括耕地占用税。

【答案】 正确

【解析】 计算土地增值税增值额的扣除项目时，房地产开发成本中土地的征用及拆迁补偿费包括耕地占用税和安置动迁用房支出。

3. 土地增值税清算时，应将费用化的利息支出调至财务费用扣除。

【答案】 错误

【解析】 土地增值税清算时，已开发成本的利息支出（资本化），应调至财务费用中扣除。

4. 以继承方式无偿转让房地产，免征土地增值税。

【答案】 错误

【解析】 本题是对土地增值税征税范围的考查。以继承方式无偿转让房地产，不征土地增值税。

5. 房产所有人通过中国境内非营利的社会团体将房屋产权赠与中小学用于教学的，不征土地增值税。

【答案】 正确

【解析】 本题是对土地增值税征税范围的考查。房产所有人通过中国境内非营利的社会团体、国家机关将房屋产权、国有土地使用权无偿赠与教育、民政和其他社会福利，公益事业的，不征土地增值税。

6. 纳税人应当自转让房地产合同签订之日起 15 日内向房地产所在地主管税务机关办理纳税申报，并在税务机关核定的期限内缴纳土地增值税。

【答案】错误

【解析】纳税人应当自转让房地产合同签订之日起 7 日内向房地产所在地主管税务机关办理纳税申报，并在税务机关核定的期限内缴纳土地增值税。

7. 纳税人委托施工企业建设的房屋，如验收前已使用或出租、出借的，从次月起计算缴纳房产税。

【答案】错误

【解析】纳税人委托施工企业建设的房屋，自办理验收手续次月起计算缴纳房产税，如验收前已使用或出租、出借的，从当月起计算缴纳房产税。

8. 房产出租的，计征房产税的租金收入不含增值税。免征增值税的，租金收入不扣减增值税额。

【答案】正确

【解析】根据《财政部 国家税务总局关于营改增后契税 房产税 土地增值税 个人所得税计税依据问题的通知》（财税〔2016〕43 号）的规定，表述正确。

9. 个人所有非营业性房产，免征房产税；个人出租住房，减半征收印花税。

【答案】错误

【解析】本题是对个人拥有或出租住房税收政策的考查。个人所有非营业性房产，免征房产税。《财政部 国家税务总局关于廉租住房经济适用住房和住房租赁有关税收政策的通知》（财税〔2008〕24 号）第二条第二项规定，对个人出租、承租住房签订的租赁合同，免征印花税。

10. 纳税人将原有房屋用于生产经营，自生产经营之次月起缴纳房产税。

【答案】错误

【解析】本题是对房产税纳税义务发生时间的考查。房产税纳税义务发生时间一般都从次月起，纳税人将原有房屋用于生产经营，属于特殊情形。根据规定，纳税人将原有房屋用于生产经营，自生产经营之月起缴纳房产税。

11. 按照规定，对于土地使用权共有的，由实际使用人缴纳城镇土地使用税。

【答案】错误

【解析】按照规定，对于土地使用权共有的，由共有各方分别缴纳城镇土地使用税。

12. 按照规定，非独立建造的地下建筑用地全额征收城镇土地使用税。

【答案】正确

【解析】按照规定，非独立建造的地下建筑用地全额征收城镇土地使用税，单独建造的地下建筑用地减半征收城镇土地使用税。

13. 购置存量房，自房地产权属登记机关签发房屋权属证书之月起计征城镇土地使用税。

【答案】错误

【解析】本题是对城镇土地使用税纳税义务发生时间的考查。购置存量房，自房地产权属登记机关签发房屋权属证书之次月起计征城镇土地使用税。

14. 城镇土地使用税在土地所在地申报缴纳。

【答案】正确

【解析】本题是对城镇土地使用税纳税地点的考查。城镇土地使用税在土地所在地申报纳税。

15. 采用委托贷款方式书立借款合同的，印花税纳税人为委托人和借款人。

【答案】错误

【解析】本题是对印花税纳税人的考查。根据《财政部 税务总局关于印花税若干事项政策执行口径的公告》（财政部 税务总局公告2022年第22号）第一条的规定，采用委托贷款方式书立的借款合同纳税人，为受托人和借款人，不包括委托人。

16. 印花税同一应税凭证载有两个以上税目事项并分别列明金额的，按照各自适用的税目税率分别计算应纳税额；未分别列明金额的，从高适用税率。

【答案】正确

【解析】根据《中华人民共和国印花税法》第九条的规定，表述正确。

17. 无息、贴息贷款合同不属于印花税的征税范围。

【答案】错误

【解析】本题是对印花税税收优惠的考查。无息、贴息贷款合同，属于“借款合同”，是印花税的征税范围，但享受免税优惠。

18. 证券交易印花税由买卖证券（股票）的双方分别缴纳。

【答案】错误

【解析】目前证券交易印花税只对出让方征收，对受让方不征收。

19. 城市维护建设税的计税依据是纳税人应缴纳的增值税和消费税；纳税人被税务机关查补的增值税、消费税税款不再计入城市维护建设税的计税依据。

【答案】错误

【解析】城市维护建设税的计税依据是纳税人依法实际缴纳的增值税、消费税税额；纳税人在被查补增值税、消费税和被处以罚款时，应同时查补城市维护建设税并处以罚款。

20. 城市维护建设税的征税范围为城市、县城、建制镇、工矿区，不包括农村。

【答案】错误

【解析】城市维护建设税的征税范围包括市区、县城、镇及其他地区，也包括农村。

第八章 社会保险费

本章主要掌握内容：概念、基本养老保险费、基本医疗保险费、生育保险费、失业保险费、工伤保险费、社会保险费征收管理

基本养老保险费相关内容

基本养老保险费		
类别	子项	主要内容
企业职工基本养老保险费	缴费基数	用人单位：职工个人缴费基数之和 企业职工：本人工资收入。原则上以本人上年度月平均工资为基础 无雇工个体户、灵活就业人员：本省平均工资60%—300%
	缴费比例	用人单位：不超过企业工资总额的20%，2019年5月1日后改为16% 企业职工：本人工资收入的8% 无雇工个体户、灵活就业人员：20%，12%计入统筹基金账户，8%计入个人账户 企业年金（补充养老保险）：自愿缴纳，企业缴费不超过本企业职工工资总额的8%，企业和职工缴费合计不超过本企业职工工资总额的12% （个人缴费不超工资4%部分可税前扣除，超标准则纳税）
	保费计算	缴费基数×缴费比例
城乡居民基本养老保险费	征收范围	年满16周岁（不含在校学生），非国家机关和事业单位工作人员以及不属于职工基本养老保险制度覆盖范围的城乡居民（年满60周岁，累计缴费满15年且未领取国家规定基本养老保障待遇的，可按月领取）
	缴费标准	100—1000元、1500元、2000元共12个档次，省级政府可调整，最高缴费档次原则上不超当地灵活就业人员参加职工基本养老保险年缴费额 按照自愿原则选择档次
机关事业单位工作人员基本养老保险费	征收范围	按照公务员法管理的单位及其编制内工作人员，参公机关（单位）及其编制内工作人员、事业单位及其编制内工作人员
	缴费基数	用人单位：个人缴费工资基数之和 编制内工作人员：本人工资收入 一般以本人上年度月平均工资为基础 上年月均工资低于省平均工资60%，按本省平均工资60%缴费 超过省平均工资300%，按省平均工资300%缴费 职工个人工资收入在省平均工资60%—300%，按实际数额
	缴费比例	用人单位：不超过企业工资总额的20%，2019年5月1日后16% 职工个人：8% 职业年金（即补充养老保险）：强制缴纳 工作单位：缴费比例为本单位职工工资总额的8% 编制内工作人员：个人职业年金缴费比例为本人缴费基础的4%
	保费计算	缴费基数×缴费比例

人力资源社会保障部 财政部 国家税务总局关于大龄领取失业保险金人员参加企业职工基本养老保险有关问题的通知（人社部发〔2024〕76号）

支持大龄领取失业保险金人员参加企业职工基本养老保险	人员范围	领取失业保险金且距离法定退休年龄不足1年的失业人员，含领取失业保险金期满仍未就业且距离法定退休年龄不足1年而继续发放失业保险金至法定退休年龄的失业人员
	支付标准	大龄领金人员在失业保险金领取地以个人身份参加企业职工基本养老保险并缴费，其中按当地灵活就业人员最低缴费标准的部分由失业保险基金支付，从“失业保险待遇支出”科目列支
	主动告知	对符合条件的大龄领金人员，失业保险经办机构要及时告知相关政策
	优化服务	符合条件的大龄领金人员自行参加企业职工基本养老保险并缴费后，可以到当地经办机构申请领取由失业保险基金承担的费用，失业保险经办机构审核后及时发放至本人社会保障卡银行账户
	停缴情形	大龄领金人员达到法定退休年龄时，或出现法定停止领取失业保险金情形的，停止享受由失业保险基金缴纳企业职工基本养老保险费
	执行时间	自2025年1月1日起开始施行，执行至2039年12月31日

人力资源社会保障部 财政部 国家税务总局 金融监管总局 中国证监会关于全面实施个人养老金制度的通知（人社部发〔2024〕87号）

全面实施个人养老金制度	实施时间	自2024年12月15日起，在中国境内参加城镇职工基本养老保险或者城乡居民基本养老保险的劳动者，均可以参加个人养老金制度
	参加方式	参加人可以通过国家社会保险公共服务平台、电子社保卡、掌上12333App等全国统一线上服务入口或者符合规定的商业银行开立个人养老金账户，并在商业银行开立个人养老金资金账户。参加人每年可以两次变更个人养老金资金账户开户银行
	产品种类	在现有理财产品、储蓄存款、商业养老保险、公募基金等金融产品的基础上，将国债纳入个人养老金产品范围。将特定养老储蓄、指数基金纳入个人养老金产品目录，推动更多养老理财产品纳入个人养老金产品范围。鼓励金融机构研究开发符合长期养老需求的个人养老储蓄、中低波动型或绝对收益策略基金产品等金融产品，合理确定个人养老储蓄的期限和利率
	领取情形	除达到领取基本养老金年龄、完全丧失劳动能力、出国（境）定居等领取条件外，参加人患重大疾病、领取失业保险金达到一定条件或者正在领取最低生活保障金的，可以申请提前领取个人养老金
	领取渠道	通过各级社会保险经办机构、全国统一线上服务入口和个人养老金资金账户开户银行提出申请，经社会保险经办机构核实后，由开户银行将个人养老金发放至本人社保卡银行账户
	领取方式	可以选择按月、分次或者一次性领取个人养老金

基本医疗保险费相关内容

基本医疗保险费		
类别	**子项**	**主要内容**
职工基本医疗保险费	征收范围	**应参保范围：** ①用人单位及职工 ②领取失业保险金期间的失业人员 ③军队文职人员

续表

基本医疗保险费		
类别	**子项**	**主要内容**
职工基本医疗保险费	征收范围	④在中国境内依法注册或者登记的企事业、事务所等组织依法招用的外国人以及与境外雇主订立雇用合同后，被派遣到在中国境内注册或登记的分支机构、代表机构工作的外国人 ⑤在内地（大陆）依法注册或登记的企业、事业单位、社会组织、有雇工的个体经济组织等用人单位聘用、招用的港澳台居民
		可参保范围： ①无雇工的个体户、未在用人单位参加基本医疗保险的非全日制从业人员以及其他灵活就业人员 ②在内地（大陆）灵活就业且办理港澳台居民居住证的港澳台居民 ③在内地（大陆）依法从事个体工商经营的港澳台居民
	缴费基数	用人单位：本单位职工工资总额 企业职工：本人工资 无雇工个体户、灵活就业人员：参照当地上一年职工平均工资核定
	缴费比例	用人单位：企业职工工资总额的6%左右，具体统筹地规定 职工：本人缴费基数的2% 无雇工个体户、灵活就业人员：不统一，统筹地规定
	保费计算	缴费基数×缴费比例
城乡居民基本医疗保险费	征收范围	对参保人没有年龄限制，覆盖了除职工基本医疗保险应参保范围以外的所有城乡居民，包括老人、婴幼儿、在校学生。包括： ①不属于城镇职工基本医疗保险制度覆盖范围的少年儿童、中小学阶段的学生（职中、中专、技校）和其他非从业居民 ②参加职工医疗有困难的灵活就业人员和拥有农村户籍的进城务工人员 ③自愿参加城乡居民基本医疗保险的城乡居民
	缴费标准	以年为单位，定额缴费，具体统筹地定。按照《国家医保局 财政部 国家税务总局关于做好2024年城乡居民基本医疗保障有关工作的通知》（医保发〔2024〕19号）规定，2024年居民医保筹资标准为1070元，其中人均财政补助标准达到每人每年不低于670元（较上年增加30元），个人缴费标准达到每人每年400元（较上年增加20元）

失业保险费相关内容

类别	子项	主要内容
失业保险费	征收范围	城镇企业、事业单位及其职工 社会团体及其专职人员、民办非企业单位及其职工、城镇中有雇工的个体工商户及其雇工是否参加失业保险由各省政府确定 城镇企业事业单位招用的农民合同制工人应该参加失业保险，用人单位按规定为农民工缴纳失业保险费，农民工合同制工人本人不缴纳失业保险费
	缴费基数	用人单位：本单位职工工资总额 企业职工：本人工资

续表

类别	子项	主要内容
失业保险费	缴费比例	用人单位：企业职工工资总额的2% 职工：本人工资收入的1% 2016年3月1日起，失业保险总费率由3%将至2%，5月1日起，总费率可以阶段性降为1%—1.5%，其中个人费率不超过0.5% 自2023年5月1日起，继续实施阶段性降低失业保险费率至1%的政策，实施期限延长至2024年底
	保费计算	缴费基数×缴费比例
	对2024年12月31日正在领取失业保险金（含续发）人员，领金期满（核定续发）时距延迟法定退休年龄改革（以下简称“改革”）实施后的法定退休年龄超过1年，但距改革实施前法定退休年龄不足1年的，经本人申请，可继续发放失业保险金至改革实施前法定退休年龄，待遇期满后不再次续发	

工伤保险费、生育保险费相关内容

类别	子项	主要内容
工伤保险费	征收范围	我国境内的各类企业、事业单位、社会团体、民办非企业单位、基金会、律师事务所、会计师事务所等组织和有雇工的个体工商户
	缴费基数	用人单位：本单位职工工资总额
	缴费比例	分为八类
	保费计算	缴费基数×缴费比例
生育保险费	征收范围	城镇各类企业
	缴费基数	用人单位：本单位职工工资总额
	缴费比例	各地自定，但最高不得超过工资总额的1%
	保费计算	缴费基数×缴费比例
上述两项保险费，个人都不需要缴费，全部由企业单位负担		

征收管理

类别	子项	主要内容
用人单位及职工	申报	按月申报，未按规定申报，按该单位上月缴费数额的110%缴纳
	缴纳	非因不可抗力等法定事由不得缓缴、不得减免，因不可抗力造成生产经营出现严重困难的，经批准后可以暂缓缴纳一定期限的社会保险费，期限一般不超过1年
	未按时足额缴纳	社会保险费征收机构可申请划拨、申请法院扣押查封拍卖、按日加收万分之五滞纳金或处1倍以上3倍以下罚款 用人单位职工应由用人单位代扣代缴社保费，用人单位未按时足额代缴的，征收机关对用人单位按日加收万分之五滞纳金，用人单位不得要求职工承担滞纳金
灵活就业人员及城乡居民	自愿缴纳、自行申报、可按月、按季、按年	

1. 概念详解

社会保险是指国家通过立法、多渠道筹集资金，对劳动者因年老、失业、患病、工伤、生育等减少劳动收入时给予经济补偿，使他们能够享有基本生活保障的一项社会保障制度。我国的社会保险主要包括养老保险、医疗保险、失业保险、工伤保险和生育保险等险种。

2. 经典习题演练

【多选题】下列应当参加企业职工基本养老保险费的有（　　）。

A. 国有企业及其职工

B. 无雇工的个体工商户

C. 机关事业单位编制外签订劳动合同的聘用人员

D. 民办非企业单位及其职工

【答案】ACD

【解析】B 选项，无雇工的个体工商户可以选择参加基本养老保险，而不是必须参加。

【判断题】

机关事业单位工作人员基本养老保险费的个人缴费基数是本人上年度月平均工资。（　　）

【答案】错误

【解析】机关事业单位工作人员基本养老保险费的个人缴费基数是本人工资收入。

【判断题】符合条件的企业必须缴纳企业年金。（　　）

【答案】错误

【解析】企业年金由企业及职工自愿建立，职业年金由机关事业及其工作人员强制缴纳。

【判断题】

用人单位未按时扣缴职工个人社会保险费产生的滞纳金，由职工本人承担。（　　）

【答案】错误

【解析】用人单位未按时扣缴职工个人社会保险费产生的滞纳金，不得要求职工承担。

3. 知识扩展

类别	子项	主要内容
企业职工基本养老保险费参保范围	应参保	①城镇各类企业及其职工 ②民办非企业单位及其职工（专职工作人员，不包括兼职人员、劳务派遣人员、返聘的离退休人员和纳入行政事业编制的人员） ③划分为生产经营类，但尚未转企改制单位的事业单位，已参加企业职工基本养老保险费的事业单位及其职工 ④按照公务员法管理的单位、参照公务员法管理的机关事业单位编制外签订劳动合同的聘用人员

续表

类别	子项	主要内容
企业职工基本养老保险费参保范围	应参保	⑤在中国境内依法注册或者登记的企业、事业单位等组织依法招用的外国人以及与境外雇主订立雇用合同后，被派遣到在中国境内注册或者登记的分支机构、代表机构工作的外国人 ⑥在内地（大陆）依法注册或者登记的企业、事业单位、社会组织、有雇工的个体经济组织等用人单位聘用、招用的港澳台居民
	可参保	①无雇工的个体工商户、未在用人单位参加基本养老保险的非全日制从业人员以及其他灵活就业人员可以参加，由个人缴纳基本养老保险费 ②在内地（大陆）灵活就业且办理港澳台居民居住证的港澳台居民 ③在内地（大陆）依法从事个体工商经营的港澳台居民
	特殊情况不参保	①符合与中国签订双边社会保险协定规定的在华短暂就业的外国人 ②已在中国香港、澳门、台湾参加当地社会保险，并继续保留社会保险关系的港澳台居民（持相关授权机构出具的证明）

国务院办公厅关于健全基本医疗保险参保长效机制的指导意见（国办发〔2024〕38 号）

完善政策措施	（1）完善参保政策。进一步放开放宽在常住地、就业地参加基本医保的户籍限制。特大城市、超大城市要切实落实持居住证参保政策，推动外地户籍中小学生、学龄前儿童在常住地参加居民医保。超大城市要取消灵活就业人员、农民工、新就业形态人员在就业地参加基本医保的户籍限制，做好在就业地参加职工医保工作。鼓励大学生在学籍地参加居民医保，落实参保相关政策，抓好大学生参加居民医保扩面工作 （2）完善筹资政策。推进居民医保缴费与经济社会发展水平和居民人均可支配收入挂钩，保持财政补助和个人缴费合理的比例结构。对特困人员、最低生活保障对象、符合条件的防止返贫监测对象等困难群众参保按有关规定给予分类资助。落实从失业保险基金中支付领取失业保险金人员的职工医保（含生育保险）费政策，并确保与参保职工同等享受医疗保险、生育保险待遇。支持职工医保个人账户用于支付参保人员近亲属参加居民医保的个人缴费及已参保的近亲属在定点医药机构就医购药发生的个人自付医药费用。适应就业形式多样化，研究完善灵活就业人员参保缴费方式 （3）完善待遇政策。在巩固住院待遇水平基础上，可根据经济社会发展水平和医保基金承受能力，稳步提升基本医保门诊保障水平。有条件的地区可将居民医保年度新增筹资的一定比例用于加强门诊保障，并向基层医疗机构倾斜，引导群众在基层就医 建立对居民医保连续参保人员和零报销人员的大病保险待遇激励机制。自 2025 年起，对断保人员再参保的，可降低大病保险最高支付限额；对连续参加居民医保满 4 年的参保人员，之后每连续参保 1 年，可适当提高大病保险最高支付限额。对当年基金零报销的居民医保参保人员，次年可提高大病保险最高支付限额。连续参保激励和零报销激励，原则上每次提高限额均不低于 1000 元，累计提高总额不超过所在统筹地区大病保险原封顶线的 20%。居民发生大病报销并使用奖励额度后，前期积累的零报销激励额度清零。断保之后再次参保的，连续参保年数重新计算。具体政策标准由各省份根据医保基金承受能力等实际情况确定 自 2025 年起，除新生儿等特殊群体外，对未在居民医保集中参保期内参保或未连续参保的人员，设置参保后固定待遇等待期 3 个月；其中，未连续参保的，每多断保 1 年，原则上在固定待遇等待期基础上增加变动待遇等待期 1 个月，参保人员可通过缴费修复变动待遇等待期，每多缴纳 1 年可减少 1 个月变动待遇等待期，连续断缴 4 年及以上的，修复后固定待遇等待期和变动待遇等待期之和原则上不少于 6 个月。缴费参照当年参保地的个人缴费标准。等待期具体标准由各省份根据自身情况确定
优化管理服务	（4）准确掌握参保情况。国家医保局建立全民参保数据库，实现“一人一档”管理，定期将未参保人员信息推送至省级医保部门。省级医保部门要及时掌握本地区常住人口、户籍人口、参保人员、未参保人员等信息，定期更新全民参保数据库。发挥各地基层网格化管理优势，对于人户分离的应参保未参保人员，户籍地与常住地加强配合，共同落实参保扩面责任。持续做好重复参保治理工作，优化新增参保登记，提升参保质量

续表

优化管理服务	(5) 协同开展参保动员。每年9月开展基本医保全民参保集中宣传活动。广泛发动各级医保部门、经办服务机构、定点医药机构、相关政府部门及企事业单位开展宣传动员，充分发挥传统媒体和新媒体作用，创新宣传形式，丰富宣传载体，讲好医保故事，回应社会关切，让群众充分了解政府投入情况以及基本医保在抵御疾病风险、减轻医药费用负担方面的积极作用，普及医疗保险互助共济、责任共担、共建共享理念，营造良好参保氛围。鼓励有条件的地区探索以家庭为单位组织动员参保。积极依托社会力量，发挥志愿宣讲员、形象大使等作用，培养一支懂医保、有热情、肯奉献的参保宣传动员队伍 (6) 大力提升服务能力。推动落实出生医学证明、户口登记、医保参保、社会保障卡申领等“出生一件事”集成化办理，简化手续，优化流程，促进监护人为新生儿在出生当年参保。医保部门和税务部门要丰富参保缴费方式，拓展个人缴费及纳入医保结算的医药费用查询渠道，为参保人员提供线上线下多样化、便捷化的参保缴费等服务。用3年时间逐步统一全国居民医保集中征缴期。发挥商业银行、商业保险机构等网点作用，延伸医保公共服务。健全完善个人信息授权查询和使用机制，助力参保人员在购买商业健康保险等方面获得便捷服务 (7) 切实改善就医体验。加强定点医药机构管理，增强医药服务可及性。积极创造条件，将自愿申请且符合条件的村卫生室纳入医保结算范围，推动实时结算。推进村卫生室合理配备国家集采药品，方便农村居民就近看病就医，更好推进分级诊疗。加强定点医药机构监管，加大对欺诈骗保等违法违规行为的整治力度，用好医保基金，减轻群众医药费用负担。大力推动医保码（医保电子凭证）、社会保障卡（含电子社保卡）、移动支付等数字化医保服务应用
强化部门协同	(8) 明确部门职责。医保部门统筹做好参保动员、预算编制、基金收支、转移接续、宣传解读等工作，加强医保基金管理和监督。人力资源和社会保障等部门与医保部门协同做好参保登记工作。税务部门做好征收工作和缴费服务，及时回传缴费信息，加强与医保部门数据比对，协助做好参保动员工作。财政部门按职责对基本医保基金的收支、管理情况实施监督，审核并汇总编制基本医保基金预决算草案，及时落实各级财政补助资金。教育部门积极配合医保部门，加强工作协同与数据共享，不断提高学生基本医保参保水平，不得以任何形式强制或变相强制学生购买商业保险产品 (9) 强化部门联动。医保部门与公安部门加强配合，做好参保人员信息与人口信息数据比对。医保部门与人力资源社会保障部门共同支持社会保险业务协同联动，协助做好领取失业保险金人员缴纳职工医保（含生育保险）费工作。各级公安、卫生健康、医保、人力资源社会保障部门积极配合，做好新生儿“出生一件事”服务。卫生健康部门合理编制区域卫生规划，优化医疗资源配置，加强医疗机构行为监管。医保部门加强与卫生健康部门联动，推动医疗费用增长合理有度且与经济社会发展水平、医保筹资水平和群众承受能力相适应。医保部门加强与民政、卫生健康等部门联动，动员引导社会力量依法规范参与医疗救助活动。医保部门会同有关部门推动基本医保与商业保险协同发展，加强多层次医疗保障衔接 (10) 推进信息共享。医保部门要及时掌握参保人员变动信息，为扩大参保覆盖面和治理重复参保提供数据支撑。各有关部门与医保部门在符合国家数据安全管理和个人信息保护有关规定的前提下，依托各地大数据平台等渠道，及时共享公民出生、死亡和户口登记、迁移、注销等信息，以及医疗救助对象、在校学生、就业人员、企业设立变更注销、基本养老保险、医疗保险等的有关信息。具体共享形式由各地有关部门协商确定

章节练习

一、单选题

1. 根据《人力资源社会保障部 财政部 国家税务总局关于阶段性降低失业保险、工伤保险费率有关问题的通知》（人社部发〔2023〕19号）规定，自2023年5月1日起，按照《国务院办公厅关于印发降低社会保险费率综合方案的通知》（国办发〔2019〕13号）有关实施条件，继续实施阶段性降低工伤保险费率政策，实施期限延长至（　　）。

A. 2023年4月30日　　　　B. 2024年底

C. 2023 年 12 月 31 日　　D. 2024 年 4 月 30 日

【答案】B

【解析】根据《人力资源社会保障部 财政部 国家税务总局关于阶段性降低失业保险、工伤保险费率有关问题的通知》（人社部发〔2023〕19 号）第二条的规定，B 选项正确。

2. 目前失业保险费率个人费率不超过（　　）。

A. 0.7%　　B. 0.6%　　C. 0.5%　　D. 0.4%

【答案】C

【解析】根据《人力资源社会保障部 财政部关于阶段性降低社会保险费率的通知》（人社部发〔2016〕36 号）第二条规定，从 2016 年 5 月 1 日起，失业保险总费率在 2015 年已降低 1 个百分点基础上可以阶段性降低 1%—1.5%，其中个人费率不超过 0.5%，降低费率的期限暂按两年执行。具体方案由各省（区、市）确定。

3. 2024 年，城乡居民基本医疗保险个人缴费每人每年不低于（　　）元。

A. 350　　B. 380　　C. 400　　D. 460

【答案】C

【解析】根据《国家医保局 财政部 国家税务总局关于做好 2024 年城乡居民基本医疗保障有关工作的通知》（医保发〔2024〕19 号）第一条的规定，2024 年各级财政继续加大对居民医保参保缴费补助力度，同时居民个人缴费增幅适当降低，财政补助和个人缴费标准分别较上年增加 30 元和 20 元，每人每年分别不低于 670 元和 400 元。

4. 2024 年，城乡居民基本医疗保险财政补助每人每年不低于（　　）元。

A. 350　　B. 380　　C. 570　　D. 670

【答案】D

【解析】根据《国家医保局 财政部 国家税务总局关于做好 2024 年城乡居民基本医疗保障有关工作的通知》（医保发〔2024〕19 号）第一条的规定，2024 年各级财政继续加大对居民医保参保缴费补助力度，同时居民个人缴费增幅适当降低，财政补助和个人缴费标准分别较上年增加 30 元和 20 元，每人每年分别不低于 670 元和 400 元。

5. 根据《中华人民共和国社会保险法》，依法缴纳社会保险费的主体是（　　）。

A. 所有用人单位和个人　　B. 所有用人单位

C. 境内用人单位和个人　　D. 境内用人单位

【答案】C

【解析】《社会保险法》第四条，中华人民共和国境内的用人单位和个人依法缴纳社会保险费。

6. 参加企业职工养老保险的职工个人，其缴纳社会保险费方式为（　　）。

A. 本人自行向税务机关缴纳

B. 所在单位向本人收取后汇总缴纳

C. 本人自行向当地社保经办机构缴纳

D. 所在单位从其本人工资中代扣代缴

【答案】D

【解析】《社会保险费征缴暂行条例》规定，缴费个人应当缴纳的社会保险费，由所在单位从其本人工资中代扣代缴。

7. 我国目前的社会保险基金管理模式是（　　）。

A. 多元分散型基金管理模式
B. 财政集中型基金管理模式
C. 专门机构的集中基金管理模式
D. 私营竞争型管理模式

【答案】B

【解析】财政集中型基金管理模式是以建立社会保险预算或直接列入国家财政预算的方式管理社会保险基金，体现国家财政对社会保险基金的最后责任。

8.《中华人民共和国社会保险法》规定，用人单位未按规定申报应当缴纳的社会保险费数额的，按照该单位上月缴费额的（　　）确定应当缴纳数额；缴费单位补办申报手续后，由社会保险费征收机构按照规定结算。

A. 90%
B. 100%
C. 110%
D. 120%

【答案】C

【解析】根据《中华人民共和国社会保险法》第六十二条规定，用人单位未按规定申报应当缴纳的社会保险费数额的，按照该单位上月缴费额的百分之一百一十确定应当缴纳数额；缴费单位补办申报手续后，由社会保险费征收机构按照规定结算。

9. 当前，我国的失业保险制度覆盖人群范围不包括（　　）。

A. 私营企业职工
B. 外商投资企业职工
C. 律师
D. 公务员

【答案】D

【解析】《失业保险条例》第二条规定，城镇企业事业单位、城镇企业事业单位职工依照本条例的规定，缴纳失业保险费。城镇企业事业单位失业人员依照本条例的规定，享受失业保险待遇。本条所称城镇企业，是指国有企业、城镇集体企业、外商投资企业、城镇私营企业以及其他城镇企业。

10. 参加职工基本养老保险的个人达到法定退休年龄时，累计缴费须达到（　　）年，可以享受养老保险待遇。

A. 10
B. 15
C. 20
D. 30

【答案】B

【解析】根据《社会保险法》第十六条的规定，参加基本养老保险的个人，达到法定退休年龄时累计缴费满 15 年的，按月领取基本养老金。

二、多选题

1. 我国基本医疗保险费有（　　）。

A. 职工基本医疗保险费

B. 机关事业单位工作人员基本医疗保险费

C. 城乡居民基本医疗保险费

D. 灵活就业人员基本医疗保险费

【答案】AC

【解析】目前我国的基本医疗保险费包括：职工基本医疗保险费、城乡居民基本医疗保险费。

2. 下列属于城乡居民基本医疗保险征收范围的是（　　）。

A. 中小学阶段的学生　　B. 非从业居民

C. 少年儿童　　D. 灵活就业人员

【答案】ABC

【解析】D 选项，灵活就业人员缴纳的是职工基本医疗保险。

3. 职工可以按照国家规定享受生育津贴的情形有（　　）。

A 育龄女职工年休假　　B 女职工生育享受产假

C 享受计划生育手术休假　　D 女职工生育前休探亲假

【答案】BC

【解析】《社会保险法》第五十六条规定，职工有下列情形之一的，可以按照国家规定享受生育津贴：（1）女职工生育享受产假；（2）享受计划生育手术休假；（3）法律、法规规定的其他情形。

4. 具备下列（　　）条件的失业人员，可以领取失业保险金。

A. 按照规定参加失业保险，所在单位和本人已按照规定履行缴费义务满 1 年的

B. 非因本人意愿中断就业的

C. 已经进行失业登记，并有求职要求的

D. 按照规定参加失业保险，所在单位和本人已按照规定履行缴费义务满两年的

【答案】ABC

【解析】根据《中华人民共和国社会保险法》第四十五条的规定，失业人员符合下列条件的，从失业保险基金中领取失业保险金：（1）失业前用人单位和本人已经缴纳失业保险费满一年的；（2）非因本人意愿中断就业的；（3）已经进行失业登记，并有求职要求的。

5. 我国基本医疗保险制度规定，基本医疗保险基金包括（　　）。

A. 社会统筹　　B. 对公账户　　C. 个人账户　　D. 全国统筹

【答案】AC

【解析】《关于建立城镇职工基本医疗保险制度的决定》（国发〔1998〕44 号），基本医疗保险基金实行社会统筹和个人账户相结合。

6. 国家现行法律规定的生育保险待遇包括（　　）。

A. 生育医疗费用　　B. 失业保险金

C. 生育津贴　　D. 工伤鉴定费用

【答案】AC

【解析】《社会保险法》第五十四条第二款规定，生育保险待遇包括生育医疗费用和生育津贴。

7. 下列社会保险费类别中，不需要个人缴纳的是（　　）。

A. 养老保险　　B. 失业保险　　C. 工伤保险　　D. 生育保险

【答案】CD

【解析】个人不需要缴纳的社会保险费包括工伤保险、生育保险。

8. 基本养老金根据个人累计缴费年限、（　　）等因素确定。

A. 当地职工平均工资　　B. 个人账户金额

C. 城镇人口平均预期寿命　　D. 缴费工资

【答案】ABCD

【解析】《社会保险法》第十五条规定，基本养老金根据个人累计缴费年限、缴费工资、当地职工平均工资、个人账户金额、城镇人口平均预期寿命等因素确定。

9. 下列关于社会保险费征收管理的说法，正确的有（　　）。

A. 受不可抗力因素影响的，社会保险费可以缓缴或减免

B. 用人单位及职工应按月申报社会保险费，未按规定申报的，按该单位上月缴费数额的100%缴纳

C. 用人单位未按时足额代缴的，征收机关对用人单位按日加收万分之五滞纳金

D. 灵活就业人员及城乡居民自愿缴纳、自行申报社会保险费，可选择按月、按季或按年

【答案】ACD

【解析】B选项，用人单位及职工应按月申报社会保险费，未按规定申报的，按该单位上月缴费数额的110%缴纳。

10. 机关单位（含参公管理的单位）工作人员基本养老保险的个人缴费工资基数包括（　　）。

A. 基本工资　　B. 国家统一的津贴补贴

C. 规范后的津贴补贴　　D. 年终一次性奖金

【答案】ABCD

【解析】《人力资源社会保障部 财政部关于贯彻落实〈国务院关于机关事业单位工作人员养老保险制度改革的决定〉的通知》规定，机关单位（含参公管理的单位）工作人员的个人缴费工资基数包括：本人上年度工资收入中的基本工资、国家统一的津贴补贴（艰苦边远地区津贴、西藏特贴、特区津贴、警衔津贴、海关津贴等国家统一规定纳入原退休费基数的项目）、规范后的津贴补贴（地区附加津贴）、年终一次性奖金。

三、判断题

1. 个体工商户、未在用人单位参加基本养老保险的非全日制从业人员以及其他灵活就业人员可以参加基本养老保险，由个人缴纳基本养老保险费。

【答案】错误

【解析】《中华人民共和国社会保险法》第十条第二款规定，无雇工的个体工商户、未在用人单位参加基本养老保险的非全日制从业人员以及其他灵活就业人员可以参加基本养老保险，由个人缴纳基本养老保险费。

2. 缴费个人应当缴纳的社会保险费，由所在单位从其本人工资中代扣代缴。

【答案】正确

【解析】《社会保险费征缴暂行条例》第十二条规定，缴费单位和缴费个人应当以货币形式全额缴纳社会保险费。缴费个人应当缴纳的社会保险费，由所在单位从其本人工资中代扣代缴。

3. 失业人员在领取失业保险金期间，参加职工基本医疗保险，享受基本医疗保险待遇。

【答案】正确

【解析】《社会保险法》第四十八条规定，失业人员在领取失业保险金期间，参加职工基本医疗保险，享受基本医疗保险待遇。

4. 企业没有女职工，可以不缴纳生育保险费。

【答案】错误

【解析】《社会保险法》第五十三条规定，职工应当参加生育保险。

5. 职工应当参加工伤保险，由单位和职工个人缴纳工伤保险费。

【答案】错误

【解析】《社会保险法》第三十三条规定，职工应当参加工伤保险，由用人单位缴纳工伤保险费，职工不缴纳工伤保险费。因此，用人单位是工伤保险缴费义务人。

6. 用人单位必须按期缴纳社会保险费，不可以缓缴。

【答案】错误

【解析】根据《社会保险费征缴暂行条例》第六十条规定，非因不可抗力等法定事由不得缓缴、减免。

7. 缴费基数分为用人单位缴费基数和个人缴费基数。缴费基数总额是指报告期内参加各类保险的单位或个人缴纳保险费的缴费基数，按缴费人员的应缴口径计算。

【答案】错误

【解析】缴费基数分为用人单位缴费基数和个人缴费基数。缴费基数总额是指报告期内参加各类保险的单位及个人缴纳保险费的缴费基数之和，按缴费人员的应缴口径计算。

8. 根据《失业保险条例》规定，城镇企业事业单位招用的农民合同制工人本人不缴纳失业保险费。

【答案】正确

【解析】《失业保险条例》第六条规定，城镇企业事业单位招用的农民合同制工人本人不缴纳失业保险费。

9. 按照现行政策规定，失业保险的单位费率不得高于个人费率。

【答案】错误

【解析】《人力资源社会保障部 财政部 国家税务总局关于阶段性降低失业保险、工伤保险费率有关问题的通知》（人社部发〔2023〕19 号）第一条规定，在省（区、市）行政区域内，单位及个人的费率应当统一，个人费率不得超过单位费率。

10. 企业职工基本养老保险费的职工个人缴费基数为本人工资收入。本人工资收入原则上以本人上年度月平均工资为基础，在本省全口径城镇单位就业人员平均工资的 50%—300% 进行核定。

【答案】错误

【解析】本题是对社会保险费缴费基数的考查。企业职工基本养老保险费的职工个人缴费基数为本人工资收入。本人工资收入原则上以本人上年度月平均工资为基础，在本省全口径城镇单位就业人员平均工资的 60%—300% 进行核定。

第九章　非税收入

本章主要掌握内容：概念、税务部门征收的非税收入项目、非税收入管理

非税收入基本知识

特征	灵活性、非确定性、非普遍性、资金使用上的特定性	
职能	组织财政收入职能、经济管理职能、稳定经济职能	
分类	按性质分类	①行政事业性收费；②政府性基金收入；③罚没收入；④国有资源（资产）有偿使用收入；⑤国有资本收益；⑥彩票公益金收入；⑦特许经营收入；⑧中央银行收入；⑨以政府名义接受的捐赠收入；⑩主管部门集中收入；⑪政府收入的利息收入
	按取得依据分	凭借政权取得收入：①②③ 凭借国有产权取得收入：④⑤ 凭借政府信誉取得的收入：⑥⑨ 凭借政府提供特定服务取得的非税收入：①
	按隶属关系分	中央非税收入、地方非税收入、中央与地方共享的非税收入

非税收入划转情况

划转时间	项目	划转时间	项目	划转时间	项目
2021 年划转项目（10 项）	国有土地使用权出让收入	**2019 年专员办划转项目（11 项）**	国家重大水利工程建设基金	**2018 年前已征（6 项）**	教育费附加
	矿产资源专项收入		农网还贷资金		地方教育附加
	海域使用金		可再生能源发展基金		文化事业建设费
	无居民海岛使用金		核电站乏燃料处理处置基金		废弃电器电子产品处理基金
	土地闲置费		中央水库移民扶持基金		残疾人就业保障金
	城镇垃圾处理费		油价调控风险准备金		水利建设基金（2018 年前征收，2020 年全部划转）
	地方水库移民扶持基金		（场外）核事故应急准备专项收入		
	排污权出让收入		石油特别收益金		
	水土保持补偿费		国家留成油收入		
	防空地下室易地建设费		免税商品特许经营收入		
			三峡电站水资源费		

非税收入主要项目具体内容

序号	项目	征收标准	征收范围及对象	征收方式	现行优惠政策
1	教育费附加	应缴费额＝实际缴纳的增值税额、消费税额×3%	缴纳增值税、消费税的单位和个人（包括外商投资企业、外国企业及外籍个人）	与增值税、消费税同时缴纳，按月、按季或按次	（1）《财政部 国家税务总局关于扩大有关政府性基金免征范围的通知》（财税〔2016〕12号）： 自2016年2月1日起，将免征教育费附加、地方教育附加、水利建设基金的范围，由现行按月纳税的月销售额或营业额不超过3万元（按季纳税的季度销售额或营业额不超过9万元）的缴纳义务人，扩大到月纳税的月销售额或营业额不超过10万元（按季度纳税的季度销售额或营业额不超过30万元）的缴纳义务人 （2）《财政部 税务总局关于实施小微企业普惠性税收减免政策的通知》（财税〔2019〕13号）： 对增值税小规模纳税人减按50%征收资源税、城市维护建设税、房产税、城镇土地使用税、印花税（不含证券交易印花税）、耕地占用税和教育费附加、地方教育附加
2	地方教育附加	应缴费额＝实际缴纳的增值税额、消费税额×2%	缴纳增值税、消费税的单位和个人（包括外商投资企业、外国企业及外籍个人）	与增值税、消费税同时缴纳，按月、按季或按次	
3	文化事业建设费	应缴费额＝计费销售额×3% （广告服务计费销售额：提供广告服务取得的全部含税价款和价外费用减去支付给其他广告公司或广告发布者的含税广告发布费后的余额；娱乐服务计费销售额：提供娱乐服务取得的全部含税价款和价外费用）	（1）在中华人民共和国境内提供广告服务的广告媒介单位和户外广告经营单位 （2）在中华人民共和国境内提供娱乐服务的单位和个人 （3）中华人民共和国境外的广告媒介单位和户外广告经营单位在境内提供广告服务，在境内未设有经营机构的，以广告服务接受方为文化事业建设费的扣缴义务人	与增值税申报期限相同，按月/按季申报	（1）根据《财政部 国家税务总局关于营业税改征增值税试点有关文化事业建设费政策及征收管理问题的通知》（财税〔2016〕25号）规定，增值税小规模纳税人中月销售额不超过2万元（按季纳税6万元）的企业和非企业性单位提供的应税服务，免征文化事业建设费 （2）《财政部 国家税务总局关于营业税改征增值税试点有关文化事业建设费政策及征收管理问题的补充通知》（财税〔2016〕60号）规定，未达到增值税起征点的缴纳义务人，免征文化事业建设费 （3）《财政部关于调整部分政府性基金有关政策的通知》（财税〔2019〕46号）规定，自2019年7月1日至2024年12月31日，对归属中央收入的文化事业建设费，按照缴纳义务人应缴费额的50%减征；对归属地方收入的文化事业建设费，各省（区、市）财政、党委宣传部门可以结合当地经济发展水平、宣传思想文化事业发展等因素，在应缴费额50%的幅度内减征

续表

序号	项目	征收标准	征收范围及对象	征收方式	现行优惠政策
4	残疾人就业保障金	残保金年缴纳额＝（上年用人单位在职职工人数×所在地省、自治区、直辖市人民政府规定的安排残疾人就业比例－上年用人单位实际安排的残疾人就业人数）×上年用人单位在职职工年平均工资（或当地社平工资的2倍，取低值）	用人单位安排残疾人就业的比例不行低于本单位在职职工总数的1.5%，具体比例由各省、自治区、直辖市人民政府根据本地区的实际情况规定。用人单位安排残疾人就业达不到其所在地省、自治区、直辖市人民政府规定比例的，应当缴纳残保金 用人单位将残疾人录用为在编人员或者依法与就业年龄段内的残疾人签订1年以上（含1年）劳动合同（服务协议），且实际支付的工资不低于当地最低工资标准，并足额缴纳社会保险费的，方可计入用人单位所安排的残疾人就业人数。用人单位跨地区招用残疾人的，应当计入所安排的残疾人就业人数	缴费单位自行向税务部门申报缴费。全国各地申报期限有所不同，部分一次缴纳（集中在下半年），部分分季缴纳或分月缴纳 逾期缴纳的，按日加收5‰的滞纳金	（1）《国家发展和改革委员会 财政部 民政部 人力资源和社会保障部 国家税务总局 中国残疾人联合会关于印发〈关于完善残疾人就业保障金制度更好促进残疾人就业的总体方案〉的通知》（发改价格规〔2019〕2015号）：一是优化残保金征收，实行分档征收，用人单位安排残疾人就业比例1%（含）以上但低于本省（区、市）规定比例的，三年内按应缴费额50%征收，1%以下的三年内按应缴费额90%征收 （2）《财政部关于取消、调整部分政府性基金有关政策的通知》（财税〔2017〕18号）：扩大残疾人就业保障金免征范围。将残疾人就业保障金免征范围，由自工商注册登记之日起3年内，在职职工总数20人（含）以下小微企业，调整为在职职工总数30人（含）以下的企业
5	工会经费	应缴费额＝每月全部职工工资总额2%	工会经费的缴费主体是组建工会组织的企业、事业单位、机关和其他组织 建会筹备金的缴费主体是应组建但尚未组建工会组织的企业、事业单位、机关和其他组织，上级工会派员帮助和指导其筹建工会组织，在筹建期间向上级工会拨缴建会筹备金	按月申报（每月10日前向主管税务部门办理工会经费申报手续，15日前向银行解缴工会经费。部分地区明确按季度或半年征收）	《中华人民共和国工会法》规定，企业、事业单位、机关有会员25人以上的，应当建立基层工会委员会。因此对会员25人以下的企业、事业单位、机关，部分省份规定不征收工会经费和建会筹备金，或者征收后全部返还

续表

序号	项目	征收标准	征收范围及对象	征收方式	现行优惠政策
6	国家重大水利工程建设基金	全部销售电量（扣除国家扶贫开发工作重点县农业排灌用电）×征收标准（征收标准按每千瓦计算征收，各地标准不同） 拥有自备电厂企业、地方独立电网企业应准确计量自发自用电量和销售电量，不能准确计量的，由税务部门按照其最大发电（售电）能力核定自发自用电量和销售电量，并确定国家重大水利工程建设基金征收数额	在除西藏自治区以外的全国范围内筹集，按照各省、自治区、直辖市扣除国家扶贫开发工作重点县农业灌溉用电后的全部销售电量和规定征收标准计征。各省、自治区、直辖市全部销售电量包括省级电网企业销售给电力用户的电量、省级电网企业扣除合理线损后的趸售电量（即实际销售给转供单位的电量）、省级电网企业销售给子公司的电量和对境外销售电量、企业自备电厂自发给自用电量、地方独立电网销售电量（不含省级电网企业销售给地方独立电网企业的电量） 资源综合利用（利用余热余压发电、煤矸石发电等）、热电联产的企业自备电厂纳入基金征收范围	按月申报缴纳，按年汇算清缴。每月15日前申报缴纳。省级电网企业、拥有自备电厂企业和地方独立电网企业应在次年3月底前完成汇算清缴申报缴纳	(1)《国家税务总局关于免征国家重大水利工程建设基金的城市维护建设税和教育费附加的通知》（财税〔2010〕44号）规定，为支持国家重大水利工程建设，对国家重大水利工程建设基金免征城市维护建设税和教育费附加 (2)《财政部关于对分布式光伏发电自发自用免征政府性基金有关问题的通知》（财综〔2013〕103号）规定，自2013年11月19日起，对分布式光伏发电自发自用电量免收国家重大水利工程建设基金 (3)《财政部关于降低部分政府性基金征收标准的通知》（财税〔2018〕39号）规定，自2018年7月1日起，将国家重大水利工程建设基金征收标准，在按照《财政部关于降低国家重大水利工程建设基金和大中型水库移民后期扶持基金征收标准的通知》（财税〔2017〕51号）降低25%的基础上，再统一降低25%。调整后的征收标准＝按照《财政部 国家发展改革委 水利部关于印发〈国家重大水利工程建设基金征收使用管理暂行办法〉的通知》（财综〔2009〕90号）规定的征收标准×（1－25%）×（1－25%） (4)《财政部关于调整部分政府性基金有关政策的通知》（财税〔2019〕46号）规定，自2019年7月1日起，将国家重大水利工程建设基金征收标准降低50%
7	农网还贷资金	除规定的减免用量外，农网改造贷款“一省多贷”的省、自治区、直辖市的社会用电量按每度电2分钱的征收标准征收	农网改造贷款“一省多贷”的省、自治区、直辖市的电力用户	按月申报缴纳	(1)《财政部关于对分布式光伏发电自发自用免征政府性基金有关问题的通知》（财综〔2013〕103号）规定，自2013年11月19日起，对分布式光伏发电自发自用电量免收农网还贷资金 (2)《农网还贷资金征收使用管理办法》（财企〔2001〕820号）规定，农业排灌、抗灾救灾及氮肥、磷肥、钾肥和原化工部颁发生产许可证的复合肥生产用电免征农网还贷资金；国有重点煤炭企业生产用电、核工业铀扩散厂和堆化工厂生产用电农网还贷资金暂按每千瓦时用电量三厘钱标准征收。从2001年1月1日开始执行

续表

序号	项目	征收标准	征收范围及对象	征收方式	现行优惠政策
8	可再生能源发展基金	销售电量×征收标准 居民生活用电征收标准为8厘/千瓦时。各省（不含新疆、西藏）居民生活和农业生产以外全部销售电量的可再生能源发展基金征收标准为1.9分/千瓦时。新疆征收标准为1.5分/千瓦时，西藏不予征收	可再生能源电价附加在除西藏自治区以外的全国范围内，对各省、自治区、直辖市扣除农业生产用电（含农业排灌用电）后的销售电量征收 各省、自治区、直辖市纳入可再生能源电价附加征收范围的销售电量包括：（1）省级电网企业（含各级子公司）销售给电力用户的电量；（2）省级电网企业扣除合理线损后的趸售电量（即实际销售给转供单位的电量，不含趸售给各级子公司的电量）；（3）省级电网企业对境外销售电量；（4）企业自备电厂自发自用电量；（5）地方独立电网（含地方供电企业，下同）销售电量（不含省级电网企业销售给地方独立电网的电量）；（6）大用户与发电企业直接交易的电量 省（自治区、直辖市）际间交易电量，计入受电省份的销售电量征收可再生能源电价附加 企业自备电厂（含利用余热余压发电、煤矸石发电等资源综合利用和热电联产企业自备电厂）自发自用电量，以及大用户与发电企业直接交易电量，均应纳入基金征收范围	按月申报，次年3月底前省级电网企业和地方独立电网企业根据全年实际销售电量进行汇算清缴。 电力用户应缴纳的可再生能源电价附加，按照下列方式由电网企业代征： （1）大用户与发电企业直接交易电量的可再生能源电价附加，由代为输送电量的电网企业代征 （2）地方独立电网销售电量的可再生能源电价附加，由地方电网企业在向电力用户收取电费时一并代征 （3）企业自备电厂自发自用电量应缴纳的可再生能源电价附加，由所在地电网企业代征 （4）其他社会销售电量的可再生能源电价附加，由省级电网企业在向电力用户收取电费时一并代征 税务部门根据省级电网企业和地方独立电网企业全年实际销售电量，在次年3月底前完成对相关企业全年应缴可再生能源电价附加的汇算清缴工作。税务部门开展汇算清缴工作时，应对电力用户欠缴电费、电网企业核销坏账损失的电量情况进行审核，经确认后不计入相关企业全年实际销售电量	《财政部关于对分布式光伏发电自发自用免征政府性基金有关问题的通知》（财综〔2013〕103号）规定，自2013年11月19日起，对分布式光伏发电自发自用电量免收可再生能源电价附加

续表

序号	项目	征收标准	征收范围及对象	征收方式	现行优惠政策
9	水土保持补偿费	由主管部门核定	在山区、丘陵区、风沙区以及水土保持规划确定的容易发生水土流失的其他区域开办生产建设项目或者从事其他生产建设活动，损坏水土保持设施、地貌植被，不能恢复原有水土保持功能的生产建设单位和个人	按次申报，应于项目开工前或建设活动开始前，缴纳水土保持补偿费。按期缴纳的，在期满之日起15日内申报缴纳水土保持补偿费	下列情形免征水土保持补偿费：（1）建设学校、幼儿园、医院、养老服务设施、孤儿院、福利院等公益性工程项目的；（2）农民依法利用农村集体土地新建、翻建自用住房的；（3）按照相关规划开展小型农田水利建设、田间土地整治建设和农村集中供水工程建设的；（4）建设保障性安居工程、市政生态环境保护基础设施项目的；（5）建设军事设施的；（6）按照水土保持规划开展水土流失治理活动的；（7）法律、行政法规和国务院规定免征水土保持补偿费的其他情形
10	防空地下室易地建设费	应建防空地下室建筑面积×征收标准	符合下列情况之一的易地修建防空地下室项目申请条件的个人、企业、机关、事业单位、社会组织，由建设单位申请，经有批准权限的人防主管部门批准后，应按应建防空地下室的建筑面积和规定的易地建设费标准交纳建设费用建设单位按应建防空地下室建筑面积和易地建设费标准缴纳易地建设费： （1）采用桩基且桩基承台顶面埋置深度小于三米（或者不足规定的地下室空间净高）的； （2）按规定指标应建防空地下室只占地面建筑首层的局部，结构和基础处理问题，且经济很不合理的； （3）建在流砂、暗河、基岩埋深很浅等地段的项目，因地质条件不适于修建的；	按次申报	（1）对以下新建民用建筑项目应适当减免防空地下室易地建设费：①享受政府优惠政策建设的廉租房、经济适用房等居民住房，减半收取；②新建幼儿园、学校教学楼、养老院及为残疾人修建的生活服务设施等民用建筑，减半收取；③临时民用建筑和不增加面积的危房翻新改造商品住宅项目，予以免收；④因遭受水灾、火灾或其他不可抗拒的灾害造成损坏后按原面积修复的民用建筑，予以免收。（计价格〔2000〕474号） （2）廉租住房和经济适用住房建设、棚户区改造、旧住宅区整治，一律免收各项行政事业性收费和政府性基金。减免范围包括防空地下室易地建设费。（财综〔2007〕53号） （3）落实扶持鼓励政策。校舍建设项目涉及的行政事业性收费和政府性基金，应予以免收；涉及的经营服务性收费，在服务双方协商基础上可适当予以减收或免收。减免范围包括防空地下室易地建设费。（国办发〔2013〕103号） （4）对非营利性养老和医疗机构建设全额免征行政事业性收费，对营利性养老和医疗机构建设减半收取行政事业性收费。减免范围包括防空地下室易地建设费。（财税〔2014〕77号） （5）免征监狱布局调整建设项目（司法部、国家发展改革委、财政部批复的各省、自治区、直辖市监狱布局调整总体方案内的项目）

续表

序号	项目	征收标准	征收范围及对象	征收方式	现行优惠政策
			（4）因建设地段房屋或地下管道设施密集，防空地下室不能施工或者难以采取措施保证施工安全的		有关行政事业性收费和政府性基金的执行期，以建设项目立项批复时间为准，凡立项批复时间在2010年12月31日之前的，均可免征相关行政事业性收费和政府性基金。减免范围包括防空地下室易地建设费。（财税函〔2014〕243号） （6）为社区提供养老、托育、家政等服务的机构，确因地质条件等原因无法修建防空地下室的，免征防空地下室易地建设费。（财政部公告2019年第76号） （7）对易地扶贫搬迁项目免征城市基础设施配套费、不动产登记费。对确因地质条件等原因无法修建防空地下室的易地扶贫搬迁项目，免征防空地下室易地建设费。（财税〔2019〕53号）
11	地方水库移民扶持基金	省级大中型水库库区基金 = 费率 × 实际上网销售电量 小型水库移民后期扶助基金 = 费率 × 实际上网销售电量（部分省份规定扣除农业生产等用电）	各省、自治区、直辖市行政区域内装机容量在2.5万千瓦以上（包括2.5万千瓦）的大中型水库和水电站缴纳省级大中型水库库区基金；行政区域内装机容量在2.5万千瓦以下的小型水库和水电站缴纳小型水库移民扶助基金	省级大中型水库库区基金：按月缴纳 小型水库移民扶助基金：按月、季、半年、年缴纳	《财政部关于取消、调整部分政府性基金有关政策的通知》（财税〔2017〕18号）规定，“十三五”期间，省、自治区、直辖市人民政府可以结合当地经济发展水平、相关公共事业和设施保障状况、社会承受能力等因素，自主决定免征、停征或减征地方水利建设基金、地方水库移民扶持基金
12	土地闲置费	统一按划拨或出让土地价款的20%征收土地闲置费。其中，以划拨方式取得土地使用权的，以取得土地发生的成本（扣除税收）为划拨土地价款；以出让方式取得土地使用权的，以土地出让金总额为出让土地价款	（1）土地使用者依法取得土地使用权后，未经原批准用地的人民政府或市、县人民政府国土资源行政主管部门同意，超过国有建设用地使用权有偿使用合同或者划拨决定书等约定的动工建设日期满1年以上未动工开发建设的土地	按次申报	《财政部 税务总局 发展改革委 民政部 商务部 卫生健康委关于养老、托育、家政等社区家庭服务业税费优惠政策的公告》（财政部公告2019年第76号）规定，用于提供社区养老、托育、家政服务的房产、土地，免征不动产登记费、耕地开垦费、土地复垦费、土地闲置费

续表

序号	项目	征收标准	征收范围及对象	征收方式	现行优惠政策
			（2）国有建设用地使用权有偿使用合同或者划拨决定书未约定动工建设日期的，以国有建设用地使用权有偿使用合同生效或者国土资源行政主管部门颁发建设用地批准书之日起，满1年以上未动工开发建设的 （3）已动工开发建设但开发建设面积占应动工开发建设总面积不足三分之一的或者已投资额占总投资额不足25%，且未经市、县人民政府国土资源行政主管部门同意，中止开发建设连续满1年以上的土地		
13	免税商品特许经营费	免税商品是指免征关税、进口环节税的进口商品和实行退（免）税（增值税、消费税）进入免税店销售的国产商品 一般按照经营免税商品业务年销售收入的1%上缴；海南离岛旅客免税购物商店按经营免税商品业务年销售收入的4%缴纳	免税商品特许经营费的缴费主体包括以下单位：中国免税品（集团）总公司、深圳市国有免税商品（集团）有限公司、珠海免税企业（集团）有限公司、中国中旅（集团）公司、中国出国人员服务总公司、上海浦东国际机场免税店、海南离岛旅客免税购物商店，以及其他经营免税商品或代理销售免税商品的企业	年度终了后5个月内申报缴纳	

续表

序号	项目	征收标准	征收范围及对象	征收方式	现行优惠政策
14	石油特别收益金	[（石油开采企业销售原油的月加权平均价格－65）×征收率－速算扣除数]×销售量×美元兑换人民币汇率 其中：65美元/桶为起征点；征收比率为5级超额累进征收比率	在中华人民共和国陆地领域和所辖海域独立开采并销售原油的企业，以及在上述领域以合资、合作等方式开采并销售原油的其他企业。合资合作企业应当缴纳的石油特别收益金，由合资合作的各方中拥有石油勘探和开采许可证的一方企业统一向征收机关申报 中外合作油田按规定上缴国家的石油增值税、矿区使用费、国家留成油不征收石油特别收益金	按月计算、按季申报，按月缴纳	
15	城镇垃圾处理费	由主管部门核定，（1）按用水量折算计征、居民0.64元/平方米（物业管理住宅小区居民户按80%计收）；（2）按营业面积计征；（3）按垃圾量计征；（4）没有用水计量装置的用户计征	所有产生生活垃圾的国家机关、企事业单位、社会团体、个体工商户、本市户籍居民和暂住人员，均应按规定缴纳生活垃圾处理费	按次申报	
16	矿产资源专项收入	由主管部门核定	矿业权使用费：是指国家将矿产资源探矿权、采矿权出让给探矿权人、采矿权人，并按规定向其收取的使用费	按次申报	
17	海域使用金	由主管部门核定	单位和个人使用海域，应当按照国务院的规定缴纳海域使用金	按次申报	

续表

序号	项目	征收标准	征收范围及对象	征收方式	现行优惠政策
18	无居民海岛使用金	由主管部门核定	无居民海岛使用金：是指国家在一定年限内出让无居民海岛使用权，由无居民海岛使用者依法向国家缴纳的无居民海岛使用权价款，不包括无居民海岛使用者取得无居民海岛使用权应当依法缴纳的其他相关税费	按次申报	

非税收入滞纳金加收要求总结

序号	类别	名称	滞纳金加收标准
1	政府性基金收入	残疾人就业保障金	5‰
2		国家重大水利工程建设基金	2‰
3		核电站乏燃料处理处置基金	1‰
4	国有资源（资产）有偿使用收入	国有土地使用权出让收入	1‰
5		海域使用金	1‰
6		无居民海岛使用金	1‰
7	其他非税收入	石油特别收益金	0.5‰
8		国家留成油收入	0.5‰
9	行政事业性收费	水土保持补偿费	0.5‰

1. 概念详解

非税收入的概念分为广义和狭义两种。广义的非税收入，是指除税收收入以外的其他财政收入。狭义的非税收入，是指除税收以外，由各级国家机关、事业单位、代行政府职能的社会团体及其他组织依法利用国家权力、政府信誉、国有资源（资产）所有者权益等取得的各项收入。

2. 经典习题演练

【多选题】下列不属于非税收入职能的有（　　）。

A. 组织财政收入职能　　B. 经济调节职能

C. 监督管理职能　　D. 稳定经济职能

【答案】BC

【解析】非税收入的职能包括组织财政收入职能、经济管理职能、稳定经济职能；税收的职能包括财政收入职能、税收经济调节职能、税收监督管理职能、社会分配职能。

3. 知识扩展

非税收入范围包括：

行政事业性收费、政府性基金、彩票公益金、国有资源有偿使用收入、国有资产有偿使用收入、国有资本经营收益、罚没收入、以政府名义接受的捐赠收入、主管部门集中收入、政府财政资金产生的利息收入等。

在我国社会保险基金、住房公积金不纳入非税收入管理。

章节练习

一、单选题

1. 依据《政府非税收入管理办法》（财税〔2016〕33 号）的规定，下列项目不属于非税收入的是（　　）。

A. 国家重大水利工程建设基金　　B. 国有资本收益

C. 残疾人就业保障金　　D. 住房公积金

【答案】 D

【解析】 本题考查的是非税收入的定义。依据《政府非税收入管理办法》（财税〔2016〕33 号）第三条的规定，非税收入不包括社会保险费、住房公积金（指计入缴存人个人账户部分）。

2. 城镇垃圾处理费的征收对象是（　　）。

A. 产生垃圾的单位　　B. 产生垃圾的单位和个人

C. 产生生活垃圾的单位和个人　　D. 垃圾处理单位

【答案】 C

【解析】 城镇垃圾处理费是政府为了加强城市生活垃圾管理，改善城市市容和环境卫生，向产生生活垃圾的单位和个人征收的专项用于城市生活垃圾收集、运输和处置的费用。

3. 免税商品特许经营费的征收标准为：缴纳义务人按照经营免税商品业务年销售收入的（　　）上缴；海南离岛旅客免税购物商店按经营免税商品业务年销售收入的（　　）上缴。

A. 0.5%；4%　　B. 1%；4%

C. 1.5%；4%　　D. 2%；4%

【答案】 B

【解析】 免税商品特许经营费一般按照经营免税商品业务年销售收入的 1% 上缴；海南离岛旅客免税购物商店按经营免税商品业务年销售收入的 4% 缴纳。

4. 下列关于教育费附加的说法，不正确的是（　　）。

A. 凡代征增值税、消费税（简称两税）的单位和个人，也是代征教育费附加的义务人

B. 对海关进口的产品征收的“两税”，不征收教育费附加

C. 对出口产品退还“两税”的，同时退还已征的教育费附加

D. 自 2016 年 2 月 1 日起，对月销售额或营业额不超过 10 万元（按季度纳税的季度销售额或营业额不超过 30 万元）的“两税”纳税人免征教育费附加

【答案】 C

【解析】 根据《财政部关于征收教育费附加几个具体问题的通知》[（1986）财税字第 120 号] 第三条的规定，对由于减免“两税”而发生退税的，可以同时退还已征收的教育费附加。但对出口产品退还“两税”的，不退还已征的教育费附加。所以 C 选项说法不正确。

5. 下列单位和个人属于文化事业费缴纳义务人的是（　　）。

A. 提供广告发布服务的个人　　B. 户外广告经营单位

C. 电影制作公司　　D. 民办学校

【答案】 B

【解析】 在中华人民共和国境内提供广告服务的广告媒介单位和户外广告经营单位，以及提供娱乐服务的单位和个人，应按规定缴纳文化事业建设费。B 选项符合题意。

6. 残疾人就业保障金征收标准上限，按照当地社会平均工资的（　　）倍执行。

A. 1　　B. 1.5　　C. 2　　D. 3

【答案】 C

【解析】 根据《财政部关于降低部分政府性基金征收标准的通知》（财税〔2018〕39 号）第一条的规定，自 2018 年 4 月 1 日起，将残疾人就业保障金征收标准上限，由当地社会平均工资的 3 倍降低至 2 倍。

7. 工会经费原则上根据（　　）计算。

A. 全部职工工资总额的 2%　　B. 全部职工工资总额的 3%

C. 全部职工平均工资的 2%　　D. 全部职工平均工资的 3%

【答案】 A

【解析】 工会经费原则上根据全部职工工资总额的 2% 计算。

8. 以下关于土地闲置费的说法，错误的是（　　）。

A. 超过国有建设用地使用权有偿使用合同或者划拨决定书约定、规定的动工开发日期满 3 年未动工开发的国有建设用地使用权人，是土地闲置费的缴费人

B. 土地闲置费按照相当于土地使用权出让金 20% 以下的标准征收

C. 在 2021 年 7 月 1 日起，由税务部门征收土地闲置费

D. 土地闲置费由缴费人自行申报缴纳

【答案】 A

【解析】 本题是对非税收入具体项目的考查。A 选项，超过国有建设用地使用权有偿使用合同或者划拨决定书约定、规定的动工开发日期满 1 年未动工开发的国有建设用

地使用权人，是土地闲置费的缴费人。

9. 拒不缴纳水土保持补偿费的，由主管部门责令限期缴纳；逾期不缴纳的，自滞纳之日起按日加收滞纳部分（ ）的滞纳金。

A. 0.5‰　　B. 5‰　　C. 0.2‰　　D. 2‰

【答案】A

【解析】根据《水土保持法》第五十七条的规定，拒不缴纳水土保持补偿费的，由县级以上人民政府水行政主管部门责令限期缴纳；逾期不缴纳的，自滞纳之日起按日加收滞纳部分万分之五的滞纳金，可以处应缴水土保持补偿费三倍以下的罚款。

10. 农网还贷资金按照一定标准并入电价收取。下列关于农网还贷资金征收标准的表述，正确的是（ ）。

A. 按社会用电量每度电 2 分钱标准

B. 按社会用电量每度电 1.5 分钱标准

C. 按社会用电量每度电 1 分钱标准

D. 按社用电量每度电 0.5 分钱标准

【答案】A

【解析】《农网还贷资金征收使用管理办法》第二条规定，农网还贷资金按社会用电量每度电 2 分钱标准，并入电价收取。

二、多选题

1. 按照隶属关系划分，非税收入可以分为（ ）。

A. 中央非税收入　　B. 地方非税收入

C. 中央与地方共享非税收入　　D. 主管部门集中收入

【答案】ABC

【解析】按照隶属关系划分，非税收入包括中央非税收入、地方非税收入、中央与地方共享的非税收入。主管部门集中收入属于非税收入按性质划分情形。

2. 下列有关非税收入划转说法错误的有（ ）。

A. 2019 年 7 月 1 日起，国家重大水利工程建设基金划转税务部门征收

B. 2020 年 1 月 1 日起，可再生能源发展基金划转税务部门征收

C. 2021 年 1 月 1 日起，防空地下室易地建设费划转税务部门征收

D. 2021 年 1 月 1 日起，地方水库移民扶持基金划转税务部门征收

【答案】AB

【解析】2019 年 1 月 1 日起，国家重大水利工程建设基金、可再生能源发展基金划转税务部门征收。

3. 以下不属于广告服务，不需要征收文化事业建设费的有（ ）。

A. 创意策划　　B. 文印晒图　　C. 广告安装　　D. 会展服务

【答案】ABCD

【解析】广告服务，是指《财政部 国家税务总局关于全面推开营业税改征增值税

试点的通知》（财税〔2016〕36 号）的《销售服务、无形资产、不动产注释》中“广告服务”范围内的服务。广告服务，是指利用图书、报纸、杂志、广播、电视、电影、幻灯、路牌、招贴、橱窗、霓虹灯、灯箱、互联网等各种形式为客户的商品、经营服务项目、文体节目或者通告、声明等委托事项进行宣传和提供相关服务的业务活动。包括广告代理和广告的发布、播映、宣传、展示等。

4. 下列关于教育费附加的说法中，正确的有（　　）。

A. 对实行增值税期末留抵退税的纳税人，不允许其从教育费附加的计征依据中退还的增值税税额

B. 增值税实行即征即退的，不应退还教育费附加

C. 增值税实行先征后返的，不应退还教育费附加

D. 海关对进口产品征收的增值税、消费税，不征收教育费附加

【答案】 BCD

【解析】 对实行增值税期末留抵退税的纳税人，允许其从教育费附加的计征依据中退还的增值税税额。

5. 下列应当按照规定缴纳地方教育附加的有（　　）。

A. 出口货物适用征税政策缴纳增值税的外贸企业

B. 缴纳增值税的外籍个人

C. 提供应税劳务缴纳增值税的事业单位

D. 缴纳消费税的外商投资企业

【答案】 ABCD

【解析】《财政部关于统一地方教育附加政策有关问题的通知》（财综〔2010〕98 号）规定，所有缴纳增值税、消费税的单位和个人（包括外商投资企业、外国企业及外籍个人），按规定缴纳地方教育附加。

6. 下列属于残疾人就业保障金征收对象的有（　　）。

A. 机关事业单位　　　　B. 团体

C. 个体工商户　　　　　D. 企业

【答案】 ABD

【解析】 依据《残疾人就业保障金征收使用管理办法》规定有未按规定安排残疾人就业的机关、团体、企业、事业单位和民办非企业单位缴纳的资金。

7. 残疾人就业保障金计算公式的要素包括（　　）。

A. 上年用人单位在职职工人数

B. 本年用人单位实际安排的残疾人就业人数

C. 上年用人单位在职职工年平均工资

D. 残疾人年平均工资

【答案】 AC

【解析】 保障金年缴纳额 =（上年用人单位在职职工人数 ×1.5% － 上年用人单位

实际安排的残疾人就业人数）×上年用人单位在职职工年平均工资

8. 免税商品特许经营费的缴费主体是经营免税商品的企业。免税商品是指（　　）。

A. 免征关税、进口环节税的进口商品

B. 实行退（免）税（增值税、消费税）进入免税店销售的国产商品

C. 实行退（免）税（增值税、消费税）进入免税店销售的进口商品

D. 免征关税、出口环节税的出口商品

【答案】 AB

【解析】 免税商品特许经营费的缴费主体是经营免税商品的企业。根据《免税商品特许经营费缴纳办法》第二条的规定，免税商品是指免征关税、进口环节税的进口商品和实行退（免）税（增值税、消费税）进入免税店销售的国产商品。

9. 以下不属于大中型水库移民后期扶持基金缴费主体的有（　　）。

A. 省级电网企业　　B. 拥有自备电厂企业

C. 地方独立电网企业　　D. 电力用户

【答案】 ABC

【解析】 除西藏外，其余省（自治区、直辖市）范围内的电力用户为缴费人，由各省级电网企业在向电力用户收取电费时一并代征。

10. 下列关于石油特别收益金的说法，正确的有（　　）。

A. 凡在中华人民共和国陆地领域和所辖海域开采的石油，无论其是否在中国境内销售，均应按规定缴纳石油特别收益金

B. 石油开采企业在规定的期限内未足额缴纳石油特别收益金的，由税务机关责令限期缴纳，并从滞纳之日起按日加收0.5‰的滞纳金

C. 石油特别收益金实行5级超额累进从价定率计征，按月计算、按季缴纳

D. 中外合作油田按规定上缴国家的石油增值税、矿区使用费、国家留成油不征收石油特别收益金

【答案】 AD

【解析】《石油特别收益金征收管理办法》第十三条规定，石油开采企业在规定的期限内未足额缴纳石油特别收益金的，由财政机关责令限期缴纳，并从滞纳之日起按日加收万分之五的滞纳金。B选项错误。《财政部关于调整石油特别收益金征收方式的通知》（财企〔2012〕42号）第一条规定，从申报缴纳2012年石油特别收益金开始，将征收方式由原“按月计算、按季缴纳”调整为“按月计算、按季申报，按月缴纳”。C选项错误。

三、判断题

1. 增值税小规模纳税人中月销售额不超过2万元（按季纳税6万元）的企业和非企业性单位提供的应税服务，免征文化事业建设费。

【答案】 正确

【解析】《财政部 国家税务总局关于营业税改征增值税试点有关文化事业建设费政

策及征收管理问题的通知》（财税〔2016〕25 号）第七条规定，增值税小规模纳税人中月销售额不超过 2 万元（按季纳税 6 万元）的企业和非企业性单位提供的应税服务，免征文化事业建设费。

2. 可再生能源发展基金应按月申报，并于次年 2 月底前完成汇算清缴。

【答案】错误

【解析】可再生能源发展基金应按月申报，并于次年 3 月底前完成汇算清缴。

3. 为支持国家重大水利工程建设，自 2010 年 5 月 25 日起，对国家重大水利工程建设基金免征城市维护建设税和教育费附加、地方教育附加。

【答案】错误

【解析】根据《财政部 国家税务总局关于免征国家重大水利工程建设基金的城市维护建设税和教育费附加的通知》（财税〔2010〕44 号）规定，为支持国家重大水利工程建设，自 2010 年 5 月 25 日起，对国家重大水利工程建设基金免征城市维护建设税和教育费附加。

4. 水土保持补偿费的征收对象是在山区、丘陵区、风沙区以及水土保持规划确定的容易发生水土流失的其他区域开办生产建设项目或者从事其他生产建设活动，损坏水土保持设施、地貌植被，不能恢复原有水土保持功能的单位和个人。

【答案】正确

【解析】水土保持补偿费的征收对象是在山区、丘陵区、风沙区以及水土保持规划确定的容易发生水土流失的其他区域开办生产建设项目或者从事其他生产建设活动，损坏水土保持设施、地貌植被，不能恢复原有水土保持功能的单位和个人。

5. 原化工部颁发生产许可证的复合肥生产用电减征农网还贷资金。

【答案】错误

【解析】根据《财政部关于印发〈农网还贷资金征收使用管理办法〉的通知》（财企〔2001〕820 号）第三条规定，农网还贷资金减免范围包括：农业排灌、抗灾救灾及氮肥、磷肥、钾肥和原化工部颁发生产许可证的复合肥生产用电免征农网还贷资金。

6. 地方水库移民扶持基金包括省级大中型水库库区基金、小型水库移民扶助基金两个征收项目。

【答案】正确

【解析】根据《财政部关于取消、停征和整合部分政府性基金项目等有关问题的通知》（财税〔2016〕11 号）规定，自 2016 年 2 月 1 日起，将省级大中型水库库区基金、小型水库移民扶助基金合并为地方水库移民扶持基金。

7. 可再生能源电价附加的缴费主体是全国范围内的电力用户。

【答案】错误

【解析】可再生能源电价附加的缴费主体是除西藏自治区以外的全国范围内的电力用户。

8. “十三五”期间，省、自治区、直辖市人民政府可以结合当地经济发展水平、相关公共事业和设施保障状况、社会承受能力等因素，自主决定免征、停征或减征地方水库移民扶持基金。

【答案】正确

【解析】《财政部关于取消、调整部分政府性基金有关政策的通知》（财税〔2017〕18 号）规定，“十三五”期间，省、自治区、直辖市人民政府可以结合当地经济发展水平、相关公共事业和设施保障状况、社会承受能力等因素，自主决定免征、停征或减征地方水库移民扶持基金。

9. 城镇垃圾处理费属于政府性基金，专项用于城镇垃圾收集、运输和处置。

【答案】错误

【解析】城镇垃圾处理费属于行政事业性收费。

10. 新建幼儿园、学校教学楼、养老院及为残疾人修建的生活服务设施等民用建筑免征防空地下室易地建设费。

【答案】错误

【解析】根据《国家计委 财政部 国家国防动员委员会 建设部印发关于规范防空地下室易地建设收费的规定的通知》（计价格〔2000〕474 号）规定，新建幼儿园、学校教学楼、养老院及为残疾人修建的生活服务设施等民用建筑，减半收取防空地下室易地建设费。

第十章　税费征收与服务

本章主要掌握内容：税收征收管理、税费服务、税费收入统计分析、税费风险管理、税务稽查

知识点1：税收征收与服务

项目	主要内容	
税收征收管理具体内容	包括税务管理、税款征收、收入管理、税费服务、税务监管和税务检查等	
信息报告	身份信息报告	一照一码户、两证整合。一照一码户首次办理涉税事宜，税务机关制作《“多证合一”登记信息确认表》
	存款账户、账号报告	①时间：开立或发生变化之日起15日内 ②内容：全部账号 ③方式：书面报告
	财务会计制度报告	①时间：领取税务登记证件之日起15日内 ②内容：财务会计制度或处理办法；计算机记账的，报送记账软件、程序和使用说明书等资料
	扣缴登记	已办理税务登记的扣缴义务人应当自扣缴义务发生之日起30日内办理扣缴税款登记
	三方协议签订	需要使用电子缴税系统缴纳税费的，应签订三方协议
非正常户		列入非正常户超过3个月，税务机关可以宣布税务登记证失效 无欠税且无未缴销发票的，认定满两年后可注销税务登记证件

发票管理

项目	主要内容
发票分类	①增值税专用发票，增值税普通发票；②可以抵扣进项的普通发票：农产品销售发票（收购发票）、通行费电子发票、机动车销售统一发票、旅客运输电子发票、注明旅客身份信息的客票；③增值税电子普通发票需要纸质的是自行打印；④未纳入增值税发票管理新系统开具的发票：通用机打发票、通用定额发票、通用手工发票、景点门票、火车票、航空运输电子客票行程单、出租车发票、客运定额发票等（都是营改增前遗留的） 电子发票与纸质发票具有同等法律效力
发票联次	基本联次包括存根联、发票联、记账联
发票印制	增值税专用发票由国务院税务主管部门确定的企业印制；其他发票，按照国务院税务主管部门的规定，由省、自治区、直辖市税务机关确定的企业印制

续表

项目	主要内容
发票领用	包括批量供应、交旧领新、验旧领新、额度确定等方式
发票开具	不得拆本使用发票、扩大发票使用范围，以其他凭证代替发票使用、携带、邮寄或者运输空白发票出入境
发票取得	付款方开具发票情形（反向开票）： ①收购单位向农业生产者个人购进自产农产品，企业可自行开具农产品收购发票 ②已备案汽车销售企业从自然人处购进二手车，允许企业反向开具二手车销售统一发票，并凭此办理转移登记手续 ③国家电网公司从分布式光伏发电项目发电用户处购买电力产品，允许国家电网所属企业直接向发电用户开具普通发票 ④扣缴义务人支付个人款项时，可由付款方向收款方开具发票 ⑤资源回收企业向自然人报废产品出售者反向开票
发票保管	已经开具的发票存根联和发票登记簿，应当保存5年
发票使用	发票不得跨省、直辖市、自治区使用

账簿管理

项目	主要内容		注意要点
账簿设置	纳税人	领取营业执照或发生纳税义务之日起15日内	账簿、会计凭证和报表要使用中文。外商投资企业和外国企业可同时使用一种外国文字
	扣缴义务人	扣缴义务发生之日起10日内	
账簿保管	除另有规定，应当保存10年		发票存根联和发票登记簿保存5年

纳税申报管理

项目	主要内容
申报主体	①负有纳税义务的单位和个人 ②纳税人在纳税期内没有应纳税款的，也应当按照规定办理纳税申报 ③享受减免税的，在减免税期间也应办理纳税申报 ④扣缴义务人必须按规定办理扣缴申报
申报期限	所规定期限的最后一日是法定休假日的，以休假日期满的次日为期限的最后一日；在期限内有连续3日以上法定休假日的，按休假日天数顺延
申报方式	①直接申报；②邮寄申报；③数据电文申报；④简易申报、简并征期（定期定额纳税人） **创新申报方式：** ①税种合并申报，2021年6月1日起，10税联报，包括房产税、城镇土地使用税、车船税、印花税、耕地占用税、资源税、土地增值税、契税、环境保护税、烟叶税 ②主附税费合并申报，2021年8月1日起，6税合报，增值税、消费税、城市维护建设税、教育费附加、地方教育附加、文化事业建设费

税款征收管理

<table>
<tr><th>项目</th><th colspan="2">主要内容</th></tr>
<tr><td>核定征收</td><td colspan="2">情形：
《税收征管法》第三十五条：纳税人有下列情形之一的，税务机关有权核定其应纳税额：
①依照法律、行政法规的规定可以不设置账簿的
②依照法律、行政法规的规定应当设置账簿但未设置的
③擅自销毁账簿或者拒不提供纳税资料的
④虽设置账簿，但账目混乱或者成本资料、收入凭证、费用凭证残缺不全，难以查账的
⑤发生纳税义务，未按照规定的期限办理纳税申报，经税务机关责令限期申报，逾期仍不申报的
⑥纳税人申报的计税依据明显偏低，又无正当理由的
方法：
《税收征管法》第四十七条：税务机关有权采用下列任何一种方法核定其应纳税额：
①参照当地同类行业或者类似行业中经营规模和收入水平相近的纳税人的税负水平核定
②按照营业收入或者成本加合理的费用和利润的方法核定
③按照耗用的原材料、燃料、动力等推算或者测算核定
④按照其他合理方法核定
采用前款所列一种方法不足以正确核定应纳税额时，可以同时采用两种以上的方法核定
纳税人对税务机关采取本条规定的方法核定的应纳税额有异议的，应当提供相关证据，经税务机关认定后，调整应纳税额</td></tr>
<tr><td>延期缴纳税款</td><td colspan="2">纳税人因有特殊困难，不能按期缴纳税款的，经省、自治区、直辖市国家税务局、地方税务局批准，可以延期缴纳税款，但是最长不得超过三个月
纳税人有下列情形之一的，属于特殊困难：
①因不可抗力，导致纳税人发生较大损失，正常生产经营活动受到较大影响的
②当期货币资金在扣除应付职工工资、社会保险费后，不足以缴纳税款的</td></tr>
<tr><td rowspan="3">税款追征</td><td>税务机关的责任造成的未缴或者少缴税款</td><td>税务机关可在3年内要求纳税人、扣缴义务人补缴税款，但是不得加收滞纳金</td></tr>
<tr><td>因纳税人、扣缴义务人的责任造成的未缴或者少缴税款</td><td>一般情况下，追征期为3年，特殊情况下（10万元），追征期为5年。追征税款的同时，还要追征滞纳金</td></tr>
<tr><td>偷税、骗税、抗税</td><td>无限期追征</td></tr>
<tr><td rowspan="2">税款退还</td><td>税务机关发现</td><td>立即退还，无时间限制</td></tr>
<tr><td>纳税人发现</td><td>3年，可要求加算银行同期存款利息</td></tr>
<tr><td rowspan="2">行政强制</td><td>税收保全</td><td>对象：从事生产、经营的纳税人
措施：冻结、扣押、查封</td></tr>
<tr><td>税收强制执行</td><td>对象：从事生产、经营的纳税人、扣缴义务人、纳税担保人
措施：扣缴税款，扣押、查封、依法拍卖或变卖</td></tr>
<tr><td>欠税管理</td><td colspan="2">①责令限期缴纳（采用《税务事项通知书》，注意责令限期申报是《责令限期改正通知书》），一般不超过15天
②从滞纳税款之日起，按日加收滞纳税款万分之五的滞纳金
③阻止出境对象只能是纳税人或者其法定代表人
④5万元以上欠税在处理不动产或大额资产之前的报告制度；纳税人没有缴清欠税的，应定期报告资金往来等情况，报告间隔期最长不得超过3个月；欠税人由合并、分立、撤销、破产和处置大额资产行为的，应随时报告</td></tr>
</table>

续表

项目	主要内容
欠税管理	⑤税收优先于无担保债权，有条件优先抵押债权，优先罚款、没收违法所得 ⑥欠税抵顶退税：有应退税款又有欠税的，应退税款和利息先抵扣欠税 ⑦破产撤销解散，已依法注销或吊销法人资格，根据法院判决书或法定清算报告可以核销欠税 ⑧欠税公告不包括滞纳金和罚款；公告对象包括纳税人、扣缴义务人、纳税担保人 ⑨欠税解除：清缴税款及滞纳金后，欠税情形自动解除，相关措施一并解除
减免税管理	①分类：申报享受税收减免、税收减免备案、税收减免核准 ②纳税人可放弃免税、减税 ③纳税人享受减免税条件发生变化，应在变化之日起15日内向税务机关报告

税务检查

税务检查审批	县以上税务局（分局）局长批准	①将纳税人、扣缴义务人以前会计年度的账簿、记账凭证、报表和其他有关资料调回税务机关检查，执法人员需开具清单并3月内返还 ②凭全国统一格式的检查存款账户许可证明，查询从事生产、经营的纳税人、扣缴义务人在银行或者其他金融机构的存款账户
	经设区的市、自治州以上税务局（分局）局长批准	①将纳税人、扣缴义务人当年的账簿、记账凭证、报表和其他有关资料调回检查，但需30日内退回，退回时纳税人及扣缴义务人出具收据 ②可以查询案件涉嫌人员的储蓄存款
税务检查内容	①检查账簿凭证报表资料 ②检查商品、货物、其他财产及经营状况 ③责成提供文件、证明材料和有关资料 ④询问、调查和取证税款情况 ⑤检查托运邮寄情况 ⑥检查存款汇款证券交易结算资金账户	

知识点2：税费服务

项目	主要内容
税费服务	①税费宣传辅导；②税费咨询；③办税缴费服务；④权益保护；⑤信用管理；⑥涉税专业服务
宣传咨询辅导	**日常宣传** **专题宣传**：热点问题宣传、重点专题宣传、税收宣传月宣传
办税缴费服务	①改进办税缴费方式 ②减轻办税缴费负担 ③压减纳税缴费次数和时间
权益保护	纳税人14项权利
信用管理	A、B、M、C、D五级
涉税专业服务	加强监管，建立涉税专业服务机构与个人的信用评价管理制度

知识点3：税费收入统计分析

项目	主要内容
税收分析	①税收形势分析 ②政策效应分析 ③经济运行分析
重点税源监控职能	①宏观税源分析 ②微观税源监控
税收会计报表	日报、月报、年报（其他报表各省税务机关确定）
税收票证形式	纸质形式和数据电文形式
税收票证种类	①税收缴款书；②税收收入退还书；③出口货物劳务专用税收票证；④印花税专用税收票证；⑤税收完税证明

知识点4：税费风险管理

税收风险分类	①按照风险来源：税务部门税收执法风险、企业税收遵从风险 ②按照风险可测程度：指标性税收风险、非指标性税收风险 ③按照风险等级评定：一般税收风险、重大税收风险
税收风险管理流程	目标规划、信息收集、风险识别、等级排序、风险应对、过程监控、评价反馈
风险分析识别	内容：风险模型分析识别（全面风险扫描、实时风险扫描）、特殊风险分析识别、人工分析识别
等级排序	分为风险结果整合、风险结果排序、确定风险等级三个环节
风险应对	高风险：税务稽查 中风险：纳税评估、税务审计、反避税调查 低风险：提示提醒、纳税辅导 高、中风险应对任务由市局统筹推送；低风险应对任务主要由基层分局推送

知识点5：税务稽查

选案	计算机分析、人工分析、人机结合分析
检查	①收集证据材料：不得以非法手段获取侵害他人合法权益的证据材料 ②调取账簿凭证资料：注意批准权限及时间限制 ③提取证据材料：须出具《提取证据专用收据》；提取复印件的，需注明“与原件核对无误，原件存于我处” ④询问笔录：两人以上实施；送达《询问通知书》（在被查对象生产、经营场所询问的除外） ⑤证人证言：可书面可口头，如变更陈述或证言，重新制作笔录，原件不退 ⑥制作录音、录像等视听资料：可以调取复制件，但应当说明复制方法，人员、时间和原件存放处等事项；对声音资料，应当附有该声音内容的文字记录；对图像资料，应当附有必要的文字说明；以电子数据内容证明案件事实的，应当打印成纸质资料，注明数据出处、打印场所，注明“与电子数据核对

续表

检查	无误”并由当事人签章；以有形载体形式固定电子数据的，应当与提供电子数据的个人、单位的法定代表人或者财务负责人一起将电子数据复制到存储介质上并封存，同时在封存包装物上注明制作方法、制作时间、制作人、文件格式及长度等，注明“与原始载体记载的电子数据核对无误”，并由电子数据提供人签章 ⑦制作现场笔录、勘验笔录：现场笔录只能现场制作 ⑧异地境外调查取证：异地的，需将证据材料与相关文书一并存档；境外的，提请国际税收管理部门依照税收协定情报交换程序获取，或通过我国驻外机构收集信息 ⑨检查存款账户：注意审批权限，文书使用《检查存款账户许可证明》 检查终结：将《税务稽查报告》《税务稽查工作底稿》及相关证据材料，在5个工作日内移交审理部门审理（经稽查局局长批准后可终结检查）
审理	①有违法行为，需税务处理，《税务处理决定书》 ②有违法行为，需行政处罚，《税务行政处罚决定书》 ③有违法行为，无须行政处罚，《不予税务行政处罚决定书》 ④无违法行为，《税务稽查结论》 违法行为构成犯罪，填制《税务违法案件移送书》，由司法机关追责
执行	涉及强制执行的，需送达《税收强制执行决定书》

1. 概念详解

税费征收中的纳税人、扣缴义务人、纳税担保人：

①税收保全的对象是从事生产、经营的纳税人；税收强制执行的对象是从事生产、经营的纳税人、扣缴义务人、纳税担保人。

②欠税公告的对象是纳税人、扣缴义务人、纳税担保人。

③税务检查的对象是纳税人、扣缴义务人。

2. 经典习题演练

【单选题】从事生产、经营的纳税人的基本存款账户或者其他存款账户发生变化的，应当在规定期限向主管税务机关书面报告。上述规定期限是（　　）。

A. 变化当日　　B. 自变化之日起5日内

C. 自变化之日起10日内　　D. 自变化之日起15日内

【答案】D

【解析】从事生产、经营的纳税人应当自开立基本存款账户或者其他存款账户之日起15日内，向主管税务机关书面报告其全部账号；发生变化的，应当自变化之日起15日内，向主管税务机关书面报告。

【单选题】检查人员调取纳税人、扣缴义务人以前会计年度的账簿、记账凭证、报表和其他有关资料的，应当经县以上税务局局长批准，并在规定期限内完整退还，该期限是（　　）。

A. 30日内　　B. 3个月内

C. 6个月内　　D. 1个月内

【答案】B

【解析】检查人员调取纳税人、扣缴义务人以前会计年度的账簿、记账凭证、报表和其他有关资料的，应当经县以上税务局局长批准，并在3个月内完整退还。

【单选题】纳税信用评价是税务机关采取年度评价指标得分和直接判级的方式对企业纳税人纳税信用状况进行的评价，由高到低分为（　　）。

A. A、B、E、C四级　　B. A、B、C、D四级

C. A、B、C、D、E五级　　D. A、B、M、C、D五级

【答案】D

【解析】纳税信用评价是税务机关采取年度评价指标得分和直接判级的方式对企业纳税人纳税信用状况进行的评价，由高到低分为A、B、M、C、D五级。

【单选题】风险等级排序分为三个环节，具体的是（　　）。

A. 风险识别、风险分析、风险应对

B. 风险结果整合、风险结果排序、确定风险等级

C. 风险结果核实、风险结果分析、风险结果排序

D. 风险结果整合、风险结果分析、确定风险排序

【答案】B

【解析】等级排序分为风险结果整合、风险结果排序、确定风险等级三个环节。

【多选题】税收预测指标体系包括（　　）。

A. 经济指标　　B. 税收收入指标

C. 重点税源企业指标　　D. 移动平均预测法

【答案】ABC

【解析】税收预测指标体系包括经济指标、税收收入指标、重点税源企业指标三类。

【判断题】除法律、行政法规另有规定外，企业的账簿、记账凭证、报表、完税凭证、发票应当保存10年。（　　）

【答案】正确

【解析】根据《税收征管法实施细则》第二十九条规定，账簿、记账凭证、报表、完税凭证、发票、出口凭证以及其他有关涉税资料应当保存10年；但是，法律、行政法规另有规定的除外。

【判断题】税务机关应当在收到申请延期缴纳税款报告之日起15日内作出批准或者不予批准的决定。（　　）

【答案】错误

【解析】根据《税收征管法实施细则》第四十二条规定，税务机关应当自收到申请延期缴纳税款报告之日起20日内作出批准或者不予批准的决定；不予批准的，从缴纳税款期限届满之日起加收滞纳金。

3. 知识扩展

跨区域涉税事项管理

项目	主要内容	注意要点
跨区域涉税事项管理	纳税人跨省（自治区、直辖市和计划单列市）临时从事生产经营活动的，向机构所在地的税务机关填报《跨区域涉税事项报告表》	省内跨市各地要求不一致，由各省自定
	纳税人首次在经营地办理涉税事宜时，向经营地的税务机关报验跨区域涉税事项	首次报验即可
	纳税人跨区域经营活动结束后，应当结清经营地税务机关的应纳税款以及其他涉税事项，向经营地税务机关填报《经营地涉税事项反馈表》	无须另行向机构所在地反馈
	取消固定有效期，不再按照180天设置报验管理的固定有效期，改按跨区域经营合同执行期限作为有效期限 合同延期的，纳税人可向经营地或机构所在地的税务机关办理报验管理有效期限延期手续	
	异地转让不动产和租赁不动产，不适用跨区域涉税事项管理相关业务制度	

国家税务总局关于开具《无欠税证明》有关事项的公告（国家税务总局公告2019年第47号）（2020年3月1日起施行）

不存在欠税情形	不存在应申报未申报记录且无下列应缴未缴的税款： ①办理纳税申报后，纳税人未在税款缴纳期限内缴纳的税款 ②经批准延期缴纳的税款期限已满，纳税人未在税款缴纳期限内缴纳的税款 ③税务机关检查已查定纳税人的应补税额，纳税人未缴纳的税款 ④税务机关根据《税收征管法》第二十七条、第三十五条核定纳税人的应纳税额，纳税人未在税款缴纳期限内缴纳的税款 ⑤纳税人的其他未在税款缴纳期限内缴纳的税款
开具条件	已实行实名办税的纳税人到主管税务机关申请开具《无欠税证明》的，办税人员持有效身份证件直接申请开具，无须提供登记证照副本或税务登记证副本 未办理实名办税的纳税人到主管税务机关申请开具《无欠税证明》的，区分以下情况提供相关有效证件： ①单位纳税人和个体工商户，提供市场监管部门或其他登记机关发放的登记证照副本或税务登记证副本，以及经办人有效身份证件 ②自然人纳税人，提供本人有效身份证件；委托他人代为申请开具的，还需一并提供委托书、委托人及受托人有效身份证件

国家税务总局关于税收征管若干事项的公告（国家税务总局公告2019年第48号）（2020年3月1日起施行）

欠税滞纳金加收	对纳税人、扣缴义务人、纳税担保人应缴纳的欠税及滞纳金不再要求同时缴纳，可以先行缴纳欠税，再依法缴纳滞纳金
临时税务登记	从事生产、经营的个人应办而未办营业执照，但发生纳税义务的，可以按规定申请办理临时税务登记 链接：《税务登记管理办法》规定，从事生产、经营的纳税人未办理工商营业执照也未经有关部门批准设立的，应当自纳税义务发生之日起30日内申报办理税务登记，税务机关发放临时税务登记证及副本

续表

非正常户认定与解除	①纳税人负有纳税申报义务，但连续三个月所有税种均未进行纳税申报的，税收征管系统自动将其认定为非正常户，并停止其发票领用簿和发票的使用 ②对欠税的非正常户，税务机关依照税收征管法及其实施细则的规定追征税款及滞纳金 ③已认定为非正常户的纳税人，就其逾期未申报行为接受处罚、缴纳罚款，并补办纳税申报的，税收征管系统自动解除非正常状态，无须纳税人专门申请解除
企业破产清算程序相关征管问题	税务机关在人民法院公告的债权申报期限内，向管理人申报企业所欠税款（含教育费附加、地方教育附加）、滞纳金及罚款。因特别纳税调整产生的利息，也应一并申报。企业所欠税款、滞纳金、罚款，以及因特别纳税调整产生的利息，以人民法院裁定受理破产申请之日为截止日计算确定
	在人民法院裁定受理破产申请之日至企业注销之日期间，企业应当接受税务机关的税务管理，履行税法规定的相关义务。破产程序中如发生应税情形，应按规定申报纳税。从人民法院指定管理人之日起，管理人可以按照《中华人民共和国企业破产法》（以下简称《企业破产法》）第二十五条规定，以企业名义办理纳税申报等涉税事宜。企业因继续履行合同、生产经营或处置财产需要开具发票的，管理人可以以企业名义按规定申领开具发票或者代开发票
	企业所欠税款、滞纳金、因特别纳税调整产生的利息，税务机关按照企业破产法相关规定进行申报，其中，企业所欠的滞纳金、因特别纳税调整产生的利息按照普通破产债权申报

国家税务总局关于资源回收企业向自然人报废产品出售者“反向开票”有关事项的公告（国家税务总局公告2024年第5号）（2024年4月29日起施行）

基本概念	自2024年4月29日起，自然人报废产品出售者向资源回收企业销售报废产品，符合条件的资源回收企业可以向出售者开具发票（“反向开票”） 报废产品，是指在社会生产和生活消费过程中产生的，已经失去原有全部或部分使用价值的产品 出售者，是指销售自己使用过的报废产品或销售收购的报废产品、连续不超过12个月（指自然月）“反向开票”累计销售额不超过500万元（不含增值税，下同）的自然人
实行“反向开票”的资源回收企业应符合相关条件之一	①从事危险废物收集的，应当符合国家危险废物经营许可证管理办法的要求，取得危险废物经营许可证 ②从事报废机动车回收的，应当符合国家商务主管部门出台的报废机动车回收管理办法要求，取得报废机动车回收拆解企业资质认定证书 ③除危险废物、报废机动车外，其他资源回收企业应当符合国家商务主管部门出台的再生资源回收管理办法要求，进行经营主体登记，并在商务部门完成再生资源回收经营者备案
相关要求	①自然人销售报废产品连续12个月“反向开票”累计销售额超过500万元的，资源回收企业不得再向其“反向开票”。资源回收企业应当引导持续从事报废产品出售业务的自然人依法办理经营主体登记，按照规定自行开具发票 ②资源回收企业销售报废产品适用增值税简易计税方法的，可以反向开具普通发票，不得反向开具增值税专用发票；适用增值税一般计税方法的，可以反向开具增值税专用发票和普通发票。资源回收企业销售报废产品，增值税计税方法发生变更的，应当申请对“反向开票”的票种进行调整。资源回收企业可以按规定抵扣反向开具的增值税专用发票上注明的税款 ③资源回收企业中的增值税一般纳税人销售报废产品，本公告施行前已按有关规定选择适用增值税简易计税方法的，可以在2024年7月31日前改为选择适用增值税一般计税方法。除上述情形外，资源回收企业选择增值税简易计税方法计算缴纳增值税后，36个月内不得变更；变更为增值税一般计税方法后，36个月内不得再选择增值税简易计税方法

续表

相关要求	④资源回收企业“反向开票”后，发生销售退回、开票有误、销售折让等情形需要开具红字发票的，由资源回收企业填开《开具红字增值税专用发票信息表》或《红字发票信息确认单》。填开《开具红字增值税专用发票信息表》或《红字发票信息确认单》时，应当填写对应的蓝字发票信息，红字发票需与原蓝字发票一一对应 ⑤资源回收企业向出售者“反向开票”时，应当按规定为出售者代办增值税及附加税费、个人所得税的申报事项，于次月申报期内向主管税务机关报送《代办税费报告表》和《代办税费明细报告表》（附件4），并按规定缴纳代办税费。未按规定期限缴纳代办税费的，主管税务机关暂停其“反向开票”资格，并按规定追缴不缴或者少缴的税费、滞纳金 ⑥出售者通过“反向开票”销售报废产品，可按规定享受小规模纳税人月销售额10万元以下免征增值税和3%征收率减按1%计算缴纳增值税等税费优惠政策。后续如小规模纳税人相关税费优惠政策调整，按照调整后的政策执行。出售者通过“反向开票”销售报废产品，当月销售额超过10万元的，对其“反向开票”的资源回收企业，应当根据当月各自“反向开票”的金额为出售者代办增值税及附加税费申报，并按规定缴纳代办税费 ⑦出售者通过“反向开票”销售报废产品，按照销售额的0.5%预缴经营所得个人所得税。出售者在“反向开票”的次年3月31日前，应当自行向经营管理所在地主管税务机关办理经营所得汇算清缴，资源回收企业应当向出售者提供“反向开票”和已缴税款等信息。税务机关发现出售者存在未按规定办理经营所得汇算清缴情形的，应当依法采取追缴措施，并要求资源回收企业停止向其“反向开票” ⑧资源回收企业应当对办理“反向开票”业务时提交的相关资料以及资源回收业务的真实性负责，依法履行纳税义务。一经发现资源回收企业提交虚假资料骗取“反向开票”资格或资源回收业务虚假的，税务机关取消其“反向开票”资格，并依法追究责任

国家税务总局关于进一步便利纳税人跨区迁移 服务全国统一大市场建设的通知（税总征科发〔2024〕38号）（2024年9月1日起施行）

优化事前提醒	税务机关要加强与市场监管部门登记信息共享，根据市场监管部门共享的跨区住所变更登记信息，通过电子税务局等渠道主动向纳税人推送跨区迁移涉税事项办理指引，提醒纳税人查询办理未办结涉税事项。对纳税人存在未办结涉税事项的，同步向税务人员推送限时办理提示，督促限时办结
提速事中办理	**（1）优化未结事项办理。**申请跨区迁移的纳税人存在未办结涉税事项的，对依纳税人申请办理的事项，即时推送纳税人确认是否继续办理，纳税人选择继续办理的，税务机关应限时办结；纳税人选择不再办理的，税务机关应立即终结该涉税事项。对税务机关依职权发起的事项，按规定限时办结 **（2）简化发票使用手续。**对使用全面数字化的电子发票的纳税人，信息系统自动将其发票额度转至迁入地。纳税人使用税控设备的，在省内迁移时，可线上变更税控设备信息，无须在迁出地税务机关缴销税控设备；在跨省迁移时，可线上远程注销税控设备，直接向迁入地税务机关领用税控设备，或使用全面数字化的电子发票 **（3）分类处理涉税风险。**纳税人存在未完成风险任务的，税务机关对低风险的即时办理迁移手续，将风险任务推送至迁入地税务机关继续处理；税务机关对中、高风险的按规定限时完成风险应对，及时办理迁移手续 **（4）优化退税办理环节。**纳税人存在多缴税款的，信息系统自动提醒办理退税，对选择在迁移前办理退税的，税务机关应限时办理；对选择暂不退税的，税务机关辅导纳税人在迁移后办理退税
完善事后服务	迁入地税务机关要提供“一站式”迁入服务，保障纳税人纳税信用级别、发票额度、预缴税款、所得税亏损弥补、增值税一般纳税人资格、未抵扣增值税进项税额等权益和资质得以延续，并及时辅导纳税人办理迁移前未办结的涉税事项

章节练习

一、单选题

1. 下列关于欠税管理的有关说法，错误的是（　　）。

A. 纳税人有应退税款又有欠税的，应退税款和利息先抵扣欠税

B. 欠税公告对象包括纳税人、扣缴义务人、纳税担保人

C. 对纳税人、扣缴义务人、纳税担保人应缴纳的欠税及滞纳金要求同时缴纳

D. 欠税纳税人有合并、分立、撤销、破产和处置大额资产行为的，应随时报告

【答案】 C

【解析】 根据《国家税务总局关于税收征管若干事项的公告》规定，对纳税人、扣缴义务人、纳税担保人应缴纳的欠税及滞纳金不再要求同时缴纳，可以先行缴纳欠税，再依法缴纳滞纳金。

2. 税务机关扣押商品、货物或者其他财产时，必须开付的文书是（　　）。

A. 清单　　B. 清册　　C. 收据　　D. 收条

【答案】 C

【解析】 依据《税收征管法》第四十七条，必须税务机关扣押商品、货物或者其他财产时，必须开付收据。

3. 根据《欠税公告办法（试行）》规定，公告机关将个体工商户和其他个人欠税情况予以公告的，公告周期是（　　）。

A. 每年一次　　B. 每季一次

C. 每月一次　　D. 每半年一次

【答案】 D

【解析】 根据《欠税公告办法（试行）》第四条的规定，个体工商户和其他个人欠税的，每半年公告一次。

4. 纳税人未按照规定期限缴纳税款的，扣缴义务人未按照规定期限解缴税款的，税务机关除责令限期缴纳外，从滞纳税款之日起，按日加收滞纳金。按日加收滞纳金的标准是（　　）。

A. 万分之一　　B. 万分之三　　C. 万分之五　　D. 万分之七

【答案】 C

【解析】《税收征管法》第三十二条规定，纳税人未按照规定期限缴纳税款的，扣缴义务人未按照规定期限解缴税款的，税务机关除责令限期缴纳外，从滞纳税款之日起，按日加收滞纳税款万分之五的滞纳金。

5.《国家税务总局关于税收征管若干事项的公告》（国家税务总局公告 2019 年第 48 号）中规定，计算破产清算企业所欠税款、滞纳金、罚款，以及因特别纳税调整产生的利息时，确定截止日为（　　）。

A. 公司清算登报公示日

B. 税务登记注销日

C. 人民法院裁定受理破产申请之日

D. 裁定破产程序终结之日

【答案】C

【解析】根据《国家税务总局关于税收征管若干事项的公告》（国家税务总局公告2019年第48号）第四条的规定，企业所欠税款、滞纳金、罚款，以及因特别纳税调整产生的利息，以人民法院裁定受理破产申请之日为截止日计算确定。

6. 涉税专业服务完成后，应当整理业务协议、业务成果、工作底稿等相关资料，于业务完成后（　　）日内形成电子或纸质的业务档案，并保证档案的真实、完整。

A. 30　　B. 45　　C. 60　　D. 90

【答案】C

【解析】《涉税专业服务基本准则（试行）》第二十五条规定，涉税专业服务完成后，应当整理业务协议、业务成果、工作底稿等相关资料，于业务完成后60日内形成电子或纸质的业务档案，并保证档案的真实、完整。

7. 将风险管理的理念和方法，贯穿于税收征管运行全过程的一组活动，称为（　　）。

A. 税收管理基本流程　　B. 税收风险管理流程

C. 税收数据情报管理流程　　D. 税收管理流程融合

【答案】B

【解析】根据风险管理的流程的定义，B选项正确。

8. 税务机关在风险分析识别和等级排序的基础上，通过合理配置资源，采取风险提醒、纳税评估、税务稽查、反避税调查等各种应对策略，对风险对象实施风险应对，消除税收风险，提高纳税遵从度的过程属于（　　）。

A. 风险识别　　B. 风险应对　　C. 等级排序　　D. 信息采集

【答案】B

【解析】根据风险应对的概念，B选项正确。

9. 根据《国家税务总局关于税收征管若干事项的公告》（国家税务总局公告2019年第48号）的规定，关于非正常户认定与解除，做法正确的是（　　）。

A. 纳税人负有纳税申报义务，但连续六个月所有税种均未进行纳税申报的，金三系统自动将其认定为非正常户，并停止其发票领用簿和发票的使用

B. 对欠税的非正常户，税务机关不再依照《税收征管法》及其实施细则的规定追征税款及滞纳金

C. 已认定为非正常户的纳税人，就其逾期未申报行为接受处罚、缴纳罚款，并补办纳税申报的，税收征管系统自动解除非正常状态，无须纳税人专门申请解除

D. 对于欠税的非正常，纳税人必须缴纳欠税后，税务机关才能解除非正常状态

【答案】C

【解析】根据《国家税务总局关于税收征管若干事项的公告》（国家税务总局公告2019年第48号）第三条的规定，C选项正确。

10. 下列选项中不属于税务稽查的处理结果的是（　　）。

A. 制作税务稽查结论　　B. 制作不予税务行政处罚决定书

C. 制作税务行政处罚决定书　　D. 制作税务处理结论书

【答案】D

【解析】根据《税务稽查案件办理程序规定》（国家税务总局令第52号）第四十二条的规定，经审理，区分下列情形分别作出处理：（1）有税收违法行为，应当作出税务处理决定的，制作税务处理决定书；（2）有税收违法行为，应当作出税务行政处罚决定的，制作税务行政处罚决定书；（3）税收违法行为轻微，依法可以不予税务行政处罚的，制作不予税务行政处罚决定书；（4）没有税收违法行为的，制作税务稽查结论。

二、多选题

1. 发票的基本联次，包括（　　）。

A. 存根联　　B. 发票联　　C. 记账联　　D. 备用联

【答案】ABC

【解析】发票的基本联次，在一般具体个案中，主要包括：存根联、发票联、记账联（没有抵扣联）。

2. 下列关于纳税人申请延期缴纳税款政策，正确的有（　　）。

A. 纳税人申请延期缴纳税款的条件是因有特殊困难，不能按期缴纳税款

B. 经省、自治区、直辖市税务局批准，可以延期缴纳税款

C. 延期缴纳税款的期限最长不得超过6个月

D. 延期缴纳税款的期限最长不得超过3个月

【答案】ABD

【解析】根据《税收征管法》第三十一条的规定，纳税人因有特殊困难，不能按期缴纳税款的，经省、自治区、直辖市税务局批准，可以延期缴纳税款，但是最长不得超过3个月。

3. 下列关于追征期的有关说法，错误的有（　　）。

A. 因税务机关的责任，致使纳税人、扣缴义务人未缴或者少缴税款的，税务机关在三年内可以要求纳税人、扣缴义务人补缴税款，同时加收滞纳金

B. 因纳税人、扣缴义务人计算错误等失误，未缴或者少缴税款的，税务机关在三年内可以追征税款、滞纳金

C. 因纳税人、扣缴义务人计算错误等失误，未缴或者少缴税款超过5万元以上的，税务机关在五年内可以追征税款、滞纳金

D. 对偷税、抗税、骗税的，税务机关追征其未缴或者少缴的税款、滞纳金或者所骗取的税款，不受前款规定期限的限制。

【答案】AC

【解析】《税收征管法》第五十二条规定，因税务机关的责任，致使纳税人、扣缴义务人未缴或者少缴税款的，税务机关在三年内可以要求纳税人、扣缴义务人补缴税款，但是不得加收滞纳金。所以 A 选项错误。

《税收征管法实施细则》第八十二条规定，《税收征管法》第五十二条所称特殊情况，是指纳税人或者扣缴义务人因计算错误等失误，未缴或者少缴、未扣或者少扣、未收或者少收税款，累计数额在 10 万元以上的。所以 C 选项错误。

4. 下列项目中，关于税务机关行使税务检查权的说法，正确的有（　　）。

A. 查询从事生产经营的纳税人存款账户，应当经市以上稽查局局长批准

B. 纳税人将生产经营用货物存放在生活住宅，税务机关无权自行到纳税人的货物存放地检查

C. 税务机关在车站、码头检查时可以打开邮寄、托运的包裹进行检查

D. 经设区的市、自治州以上税务局（分局）局长批准，可以查询案件涉嫌人员的储蓄存款

【答案】BD

【解析】《税收征管法》第五十四条规定，A 选项，经县以上税务局（分局）局长批准，凭全国统一格式的检查存款账户许可证明，查询从事生产、经营的纳税人、扣缴义务人在银行或者其他金融机构的存款账户。B 选项，生活住宅的检察权限于公安机关。C 选项，到车站、码头、机场、邮政企业及其分支机构检查纳税人托运、邮寄应纳税商品、货物或者其他财产的有关单据、凭证和有关资料。D 选项，税务机关在调查税收违法案件时，经设区的市、自治州以上税务局（分局）局长批准，可以查询案件涉嫌人员的储蓄存款。税务机关查询所获得的资料，不得用于税收以外的用途。

5. 下列关于资源回收企业向自然人报废产品出售者“反向开票”有关说法，正确的有（　　）。

A. 自然人销售报废产品连续 12 个月“反向开票”累计销售额超过 500 万元的，资源回收企业不得再向其“反向开票”

B. 资源回收企业销售报废产品适用增值税简易计税方法的，不可以反向开具普通发票

C. 出售者通过“反向开票”销售报废产品，按照销售额的 0.5% 预缴经营所得个人所得税

D. 资源回收企业可以按规定抵扣反向开具的增值税专用发票上注明的税款。

【答案】ACD

【解析】按照《国家税务总局关于资源回收企业向自然人报废产品出售者“反向开票”有关事项的公告》（国家税务总局公告 2024 年第 5 号）规定，资源回收企业销售报废产品适用增值税简易计税方法的，可以反向开具普通发票，不得反向开具增值税专用发票，B 选项错误。

6. 下列关于便利纳税人跨区迁移的有关说法，正确的有（　　）。

A. 对使用全面数字化的电子发票的纳税人，信息系统自动将其发票额度转至迁入地

B. 纳税人使用税控设备的，在省内迁移时，可线上变更税控设备信息，无须在迁出地税务机关缴销税控设备

C. 申请跨区迁移的纳税人存在未办结涉税事项的，对依纳税人申请办理的事项，即时推送纳税人确认是否继续办理，纳税人选择继续办理的，税务机关应限时办结

D. 纳税人存在未完成风险任务的，税务机关对中风险的即时办理迁移手续，将风险任务推送至迁入地税务机关继续处理

【答案】ABC

【解析】按照《国家税务总局关于进一步便利纳税人跨区迁移 服务全国统一大市场建设的通知》（税总征科发〔2024〕38 号）规定，纳税人存在未完成风险任务的，税务机关对低风险的即时办理迁移手续，将风险任务推送至迁入地税务机关继续处理；税务机关对中、高风险的按规定限时完成风险应对，及时办理迁移手续，所以 D 选项错误。

7. 根据《中华人民共和国发票管理办法》的相关规定，属于虚开发票行为的情形有（　　）。

A. 为他人开具与实际经营业务情况不符的发票

B. 为自己开具与实际经营业务情况不符的发票

C. 让他人为自己开具与实际经营业务情况不符的发票

D. 介绍他人开具与实际经营业务情况不符的发票

【答案】ABCD

【解析】《中华人民共和国发票管理办法》第二十一条规定，任何单位和个人不得有下列虚开发票行为：（1）为他人、为自己开具与实际经营业务情况不符的发票；（2）让他人为自己开具与实际经营业务情况不符的发票；（3）介绍他人开具与实际经营业务情况不符的发票。

8. 下列属于涉税专业服务主要内容的有（　　）。

A. 纳税申报代理　　B. 一般税务咨询

C. 专业税务顾问　　D. 涉税鉴证

【答案】ABCD

【解析】根据《涉税专业服务基本准则（试行）》第四条的规定，涉税专业服务包括纳税申报代理、一般税务咨询、专业税务顾问、税收策划、涉税鉴证、纳税情况审查、其他税务事项代理、发票服务和其他涉税服务等。

9. 针对纳税人不同类型、不同等级的税收风险，可采取的风险应对手段包括（　　）。

A. 风险提醒　　B. 反避税调查

C. 纳税评估　　D. 税务审核

【答案】ABC

【解析】税务审计属于中风险应对手段，税务审核不是风险应对手段，D 选项错误。

10. 税收分析作为实现税收职能的工具和方法，其内容包括（　　）。

A. 税收形势分析　　B. 产业结构分析

C. 政策效应分析　　D. 经济运行分析

【答案】ACD

【解析】税收分析作为实现税收职能的工具和方法，其内容包括税收形势分析、政策效应分析和经济运行分析。

三、判断题

1. 欠税公告内容只包括税款，不包括滞纳金和罚款；欠税公告的对象不包括自然人纳税人。

【答案】错误

【解析】欠税公告内容只包括税款，不包括滞纳金和罚款；欠税公告的对象包括纳税人、扣缴义务人、纳税担保人，也包括自然人纳税人。

2. 纳税人享受减免税条件发生变化，应在变化之日起 15 日内向税务机关报告。

【答案】正确

【解析】纳税人享受减免税条件发生变化，应在变化之日起 15 日内向税务机关报告。

3. 经批准后，税务机关可以对从事生产、经营的纳税人、扣缴义务人、纳税担保人采取税收保全措施。

【答案】错误

【解析】按照《税收征管法》第三十八条的规定，税务机关采取税收保全措施的对象是从事生产、经营的纳税人，不包括扣缴义务人和纳税担保人。

4. 纳税人欠缴税款，同时又被行政机关决定处以罚款、没收违法所得的，税收优先于罚款、没收违法所得。

【答案】正确

【解析】按照《税收征管法》第四十五条规定，纳税人欠缴税款，同时又被行政机关决定处以罚款、没收违法所得的，税收优先于罚款、没收违法所得。

5. 纳税人跨省临时从事生产经营活动的，向机构所在地税务机关填报《跨区域涉税事项报告表》。跨区域经营结束后，结清税款及其他涉税事项，向经营地税务机关填报《经营地涉税事项反馈表》。

【答案】正确

【解析】按照《国家税务总局关于创新跨区域涉税事项报验管理制度的通知》（税总发〔2017〕45 号）规定，纳税人跨省临时从事生产经营活动的，向机构所在地税务机关填报《跨区域涉税事项报告表》。跨区域经营结束后，结清税款及其他涉税事项，向经营地税务机关填报《经营地涉税事项反馈表》。

6. 经县以上税务局（分局）局长批准，税务机关可以将纳税人、扣缴义务人当年的账簿、记账凭证、报表和其他有关资料调回检查。

【答案】错误

【解析】按照《税收征管法实施细则》第八十六条规定，经设区的市、自治州以上税务局局长批准，税务机关可以将纳税人、扣缴义务人当年的账簿、记账凭证、报表和其他有关资料调回检查，但是税务机关必须在30日内退还。

7. 税务稽查对象确定后，经稽查局局长批准实施立案检查，稽查局不可以在立案前进行检查。

【答案】错误

【解析】根据《税务稽查案件办理程序规定》第十三条的规定，待查对象确定后，经稽查局局长批准实施立案检查。必要时，依照法律法规的规定，稽查局可以在立案前进行检查。

8. 2024年以“持续提升效能·办好为民实事”为主题，紧紧围绕推动国务院“高效办成一件事”部署在税务系统落地见效，持续开展“便民办税春风行动”，集成推出系列惠民利企服务举措，进一步提高纳税人缴费人获得感、满意度。

【答案】正确

【解析】《国家税务总局关于开展2024年“便民办税春风行动”的意见》（税总纳服发〔2024〕19号）规定，为深入贯彻党的二十大精神，认真落实中央经济工作会议和全国两会部署，巩固拓展学习贯彻习近平新时代中国特色社会主义思想主题教育成果，更好服务经济社会发展大局，税务总局决定，2024年以“持续提升效能·办好为民实事”为主题，紧紧围绕推动国务院“高效办成一件事”部署在税务系统落地见效，持续开展“便民办税春风行动”，集成推出系列惠民利企服务举措，进一步提高纳税人缴费人获得感、满意度。

9. 税收预测就是纳税能力评估与测算。

【答案】错误

【解析】税收预测是以国民经济发展目标和政府宏观调控政策为指导，以充分掌握影响税收收入变化的因素和税收历史资料为基础，运用数理统计和逻辑思维方法等手段，经过推理判断，对未来税收收入的前景作出趋势分析的一项工作方法。

10. 从事涉税专业服务的代理记账机构属于提供涉税专业服务的机构。

【答案】正确

【解析】提供涉税专业服务的机构包括：税务师事务所和从事涉税专业服务的会计师事务所、律师事务所、代理记账机构、税务代理公司、财税类咨询公司等机构。

第十一章　税收信息化建设

本章主要掌握内容：概念、税收信息化建设的成就、税收征管数字化升级和智能化改造，数字素养和技能

税收信息化建设主要内容及成就

税收信息化建设主要内容	①标准规范建设 ②应用系统建设 ③基础设施建设 ④网络系统建设 ⑤安全体系建设 ⑥运维体系建设
税收信息化建设成就	①金税二期应用系统 ②社保费征管系统 ③自然人税收管理系统 ④增值税发票管理系统

智慧税务建设、发票电子化改革及大数据应用建设

智慧税务建设	特点	①高集成功能 ②高安全性能 ③高应用效能
	建设内容	①建设统一信息平台；②汇聚共享各方数据；③深化数据分析应用
发票电子化改革		2021 年：建成全国统一的电子发票服务平台，24 小时在线免费为纳税人提供电子发票申领、开具、交付、查验等服务。制定出台电子发票国家标准，有序推进铁路、民航等领域发票电子化 2025 年：基本实现发票全领域、全环节、全要素电子化 2024 年 11 月 1 日起，推广使用电子发票（铁路电子客票） 2024 年 12 月 1 日起，推广使用电子发票（航空运输电子客票行程单）
大数据应用建设内容		①完善税收大数据云平台 ②探索区块链技术应用 ③完善税收大数据安全治理体系和管理制度 ④加强智能化税收大数据分析

1. 概念详解

税收信息化是将信息技术广泛应用于税务管理，深度开发和利用信息资源，提高执法、服务和监管水平，并由此推动税务部门业务重组、流程再造、文化重塑，进而推进税务管理现代化建设的综合过程。税收信息化包含以下三个层次的含义：①税收信息化

是信息技术的应用活动；②税收信息化是利用信息化技术进行税收管理的实践活动；③税收信息化是提升税收治理现代化水平的创新活动。

2. 经典习题演练

【单选题】金税三期建设目标中的一个平台是指（　　）。

A. 统一的网络平台　　B. 统一的业务平台

C. 统一的登录平台　　D. 统一的技术基础平台

【答案】D

【解析】一个平台是指包含网络硬件和基础软件的统一的技术基础平台。

【单选题】在金税三期中进行申报的子系统是（　　）。

A. 核心征管系统　　B. 决策一包

C. 决策二包　　D. 外部交换

【答案】A

【解析】核心征管系统包含登记、发票、优惠、认定、证明、申报、征收、票证、评估审计、稽查、法制以及综合等业务域，是金税三期中的核心业务系统。

【多选题】标准规范建设是税收信息化建设的基础，以下不属于主要规范的有（　　）。

A. 业务标准规范　　B. 采购招标规范

C. 项目监理规范　　D. 应用服务标准

【答案】BC

【解析】税收信息化建设的标准规范主要有总体标准、基础设施标准、业务标准、数据标准、应用服务标准、网络标准、安全标准、运维运营支撑标准、测试评估标准等。

【判断题】金税三期实现了数据信息在省局集中处理。　　（　　）

【答案】错误

【解析】金税三期实现了总局和省局高度集中处理信息。

3. 知识扩展

我国税收征管改革从“合作”到“合并”再到“合成”的递进深化。要紧扣“合成”的要求，深入推进以税收大数据为驱动的“八大集成”，即：经济交易信息“一票式”集成，个人税费信息“一人式”集成，法人税费信息“一户式”集成，税务人员履责信息“一员式”集成，税务机关信息“一局式”集成，税务系统信息“一揽式”集成，执法服务监管“一体式”集成，内外协同共治“一并式”集成。通过以“成”促“合”，实现税收征管的技术变革、业务变革、组织变革，建成以“精确执法、精细服务、精准监管、精诚共治”为核心的税务执法新体系、税费服务新体系、税务监管新体系、税收共治新体系，打造高集成功能、高安全性能、高应用效能且国际一流的智慧税务。

《国家税务总局关于推广应用全面数字化电子发票的公告》（国家税务总局公告

2024 年第 11 号）：自 2024 年 12 月 1 日起，在全国正式推广应用数电发票。

（1）数电发票是《中华人民共和国发票管理办法》中“电子发票”的一种，是将发票的票面要素全面数字化、号码全国统一赋予、开票额度智能授予、信息通过税务数字账户等方式在征纳主体之间自动流转的新型发票。数电发票与纸质发票具有同等法律效力。

（2）数电发票为单一联次，以数字化形态存在，类别包括电子发票（增值税专用发票）、电子发票（普通发票）、电子发票（航空运输电子客票行程单）、电子发票（铁路电子客票）、电子发票（机动车销售统一发票）、电子发票（二手车销售统一发票）等。数电发票可以根据特定业务标签生成建筑服务、成品油、报废产品收购等特定业务发票。

（3）数电发票的票面基本内容包括：发票名称、发票号码、开票日期、购买方信息、销售方信息、项目名称、规格型号、单位、数量、单价、金额、税率/征收率、税额、合计、价税合计、备注、开票人等。

（4）数电发票的号码为 20 位，其中：第 1—2 位代表公历年度的后两位，第 3—4 位代表开票方所在的省级税务局区域代码，第 5 位代表开具渠道等信息，第 6—20 位为顺序编码。

（5）税务机关建设全国统一的电子发票服务平台，提供免费的数电发票开票、用票服务。对按照规定不使用网络办税、不具备网络条件或者存在重大涉税风险的，可以暂不提供服务，具体情形由省级税务机关确定。

（6）税务机关根据纳税人的税收风险程度、纳税信用级别、实际经营情况等因素，通过电子发票服务平台授予发票总额度，并实行动态调整。发票总额度，是指一个自然月内，纳税人发票开具总金额（不含增值税）的上限额度。

纳税人因实际经营情况发生变化需要调整发票总额度的，经主管税务机关确认后予以调整。

（7）根据《中华人民共和国发票管理办法》《中华人民共和国发票管理办法实施细则》等相关规定，数电发票的开具需要通过实人认证等方式进行身份验证。

（8）蓝字数电发票开具后，如发生销售退回（包括全部退回和部分退回）、开票有误、应税服务中止（包括全部中止和部分中止）、销售折让等情形的，应当按照规定开具红字数电发票。

①蓝字数电发票未进行用途确认及入账确认的，开票方发起红冲流程，并直接开具红字数电发票。农产品收购发票、报废产品收购发票、光伏收购发票等，无论是否进行用途确认或入账确认，均由开票方发起红冲流程，并直接开具红字数电发票。

②蓝字数电发票已进行用途确认或入账确认的（用于出口退税勾选和确认的仍按现行规定执行），开票方或受票方均可发起红冲流程，并经对方确认《红字发票信息确认单》（以下简称《确认单》）后，由开票方开具红字数电发票。《确认单》发起后 72 小时内未经确认的，自动作废。若蓝字数电发票已用于出口退税勾选和确认的，需操作进

货凭证信息回退并确认通过后，由开票方发起红冲流程，并直接开具红字数电发票。

受票方已将数电发票用于增值税申报抵扣的，应暂依《确认单》所列增值税税额从当期进项税额中转出，待取得开票方开具的红字数电发票后，与《确认单》一并作为记账凭证。

（9）已开具的数电发票通过电子发票服务平台自动交付。开票方也可以通过电子邮件、二维码、下载打印等方式交付数电发票。选择下载打印方式交付的，数电发票的票面自动标记并显示“下载次数”“打印次数”。

（10）受票方取得数电发票后，如需用于申报抵扣增值税进项税额、成品油消费税或申请出口退税、代办退税、勾选成品油库存的，应当通过税务数字账户确认用途。确认用途有误的，可以向主管税务机关申请更正。

（11）单位和个人可以登录自有的税务数字账户、个人所得税 App，免费查询、下载、打印、导出已开具或接受的数电发票；可以通过税务数字账户，对数电发票入账与否打上标识；可以通过电子发票服务平台或全国增值税发票查验平台，免费查验数电发票信息。

章节练习

一、单选题

1. 财税库银横向联网系统（税库银系统）是全国范围的跨部门信息系统，以下不是税库银系统功能的是（　　）。

A. 入库　　B. 退库　　C. 税费款收纳　　D. 取现

【答案】 D

【解析】 在财税库银横向联网系统中，可以对税收收入的征缴、入库、退库、更正、对账等提供全流程网络化、无纸化、安全、准确、快捷、简便的处理。

2. 以下不是大数据的特征的是（　　）。

A. 价值密度低　　B. 数据类型繁多

C. 访问时间短　　D. 增长速度快

【答案】 C

【解析】 访问时间短不是大数据的特征。

3. 保障信息安全最基本、最核心的技术措施是（　　）。

A. 信息加密技术　　B. 信息确认技术

C. 网络控制技术　　D. 反病毒技术

【答案】 A

【解析】 密码技术是保护信息安全最基础、最核心的手段之一。密码技术已经从外交和军事领域走向社会广大公众，它是结合数学、电子与通信等诸多学科于一身的学科。它不仅具有信息加密功能，而且具有数字签名、身份验证、秘密分存、系统安全等功能。所以使用密码技术不仅可以保证信息的机密性，而且可以保证信息的完整性和可用性，防止信息被篡改、伪造和假冒。故答案为A。

4. 对网络系统进行渗透测试，通常的顺序是（　　）。

A. 控制阶段、侦查阶段、入侵阶段　　B. 入侵阶段、侦查阶段、控制阶段

C. 侦查阶段、入侵阶段、控制阶段　　D. 侦查阶段、控制阶段、入侵阶段

【答案】 C

【解析】 对网络系统进行渗透测试，通常是按侦查阶段、入侵阶段、控制阶段顺序来进行的。

5. 防火墙技术指标中不包括（　　）。

A. 吞吐量　　B. 硬盘容量

C. 接口数量　　D. 并发连接数

【答案】 B

【解析】 防火墙技术指标包括：吞吐量、接口数量、并发连接数等。

6. 符合下列情形之一的，为重大网络安全事件（　　）。

A. 重要网络和信息系统遭受特别严重的系统损失，造成系统大面积瘫痪，丧失业务处理能力

B. 重要敏感信息和关键数据丢失或被窃取、篡改、假冒，对国家安全和社会稳定构成严重威胁

C. 对国家安全、社会秩序、经济建设和公众利益构成较严重威胁、造成较严重影响

D. 对国家安全、社会秩序、经济建设和公众利益构成一定威胁、造成一定影响，恢复系统正常运行和消除安全事件负面影响所需付出的代价较小

【答案】 B

【解析】 重要敏感信息和关键数据丢失或被窃取、篡改、假冒，对国家安全和社会稳定构成严重威胁的情形属于重大网络安全事件。

7. 为解决某一特定的问题而设计的指令序列称（　　）。

A. 文档　　B. 语言　　C. 程序　　D. 系统

【答案】 C

【解析】 计算机程序是指令的有序序列，执行的过程实际上是执行指令的过程。

8. 下列不属于金税三期主要系统的是（　　）。

A. 核心征管系统　　B. 决策一包系统

C. 电子底账系统　　D. 外部交换系统

【答案】 C

【解析】 金税三期主要包括核心征管系统、决策一包、决策二包、外部交换、应用安全支撑平台、税库银等。电子底账是增值税发票管理系统中的子系统，C选项错误。办税门户、扣缴客户端、数据服务中心、通用服务中心。

9. 下列不属于应用安全支撑平台功能的是（　　）。

A. 用户管理　　B. 数据交换　　C. 权限管理　　D. 单点登录

【答案】 B

【解析】 应用安全支撑平台实现用户和权限管理、系统级访问控制管理，提供用户统一管理和统一身份认证及单点登录等功能。主要包括：单点登录、用户管理、统一身份存储和签名验签及认证服务。批量数据交换属于核心征管集成平台功能。

10. 在保障安全的前提下，加强网站系统与相关应用系统的有效衔接，规范网站与相关应用系统接口和接入方式，（　　），形成外网受理、内部办理、外网反馈的一体化应用格局。

A. 提高应用内聚度　　B. 减少应用内聚度

C. 提高应用耦合度　　D. 减少应用耦合度

【答案】 D

【解析】 在保障安全的前提下，加强网站系统与相关应用系统的有效衔接，规范网站与相关应用系统接口和接入方式，减少应用耦合度，形成外网受理、内部办理、外网反馈的一体化应用格局。

二、多选题

1. 标准规范建设是税收信息化建设的基础，下列不属于主要标准规范的有（　　）。

A. 业务标准规范　　B. 采购招标规范

C. 项目监理规范　　D. 应用服务标准

【答案】 BC

【解析】 税收信息化建设的标准规范主要有总体标准、基础设施标准、业务标准、数据标准、应用服务标准、网络标准、安全标准、运维运营支撑标准、测试评估标准等。

2. 电子发票服务平台建设新应用系统主要包括（　　）。

A. 电子发票纳税人服务系统　　B. 电子发票税务管理系统

C. 电子发票支付交易系统　　D. 电子发票决策指挥系统

【答案】 ABD

【解析】 电子发票服务平台建设新应用系统主要包括电子发票纳税人服务系统、电子发票税务管理系统、电子发票决策指挥系统。

3. 根据民航旅客运输服务推广使用全面数字化的电子发票的规定，下列说法正确的有（　　）。

A. 中华人民共和国境内注册的公共航空运输企业和航空运输销售代理企业提供境内旅客运输服务，可开具电子发票（航空运输电子客票行程单）

B. 电子行程单属于全面数字化的电子发票，基本内容包括：发票号码、开票状态、国内国际标识、旅客身份证件信息、行程信息、填开日期、填开单位、购买方信息、票价、燃油附加费、增值税税额、增值税税率、民航发展基金、二维码等

C. 电子行程单的发票号码为20位，其中：第1—2位代表公历年度后两位，第3—

4 位代表行政区划代码，第 5 位代表电子行程单开具渠道代码，第 6—20 位代表业务顺序编码

D. 需要报销入账的旅客，应当按规定取得电子行程单或其他发票。乘机日期在 2025 年 10 月 31 日前的，旅客取得的原纸质航空运输电子客票行程单仍可报销入账，纸质行程单、电子行程单、其他发票三者之间不可重复开具

【答案】 ABC

【解析】《国家税务总局 财政部 中国民用航空局关于民航旅客运输服务推广使用全面数字化的电子发票的公告》（国家税务总局 财政部 中国民用航空局公告 2024 年第 9 号）第五条规定，需要报销入账的旅客，应当按规定取得电子行程单或其他发票。乘机日期在 2025 年 9 月 30 日前的，旅客取得的原纸质航空运输电子客票行程单（以下简称“纸质行程单”）仍可报销入账，纸质行程单、电子行程单、其他发票三者之间不可重复开具。D 选项错误。

4. 根据铁路客运推广使用全面数字化的电子发票的规定，下列说法正确的有（　　）。

A. 中国国家铁路集团有限公司所属运输企业、非控股合资公司以及地方铁路企业通过铁路客票发售和预定系统办理境内旅客运输售票、退票、改签业务时，可开具电子发票（铁路电子客票）

B. 电子发票（铁路电子客票）属于全面数字化的电子发票，基本内容包括：发票号码、开票日期、购买方信息、旅客身份证件信息、行程信息、票价、二维码等

C. 电子发票（铁路电子客票）的发票号码为 20 位，其中：第 1—2 位代表公历年度后两位，第 3—4 位代表行政区划代码，第 5 位代表电子发票（铁路电子客票）开具渠道代码，第 6—20 位代表业务顺序编码

D. 购买方为增值税一般纳税人的，购进境内铁路旅客运输服务，以电子发票（铁路电子客票）作为增值税扣税凭证，并按现行规定确定进项税额

【答案】 ABCD

【解析】 根据《国家税务总局 财政部 中国国家铁路集团有限公司关于铁路客运推广使用全面数字化的电子发票的公告》（国家税务总局 财政部 中国国家铁路集团有限公司公告 2024 年第 8 号）的规定，上述选项均正确。

5.《关于进一步深化税收征管改革的意见》中的“指导思想”要求以发票电子化为突破口，以税收大数据为驱动，建成具有（　　）的智慧税务，全面推进税收征管数字化升级和智能化改造。

A. 高集成功能　　B. 高安全性能

C. 高应用效能　　D. 高效率智能

【答案】 ABC

【解析】《关于进一步深化税收征管改革的意见》中的“指导思想”规定，以习近平新时代中国特色社会主义思想为指导，全面贯彻党的十九大和十九届二中、三中、四

中、五中全会精神，围绕把握新发展阶段、贯彻新发展理念、构建新发展格局，深化税收征管制度改革，着力建设以服务纳税人缴费人为中心，以发票电子化改革为突破口，以税收大数据为驱动力的具有高集成功能、高安全性能、高应用效能的智慧税务，深入推进精确执法、精细服务、精准监管、精诚共治，大幅提高税法遵从度和社会满意度，明显降低征纳成本，充分发挥税收在国家治理中的基础性、支柱性、保障性作用，为推动高质量发展提供有力支撑。

6. 决策二包括征管质量 5C 子系统，其中 5C 包括（　　）。

A. 征收——Collection　　B. 服务——Customer

C. 风控——Control　　D. 检查——Check

E. 纠正——Correct

【答案】ABCDE

【解析】征管质量 5C 是指征收——Collection、服务——Customer、风控——Control、检查——Check、纠正——Correct。A、B、C 选项正确。

7. 下列属于应用安全支撑平台功能的有（　　）。

A. 数据交换　　B. 单点登陆

C. 用户管理　　D. 统一身份存储

【答案】BCD

【解析】应用安全支撑平台实现用户和权限管理、系统级访问控制管理，提供用户统一管理和统一身份认证及单点登录等功能。主要包括单点登录、用户管理、统一身份存储和签名及认证服务。B、C、D 选项正确。数据交换属于核心征管集成平台功能。

8. 根据相关规定，下列属于全面数字化电子发票的发票总额度调整方式的有（　　）。

A. 月初赋额调整　　B. 赋额临时调整

C. 赋额定期调整　　D. 人工赋额调整

【答案】ABCD

【解析】《关于〈国家税务总局关于推广应用全面数字化电子发票的公告〉的解读》第四条规定，发票总额度的动态确定有四种方式，包括月初赋额调整、赋额临时调整、赋额定期调整、人工赋额调整。

9. 核心征管出口退税子系统与以下（　　）系统存在数据交互关系。

A. 电子底账系统　　B. 外部信息交换系统

C. 税警协作系统　　D. 决策二包

【答案】ABD

【解析】核心征管出口退税子系统与电子底账系统、外部信息交换系统、决策二包等系统存在数据交互关系。

10. 统一身份管理平台中，协同签名证书具有（　　）等功能。

A. 自动发放　　B. 安全登录　　C. 电子签名　　D. 自动申报

【答案】BC

【解析】协同签名证书需在税务 App 申领，可实现安全登录，可用于电子签名。

三、判断题

1. 视频会议系统可分为软件视频会议系统和硬件视频会议系统。

【答案】正确

【解析】视频会议系统包括了软件视频会议系统和硬件视频会议系统。

2. 对于目标网络没有出现在路由选择表中的数据流，路由器根据默认路由来转发它们。

【答案】错误

【解析】对于目标网络没有出现在路由选择表中的数据流，由边界路由来转发它们。

3. 病毒类型可以出现在防火墙的访问控制策略配置中。

【答案】错误

【解析】防火墙配置的访问控制策略一般不包括病毒类型。

4. 纳税人取得带有“增值税专用发票”字样的数电发票、带有“普通发票”字样的数电发票等符合规定的增值税扣税凭证，如需用于申报抵扣增值税进项税额或申请出口退税、代办退税的，应当通过税务数字账户或增值税发票综合服务平台确认用途。

【答案】正确

【解析】《关于〈国家税务总局关于推广应用全面数字化电子发票的公告〉的解读》第十二条规定，纳税人取得带有“增值税专用发票”字样的数电发票、带有“普通发票”字样的数电发票等符合规定的增值税扣税凭证，如需用于申报抵扣增值税进项税额或申请出口退税、代办退税的，应当通过税务数字账户或增值税发票综合服务平台确认用途。

5. 全面改造提升 12366 税费服务平台，加快推动向以 24 小时智能咨询为主转变，2022 年基本实现全国咨询“一线通答”。运用税收大数据智能分析识别纳税人缴费人的实际体验、个性需求等，精准提供线上服务。持续优化线下服务，更好满足特殊人员、特殊事项的服务需求。

【答案】正确

【解析】《关于进一步深化税收征管改革的意见》第四条第十六项规定，积极推行智能型个性化服务。全面改造提升 12366 税费服务平台，加快推动向以 24 小时智能咨询为主转变，2022 年基本实现全国咨询“一线通答”。运用税收大数据智能分析识别纳税人缴费人的实际体验、个性需求等，精准提供线上服务。持续优化线下服务，更好满足特殊人员、特殊事项的服务需求。

6. 税务机关按照电子专票和纸质专票的合计数，为纳税人核定增值税专用发票领用数量。电子专票和纸质专票的增值税专用发票（增值税税控系统）最高开票限额应当相同。

【答案】正确

【解析】《国家税务总局关于在新办纳税人中实行增值税专用发票电子化有关事项的公告》（国家税务总局公告 2020 年第 22 号）第五条规定，税务机关按照电子专票和纸质专票的合计数，为纳税人核定增值税专用发票领用数量。电子专票和纸质专票的增值税专用发票（增值税税控系统）最高开票限额应当相同。

7. 金税三期目前已经实现了总局和省局高度集中处理信息。

【答案】正确

【解析】金税三期目前已经实现了总局和省局高度集中处理信息。

8. 决策一包建立了统一、通用的数据仓库，实现了多个生产系统的数据汇集。

【答案】正确

【解析】决策一包数据仓库集成了核心征管、出口退税、发票管理系统、外部交换、税库银等多个核心生产系统的数据表，为决策支持系统、核心征管、内部控制监督平台等应用系统提供数据服务。

9. 全面推进税收征管数字化升级和智能化改造，着力推动税收征管方式从“收税”到“算税”再到“报税”升级。

【答案】错误

【解析】全面推进税收征管数字化升级和智能化改造，着力推动税收征管方式从“收税”到“报税”再到“算税”升级。

10. 增值税发票查验平台部署在省局，每个省登录地址不同，需要单独设置。

【答案】错误

【解析】纳税人可以登录全国增值税发票查验平台查验。

第十二章　国际税收

本章主要掌握内容：概论、国际重复征税及其消除、国际税收协定、国际避税与反避税、国际税收征管协作、国际税收合作与“一带一路”税收征管合作机制

国际税收管理相关内容

项目	主要内容
管辖权划分原则	属人原则和属地原则
管辖权分类	①居民管辖权；②公民管辖权；③地域管辖权（我国行使地域和居民管辖权）
国际重复征税产生原因	①居民（公民）管辖权同地域管辖权的重叠 ②居民（公民）管辖权与居民（公民）管辖权的重叠 ③地域管辖权与地域管辖权的重叠
国际重复征税的消除方法	①免税法；②抵免法（我国适用抵免法，且是限额抵免法） 税收饶让：本国居民在国外得到的减免税优惠的所得，视同已经缴纳，不再补征
国际税收协定	①《OECD 范本》（经合组织范本）；②《联合国范本》
国际避税产生原因	①课税范围和征收方式上的差异；②税率的差异；③税基的差异；④避免双重征税方法的差异；⑤税收实际征管水平有差异
国际税收合作	①多边税收合作 ②区域性税收合作 ③双边税收合作
税收情报交换	直接目的：①避免国家之间可能存在的重复征税；②防止跨境逃避税
数字经济国际税收“双支柱”方案	2021 年 7 月 1 日《关于以双支柱方案应对经济数字化税收挑战的声明》 支柱一：涉及利润分配与联结度规则 旨在对超大型跨国集团的利润和征税权进行公平分配 支柱二：全球反税基侵蚀方案 旨在设定全球最低税，为各国税收竞争设定底线，压缩跨国企业避税空间
“一带一路”税收征管合作机制	原则：共商共建共享 治理架构：理事会（决策机构）、“一带一路”税收征管合作论坛、“一带一路”税收征管能力促进联盟及专家咨询委员会 目前已举办四届“一带一路”税收征管合作论坛（2019 年、2021 年、2022 年、2023 年）

1. 概念详解

国际税收是两个或两个以上国家（地区），对纳税人跨境交易产生的所得行使各自征税权力而形成的税收分配关系。国际税收体现国家与国家之间的税收分配关系；国际税收体现国家与国家之间的税收协调关系；国家税收是国际税收的基础，同时国家税收又受到国际税收方面一些因素的影响，国家在制定本国的税收制度时要考虑国际税收关系。

2. 经典习题演练

【单选题】甲国对居民纳税人 A 从甲国境外取得的所得征税，行使的管辖权是（　　）。

A. 居民管辖权　　B. 地域管辖权

C. 公民管辖权　　D. 境外管辖权

【答案】A

【解析】居民管辖权是指一国对本国税法中规定的居民取得的所得行使征税权。

【单选题】甲国的税法规定，居民企业从境外取得的所得应纳入本国税基征税，但是其在境外已经实际缴纳的税额可以从应纳税额中抵减，这种消除重复征税的方法是（　　）。

A. 扣除法　　B. 减免法　　C. 免税法　　D. 抵免法

【答案】D

【解析】抵免法是指行使居民税收管辖权的国家，对纳税人国内、国外的全部所得征税时，允许纳税人将其在国外已缴纳的所得税税额从应向本国缴纳的税额中抵扣。

【判断题】两个国家如果均实施同种类型的单一税收管辖权，不会导致国际重复征税。（　　）

【答案】错误

【解析】即使是实施同种类型的单一管辖权，也会由于对居民或来源地判定的标准不同而导致国际重复征税。

3. 知识扩展

五届“一带一路”税收征管合作论坛成果

第一届	1	构建“一带一路”税收征管合作机制
	2	建立“一带一路”税收征管能力促进联盟
	3	深化“一带一路”税收征管合作共识（《乌镇声明》）
	4	制定“一带一路”税收征管合作行动计划（《乌镇行动计划（2019—2021）》）
第二届	1	发布《第二届“一带一路”税收征管合作论坛联合声明》
	2	发布《努尔苏丹行动计划（2022—2024）》
	3	发布《“一带一路”税收征管合作机制年度报告》
	4	发布《乌镇行动计划（2019—2021）》工作组终期报告
第三届	1	发布《第三届“一带一路”税收征管合作论坛联合声明》
	2	形成“一带一路”税收征管能力促进联盟课程体系方案
	3	组建联盟专家师资团队
	4	建设“一带一路”税务学院网络
	5	制定《“一带一路”税收征管能力促进联盟实施细则（试行）》
	6	发布《“一带一路”税收征管合作机制年度报告》

续表

第四届	1	发布《第四届“一带一路”税收征管合作论坛联合声明》
	2	《优化税收营商环境行动计划（2023—2025）》
	3	《优化税收营商环境——最佳实践》
	4	《优化税收营商环境——主题日活动》
	5	《联盟课程体系 1.0 版成果展示》
	6	《“一带一路”税收征管合作机制年度报告（2023）》
第五届	1	发布《第五届“一带一路”税收征管合作论坛联合声明》
	2	发布《香港行动计划（2025—2027）》
	3	马尔代夫税务局成为理事会新成员
	4	“一带一路”税务学院·阿尔及尔正式成立
	5	发布《提高税收确定性工作组报告（2022—2024）》
	6	发布《推动税收征管信息化工作组报告（2022—2024）》
	7	发布《优化税收营商环境工作组报告（2022—2024）》
	8	发布《“一带一路”税收征管能力促进联盟工作情况报告（2022—2024）》
	9	发布《“一带一路”税收征管合作机制年度报告（2024）》

章节练习

一、单选题

1. 我国行使的税收管辖权是（　　）。

A. 公民管辖权与地域管辖权　　B. 公民管辖权与居民管辖权

C. 单一居民管辖权　　D. 地域管辖权和居民管辖权

【答案】 D

【解析】 我国行使的税收管辖权是地域管辖权和居民管辖权。

2. 我国消除国际重复征税的方法是（　　）。

A. 抵免法　　B. 免税法　　C. 抵扣法　　D. 扣除法

【答案】 A

【解析】 国际重复征税的消除方法包括免税法和抵免法，我国适用的是抵免法。

3. 下列不属于国际管辖权分类的是（　　）。

A. 居民管辖权　　B. 公民管辖权

C. 地域管辖权　　D. 国籍管辖权

【答案】 D

【解析】 国际管辖权分类包括：居民管辖权、公民管辖权、地域管辖权。

4. 甲国实施抵免法消除重复征税，甲国企业从境外取得的下列所得中，适用间接抵免的是（　　）。

A. 利息　　B. 股息

C. 财产转让所得　　D. 境外常设机构的营业利润

【答案】B

【解析】间接抵免适用于股息所得，而其他抵免项目，由于享受抵免待遇的纳税人是在来源国缴纳税款的纳税人，因而均为直接抵免。

5. 缔约国一方企业支付给缔约国另一方居民的利息应与在同样情况下支付给本国居民的税收待遇相同，在费用扣除方面不应有差别，这种无差别待遇是（　　）。

A. 国籍无差别待遇　　B. 常设机构无差别待遇

C. 支付无差别待遇　　D. 资本无差别待遇

【答案】C

【解析】支付无差别待遇要求缔约国一方企业支付给缔约国另一方居民的利息、特许权使用费和其他款项，应与在同样情况下支付给本国居民的税收待遇相同，在费用扣除方面不应有差别。

6. 为了防止本国居民企业利用设在外国的控股公司累积利润，推迟缴纳境外来源所得的国内税收，采取的反避税措施是（　　）。

A. 转让定价规则　　B. 受控外国公司规则

C. 资本弱化规则　　D. 一般反避税规则

【答案】B

【解析】为了防止本国居民企业利用设在外国的控股公司累积利润，推迟缴纳境外来源所得的国内税收，不少国家制定了详尽的受控外国公司规则。

7. BEPS 行动计划贯彻的总原则是（　　）。

A. 利润应在经济活动的发生地征税

B. 利润应在价值创造地征税

C. 利润应在经济活动的发生地和价值创造地征税

D. 利润应在母公司所在地征税

【答案】C

【解析】BEPS 行动计划的总原则是利润应在经济活动的发生地和价值创造地征税。

8. 同期资料应当自税务机关要求的准备完毕之日起保存（　　）年。

A. 5　　B. 10　　C. 15　　D. 20

【答案】B

【解析】根据《国家税务总局关于完善关联申报和同期资料管理有关事项的公告》（国家税务总局公告2016年第42号）第二十四条规定：“同期资料应当自税务机关要求的准备完毕之日起保存10年。”

9. 同期资料包括主体文档、本地文档和（　　）。

A. 特殊事项文档　　B. 集团组织架构

C. 集团业务描述　　D. 国别文档

【答案】A

【解析】根据《国家税务总局关于完善关联申报和同期资料管理有关事项的公告》（国家税务总局公告2016年第42号）第十条第二款的规定，同期资料包括主体文档、本地文档和特殊事项文档。

10. 第五届“一带一路”税收征管合作论坛主题为“（　　）”。

A. 共建‘一带一路’：加强税收合作，改善营商环境

B. 数字时代的税收信息化能力建设

C. 深化税收征管合作 服务高质量共建‘一带一路’

D. 共建‘一带一路’、开创美好未来

【答案】C

【解析】2024年9月24日—9月26日，第五届“一带一路”税收征管合作论坛在香港举行。此次论坛主题为“深化税收征管合作 服务高质量共建‘一带一路’”。

二、多选题

1. 常设机构的利润确定，可以分为利润范围和利润计算两个方面，其中利润范围的确定一般采用（　　）。

A. 实际所得法　　B. 分配法

C. 引力法　　D. 核定法

【答案】AC

【解析】常设机构的利润确定，可以分为利润范围和利润计算两个方面。利润范围的确定一般采用归属法（也称实际所得法）和引力法。

2. 企业与其关联方转让或者受让无形资产使用权而收取或者支付的特许权使用费，应当根据选项（　　）所述情形适时调整，未适时调整的，税务机关可以实施特别纳税调整。

A. 无形资产价值发生根本性变化

B. 按照营业常规，非关联方之间的可比交易应当存在特许权使用费调整机制

C. 无形资产使用过程中，企业及其关联方执行的功能、承担的风险或者使用的资产发生变化

D. 企业及其关联方对无形资产进行后续开发、价值提升、维护、保护、应用和推广做出贡献而未得到合理补偿

【答案】ABCD

【解析】《特别纳税调查调整及相互协商程序管理办法》第三十一条规定，企业与其关联方转让或者受让无形资产使用权而收取或者支付的特许权使用费，应当根据下列情形适时调整，未适时调整的，税务机关可以实施特别纳税调整：（1）无形资产价值发生根本性变化；（2）按照营业常规，非关联方之间的可比交易应当存在特许权使用费调整机制；（3）无形资产使用过程中，企业及其关联方执行的功能、承担的风险或者使用的资产发生变化；（4）企业及其关联方对无形资产进行后续开发、价值提升、

维护、保护、应用和推广做出贡献而未得到合理补偿。

3. 投资所得是指投资者将其资金、财产或权利提供给他人使用所获取的所得，包括利息、股息、特许权使用费等。一般采用（　　）确定不同投资所得的来源地。

A. 权利提供地标准　　B. 权利使用地标准

C. 双方分享征税权力标准　　D. 停留期间标准

【答案】ABC

【解析】一般采用以下三种标准确定不同投资所得的来源地：（1）权利提供地标准；（2）权利使用地标准；（3）双方分享征税权力。

4. 税务机关应当在可比性分析的基础上，选择合理的转让定价方法，对企业关联交易进行分析评估。转让定价方法包括（　　）及其他符合独立交易原则的方法。

A. 可比非受控价格法　　B. 再销售价格法

C. 成本加成法　　D. 交易净利润法

【答案】ABCD

【解析】《特别纳税调查调整及相互协商程序管理办法》第十六条规定，税务机关应当在可比性分析的基础上，选择合理的转让定价方法，对企业关联交易进行分析评估。转让定价方法包括可比非受控价格法、再销售价格法、成本加成法、交易净利润法、利润分割法及其他符合独立交易原则的方法。

5. 根据相关规定，以下属于关联交易主要类型的有（　　）。

A. 有形资产使用权或者所有权的转让

B. 金融资产的转让

C. 无形资产使用权或者所有权的转让

D. 资金融通

【答案】ABCD

【解析】《国家税务总局关于完善关联申报和同期资料管理有关事项的公告》第四条规定，关联交易主要包括：（1）有形资产使用权或者所有权的转让。有形资产包括商品、产品、房屋建筑物、交通工具、机器设备、工具器具等。（2）金融资产的转让。金融资产包括应收账款、应收票据、其他应收款项、股权投资、债权投资和衍生金融工具形成的资产等。（3）无形资产使用权或者所有权的转让。无形资产包括专利权、非专利技术、商业秘密、商标权、品牌、客户名单、销售渠道、特许经营权、政府许可、著作权等。（4）资金融通。资金包括各类长短期借贷资金（含集团资金池）、担保费、各类应计息预付款和延期收付款等。（5）劳务交易。劳务包括市场调查、营销策划、代理、设计、咨询、行政管理、技术服务、合约研发、维修、法律服务、财务管理、审计、招聘、培训、集中采购等。

6. 有下列（　　）情形的，国家税务总局可以终止相互协商程序。

A. 企业或者其关联方不提供与案件有关的必要资料

B. 企业或者其关联方提供虚假、不完整资料

C. 企业申请撤回或者终止相互协商程序

D. 税收协定缔约对方税务主管当局撤回或者终止相互协商程序

【答案】ABCD

【解析】《特别纳税调查调整及相互协商程序管理办法》第五十四条规定，有下列情形之一的，国家税务总局可以终止相互协商程序：（1）企业或者其关联方不提供与案件有关的必要资料，或者提供虚假、不完整资料，或者存在其他不配合的情形；（2）企业申请撤回或者终止相互协商程序；（3）税收协定缔约对方税务主管当局撤回或者终止相互协商程序；（4）其他导致相互协商程序终止的情形。

7. 下列行为中，属于国际避税的有（　　）。

A. 将货物从高税率国家转移到低税率国家

B. 公司从低优惠国家迁入高优惠国家

C. 公司法人从高税率国家移民到低税率国家

D. 将利润转移到低税率国家设置的控股公司

【答案】ABD

【解析】国际避税是指纳税人利用两个或两个以上国家的税法和税收协定的漏洞、特例和缺陷，规避或减轻纳税义务的行为。主要方法有采取人员流动避税，通过资金、货物或劳务流动避税，利用企业组织形式避税，利用税收优惠避税，资本弱化，利用转让定价避税，利用避税地避税。A、B、D 选项符合题意。

8. 下列选项中，属于非居民企业在中国境内设立机构、场所的有（　　）。

A. 矿场　　B. 办事处　　C. 管理场所　　D. 存货仓库

【答案】ABC

【解析】根据《企业所得税法实施条例》第五条的规定，《企业所得税法》第二条第三款所称机构、场所，是指在中国境内从事生产经营活动的机构、场所，包括：（1）管理机构、营业机构、办事机构；（2）工厂、农场、开采自然资源的场所；（3）提供劳务的场所；（4）从事建筑、安装、装配、修理、勘探等工程作业的场所；（5）其他从事生产经营活动的机构、场所。A、B、C 选项符合题意。

9. 下列选项中属于国际税法原则的有（　　）。

A. 优先征税原则　　B. 单一课税原则

C. 独占征税原则　　D. 无差异原则

【答案】ACD

【解析】国际税法的原则包括：优先征税原则；独占征税原则；税收分享原则和无差异原则。

10. 下列属于第五届“一带一路”税收征管合作论坛成果的是（　　）。

A. 《香港行动计划（2025—2027）》

B. 《优化税收营商环境——最佳实践》

C. 马尔代夫税务局成为理事会新成员

D. 形成“一带一路”税收征管能力促进联盟课程体系方案

【答案】AC

【解析】B、D选项分别属于第四届、第三届“一带一路”税收征管合作论坛成果。

三、判断题

1. 我国消除国际重复征税的方法是免税法。

【答案】错误

【解析】我国消除国际重复征税的方法是抵免法。

2. 对于自然人居民身份的判定主要看是否具有本国国籍。

【答案】错误

【解析】对自然人居民身份的判定主要有三种标准：住所标准、居所标准、停留时间标准。

3. 甲国和乙国均为仅实施地域管辖权的国家，甲国居民企业从乙国居民企业取得利息所得，乙国征收预提所得税，甲国不征收所得税，但是征收增值税，导致国际重复征税。

【答案】错误

【解析】国际重复征税强调对同一征税对象征收相同或类似的税收，由于乙国征收的是所得税，甲国征收的是增值税，不构成国际重复征税。

4. 甲国居民企业A在乙国设立子公司B，B公司取得利润，乙国对B公司的利润征收企业所得税，B公司以税后利润向A公司分配股息，甲国就A公司的股息收入征税，由于甲国和乙国对不同的征税对象征税，不会导致国际重复征税。

【答案】错误

【解析】甲国和乙国的征税对象，均来源于B公司的营业利润，属于同一征税对象，构成经济性重复征税。

5. 国际重复征税的根本原因是各国行使的税收管辖权相互重叠。

【答案】正确

【解析】各国行使的税收管辖权相互重叠是国际重复征税的根本原因。

6. 如果甲、乙两国签订的税收协定包含税收饶让条款，则即使甲国居民企业从乙国取得的所得由于享受税收优惠未实际缴纳税款，仍可视同已经缴纳，从甲国的应纳税额中抵减。

【答案】正确

【解析】税收饶让是指居民国政府对本国居民在国外得到减免的所得税，视同已经缴纳，允许这部分被减免的外国税款在本国应纳税额中抵免。

7. 根据税收协定中的相互协商条款，缔约国双方必须通过磋商达成协议。

【答案】错误

【解析】尽管缔约国双方需就纳税人提出的争议进行磋商，但协定范本并不要求两国一定达成某种协议。

8. 金融账户涉税信息交换，由一国金融机构与账户持有人的居民国税务主管当局开展信息交换。

【答案】错误

【解析】按照 CRS 开展金融账户涉税信息自动交换，首先需由一国金融机构通过尽职调查程序，识别另一国税收居民在该机构开立的账户的有关信息，再由该国税务主管当局与账户持有人的居民国税务主管当局开展信息交换，最终为各国加强跨境税源监管提供信息支持。

9. 我国积极推进 BEPS 行动计划成果的落地转化，四项最低标准已基本落实到位。

【答案】正确

【解析】我国积极参与国际税改，落实 BEPS 行动最低标准，四项最低标准已落实到位。

10. 企业仅与境内关联方发生关联交易的，可以不准备主体文档、本地文档和特殊事项文档。

【答案】正确

【解析】《国家税务总局关于完善关联申报和同期资料管理有关事项的公告》（国家税务总局公告 2016 年第 42 号）第十八条规定，企业仅与境内关联方发生关联交易的，可以不准备主体文档、本地文档和特殊事项文档。